來知德集

上

（明）来知德 撰

况正兵 方强 點校

巴蜀書社

圖書在版編目(CIP)數據

來知德集/况正兵,方强點校.-成都:巴蜀書社,2021.12
(巴蜀文叢)
ISBN 978-7-5531-1157-5

Ⅰ.①來… Ⅱ.①况…②方… Ⅲ.①來知德-文集
Ⅳ.①B248.99-53

中國版本圖書館 CIP 數據核字(2019)第 093382 號

來知德集
LAI ZHI DE JI

(明)來知德 撰
况正兵 方强 點校

策　　劃　王群栗
責任編輯　白亞輝
出版發行　巴蜀書社(成都市槐樹街 2 號　郵編 610031)
電　　話　總編室:(028)86259397
　　　　　發行科:(028)86259422　86259423
網　　址　www.bsbook.com
排　　版　成都完美科技有限責任公司
印　　刷　成都國圖廣告印務有限公司(028-83420992)
版　　次　2021 年 12 月第 1 版
印　　次　2021 年 12 月第 1 次印刷
成品尺寸　240mm×170mm
印　　張　61.5
字　　數　800 千
書　　號　ISBN 978-7-5531-1157-5
定　　價　290.00 元(上下册)

ISBN 978-7-5531-1157-5
9 787553 111575 >

周易集註卷之一

梁山來知德集註

周易上經

周代名易書名卦則伏羲所畫也伏羲仰觀俯察見陰陽有奇耦之數故畫一奇以象陽畫一耦以象陰見一陰一陽有各生之象故自下而上再倍而三以成八卦又于八卦之上各變八卦以成六十四卦六十四卦皆重而爲六畫者以陽極于六陰極于六故聖人作易六畫而成

周易集註序

乾坤者萬物之男女也男女者一物之乾坤也故上經首乾坤下經首男女乾坤男女相爲對待氣行乎其間有往有來有進有退有常有變有吉有凶不可爲典要此易所由名也盈天地間莫非男女則盈天地間莫非易矣伏羲象男女之形以畫卦文王繫卦下之辭又序六十四卦其中有錯有綜以明陰陽變化之理錯者交錯對待之名陽左而陰右陰左而陽右也綜者高低織綜之名陽上而陰下陰上而陽下

整理前言

况正兵

來知德（一五二五—一六〇四），字矣鮮，四川梁山（今重慶梁平區）人。嘉靖三十一年（一五五二）舉人，後屢試不第，即奉養父母，家居著述。著有《周易集注》（以下簡稱『《易注》』）、《來瞿唐先生日録》（以下簡稱『《日録》』）等書。其詳細生平見于其弟子古之賢等編撰的《太史來瞿唐先生年譜》（見本書附録），兹不贅。

長期以來，來氏以易學知名，但在時人及來氏本人的認知中，他首先是一位理學家（嚴格説是一位心學家），然後才是一位易學家。

萬曆三十年（一六〇三），貴州巡撫郭子章薦來氏于朝（疏見《年譜》），推薦理由大致有四端：『志操貞白，孝行純篤』；詩文如『相如之賦、太白之詞』；《入聖工夫》《理學辨疑》等著『言言著理，字字印心』；『研窮易理，專注易象』。又比之于吴與弼、陳獻章、鄧元錫、劉元卿，此四人俱爲以名儒而被徵聘至京師的理學家。至崇禎十六年（一六四三），四川巡撫劉之勃薦來氏從祀孔廟的《崇祀疏》（亦見《年譜》）猶言其『曾閔之孝』『申犢之節』『韓歐之文』，以及『易象錯綜之著，殆闡四聖未發之藴；《大學》格物之解，將斷千年不決之根。勤勤懇懇，探性命于精微，辨疑似于毫芒，則又朱程之著述也』。可見，來氏在易學上的知名度掩蓋了他在理學（心學）、文學及踐履上的成就——實際上，《易注》中也處處彰顯着他的理學思想。

來氏的理學思想，大致宗王陽明（一四七二—一五二九），而力圖挽救陽明末流之失，將『遏人欲』『躬行五倫』的功夫更加推向極致。

元代以後，程朱理學成爲官方意識形態，『天理』之類的絶對真理以『權力的話語和話語的權力，化爲一種嚴厲的制度和訓誡的規則，成爲對士人自由心靈的一種約束』①。而明代的政治文化環境更有其嚴酷的一面，余英時認爲王陽明正是在遭遇『廷杖』的奇耻大辱之後，才明確轉向内在超越之路，『只能追求「内聖」，無力兼顧「外王」了』，而其最終構想在于『通過唤醒每一個人的「良知」的方式，來達成「治天下」的目的』（余氏稱之爲『覺民行道』）②。王學振聾發聵，風靡一時，可惜諸多難題陽明未及分析明白便去世，身後學派分裂，至其末流，『廢實學，崇空虚，蔑規模，恣狂蕩，以無善無惡盡心意知之用，而趨入于無忌憚之域，則釋氏之誕者固優爲之』③，流于狂禪之域。來知德與李贄（一五二七—一六〇二）同時，正是王學末流泛濫的時期。他自述曾數年學宋儒端坐存養，也曾學當時講學者静坐絶妄想，但都『茫然渺冥，全無入手處，自覺其爲禪學』；後來反復思考《大學》《易》，才悟出格物窒欲之道（《日録》卷二《格物諸圖引》）。

① 葛兆光：《中國思想史》第二卷，復旦大學出版社，二〇一三年第二版，第二六九頁。
② 余英時：《宋明理學與政治文化》第六章《明代理學與政治文化發微》，吉林出版集團有限責任公司，二〇〇八年，第一八〇頁、一九〇頁。
③ 王夫之：《禮記章句·大學》，見《船山全書》第四册，岳麓書社，一九九六年，第一四六八頁。

來氏理學思想的根本，正在于解《大學》『格物』之物爲『物欲』。心學大師黄宗羲在《明儒學案》中對其思想有極爲準確的概括：

先生之學，與程子、陽明有異同者二端：

謂格物之物，乃物欲之物。物格而後知至、克己復禮爲仁、養心莫善于寡欲，此三句話，乃一句話也。何也？物也、己也、欲也，皆有我之私也。格也、克也、寡也，皆除去有我之私也。紫陽是説前一步工夫，陽明是説後一步工夫。

謂明德即五達道也。自其共由于人謂之道，自其實得于己謂之德，自其通于天下曰達，自其昭于天下曰明，非有二物也，即敬止仁敬孝慈信之德也，言齊家，孝弟慈之德也，言治國，宜家人宜兄弟父子足法之德也，言平天下，老老長長恤孤之德也。一部《大學》綰結于此二字，不言道而言德者，有諸己而後求諸人也。此正五帝三皇以德服人之王道耳，若以人之所得乎天，而虚靈不昧爲明德，則尚未見之施爲，以何事明明德于天下哉？①

來氏指責程朱求之于外的『即物窮理』的主張不免『失之支離』，而陽明求之于内的『致良知』則不免『失之茫昧』（《日録》卷三《大學古本序》），認爲良知乃是天理，做不得功夫，真正的入手功夫是『格物』。他認同『人性本善，其不善者，蔽于物欲也』（《易注》卷十四）的傳統認知，主張『格去物欲，則良知自然發現』（《日録》卷四《入聖功夫字義·良知》）。他明確指出：『格物之物，非宋儒物理之物也，亦非近日儒者事物之物也，乃物欲之物。』（《格物諸圖引》）所以『格物二字即克己二字

① 《明儒學案》卷五三，中華書局，一九八五年，第一二八五頁。

也』（《格物諸圖・三心圖》）。格去物欲之後，此心光明，無一毫人欲之私，此即是修身。

格去物欲，只是求諸己的功夫，來氏很清楚，若止于此，和佛老没什麼區别，所以他又拈出『明德』來重新解釋。他指責程朱、陽明解明德爲『虚靈不昧』完全説不通，因爲虚靈不昧尚屬于心，並未見諸施爲，無法達之天下（《日録》卷二楊澄《重刻格物諸圖前語》）。他認爲明德即五達道（《中庸》君臣、父子、夫婦、昆弟、朋友之道），亦即『仁敬孝慈信』五倫。所以『明明德』和『親（九族之親）民（萬民）』是密不可分的，是『見之施爲』的躬行功夫。由此以往，『左右在人情物理，五倫上做功夫，又尊貴不卑污，故曰富莫富于蓄道德，貴莫貴于爲聖賢。人能得此種功夫之味，識此種學問之趣，雖隋珠在前，趙璧在後，亦莫之顧也』（《入聖功夫字義・心》）。

當然，來氏的思想也是有變化的（如早年曾服膺薛瑄，而其書中『親民』『新民』也常混用），但大致順着這個思路展開。他自己長期過着清心寡欲的隱居生活，又能躬行孝道、周濟貧乏，用實際行動踐行自己的主張，頗能影響當地的後學和官員。

不過，他這種思路終究只能代表救王學之弊的一種方法，或許能解决王學『放蕩』一方面的流弊，但却進一步加深了『天理』與『人欲』之間的緊張。《明儒學案》在概括來氏思想後，即批評道：

愚按：以物爲欲，《或問》中孔周翰已有是説，但孔以爲外物之誘，先生以爲有我之私，雖稍不同，然有我之私，未有不從外誘者也。夫格物爲初下手工夫，學者未識本體，而先事于防欲，猶無主人而逐賊也。克己之主腦在復禮，寡欲之主腦在養心，格物即識仁也，即是主腦，不可與克己寡欲相例耳。明德爲虚靈不昧，無一象之可言，而萬象森然，此體不失，而行之君臣父子兄弟夫婦朋友之間，自無隔閡，故謂之達。故謂五達道在明德中則可，謂明德即五達道，則體用倒置矣。其論『心學晦明，天實囿之』，若是，一陰一陽之道，繼之者未必善矣。嗚呼！人自囿之，而歸咎于天，可乎？①

來氏自稱『生長僻地，無人傳授』（《易注序》），『既無師指明，又無友審問』（《格物諸圖引》），有疑問則返諸經典，全靠自學自悟，大有『《春秋》三傳束高閣，獨抱遺經究終始』的氣勢。故他的理學不能納入明代理學發展的主綫，僅算一個小插曲，身後也缺乏傳授，自然難以獲得黄宗羲的高度評價。不過，也正因爲來氏幾乎獨立于體系之外，他的很多主張至今來看仍具有獨立思考的意義，頗值得研究。

來氏的名著《周易集注》（『注』字各本多作『註』，各刻本版心又常作『易經集註』）也是返諸經典的産物，名爲『集注』，却主要是其個人見解。來氏不滿于朱子『象失其傳』的説法，窮二十餘年之力體悟易象，將象、數、理、氣、圖熔爲一爐，打開了《周易》研究的新局面。《四庫全書總目》説：『其立説專取《繫辭》中「錯綜其數」以論易象，而以《雜卦》治之……其論象有卦情之象，有卦畫之象，有大象之象，有中爻之象，有錯卦之象，有綜卦之象，有爻變之象，有占中之象。其注皆先釋象義、字義，及錯綜義，然後訓本卦本爻正義。皆由冥心力索，得其端倪，因而參互旁通，自成一説，當時推爲絶學。』來氏謂『錯』指一卦的陰爻變爲陽爻、陽爻變爲陰爻，所得的新卦即爲原卦的『錯卦』；『綜』則指一卦的上卦、下卦互换位置；『變』即指一卦的每一爻分别陰陽互變，六爻共形成六變卦；又拈出『中爻』，

① 按賈氏紫筠齋本《明儒學案》此後還有一段更爲嚴厲的批評：『又曰：先生之學，以本體上用不得工夫，凡涵養未發持敬，一切抹殺，止于念之動處分别其善惡而爲之去之。其所謂格物者，乃是克伐怨欲之不行；所謂明明德者，乃事爲之末務，無不入于粗機，將虚靈之本體讓于佛氏，可謂懲咽而廢食，終其爲無頭之學問而已。且陽明之學失傳，其門人無不以知善知惡從已發處下手，識者方欲挽歸未發，先生未必有所蹈襲，不知已流入其窠臼也。數十載空山獨學無朋，師心自智，無乃可惜乎？』中華書局本以鄭氏二老閣本爲底本，無此段文字，不排除爲賈氏臆增的可能。

即將一卦的二、三、四，三、四、五爻重新組合爲一個新卦。由于一卦具備錯卦、綜卦、變卦、中爻之象，所以能左採右獲，較爲合理地解釋《周易》原文，在當時及後世産生巨大影響。

由于影響巨大，《周易集注》在明、清、民國經過數十次刊刻、傳抄，版本衆多，系統極爲混亂。據《年譜》，萬曆二十六年（一五九八）《易注》刻成後（初刻本已不存），來氏『作一竹室，日訂正《易注》于中』，可能是造成版本差異較大的一個原因。綜合各家研究者意見，現存各本大致可分爲三個系統：一、萬曆三十八年虎林刻本（十六卷，簡稱『虎林本』，北京師範大學圖書館、西北大學圖書館、『臺灣圖書館』等有藏①）爲據初刻本重刻的現存最早刊本，最爲珍貴，流傳亦最廣，後世康熙二十七年（一六八八）崔華刻本、寶廉堂刻本（上海書店一九八八年曾予影印）、四庫本都屬此系統；二、崇禎間史念冲刻本（簡稱『史本』），十五卷（無虎林本第十六卷《考定周易繫辭上下傳》），來源不詳，後世亦少翻刻；三、崇禎間劉安劉删芟本（不存），清代朝爽堂（高奣映校定、凌夫惇編訂，十五卷、首一卷、末一卷）、敦仁堂、寧遠堂、世興堂、善成堂等刻本出此系統，文字差異極大，且增加大量非來氏所作的易圖。二〇一九年中華書局出版王豐先先生點校《周易集注》，以虎林本爲底本，以史本、朝爽堂本、寶廉堂本、四庫本參校，爲目前最佳讀本。鑒于臺灣藏虎林本《周易集注》後出轉精（該本缺《易學六十四卦啓蒙》以前部分，以其他虎林本補足），此次整理即據以爲底本，而以寶廉堂本、四庫本參校，訂正錯訛（參校本

① 按，各藏本均不完整，需合併方可見一完整之虎林本。謝鶯興認爲臺灣藏本即爲初刻本，見氏著《來知德〈周易集註〉板本考》，《東海中文學報》二〇〇一年第十三期。王豐先認爲臺灣藏本爲重修虎林本，因其改正了虎林本一些錯誤，見其點校本《周易集注·點校説明》，中華書局，二〇一九年。兹從王説。

之諱改處較多，一般不予出校）；因史本爲明代刻本，偶亦參考；而朝爽堂本系統則文字差異太大，幾乎堪稱另一部書，不再參考。

《來瞿唐先生日録》，據各篇序，則隨成隨刻，但單行本已不存。現存有《續修四庫全書》所收之萬曆間重刻本（内篇七卷、外篇五卷，簡稱『萬曆本』），以及《四庫全書存目叢書》所收之道光十一年（一八三一）刻本（十三卷，簡稱『道光本』）。道光本多出來氏晚年所著《優哉閣稿》一卷，其底本應爲比萬曆本更晚出之本。但該本對來氏指摘朱熹的文句多予删削，且諱改嚴重，兹仍以萬曆本爲底本，而以道光本校補。來氏學生古之賢等編撰有《太史來瞿唐先生年譜》（收入《北京圖書館藏珍本年譜叢刊》第五〇册，北京圖書館出版社，一九九九年），兹一併予以整理，作爲附録。

本書由方强先生和我一同整理，由方先生點出初稿，我再參考衆本，予以校訂。由于我們學力有限，疏漏之處在所難免，尚祈讀者包涵、指正。

上册目録

周易集注

刻來瞿唐先生易經集注序

我聖祖飭新方夏，頒示朱紫陽《易注》，晝一人士，俾各遵習義，示大一統矣。逮至成祖文皇帝，特命諸儒臣纂修《易經》《性理大全》，雜取成書，則豈不能效西京柏梁間，安蒲四往，羅致蔀麓，何借才異代？爲直念草昧方夷，人未輩出，然痦寐真儒，冀羽翼昔聖，成一代書，意慇慇乎。永、宣而後，治教休明，以理學最名，若薛敬軒、陳白沙、王陽明之數先生者，論心淵邃，哀然著家。顧以一日先，自人間世都人士目染耳濡，謂衣鉢盡之數公；詎意復有來瞿唐先生者。先生後起西方，藐焉師授，僅得薛敬軒一《録》，讀之京師，即願學孔子。歸而《内篇》《雜著》，若『明德』『格物』『忠恕』『一貫』之旨，脱籬宋箋，深爲聖門闢障隔。此其較著者，業已具有大方諸先生序評，卿不敢復論。惟初就注《易》，得丐而傳之，梓成爛然卷帙，竊案牘之間，嗣以丙夜寓目，凡兩閲月而始能隱①括其旨，曰：

嗟嗟！自注《易》以來，先生一人而已。夫『《易》以道陰陽』，又云『不可爲典要』，卦之德體，爻之趨時，尚矣。先生著卦，有錯有綜，以變自本卦之一爻歷爻，以象自卦情、卦晝及卦之錯綜占變。又就中爻之二四、三五分上下卦，其錯綜、象變、德體莫不稱是。蓋無一卦爻無陰陽，無一陰陽無流行對待，遂于四聖所布圖，《序卦》比物斷詞，若消融炏翳而揭之漢蒼。又有《八卦所屬自相錯綜圖》《序卦正綜雜綜圖》《四正四隅相綜圖》。又謂八卦之變每臨尾，乾一離三之類各自爲相值，類皆玄妙天成，無絲毫設

① 隱，原作『穩』，據意改。

鑿之擾，他足該其槩矣。若至倚數有辨，摩盪有辨，理直空千古而上之。傳達吾謂足屈服程朱，吴會張子功謂品類康節而才則過之。此言謂爲先生鍾子期，非耶？乃先生輒困知自命，謂《易》注求溪，始夫五岳不果游，而適志求溪，亦西伯羑里寄耳。先生淵囿自宅，何必求溪？意必渾忘，何必不求溪？蓋《員圖》一畫已注《易》于内，至有三十年之假，則先師『假我數年于《易》』，將終身之説乎？論者有謂易道彌綸陰陽，與天地終始，在昔畫始渾噩，中衍于二姬聖，而成周文明之治，延之八百，再衍以宣尼，而廟食千萬載。我國家迅掃胡元，何異混闢首開？二祖所著爲《易》書甲令，足與姬聖相發明。德教漸涵，以至今日，而始有先生者，捐漢宋以來諸儒蹊徑，而勒成一注，能得二祖至意于表章纂集之外，實類《易》興中古時。益信昭代休明之治，綿乾坤以悠永，殆將過周曆萬萬焉。而論次先生者，誰不躋之四配十哲中，以所參合必之也。

邑紳戴桂屏以出先生門，謙跋注後，而虚弁候卿。卿不敏，何能序先生？然不敢不撮其槩。乃若先生之道德丰裁，具卿奏記、臺司諸牘中，諸略而不具，虞贅耳。

歲萬曆己亥仲冬之吉，閩南九日晚學徐博卿頓首序。

來矣鮮先生易注序

《易》之爲書，潔静精微。古今稱知《易》者，在漢則揚子雲，在宋則邵堯夫。揚之言曰：『宓犧氏綿絡天地，經以八卦，文王附六爻，孔子錯其象而象其辭，然後發天地之藏、定萬物之基。』邵之言曰：『太極既分，兩儀立矣；陽交于陰，陰交于陽，而生天之四象；剛交于柔，柔交于剛，而生地之四象。八卦相錯而後萬物生焉。』夫二子之言，非意之也。天地間惟陰陽兩端，獨陽不生，獨陰不成，其氣不得不錯；天道下濟，地道上行，其氣不得不綜：自然之運也。伏羲氏仰觀象于天，俯觀法于地，而作《圓圖》。圓圖者，一左一右之形也，雖未名錯，而錯義已備。文王繼伏羲，分上經爲十八，分下經爲十八，而作《序卦》。序卦者，一上一下之説也，雖未名綜，而綜義已備。孔子讀《易》，韋編三絶，鐵擿三折，窮年兀兀，至于五十，始悟伏羲《圓圖》爲錯，悟文王《序卦》爲綜，故曰：『錯綜其數，極其數，遂定天下之象。』嗚呼，盡矣！顧象極于錯而未知所以錯，象極于綜而未知所以綜，即孔子未明言也。王弼掃象，范甯比之桀紂。伊川專治文義，不論象數，自云止説得七分。朱子直云象失其傳，理會不得。如子雲緜綿絡經錯之語，堯夫陽交陰交之訓，似上契羲文，下闡孔氏，又且訾爲覆瓿，譏爲玩世。上下二千年，易象悠悠，真如長夜。

余友來矣鮮，起自梁山，生子雲之鄉，學堯夫之學。一舉孝廉，絶意軒冕，結快活庵，坐九喜榻。晚入求溪萬山中，研心圖象，積三十年而《易注》始成。其言曰：錯者陰陽相對，陽錯其陰，陰錯其陽，如伏羲《圓圖》乾錯坤、坎錯離，八卦相錯是也；綜即今織布帛之綜，一上一下，如屯蒙之類，本是一卦，在下爲屯，在上爲蒙，載之文王《序卦》是也。定天下之象，如乾坤相錯，則乾馬坤牛之象名；震艮相綜，則震雷艮山之象名是也。雖然，此猶得之《圓圖》《序卦》中也。其論八卦相錯爲乾坤、坎離、大過頤、小過中孚，有四正錯，有四隅錯；論綜有四正綜，有四隅綜，有以正綜隅，有以隅綜正；論象有卦情之象，有卦畫之象，有大象之象，有中爻之象，有錯卦之象，有綜卦之象，有爻變之象，有占中之象；論變如乾初變即爲姤，兑初變即爲困，離初變即爲旅，震初變即爲豫之類，皆抒千古所未發，代四聖欲言，上而玄黄雨雲，下而龍馬龜羊，巨而國家平陂，細而臀膚天劓，微而復道履道，顯而鳴謙鳴豫，一一從錯綜來，不假安排，天然脗合。其言似揚之綿絡經錯，而無《太玄》之艱深；其旨似邵之陰交陽交，而絶《皇極》之枝蔓。使王弼、程、朱諸子見之，象不必掃，理自能會。予謂矣鮮《易注》繼往開來，亘百代而一見者也。其自謂孔子没而《易》已亡，若至今日始明，豈虚語哉？嗟嗟，子雲見嘲劉歆，而桓譚、侯芭謂其必傳；堯夫見嫉于秦玠、鄭夬，而司馬君實以兄事于洛中。余不佞，結交矣鮮，今且白頭，所爲求溪，桓、侯、司馬非余而誰？後世有來矣鮮，當謂知言矣。

萬曆辛丑七月七日，友人泰和郭子章撰。

周易集注序

乾坤者，萬物之男女也；男女者，一物之乾坤也。故上經首乾坤，下經首男女，乾坤男女相對待，氣行乎其間，有往有來，有進有退，有常有變，有吉有凶，不可爲典要，此『易』所由名也。盈天地間莫非男女，則盈天地間莫非易矣。伏羲象男女之形以畫卦，文王繫卦下之辭，又序六十四卦，其中有錯有綜，以明陰陽變化之理。錯者交錯對待之名，陽左而陰右，陰左而陽右也。綜者高低織綜之名，陽上而陰下，陰上而陽下也。雖六十四卦止乾、坤、坎、離、大過、頤、小過、中孚八卦相錯，其餘五十六卦皆相綜而爲二十八卦，並相錯八卦，共三十六卦。如屯、蒙之類，雖屯綜乎離，蒙綜乎坎，本是二卦，然一上一下皆二陽四陰之卦，乃一卦也。故孔子《雜卦》曰『屯見而不失其居，蒙雜而著』是也。故上經止十八卦，下經止十八卦。

周公立爻辭，雖曰兼三才而兩之，故六，亦以陰陽之氣皆極于六，天地間窮上反下，循環無端者不過此六而已，此立六爻之意也。孔子見男女有象即有數，有數即有理，其中之理神妙莫測，立言不一而足，故所繫之辭多于前聖。孔子没，後儒不知文王、周公立象皆藏于《序卦》錯綜之中，止以《序卦》爲上下篇之次序，乃將《説卦》執圖求験。自王弼掃象以後，注《易》諸儒皆以象失其傳，不言其象，止言其理，而易中取象之旨遂塵埋于後世①。

本朝纂修《易經》《性理大全》，雖會諸儒衆注成書，然不過以理言之而已，均不知其象，不知文王《序卦》，不知孔子《雜卦》，不知後儒卦變之非。于此四者既不知，則易不得其門而入；不得其門而入，則其注疏之所言者乃門外之粗淺，非門内之奥妙。

是自孔子没而易已亡至今日矣，四聖之易，如長夜者二千餘年，不其可長嘆也哉？夫易者象也，象也者像也，此孔子之言也。曰像者，乃事理之仿佛近似可以想像者也，非真有實事也，非真有實理也。若以事論，金豈可爲車，玉豈可爲鉉？若以理論，虎尾豈可履，左腹豈可入？易與諸經不同者，全在于此。如《禹謨》曰：『惠迪吉，從逆凶，惟影響。』是真②有此理也。如《泰誓》曰：『惟十有三年春，大會于孟津。』是真有此事也。若易則無此事，無此理，惟有此象而已。有象則大小、遠近、精粗，千蹊萬徑之理，咸寓乎其中，方可彌綸天地；無象則所言者止一理而已，何以彌綸？故象猶鏡也，有鏡則萬物畢照，若舍其鏡，是無鏡而索照矣。不知其象，易不注可也。

又如以某卦自某卦變者，此虞翻之説也，後儒信而從之。如訟卦剛來而得中，乃以爲自遯卦來，不知乃綜卦也。需訟相綜，乃坎之陽爻來于内而得中也。孔子贊其爲天下之至變，正在于此。蓋乾所屬綜乎坤，坎所屬綜乎離，艮所屬綜乎巽，震所屬綜乎兑，乃伏羲之八卦，一順一逆自然之對待也，非文王之安排

① 『而易中取象之旨遂塵埋于後世』原無，據四庫本補。
② 真，原作『貞』，徑改。下同。

也。惟需訟相綜，故《雜卦》曰『需不進也，訟不親也』。若遯則綜大壯，故《雜卦》曰『大壯則止，遯則退也』。見于孔子《雜卦》傳，昭昭如此，而乃曰訟自遯來，失之千里矣。此所以謂四聖之易如長夜者，此也。

德生去孔子二千餘年，且賦性愚劣，又居僻地，無人傳授。因父母病，侍養未仕，乃取《易》讀于釜山草堂，六年不能窺其毫髮。遂遠客萬縣求溪深山之中，沉潛反復，忘寢忘食有年。思之思之，鬼神通之，數年而悟伏羲、文王、周公之象，又數年而悟文王《序卦》、孔子《雜卦》，又數年而悟卦變之非。始于隆慶四年庚午，終于萬曆二十六年戊戌，二十九年而後成書，正所謂『困而知之』也。既悟之後，始知易非前聖安排穿鑿，乃造化自然之妙。一陰一陽，内之外之，横之縱之，順之逆之，莫非易也。始知至精者易也，至變者易也，至神者易也，始知《繫辭》所謂『所居而安者易之序也』，『錯綜其數，非中爻不備』，『二與四同功』，『三與五同功』數語，及作《説卦》《序卦》《雜卦》于十翼之末，孔子教後之學易者，亦明白親切，但人自不察，惟篤信諸儒之注，而不留心詳審孔子十翼之言，宜乎長夜至今日也。

注既成，乃僭于伏羲文王《圓圖》之前，新畫一圖，以見聖人作易之原。又畫八卦變六十四卦圖，又畫八卦所屬相錯圖，又畫八卦六爻變自相錯圖，又畫八卦次序自相綜圖，又畫八卦所屬自相綜文王序卦正綜圖，又畫八卦四正四隅相綜文王序卦雜綜圖。又發明八卦正位及上下經篇義，並各字義，又發明六十四卦啓蒙，又考定《繫辭》上下傳，又補定《説卦》傳以廣八卦之象，又改正《集注》分卷，又發明孔子十翼。其注先訓釋象義、字義及錯綜義，後加一圈，方訓釋本卦本爻正意。象數言于前，義理言于後。其百家注易，諸儒雖不知其象，不知《序卦》《雜卦》及卦變之非，止言其理，若于言理之中間有不悖于經者，雖一字半句，亦必採而集之，名曰《周易集注》，庶讀易者開卷豁然，可以少窺四聖宗廟百官于萬一矣。

孔子曰：『蓋有不知而作之者，我無是也。』孟子曰：『予豈好辯哉，予不得已也。』聖賢立言不容自任類如此。德因四聖之易，千載長夜，乃將纂修《性理大全》，去取于其間，更附以數年所悟之象數，以成明時一代之書。是以忘其愚陋，改正先儒注疏之僭妄，未暇論及云。

萬曆戊戌春三月念二日，梁山後學來知德序。

重刻來瞿唐先生易主序①

揚子雲氏，蜀之言《易》者也。《太玄》一書，劉歆訾其覆瓿，桓譚稱其必傳。袁滋之入蜀也，二程指之而見薛翁焉，恢然有會。然則楊、薛二氏之易，蜀易也，非宓羲、姬文之易也。蓋瞿唐先生之言曰：自尼父歿而易道亡矣。四聖之易，千載長夜。予驟聞之，猶河漢而無極也。關中張仲衡氏刻先生《易注》及《日録》成，授予讀之，卒業，予殆規規然自失也。

夫易也者，象也。象生數，數生變化，參伍以變，錯綜其數，通變成文，極數定象，尼父之言也。先生何以用錯綜不用參伍也？或曰：參兩倚數，兼三成卦。九六生爻，聖人蓋嘗用之，姑留此錯綜之一法，以待先生而非也。天維八柱，地錯九州，日出東沼，月生西陂，山島竦峙，草樹榮枯，推之萬物，莫不盡然，而況龍圖龜書，奇偶縱横，八卦综緯，因乎固然。智者觀乎錯綜之象，而思過半矣。先生生乎百世之下，冥契太極之先，獨居覃思于求溪山中，積三十年而成。其學以無欲爲宗，以克己爲門，以神明默成爲奥，斷然以聖

① 鄭繼芳序及高舉序原無，據寶廉堂本補。

人可學，而以天下萬世爲己任。故其所自爲《太極圜圖》，錯綜變互，正偶同雜，情體象變，壹切圖説，皆上窮鴻濛，下闕黄泉，中眩賾隱幾深，直抽宓羲、姬、孔之緼，而爛長夜之旦于中天，非夫居深山之中，洗心藏密，以神明其德，而能若是乎？西伯羑里，厥有繇辭；姬公徂東，乃繫六爻；尼父假年，奥演十翼；瞿唐西歸，幾研象數。記曰：『潔净精微，《易》之教也。』《淮南子》曰：『清明條達，《易》之義也。』漢儒束于教，宋人暢其義，而象幾微矣。先生有功于《易》者也。通象外之意蘊，繫表之言，義之源也，教之宗也，變化之門也。故夫先生之易非蜀易也，而宓羲、姬、孔之易也。雖然，《河圖》一圈，宓羲一畫，猶後天爾；誠問太極未判，白黑未分，象于何錯？數于何綜？謂象以盡意，而萌一意，且造一象；謂數以定象，而造一象，又豈必畫然之數？則造化實在人心，而神明默成，真有存乎其人者。先生復起，不容有言，請以質之吾仲衡氏。

都門鄭繼芳撰。

重刻來瞿唐先生易注序

夫《易》何爲者哉？龍馬負圖，偶奇錯綜，而易行乎其中。聖人者出，則以卦效以爻、闡以辭而各指其所之，易道備矣。孔子生于衰周之季，五十以學《易》，至于三絶韋、三折鏑，乃喟然嘆曰：『作《易》者，其知道乎？其知變化之所爲乎？』然不錯不綜，變化何自而生？故又曰：『錯綜其數，非天下之至精至神，孰與于此？』孔子没而易統散，商瞿、梁丘子而下，教濫緒棼，箋之解之，疏之傳之，龜筮之，測贊之，譚易彌繁，去易彌遠，如舍柁泛海之舟，昧鍼芒而迷斗樞也。如崔盧王謝，各高標其祖禰，而竟非天潢正派也。陽九吾《易》者，寧必嬴炬哉？西蜀矣鮮先生，發憤于千載之長夜，絶意軒紱，研精覃思，幾三十年而始悟《大易》宗旨，盡括于錯綜一言。所云錯綜者，非以意錯之綜之之謂也。八卦六爻之情體，四正四隅之撰雜，錯者不得不錯，綜者不得不綜，左而右，右而左，低而昂，昂而低，不煩思議，無假安排，雲漢麗乎天，川嶽麗乎土，動静順逆麗乎人事，無之非錯綜，無之非變化；可以見見，可以不見見，可以聞聞，可以不聞聞，而以之冒道成務，極深研幾，天下之至精至神盡在我矣。昔子思子以費隱言道，而證之鳶飛魚躍。鳶魚者，象也；飛躍者，象之錯綜也。其天其淵，其升其沉，變變化化，活活潑潑，孰爲對待，孰爲流行，意者有機緘而不能自已耶？此天地自然之易也。故善言《易》者，莫如子思子；而矣鮮先生之以錯綜注《易》也，真得鳶飛魚躍之意，而默契變化之所爲乎！長夜晦冥，日月如故，先生有功于後學大矣。侍御張君復爲之發明，而廣遠其傳，是又有功于先生也。舉不敏，願學《易》以寡過未能也，則請于是編服膺焉。

萬曆辛亥仲春之吉，古淄後學高舉撰。

重刻來矣鮮先生易注序

吾夫子老而學《易》，至于韋編三絶，而曰『吾五十而知天命』。夫天命之所以不已者何也？易也。易也者何也？象也。相推焉變生矣，變者象之變也。象，言象者也；爻，言變者也。有象有變，而後有辭占。是故君子居則觀象而玩辭，動則觀變而玩占，居安其序而樂玩其辭，亦惟是變之所適，妙陰陽，行鬼神，顯日用，畢能事。而世儒以卜筮决吉凶，以義理解詞占，不知夫義理吉凶從何而生？象立而變通焉已矣。然象何以立？變何以通？環循轂轉，又何以生無窮？則錯綜其數之法也。錯綜其數，吾夫子已言之矣，而讀《易》者不解也。終日問卜筮、譚義理，而不遡所自出，猶人終日言宗祖子孫而不知其耦，終日言什百千萬而不知夫一生二、二生三、三生無窮也。彼所謂象者，駿圖耳已；變者，幻術耳已。善乎來矣鮮先生悟之求溪山中而推言之也，其言曰：

錯者，一左而一右兩相錯者也，猶男女然。伏羲圓之以爲圖，孔子所『稱天尊地卑』者是也。綜者，一上一下互相綜者也，如織布帛而綜者然。文王序之以爲卦，孔子所謂『剛柔相摩』者是也。舉一男女而億萬孫子列矣，挈一絲而億萬條緒動矣。是故以極天下之數，以定天下之象，以通天下之變。數無窮，錯綜無窮，變無窮，象無窮。總之太極生陰陽，一陰一陽相左右上下，而正焉，雜焉，摩盪焉，無窮焉而已。故萬縷一絲也，萬孫一祖也，所謂『易逆數』也。故曰『一陰一陽之謂道』，『生生之謂易』，『陰陽不測之謂神』，引而伸，觸類而長，皆是法也。其義理謂之序，其言謂之辭，其決謂之占，順此之謂吉，逆此之謂凶，天地所以消長，萬物所以亨屯，國家所以治亂，人心所以存亡，昆蟲草木所以枯榮生死。夫孰有能違之者乎？故曰：『維天之命，於穆不已。』故説天至命，莫妙乎《易》矣。羲之畫，文之彖，周公之爻，孔子之係辭、十翼，先天弗違，後天時行，象告情言，不離乎錯綜之一法。若衣有領，若日月有璣衡，接羣聖，牖萬古，來先生之功于是偉矣。

先生《易注》，其本原程朱，會通諸儒，而闡明未備者良多。其精義妙法，俱自錯綜出。大中丞郭青螺公已表章其旨，海内稱慕之而不盡見；其板在蜀者又多漶漫滅没。予令巫山時，與先生有往還，敬其人，愛重其書，爰歷吴越，下艖司重訂之，而梓以流布焉。詎敢云知易知命，庶幾續韋編之遺，不晦先生苦心而已。

萬曆庚戌陽月，關中张惟任仲衡父撰。

來矣鮮先生易注序

自漢而下，言《易》者無慮數十百家矣，舉一廢百，而不知夫一之函百也。譚理者宗程傳、朱義而進，而王輔嗣者流且將掃畫而去之也。譚象者九家，譚數者堯夫而進，而楊雲且搜玄而測之也。京、焦氏之占溺于卜筮，遺道義，譚禍福，愈失之矣。總之，所謂舉其一者也。夫聖人立象以盡意，觀其象耳矣，知者觀象而思過半矣。即意象彖爻而作爲卜筮，卜筮者，聖人同患之情，令百姓日用焉而不知者也。不知者，不知象生變，變生卦爻，卦爻生理義，理義生吉凶也。儒者讀《易》，將抉天人性命之符，而貿貿焉同百姓，可乎？故善讀《易》者，莫妙于以經解經，而不以意識學問解經。以經解經之法，莫妙于『錯綜其數』一語。蓋八卦以象告，錯綜則象之變，其順逆正反無窮，而辭占本義理，定吉凶亦隨變以示矣。此聖人之盡意，愚人之盡神，一也。錯綜之法揭于吾夫子，而獨悟于蜀之來矣鮮先生。其言左右相錯，上下相綜，變化無遺。郭青螺先生深著明其説，刻之蜀中，而予同年直指張公復詮其精義于簡端，重付剞劂氏，嘉惠海内，俾世之學者繇錯綜觀變，繇變觀象，繇象觀意。彼程朱理義，諸儒講解且在三隅反中，而彼象數玄渺、卜筮禍福之譚，譬猶燭光之麗日月，不相蝕而且相投矣。雖然，理之錮《易》，而舉子業之錮理也今爲甚。吾且以爲程朱憂，况其上者乎？即無錮于理，而于身心無涉焉，猶錮也。以經解經，信不若以身解經。吾自觀吾身，静而作何象，動而流何形？龍象乎，馬牛乎？羲文、蹻跖乎？致虚而履實，擬言而議動，錯綜成乎神，爻象成乎身，此楊慈湖《己易》之旨也，敢以質之有道。

武林黄汝亨撰。

重刻來瞿唐先生易經集注訂校姓氏

淄川高舉鵬程甫
都門鄭繼芳仲孚
關中張惟任仲衡仝訂正
武林黄汝亨貞父校正
同安柯鳳翔志德
潛江吴從誠虚舟
華亭徐元暘賓夫
宜賓劉繼禮立甫仝校閲
大明萬曆三十八年重校刻于浙之虎林郡南屏山

易注雜説諸圖總目

文王八卦方位
伏羲文王錯綜圖
孔子太極生兩儀四象八卦圖
來知德八卦變六十四卦圖
來知德八卦所屬相錯圖
來知德八卦六爻變自相錯圖
來知德八卦次序自相綜圖
來知德八卦所屬相綜文王序卦正綜圖
來知德八卦四正四隅相綜文王序卦雜綜圖
來知德八卦正位圖
來知德上下經篇義
來知德易經字義象　錯　綜　變　中爻
來知德易學六十四卦啓蒙
來知德考定繫辭上下傳補定説卦傳
來知德周易集注改正分卷圖
來知德發明孔子十翼圖

梁山來知德圓圖

此聖人作易之原也。理氣象數，陰陽老少，往來進退，常變吉凶，皆尚乎其中。孔子繫《易》，首章至『易簡而天下之理得』，及『一陰一陽之謂道』，『易有太極』，『形上形下』整篇以至『幽贊于神明』一章，卒歸于義命，皆不外此圖。神而明之，一部《易經》不在四聖，而在我矣。或曰：伏羲文王有圖矣，而復有此圖，何耶？德曰：不然。伏羲有圖，文王之圖不同于伏羲，豈伏羲之圖差耶？蓋伏羲之圖，易之對待；文王之圖，易之流行；而德之圖，不立文字，以天地間理氣象數不過如此。此則兼對待、流行主宰之理而圖之也，故圖于伏羲文王之前。

伏羲六十四卦圓圖

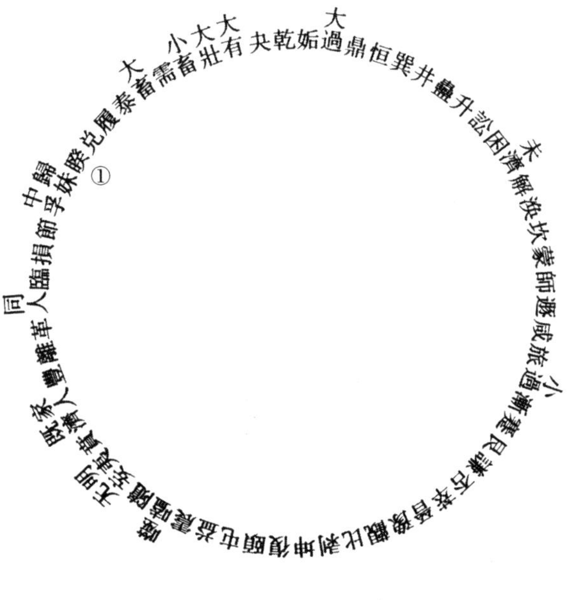

① 睽，原作「益」，據史本及《日録》卷一《伏羲卦》改。

伏羲八卦方位之圖

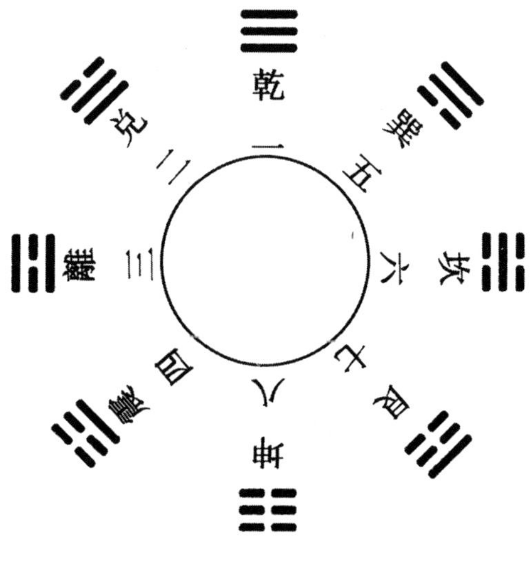

此伏羲之易也。易之數也，對待不移者也，故伏羲圓圖皆相錯以其對待也。所以上經首乾坤，乾坤之兩列者，對待也。孔子《繫辭》『天尊地卑』一條，蓋本諸此。

文王八卦方位之圖

此文王之易也。易之氣也，流行不已者也。自震而離而兑而坎，春夏秋冬，一氣而已。故文王序卦，一上一下相綜者，以其流行而不已也。所以下經首咸恒，咸恒之交感者，流行也。孔子《繫辭》『剛柔相摩』一條，蓋本諸此。蓋有對待，其氣運必流行而不已；有流行，其象數必對待而不移。故男女相對待，其氣必相摩盪；若不相摩盪，則男女乃死物矣。此處安得有先後？故不分先天後天。

伏羲文王錯綜圖

伏羲圓圖相錯圖

圓圖一左一右相錯

左右開列于後

乾一　乾䷀　錯　坤䷁

兌二　夬䷪　錯　剝䷖

文王序卦相綜圖

序卦一上一下相綜

上下開列于後

屯䷂見而不失其居　蒙雜而著

需䷄不進也　訟不親也

師䷆憂　比樂

小畜䷈寡也　履不處也

離三　大有　比　錯

震四　大壯　觀　錯

巽五　小畜　豫　錯

坎六　需　晉　錯

艮七　大畜

否反其類也　泰反其類也

大有衆也　同人親也

豫怠也　謙輕

蠱則飭也　隨无故也

觀或求　臨或與

賁无色也　噬嗑食也

復反也　剝爛也

大畜時也　无妄災也

恒久也　咸速也

萃
坤八　泰
錯
否
乾一　履
錯
謙
兌二　兌
錯
艮
離三　睽
錯
蹇
震四　歸妹

大壯則止　遯則退也
明夷誅也　晉晝也
睽外也　家人內也
解緩也　蹇難也
益盛衰之始　損盛衰之始
姤遇也柔遇剛也　夬決也剛決柔也
升不來也　萃聚
井通　困相遇也
鼎取新也　革去故也
艮止也　震起也

錯

漸䷴

巽五　中孚䷼

錯

小過䷽

坎六　節䷻

錯

旅䷷

坎七　損䷨

錯

咸䷞

坤八　臨䷒

錯

歸妹女之終也　䷴漸女歸待男行也

旅親寡　䷶豐多故

兑見　䷸巽伏也

節正也　䷺渙離也

未濟男之窮也　䷾既濟定也

右文王《序卦》。六十四卦除乾、坤、坎、離、大過、頤、小過、中孚八個卦相錯，其餘五十六卦皆相綜。雖四正之卦如否、泰、既濟、未濟四卦，四隅之卦如歸妹、漸、隨、蠱四卦，此八

遯

乾一　同人

錯

師

兌二　革

錯

蒙

離三　離

錯

坎

震四　豐

錯

渙

卦可錯可綜，然文王皆以爲綜也。故五十六卦止有二十八卦，向上成一卦，向下成一卦，共相錯之卦三十六卦，所以上經分十八卦，下經分十八卦。其相綜自然而然之妙，亦如伏羲圓圖相錯自然而然之妙，皆不假安排穿鑿，所以孔子贊其爲『天下之至變』者以此。漢儒至宋儒止以爲上下篇之次序，不知緊要與圓圖同，諸象皆藏于二圖錯綜之中，惟其不知《序卦》緊要之妙，則《易》不得其門而入矣。因此將二圖並列之。

乾一　无妄䷘
訟䷅
錯
坤八　明夷䷣
困䷮
錯
艮七　賁䷕
未濟䷿
錯
坎六　既濟䷾
解䷧
錯
巽五　家人䷤

錯

升䷭

兑二　隨䷐

錯

蠱䷑

離三　噬嗑䷔

錯

井䷯

震四　震䷲

錯

巽䷸

巽五　益䷩

錯

恒䷟

坎六　屯䷂

錯

鼎䷱

艮七　頤䷚

錯

大過䷛

坤八　復䷗

錯

姤䷫

因有此相錯圖，所以不用伏羲圓圖。

孔子太極生兩儀四象八卦圖

太極生兩儀四之圖

陽儀 ⚊

太極

陰儀 ⚋

四象圖

大陽 ⚌　一陽上加一陽爲大陽

少陰 ⚍　一陽上加一陰爲少陰

少陽 ⚎　一陽上加一陽爲少陽

大陰 ⚏　一陰上加一陰爲大陰

八卦圖

乾一 ☰　大陽上加一陰爲乾

兑二 ☱　大陽上加一陰爲兑

離三 ☲　少陰上加一陽爲離

震四 ☳　少陰上加一陰爲震

巽五 ☴　少陽上加一陽爲巽

坎六 ☵　少陽上加一陰爲坎

艮七 ☶　大陰上加一陽爲艮

坤八 ☷　大陰上加一陰爲坤

來知德八卦變六十四卦圖

☰乾一變

䷫姤　初爻變

䷠遯　二爻變

䷋否　三爻變

䷓觀　四爻變

䷖剝　五爻變

䷢晉　復還四爻變

䷍大有　歸本卦

乾尾二卦言火，離尾二卦言天，皆自然之數。

☱兌二變

䷮困　初爻變

䷬萃　二爻變

䷞咸　三爻變

䷦蹇　四爻變

䷎謙　五爻變

䷽小過　復還四爻變

䷵歸妹　歸本卦

兌尾二卦言雷，震尾二卦言澤，皆自然之數。

䷝離三變

旅䷷　初爻變

鼎䷱　二爻變

未濟䷿　三爻變

蒙䷃　四爻變

渙䷺　五爻變

訟䷅　復還四爻變

同人䷌　歸本卦

離尾二卦言天，乾尾二卦言火，皆自然之數。

䷲震四變

豫䷏　初爻變

解䷧　二爻變

恒䷟　三爻變

升䷭　四爻變

井䷯　五爻變

大過䷛　復還四爻變

隨䷐　歸本卦

震尾二卦言澤，兑尾二卦言雷，皆自然之數。

䷸巽五變

小畜䷈　初爻變

家人䷤　二爻變

益䷩　三爻變

无妄䷘　四爻變

噬嗑䷔　五爻變

頤䷚　復還四爻變

蠱䷑　歸本卦

巽尾二卦言山，艮尾二卦言風，皆自然之數。

䷜坎六變

節䷻　初爻變

屯䷂　二爻變

既濟䷾　三爻變

革䷰　四爻變

豐䷶　五爻變

明夷䷣　復還四爻變

師䷆　歸本卦

坎尾二卦言地，坤尾二卦言水，皆自然之數。

䷳艮七變

賁䷕　初爻變

大畜䷙　二爻變

損䷨　三爻變

睽䷥　四爻變

履䷉　五爻變

中孚䷼　復還四爻變

漸䷴　歸本卦

艮尾二卦言風，巽尾二卦言山，皆自然之數。

䷁坤八變

復䷗　初爻變

臨䷒　二爻變

泰䷊　三爻變

大壯䷡　四爻變

夬䷪　五爻變

需䷄　復還四爻變

比䷇　歸本卦

坤尾二卦言水，坎尾二卦言地，皆自然之數。

右八卦，不過加太極、兩儀、四象、八卦是也。六十四卦不過變，即《繫辭》所謂『八卦成列，象在其中矣。因而重之，爻在其中矣。剛柔相推，變在其中矣』。變在其中者，如乾爲陽剛，乾下變一陰之巽，二陰之艮，三陰之坤。坤爲陰柔，坤下變一陽之震，二陽之兑，三陽之乾，是剛柔相推也。蓋三畫卦若不重成六畫，則不能變六十四，惟六畫則即變六十四矣，所以每一卦六變，即歸本卦。下爻盡變爲七變，連本卦，成八卦，以八加八，即成六十四卦。古之聖人見天地陰陽變化之妙，原是如此，所以以易名之。若依宋儒説，一分二，二分四，四分八，八分十六，十六分三十二，三十二分六十四，是一直死數，何以爲易？且通不成卦，惟以八加八，方見陰陽自然造化。

來知德八卦所屬自相錯圖

乾　姤　遯　否　觀　剝　晉　大有

䷀　䷫　䷠　䷋　䷓　䷖　䷢　䷍

乾坤一與八錯，則所屬自然相錯。

䷁　䷗　䷒　䷊　䷡　䷪　䷄　䷇

坤　復　臨　泰　大壯　夬　需　比

兌　困　萃　咸　蹇　謙　小過　歸妹

䷹　䷮　䷬　䷞　䷦　䷎　䷽　䷵

兌艮二與七錯，則所屬自然相錯。

䷳　䷕　䷙　䷨　䷥　䷉　䷼　䷴

艮　賁　大畜　損　睽　履　中孚　漸

離　旅　鼎　未濟　蒙　渙　訟　同人

䷝　䷷　䷱　䷿　䷃　䷺　䷅　䷌

離坎三與六錯，則所屬自然相錯。

䷜　䷻　䷂　䷾　䷰　䷶　䷣　䷆

坎　節　屯　既濟　革　豐　明夷　師

震　豫　解　恒　升　井　大過　隨

䷲　䷏　䷧　䷟　䷭　䷯　䷛　䷐

震巽四與五錯，則所屬自然相錯。

䷸　䷈　䷤　䷩　䷘　䷔　䷚　䷑

巽　小畜　家人　益　无妄　噬嗑　頤　蠱

來知德六爻變自相錯圖

乾	䷀	
夬	䷪	六變
大有	䷍	五變
小畜	䷈	四變
履	䷉	三變
同人	䷌	二變
姤	䷫	初變

因乾坤相錯，故六爻變亦相錯。

坤	䷁	
剥	䷖	六變
比	䷇	五變
豫	䷏	四變
謙	䷎	三變
師	䷆	二變
復	䷗	初變

兑	䷹	
履	䷉	六變
歸妹	䷵	五變
節	䷻	四變
夬	䷪	三變
隨	䷐	二變
困	䷮	初變

因兑艮相錯，故六爻變亦相錯。

艮	䷳	
謙	䷎	六變
漸	䷴	五變
旅	䷷	四變
剥	䷖	三變
蠱	䷑	二變
賁	䷕	初變

離	䷝	
豐	䷶	六變
同人	䷌	五變
賁	䷕	四變
噬嗑	䷔	三變
大有	䷍	二變
旅	䷷	初變

因離坎相錯，故六爻變亦相錯。

坎	䷜	
渙	䷺	六變
師	䷆	五變
困	䷮	四變
井	䷯	三變
比	䷇	二變
節	䷻	初變

震	䷲	
噬嗑	䷔	六變
隨	䷐	五變
復	䷗	四變
豐	䷶	三變
歸妹	䷵	二變
豫	䷏	初變

因震巽相錯，故六爻變亦相錯。

巽	䷸	
井	䷯	六變
蠱	䷑	五變
姤	䷫	四變
渙	䷺	三變
漸	䷴	二變
小畜	䷈	初變

來知德八卦次序自相綜圖

乾四正之卦

乾一	乾		
兑二	天澤履	綜	風天小畜
離三	天火同人	綜	火天大有
震四	天雷无妄	綜	山天大畜
巽五	天風姤	綜	澤天夬
坎六	天水訟	綜	水天需
艮七	天山遯	綜	雷天大壯
坤八	天地否	綜	地天泰

坤四正之卦

乾一	地天泰	綜	天地否
兑二	地澤臨	綜	風地觀
離三	地火明夷	綜	火地晉
震四	地雷復	綜	山地剥
巽五	地風升	綜	澤地萃
坎六	地水師	綜	水地比
艮七	地山謙	綜	雷地豫
坤八	坤		

離四正之卦

乾一	火天大有	綜	天火同人
兑二	火澤睽	綜	風火家人
離三	離		
震四	火雷噬嗑	綜	山火賁
巽五	火風鼎	綜	澤火革
坎六	火水未濟	綜	水火既濟
艮七	火山旅	綜	雷火豐
坤八	火地晉	綜	地火明夷

坎四正之卦

乾一	水天需	綜	天水訟
兑二	水澤節	綜	風水涣
離三	水火既濟	綜	火水未濟
震四	水雷屯	綜	山水蒙
巽五	水風井	綜	澤水困
坎六	坎		
艮七	水山蹇	綜	雷水解
坤八	水地比	綜	地水師

兑四隅之卦

乾一　澤天夬　綜　天風姤
兑二　兑
離三　澤火革　綜　火風鼎
震四　澤雷隨　綜　山風蠱
巽五　澤風大過　綜　山雷頤
坎六　澤水困　綜　水風井
艮七　澤山咸　綜　雷風恒
坤八　澤地萃　綜　地風升

艮四隅之卦

乾一　山天大畜　綜　天雷无妄
兑二　山澤損　綜　風雷益
離三　山火賁　綜　火雷噬嗑
震四　山雷頤　綜　澤風大過
巽五　山風蠱　綜　澤雷隨
坎六　山水蒙　綜　水雷屯
艮七　艮
坤八　山地剥　綜　地雷復

震四隅之卦

乾一	雷天大壯	綜	天山遯
兑二	雷澤歸妹	綜	風山漸
離三	雷火豐	綜	火山旅
震四	震		
巽五	雷風恒	綜	澤山咸
坎六	雷水解	綜	水山蹇
艮七	雷山小過	綜	風澤中孚
坤八	雷地豫	綜	地山謙

巽四隅之卦

乾一	風天小畜	綜	天澤履
兑二	風澤中孚	綜	雷山小過
離三	風火家人	綜	火澤睽
震四	風雷益	綜	山澤損
巽五	巽		
坎六	風水涣	綜	水澤節
艮七	風山漸	綜	雷澤歸妹
坤八	風地觀	綜	地澤臨

右乾坤水火四正之卦，故天在上則天在下，如天澤履綜風天小畜是也。地在上則地在下，如地天泰綜天地否是也。水火亦然，其相綜皆自然也。山澤雷風四隅之卦，一陽在上，一陽在下，則山與雷綜，如山天大畜綜天雷无妄是也。一陰在上，一陰在下，則風與澤綜，如風天小畜綜天澤履是也。故山在上則雷在下，風在上則澤在下，雷上山下，澤上風下亦然，其相綜皆自然也。

來知德八卦所屬自相綜圖

乾之屬自姤至剝順行，與坤所屬相綜。

乾之属　姤　遯　否　觀　剝

（inverted:）夬　大壯　泰　臨　復　坤之屬

坤之屬自復至夬逆行，與乾所屬相綜。

姤綜夬　遯綜大壯　否綜泰　觀綜臨　剝綜復

坎之屬自節至豐順行，與離所屬相綜。

坎之屬　節　屯　既濟　革　豐

（inverted:）渙　蒙　未濟　鼎　旅　離之屬

離子屬自旅至渙逆行，與坎所屬相綜。

節綜渙　屯綜蒙　既濟綜未濟　革綜鼎　豐綜旅

文王序卦正綜

艮之屬自賁至履順行，與巽所屬相綜。

艮之屬　賁　噬嗑
大畜　无妄
損　益
睽　家人
履　小畜　巽之屬

巽之屬自小畜至噬嗑逆行，與艮所屬相綜。

賁綜噬嗑　大畜綜无妄　損綜益　睽綜家人　履綜小畜

震之屬自豫至井順行，與兑所屬相綜。

震之屬　豫　謙
解　蹇
恒　咸
升　萃
井　困　兑之屬

兑之屬自困至謙逆行，與震所屬相綜。

豫綜謙　解綜蹇　恒綜咸　升綜萃　井綜困

來知德八卦四正綜四正臨尾二卦圖

文王序卦雜綜

乾　晉　綜坎之明夷
大有　綜離之同人　乾　四
坤　需　綜離之訟　坤　正
比　綜坎之師　綜坤　與
坎乾　四
坎　明夷　綜乾之晉　雜綜　正
師　綜坤之比　離　相
離　訟　綜坤之需　坎　綜
同人　綜乾之大有

八卦四隅綜四隅臨尾二卦圖

文王序卦雜綜

艮 中孚 錯兑之小過
漸 綜兑之歸妹 四
巽 頤 錯震之大過 巽 隅
蠱 綜震之隨 綜巽 與
震艮 四
震 大過 錯巽之頤 兑綜 隅
隨 綜巽之蠱 兑 相
兑 小過 錯艮之中孚 震 綜
歸妹 綜艮之漸

來知德八卦正位圖

乾在五　乾屬陽，五以陽居陽位，故爲正位
兑在六　兑屬陰，六以陰居陰位，故爲正位
離在二　離屬陰，二以陰居陰位，故爲正位
震在初　震屬陽，初以陽居陽位，故爲正位
巽在四　巽屬陰，四以陰居陰位，故爲正位
坎在五　坎屬陽，五以陽居陽位，故爲正位
艮在三　艮屬陽，三以陽居陽位，故爲正位
坤在二　坤屬陰，二以陰居陰位，故爲正位

正位不可移易。

乾屬陽，其位在五，惟坎可以同之，盖坎中一畫乃乾也。若艮、震之五皆陰矣，故居三、居初，此陽卦正位不可移也。坤屬陰，其位在二，惟離可以同之，盖離中一畫乃坤也。若巽、兑之二皆陽矣，故居四、居六，此陰卦正位不可移也。然易惟時而已，不可爲典要，如觀卦下六二乃坤之正位也，因本卦利近不利遠，故六二止于闚觀。知此庶可以識玩易之法。

來知德上下經篇義

上經首乾坤者，陰陽之定位，萬物之男女也，易之數也，對待不移者也。自乾、坤歷屯、蒙、需、訟、師、比、小畜、履十卦，陰陽各三十畫，則六十矣。陽極于六，陰極于六，至此乾坤變矣。故坤綜乾而爲泰，乾綜坤而爲否。否泰者，乾坤上下相綜之卦也。乾坤既迭相否泰，則其間萬物吉凶消長，進退存亡，不可悉紀。自同人以下至大畜，无非否泰之相推，无否无泰非易矣。水火者乾坤所有之物，皆天道也，體也。无水火則乾坤爲死物。故必山澤通氣，雷風相薄，而後乾坤之水火可交。頤、大過者山澤雷風之卦也。頤有離象，大過有坎象。故上經首乾坤，必乾坤歷否泰至頤、大過，而後終之以坎離。下經首咸、恒者，陰陽之交感，一物之乾坤也，易之氣也，流行不已者也。自咸、恒歷遯、大壯、晉、明夷、家人、睽、蹇、解十卦，陰陽各三十畫，則六十矣。陽極于六，陰極于六，至此男女變矣。故咸之男女，綜而爲損。恒之男女，綜而爲益。損益者，男女上下相綜之卦也。男女既迭相損益，則其間萬事吉凶消長進退存亡不可悉紀。自夬以下至節，无非損益之相推。无損无益，非易矣。既濟、未濟者，男女所交之事，皆人道也，用也。无既濟、未濟，則男女爲死物。故必山澤通氣，雷風相薄，而後男女之水火可交。中孚、小過者，山澤雷風之卦也。中孚有離象，小過有坎象。故下經首咸、恒，必咸、恒歷損、益至中孚、小過而後終之以既濟、未濟。要之，天道之體雖以否泰爲主，而未必无人道；人道之用雖以損益爲主，而未必无天道。上下經之篇義蘊蓄，其妙至此。

若以卦爻言之，上經陽爻八十六，陰爻九十四，陰多于陽者凡八。下經陽爻一百有六，陰爻九十有八，陽多于陰者亦八。上經陰多于陽，下經陽多于陰，皆同八焉，是卦爻之陰陽均平也。若以綜卦兩卦作一卦論之，上經十八卦，成三十卦，陽爻五十二，陰爻五十六，陰多于陽者凡四。下經十八卦，成三十四卦，陽爻五十六，陰爻五十二，陽多于陰者亦四。上經陰多于陽，下經陽多于陰，皆同四焉，是綜卦之陰陽均平也。上下經之篇義卦爻，其精至此，孔子贊其至精至變至神，厥有由矣。

來知德易經字義

象

卦中立象，有不拘《説卦》乾馬坤牛、乾首坤腹之類者，有自卦情而立象者。如乾卦本馬而言龍，以乾道變化，龍乃變化之物，故以龍言之。《朱子語録》：『或問卦之象。朱子曰：便是理會不得，如乾爲馬而説龍，如此之類，皆不通。』殊不知以卦情立象也。且荀九家亦有乾爲龍。

又如咸卦，艮爲少男，兑爲少女，男女相感之情，莫如年之少者。故周公立爻象，曰拇、曰腓、曰股、曰憧憧、曰脢、曰輔頰舌，一身皆感焉，蓋艮止則感之專，兑悦則應之至，是以四體百骸，從拇而上，自舌而下，無往而非感矣，此則以男女相感之至情而立象也。

又如豚魚知風，鶴知秋，雞知旦，三物皆有信，故中孚取之，亦以卦情立象也。又如漸取鴻者，以鴻至有時，而群有序，不失其時，不失其序，于漸之義爲切。且鴻又不再偶，于文王卦辭『女歸』之義爲切，此亦以卦情立象也。

有以卦畫之形取象者，如剥言宅、言牀、言廬者，因五陰在下，列于兩旁，一陽覆于其上，如宅、如牀、如廬，此以畫之形立象也。鼎與小過亦然、

又有卦體大象之象。凡陽在上者皆象艮、巽，陽在下者皆象震、兑，陽在上下者皆象離，陰在上下者皆

象坎。如益象離，故言龜。大過象坎，故言棟。頤亦象離，故亦言龜也。又如中孚，君子以議獄緩死，亦取噬嗑火雷之意，以中孚大象離，而中爻則雷也。故凡陽在下者動之象，在中者陷之象，在上者止之象。凡陰在下者入之象，在中者麗之象，在上者説之象。

又有以中爻取象者，如漸卦九三『婦孕不育』，以中爻二四合坎中滿也。九五『三歲不孕』，以中爻三五合離中虚也。

有將錯卦立象者。如履卦言虎，以下卦兑錯艮也。

有因綜卦立象者。如井與困相綜，巽爲市邑，在困爲兑，在井爲巽，則改爲邑矣。

有即陰陽而取象者。如乾爲馬，本象也，坎與震皆得乾之一畫，亦言馬。坤爲牛，本象也，離得坤之一畫，亦言牛，皆其類也。

有相因而取象者。如革卦九五言虎者，以兑錯艮，艮爲虎也，上六即以豹言之，豹次于虎，故相因而言豹也。

故其象多是無此事此理，而止立其象。如金車玉鉉之類，金豈可爲車，玉豈可爲鉉？蓋雖無此事此理，而爻内有此象也。

《朱子語録》云：『卦要看得親切，須是兼象看，但象失其傳了。』殊不知聖人立象，有卦情之象，有卦畫之象，有大象之象，有中爻之象，有錯卦之象，有綜卦之象，有爻變之象，有占中之象。正如釋卦名義，有以卦德釋者，有以卦體釋者，有以卦綜釋者，即此意也。所以説『擬諸其形容，象其物宜』，但形容物宜可擬可象，即是象矣。自王弼不知文王《序卦》之妙，掃除其象，後儒泥滯《説卦》，所以説『象失其傳』，而不知未失其傳也。善乎蔡氏曰：『聖人擬諸其形容而立象，至纖至悉，無所不有，所謂其道甚大，百物不廢者，此也。其在上古，尚此以制器。其在中古，觀此以繫辭。而後世之言《易》者，乃曰得意在忘象，得象在忘言，一切指爲魚兔筌蹄，殆非聖人作易、前民用以教天下之意矣。』此言蓋有所指而發也。

錯

錯者，陰與陽相對也。父與母錯，長男與長女錯，中男與中女錯，少男與少女錯。八卦相錯，六十四卦皆不外此錯也。

天地造化之理，獨陰陽不能生成，故有剛必有柔，有男必有女，所以八卦相錯。八卦既相錯，所以象即寓于錯之中。如乾錯坤，乾爲馬，坤即利牝馬之貞。履卦兑錯艮，艮爲虎，文王即以虎言之。革卦上體乃兑，周公九五爻亦以虎言之。又睽卦上九純用錯卦，師卦『王三錫命』純用天火同人之錯。皆其證也。又有以中爻之錯言者。如小畜言雲，因中爻離錯坎故也；六四言血者，坎爲血也；言惕者，坎爲加憂也。又如艮卦九三，中爻坎，爻辭曰『薰心』，坎水安得薰心？以錯離有火煙也。

綜子宋切

綜字之義，即織布帛之綜，或上或下、顛之倒之者也。如乾、坤、坎、離四正之卦，則或上或下；巽、兑、艮、震四隅之卦，則巽即爲兑，艮即爲震，其卦名則不同。如屯、蒙相綜，在屯則爲雷，在蒙則爲山是也。如履、小畜相綜，在履則爲澤，在小畜則爲風是也。如損、益相綜，損之六五，即益之六二，特倒轉耳，故其象皆『十朋之龜』。夬、姤相綜，夬之九四，即姤之九三，故其象皆『臀無膚』。綜卦之妙如此，非山中研窮三十年，安能知之，宜乎諸儒以象失其傳也。

然文王《序卦》有正綜，有雜綜。如乾初爻變姤，坤逆行五爻變夬，與姤相綜，所以姤綜夬，遯綜大壯，否綜泰，觀綜臨，剥綜復，所謂乾坤之正綜也，八卦通是。初與五綜，二與四綜，三與上綜，雖一定之數，不容安排，然陽順行而陰逆行，與之相綜，造化之玄妙可見矣。文王之《序卦》，不其神哉？即陽木順行，生亥死午，陰木逆行，生午死亥之意，若乾坤所屬尾二卦，晉、大有、需、比之類，乃術家所謂游魂歸魂，出于乾坤之外者，非乾坤五爻之正變，故謂之雜綜。

然乾坤水火四正之卦，四正與四正相綜；艮巽震兑四隅之卦，四隅與四隅相綜，雖雜亦不雜也。八卦既相綜，所以象即寓于綜之中。如噬嗑『利用獄』，賁乃相綜之卦，亦以獄言之，旅豐二卦亦以獄言者，皆以其相綜也。有以上六下初而綜者，則自外來而爲主于内是也。有以二五而綜者，柔得中而上行是也。

蓋易以道陰陽，陰陽之理流行不常，原非死物膠固一定者，故顛之倒之，可上可下者，以其流行不常耳。故讀《易》者不能悟文王《序卦》之妙，則《易》不得其門而入。既不入門，而宫墻外望，則『改邑不改井』之玄辭，『其人天且劓』之險語，不知何自而來也。噫！文王不其繼伏羲而神哉？

變

變者，陽變陰，陰變陽也。如乾卦初變即爲姤，是就于本卦變之。宋儒不知文王《序卦》，如屯蒙相綜之卦，本是一卦，向上成一卦，向下成一卦，詳見前《伏羲文王錯綜圖》。如訟之剛來而得中，乃卦綜也，非卦變也，以爲自遯卦變來，非矣。如姤方是變卦。

變，玄之又玄，妙之又妙，蓋爻一動即變。如漸卦，九三以三爲夫，以坎中滿爲婦孕，及三爻一變，則陽死成坤，離絶夫位，故有『夫征不復』之象。既成坤，則並坎中滿通不見矣，故有『婦孕不育』之象。又如歸妹九四，中爻坎，月離日期之象也，四一變則純坤，而日月不見矣，故『愆期』，豈不玄妙。

中爻

中爻者，二三四五所合之卦也。《繫辭》第九章，孔子言甚詳矣。大抵錯者陰陽横相對也，綜者陰陽上下相顛倒也，變者陽變陰、陰變陽也，中爻者陰陽内外相連屬也。周公作爻辭，不過此錯、綜、變、中爻四者而已。如離卦居三，同人曰三歲，未濟曰三年，既濟曰三年，明夷曰三日，皆以本卦三言也。若坎之三歲，困之三歲，解之三品，皆離之錯也。漸之三歲，巽之三品，皆以中爻合離也。豐之三歲，以上六變而爲離也。即離而諸爻用四者可知矣。

孔子韋編三絶，于陰陽之理，悦心研慮已久，故于圓圖看出錯字，于《序卦》看出綜字，所以説『錯綜其數』。又恐後人將《序卦》一連，不知有錯綜二體，故雜亂其卦，惟令二體之卦相連，如乾剛坤柔，比樂師憂是也。又説出中爻。宋儒不知乎此，將孔子《繫辭》所居而安者，文王之《序卦》所樂而玩者，周公之爻辭，認『序』字爲卦爻所著事理當然之次第，故自孔子没而易已亡至今日矣。

來知德易经集注改正分卷圖

上經分卷

共十八卦。相綜者兩卦止作一卦，相錯者一卦自爲一卦，此即文王《序卦》。

一卷：乾　坤

二卷：屯蒙　需訟

三卷：師比　小畜履　泰否

四卷：同人大有　謙豫　隨蠱

五卷：臨觀　噬嗑賁　剥復

六卷：无妄大畜　頤　大過　坎　離

下經分卷

共十八卦。此即文王《序卦》。

七卷：咸恒　遯大壯　晉明夷

八卷：家人睽　蹇解　損益

九卷：夬姤　萃升　困井

十卷：革鼎　震艮

十一卷：漸歸妹　豐旅　巽兑

十二卷：涣節　中孚小過　既濟未濟

右舊分卷，前儒不知文王立《序卦》之意，止以爲上下篇之次序，取其多寡均平，乃以屯附坤，需附蒙，小畜附比，泰附復，謙附大有，隨附豫，噬嗑附觀，剥附賁，頤附大畜，坎附大過，遯附恒，晉附井，震附鼎，深失文王立《序卦》之意矣。今依孔子《雜卦傳》改正。

十三卷：繫辭上傳

十四卷：繫辭下傳

十五卷：説卦傳　序卦　傳　雜卦傳

十六卷：考定繫辭上下傳　補定説卦傳

來知德發明孔子十翼圖

《彖》曰：『大哉乾元，至哉坤元。』此贊乾坤之彖，一翼也。

《彖》曰：『屯，剛柔始交而難生。』此解卦辭之彖，二翼也。

《象》曰：『天行健，地勢坤。』此教人學易之大象，三翼也。

『潛龍勿用，陽在下也。』此解爻辭之小象，四翼也。

《文言》，五翼也。

《上繫》，六翼也。

《下繫》，七翼也。

《説卦》，八翼也。

《序卦》，九翼也。

《雜卦》，十翼也。

此之謂十翼。

易學六十四卦啓蒙

《易》自孔子没而亡至今日矣。《易》亡者何？以象失其傳也。故先之以象。此則六爻大象也，諸象則詳見《易經字義》。伏羲之卦主于錯，文王之卦主于綜，故次之以錯綜。文王、周公《繫辭》，皆不遺中爻，至孔子始發明之，故次之以中爻。同體者，文王之序卦皆同體也。一卦有一卦之情性，一爻有一爻之情性，如乾性健、坤性順，此一定不移者也。若有一爻之變，則其情性皆移矣。如乾初爻變則爲姤，姤之情性與乾之情性相去千里。故情性之後，繼①之以六爻之變。六爻既變，則即有錯、綜、中爻矣。故六爻變之下，復注錯、綜、中爻。六爻變後，猶有錯、綜、中爻，何也？蓋天地間萬物，獨陰獨陽，不能生成，故必有錯。而陰陽循環之理，陽上則陰下，陰上則陽下，故必有綜。則錯綜二字，不論六爻變與不變，皆不能離者也。若無錯綜，不成《易》矣。故六爻變後，復注錯、綜。而中爻者，亦陰陽也，故繼之。若地位、人位、天位者，乃三才也，故又繼之。四聖千古不傳之秘盡泄于此，學者能于此而熟玩之，則辭變象占，犁然明白，四聖之易不在四聖，而在我矣。

萬曆丁酉秋八月念五日書梁山來知德書于釜山草堂。

---

① 繼，原作『維』，據寶廉堂本改。

乾☰☰ 六畫純陽之卦　上經始于此

象

錯　坤　伏羲圓圖

綜　文王序卦亦錯

中爻　孔子繫辭

同體

情性　情剛性剛　情健性健

六爻變

初爻變巽錯震綜兑　成姤錯復綜夬　中爻下乾上乾　地位

二爻變離錯坎　成同人錯師綜大有　中爻下巽上乾　地位

三爻變兑錯艮綜巽　成履錯謙綜小畜　中爻下離上巽　人位

四爻變巽錯震綜兑　成小畜錯豫綜履　中爻下兑上離　人位

五爻變離錯坎　成大有錯比綜同人　中爻下乾上兑　天位

六爻變兑錯艮綜巽　成夬錯剥綜姤　中爻下乾上乾　天位

坤☷☷ 六畫純陰之卦

象

錯　乾　伏羲圓圖

綜　　文王序卦

中爻　　孔子繫辭

同體

情性　情柔性柔　　情順性順

六爻變

初爻變震錯巽綜艮　成復錯姤綜剥　中爻下坤上坤　地位

二爻變坎錯離　成師錯同人綜比　中爻下震上坤　地位

三爻變艮錯兑綜震　成謙錯履綜豫　中爻下坎上震　人位

四爻變震錯巽綜艮　成豫錯小畜綜謙　中爻下艮上坎　人位

五爻變坎錯離　成比錯大有綜師　中爻下坤上艮　天位

六爻變艮錯兑綜震　成剥錯夬綜復　中爻下坤上坤　天位

屯䷂　二陽四陰之卦　屬坎

象

錯　鼎　伏羲圓圖

綜　蒙正綜，詳見圖解　文王序卦

中爻　二四合坤錯乾　三五合艮錯兑綜震　孔子繫辭

同體　觀晉○萃蹇小過○蒙○震解升○頤○坎明夷艮○臨　十四卦同體

情性　情剛性剛　情險性動

六爻變

初爻變坤錯乾　成比錯大有綜師　中爻下坤上艮　地位

二爻變兑錯艮綜巽　成節錯旅綜涣　中爻下震上艮　地位

三爻變離錯坎　成既濟錯未濟綜未濟　中爻下坎上離　人位

四爻變兑錯艮綜巽　成隨錯蠱綜蠱　中爻下艮上巽　人位

五爻變坤錯乾　成復錯姤綜剥　中爻下坤上坤　天位

六爻變巽錯震綜兑　成益錯恒綜損　中爻下坤上艮　天位

蒙䷃　二陽四陰之卦　屬離

象

錯　革　伏羲圓圖

綜　屯正綜　文王序卦

中爻　二四合震錯巽綜艮　三五合坤錯乾　孔子繫辭

同體　觀晉○萃蹇小過○　○震解升○頤○坎屯明夷○艮○臨　十四卦同體

情性　情剛性剛　情止性險

六爻變

初爻變兑錯艮綜巽　成損錯咸綜益　中爻下震上坤　地位

二爻變坤錯乾　成剥錯夬綜復　中爻下坤上坤　地位
三爻變巽錯震綜兑　成蠱錯隨綜隨　中爻下兑上震　人位
四爻變離錯坎　成未濟錯既濟綜既濟　中爻下離上坎　人位
五爻變巽錯震綜兑　成涣錯豐綜節　中爻下震上艮　天位
六爻變坤錯乾　成師錯同人綜比　中爻下震上坤　天位

需☰☵　四陽二陰之卦　屬坤
象
錯　晉　伏羲圓圖
綜　訟雜綜，詳見圖解　文王序卦
中爻　二四合兑錯艮綜巽　三五合離錯坎　孔子繫辭
同體　遯○兑○離鼎訟○大過○巽家人无妄○革○大畜睽中孚○大壯　十四卦同體
情性　情剛性剛　情險性健
六爻變
初爻變巽錯震綜兑　成井錯噬嗑綜困　中爻下兑上離　地位
二爻變離錯坎　成既濟錯未濟綜未濟　中爻下坎上離　地位
三爻變兑錯艮綜巽　成節錯旅綜涣　中爻下震上艮　人位
四爻變兑錯艮綜巽　成夬錯剥綜姤　中爻下乾上乾　人位

五爻變坤錯乾　成泰錯否綜否　中爻下兑上震　天位

六爻變巽錯震綜兑　成小畜錯豫綜履　中爻下兑上離　天位

訟䷅　四陽二陰之卦　屬離

象

錯　明夷　伏羲圓圖

綜　需雜綜　文王序卦

中爻　二四合離錯坎　三五合巽錯震綜兑　孔子繫辭

同體　遯○兑○離鼎○大過○巽家人无妄○革○大畜睽中孚○大壯　需十四卦同體

情性　情剛性剛　情健性險

六爻變

初爻變兑錯艮綜巽　成履錯謙綜小畜　中爻下離上巽　地位

二爻變坤錯乾　成否錯泰綜泰　中爻下艮上巽　地位

三爻變巽錯震綜兑　成姤錯復綜夬　中爻下乾上乾　人位

四爻變巽錯震綜兑　成渙錯豐綜節　中爻下震上艮　人位

五爻變離錯坎　成未濟錯既濟綜既濟　中爻下離上坎　天位

六爻變兑錯艮綜巽　成困錯賁綜井　中爻下離上巽　天位

師䷆　一陽五陰之卦　屬坎

象　坎

錯　同人　伏羲圓圖

綜　屯雜綜　文王序卦

中爻　二四合震錯巽綜艮　三五合坤錯乾　孔子繫辭

同體　剥○謙○　○豫○　○　○　復比　五卦同體

情性　情柔性剛　情順性險

六爻變

初爻變兑錯艮綜巽　成臨錯遯綜觀　中爻下震上坤　地位

二爻變坤錯乾　成坤錯乾　中爻下坤上坤　地位

三爻變巽錯震綜兑　成升錯无妄綜萃　中爻下兑上震　人位

四爻變震錯巽綜艮　成解錯家人綜蹇　中爻下離上坎　人位

五爻變坎錯離　成坎錯離　中爻下震上艮　天位

六爻變艮錯兑綜震　成蒙錯革綜屯　中爻下震上坤　天位

比䷇　一陽五陰之卦　屬坤

象　坎

錯　大有　伏羲圓圖

綜　師雜綜　文王序卦

中爻　二四合坤錯乾　三五合艮錯兑綜震　孔子繫辭

同體　剥○謙○　○豫○　○師○　○復　五卦同體

情性　情剛性柔　情險性順

六爻變

初爻變震錯巽綜艮　成屯錯鼎綜蒙　中爻下坤上艮　地位

二爻變坎錯離　成坎錯離　中爻下震上艮　地位

三爻變艮錯兑綜震　成蹇錯睽綜解　中爻下坎上離　人位

四爻變兑錯艮綜巽　成萃錯大畜綜升　中爻下艮上巽　人位

五爻變坤錯乾　成坤錯乾　中爻下坤上坤　天位

六爻變巽錯震綜兑　成觀錯大壯綜臨　中爻下坤上艮　天位

小畜䷈　五陽一陰之卦　屬巽

象　離

錯　豫　伏羲圓圖

綜　履正綜　文王序卦

中爻　二四合兑錯艮綜巽　三五合離錯坎　孔子繫辭

同體　姤大有○　○同人○　○　○履○夬　五卦同體

情性　情柔性剛　情入性健

六爻變

初爻變巽錯震綜兑　成巽錯震綜兑　中爻下兑上離　地位

二爻變離錯坎　成家人錯解綜睽　中爻下坎上離　地位

三爻變兑錯艮綜巽　成中孚錯小過　中爻下震上艮　人位

四爻變乾錯坤　成乾錯坤　中爻下乾上乾　人位

五爻變艮錯兑綜震　成大畜錯萃綜无妄　中爻下兑上震　天位

六爻變坎錯離　成需錯晉綜訟　中爻下兑上離　天位

履䷉　五陽一陰之卦　屬艮

象　離

錯　謙　伏羲圓圖

綜　小畜正綜　文王序卦

中爻　二四合離錯坎　三五合巽錯震綜兑　孔子繫辭

同體　姤大有○　○同人○　○小畜○　○　○夬　五卦同體

情性　情剛性柔　情健性悦

六爻變

初爻變坎錯離　成訟錯明夷綜需　中爻下離上巽　地位

二爻變震錯巽綜艮　成无妄錯升綜大畜　中爻下艮上巽　地位
三爻變乾錯坤　成乾錯坤　中爻下乾上乾　人位
四爻變巽錯震綜兑　成中孚錯小過　中爻下震上艮　人位
五爻變離錯坎　成睽錯蹇綜家人　中爻下離上坎　天位
六爻變兑錯艮綜巽　成兑錯艮綜巽　中爻下離上巽　天位

泰䷊　三陽三陰之卦　屬坤　又正月卦

象　震兑

錯　否　伏羲圓圖

綜　否　文王序卦

中爻　二四合兑錯艮綜巽　三五合震錯巽綜艮　孔子繫辭

同體　否○困咸歸妹○旅未濟涣○恒井隨○益噬嗑蠱○節既濟豐○賁損漸○　○十九卦同體

情性　情柔性剛　情順性健

六爻變

初爻變巽錯震綜兑　成升錯无妄綜萃　中爻下兑上震　地位
二爻變離錯坎　成明夷錯訟綜晉　中爻下坎上震　地位
三爻變兑錯艮綜巽　成臨錯遯綜觀　中爻下震上坤　人位
四爻變震錯巽綜艮　成大壯錯觀綜遯　中爻下乾上兑　人位

五爻變坎錯離　成需錯晉綜訟　中爻下兑上離　天位
六爻變艮錯兑綜震　成大畜錯萃綜无妄　中爻下兑上震　天位

否☷☰　三陽三陰之卦　屬乾　又七月卦
象　艮巽
錯　泰　伏羲圓圖
綜　泰　文王序卦
中爻　二四合艮錯兑綜震　三五合巽錯震綜兑　孔子繫辭
同體　○困咸歸妹○旅未濟涣○恒井隨○益噬嗑蠱○節既濟豐○賁損漸○泰　十九卦同體
情性　情剛性柔　情健性順
六爻變
初爻變震錯巽綜艮　成无妄錯升綜大畜　中爻下艮上巽　地位
二爻變坎錯離　成訟錯明夷綜需　中爻下離上巽　地位
三爻變艮錯兑綜震　成遯錯臨綜大壯　中爻下巽上乾　人位
四爻變巽錯震綜兑　成觀錯大壯綜臨　中爻下坤上乾　人位
五爻變離錯坎　成晉錯需綜明夷　中爻下艮上坎　天位
六爻變兑錯艮綜巽　成萃錯大畜綜升　中爻下艮上巽　天位

同人☰ 五陽一陰之卦 屬離

象 離

錯 師 伏羲圓圖

綜 大有雜綜 文王序卦

中爻 二四合巽錯震綜兑 三五合乾錯坤 孔子繫辭

同體 姤大有〇 〇 〇 〇小畜〇 〇履〇夬 五卦同體

情性 情剛性柔 情健性明

六爻變

初爻變艮錯兑綜震 成遯錯臨綜大壯 中爻下巽上乾 地位

二爻變乾錯坤 成乾錯坤 中爻下乾上乾 地位

三爻變震錯巽綜艮 成无妄錯升綜大畜 中爻下艮上巽 人位

四爻變巽錯震綜兑 成家人錯解綜睽 中爻下坎上離 人位

五爻變離錯坎 成離錯坎 中爻下巽上兑 天位

六爻變兑錯艮綜巽 成革錯蒙綜鼎 中爻下巽上乾 天位

大有☰ 五陽一陰之卦 屬乾

象 離

錯 比 伏羲圓圖

綜　同人雜綜　文王序卦

中爻　二四合乾錯坤　三五合兑錯艮綜巽　孔子繫辭

同體　姤○　○同人○　○小畜○　○履○夬　五卦同體

情性　情柔性剛　情明性健

六爻變

初爻變巽錯震綜兑　成鼎錯屯綜革　中爻下乾上兑　地位

二爻變離錯坎　成離錯坎　中爻下巽上兑　地位

三爻變兑錯艮綜巽　成睽錯蹇綜家人　中爻下離上坎　人位

四爻變艮錯兑綜震　成大畜錯萃綜无妄　中爻下兑上震　人位

五爻變乾錯坤　成乾錯坤　中爻下乾上乾　天位

六爻變震錯巽　成大壯錯觀綜遯　中爻下乾上兑　天位

謙䷎　一陽五陰之卦　屬兑

象　坎

錯　履　伏羲圓圖

綜　豫正綜　文王序卦

中爻　二四合坎錯離　三五合震錯巽綜艮　孔子繫辭

同體　剥○　○　○豫　○　○師○復比　五卦同體

情性　情柔性剛　情順性止

六爻變

初爻變離錯坎　成明夷錯訟綜晉　中爻下坎上震　地位

二爻變巽錯震綜兑　成升錯无妄綜萃　中爻下兑上震　地位

三爻變坤錯乾　成坤錯乾　中爻下坤上坤　人位

四爻變震錯巽綜艮　小過錯中孚　中爻下巽上兑　人位

五爻變坎錯離　成蹇錯睽綜解　中爻下坎上離　天位

六爻變艮錯兑綜震　成艮錯兑綜震　中爻下坎上震　天位

豫䷏　一陽五陰之卦　屬震

象　坎

錯　小畜　伏羲圓圖

綜　謙正綜　文王序卦

中爻　二四合艮錯兑綜震　三五合坎錯離　孔子繫辭

同體　剥○謙○　○　○　○師○復比　五卦同體

情性　情剛性柔　情動性順

六爻變

初爻變震錯巽綜艮　成震錯巽綜艮　中爻下艮上坎　地位

二爻變坎錯離　成解錯家人綜蹇　中爻下離上坎　地位
三爻變艮錯兑綜震　成小過錯中孚　中爻下巽上兑　人位
四爻變坤錯乾　成坤錯乾　中爻下坤上坤　人位
五爻變兑錯艮綜巽　成萃錯大畜綜升　中爻下艮上巽　天位
六爻變離錯坎　成晉錯需綜明夷　中爻下艮上坎　天位

隨䷐　三陽三陰之卦　屬震

象

錯　蠱　伏羲圓圖

綜　蠱雜綜　文王序卦

中爻　二四合艮錯兑綜震　三五合巽錯震綜兑　孔子繫辭

同體　否○困咸歸妹○旅未濟涣○恒井○益噬嗑蠱○節既濟豐○賁損漸○泰　十九卦同體

情性　情柔性剛　情悦性動

六爻變

初爻變坤錯乾　成萃錯大畜綜升　中爻下艮上巽　地位
二爻變兑錯艮綜巽　成兑錯艮綜巽　中爻下離上巽　地位
三爻變離錯坎　成革錯蒙綜鼎　中爻下巽上乾　人位
四爻變坎錯離　成屯錯鼎綜蒙　中爻下坤上艮　人位

五爻變震錯巽綜艮　成震錯巽綜艮　中爻下艮上坎　天位

六爻變乾錯坤　成无妄錯升綜大畜　中爻下艮上巽　天位

蠱䷑　三陽三陰之卦　屬巽

象

錯　隨　伏羲圓圖

綜　隨雜綜　文王序卦

中爻　二四合兑錯艮綜巽　三五合震錯巽綜艮　孔子繫辭

同體　否○困咸歸妹○旅未濟涣○恒井隨○益噬嗑○節既濟①豐○賁損漸○泰　十九卦同體

情性　情剛性柔　情止性入

六爻變

初爻變乾錯坤　成大畜錯萃綜无妄　中爻下兑上震　地位

二爻變艮錯兑綜震　成艮錯兑綜震　中爻下坎上震　地位

三爻變坎錯離　成蒙錯革綜屯　中爻下震上坤　人位

四爻變離錯坎　成鼎錯屯綜革　中爻下乾上兑　人位

五爻變巽錯震綜兑　成巽錯震綜兑　中爻下兑上離　天位

① 既濟，諸本皆作「未濟」，然上文已出，此當是「既濟」。

六爻變坤錯乾　成升錯无妄綜萃　中爻下兑上震　天位

臨☳☱　二陽四陰之卦　屬坤　又十二月卦

象　震兑

錯　遯　伏羲圓圖

綜　觀正綜　文王序卦

中爻　二四合震錯巽綜艮　三五合坤錯乾　孔子繫辭

同體　觀晉○萃蹇小過○蒙○震解升○頤○坎屯明夷　○艮　○十四卦同體

情性　情柔性柔　情順性悦

六爻變

初爻變坎錯離　成師錯同人綜比　中爻下震上坤　地位

二爻變震錯巽綜艮　成復錯姤綜剥　中爻下坤上坤　地位

三爻變乾錯坤　成泰錯否綜否　中爻下兑上震　人位

四爻變震錯巽綜艮　成歸妹錯漸綜漸　中爻下離上坎　人位

五爻變坎錯離　成節錯旅綜涣　中爻下震上艮　天位

六爻變艮錯兑綜震　成損錯咸綜益　中爻下震上坤　天位

觀☴☷　二陽四陰之卦　屬乾　又八月卦

象　巽艮

錯　大壯　伏羲圓圖

綜　臨正綜　文王序卦

中爻　二四合坤錯乾　三五合艮錯兑綜震　孔子繫辭

同體　晉〇萃蹇小過〇蒙〇震解升〇頤〇坎屯明夷艮〇臨　十四卦同體

情性　情柔性柔　情入性順

六爻變

初爻變震錯巽綜艮　成益錯恒綜損　中爻下坤上艮　地位

二爻變坎錯離　成涣錯豐綜節　中爻下震上艮　地位

三爻變艮錯兑綜震　成漸錯歸妹綜歸妹　中爻下坎上離　人位

四爻變乾錯坤　成否錯泰綜泰　中爻下艮上巽　人位

五爻變艮錯兑綜震　成剥錯夬綜復　中爻下坤上坤　天位

六爻變坎錯離　成比錯大有綜師　中爻下坤上艮　天位

噬嗑䷔　三陽三陰之卦　屬巽

象

錯　井　伏羲圓圖

綜　賁正綜　文王序卦

中爻　二四合艮（錯兌綜震）　三五合坎（錯離）　孔子繫辭

同體　否○困咸歸妹○旅未濟渙○恒井隨○益噬嗑蠱○節既濟豐○賁損漸○泰　十九卦同體

情性　情柔性剛　情明性動

六爻變

初爻變坤（錯乾）　成晉（錯需綜明夷）　中爻下艮上坎　地位

二爻變兌（錯艮綜巽）　成睽（錯蹇綜家人）　中爻下離上坎　地位

三爻變離（錯坎）　成離（錯坎）　中爻下巽上兌　人位

四爻變艮（錯兌綜震）　成頤（錯大過）　中爻下坤上坤　人位

五爻變乾（錯坤）　成无妄（錯井綜大畜）　中爻下艮上巽　天位

六爻變震（錯巽綜艮）　成震（錯巽綜艮）　中爻下艮上坎　天位

賁䷕　三陽三陰之卦　屬艮

象

錯　困　伏羲圓圖

綜　噬嗑（正綜）　文王序卦

中爻　二四合坎（錯離）　三五合震（錯巽綜艮）　孔子繫辭

同體　否○困咸歸妹○旅未濟渙○恒井隨○益噬嗑蠱○節既濟豐○損漸○泰　十九卦同體

情性　情剛性柔　情止性明

六爻變

初爻變艮錯兑綜震　成艮錯兑綜震　中爻下坎上震　地位

二爻變乾錯坤　成大畜錯萃綜无妄　中爻下兑上震　地位

三爻變震錯巽綜艮　成頤錯大過　中爻下坤上坤　人位

四爻變離錯坎　成離錯坎　中爻下巽上兑　人位

五爻變巽錯震綜兑　成家人錯解綜睽　中爻下坎上離　天位

六爻變坤錯乾　成明夷錯訟綜晉　中爻下坎上震　天位

剝䷖　一陽五陰之卦　屬乾　又九月卦

象　巽艮

錯　夬　伏羲圓圖

綜　復正綜　文王序卦

中爻　二四合坤錯乾　三五合坤錯乾　孔子繫辭

同體　○謙○　○豫　○師○　○復比　五卦同體

情性　情剛性柔　情止性順

六爻變

初爻變震錯巽綜艮　成頤錯大過　中爻下坤上坤　地位

二爻變坎錯離　成蒙錯革綜屯　中爻下震上坤　地位

三爻變艮錯兌綜震　成艮錯兌綜震　中爻下坎上震　人位
四爻變離錯坎　成晉錯需綜明夷　中爻下艮上坎　人位
五爻變巽錯震綜兌　成觀錯大壯綜臨　中爻下坤上艮　天位
六爻變坤錯乾　成坤錯乾　中爻下坤上坤　天位

復䷗　一陽五陰之卦　屬坤　又十一月卦

象　震兑

錯　姤　伏羲圓圖

綜　剥正綜　文王序卦

中爻　二四合坤錯乾　三五合坤錯乾　孔子繫辭

同體　剥○謙○　○豫○師○　○比　五卦同體

情性　情柔性剛　情順性動

六爻變

初爻變坤錯乾　成坤錯乾　中爻下坤上坤　地位
二爻變兑錯艮綜巽　成臨錯遯綜觀　中爻下震上坤　地位
三爻變離錯坎　成明夷錯訟綜晉　中爻下坎上震　人位
四爻變震錯巽綜艮　成震錯巽綜艮　中爻下艮上坎　人位
五爻變坎錯離　成屯錯鼎綜蒙　中爻下坤上艮　天位

六爻變艮錯兑綜震　成頤錯大過　　中爻下坤上坤　天位

无妄☰☳　四陽二陰之卦　屬巽

象　離

錯　升　伏羲圓圖

綜　大畜正綜　文王序卦

中爻　二四合艮錯兑綜震　三五合巽錯震綜兑　孔子繫辭

同體　遯〇兑〇離鼎訟〇大過〇巽家人〇革〇大畜睽中孚〇大壯需　十四卦同體

情性　情剛性剛　情健性動

六爻變

初爻變坤錯乾　成否錯泰綜泰　中爻下艮上巽　地位

二爻變兑錯艮綜巽　成履錯謙綜小畜　中爻下離上巽　地位

三爻變離錯坎　成同人錯師綜大有　中爻下巽上乾　人位

四爻變巽錯震綜損　成益錯恒綜損　中爻下坤上艮　人位

五爻變離錯坎　成噬嗑錯井綜賁　中爻下艮上坎　天位

六爻變兑錯艮綜巽　成隨錯蠱綜蠱　中爻下艮上巽　天位

大畜☶☰　四陽二陰之卦　屬艮

象　離

錯　萃　伏羲圓圖

綜　无妄正綜　文王序卦

中爻　二四合兑錯艮綜巽　三五合震錯巽綜艮　孔子繫辭

同體　遯○兑○離鼎訟○大過○巽家人无妄革○睽中孚○大壯需　十四卦同體

情性　情剛性剛　情止性健

六爻變

初爻變巽錯震綜兑　成蠱錯隨綜隨　中爻下兑上震　地位
二爻變離錯坎　成賁錯困綜噬嗑　中爻下坎上震　地位
三爻變兑錯艮綜巽　成損錯咸綜益　中爻下震上坤　人位
四爻變離錯坎　成大有錯比綜同人　中爻下乾上兑　人位
五爻變巽錯震綜兑　成小畜錯豫綜履　中爻下兑上離　天位
六爻變坤錯乾　成泰錯否綜否　中爻下兑上震　天位

頤䷚　二陽四陰之卦　屬巽

象　離

錯　大過　伏羲圓圖

綜　文王序卦

中爻　二四合坤錯乾　三五合坤錯乾　孔子繫辭

同體　觀晉○萃蹇小過○蒙○震解升○　○坎屯明夷○艮○臨　十四卦同體

情性　情剛性剛　情止性動

六爻變

初爻變坤錯乾　成剥錯夬綜復　中爻下坤上坤　地位

二爻變兑錯艮綜巽　成損錯咸綜益　中爻下震上坤　地位

三爻變離錯坎　成賁錯困綜噬嗑　中爻下坎上震　人位

四爻變離錯坎　成噬嗑錯井綜賁　中爻下艮上坎　人位

五爻變巽錯震綜兑　成益錯恒綜損　中爻下坤上艮　天位

六爻變坤錯乾　成復錯姤綜剥　中爻下坤上坤　天位

大過䷛　四陽二陰之卦　屬震

象　坎

錯　頤　伏羲圓圖

綜　文王序卦亦錯

中爻　二四合乾錯坤　三五合乾錯坤　孔子繫辭

同體　遯○兑○離鼎訟○○巽家人无妄○革○大畜睽中孚○大壯需　十四卦同體

情性　情柔性柔　情悦性入

六爻變

初爻變乾錯坤　成夬錯剥綜姤　中爻下乾上乾　地位

二爻變艮錯兑綜震　成咸錯損綜恒　中爻下巽上乾　地位

三爻變坎錯離　成困錯賁綜井　中爻下離上巽　人位

四爻變坎錯離　成井錯噬嗑綜困　中爻下兑上離　人位

五爻變震錯巽綜艮　成恒錯益綜咸　中爻下乾上兑　天位

六爻變乾錯坤　成姤錯復綜夬　中爻下乾上乾　天位

坎☵☵　二陽四陰之卦

象

錯　離　伏羲圓圖

綜　文王序卦亦錯

中爻　二四合震錯巽綜艮　三五合艮錯兑綜震　孔子繫辭

同體　觀晉○萃蹇小過○蒙○震解升○頤○屯明夷○艮○臨　十四卦同體

情性　情剛性剛　情險性險

六爻變

初爻變兑錯艮綜巽　成節錯旅綜涣　中爻下震上艮　地位

二爻變坤錯乾　成比錯大有綜師　中爻下坤上艮　地位

三爻變巽錯震綜兑　成井錯噬嗑綜困　中爻下兑上離　人位
四爻變兑錯艮綜巽　成困錯賁綜井　中爻下離上巽　人位
五爻變坤錯乾　成師錯同人綜比　中爻下震上坤　天位
六爻變巽錯震綜兑　成涣錯豐綜節　中爻下震上艮　天位

離☲　四陽二陰之卦　上經終于此

象

錯　坎　伏羲圓圖

綜　文王序卦

中爻　二四合巽錯震綜兑　三五合兑錯艮綜巽　孔子繫辭

同體　遯○兑○鼎訟○大過○巽家人无妄○革○大畜睽中孚○大壯需　十四卦同體

情性　情柔性柔　情明性明

六爻變

初爻變艮錯兑綜震　成旅錯節綜豐　中爻下巽上兑　地位
二爻變乾錯坤　成大有錯比綜同人　中爻下乾上兑　地位
三爻變震錯巽綜艮　成噬嗑錯井綜賁　中爻下艮上坎　人位
四爻變艮錯兑綜震　成賁錯困綜噬嗑　中爻下坎上震　人位
五爻變乾錯坤　成同人錯師綜大有　中爻下巽上乾　天位

六爻變震錯巽綜艮　成豐錯渙綜旅　中爻下巽上兑　天位

咸䷞　三陽三陰之卦　屬兑　下經始于此

象　坎

錯　損　伏羲圓圖

綜　恒正綜　文王序卦

中爻　二四合巽錯震綜兑　三五合乾錯坤　孔子繫辭

同體　否〇困歸妹〇旅未濟涣〇恒井隨〇益噬嗑蠱節既濟豐〇賁損漸〇泰　十九卦同體

情性　情柔性剛　情悦性止

六爻變

初爻變離錯坎　成革錯蒙綜鼎　中爻下巽上乾　地位

二爻變巽錯震綜兑　成大過錯頤　中爻下乾上乾　地位

三爻變坤錯乾　成萃錯大畜綜升　中爻下艮上巽　人位

四爻變坎錯離　成蹇錯睽綜解　中爻下坎上離　人位

五爻變震錯巽綜艮　成小過錯中孚　中爻下巽上兑　天位

六爻變乾錯坤　成遯錯臨綜大壯　中爻下巽上乾　天位

恒䷟　三陽三陰之卦　屬震

象　坎

錯　益　伏羲圓圖

綜　咸正綜　文王序卦

中爻　二四合乾錯坤　三五合兑錯艮綜巽　孔子繫辭

同體　否○困咸歸妹○旅未濟涣○井隨○益噬嗑蠱○節既濟豐○賁損漸○○泰　十九卦同體

情性　情剛性柔　情動性入

六爻變

初爻變乾錯坤　成大壯錯觀綜遯　中爻下乾上兑　地位

二爻變艮錯兑綜震　成小過錯中孚　中爻下巽上兑　地位

三爻變坎錯離　成解錯家人綜蹇　中爻下離上坎　人位

四爻變坤錯乾　成升錯无妄綜萃　中爻下兑上震　人位

五爻變兑錯艮綜巽　成大過錯頤　中爻下乾上乾　天位

六爻變離錯坎　成鼎錯屯綜革　中爻下乾上兑　天位

遯䷠　四陽二陰之卦　屬乾　又六月卦

象　巽

錯　臨　伏羲圓圖

綜　大壯正綜　文王序卦

中爻　二四合巽錯震綜兑　三五合乾錯坤　孔子繫辭

同體　○兑○離鼎訟○大過○巽家人无妄○革○大畜睽中孚○大壯需　十四卦同體

情性　情剛性剛　情健性止

六爻變

初爻變離錯坎　成同人錯師綜大有　中爻下巽上乾　地位

二爻變巽錯震綜兑　成姤錯復綜夬　中爻下乾上乾　地位

三爻變坤錯乾　成否錯泰綜泰　中爻下艮上巽　人位

四爻變巽錯震綜兑　成漸錯歸妹綜歸妹　中爻下坎上離　人位

五爻變離錯坎　成旅錯節綜豐　中爻下巽上兑　天位

六爻變兑錯艮綜巽　成咸錯巽綜恒　中爻下巽上乾　天位

大壯☳☰　四陽二陰之卦　屬坤　又二月卦

象　兑

錯　觀　伏羲圓圖

綜　遯正綜　文王序卦

中爻　二四合乾錯坤　三五合兑錯艮綜巽　孔子繫辭

同體　遯○兑○離鼎訟○大過○巽家人无妄○革○大畜睽中孚○需　十四卦同體

情性　情剛性剛　情動性健

六爻變

初爻變巽錯震綜兑　成恒錯益綜咸　中爻下乾上兑　地位

二爻變離錯坎　成豐錯涣綜旅　中爻下巽上兑　地位

三爻變兑錯艮綜巽　成歸妹錯漸綜漸　中爻下離上坎　人位

四爻變坤錯乾　成泰錯否綜否　中爻下兑上震　人位

五爻變兑錯艮綜巽　成夬錯剥綜姤　中爻下乾上乾　天位

六爻變離錯坎　成大有錯比綜同人　中爻下乾上兑　天位

晉䷢　二陽四陰之卦　屬乾

象

錯　需　伏羲圓圖

綜　明夷雜綜　文王序卦

中爻　二四合艮錯兑綜震　三五合坎錯離　孔子繫辭

同體　觀○萃蹇小過○蒙○震解升○頤○坎屯明夷○艮○臨　十四卦同體

情性　情柔性柔　情明性順

六爻變

初爻變震錯巽綜艮　成噬嗑錯井綜賁　中爻下艮上坎　地位

二爻變坎錯離　成未濟錯既濟綜既濟　中爻下離上坎　地位

三爻變艮錯兑綜震　成旅錯節綜豐　中爻下巽上兑　人位
四爻變艮錯兑綜震　成剥錯夬綜姤　中爻下坤上坤　人位
五爻變乾錯坤　成否錯泰綜泰　中爻下艮上巽　天位
六爻變震錯巽綜艮　成豫錯小畜綜謙　中爻下艮上坎　天位

明夷䷣　二陽四陰之卦　屬坎

象
錯　訟　伏羲圓圖
綜　晉雜綜　文王序卦
中爻　二四合坎錯離　三五合震錯巽綜艮　孔子繫辭
同體　觀晉○萃蹇小過○蒙○震解升○頤○坎屯○艮○臨　十四卦同體
情性　情柔性柔　情順性明

六爻變
初爻變艮錯兑綜震　成謙錯履綜豫　中爻下坎上震　地位
二爻變乾錯坤　成泰錯否綜否　中爻下兑上震　地位
三爻變震錯巽綜艮　成復錯姤綜剥　中爻下坤上坤　人位
四爻變震錯巽綜艮　成豐錯涣綜旅　中爻下巽上兑　人位
五爻變坎錯離　成既濟錯未濟綜未濟　中爻下坎上離　天位

六爻變艮錯兑綜震　成賁錯困綜噬嗑　中爻下坎上震　天位

家人䷤　四陽二陰之卦　屬巽

象

錯　解　伏羲圓圖

綜　睽正綜　文王序卦

中爻　二四合坎錯離　三五合離錯坎　孔子繫辭

同體　遯○兑○離鼎訟○大過○巽无妄○革○大畜睽中孚○大壯需　十四卦同體

情性　情柔性柔　情入性明

六爻變

初爻變艮錯兑綜震　成漸錯歸妹綜歸妹　中爻下坎上離　地位

二爻變乾錯坤①　成小畜錯豫綜履　中爻下兑上離　地位

三爻變震錯巽綜艮　成益錯恒綜損　中爻下坤上艮　人位

四爻變乾錯坤　成同人錯師綜大有　中爻下巽上乾　人位

五爻變艮錯兑綜震　成賁錯困綜噬嗑　中爻下坎上震　天位

六爻變坎錯離　成既濟錯未濟綜未濟　中爻下坎上離　天位

---

① 坤，原作『困』，據史本改。

睽䷥　四陽二陰之卦　屬艮

象

錯　蹇　伏羲圓圖

綜　家人正綜　文王序卦

中爻　二四合離錯坎　三五合坎錯離　孔子繫辭

同體　遯○兑○離鼎訟○大過○巽家人无妄○革○大畜中孚○大壯需　十四卦同體

情性　情柔性柔　情明性悦

六爻變

初爻變坎錯離　成未濟錯既濟綜既濟　中爻下離上坎　地位

二爻變震錯兑綜艮　成噬嗑錯井①綜賁　中爻下艮上坎　地位

三爻變乾錯坤　成大有錯比綜同人　中爻下乾上兑　人位

四爻變艮錯兑綜震　成損錯咸綜益　中爻下震上坤　人位

五爻變乾錯坤　成履錯謙綜小畜　中爻下離上巽　天位

六爻變震錯巽綜艮　成歸妹錯漸綜漸　中爻下離上坎　天位

① 井，原作『升』，然噬嗑當錯井，形近而誤。

蹇䷦　二陽四陰之卦　屬兑

象

錯　睽　伏羲圓圖

綜　解正綜　文王序卦

中爻　二四合坎錯離　三五合離錯坎　孔子繫辭

同體　觀晉〇萃小過〇蒙〇震解升〇頤〇坎屯明夷〇艮〇臨　十四卦同體

情性　情剛性剛　情險性止

六爻變

初爻變離錯坎　成既濟錯未濟綜未濟　中爻下坎上離　地位

二爻變巽錯震綜兑　成井錯噬嗑綜困　中爻下兑上離　地位

三爻變坤錯乾　成比錯大有綜師　中爻下坤上艮　人位

四爻變兑錯艮綜巽　成咸錯巽綜恒　中爻下巽上乾　人位

五爻變坤錯乾　成謙錯履綜豫　中爻下坎上震　天位

六爻變巽錯震綜兑　成漸錯歸妹綜歸妹　中爻下坎上離　天位

解䷧　二陽四陰之卦　屬震

象

錯　家人　伏羲圓圖

綜　蹇正綜　文王序卦

中爻　二四合離錯坎　三五合坎錯離　孔子繫辭

同體　觀晉○萃蹇小過○蒙○震升○頤○坎屯明夷○艮○臨　十四卦同體

情性　情剛性剛　情動性險

六爻變

初爻變兑錯艮綜巽　成歸妹錯漸綜漸　中爻下離上坎　地位

二爻變坤錯乾　成豫錯小畜綜謙　中爻下艮上坎　地位

三爻變巽錯震綜兑　成恒錯益綜咸　中爻下乾上兑　人位

四爻變坤錯乾　成師錯同人綜比　中爻下震上坤　人位

五爻變兑錯艮綜巽　成困錯賁綜井　中爻下離上巽　天位

六爻變離錯坎　成未濟錯既濟綜既濟　中爻下離上坎　天位

損☶☱　三陽三陰之卦　屬艮

象　離

錯　咸　伏羲圓圖

綜　益正綜　文王序卦

中爻　二四合震錯巽綜艮　三五合坤錯乾　孔子繫辭

同體　否○困咸歸妹○旅未濟渙○恒井隨○益噬嗑蠱○節既濟豐○賁漸○○泰　十九卦同體

情性　情剛性柔　情止性悅

六爻變

初爻變坎錯離　成蒙錯革綜屯　中爻下震上坤　地位

二爻變震錯巽綜艮　成頤錯大過　中爻下坤上坤　地位

三爻變乾錯坤　成大畜錯萃綜无妄　中爻下兑上震　人位

四爻變離錯坎　成睽錯蹇綜家人　中爻下離上坎　人位

五爻變巽錯震綜兑　成中孚錯小過　中爻下震上艮　天位

六爻變坤錯乾　成臨錯遯綜觀　中爻下震上坤　天位

益䷩　三陽三陰之卦　屬巽

象　離

錯　恒　伏羲圓圖

綜　損正綜　文王序卦

中爻　二四合坤錯乾　三五合艮錯兑綜震　孔子繫辭

同體　否○困咸歸妹○旅未濟涣○恒井隨○噬嗑蠱○節既濟豐○賁損漸○泰　十九卦同體

情性　情柔性剛　情入性動

六爻變

初爻變坤錯乾　成觀錯大壯綜臨　中爻下坤上艮　地位

二爻變兑錯艮綜巽　成中孚錯小過　中爻下震上艮　地位
三爻變離錯坎　成家人錯解綜睽　中爻下坎上離　人位
四爻變乾錯坤　成无妄錯升綜大畜　中爻下艮上巽　人位
五爻變艮錯兑綜震　成頤錯大過　中爻下坤上坤　天位
六爻變坎錯離　成屯錯鼎綜蒙　中爻下坤上艮　天位

夬☱☰　五陽一陰之卦　屬坤　又三月卦

象　震

錯　剥　伏羲圓圖

綜　姤正綜　文王序卦

中爻　二四合乾錯坤　三五合乾錯坤　孔子繫辭

同體　姤大有○　○同人○　○小畜○　○履　五卦同體

情性　情柔性剛　情悦性健

六爻變

初爻變巽錯震綜兑　成大過錯頤　中爻下乾上乾　地位
二爻變離錯坎　成革錯蒙綜鼎　中爻下巽上乾　地位
三爻變兑錯艮綜巽　成兑錯艮綜巽　中爻下離上巽　人位
四爻變坎錯離　成需錯晉綜訟　中爻下兑上離　人位

五爻變震錯巽綜艮　成大壯錯觀綜遯　中爻下乾上兑　天位
六爻變乾錯坤　成乾錯坤　中爻下乾上乾　天位

姤䷫　五陽一陰之卦　屬乾　又五月卦

象　艮

錯　復　伏羲圓圖

綜　夬正綜　文王序卦

中爻　二四合乾錯坤　三五合乾錯坤　孔子繫辭

同體　大有○　○同人　○小畜○　○履○夬　五卦同體

情性　情剛性柔　情健性入

六爻變

初爻變乾錯坤　成乾錯坤　中爻下乾上乾　地位
二爻變艮錯兑綜震　成遯錯臨綜大壯　中爻下巽上乾　地位
三爻變坎錯離　成訟錯明夷綜需　中爻下離上巽　人位
四爻變巽錯震綜兑　成巽錯震綜兑　中爻下兑上離　人位
五爻變離錯坎　成鼎錯屯綜革　中爻下乾上兑　天位
六爻變兑錯艮綜巽　成大過錯頤　中爻下乾上乾　天位

萃䷬　二陽四陰之卦　屬兑

象　坎

錯　大畜　伏羲圓圖

綜　升正綜　文王序卦

中爻　二四合艮錯兑綜震　三五合巽錯震綜兑　孔子繫辭

同體　觀晉○蹇小過○蒙○震解升○頤○坎屯明夷○艮○臨　十四卦同體

情性　情柔性柔　情悦性順

六爻變

初爻變震錯巽綜艮　成隨錯蠱綜蠱　中爻下艮上巽　地位

二爻變坎錯離　成困錯賁綜井　中爻下離上巽　地位

三爻變艮錯兑綜震　成咸錯損綜恒　中爻下巽上乾　人位

四爻變坎錯離　成比錯大有綜師　中爻下坤上艮　人位

五爻變震錯巽綜艮　成豫錯小畜綜謙　中爻下艮上坎　天位

六爻變乾錯坤　成否錯泰綜泰　中爻下艮上巽　天位

升䷭　二陽四陰之卦　屬震

象　坎

錯　无妄　伏羲圓圖

綜　萃正綜　文王序卦

中爻　二四合兑錯艮綜巽　三五合震錯巽綜艮　孔子繫辭

同體　觀晉○萃蹇小過○蒙○震解○頤○坎屯明夷○艮○臨　十四卦同體

情性　情柔性柔　情順性入

六爻變

初爻變乾錯坤　成泰錯否綜否　中爻下兑上震　地位

二爻變艮錯兑綜震　成謙錯履綜豫　中爻下坎上震　地位

三爻變坎錯離　成師錯同人綜比　中爻下震上坤　人位

四爻變震錯巽綜艮　成恒錯益綜咸　中爻下乾上兑　人位

五爻變坎錯離　成井錯噬嗑綜困　中爻下兑上離　天位

六爻變艮錯兑綜震　成蠱錯隨綜隨　中爻下兑上震　天位

困䷮　三陽三陰之卦　屬兑

象

錯　賁　伏羲圓圖

綜　井正綜　文王序卦

中爻　二四合離錯坎　三五合巽錯震綜兑　孔子繫辭

同體　否○咸歸妹○旅未濟涣○恒井隨○益噬嗑蠱○節既濟豐○賁損漸○○泰　十九卦同體

情性　情柔性剛　情悦性險

六爻變

初爻變兑錯艮綜巽　成兑錯艮綜巽　中爻下離上巽　地位

二爻變坤錯乾　成萃錯大畜綜升　中爻下艮上巽　地位

三爻變巽錯震綜兑　成大過錯頤　中爻下乾上乾　人位

四爻變坎錯離　成坎錯離　中爻下震上艮　人位

五爻變震錯巽綜艮　成解錯家人綜蹇　中爻下離上坎　天位

六爻變乾錯坤　成訟錯明夷綜需　中爻下離上巽　天位

井䷯　三陽三陰之卦　屬震

象

錯　噬嗑　伏羲圓圖

綜　困正綜　文王序卦

中爻　二四合兑錯艮綜巽　三五合離錯坎　孔子繫辭

同體　否○困咸歸妹○旅未濟涣○恒隨○益噬嗑蠱○節既濟①○豐○賁損漸○泰　十九卦同體

情性　情剛性柔　情險性入

① 『既濟』原缺，據史本補。

六爻變

初爻變乾錯坤　成需錯晉綜訟　中爻下兑上離　地位

二爻變艮錯兑綜震　成蹇錯睽綜解　中爻下坎上離　地位

三爻變坎錯離　成坎錯離　中爻下震上艮　人位

四爻變兑錯艮綜巽　成大過錯頤　中爻下乾上乾　人位

五爻變坤錯乾　成升錯无妄綜萃　中爻下兑上震　天位

六爻變巽錯震綜兑　成巽錯震綜兑　中爻下兑上離　天位

革䷰　四陽二陰之卦　屬坎

象

錯　蒙　伏羲圓圖

綜　鼎正綜　文王序卦

中爻　二四合巽錯震綜兑　三五合乾錯坤①　孔子繫辭

同體　遯○兑○離鼎訟○大過○巽家人无妄○大畜睽中孚○大壯需　十四卦同體

情性　情柔性柔　情悦性明

六爻變

① 『錯坤』原無，據史本補。

初爻變艮錯兌綜震　成咸錯損綜恒　中爻下巽上乾　地位
二爻變乾錯坤　成夬錯剥綜姤　中爻下乾上乾　地位
三爻變震錯巽綜艮　成隨錯蠱綜蠱　中爻下艮上巽　人位
四爻變坎錯離　成既濟錯未濟綜未濟　中爻下坎上離　人位
五爻變震錯巽綜艮　成豐錯渙綜旅　中爻下巽上兑　天位
六爻變乾錯坤　成同人錯師綜大有　中爻下巽上乾　天位

鼎䷱　四陽二陰之卦　屬離

象

錯　屯　伏羲圓圖

綜　革正綜　文王序卦

中爻　二四合乾錯坤　三五合兑錯艮綜巽　孔子繫辭

同體　遯〇兑〇離訟〇大過〇巽家人无妄〇革〇大畜睽中孚〇大壯需　十四卦同體

情性　情柔性柔　情明性入

六爻變

初爻變乾錯坤　成大有錯比綜同人　中爻下乾上兑　地位
二爻變艮錯兑綜震　成旅錯節綜豐　中爻下巽上兑　地位
三爻變坎錯離　成未濟錯既濟綜既濟　中爻下離上坎　人位

四爻變艮錯兑綜震　成蠱錯隨綜隨　中爻下兑上震　人位
五爻變乾錯坤　成姤錯復綜夬　中爻下乾上乾　天位
六爻變震錯巽綜艮　成恒錯益綜咸　中爻下乾上兑　天位

震☳ 二陽四陰之卦

象
錯　巽　伏羲圓圖
綜　艮正綜　文王序卦
中爻　二四合艮錯兑綜震　三五合坎錯離　孔子繫辭
同體　觀晉○萃蹇小過○蒙○解升○頤○坎屯明夷○艮○臨　十四卦同體
情性　情剛性剛　情動性動

六爻變
初爻變坤錯乾　成豫錯小畜綜謙　中爻下艮上坎　地位
二爻變兑錯艮綜巽　成歸妹錯漸綜漸　中爻下離上坎　地位
三爻變離錯坎　成豐錯涣綜旅　中爻下巽上兑　人位
四爻變坤錯乾　成復錯姤綜剥　中爻下坤上坤　人位
五爻變兑錯艮綜巽　成隨錯蠱綜蠱　中爻下艮上巽　天位
六爻變離錯坎　成噬嗑錯井綜賁　中爻下艮上坎　天位

艮䷳① 二陽四陰之卦

象

錯 兑 伏羲圓圖

綜 震正綜 文王序卦

中爻 二四合坎錯離 三五合震錯巽綜艮 孔子繫辭

同體 觀晉○萃蹇小過○蒙○震解升○頤○坎屯明夷○○臨 十四卦同體

情性 情剛性剛 情止性止

六爻變

初爻變離錯坎 成賁錯困綜噬嗑 中爻下坎上震 地位

二爻變巽錯震綜兑 成蠱錯隨綜隨 中爻下兑上震 地位

三爻變坤錯乾 成剥錯夬綜復 中爻下坤上坤 人位

四爻變離錯坎 成旅錯節綜豐 中爻下巽上兑 人位

五爻變巽錯震綜兑 成漸錯歸妹綜歸妹 中爻下坎上離 天位

六爻變坤錯乾 成謙錯履綜豫 中爻下坎上震 天位

---

① ䷳，原作䷀，徑改。

漸䷴　三陽三陰之卦　屬艮

象

錯　歸妹　伏羲圓圖

綜　歸妹雜綜　文王序卦

中爻　二四合坎錯離　三五合離錯坎　孔子繫辭

同體　否○困咸歸妹○旅未濟渙○恒井隨○益噬嗑蠱○節既濟豐○賁損○泰　十九卦同體

情性　情柔性剛　情入性止

六爻變

初爻變離錯坎　成家人錯解綜睽　中爻下坎上離　地位

二爻變巽錯震綜兑　成巽錯震綜兑　中爻下兑上離　地位

三爻變坤錯乾　成觀錯大壯綜臨　中爻下坤上艮　人位

四爻變乾錯坤　成遯錯臨綜大壯　中爻下巽上乾　人位

五爻變艮錯兑綜震　成艮錯兑綜震　中爻下坎上震　天位

六爻變坎錯離　成蹇錯睽綜解　中爻下坎上離　天位

歸妹䷵　三陽三陰之卦　屬兑

象

錯　漸　伏羲圓圖

綜　漸雜綜　文王序卦

中爻　二四合離錯坎　三五合坎錯離　孔子繫辭

同體　否○困咸○旅未濟渙○恒井隨○益噬嗑蠱○節既濟豐○賁損漸○泰　十九卦同體

情性　情剛性柔　情動性悅

六爻變

初爻變坎錯離　成解錯家人綜蹇　中爻下震上坎　地位

二爻變震錯巽綜艮　成震錯巽綜艮　中爻下艮上坎　地位

三爻變乾錯坤　成大壯錯觀綜遯　中爻下乾上兑　人位

四爻變坤錯乾　成臨錯遯綜觀　中爻下震上坤　人位

五爻變兑錯艮綜巽　成兑錯艮綜巽　中爻下離上巽　天位

六爻變離錯坎　成睽錯蹇綜家人　中爻下離上坎　天位

豐䷶　三陽三陰之卦　屬坎

象

錯　渙　伏羲圓圖

綜　旅正綜　文王序卦

中爻　二四合巽錯震綜兑　三五合兑錯艮綜巽　孔子繫辭

同體　否○困咸歸妹○旅未濟渙○恒井隨○益噬嗑蠱○節既濟○賁損漸○泰　十九卦同體

情性　情剛性柔　情動性明

六爻變

初爻變艮錯兑綜震　成小過錯中孚　中爻下巽上兑　地位

二爻變乾錯坤　成大壯錯觀綜遯　中爻下乾上兑　地位

三爻變震錯巽綜艮　成震錯巽綜艮　中爻下艮上巽　人位

四爻變坤錯乾　成明夷錯訟綜晉　中爻下坎上震　人位

五爻變兑錯艮綜巽　成革錯蒙綜鼎　中爻下巽上乾　天位

六爻變離錯坎　成離錯坎　中爻下巽上兑　天位

旅☶☲　三陽三陰之卦　屬離

象

錯　節　伏羲圓圖

綜　豐　正綜　文王序卦

中爻　二四合巽錯震綜兑　三五合兑錯艮綜巽　孔子繫辭

同體　否○困咸歸妹○未濟涣○恒井隨○益噬嗑蠱○節既濟豐○賁損漸○泰　十九卦同體

情性　情柔性剛　情明性止

六爻變

初爻變離錯坎　成離錯坎　中爻下巽上兑　地位

二爻變巽錯震綜兑　成鼎錯屯綜革　中爻下乾上兑　地位

三爻變坤錯乾　成晉錯需綜明夷　中爻下艮上坎　人位
四爻變艮錯兑綜震　成艮錯兑綜震　中爻下坎上震　人位
五爻變乾錯坤　成遯錯臨綜大壯　中爻下巽上乾　天位
六爻變震錯巽綜艮　成小過錯中孚　中爻下巽上兑　天位

巽☴　四陽二陰之卦

象
錯　震　伏羲圓圖
綜　兑正綜　文王序卦
中爻　二四合兑錯艮綜巽　三五合離錯坎　孔子繫辭
同體　遯○兑○離鼎訟○大過○家人无妄○革○大畜睽中孚○大壯需　十四卦同體
情性　情柔性柔　情入性入

六爻變
初爻變乾錯坤　成小畜錯豫綜履　中爻下兑上離　地位
二爻變艮錯兑綜震　成漸錯歸妹綜歸妹　中爻下坎上離　地位
三爻變坎錯離　成涣錯豐綜節　中爻下震上艮　人位
四爻變乾錯坤　成姤錯復綜夬　中爻下乾上乾　人位
五爻變艮錯兑綜震　成蠱錯隨綜隨　中爻下兑上震　天位

六爻變坎錯離　成井錯噬嗑　中爻下兑上離　天位

兑☱　四陽二陰之卦

象

錯　艮　伏羲圓圖

綜　巽正綜　文王序卦

中爻　二四合離錯坎　三五合巽錯震綜兑　孔子繫辭

同體　遯○○離鼎訟○大過○巽家人无妄○革○大畜睽中孚○大壯需　十四卦同體

情性　情柔性柔　情悦性悦

六爻變

初爻變坎錯離　成困錯賁綜井　中爻下離上巽　地位

二爻變震錯巽　成隨錯蠱綜蠱　中爻下艮上巽　地位

三爻變乾錯坤　成夬錯剥綜姤　中爻下乾上乾　人位

四爻變坎錯離　成節錯旅綜涣　中爻下震上艮　人位

五爻變震錯巽綜艮　成歸妹錯漸綜漸　中爻下離上坎　天位

六爻變乾錯坤　成履錯謙綜小畜　中爻下離上巽　天位

涣☴　三陽三陰之卦　屬離

象

錯　豐　伏羲圓圖

綜　節正綜　文王序卦

中爻　二四合震錯巽綜艮　三五合艮錯兑綜震　孔子繫辭

同體　否○困咸歸妹○旅未濟○恒井隨○益噬嗑蠱○節既濟豐○賁損漸○泰　十九卦同體

情性　情柔性剛　情入性險

六爻變

初爻變兑錯艮綜巽　成中孚錯小過　中爻下震上艮　地位

二爻變坤錯乾　成觀錯大壯綜臨　中爻下坤上艮　地位

三爻變巽錯震綜兑　成巽錯震綜兑　中爻下兑上離　人位

四爻變乾錯坤　成訟錯明夷綜需　中爻下離上巽　人位

五爻變艮錯兑綜震　成蒙錯革綜屯　中爻下震上坤　天位

六爻變坎錯離　成坎錯離　中爻下震上艮　天位

節☵☱　三陽三陰之卦　屬坎

象

錯　旅　伏羲圓圖

綜　渙正綜　文王序卦

中爻　二四合震錯巽綜艮　三五合艮錯兑綜震　孔子繫辭

同體　否○困咸歸妹○旅未濟渙○恒井隨○益噬嗑蠱○既濟豐○賁損漸○泰　十九卦同體

情性　情剛性柔　情險性悦

六爻變

初爻變坎錯離　成坎錯離　中爻下震上艮　地位

二爻變震錯巽綜艮　成屯錯鼎綜蒙　中爻下坤上艮　地位

三爻變乾錯坤　成需錯晉綜訟　中爻下兑上離　人位

四爻變兑錯艮綜巽　成兑錯艮綜巽　中爻下離上巽　人位

五爻變坤錯乾　成臨錯遯綜觀　中爻下震上坤　天位

六爻變巽錯震綜兑　成中孚錯小過　中爻下震上艮　天位

中孚䷼　四陽二陰之卦　屬艮

象　離

錯　小過　伏羲圓圖

綜　文王序卦

中爻　二四合震錯巽綜艮　三五合艮錯兑綜震　孔子繫辭

同體　遯○兑○離鼎訟○大過○巽家人无妄○革○大畜睽○大壯需　十四卦同體

情性　情柔性柔　情入性悦

六爻變

初爻變坎錯離　成涣錯豐綜節　中爻下震上艮　地位

二爻變震錯巽綜艮　成益錯恒綜損　中爻下坤上艮　地位

三爻變乾錯坤　成小畜錯豫綜履　中爻下兑上離　人位

四爻變乾錯坤　成履錯謙綜小畜　中爻下離上巽　人位

五爻變艮錯兑綜震　成損錯咸綜益　中爻下震上坤　天位

六爻變坎錯離　成節錯旅綜涣　中爻下震上艮　天位

小過䷽　二陽四陰之卦　屬兑

象　坎

錯　中孚　伏羲圓圖

綜　文王序卦

中爻　二四合巽錯震綜兑　三五合兑錯艮綜巽　孔子繫辭

同體　觀晉○萃蹇○蒙○震解升○頤○坎屯明夷○艮○臨　十四卦同體

情性　情剛性剛　情動性止

六爻變

初爻變離錯坎　成豐錯涣綜旅　中爻下巽上兑　地位

二爻變巽錯震綜兑　成恒錯益綜咸　中爻下乾上兑　地位
三爻變坤錯乾　成豫錯旅綜謙　中爻下艮上坎　人位
四爻變坤錯乾　成謙錯履綜豫　中爻下坎上震　人位
五爻變兑錯艮綜巽　成咸錯損綜恒　中爻下巽上乾　天位
六爻變離錯坎　成旅錯節綜豐　中爻下巽上兑　天位

既濟䷾　三陽三陰之卦　屬坎

象
錯　未濟　伏羲圓圖
綜　未濟正綜　文王序卦
中爻　二四合坎錯離　三五合離錯坎　孔子繫辭
同體　否○困咸歸妹○旅未濟涣○恒井隨○益噬嗑蠱○節豐○賁損漸○○泰　十九卦同體
情性　情剛性柔　情險性明
六爻變
初爻變艮錯兑綜震　成蹇錯睽綜解　中爻下坎上離　地位
二爻變乾錯坤　成需錯晉綜訟　中爻下兑上離　地位
三爻變震錯巽綜艮　成屯錯鼎綜蒙　中爻下坤上艮　人位
四爻變兑錯艮綜巽　成革錯蒙綜鼎　中爻下巽上乾　人位

五爻變坤錯乾　成明夷錯訟綜晉　中爻下坎上震　天位

六爻變巽錯震綜兑　成家人錯解綜睽　中爻下坎上離　天位

未濟䷿　三陽三陰之卦　屬離

象

錯　既濟　伏羲圓圖

綜　既濟正綜　文王序卦

中爻　二四合離錯坎　三五合坎錯離　孔子繫辭

同體　否〇困咸歸妹〇旅涣〇恒井隨〇益噬嗑蠱〇節既濟豐〇賁損漸〇泰　十九卦同體

情性　情柔性剛　情明性險

六爻變

初爻變兑錯艮綜巽　成睽錯蹇綜家人　中爻下離上坎　地位

二爻變坤錯乾　成晉錯需綜明夷　中爻下艮上坎　地位

三爻變巽錯震綜兑　成鼎錯屯綜革　中爻下乾上兑　人位

四爻變艮錯兑綜震　成蒙錯革綜屯　中爻下震上坤　人位

五爻變乾錯坤　成訟錯明夷綜需　中爻下離上巽　天位

六爻變震錯巽綜艮　成解錯家人綜蹇　中爻下離上坎　天位

周易集注卷之一

周易上經

周，代名；易，書名；卦則伏羲所畫也。伏羲仰觀俯察，見陰陽有奇耦之數，故畫一奇以象陽，畫一耦以象陰。見一陰一陽，有各生之象，故自下而上，再倍而三，以成八卦。又于八卦之上，各變八卦，以成六十四卦。六十四卦皆重而爲六畫者，以陽極于六，陰極于六。故聖人作《易》，六畫而成卦，六變而成爻，兼三才而兩之，皆因天地自然之數，非聖人之安排也。以易名書者，以字之義有交易、變易兩義。交易以對待言，如天氣下降以交于地，地氣上騰以交于天也。變易以流行言，如陽極則變陰，陰極則變陽也。陰陽之理，非交易則變易，故以易名之。所以其書不可爲典要，惟變所適也。夏易名《連山》，首艮。商易名《歸藏》，首坤。曰周者，以其辭成于文王周公，故以周名之，而分爲上下二篇云。

䷀乾

乾下乾上

乾，元亨利貞。

乾，卦名。元亨利貞者，文王所繫之辭，以斷一卦之吉凶，所謂彖辭也。乾者健也，陽主于動，動而有常，其動不息，非至健不能。奇者陽之數，天者陽之體，健者陽之性，如火性熱、水性寒也。六畫皆奇，則純陽而至健矣，故不言天而言乾也。元，大。亨，通。利，宜。貞，正而固也。元亨者，天道之本然，數也。利貞者，人事之當然，理也。《易經》理數不相離，因乾道陽明純粹，無纖毫陰柔之私，惟天與聖人足以當之，所以斷其必大亨也。故數當大亨而必以貞處之，方與乾道相合。若其不貞，少有人欲之私，則人事之當然者廢，又安能元亨乎？故文王言筮得此卦者大亨而宜于正固，此則聖人作易，開物成務，冒天下之道，教人以反身修省之切要也。學者能于此四字潛心焉，傳心之要不外是矣。此文王占卜所繫之辭，不可即指爲四德。至孔子《文言》，純以義理論，方指爲四德也。蓋占卜不論天子，不論庶人，皆利于貞，若即以爲四德，失文王設教之意矣。

初九，潛龍勿用。

此周公所繫之辭，以斷一爻①之吉凶，所謂『爻辭』也。凡畫卦者，自下而上，故謂下爻爲初。初九者，卦下陽爻之名也。陽曰九，陰曰六者，《河圖》《洛書》五皆居中，則五者數之祖也，故聖人起數止于一二三四五，參天兩地而倚數。參天者，天之三位也，天一、天三、天五也。兩地者，地之二位也，地二、地四也。倚者，依也。天一依天三、天三依天五而爲九，所以陽皆言九。地二依地四而爲六，所以陰皆言六。一二三四五者，生數也；六七八九十者，成數也。然生數者成之端倪，成數者生之結果，故止以生數起之。過揲之數，皆以此九六之參兩，所以爻言九六也。潛，藏也，象初。龍，陽物，變化莫測，亦猶乾道變化，故

① 爻，原作『卦』，據寶廉堂本改。

象九。且此爻變巽錯震，亦有龍象，故六爻即以龍言之，所謂擬諸形容、象其物宜者此也。勿用者，未可施用也。象爲潛龍，占爲勿用，故占得乾而遇此爻之變者，當觀此象而玩此占也。諸爻倣此。《易》不似別經，不可爲典要，如占得潛龍之象，在天子則當傳位，在公卿則當退休，在士子則當静修，在賢人則當隱逸，在商賈則當待價，在戰陣則當左次，在女子則當愆期，萬事萬物莫不皆然。若不知象，一爻止一事，則三百八十四爻止作得三百八十四件事矣，何以彌綸天地？此訓象訓字訓錯綜之義，圈外方是正意。三百八十四爻倣此。○初九陽氣方萌，在于卦下，蓋龍之潛藏而未出者也，故有潛龍之象。龍未出潛，則未可施用矣，故教占者勿用，養晦以待時可也。

九二，見龍在田，利見大人。見龍之見，賢遍反。

二謂自下而上第二爻也。九二非正，然剛健中正，本乾之德，故舊注亦以正言之。見者，初爲潛，二則離潛而出見也。田者，地之有水者也，以六畫卦言之，二于三才爲地道，地上即田也。大人者，大德之人也，陽大陰小，乾卦六爻皆陽，故爲大。以三畫卦言之，二于三才爲人道，大人之象也，故稱大人。所以應爻九五亦曰大人。二五得稱大人者，皆以三畫卦言也。利見大人者，利見九五之君，以行其道也。如仕進則利見君，如雜占則即今占卜利見貴人之類。此爻變離，有同人象，故利見大人。○九二以陽剛中正之德，當出潛離隱之時，而上應九五之君，故有此象，而其占則利見大人也。占者有是德，方應是占矣。

九三，君子終日乾乾，夕惕若，厲无咎。

君子指占者，以六畫卦言之，三于三才爲人道，以乾德而居人道，君子之象也，故三不言龍。三變則中爻爲離，離日在下卦之中，終日之象也。下乾終而上乾繼，乾乾之象，乃健而不息也。終日是晝，夕則將夜。惕，憂也，變離錯坎，憂之象也。若，助語辭。夕對終日言。終日乾乾夕惕若者，言終日乾乾，雖至于夕，而兢惕之心猶夫終日也。厲者，危厲不安也。九，陽爻；三，陽位。過剛不中，多凶之地也，故言厲。无咎者，以危道處危地，操心危，慮患深，則終于不危矣，此不易之理也，故无咎。○九三過剛不中，若有咎矣；然性體剛健，有能朝夕兢惕不已之象，占者能憂懼如是，亦无咎也。

九四，或躍在淵，无咎。

或者，欲進未定之辭，非猶豫狐疑也。或躍在淵者，欲躍，猶在淵也。九爲陽，陽動，故言躍。四爲陰，陰虛，故象淵。此爻變巽，爲進退，爲不果。又四多懼，故或躍在淵。○九四以陽居陰，陽則志于進，陰則不果于進。居上之下，當改革之際，欲進未定之時也，故有或躍在淵之象。占者能隨時進退，斯无咎矣。

九五，飛龍在天，利見大人。

五，天位，龍飛于天之象也。占法與九二同者，二五皆中位，特分上下耳。利見大人，如堯之見舜，高宗之見傅說是也。下此如沛公之見張良，昭烈之見孔明，亦庶幾近之。六畫之卦五爲天，三畫之卦五爲人，故曰天曰人。○九五剛健中正，以聖人之德，居天子之位，而下應九二，故其象占如此。占者如無九五之德位，必不應利見之占矣。

上九，亢龍有悔。

上者，最上一爻之名。亢，以户唐切，人頸也；以苦浪切，高也。吴幼清以人之喉骨剛而居高，是也。蓋上而不能下、信而不能屈之意。陰陽之理，極處必變，陽極則生陰，陰極則生陽，消長盈虛，此一定之理數也。龍之爲物，始而潛，繼而見，中而躍，終而飛，既飛于天，至秋分又蟄而潛于淵，此知進知退，變化莫測之物也。九五飛龍在天，位之極中正者，得時之極，乃在于此。若復過于此，則極而亢矣。以時則極，以勢則窮，安得不悔。○上九陽剛之極，有亢龍之象，故占者有悔。知進知退，不與時偕極，斯無悔矣。伊尹之復政厥辟，周公之罔以寵利居成功，皆無悔者也。

用九，見群龍无首，吉。

此因上九亢龍有悔而言之。用九者，猶言處此上九之位也。上九貴而無位，高而無民，賢人在下位而無輔，動而有悔矣。到此何以處之哉？惟見群龍無首則吉。群龍者，潛見躍飛之龍也；首者，頭也。乾爲首。凡卦，初爲足，上爲首，則上九即群龍之首也。不見其首，則陽變爲陰，剛變爲柔，知進知退，知存知亡，知得知喪，不爲窮災，不與時偕極，乃見天則，而天下治矣，所以無悔而吉。此聖人開遷善之門，教占者用此道也。故陽極則教以見群龍無首吉，陰極則教以利永貞。蓋居九而爲九所用，我不能用九，故至于亢；居六而爲六所用，我不能用六，故至于戰。惟見群龍無首、利永貞，此用九、用六之道也。乾主知，故言見；坤主能，故言利永貞。用易存乎人，故聖人教之以此。昔王介甫常欲繫用九于亢龍有悔之下，得其旨矣。

《彖》曰：大哉乾元，萬物資始，乃統天。

乾元亨利貞者，文王所繫之辭，《彖》之經也。此則孔子贊經之辭，《彖》之傳也，故亦以『彖曰』起之。彖者材也，言一卦之材也。後人解彖者斷也，又解豕走悦，又解爲茅犀之名，不如只依孔子『材』之一字可也。下文《象》曰，象字亦然。《易》本占卜之書，曰元亨利貞者，文王主于卜筮以教人也。至于孔子之傳，則專于義理矣，故以元亨利貞分爲四德。此則專以天道發明乾義也。大哉，嘆辭。乾元者，乾之元也。元者，大也，始也。始者，物之始，非以萬物之始即元也，言萬物所資以始者，乃此四德之元也。此言氣而不言形，若涉于形，便是坤之資生矣。統，包括也。乾元乃天德之大始，故萬物之生，皆資之以爲始。又爲四德之首，而貫乎天德之始終，故統天。天之爲天，出乎震，而生長收藏，不過此四德而已，統四德則統天矣。資始者，無物不有也；統天者，無時不然也。無物不有，無時不然，此乾元之所以爲大也。此釋元之義。

雲行雨施，品物流形。施，始智反。

有是氣即有是形。資始者，氣也，氣發洩之盛，則雲行雨施矣。品者，物各分類。流者，物各以類而生生不已，其機不停滯也。雲行雨施者，氣之亨，品物流形者，物隨造化以亨也。雖物之亨通，而其實乾德之亨通。此釋乾之亨。施有二義：平聲者，用也，加也，設也；去聲者，布也，散也，惠也，與也。此則去聲之義。

大明終始，六位時成，時乘六龍以御天。

大明者，默契也。終謂上爻，始爲初爻，即『初辭擬之，卒成之終』，『原始要終以爲質也』。觀下句六位二字可見矣。六位者，六爻也。時者，『六爻相雜，惟其時物』之時也。爻有定位，故曰六位。六龍者，潛與亢之六龍，六陽也。陽有變化，故曰六龍。乘者，憑據也。御者，御車之御，猶運用也。上文言統者，統治綱領，統天之統，如身之統四體；此節言御者，分治條目，御天之御，如心之御五官。六位時成者，如位在初時當爲潛，位在上時當爲亢也。御天者，行天道也，當處之時則乘潛龍，當出之時則乘飛龍。時當勿用，聖人則勿用。時當知悔，聖人則知悔也。乘龍御天只是時中，乘六龍便是御天，謂之曰乘龍御天，則是聖人一身常駕馭乎乾之六龍，而乾之六龍常在聖人運用之中矣。學者當觀其時成時乘，聖人時中變化，行無轍迹之妙可也。然言天道而配以聖人，何也？蓋天下之理得而成位乎中，則參天地者惟聖人也，故頤卦曰聖人養賢以及萬民，咸卦曰聖人感人心而天下和平，恒卦曰聖人久于其道而天下化成，皆此意。○言聖人默契乾道六爻終始之理，見六爻之位各有攸當，皆以時自然而成，則六陽淺深進退之時，皆在吾運用之中矣。由是時乘六龍以行天道，則聖即天也。上一節專贊乾元，此一節則贊聖人知乾六爻之理而行乾元之事，則澤及于物，足以爲萬國咸寧之基本矣，乃聖人之元亨也。

乾道變化，各正性命，保合太和，乃利貞。

變者化之漸，化者變之成。各者，各自也，即一物原來有一身，各有族類不混淆也。正者，不偏也，言萬物受質，各得其宜，即一身還有一乾坤，不相倚附妨害也。物所受爲性，天所賦爲命。保者，常存而不虧；合者，翕聚而不散。太和，陰陽會合，冲和之氣也。各正者，各正于萬物向實之初；保合者，保合于萬物向實之後。就各正言，則曰性命，性命雖以理言，而不離乎氣；就保合言，則曰太和，太和雖以氣言，而不離乎理，其實非有二也。○言乾道變化不窮，固品物流形矣。至秋則物皆向實，各正其所受所賦之性命；至冬則保全其太和生意，隨在飽足，無少缺欠。凡資始于元、流形于亨者，至此告其終，斂其迹矣。雖萬物之利貞，實乾道之利貞也，故曰乃利貞。

首出庶物，萬國咸寧。

乘龍御天，乃聖人王道之始，爲天下開太平。至此則惟端拱首出于萬民之上，如乾道變化，無所作爲而萬國咸寧，亦如物之各正保合也。乘龍御天之化，至此成其功矣。此則聖人之利貞也。咸寧之寧，即各正保合也。其文武成康之時乎？漢文帝亦近之。如不能各正保合，則紛紜煩擾矣，豈得寧？

《象》曰：天行健，君子以自彊不息。

象者，伏羲卦之上下兩象，周公六爻所繫辭之象也。即《象辭》之下，即以『象曰』起之是也。天行者，天之運行，一日一周也。健者，運而不息也。其不息者，以陽之性至健，所以不息也。以者，用也，有所因而用之之辭，即『箕子以之』之以也。體易而用之，乃孔子示萬世學者用易之方也。自彊者，一念一事，莫非天德之剛也。息者，間以人欲也。天理周流，人欲退聽，故自彊不息。若少有一毫陰柔之私以間之，則息矣。彊與息反，如公與私反；自彊不息，猶云至公無私。天行健者，在天之乾也；自彊不息者，在我之乾也。上句以卦言，下句以人事言。諸卦倣此。

潛龍勿用，陽在下也。

陽在下者，陽爻居于下也。陽，故稱龍；在下，故勿用。此以下，舉周公所繫六爻之辭而釋之。乾初曰陽在下，坤初曰陰始凝，扶陽抑陰之意見矣。

見龍在田，德施普也。

德，即剛健中正之德。出潛離隱，則君德已著。周遍于物，故曰德施普。施字如《程傳》作去聲。

終日乾乾，反復道也。

反復猶往來，言君子之所以朝夕兢惕、汲汲皇皇、往來而不已者，無非此道而已。動循天理，所以處危地而無咎。道外無德，故二爻言德。

或躍在淵，進无咎也

量可而進，適其時則无咎，故孔子加一進字以斷之。

飛龍在天，大人造也。

造，作也，言作而在上也，非制作之作。大人，龍也。飛在天，作而在上也。大人釋龍字，造釋飛字，此止言飛龍在天，下『同聲相應』一節則言利見大人，『上治』一節方言大人之事，『乃位乎天德』一節則見其非無德而據尊位。四意自別。

亢龍有悔，盈不可久也。

此陰陽盈虚一定之理。盈即亢。不可久，致悔之由。

用九，天德不可爲首也。

天德二字，即乾道二字。首，頭也，即見群龍無首之首也。言周公爻辭『用九見群龍无首吉』者何也？以天德不可爲首，而見其首也。蓋陽剛之極，亢則有悔，故用其九者，剛而能柔，有群龍無首之象則吉矣。天行以下，先儒謂之『大象』；潛龍以下，先儒謂之『小象』。後倣此。

《文言》曰：元者善之長也，亨者嘉之會也，利者義之和也，貞者事之幹也。長，丁丈反。下『長人』同。

孔子于《彖》《象》既作之後，猶以爲未盡其藴也，故又設《文言》以明之。《文言》者，依文以言其理，亦有文之言辭也。乾道所包者廣，有在天之元亨利貞，有聖人之元亨利貞，有在人所具之元亨利貞。此則就人所具而言也。元，大也，始也，即在人之仁也。仁義禮智皆善也，但仁則善端初發，義禮智皆所從出，故爲善之長。亨者，自理之顯著亨通而言，即在人之禮也。嘉，美；會，聚也。三千三百，左準繩，右規矩，乃嘉美之會聚也。利有二義：以人心言之，義爲天理，利爲人欲，此以利欲而言也；以天理言之，義者利之理，和者義之宜，以合宜而言也。故利即吾性之義，義安處即是利也。如上下彼此，各得其當然之分，不相乖戾，此利也，乃義之和也。貞有三意：知也，正也，固也。如孟子所謂『知斯二者弗去是也』，知者，知之意也。惟知事親從兄，正之意也。弗去，固之意也。故貞即吾性之智。幹者，莖幹也，木之身也，其義意則能事也，如木之身而枝葉所依以立也。築墻兩旁木制板者爲榦，从木，此字則从干。元就其理之發端而言，亨就其理之聚會而言，利就其理之各歸分願而言，貞就其理之確實而言。名雖有四，其實一理而已，皆天下之至公而無一毫人欲之私者也。此四句説天德之自然，下體仁四句説人事之當然。

君子體仁足以長人，嘉會足以合禮，利物足以和義，貞固足以幹事。

體者，所存所發，無不在于仁，一身皆是仁也。能體其仁，則欲立欲達，無所往而莫非其愛，自足以長人矣。長者，『克君克長』之長，蓋仁者宜在高位也。既足以長人，則善之長在我矣。下三句倣此。嘉會者，嘉美其會聚于一身也。禮之方行，升降上下，進退屈伸，辭讓授受，往來酬酢，未有單行獨坐而可以行禮者，此之謂會。然其聚會，必至善恰好，皆天理人情自然之至，而無不嘉美焉，此之謂嘉。嘉美會聚于一身，則動容周旋，無不中禮，自有以合乎天理之節文、人事之儀則矣。蓋此理在日用間，隨處充足，無少欠缺，禮儀三百，威儀三千，無一事而非仁。若少有一毫欠缺，非美會矣，安能合禮？不相妨害之謂利，利則必和；無所乖戾之謂和，和則必利。蓋義公天下之利，本有自然之和也。物者義之體，義者物之用，乃處物得宜之謂也。物雖萬有不齊，然各有自然之定理，故能處物得宜而不相妨害，則上下尊卑之間，自恩義洽浹，無所乖戾，而義無不和矣。固者，堅固不摇，乃貞之恒久功夫也。蓋事有未正，必欲其正；事之既正，必守其正，此貞固二字之義也。貞而又固，故足以幹事。幹者，事之幹也，賴之爲依據也，亦猶木有幹而枝葉可依也。凡事或不能貞，或貞而不固，皆知不能及之，是以不能擇而守之，故非至靈至明、是非確然不可移易者，決不能貞固，所以貞固爲智之事。

君子行此四德者，故曰乾元亨利貞。

故曰，古語也。行此四德，即體仁、嘉會、利物、貞固也。行此四德，則與乾元合其德矣，故曰乾元亨利貞。所以明君子即乾也。

初九曰潛龍勿用，何謂也？子曰：龍，德而隱者也。不易乎世，不成乎名，遯世无悶，不見是而无悶，樂則行之，憂則違之，確乎其不可拔，潛龍也。

初九曰潛龍勿用何謂也，此文章問答之祖也。後儒如屈原《漁父》見而問之、揚雄《法言》用或問，皆祖于此。聖人神明不測，故曰龍德。隱，在下位也。易，移也，不易乎世者，邪世不能亂，不爲世所移而能拔于流俗風靡之中也。不成乎名者，務實不務名，有一才一藝之長，不求知于世以成就我之名也。遯世無悶者，不見用于世而不悶也。不見是而無悶者，不見信于人而不悶也。事有快樂于心者，則奮然而行之，忘食忘憂之類是也。事有拂逆于心者，則順適而背之，伐木絶糧之類是也。違者，背也，言不以拂逆爲事，皆置之度外而背之，背，後，不見之意。如困于陳蔡，猶援琴而歌是也。蓋不易乎世而不爲世所用，不成乎名而不爲世所取，則必遯世而不見信于人矣。而聖人皆無悶焉，是以日用之間，莫非此道之游衍。凡一切禍福毁譽，如太虚浮雲，皆處之泰然，無意必固我之私，此所以樂則行、憂則違，憂樂皆無與于己，而安于所遇矣，非龍德何以有此？拔者，擢也，舉而用之也。不可拔，即勿用也，言堅確不可舉用也。蓋不易乎世六句，龍德也，確乎其不可拔而隱也。龍德而隱，此所以爲潛龍也。乾卦六爻，《文言》皆以聖人明之，有隱顯，無淺深。

九二曰見龍在田，利見大人，何謂也？子曰：龍德而正中者也。庸言之信，庸行之謹，閑邪存其誠，善世而不伐，德博而化。《易》曰見龍在田，利見大人，君德也。

正中者，以下卦言。初居下，三居上，二正當其中也。庸，常也。邪自外入，故防閑之。誠自我有，故存主之。庸言必信者，無一言之不信也。庸行必謹者，無一行之不謹也。庸言庸行，亦信亦謹，宜無事于閑邪矣，而猶閑邪存誠。閑邪存其誠者，無一念之不誠也。念念皆誠，則發之言行愈信謹矣。如此則其德已盛，善蓋一世矣。然心不自滿，不自以爲善，其信謹閑邪存誠，猶夫其初也，皆純一不已之功也。德博而化者，言行爲人所取法也。言君德者，明其非君位也。

九三曰君子終日乾乾，夕惕若，厲无咎，何謂也？子曰：君子進德修業。忠信所以進德也，修辭立其誠所

以居業也。知至至之，可與幾也。知終終之，可與存義也。是故居上位而不驕，在下位而不憂，故乾乾因其時而惕，雖危无咎矣。

幾與義非二事。幾者，心之初動也。當欲忠信修辭立誠之初，心之萌動，必有其幾。幾微之際，乃義之發源處也。義者，事之得宜也。方忠信修辭立誠之後，事之成就必見乎義。允蹈之宜，乃幾之結果處也。與者，許也。可與幾者，幾有善惡，許其幾之如此方不差也。存者，守而不失也。三爻變則中爻爲巽，有進象；又爲兑，有言辭象；又爲離明，有知象。以三畫卦論，三居上，居上位象；以六畫卦論，三居下，在下位象。○君子終日乾乾，夕惕若者，非無事而徒勤也，勤于進德修業也。然以何者爲德業？德業何以用功？蓋德者，即貞實之理，誠之涵于心者也。人不忠信，則此心不實，安能進德？惟忠信而内無一念之不實，則心不外馳，而有以復還其貞實之理，所進之德，自日新而不窮矣，故所以進德。業者，即貞實之事，誠之發于事者也。言不顧行，則事皆虚僞，安能居業？惟修省其辭以立誠，而外無一言之不實，則言行相顧，有以允蹈其貞實之事，所居之業自居安而不遷矣，故所以居業。夫德業之進修，固在于忠信修辭立誠矣。然其入門用功，當何如哉？亦知行並進而已。蓋其始也，知德業之所當至，此心必有其幾。當幾之初，下此實心，而必欲其至，知至即至之，則念念不差，意可得而誠矣。幾動不差，此其所以可與幾也。其終也，知德業之所當終，此事必有其義，見義之時，行此實事，而必欲其終，知終即終之，則事事皆當，身可得而修矣。義守不失，此其所以可與存義也。如此用功，則反身而誠，德崇而業廣矣，又焉往而不宜哉。故以之居上，高而不驕；以之在下，卑而不戚，雖危无咎矣。此君子所以終日乾乾也。

九四曰或躍在淵，无咎，何謂也？子曰：上下无常，非爲邪也。進退无恒，非離群也。君子進德修業，欲及時也，故无咎。

在田者安于下，在天者安于上，有常者也。進而爲飛，退而爲見，有恒者也。恒即常字。九四之位，逼九五矣，以上進爲常，則覬覦而心邪。今或躍或處，上下無常，而非爲邪也。以下退爲常，則離群而德孤。今去就從宜，進退無常，而非離群也。惟及時以進修，而不干時以行險，此其所以无咎也。上進釋躍字義，下退釋淵字義，无常、无恒釋或字義。非爲邪、非離群釋无咎義。

九五曰飛龍在天，利見大人，何謂也？子曰：同聲相應，同氣相求。水流濕，火就燥，雲從龍，風從虎，聖人作而萬物睹。本乎天者親上，本乎地者親下，則各從其類也。

同聲相應，如鶴鳴而子和，雄鳴而雌應之類是也。同氣相求，如日，火之精，而取火于日；月，水之精，而取水于月之類是也。濕者下地，故水之流趨之。燥者乾物，故火之然就之。雲，水氣也，龍興則雲生，故雲從龍。風，陰氣也，虎嘯則風烈，故風從虎。然此特一物親一物也。惟聖人以聖人之德，居天子之位，則三才之主，而萬物之天地矣。是以天下萬民莫不瞻仰其德而快睹其光，所謂首出庶物，萬國咸寧，而萬物皆親矣，蓋不特一物之親而已也。所以然者，以天地陰陽之理，皆各從其類也。如天，在上輕清者也，凡本乎天，日月星辰，輕清成象者皆親之；地，在下重濁者也，凡本乎地，蟲獸草木，重濁成形者皆親之。蓋天屬陽，輕清者屬陽，故從其陽之類；地屬陰，重濁者屬陰，故從其陰之類。陽從其陽，故君子與君子同類而相親；陰從其陰，故小人與小人同類而相親。然則以九五之德位，豈不利見同類之大人？所以利見者以此。

上九曰亢龍有悔，何謂也？子曰：貴而无位，高而无民，賢人在下位而無輔，是以動而有悔也。

六龍之首，故曰高貴。非君非臣，故曰無位。純陽無陰，故曰無民。五居九五之位，又有快睹之民，九四以下，龍德之賢，皆相從九五以輔相矣。是以上九非不貴也，貴宜乎有位，而無位；非不高也，高宜乎有民，而無民；非不有賢人也，賢人宜輔，而莫爲之輔。無位、無民、無輔，則離群孤立，如是而動，其誰我與？有悔必矣。此第二節，申《象傳》之意。

潛龍勿用，下也。

言在下位也。

見龍在田，時舍也。舍，去聲。

舍，止息也。出潛離隱，而止息于田也。

終日乾乾，行事也。

非空憂惕，乃行所當行之事也，即進德修業也。

或躍在淵，自試也。

『試可乃已』之試，非試其德、試其時也。非自試，則必妄動矣。

飛龍在天，上治也。

居上以治下。

亢龍有悔，窮之災也。

窮者亢，災者悔。

乾元用九，天下治也。

用九，見群龍无首吉，此周公教占者當如此也。孔子此則專以人君言。元者，仁也，即體仁以長人也。言人君體乾之元，用乾之九至，誠惻怛之愛，常流行于剛果嚴肅之中，則張弛有則，寬猛得宜，不剛不柔，敷政優優，而天下治矣。此第三節，再申前意。

潛龍勿用，陽氣潛藏。

陽在下也，以爻言。潛龍勿用，下也，以位言，此則以氣言。言陽氣潛藏，正陰氣極盛之時，天地閉，賢人隱，所以勿用。此以下，又聖人歌詠乾道之意。觀其句，皆四字，有音韻可知矣。

見龍在田，天下文明。

雖在下位，然天下已被其德化，而成文明之俗矣。因此爻變離，故以文明言之。

終日乾乾，與時偕行。

天之健，終日不息，九三之進修，亦與之偕行而不息，故曰與時偕行。

或躍在淵，乾道乃革。

革者，離下内卦之位，升上外卦之位也。

飛龍在天，乃位乎天德。

天德即天位，有是天德，而居是天位，故曰乃位乎天德。若無德以居之者，可謂之天位，不可謂之天德之位也。惟聖人在天子之位，斯可言乃位乎天德也。

亢龍有悔，與時偕極。

當亢極，而我不能變通，亦與時運俱極，所以有悔。

乾元用九，乃見天則。

龍之爲物，春分而升于天，秋分而蟄于淵。曰亢龍者，言秋分亢舉于上而不能蟄也。以春夏秋冬配四德，元者春也，利者秋也，亢龍在此秋之時矣。天之爲天，不過生殺而已。春既生矣，至秋又殺；秋既殺矣，至春又生，此天道一定自然之法則也。今爲人君者，體春生之元，而用之于秋殺①之亢，則是陰慘之後繼之以陽舒，肅殺之餘繼之以生育。一張一弛，一剛一柔，不惟天下可治，而天道之法，則亦于此而見矣。故曰乃見天則。此四節，又申前意。

乾元者，始而亨者也。利貞者，性情也。乾始能以美利利天下，不言所利，大矣哉。

始而亨者，言物方資始之時已亨通矣。蓋出乎震，則必齊乎巽、見乎離，勢之必然也。若不亨通，則生意必息，品物不能流形矣。是始者元也，亨之者亦元也。性者百物具足之理，情者百物出入之機，春作夏長，百物皆有性情，非必利貞而後見。但此時生意未足，實理未完，百物尚共同一性情，至秋冬則百穀草木，各正性命，保合太和，一物各具一性情，是收斂歸藏乃見性情之的確。故利貞者，即乾元之性情也，則利貞之末始不爲元也。乾始者，即『乾元者始而亨』之始也。以美利利天下者，元能始物，能使庶物生成，無物不嘉美，亦無物不利賴也。不言所利者，自成其形，自成其性，泯機緘于不露，莫知其所以然也。大哉，贊乾元也。○孔子于《文言》既分元亨利貞爲四德矣，此又合而爲一也。言乾之元者，始而即亨者也。利貞者，則元之性情耳。然何以知其元始即亨，利貞即元之性情也？惟自其乾元之所能者則可見矣。蓋百物生于春，非亨利貞之所能也，惟元爲生物之始，以美利利天下者，則乾元之能也。夫以美利利天下，其所能之德業亦盛大矣。使造化可以言焉，則曰此某之美利也，庶乎可以各歸功于四德矣。今不言所利，人不得而測之，既不可得而測，則是四德渾然一理，不可分而言也。元本爲四德之長，故謂亨乃元之始亨可也，謂利貞乃元之性情可也。所以謂乾元始而亨、利貞性情者以此。乾元之道，不其大哉！四德本一

① 殺，原作『九』，據寶廉堂本改。

理，孔子贊易，或分而言之以盡其用，或合而言之以著其體，其實一理而已，所以可分可合也。

大哉乾乎，剛健中正，純粹精也。六爻發揮，旁通情也。時乘六龍，以御天也。雲行雨施，天下平也。

剛以體言，健以性言，中者無過不及也，正者不偏也，此四者乾之德也。純者純陽而不雜以陰也，粹者不雜而良美也，精者不雜之極至也，總言乾德剛健中正之至極。所謂純粹精者，非出于剛健中正之外也，但乾德之妙，非一言所能盡，故于剛健中正之外，復以純粹精贊之。情者事物至賾至動之情也，發揮者每一畫有一爻辭以發揮之也，旁通者曲盡也，如初之潛以至上之亢，凡事有萬殊，物有萬類，時有萬變，皆該括曲盡其情而無遺也。前品物流形，乃乾之雲行雨施，此言雲行雨施，乃聖人乘六龍而御天之功，德澤流行敷布，所以天下平也。○言乾道剛健中正，純粹以精。乾道固大矣，惟聖人立六爻以通乎乾之情，乘六龍以行乎乾之道。雲行雨施，以沛乎乾之澤，以至天下太平，則乾道之大不在乾而在聖人矣。此第五節，復申首章之意。

君子以成德爲行，日可見之行也。潛之爲言也，隱而未見，行而未成，是以君子弗用也。

德者行①之本，行者德之用，蓋有有其德而不見諸行者，未有有其行而不本諸德者，故曰君子以成德爲行。成德者，已成之德也。日可見者，猶言指日可待之意。此二句泛論其理也。潛者，周公爻辭也；未見者，天地閉，賢人隱，阨于潛之機會而未見也。未成者，因其阨而事業未成就也，如伊尹耕于有莘之時是也。○君子以已成之德，舉而措之于行，則其事業之所就，指日可見矣。初九其德已成，則日可見之行也，而占者乃曰勿用，何也？蓋聖人出世，必有德有時。人之所能者德，所不能者時。今初九雖德已成，然時

① 行，原作『時』，據史本改。《中庸》：『德不足而勉，則行益力。』

當乎潛也。潛之爲言也，隱而未見也。惟其隱而未見，故行而未成，時位阨之也。是以占者之君子，亦當如之而勿用也。

君子學以聚之，問以辨之，寬以居之，仁以行之。《易》曰見龍在田，利見大人，君德也。

之者，正中之理也。龍德正中，雖以爻言，然聖人之德，不過此至正大中而已。蓋乾道剛健中正，民受天地之中以生，惟中庸不可能，苟非學聚問辨，有此致知功夫，寬居仁行，有此力行功夫，安能體此龍德之正中哉。聚者，多聞多見，以我會聚，此正中之理也。辨者，講學也，親師取友，辨其理之精粗本末，得失是非，擇其正中之善者而從之，即講學以辨之也。寬者，優游厭飫，勿忘勿助，俾所聚所辨，此理之畜于我者，融會貫通，渣滓渾化，無强探力索，凌節欲速之患也。蓋寬字以久遠言，有從容不迫之意，非專指包含也。居者，守也，據也，仁以行之者，無適而莫非天理正中之公，而無一毫意必固我之私也。蓋辨者辨其所聚，居者居其所辨，行者行其所居，故必寬以居之，而後方可仁以行之。若學聚問辨之餘，涵養未久，粗心浮氣，而驟欲見之于實踐，則居之不安，資之不深，安能左右逢原，而太公以順應哉。此爲學一定之序也。有是四者，宜乎正中之德，博而化矣。曰君德者，即前九二之君德也。

九三重剛而不中，上不在天，下不在田，故乾乾因其時而惕，雖危无咎矣。

三居下卦之上，四居上卦之下，交接處以剛接剛，故曰重剛，非陽爻居陽位也。所以九四居陰位者，亦曰重剛。位非二五，故曰不中，即下文上不在天，下不在田也。九三以時言，九四以位言，故曰乾乾因其時。○九三重剛不中，上不在天，下不在田，宜有咎矣，而乃无咎，何哉？蓋既重剛又不中，剛之極矣。以時論之，蓋危懼之時也。故九三因其時而兢惕不已，則德日進，業日修，所以雖處危地亦無咎矣。

九四重剛而不中，上不在天，下不在田，中不在人，故或之。或之者，疑之也，故无咎。

在人，謂三也。四、三雖皆人位，然四則居人之上，而近君矣，非三之不近君，故曰不在人。重剛不中之中，二五之中也。中不在人之中，六爻中間之中也。○九四重剛不中，上不在天，下不在田，中不在人，宜有咎矣，而乃无咎，何哉？蓋九四之位不在天，不在田，雖與九三同，而人位則不如九三之居下卦也，所居之位獨近九五，蓋或之之位也，故或之。或之者，疑之也，惟其疑，必審時而進矣，所以无咎也。

夫大人者，與天地合其德，與日月合其明，與四時合其序，與鬼神合其吉凶，先天而天弗違，後天而奉天時。天且弗違，而况于人乎，况于鬼神乎！ 夫音扶。

合德以下，總言大人所具之德，皆天理之公，而無一毫人欲之私。若少有一毫人欲之私，即不合矣。天地者造化之主，日月者造化之精，四時者造化之功，鬼神者造化之靈。覆載無私之謂德，照臨無私之謂明，生息無私之謂序，禍福無私之謂吉凶。合序者，如賞以春夏、罰以秋冬之類也。合吉凶者，福善禍淫也。先天不違，如禮雖先王所未有，以義起之，凡制耒耜、作書契之類，雖天之所未爲，而吾意之所爲，默與道契，天亦不能違乎我，是天合大人也。奉天時者，奉天理也。後天奉天時謂如天敘有典，而我惇之，天秩有理，而我庸之之類，雖天之所已爲，我知理之如是，奉而行之，而我亦不能違乎天，是大人合天也。蓋以理爲主，天即我，我即天，故無後先彼此之可言矣。天且不違于大人，而于人。乃得天地之理以生，鬼神不過天地之功用，雖欲違乎大人，自不能違乎天矣。乾之九五，以剛健中正之德，與此大人相合，所以宜利見之，以其同德相應也。

亢之爲言也，知進而不知退，知存而不知亡，知得而不知喪。其惟聖人乎，知進退存亡而不失其正者，其唯聖人乎！

進退者身，存亡者位，得喪者物。消長之理，知之既明，不失其正，處之又當，故唯聖人能之。再言其唯聖人，始若設問，而卒自應之，見非聖人不能也。初九隱而未見二句，釋一潛字，而言君子者再①，蓋必君子而後能安于潛也。上九亢之爲言三句，釋一亢字。而言聖人者再，蓋必聖人而後能不至于亢也。此第六節，復申前數節未盡之意。

䷁坤

䷁坤下坤上

坤，元亨，利牝馬之貞。君子有攸往，先迷後得主句，利句。**西南得朋，東北喪朋，安貞吉。**

偶者，陰之數也。坤者，順也，陰之性也。六畫皆偶，則純陰而順之至矣，故不言地而言坤。馬象乾，牝馬取其爲乾之配。牝馬屬陰，柔順而從陽者也。馬能行，順而健者也，非順外有健也，其健亦是順之健也。坤利牝馬之貞，與乾不同者，何也？蓋乾以剛固爲貞，坤以柔順爲貞，言如牝馬之順而不息則正矣。牝馬地類，安得同乾之貞？此占辭也，與『乾卦元亨利貞』同，但坤則貞利牝馬耳。程子泥于四德，所以將利字作句。迷者，如迷失其道路也。坤爲地，故曰迷，言占者君子，先乾而行則失其主而迷錯，後乾而行則得其主而利矣。蓋造化之理，陰從陽以生物，待唱而和者也。君爲臣主，夫爲妻主，後乾即得所主矣，利孰大焉？其理本如此。觀《文言》『後得主而有常』，此句可見矣。西南東北，以文王圓圖卦位而言，陽氣始于東北而盛于東南，陰氣始于西南而盛于西北。西南乃坤之本鄉，兑、離、巽三女同坤居之，故爲得朋。震、坎、艮三男同乾居東北，則非女之朋矣，故喪朋。陰從其陽謂之正，惟喪其三女之朋，從乎其陽，則

① 再，原作『然』，據寶廉堂本改。

有生育之功，是能安于正也。安于其正，故吉。

《象》曰：至哉坤元，萬物資生，乃順承天。

至者，極也。天包乎地，故以大贊其天，而地止以至贊之。蓋言地之至則與天同，而大則不及乎天也。元者，四德之元，非乾有元，而坤復又有一元也。乾以施之，坤則受之，交接之間，一氣而已。始者氣之始，生者形之始，萬物之形，皆生于地，然非地之自能爲也。天所施之氣至則生矣，故曰乃順承天。乾健故一而施，坤順故兩而承，此釋卦辭之『元』。

坤厚載物，德合无疆，含弘光大，品物咸亨。

坤厚載物，以德言，非以形言。德者，載物厚德、含弘光大是也。無疆者乾也，含者包容也，弘則是其所含者，無物不有，以藴畜而言也。其靜也翕，故曰含弘。光者，昭明也，大則是其所光者，無遠不届，以宣著而言也。其動也闢，故曰光大。言光大而必曰含弘者，不翕聚則不能發散也。咸亨者，齊乎巽，相見乎離之時也。此釋卦辭之『亨』。

牝馬地類，行地无疆，柔順利貞。

地屬陰，牝陰物，故曰地類。又行地之物也，行地無疆，則順而不息矣。此則柔順所利之貞也，故利牝馬之貞。此釋卦辭『牝馬之貞』。

君子攸行，先迷失道，後順得常。西南得朋，乃與類行；東北喪朋，乃終有慶。安貞之吉，應地无疆。

君子攸行即文王卦辭『君子有攸往』，言占者君子有所往也。失道者，失其坤順之道也。坤道主成，成在後，若先乾而動，則迷而失道。得常者，得其坤順之常。惟後乾而動，則順而得常。○夫惟坤貞利在柔順，是以君子有所往也。先則迷，後則得。西南雖得朋，不過與巽、離、兑三女同類而行耳，未足以爲慶也。若喪乎三女之朋，能從乎陽，則有生物之功矣，終必有慶也。何也？蓋柔順從陽者，乃坤道之安于其正也，能安于其正，則陽施陰受，生物無疆，應乎地之無疆矣，所以乃終有慶也。此釋卦辭『君子有攸往』至『安貞吉』。

《象》曰：地勢坤，君子以厚德載物。

西北高，東南低，順流而下，地之勢本坤順者也，故曰地勢坤。且天地間持重載物，其勢力無有厚于地者，故下文曰厚。天以氣運，故曰天行；地以形載，故曰地勢。厚德載物者，以深厚之德，容載庶物也。若以厚德載物，體之身心，豈有他道哉？惟體吾長人之仁也，使一人得其願，推而人人各得其願，和吾利物之義也。使一事得其宜，推而事事各得其宜，則我之德厚，而物無不載矣。此則孔子未發之意也。

初六，履霜，堅冰至。

六，詳見乾卦初九。霜，一陰之象。冰，六陰之象。方履霜而知堅冰至者，見占者防微杜漸，圖之不可不早也。易爲君子謀，乾言勿用，即復卦閉關之義，欲君子之難進也。坤言堅冰，即姤卦女壯之戒，防小人之易長也。

《象》曰：履霜堅冰，陰始凝也。馴致其道，至堅冰也。

《易舉正》『履霜』之下無『堅冰』二字。陰始凝而爲霜，漸盛必至于堅冰，小人雖微，長則漸至于盛。馴者，擾也，順習也。道者，『小人道長』之道也，即上六『其道窮也』之道。馴習因循，漸至其陰道之盛，理勢之必然也。

六二，直方大，不習，无不利。

直字即『坤至柔而動也剛』之剛也，方字即『至靜而德方』之方也，大字即『含弘光大』之大也。

孔子《彖辭》《文言》《小象》皆本于此前後之言，皆可相證。以本爻論，六二得坤道之正，則無私曲，故直。居坤之中，則無偏黨，故方。直者在内，所存之柔順中正也。方者在外，所處之柔順中正也。惟柔順中正，在内則爲直，在外則爲方，内而直，外而方，此其所以大也。不揉而直，不矩而方，不恢而大，此其所以不習也。若以人事論，直者内而天理爲之主宰，無邪曲也。方者外而天理爲之裁制，無偏倚也。大者無一念之不直，無一事之不方也。不習無不利者，直者自直，方者自方，大者自大，不思不勉而中道也。利者，利有攸往之利，言不待學習，而自然直方大也。蓋八卦正位，乾在五，坤在二，皆聖人也。故乾剛健中正，則飛龍在天。坤柔順中正，則不習無不利。占者有是德，方應是占矣。

《象》曰：六二之動，直以方也。不習无不利，地道光也。

以字即而字，言直方之德，惟動可見，故曰坤至柔而動也剛。此則承天而動，生物之機也。若以人事論，心之動直而無私，事之動方而當理是也。地道光者，六二之柔順中正，即地道也。地道柔順中正，光之所發者，自然而然，不俟勉强，故曰不習无不利。光即含弘光大之光。

六三，含章可貞，或從王事，无成有終。

坤爲吝嗇，含之象也。剛柔相雜曰文，文之成者曰章，陽位而以陰居之，又坤爲文章之象也。三居下卦之終，終之象也。或者，不敢自决之辭。從者，不敢造始之意。〇三居下卦之上，有位者也，其道當含晦其章美，有美則歸之于君，乃可常久而得正。或從上之事，不敢當其成功，惟奉職以終其事而已。爻有此象，故戒占者如此。

《象》曰：含章可貞，以時發也。或從王事，知光大也。知，平聲。

以時發者，言非終于韜晦，含藏不出，而有所爲也。或從王事，帶下一句説，孔子《小象》多是如此。

知光大者，正指其无成有終也。蓋含弘光大，无成而代有終者，地道也，地道與臣道相同。六三或從王事，无成有終者，蓋知地道之光大，當如是也。

六四，括囊，无咎无譽。

坤爲囊，陰虚能受，囊之象也。括者，結囊口也。四變而奇，居下卦之上，結囊上口之象也。四近乎君，居多懼之地，不可妄咎妄譽，戒其作威福也。蓋譽則有逼上之嫌，咎則有敗事之累，惟晦藏其智，如結囊口，則不害矣。○六四柔順得正，蓋慎密不出者也，故有括囊之象，无咎之道也。然既不出，則亦無由稱贊其美矣，故其占如此。

《象》曰：括囊无咎，慎不害也。

括囊者慎也，无咎者不害也。

六五，黄裳，元吉。

坤爲黄爲裳，黄裳之象也。黄，中色，言其中也。裳，下飾，言其順也。黄字從五字來，裳字從六字來。○六五以陰居尊，中順之德充諸内而見諸外，故有是象，而其占則元吉矣。剛自有剛德，柔自有柔德，《本義》是。

《象》曰：黄裳元吉，文在中也。

坤爲文，文也。居五之中，在中也。文在中，言居坤之中也，所以黄裳元吉。

上六，龍戰于野，其血玄黄。

六陽爲龍，坤之錯也，故陰陽皆可以言龍。且變艮綜震，亦龍之象也。變艮爲剥，陰陽相剥，戰之象也。戰于卦外，野之象也。血者，龍之血也。堅冰至者，所以防龍戰之禍于其始。龍戰野者，所以著堅冰之至于其終。○上六陰盛之極，其道窮矣。窮則其勢必争，至與陽戰，兩敗俱傷，故有此象，凶可知矣。

《象》曰：龍戰于野，其道窮也。

極則必窮，理勢之必然也。

用六，利永貞。

用六與用九同。此則以上六龍戰于野言之，陰極則變陽矣。但陰柔恐不能固守，既變之後，惟長永貞而不爲陰私所用，則亦如乾之無不利矣。

《象》曰：用六永貞，以大終也。

此美其善變也。陽大陰小，大者陽明之公，君子之道也。小者陰濁之私，小人之道也。今始陰濁而終陽明，始小人而終君子，何大如之，故曰以大終也。

《文言》曰：坤至柔而動也剛，至静而德方，後得主而有常，含萬物而化光。坤道其順乎，承天而時行。

動者生物所動之機，德者生物所得之質。乾剛坤柔，定體也。坤固至柔矣，然乾之施一至坤，即能翕受而敷施之，其生物之機，不可止遏屈撓，此又柔中之剛矣。乾動坤静，定體也。坤固至静矣，及其承乾之施，陶鎔萬類，各有定形，不可移易。有息者不可變爲草木，無息者不可變爲昆蟲，此又静中之方矣。柔無爲矣，而剛則能動。静無形矣，而方則有體。柔静者順也體也，剛方者健也用也，後得主而有常者，後乎乾則得乾爲主，乃坤道之常也。含萬物而化光者，静翕之時，含萬物生意于其中；及其動闢，則化生萬物，而有光顯也。『坤道其順乎』，此句乃贊之也。坤之于乾，猶臣妾之與夫君，亦惟聽命而已。一施一受，不敢先時而起，亦不敢後時而不應，此所以贊其順也。此以上申《象傳》之意。

積善之家必有餘慶，積不善之家必有餘殃。臣弑其君，子弑其父，非一朝一夕之故，其所由來者漸矣，由辨

之不早辨也。《易》曰履霜，堅冰至，蓋言順也。

天下之事，未有不由積而成。家之所積者善，則福慶及于子孫。所積者不善，則災殃及于後世。其大至于弒逆之禍，皆積累而至，非朝夕所能成也。由來者漸，言臣子也。辨之不早，責君父也。辨，察也，在下者不可不察之于己，在上者不可不察之于人。察之早，勿使之漸，則禍不作矣。順字即馴字，馴者順也，即馴致其道也，言順習因循以至于堅冰也。前言馴致其道，此言蓋言順也，皆一意也。《程傳》是。

直，其正也；方，其義也。君子敬以直內，義以方外，敬義立而德不孤。直方大，不習无不利，則不疑其所行也。

直者何也？言此心無邪曲之私，從繩墨而正之之謂也。方者何也？言此事無差謬之失，得裁制而宜之之謂也。此六二直方之所由名也。下則言求直方之功。人心惟有私，所以不直。如知其敬，乃吾性之禮存諸心者，以此敬爲之操持，必使此心廓然太公，而無一毫人欲之私，則不期直而自直矣。人事惟有私，所以不方。如知其義，乃吾性之義見諸事者，以此義爲之裁制，必使此事物來順應而無一毫人欲之私，則不期方而自方矣。德之偏者謂之孤，孤則不大，不孤則大矣。蓋敬之至者外必方，外不方不足謂之敬。義之至者內必直，內不直不足謂之義。不足謂義，是德之孤也。不足謂敬，是德之孤也。今既有敬以涵義之體，又有義以達敬之用，則內外夾持，表裏互養，日用之間，莫非天理之流行，德自充滿盛大而不孤矣，何大如之！內而念念皆天理，則內不疑；外而事事皆天理，則外不疑。內外坦然而無疑，則暢于四支，不言而喻，發于事業，無所處而不當，何利如之！此所以不習无不利也。乾言進修，坤言敬義，學聖人者，由于進修，欲進修者必先于敬義，乾坤二卦備矣。

陰雖有美含之，或從王事，弗敢成也。地道也，妻道也，臣道也，地道无成而代有終也。

陰雖有美含之，可以時發而從王事矣。或從王事，不敢有其成者，非其才有所不足不能成也，乃其分之所不敢成也。何也？法象莫大于天地，三綱莫重于夫妻君臣，天統乎地，夫統乎妻，君統乎臣，皆尊者唱而卑者和之。故地道也，妻道也，臣道也，皆不敢先自主也，皆如地之無成，惟代天之終耳。蓋天能始物，不能終物，地繼其後而終之，則地之所以有終者，終天之所未終也，地不敢專其成而有其終，故曰无成而代有終也。六三爲臣，故當如此。

天地變化，草木蕃。天地閉，賢人隱。《易曰》括囊，无咎无譽，蓋言謹也。

天地變化二句，乃引下文之辭，言天地變化，世道開泰，則草木之無知者且蕃茂，況于人乎？則賢人之必出而不隱可知矣。若天地閉，則賢人必斂德以避難，此其所以隱也。坤本陰卦，四六重陰，又不中，則陰之極矣。正天地閉塞，有陰而無陽，不能變化之時也，故當謹守不出者以此。

君子黄中通理，正位居體，美在其中，而暢于四支，發于事業，美之至也。

黄者中德也，中者内也，黄中者中德之在内也。通者豁然脉絡之貫通，無一毫私欲之滯塞也。理者井然文章之條理，無一毫私欲之混淆也。本爻既變坎爲通，通之象也。本爻未變，坤爲文，理之象也。故六五《小象》曰『文在中』。德之在内者，通而且理，爻之言黄者，以此正位，居尊位也。體者，乾坤之定體也，乾陽乃上體，坤陰乃下體。言雖在尊位，而居下體，故不曰衣而曰裳，爻之所以言裳者以此。以人事論，有居尊位而能謙下之意。此二句盡黄裳之義矣。又嘆而贊之，以見元吉之故。言黄中、美在其中，豈徒美哉。美既在中，則暢于四支，爲日新之德，四體不言而喻者，此美也；發于事業，爲富有之業，天下國家無所處而不當者，此美也。不其美之至乎！爻之所以不止言吉而言元吉者以此。

陰疑于陽必戰，爲其嫌于无陽也，故稱龍焉。猶未離其類也，故稱血焉。夫玄黄者天地之雜也，天玄而地

黄。爲，于僞反。離，力智反。夫音扶。

疑者，似也，似其與己均敵，無大小之差也。陰本不可與陽戰，今陰盛，似敢與陽敵，故以戰言。陰盛已無陽矣，本不可以稱龍，而不知陽不可一日無也，故周公以龍言之，以存陽也。雖稱爲龍，猶未離陰之類也，故稱血，以别其爲陰。血，陰物也，曰其色玄黄，則天地之色雜矣，而不知天玄地黄者，兩間之定分也。今曰其色玄黄，疑于無分别矣，夫豈可哉？言陰陽皆傷也。以上皆申言周公爻辭。

周易集注卷之二

䷂震下坎上

屯者難也，萬物始生，欝結未通，似有險難之意，故其字從屮，屮音徹，初生草穿地也。《序卦》：『有天地然後萬物生焉，盈天地之間者唯萬物。屯者，盈也，物之始生也。』天地生萬物，屯，物之始生，故次乾坤之後。

屯，元亨，利貞。勿用有攸往，利建侯。

乾坤始交而遇險陷，故名爲屯。所以氣始交未暢曰屯，物勾萌未舒曰屯，世多難未泰曰屯，造化人事皆相同也。震動在下，坎陷在上，險中能動，是有撥亂興衰之才者，故占者元亨。然猶在險中，則宜守正而未可遽進，故勿用有攸往。勿用者，以震性多動，故戒之也。然大難方殷，無君則亂，故當立君以統治。初九陽在陰下而爲成卦之主，是能以賢下人，得民而可君者也。占者必從人心之所屬望，立之爲主，斯利矣，故利建侯。建侯者，立君也。險難在前，中爻艮止，勿用攸往之象。震一君二民，建侯之象。

《彖》曰：屯，剛柔始交而難生，動乎險中，大亨貞。雷雨之動滿盈，天造草昧，宜建侯而不寧。

以二體釋卦名，又以卦德卦象釋卦辭。剛柔者乾坤也，始交者震也，一索得震，故爲乾坤始交。難生者坎也，言萬物始生而遇坎難，故名爲屯。動乎險中者，言震動之才，足以奮發有爲。時當大難，能動則其險可出，故大亨。然猶在險中，時猶未易爲，必從容以謀其出險方可，故利貞。雷，震象；雨，坎象。天造者，天時使之然，如天所造作也。草者如草不齊，震爲蕃，草之象也。昧者，如天未明。坎爲月，天尚未明，昧之象也。坎水内景不明于外，亦昧之象也。雷雨交作，雜亂晦冥，充塞盈滿于兩間，天下大亂之象也。當此之時，以天下則未定，以名分則未明，正宜立君以統治。君既立矣，未可遽謂安寧之時也，必爲君者憂勤兢畏，不遑寧處，方可撥亂反正，以成靖難之功。如更始既立，日夜縱情于聲色，則非不寧者矣。此則聖人濟屯之深戒也。動而雷雨滿盈，即勿用攸往。建侯而不寧，即利建侯。然卦言勿用攸往，而《象》言雷雨之動者，勿用攸往，非終不動也，審而後動也。屯之元亨利貞，非如乾之四德，故曰大亨貞。

《象》曰：雲雷屯，君子以經綸。

《象》言雷雨，《象》言雲雷，《彖》言其動，《象》著其體也。上坎爲雲，故曰雲雷屯。下坎爲雨，故曰雷雨解。經綸，皆①治絲之事。草昧之時，天下正如亂絲，經以引之，綸以理之，俾大綱皆正，萬目畢舉，正君子撥亂有爲之時也，故曰君子以經綸。

初九，磐桓，利居貞，利建侯。

磐，大石也，『鴻漸于磐』之磐也。中爻艮，石之象也。桓，大柱也，《檀弓》所謂桓楹也。震陽木，桓之象也，張横渠以磐桓猶言柱石是也。自馬融以磐旋釋磐桓，後來儒者皆如馬融之釋，其實非也。八卦正位，震在初，乃爻之極善者。國家屯難，得此剛正之才，乃倚之以爲柱石者也，故曰磐桓，唐之郭子儀是也。震爲大塗，柱石在于大塗之上，震本欲動，而艮止不動，有柱石欲動不動之象，所以居貞而又利建侯，

① 皆，寶廉堂本作『者』。

非難進之貌也。故《小象》曰雖磐桓，志行正也。曰心志在于行，則欲動不動可知矣。○九當屯難之初，有此剛正大才生于其時，故有磐桓之象。然險陷在前，本爻居其正，故占者利于居正以守己。若爲民所歸，勢不可辭，則又宜建侯以從民望，救時之屯可也。居貞者利在我，建侯者利在民，故占者兩有所利。

《象》曰：雖磐桓，志行正也。以貴下賤，大得民也。

當屯難之時，大才雖磐桓不動，然拳拳有濟屯之志。行一不義、殺一不辜而得天下，不爲。既有救人之心，而又有守己之節，所以占者利居貞而守己也。蓋居而不貞則無德，行而不正則無功。周公言居貞，孔子言行正，然後濟屯之功德備矣。陽貴陰賤，以貴下賤者，一陽在二陰之下也。當屯難之時，得一大才，衆所歸附，更能自處卑下，大得民矣。此占者所以又利建侯而救民也。

六二，屯如邅如，乘馬班如。匪寇婚媾，女子貞不字，十年乃字。邅，張連反。

屯、邅皆不能前進之意，班與《書》班師並岳飛班師班字同，回還不進之意。震于馬爲馵足，爲作足，班如之象也。應爻爲坎，坎爲盜寇之象也，指初也。婦嫁曰婚，再嫁曰媾。婚媾指五也，變兑爲少女，女子之象也。字者，許嫁也。《禮》：『女子許嫁，笄而字。』此女子則指六二也。貞者，正也。不字者，不字于初也。乃字者，乃字于五也。中爻艮止，不字之象也。中爻坤土，土數成于十，十之象也。若以人事論，光武當屯難之時，竇融割據，志在光武，爲隗囂所隔，乘馬班如也；久之終歸于漢，十年乃字也。○六二柔順中正，當屯難之時，上與五應。但乘初之剛，故爲所難，有屯邅班如之象，不得進與五合。使非初之寇難，即與五成其婚媾，不至十年之久矣。惟因初之難，六二守其中正，不肯與之苟合，所以不字至于十年之久。難久必通，乃反其常而字正應矣，故又有此象也。占者當如是則可。

《象》曰：六二之難，乘剛也。十年乃字，反常也。

六二居屯之時，而又乘剛，是其患難也。乘者居其上也，故曰六二之難。反常者，二五陰陽相應，理之常也，爲剛所乘則乖其常矣。難久必通，故十年乃字而反其常。

六三，即鹿无虞，惟入于林中。君子幾，不如舍，往吝。舍，音捨。

即者，就也。鹿當作麓爲是，舊注亦有作麓者。蓋此卦有麓之象，故當作麓，非無據也。中爻艮爲山，山足曰麓，三居中爻艮之足，麓之象也。虞者，虞人也。三四爲人位，虞人之象也。入山逐獸，必有虞人發縱指示。無虞者，無正應之象也。震錯巽，巽爲入，入之象也。上艮爲木堅多節，下震爲竹，林中之象也。言就山足逐獸，無①虞人指示，乃陷入于林中也。坎錯離明，見幾之象也。舍者，舍而不逐也，亦艮止之象也。○六三陰柔，不中不正，又無應與，當屯難之時，故有即麓無虞入于林中之象。君子見幾，不如舍去。若往逐而不舍，必致羞吝。其象如此，戒占者當如是也。

《象》曰：即鹿无虞，以從禽也。君子舍之，往吝窮也。

孔子恐後學不知『即鹿无虞』之句，故解之曰乃從事于禽也。則鹿當作麓也無疑矣。舍則不往，往則必②吝。吝窮者，羞吝窮困也。

六四，乘馬班如，求婚媾，往吉无不利。

坎爲馬，又有馬象。求者，四求之也。往者，初往之也。自内而之外曰往，如小往大來、往蹇來反是也。本爻變中爻成巽，則爲長女，震爲長男，婚媾之象也，非真婚媾也。求賢以濟難，有此象也。舊説陰無

① 無，原作『與』，據寶廉堂本改。
② 必，原作『不』，據寶廉堂本改。

求陽之理，可謂不知象旨者矣。○六四陰柔，居近君之地，當屯難之時，欲進而復止，故有乘馬班如之象。初能得民，可以有爲。四乃陰陽正應，未有蒙大難而不求其初者，故又有求婚媾之象。初于此時，若欣然即往，資其剛正之才，以濟其屯，其吉可知矣。而四近其君者，亦無不利也。故其占又如此。

《象》曰：求而往，明也。

求者，資濟屯之才，有知人之明者也。往者，展濟屯之才，有自知之明者也。坎錯離，有明之象，故曰明。

九五，屯其膏，小貞吉，大貞凶。

膏者，膏澤也。以坎體有膏澤霑潤之象，故曰膏。《詩》『陰雨膏之』是其義也。本卦名屯，故曰屯膏。陽大陰小，六居二，九居五，皆得其正，故皆稱貞。小貞者臣也，指二也。大貞者君也，指五也。故六二言女子貞，而此亦言貞。六爻惟二五言屯。○九五以陽剛中正居尊，亦有德有位者。但當屯之時，陷于險中，爲陰所掩，雖有六二正應，而陰柔不足以濟事。且初九得民于下，民皆歸之，無臣無民，所以有屯其膏，不得施爲之象。故占者所居之位，如六二爲臣，小貞則吉；如九五爲君，大貞則凶也。

《象》曰：屯其膏，施未光也。

陽德所施本光大，但陷險中，爲陰所掩，故未光。

上六，乘馬班如，泣血漣如。

六爻皆言馬者，震坎皆爲馬也。皆言班如者，當屯難之時也。坎爲加憂，爲血卦，爲水，泣血漣如之象也。才柔不足以濟屯，去初最遠，又無應與，故有此象。

《象》曰：泣血漣如，何可長也。

既無其才，又無其助，喪亡可必矣，豈能長久？

䷃坎下艮上

蒙，昧也。其卦以坎遇艮，山下有險，艮止在外，坎水在内，水乃必行之物，遇山而止，内既險陷不安，外又行之不去，莫知所往，昏蒙之象也。《序卦》：『屯者，物之始生也。物生必蒙，故受之以蒙。』所以次屯。

蒙，亨，匪我求童蒙，童蒙求我。初筮告，再三瀆，瀆則不告，利貞。告，古毒反。

蒙亨者，言蒙者亨也，不終于蒙也。匪我求童蒙二句，正理也。再，指四，陽一陰二，二再則四矣。三，指三。瀆者，煩瀆也。初筮者，初筮下卦，得剛中也。此卦坎之剛中在上卦，故曰再筮。告者，二告乎五也。不告者，二不告乎三四也。凡陽則明，陰則暗，所以九二發六五之蒙。利貞者，教之以正也。

《彖》曰：蒙，山下有險，險而止，蒙。蒙亨，以亨行，時中也。匪我求童蒙，童蒙求我，志應也。初筮告，以剛中也。再三瀆，瀆則不告，瀆蒙也。蒙以養正，聖功也。

以卦象卦德釋卦名，又以卦體釋卦辭。險而止，退則困于其險，進則阻于其山，兩無所適，所以名蒙也。以者用也，以亨者，以我之亨通也。時中者，當其可之謂。憤悱啓發，即志應也。言我先知先覺，先以亨通矣，而後以我之亨，行時中之教，此蒙者所以亨也。匪我求童蒙，童蒙求我，乃教人之正道也。何也？禮聞來學，不聞往①教。童蒙求我則彼之心志應乎我，而相孚契矣，此其所以可教也。初筮則告者，以剛中

① 往，原作『枉』，據寶廉堂本改。

也。我有剛中之德，而五又以中應之，則心志應乎我，而相孚契矣，所以當告之也。初筮二字，只作下卦二字，指教者而言，觀此卦再筮可見矣。蓋三則應乎其上，四則隔乎其三，與剛中發蒙之二不相應與，又乘陽不敬，則心志不應乎我，而不相孚契矣。既不相孚契，而强告之，是徒煩瀆乎蒙矣，亦何益哉？教之利于正者，幼而學之，學爲聖人而已。聖人之所以爲聖者，正而已矣。入聖之域，雖在後日，作聖之功，就在今日。當蒙時養之以正，雖未即至于聖，聖域由此而漸入矣，此其所以利貞也。發蒙即養蒙，聖功乃功夫之功，非功效之功。

《象》曰：山下出泉，蒙，君子以果行育德。

泉乃必行之物，始出而未通達，猶物始生而未明，蒙之象也。果行者，體坎之剛中，以果决其行。見善必遷，聞義必徙，不畏難而苟安也。育德者，體艮之静止，以養育其德。不欲速，寬以居之，優游以俟其成也。要之果之育之者，不過蒙養之正而已。是故楊墨之行非不果也，而非吾之所謂行。佛老之德非不育也，而非吾之所謂德。所以蒙養以正爲聖功。

初六，發蒙，利用刑人，用説桎梏，以往吝。 説，吐活反。

蒙者，下民之蒙也，非又指童蒙也。發蒙者，啓蒙發其初之蒙也。刑人者，以人刑之也。刑罰立而後教化行，治蒙之初，故利用刑人以正其法。桎梏者，刑之具也。坎爲桎梏，桎梏之象也。在足曰桎，在手曰梏。中爻震爲足，外卦艮爲手，用桎梏之象也。因坎有桎梏，故用刑之具即以桎梏言之，非必主于桎梏也。朴作教刑，不過夏楚而已。本卦坎錯離，艮綜震，有噬嗑折獄用刑之象，故豐旅賁三卦有此象，皆言獄。説者，脱也，用脱桎梏，即不用刑人也。變兑爲毁折，脱之象也。往者，往發其蒙也。吝者，利之反，變兑則和悦矣，和悦安能發蒙？故吝。○初在下，近比九二剛中之賢，故有啓發其蒙之象。然發蒙之初，利用刑人，以正其法，庶小懲而大誡，蒙斯可發矣。若舍脱其刑人，惟和悦以往教之，蒙豈能發哉？吝之道也。故其象占如此，細玩《小象》自見。

《象》曰：利用刑人，以正法也。

教之法不可不正，故用刑懲戒之，使其有嚴憚也。

九二，包蒙，吉。納婦吉，子克家。

包者，裹也。婦人懷妊，包裹其子，即胞字也。凡《易》中言包者，皆外包乎内也。泰曰包荒，否曰包承包羞，姤曰包魚，皆外包乎内。包蒙者，包容其初之象也。曰包則有含弘之量，敷教在寬矣。初曰刑者，不中不正也。上曰擊者，上過剛也。此爻剛中，統治群陰，極善之爻，故于初曰包，于三四五曰納，于五曰克家。納婦吉者，新納之婦，有諧和之吉也。中爻坤順在上，一陽在下，納受坤順之陰，納婦之象也。子克家者，能任父之事也。坎爲中男，有剛中之賢，能幹五母之蠱，子克家之象也。納婦吉字，與上吉字不同。上吉字占者之吉也；下吉字夫婦和諧之吉也。坤順，故吉。○九二以陽剛爲内卦之主，統治群陰，當發蒙之任者。其德剛而得中，故有包蒙之象。占者得此固吉矣，然所謂吉者，非止于包容其初之象也。凡三四五之爲蒙者，二皆能以剛中之德化之，如新納之婦，有諧和之吉，承考之子有克家之賢，其吉其賢，皆自然而然，不待勉强諄諄訓誨于其間，如此而謂之吉也。故其占中之象又如此。

《象》曰：子克家，剛柔接也。

二剛五柔，二有主蒙之功，五之信任專，所以二得廣布其敷教之才，亦如賢子，不待訓誨，自然而克家也，所以占者有子克家之象。周公爻辭以剛中言，孔子象辭並應與言。

六三，勿用取女，見金夫，不有躬，无攸利。取，七具反。

變巽，女之象也。九二陽剛乾爻也，乾爲金，金夫之象，故稱金夫。金夫者，以金賂己者也。六三正應在上，然性本陰柔，坎體順流趨下，應爻艮體常止，不相應于下。九二爲群蒙之主，得時之盛，蓋近而相比，在納婦之中者，故捨其正應而從之，此見金夫不有躬之象也。且中爻順體震動，三居順動之中，比于其陽，亦不有躬之象也。若以蒙論，乃自暴自棄，昏迷于人欲，終不可教者。因三變長女，故即以女象之，曰勿用取，无攸利，皆其象也。○六三陰柔，不中不正，又居艮止坎陷之中，蓋蒙昧無知之極者也，故有此象。占者遇此，如有發蒙之責者，棄而不教可也。

《象》曰：勿用取女，行不順也。

婦人以順從其夫爲正，捨正應之夫而從金夫，安得爲順？

六四，困蒙，吝。

困蒙者，困于蒙昧而不能開明也。六四上下既遠隔于陽，不得賢明之人以近之，又無正應賢明者以爲之輔助，則蒙無自而發，而困于蒙矣，故有困蒙之象。占者如是，終于下愚，故可羞。

《象》曰：困蒙之吝，獨遠實也。

陽實陰虛，實謂陽也。六四上下皆陰，蒙之甚者也。欲從九二則隔三，欲從上九則隔五，遠隔于實者也，故曰獨遠實。獨者，言本卦之陰，皆近乎陽，而四獨遠也。

六五，童蒙，吉。

童蒙者，純一未散，專心資于人者也。艮爲少男，故曰童。匪我求童蒙，言童之蒙昧也。此則就其純一未散，專聽于人而言。蓋中爻爲坤順，五變爲巽，有此順巽之德，所以專心資剛明之賢也。○六五以順巽居尊，遠應乎二，近比乎上，蓋專心資剛明之賢者，故有童蒙之象，占者如是則吉也。

《象》曰：童蒙之吉，順以巽也。

中爻爲順，變爻爲巽。仰承親比上九者順也，俯應聽從九二者巽也。親比聽從乎陽，正遠實之反，所以吉。

上九，擊蒙，不利爲寇，利禦寇。

擊蒙者，擊殺之也。應爻坎爲盜，錯離爲戈兵，艮爲手，持戈兵，擊殺之象也。三與上九爲正應，故擊殺之也。寇者即坎之寇盜也，二寇字相同。不利爲寇者，教三爻在下，蒙昧之人也。利禦寇者，教上九在上，治蒙之人也。六三在本爻爲淫亂，在上九爲寇亂，蒙昧之極可知矣。○上九與三之寇盜相爲正應，過剛不中，治蒙太猛，故有擊蒙之象。聖人教占者以占得此爻者，若乃在下蒙昧之人，則不利爲寇，爲寇則有擊殺之凶矣；占得此爻者，若乃在上治蒙之人，惟利禦止其寇而已，不可即擊殺之。聖人哀矜愚蒙之人，故兩有所戒也。

《象》曰：利用禦寇，上下順也。

上九剛，止于禦寇，上之順也。六三柔，隨其所止，下之順也。艮有止象，變坤有順象，漸曰①利禦寇，《小象》亦曰順相保，可見矣。

☰乾下坎上

需者，須也，有所待也，理勢不得不需者。以卦象論，水在天上，未遽下于地，必待陰陽之交，薰蒸而後

① 曰，原作『自』，據意改。王校本改作『卦』。

成，需之象也。以卦德論，乾性主于必進，乃處坎陷之下，未肯遽進，需之義也。《序卦》：『蒙者物之穉也，物穉不可不養也。需者飲食之道也。』養物以飲食，所以次蒙。

需，有孚，光亨貞吉，利涉大川。

需雖有所待，乃我所當待也，非不當待而待也。孚者，信之在中者也。坎體誠信，克實于中，孚之象也。光者，此心光明不爲私欲所蔽也。中爻離，光明之象也。亨者，此心亨泰不爲私欲所窒也。坎爲通，亨通之象也。貞者，事之正也。八卦正位，坎在五，陽剛中正，爲需之主，正之象也，皆指五也。坎水在前，乾健臨之。乾知險，涉大川之象也。又中爻兑綜巽，坎水在前，巽木臨之，亦涉大川之象，詳見頤卦上九。孚貞者，盡所需之道。光亨吉利者，得所需之效。需若無實，必無光亨之時。需若不正，豈有吉利之理。○言事若有所待，而心能孚信，則光明而亨通矣；而事又出于其正，不行險以僥倖，則吉矣。故利涉大川。

《彖》曰：需，須也。險在前也，剛健而不陷，其義不困窮矣。需有孚，光亨，貞吉，位乎天位，以正中也。利涉大川，往有功也。

以卦德釋卦名，以卦綜釋卦辭。需者，須也，理勢之所在，正欲其有所待也，故有需之義。險在前，不易于進，正當需之時也。乾臨之，毅然有守，不冒險以前進，故不陷于險。既不陷于險，則終能出其險，其義不至于困窮矣，所以名需。需、訟二卦同體，文王綜爲一卦，故《雜卦》曰：『需不進也，訟不親也。』其位天位以正中者，訟下卦之坎，往居需之上卦，九五又正而又中也，五爲天位，因自訟之地位往居之，故曰位乎天位。如在訟下卦，止可言中，不可言正矣。正則外無偏倚，中則心無夾雜，所以有孚，光亨貞吉。往有功，與漸、蹇、解三卦彖辭『往有功』同，言訟下卦，往而居需之上卦，九五正中，所以有利涉大川之功也。

《象》曰：雲上于天，需，君子以飲食宴樂。

雲氣蒸而上升，必待陰陽和洽，然後成雨，故爲需待之義。君子事之當需者，亦不容更有所爲，惟内有孚，外守正，飲食以養其氣體而已，宴樂以娱其心志而已，此外别無所作爲也。曰飲食宴樂者，乃居易俟命、涵養待時之象也，非真必飲食宴樂也。若伯夷、太公，需待天下之清，窮困如此，豈能飲食宴樂哉。

初九，需于郊，利用恒，无咎。

郊者，曠遠之地，未近于險之象也。乾爲郊，郊之象也，故同人、小畜皆言郊。需于郊者，不冒險以前進也。恒者，常也，安常守静以待時，不變所守之操也。利用恒无咎者，戒之也。言若無恒，猶有咎也。○初九陽剛得正，未近于險，乃不冒險以前進者，故有需郊之象。然需于始者，或不能需于終，故必義命自安，恒于郊而不變，乃其所利也。戒占者能如此，則无咎矣。

《象》曰：需于郊，不犯難行也。利用恒无咎，未失常也。難，乃旦反。

不犯難行者，超然遠去，不冒犯險難以前進也。未失常者，不失需之常道也。需之常道，不過以義命自安，不冒險以前進而已。

九二，需于沙，小有言，終吉。

坎爲水，水近則有沙，沙則近于險矣。漸近于險，雖未至于患害，已小有言矣。小言者，衆人見譏之言也。避世之士，知前有坎陷之險，責之以潔身；用世之士，知九二剛中之才，責之以拯溺也。中爻爲兑，口舌小言之象也。終吉者，變爻離明，明哲保身，終不陷于險矣。○二以陽剛之才，而居柔守中，蓋不冒險而進者，故有需于沙之象。占者如是，雖不免小有言，終得其吉也。

《象》曰：需于沙，衍在中也。雖小有言，以吉終也。

水行朝宗曰衍，即水字也。凡江河，水在中而沙在邊，衍在中者，言水在中央也。沙在水邊則近于險矣，雖近于險而小有言，然以剛中處需，故不陷于險而以吉終也。

九三，需于泥，致寇至。

泥逼于水，將陷于險矣，寇之地也。坎爲盜，在前，寇之象也。○九三居健體之上，才位俱剛，進不顧前，邇于坎盜，故有需泥寇至之象。健體敬慎惕若，故占者不言凶。

《象》曰：需于泥，災在外也。自我致寇，敬慎不敗也。

外謂外卦，災在外者，言災已切身而在目前也。災在外而我近之，是致寇自我也。敬慎不敗者，三得其正，乾乾惕若，敬而且慎，所以不敗于寇也，故占者不言凶。

六四，需于血，出自穴。

坎爲血，血之象也，又爲隱伏，穴之象也。偶居左右上下皆陽，亦穴之象也。血即坎字，非見傷也。出自穴者，觀上六『入于穴』入字，此言出字，即出入二字自明矣。言雖需于血，然猶出自穴外，未入于穴之深也。需卦近于坎，致寇至及入于坎，三爻皆吉者，何也？蓋六四順于初之陽，上六陽來救援，皆應與有力，九五中正，所以皆吉也。凡看周公爻辭，要玩孔子《小象》，若以血爲殺傷之地，失《小象》順聽之旨矣。○四交于坎，已入于險，故有需于血之象。然四與初爲正應，能順聽乎初，初乃乾剛至健而知險，惟知其險，是出自穴外，不冒險以進，雖險而不險矣，故其象占如此。

《象》曰：需于血，順以聽也。

坎爲耳，聽之象也。聽者，聽乎初也。六四柔得其正，順也。順聽乎初，故入險不險。

九五，需于酒食，貞吉。

坎水，酒象。中爻兑，食象。詳見困卦。酒食，宴樂之具。需于酒食者，安于日用飲食之常以待之而已。貞吉者，正而自吉也，非戒也。○九五，陽剛中正，居于尊位，蓋優游和平，不多事以自擾，無爲而治者也，故有需于酒食之象，其貞吉可知矣。占者有是貞，亦有是吉也。

《象》曰：酒食貞吉，以正中也。

即《彖》『正中』。

上六，入于穴，有不速之客三人來，敬之，終吉。

陰居險陷之極，入于穴之象也，變巽爲入，亦入之象也。下應九三，陽合乎陰，陽主上進，不召請而自來之象也。我爲主，應爲客，三陽同體，有三人之象也。入穴窮困，望人救援之心甚切，喜其來而敬之之象也。終吉者，以三陽至健知險，可以拯溺也。○上六居險之極，下應九三，故其象如此，占者之吉可知矣。

《象》曰：不速之客來，敬之終吉，雖不當位，未大失也。當，去聲。

位者爻位也，三乃人位，應乎上六，故曰人來。初與二皆地位，上六所應者乃人位，非地位。今初與二皆來，故不當位也。以一陰而三陽之來，上六敬之，似爲失身矣；而不知入于其穴，其時何時也，來救援于我者，猶擇其位之當否而敬有分别，是不知權變者矣。故初與二雖不當位，上六敬之，亦未爲大失也。曰未大失者，言雖失而未大也。若不知權變，自經于溝瀆，其失愈大矣。易中之時，正在于此。

☰☵坎下乾上

訟者，争辨也，其卦坎下乾上，以二象論，天運乎上，水流乎下，其行相違，所以成訟。以卦德論，上以剛陵乎下，下以險伺乎上。以一人言，内險而外健；以二人言，己險而彼健。險與健相持，皆欲求勝，此必訟之道也。《序卦》：『飲食者，人之大欲存焉。』既有所需，必有所爭，訟所由起也。所以次需。

訟，有孚，窒惕，中吉，終凶。利見大人，不利涉大川。

有孚者，心誠實而不詐僞也。窒者，窒塞而能含忍也。惕者，戒懼而畏刑罰也。中者，中和而不狠愎也。人有此四者，必不與人爭訟，所以吉。若可已不已，必求其勝，而終其訟，則凶。利見大人者，見九五以決其訟也。不利涉大川者，不論事之淺深，冒險入淵，以興訟也。九二中實，有孚之象。一陽沉溺于二陰之間，窒之象。坎爲加憂，惕之象。陽剛來居二，中之象。上九過剛，終之象。九五中正，以居尊位，大人之象。中爻巽木，下坎水，本可涉大川，值三剛在上，陽實陰虛，遇巽風，舟重，遇風則舟危矣。舟危豈不入淵？故《象①辭》曰入淵，不利涉之象也，與棟撓同。文王卦辭，其精妙至絶。

《彖》曰：訟，上剛下險，險而健，訟。訟，有孚窒惕，中吉，剛來而得中也。終凶，訟不可成也。利見大人，尚中正也。不利涉大川，入于淵也。

以卦德、卦綜、卦體、卦象釋卦名。卦辭險、健詳見前卦下。若健而不險，必不生訟。險而不健，必不能訟，所以名訟。剛來得中者，需訟相綜。需上卦之坎，來居訟之下卦，九二得中也。前儒不知《序卦》《雜卦》，所以依虞翻以爲卦變，剛來居柔地得中，故能有孚，能窒，能惕，能中。終者，極而至于成也。訟已非美事，若訟之不已，至于其極，其凶可知矣。尚者，好尚之尚，主也，言九五所主，在中正也。惟中正，所以能辨人是非。入淵者，舟重遇風，其舟危矣。故入淵與冒險興訟，必陷其身者，一而已矣。

《象》曰：天與水違行，訟，君子以作事謀始。

① 象，原作『彖』，據寶廉堂本改。

天上蟠，水下潤。天西轉，水東注，故其行相違。謀之于始，則訟端絶矣。作事謀始，工夫不在訟之時，而在于未訟之時也。與其病後能服藥，不若病前能自調之意。天下之事，莫不皆然。故曰：曹劉共飯，地分于匕筯之間；蘇史滅宗，忿起于談笑之頃。蘇逢吉、史弘文俱爲令，見《五代史》。

初六，不永所事，小有言，終吉。

不永所事者，不能永終其訟之事也。小有言者，但小有言語之辨白而已。變兑爲口舌，言之象也。應爻乾爲言，亦言之象也。因居初，故曰小。終吉者，得辨明也。

初六才柔位下，不能永終其訟之事，雖在我不免小有言語之辨，然温柔和平，自能釋人之忿怨，所以得以辨明，故其象如此，而占者終得吉也。

《象》曰：不永所事，訟不可長也。雖小有言，其辯明也。

訟不可長，以理言也。言雖是初六陰柔之故，然其理亦如此。長永二字相同，雖不免小有言語之辨，然終因此言辨明。

九二，不克訟，歸而逋，其邑人三百户，无眚。

克，勝也。自下訟上，不克而還，故曰歸。逋，逃避也。坎爲隱伏，逋之象也。邑人詳見謙卦。中爻爲離，坎錯離，離居三，三百之象也。二變，下卦爲坤，坤則闔户之象也。三百，言其邑之小也。言以下訟上，歸而逋竄是矣。然使所逋竄之邑爲大邑，則猶有據邑之意，迹尚可疑，必如此小邑藏避，不敢與五爲敵，方可免眚。需訟相綜，訟之九二即需之九五，曰剛來而得中，曰歸而逋，皆因自上而下，故曰來曰歸。其字皆有所本，如此玄妙，豈粗浮者所能解。坎爲眚，變坤則無眚矣。

九二陽剛爲險之主，本欲訟者也。然以剛居柔之中，既知其理之不當訟，而上應九五之尊，又知其勢不可訟，故自處卑小，以免災患。其象如此，占者如是則无眚矣。

《象》曰：不克訟，歸逋竄也。自下訟上，患至掇也。

歸逋竄者，不與之訟也。掇者，拾取也。自下訟上，義乖勢屈，禍患猶拾而自取，此言不克訟之故。

六三，食舊德，貞厲，終吉。或從王事，无成。

德與穢德彰聞、閨門慚德之德同，乃惡德也。德乃行而有得，往日之事也，故以舊字言之。凡人與人争訟，必舊日有懷恨不平之事，有此懷恨，其人之惡德，藏畜于胸中，必欲報復，所以訟也。食者，吞聲不言之意。中爻巽綜兑口，食之象也。王事者，王家敵國忿争之事，如宋之與虜①是也。變巽不果，或之象也。中爻離日，王之象也。應爻乾君，亦王之象也。無成者，不能成功也。下民之争訟，主于怯。王家之争訟，主于才。以此食舊德之柔，處下民之剛强敵國則可，若以此處王國之剛强敵國，是即宋之于虜，柔弱極矣。南朝無人，稽首稱臣，安得有成。

六三上有剛强之應敵，陰柔自卑，故有食人舊德，不與争辯之象。然應與剛猛，常受侵陵，雖正亦不免危厲矣。但六三含忍不報，從其上九，與之相好，所以終不爲己害而吉也。如此之人，柔順有餘，而剛果不足，安能成王事哉。故占者乃下民之應敵則吉，或王事之應敵則無成而凶。

《象》曰：食舊德，從上吉也。

從上者，從上九也。上九剛猛，六三食其舊日剛猛侵陵之惡德，相從乎彼，與之相好，則吉矣。

九四，不克訟，復即命，渝安貞，吉。

① 虜，寶廉堂本作『金』。後皆類同。

即，就也。命者天命之正理也，不曰理而曰命者，有此象也。中爻巽，四變亦爲巽，命之象也。渝變也，四變，中爻爲震，變動之象也，故隨卦初爻曰渝。安貞者，安處于正也。復即于命者，外而去其忿争之事也。變而安貞者，内而變其忿争之心也。心變則事正矣。吉者雖不能作事于謀始之先，亦能改圖于有訟之後也。九二九四皆不克訟，既不克矣，何以訟哉?蓋二之訟者，險之使然也，其不克者，勢也。知勢之不可敵，故歸而逋逃。曰歸者，識時勢也。四之訟者，剛之使然也。其不克者理也，知理之不可違，故復即于命。曰復者，明理義也。九四之復，即九二之歸，皆以剛居柔，故能如此。人能明理義，識時勢，處天下之事無難矣。學者宜細玩之。

九四剛而不中，既有訟之象，以其居柔，故又有復即命渝安貞之象。占者如是則吉也。

《象》曰：復即命渝安貞，不失也。

始而欲訟，不免有失。今既復渝，則改圖而不失矣。

九五，訟，元吉。

九五爲訟之主，陽剛中正，以居尊位，聽訟而得其平者也。凡訟，占者遇之則利見大人，訟得其理，而元吉矣。

《象》曰：訟元吉，以中正也。

中則聽不偏，正則斷合理，所以利見大人而元吉。

上九，或錫之鞶帶，終朝三褫之。 鞶，音盤。褫，池①尔切。

① 池，原作「地」，據史本改。

或者，設或也，未必然之辭。鞶帶，大帶，命服之飾。又紳也，男鞶革，女鞶絲。乾爲衣，又爲圜帶之象也。乾君在上，變爲兑口，中爻爲巽，命令錫服之象也。故九四曰復即命。中爻離日，朝日之象也。離日居下卦，終之象也。又居三，三之象也。褫，奪也。坎爲盜，褫奪之象也。命服以錫有德，豈有賞訟之理，乃設言也，極言訟不可終之意。

上九有剛猛之才，處訟之終，窮極于訟者也，故聖人言人肆其剛强，窮極于訟，取禍喪身，乃其理也。設若能勝，至于受命服之賞，是亦仇争所得，豈能長保？故終一朝而三見褫奪也。即象而占之，凶可知矣。

《象》曰：以訟受服，亦不足敬也。

縱受亦不足敬，况褫奪隨至，其不可終訟也明矣。

周易集注卷之三

䷆坎下坤上

師者，衆也，其卦坎下坤上。以卦象論，地中有水，爲衆聚之象。以卦德論，内險而外順，險道以順行，師之義也。以爻論，一陽居下卦之中，上下五陰從之，將統兵之象也。二以剛居下，五柔居上而任之，人君命將出師之象也。《序卦》：『訟必有衆起。』師興由争，故次于訟。

師，貞，丈人吉，无咎。

貞者，正也。丈人者，老成持重、練達時務者也。凡人君用師之道，在得正與擇將而已。不得其正，則師出無名；不擇其將，則將不知兵。故用兵之道，利于得正，又任老成之人。則以事言，有戰勝攻取之吉；以理言，無窮兵厲民之咎矣。戒占者當如是也。

《彖》曰：師，衆也。貞，正也。能以衆正，可以王矣。剛中而應，行險而順，以此毒天下而民從之，吉，又何咎矣。王，去聲。

以卦體、卦德釋卦辭。衆者，即《周官》自五人爲伍①，積而至于二千五百人爲師也。正者，即王者

① 伍，原作『五』，據寶廉堂本改。

之兵，行一不義，殺一不辜而得天下不爲，如此之正也。以者，謂能左右之也。一陽在中，而五陰皆所左右也。左右之使衆人皆正，樵蘇无犯之意，則足以宣布人君之威德，即王者仁義之師矣，故可以王。以衆正，言爲將者可以王，言命將者能正，即可以王，故師貴貞也。剛中而應者，爲將不剛則怯，過剛則猛。九二剛中，乃將才之善者。有此將才，五應之，又信任之專，則可以展布其才矣。行險者，兵，危事也，謂坎也。順者，順人心也，謂坤也。兵足以戡亂而順人心，則爲將有其德矣。有是才德，所以名丈人也。毒者，猶既濟僨字，時久師老之意。噬嗑中爻爲坎，故亦曰遇毒，乃陳久太肥，腊肉味變者。《五行志》云：厚味實腊毒。師古曰：味厚者爲毒。久，陳久之事。文案繁雜，難于聽斷，故以腊毒象之，非毒害也。若毒害，則非行險而順矣。言出師固未免毒于天下，然毒之者，實所以安之，乃民所深願而悦從者也。民悦而從，所以吉而无咎。毒天下句，與民從之句，意正相應。若毒天下而民不從，豈不凶？豈不有咎？

《象》曰：地中有水，師，君子以容民畜衆。

水不外于地，兵不外于民，地中有水，水聚地中，爲聚衆之象，故爲師。容者，容保其民，養之教之也。畜者，積畜也。古者寓兵于農，故容保其民者，正所以畜聚其兵也。常時民即兵，變時兵即民，兵不外乎民，即水不外乎地也。

初六，師出以律，否臧凶。 否，蒲鄙反。

專以將言。律者，法也，號令嚴明，部伍整肅，坐作進退，攻殺擊刺，皆有法則是也。否者，塞也，兵敗也。臧者，善也，兵成功也。若不以律，不論成敗，成亦凶，敗亦凶，二者皆凶，故曰否臧凶。觀《小象》失律凶之句可見矣。

初六才柔，當出師之始，師道當守其法則，故戒占者師出以律，失律則不論否臧皆凶矣。

《象》曰：師出以律，失律凶也。

失律，否固凶，臧亦凶。

九二，在師中吉，无咎，王三錫命。

師中者，在師中而得其中也。此爻正《象辭》之剛中而應，六五《小象》之以中行，皆此中也。在師中者，剛中也。錫命者，正應也。蓋爲將之道，不剛則怯，過剛則猛，惟剛中則吉而无咎矣。吉无咎者，恩威並著，出師遠討，足以靖内安外也。錫命者，或錫以褒嘉之温語，或錫以其物，如宋太祖之解裘是也，乃寵任其將，非褒其成功也。曰錫命，則六五信任之專可知矣。本卦錯同人，乾在上，王之象；離在下，三之象；中爻巽，錫命之象。全以錯卦取象，亦如睽卦上九之見豕負塗也。取象如此玄妙，所以後儒難得知。

九二爲衆陰所歸，有剛中之德，上應六五，而爲之寵任，故其象如此，而占者可知矣。

《象》曰：在師中吉，承天寵也。王三錫命，懷萬邦也。

天謂王也，在師中吉者，以其承天之寵，委任之專也。王三錫命者，以其存心于天下，惟恐民之不安，故任將伐暴安民也。下二句皆推原二五之辭。

六三，師或輿尸，凶。

或者，未必之辭。變巽進退不果，或之象也，言設或也。輿者，多也，衆人之意，即今輿論之輿。以坤坎二卦，皆有輿象，故言輿也。尸者，主也，言爲將者不主，而衆人主之也，觀六五弟子輿尸可見矣。《程傳》是。

六三陰柔，不中不正，但居大將九二之上，才柔志剛，故有出師大將不主，而三或主之之象，不能成功也必矣。故其占凶。

《象》曰：師或輿尸，大无功也。

曰大者，甚言其不可輿尸也。

六四，師左次，无咎。

師三宿爲次，右爲前，左爲後，今人言左遷是也。蓋乾先坤後，乾右坤左，故明夷六四陰也，曰左腹；豐卦九三陽也，曰右肱。左次，謂退舍也。

六四居陰，得正，故有出師度不能勝、完師以退之象。然知難而退，兵家之常，故其占无咎。

《象》曰：左次，无咎，未失常也。

知難而退，師之常也。聖人恐人以退爲怯，故言當退而退，亦師之常，故曰未失常。

六五，田有禽，利執言，无咎。長子帥師，弟子輿尸，貞凶。

田乃地之有水者，應爻爲地道，居于初之上，田之象也，故乾二爻曰在田。禽者上下皆陰，與小過同，禽之象也。坎爲豕，錯離爲雉，皆禽象也。禽害禾稼，寇盗之象也。坎爲盗，亦有此象。執者興師以執獲也，坤爲衆，中爻震綜艮爲手，衆手俱動，執獲之象也。言者，聲罪以致討也。坤錯乾爲言，言之象也。无咎者，師出有名也。長子九二也，中爻震，長子之象也。長子即丈人，自衆尊之曰丈人，自爻象之曰長子。弟子六三也，坎爲中男，震之弟也，弟子之象也。

六五用師之主，柔順得中，不爲兵端者也。敵加于己，不得已而應之，故爲田有禽之象。應敵興兵，利于執言，占者固无咎矣，然任將又不可不專，若專于委任，使老成帥師以任事可也，苟參之以新進之小人，俾爲弟子者參謀輿尸于其間，使長子之才，有所牽制，而不得自主，則雖曰有禽乃應敵之兵，其事固貞，然所任不得其人，雖貞亦凶矣。因六五陰柔，故許以无咎而又戒之以此。

《象》曰：長子帥師，以中行也。弟子輿尸，使不當也。當，去聲。

言所以用長子帥師者，以其有剛中之德，使之帥師以行，使之當矣。若弟子，則使之不當也。以中行推原其二之辭，使不當，歸咎于五之辭。

上六，大君有命，開國承家，小人勿用。

坤錯乾，大君之象也。乾爲言，有命之象也。命者，命之以開國承家也。坤爲地，爲方，國之象也，故曰開國。變艮爲門闕，家之象也，故曰承家。損卦艮變坤，故曰無家。師卦坤變艮，故曰承家。周公爻象，其精至此。開者封也，承者受也，功之大者開國，功之小者承家也。小人，開承中之小人也。陽大陰小，陰土重疊，小人之象也。勿用者，不因其功勞而遂任用以政事也。變艮爲止，勿用之象也。如光武雲臺之將得與公卿參議大事者，惟鄧禹、賈復數人而已，可謂得此爻之義者矣。

上六師終功成，正論功行賞之時矣，故有太君有命，開國承家之象。然師旅之興，效勞之人，其才不一，販繒屠狗之徒亦能樹其奇功，不必皆正人君子。故開國承家，惟計其一時得功之大小，不論其往日爲人之邪正，此正王者封建之公心也。至于封建之後，董治百官，或上而參預廟廊之機謀，或下而委任百司之庶政，則惟賢是用，而前日諸將功臣中之小人，惟享其封建之爵土，再不得干預乎此矣。故又戒之以小人勿用也。弟子輿尸戒之于師始，小人勿用戒之于師終，聖人之情見矣。

《象》曰：大君有命，以正功也。小人勿用，必亂邦也。

正功者，正功之大小也。亂邦者小人挾功倚勢，暴虐其民，必亂其邦。王三錫命，命于行師之始，惟在于懷邦。懷邦者，懷其邦之民也。大君有命，命于行師之終，惟恐其亂邦。亂邦者，亂其邦之民也。聖人行師，惟救其民而已，豈得已哉？

䷇坤下坎上

比，親輔也，其卦坤下坎上。以卦象論，水在地上，最相親切，比之象也。以爻論，五居尊位，衆陰比而從之，有一人輔萬邦、四海仰一人之象，故爲比也。《序卦》：『衆必有所比，故受之以比。』所以次師。

比吉，原筮元永貞，无咎。不寧方來，後夫凶。

原者再也，與《禮記》『未有原』之原同。蒙之剛中在下卦，故曰初筮，比之剛中在上卦，故曰原筮。下卦名初筮，上卦名原筮，非真以蓍草筮之也。孔子于二卦《彖辭》皆曰以剛中言。蒙剛中在下，故能發人之蒙；比剛中在上，故有三德，而人來親輔也。非舊注所謂再筮以自審也。元者元善也，即仁也。永，恒也。貞，正也，言元善長永貞固也。無咎者，有此元永貞之三德也。不寧者，不遑也，四方歸附，方新來者不遑也，猶言四方歸附之不暇也。坤爲方，故曰方。後夫凶者，如萬國朝禹，而防風後至，天下歸漢而田横不來也。下畫爲前，上畫爲後，凡卦畫陽在前者爲夫，如睽卦『遇元夫』是也，此夫指九五也。陽剛當五，乃位天德，元之象也。四陰在下，相率而來，不寧方來之象也。一陰高亢于上，負固不服，後夫之象也。

言筮得此卦，爲人所親輔，占者固吉矣，然何以吉哉？蓋因上卦陽剛得中，有元永貞三者之德，則在我已無咎，而四方之歸附于我者且不遑，後來者自蹈迷復之凶矣。此所以吉也。

《彖》曰：比，吉也；比，輔也，下順從也。原筮元永貞，無咎，以剛中也。不寧方來，上下應也。後夫凶，其道窮也。

釋卦名義，又以卦體釋卦辭。比吉也，乃漸卦女歸吉也之例，皆止添一也字。比輔者，言陽居尊位，群下順從以親輔之也。蓋輔者，比之義。順從者，又輔之義。順者情不容已，從者分不可逃。以者因也，因有此剛中之德也。剛中，則私欲無所留，所以爲元善者此也。剛中則健而不息，所以爲永者此也。剛中，則正固而不偏，所以爲貞者此也。蓋八卦正位，坎在五，所以有此三德而無咎。九五居上，群陰應于下，上下相應，所以不寧方來。道窮者，理勢窮蹙，無所歸附也。

《象》曰：地上有水，比，先王以建萬國，親諸侯。

物相親比而無間者，莫如水在地上。先王觀比之象，建公侯伯子男之國，上而巡狩，下而述職，朝聘往來，以親諸侯。諸侯承流宣化，以親其民，則視天下猶一家，視萬民猶一身，而天下比于一矣。《象》則人來比我，《象》與諸爻則我去比人。師之畜衆，井田法也；比之親侯，封建法也。秦惟不知此義，故二世即亡。善乎《六代論》曰：譬如芟刈股肱，獨任胸腹，浮舟江海，捐弃楫櫂，觀者爲之寒心，而始皇自以爲帝王萬世之業，豈不悖哉。

初六，有孚，比之無咎。有孚盈缶，終來有他吉。

有孚者，誠信也。比之者，比于人也。誠信比人則無咎矣。缶，瓦器也，以土爲之而中虛。坤土，陰虛之象也。盈者，充滿也。缶，坤土之器，坎，下流之物，初變成屯，屯者盈也，水流盈缶之象也。若以人事論，乃自一念而念念皆誠，自一事而事事皆誠，即盈缶也。有孚即《孟子》所謂信人，盈缶則充實之謂，美矣。來者，自外而來也。他，對我言。終，對始言。○初六乃比之始，相比之道，以誠信爲本，故無咎。若由今積累，自始至終，皆其誠信充實于中，若缶之盈滿，孚之至于極矣，則不但無咎，更有他吉也。

《象》曰：比之初六，有他吉也。

言比不但無咎，而即有他吉，見比貴誠實也。

六二，比之自内，貞吉。

二在内卦，故曰内。自内者，由己涵養有素，因之得君，如伊尹樂堯舜之道，而應成湯之聘也。八卦正位，坤在二，故曰貞。○六二，柔順中正，上應九五，皆以中正之道相比，蓋貞而吉者也。占者有是德，則應是占矣。

《象》曰：比之自内，不自失也。

中正故不自失。

六三，比之匪人。

三不中不正，已不能擇人而比之矣，又承乘應皆陰，故爲比之匪人。二①之中正而曰匪人者，止以陰論也。婦人雖賢，猶是婦人，非先儒隨時之説。

《象》曰：比之匪人，不亦傷乎？

傷，哀傷也，即孟子哀哉之意。不言其凶，而曰傷乎者，蓋惻然而痛憫也。

六四，外比之，貞吉。

九五外卦，故曰外，謂從五也。之字指五，本卦獨九五爲賢，六二以正應而比之，修乎己而貞吉也。六四以相近而比之，從乎人而貞吉也。于此見《易》之時。○六四柔順得正，舍正應之陰柔，而外比九五剛明中正之賢，得所比之正者矣。吉之道也，故占者貞吉。

① 二，原作『一』，據寶廉堂本改。

《象》曰：外比于賢，以從上也。

五陽剛中正，故言賢。居尊位，故言上。言六四外比，豈徒以其賢哉？君臣大分，亦以安其從上之分也。

九五，顯比，王用三驅，失前禽，邑人不誡，吉。

顯者，顯然光明，正大無私也，言比我者無私而我亦非違道干①求比乎我也。下三句，顯比之象也。三驅者，設三面之綱，即天子不合圍也。坎錯離爲日，王之象也，又居三，三之象也。坎馬駕坤車，驅之象也。綜師用兵，驅逐禽獸之象也。前後坤土兩開，開一面之象也。故同人初九，前坤土兩開，曰同人于門，一陽在衆陰之中，與小過同，禽之象也。故師卦亦曰禽，前禽指初。下卦在前，初在應爻之外，失前禽之象也。坤爲邑，又爲衆，又三四爲人位，居應爻二之上，五之下，邑人之象也。不誡者，禽之去者聽其自去，邑人不相警誡，以求必得也。不誡者，在下之無私，不合圍者，在上之無私，所以爲顯。

九五，剛健中正，以居尊位，群陰求比于己，顯其比而無私。其不比者，亦聽其自去，來者不拒，去者不追，故有此象。占者比人無私，則吉矣。

《象》曰：顯比之吉，位正中也。舍逆取順，失前禽也。邑人不誡，上使中也。舍，音捨。

位正中，即剛健中正，居尊位也。用命不入綱而去者爲逆，不我比者也。不用其命，入綱而來者爲順，比我者也。人中正則不貪得，邑人不誡者，以王者有中德，故下化之，亦中，亦不貪得，猶上有以使之也。所以失前禽，邑人不誡。

① 干，原作『于』，據寶廉堂本改。

上六，比之無首。凶。

乾爲首，九五乾剛之君，乃首也。九五已與四陰相爲顯比，至上六則不能與君比，是比之無首，其道窮矣，故蹈後夫之凶。

《象》曰：比之無首，無所終也。

無所終，即後夫凶。

☰乾下巽上

小者陰也，畜者止①也，乾下巽上，以陰畜陽，又一陰居四，上下五陽，皆其所畜，以小畜大，故爲小畜。又畜之未極，陽猶尚往，亦小畜也。《序卦》：『比必有所畜，故受之以小畜。』所以次比。

小畜，亨，密雲不雨，自我西郊。

中爻離錯坎，雲之象。中爻兑，西之象。下卦乾，郊之象。詳見需卦。凡雲自西而來東者，水生木，洩其氣，故無雨。

小畜亨，然其所以亨者，以畜未極，而施未行也，故有密雲不雨，自我西郊之象，故占者亨。

《象》曰：小畜，柔得位而上下應之，曰小畜。健而巽，剛中而志行，乃亨。密雲不雨，尚往也。自我西郊，施未行也。 施，始豉反。

① 止，原作『正』，據寶廉堂本改。

以卦綜、卦德釋卦名、卦辭。得位者，八卦正位，巽在内①也。本卦與履相綜，故孔子《雜卦》曰：『小畜寡也，履不處也。』履之三爻，陰居陽位，不得其位，往而爲小畜之四，則得位矣，故曰柔得位而上下應之。上下者五陽也，以柔得位而上下應之，則五陽皆四所畜矣以小畜大，故曰小畜。内健，則此心果決，而能勝其私，外巽則見事詳審，而不至躁妄。又二五剛居中位，則陽有可爲之勢，可以伸其必爲之志矣。陽性上行，故曰志行，乃亨者，言陽爲陰所畜，宜不亨矣。以健而巽，剛居中而志行，則陽猶可亨也。往者陽往，施者陰施，言畜之未極，陽氣猶上往，而陰不能止也，惟陽上往，所以陰澤不能施行而成雨。

《象》曰：風行天上，小畜。君子以懿文德。

懿美也，巽順，懿美之象。三乾陽，德之象，中爻離，文之象。以道而見諸躬行曰道德，見諸威儀文辭曰文德。風行天上，有氣而無質，能畜而不能久，曰小畜。君子大則道德，小則文德，故體之以美其文。德之小曰文而必曰德者，見文乃德之輝，非粉飾也。

初九，復自道，何其咎，吉。

自下升上曰復，歸還之意。陽本在上之物，志欲上進，而爲陰所畜止，故曰復。自者由也，道者以正道也，言進于上，乃陽之正道也。何其咎，見其本無咎也。復卦不遠復、休復者，乃六陰已極之時，喜陽之復生于下，此卦之復自道、牽復者，乃一陰得位之時，喜陽之復升于上。

初九乾體，居下得正，雖與四陰爲正應，而能守正，不爲四所畜，故有復自道之象。占者如是，則無咎而吉矣。

① 内，王校本據史本、朝爽堂本改作『四』。

《象》曰：復自道，其義吉也。

在下而畜于上之陰者，勢也。不爲陰所畜而復于上者，理也。陽不爲陰畜，乃理之自吉者，故曰其義吉。

九二，牽復，吉。

九二漸近于陰，若不能復矣。然九二剛中，則不過剛，而能守己相時，故亦復。與初二爻並復，有牽連而復之象。占者如是，則吉矣。三陽同體，故曰牽，故夬卦亦曰牽，《程傳》謂二五牽復，《本義》謂初，觀《小象》亦字，則《本義》是。

《象》曰：牽復在中，亦不自失也。

在中者，言陽剛居中也。亦者，承初爻之辭。言初九之復自道者，以其剛正，不爲陰所畜，不自失也。九二剛中牽復，亦不自失也，言與初九同也。

九三，輿説輻，夫妻反目。 説，音悦。

輿脱去其輻，則不能行。乾錯坤，輿之象也。變兑爲毁折，脱輻之象也。脱輻非惡意，彼此相悦，不肯行也。乾爲夫，長女爲妻，反目者，反轉其目，不相對視也。中爻離爲目，巽多白眼，反目之象也。三四初時陰陽相比而悦，及變兑爲口舌，巽性進退不果，又妻乘其夫，妻居其外，夫反在内，則三反見制于四，不能正室而反目矣。蓋陽性終不可畜，所以小畜止能畜得九三一爻，諸爻皆不能畜，然亦三之自取也。

九三比陰，陰陽相悦，必苟合矣。爲四畜止不行，故有輿脱輻之象。然三過剛不中，鋭于前進。四性入堅于畜止，不許前進。三反見制于四，不能正室矣。故又有反目之象，其象如此，而占者之凶可知矣。

《象》曰：夫妻反目，不能正室也。

室者，閨門也。正者，男正位乎外，女正位乎内也。三四苟合，豈能正室，所以反目。故歸妹《大象》曰君子以永終知敝。

六四，有孚，血去惕出，无咎。 去，上聲。

五陽皆實，一陰中虛，孚信虛中之象也。此爻離錯坎，坎爲血，血之象也。血去者，去其體之見傷也。又爲加憂，惕之象也。惕出者，出其心之見懼也。曰去曰出者，以變爻言也。蓋本爻未變，錯坎有血惕之象，既變則成純乾矣，豈有血惕？所以血去惕出也。本卦以小畜大，四爲畜之主，近乎其五，蓋畜君者也，畜止其君之欲，豈不傷害憂懼？蓋畜有二義：畜之不善者，小人而羈縻君子是也；畜之善者，此爻是也。

六四近五，當畜其五者也。五居尊位，以陰畜之，未免傷害憂懼。然柔順得正，乃能有孚誠信。以上合乎五之志，故有血去惕出之象。占者能如是誠信，斯无咎矣。

《象》曰：有孚惕出，上合志也。

上合志者，以其有孚誠信也。

九五，有孚攣如，富以其鄰。

本卦《大象》中虛，而九五中正，故有孚誠信。攣者，攣綴也，綴者，緝也。緝者，續也，皆相連之意，即九二之牽也。謂其皆陽之類，所以牽連相從也。巽爲繩，攣之象也。又爲近市利三倍，富之象也。故家人亦曰富家大吉。五居尊位，如富者有財，可與鄰共之也。以者，左右之也。以其鄰者，援挽同德，與之相濟也。君子爲小人所困，正人爲邪黨所厄，則在下者必攀挽于上，期于同進。在上者，必援引于下，與之協力，故二牽而五攣。本卦雖以陰畜陽，初二皆牽復吉，不爲陰所畜。《彖》曰『剛中而志行乃亨』，剛中志行，正在此爻，故亨。若舊注以三爻同力畜乾，則助小人以畜君子，陽豈得亨？非聖人作《易》之意矣。一陰五陽，君子多于小人，所以初二五皆不能畜。

九五居尊，勢有可爲。以九二同德爲輔佐，當小人畜止之時，剛中志行，故有有孚攣如富以其鄰小人不得畜止之象。占者有孚，亦如是也。

《象》曰：有孚攣如，不獨富也。

言有孚，則人皆牽攣而從之矣，不必有其富也。今五居尊位，既富矣，而又有孚，故曰不獨富。

上九，既雨既處，尚德載，婦貞厲，月幾望，君子征凶。

上九變，坎爲雨，雨之象也。處者止也，巽性既進而退，巽風吹散其雨，既雨既止之象也。雨既止，可尚往矣。尚德載者，下三陽爲德，坎爲輿，成需，即需上六不速之客三人來也。載者，積三陽而載之也，故曰積德載。此言陽尚往也，水火乃相錯之卦，火天大有曰大車以載《象》曰積中不敗，則坎車積三陽，載之上往也明矣。巽婦畜乾之夫，以順爲正，巽本順而正者也，今變坎，失巽順而爲險陷，危厲之道也，故始貞而今厲矣。坎爲月，中爻離爲日，日月之象也。巽錯震，中爻兑，震東兑西，日月相望之象也。言陰盛也，《易》中言月幾望者三，皆對陽而言。中孚言從乎陽，歸妹言應乎陽，此則抗乎陽也。三陽有乾德，故曰君子。巽性進退不果，本疑惑之人，今變坎陷，終必疑君子之進。畜止而陷之，故征凶。○畜已終矣，陰終不能畜陽，故有雨止陽往之象。畜者雖貞，亦厲之道也，然陰既盛抗陽，則君子亦不可往矣。兩有所成①也，故其象占如此。陽終不爲陰所畜，故《雜卦》曰：『小畜，寡也。』觀寡字，可知矣。

《象》曰：既雨既處，德積載也。君子征凶，有所疑也。

陽德積而尚往，故貞厲；陰終疑陽之進而畜之，故征凶。

䷉兌下乾上

履者，禮也，以禮人所踐履也。其卦兌下乾上，天尊于上，澤卑于下，履之象也。內和悦而外剛健，禮嚴而和之象也。《序卦》：物畜然後有禮，故受之以履。因次小畜。

履虎尾，不咥人，亨。 咥，直結反。

履者，足踐履也。中爻巽錯震，震爲足，有履之象，乃自上而履下也。咥者，囓也。下卦兌錯艮，艮爲虎，虎之象也。乃兌爲虎，非乾爲虎也。先儒不知象，所以以乾爲虎。周公因文王取此象，故革卦上體兌，亦取虎象。曰尾者，因下卦錯虎，所履在下，故言尾也。故遯卦下體艮，亦曰尾。兌口乃悦體，中爻又巽順，虎口和悦，巽順不猛，故不咥人。

《象》曰：履，柔履剛也。説而應乎乾，是以履虎尾，不咥人亨。剛中正，履帝位而不疚，光明也。 説，音悦。

以卦德釋卦名卦辭，而又言卦體之善。柔履剛者，以三之柔履二之剛也，此就下體自上履下而言也，釋卦名也。悦而應乎乾者，此就二體自下應上而言也。曰應者，明其非履也。三與五同功，故曰應。此釋

① 成，王校本據史本、朝爽堂本改作『戒』。

卦辭之所以亨也。帝指五，九五剛健中正，德與位稱，故不疚。不疚則功業顯于四方，巍然焕①然，故光明。中爻離，光明之象。此又卦體所履②之善，非聖人不足以當之，故文王言履虎尾，孔子言履帝位。

《象》曰：上天下澤，履，君子以辨上下，定民志。

君子觀履之象，辨上下之分，上下之分既辨，則民志自定，上自安其上之分，下自安其下之分矣。

初九，素履，往无咎。

素者，白也，空也，無私欲污濁之意。素履即《中庸》素位而行，舜飯糗茹草，若將終身，顔子陋巷不改其樂是也。往者，進也，陽主于進，故曰往。

初九陽剛在下，本無陰私，當履之初，又無外物所誘，蓋素位而行者也，故有素履之象。以是而往，必能守其所願之志而不變，履之善者也，故占者无咎。

《象》曰：素履之往，獨行願也。

獨，有人所不行而己獨行之意。願即《中庸》不願乎外之願，言初九素位而行，獨行己之所願，而不願乎其外也。《中庸》素位二句，蓋本周公素履之爻云。

九二，履道坦坦，幽人貞吉。

履道坦坦，依乎中庸，不索隱行怪也。幽獨之人，多是賢者，過之能履道坦平，不過乎高而驚世駭俗，則貞吉矣。變震爲足，履之象也。又爲大塗，道坦坦之象也。幽對明言，中爻離明在上，則下爻爲幽矣。

① 焕，原作『涣』，據寶廉堂本改。
② 履，原作『復』，據寶廉堂本改。

三畫卦二爲人位，幽人之象也。故歸妹中爻、離九二亦以幽人言之。履以和行，禮之用，和爲貴，所以本卦陽爻處陰位，如上九則元吉者，以嚴而有和也。二與四同，二坦坦而四愬愬者，二得中而四不得中也。二與五皆得中位，二貞吉而五貞厲者，二以剛居柔，五以剛居剛也。

九二剛中居柔，上無應與，故有履道坦坦之象。幽人如此，正而且吉之道也，故占者貞吉。

《象》曰：幽人貞吉，中不自亂也。

有此中德，心志不自雜亂，所以依《中庸》而貞吉，世之富貴外物，又豈得而動之？

六三，眇能視，跛能履。履虎尾，咥人，凶。武人爲于大君。

中爻巽錯震足，下離爲目，皆爲兑之毁折，眇跛之象也。六畫卦三爲人位，正居兑口，人在虎口之中，虎咥人之象也。三變則六畫皆乾矣，以悦體而有文明，乃變爲剛猛武勇，武之象也。三，人位，武人之象也。曰武者，對前未變離之文而言也。陽大陰小，陰變爲陽，大之象也。故坤卦用六，以大終變爲乾君，大君之象也。咥人，不咥人之反。爲大君，履帝位之反。

六三不中不正，柔而志剛，本無才德，而自用自專，不能明而强以爲明，不能行而强以爲行，以此履虎，必見傷害，故有是象。占者之凶可知矣。亦猶履帝位者，必德稱其位而不疚，武人乃强暴之夫，豈可爲大君哉，徒自殺其軀而已。武人爲大君，又占中之象也。

《象》曰：眇能視，不足以有明也。跛能履，不足以與行也。咥人之凶，位不當也。武人爲于大君，志剛也。

不足有明與行，以陰柔之才言。位不當者，以柔居剛也。爻以位爲志，六三陰柔，才弱而志剛，亦如師卦之六三，所以武人而欲爲大君。

九四，履虎尾，愬愬，終吉。

四應初，故履虎尾。愬愬，畏懼貌，四多懼，愬愬之象也。三以柔暗之才，而其志剛猛，所以觸禍。四以剛明之才，而其志恐懼，所以免禍。天下之理，原是如此，不獨象數然也。

九四亦以不中不正，履其虎尾，然以剛居柔，故能愬愬戒懼，其初雖不得即吉，而終則吉也。

《象》曰：愬愬終吉，志行也。

初曰獨行，遠君也。四曰志行，近君也。志行者，柔順以事剛決之君，而得行其志也。始雖危而終則不危，所謂終吉者此也。蓋危者使①平，《易》之道原是如此，故三之志徒剛，而四之志則行。

九五，夬履，貞厲。

夬者，決也，慨然以天下之事爲可爲，主張太過之意。蓋夬與履，皆乾兑上下相易之卦，曰夬履者，在履而當夬位也。然象辭與爻辭不同，何也？蓋象辭以履之成卦言，六爻皆未動也。見其剛中正，故善之。爻辭則專主九五一爻而言，以變爻而言也。變離，則又明燥而愈夬矣，故不同。在下位者，不患其不憂，患其不能樂，故喜其履坦。在上位者，不患其不樂，患其不能憂，故戒其夬履。二之坦，則正而吉者，喜之也。五之夬，則正而危者，戒之也。

九五以剛中而履帝位，則有可夬之資，而挾可夬之勢矣。又下應巽體，爲臣下者皆容悦承順，故有夬履之象。雖有所恃，必有所害，雖使得正，亦危道也。故其占爲貞厲，其戒深矣。

《象》曰：夬履貞厲，位正當也。

① 使，原作『始』，據寶廉堂本改。

有中正之德而又當尊位，傷于所恃。又下卦悦體，因悦方成其夬，所以兑之九五亦言位正當。

上九，視履句，**考祥其旋**句，**元吉。**

視履，作一句，與素履、夬履同例。視者回視而詳審也，中爻離目，視之象也。祥者善也，三凶五厲，皆非善也。考其履之善，必皆天理之節文、人事之儀則，下文其旋是也。旋者，周旋折旋也。凡禮以義合，而截然不可犯者，謂之方，猶人之步履折旋也。以天合而怡然不可解者，謂之圓，猶人之步履周旋也。禮雖有三千三百之多，不過周旋折旋而已。考其善于周旋折旋之間，則周旋中規、折旋中矩矣，豈不元吉。

上九當履之終，前無所履，可以回視其履矣，故有視履之象。能視其履，則可以考其善矣。考其善而中規中矩，履之至善者也。占者如是，不惟吉，而且大吉也。

《象》曰：元①吉在上，大有慶也。

大即元，慶即吉，非元吉之外，別有大慶。

☷☰乾下坤上

泰者通也，天地陰陽相交而和，萬物生成，故爲泰。小人在外，君子在内，泰之象也。《序卦》：『履②而泰，然後安，故受之以泰。』所以次履，此正月之卦。

泰，小往大來，吉，亨。

① 元，原作『无』，據寶廉堂本改。
② 履，原作『復』，據寶廉堂本改。

小謂陰，大謂陽，往來以内外之卦言之，由内而之外曰往，自外而之内曰來。否泰二卦同體，文王相綜爲一卦，故《雜卦》曰：『否泰，反其類也。』小往大來者，言否内卦之陰，往而居泰卦之外，外卦之陽，來而居泰卦之内也。

《彖》曰：泰，小往大來，吉，亨。則是天地交而萬物通也，上下交而其志同也。内陽而外陰，内健而外順，内君子而外小人。君子道長，小人道消也。

則是二字，直管至消也。天地以氣交，氣交而物通者，天地之泰也。上下以心交，心交而志同者，上下之泰也。陰陽以氣言，健順以德言，此二句，造化之小往大來也。君子小人以類言，此三句，人事之小往大來也。内外釋往來之義，陰陽健順、君子小人釋大小之義。

《象》曰：天地交泰，后以財成天地之道，輔相天地之宜，以左右民。

后，元后也，道就其體之自然而言，宜就其用之當然而言。財成者，因其全體而裁制使不過，如氣化流行，籠統相續，聖人則爲之裁制，以分春夏秋冬之節。地勢廣邈，經緯交錯，聖人則爲之裁制，以分東西南北之限，此裁成天地之道也。輔相者，隨其所宜而贊助其不及，如春生秋殺，此時運之自然，高黍下稻，亦地勢之所宜。聖人則輔相之，使當春而耕，當秋而斂，高者種黍，下者種稻，此輔相天地之宜也。左右者，扶植之意，扶植以遂其生，俾其亦如天地之通泰也。陽左陰右，有此象，故曰左右。

初九，拔茅茹，以其彙句，**征吉。**

變巽爲陰木，草茅之象也。茹者根也，初在下，根之象也。彙者類也，與蝟字同，似豪猪而小，滿身毛刺，同類多，故以彙爲類。拔茅茹以其彙者，言拔一茅，則其根茹牽連同類而起也。征者，仕進之意。當泰之時，三陽同體，有拔茅茹以其彙之象。占者同德牽連而往則吉矣。

《象》曰：拔茅征吉，志在外也。

志在外卦之君，故征吉。

九二，包荒，用馮河，不遐遺，朋亡，得尚于中行。馮，音憑。

包字詳見蒙卦。包荒者，包乎初也。初爲草茅，荒穢之象也。因本卦小往大來，陽來乎下，故包初。馮河者，二變則中爻成坎水矣，河之象也。河水在前，乾健利涉大川，馮之象也。用馮河者，用馮河之勇往也。二居柔位，故教之以勇。二變與五隔河，若馮河而往，則能就乎五矣。二與初爲邇，隔三四，與五爲遐。不遐遺者，不遺乎五也。朋者初也，三陽同體，牽連而進，二居其中，朋之象也，故咸卦中爻成乾，四居乾之中，亦曰朋從。朋亡者，亡乎初而事五也。尚者，尚往而事五也。中行，指六五，六五《小象》曰中以行願是也。卦以上下交爲泰，故以尚中行爲辭。曰得尚者，慶幸之辭也。若惟知包乎荒，則必不能馮河而就五矣，必遐遺乎五矣，必不能亡朋矣。用馮河以下，聖人教占者之辭。陽來居内，不向乎外，有惟知包乎内卦之初，遐遺乎外卦君上之象，故聖人于初教之以征，于二教之以尚。舊注不識象，所以失此爻之旨。

當泰之時，陽來于下，不知有上，故九二有包初之象，然二五君臣同德，天下太平，賢人君子，正當觀國用賓之時，故聖人教占者用馮河之勇，以奮其必爲之志，不可因邇而忘遠。若能忘其所邇之朋，得尚往于中行之君，以共濟其泰，則上下交而其志同，可以收光大之事業，而泰道成矣。故其象占如此。

《象》曰：包荒，得尚于中行，以光大也。

曰包荒，兼下三句而言也。孔子《小象》多是如此，捨相比溺愛之朋，而尚往以事中德之君，豈不光明正大。乾陽大之象也，變離光之象也。

九三，无平不陂，无往不復，艱貞无咎，勿恤其孚，于食有福。陂，碑爲反。

陂，傾邪也。无平不陂，以上卦地形險夷之理言。無往不復，以下卦天氣往來之理言。艱者勞心焦思，不敢慢易之意。貞者謹守法度，不敢邪僻般樂之意。恤者憂也，孚者信也。勿恤其孚者，不憂此理之可信也。食者，吞于口而不見也。福者福禄也，有福者，我自有之福也。食有福者，天禄永終之意。乾之三爻，乾乾惕若厲，艱貞，无咎之象也。變兑爲口，食之象也。

三當泰將極而否將來之時，聖人戒占者曰：居今泰之世者，承平既久，可謂平矣，無謂平而不陂也；陰往陽來，可謂往矣，無謂往而不復也。今三陽既盛，正將陂將復之時矣，故必艱貞而守正，庶可保泰而无咎。若或不憂此理之可信，不能艱貞以保之，是自食盡其所有之福禄矣，可畏之甚也。故戒占者以此。

《象》曰：无往不復，天地際也。

際者，交際也。外卦地，内卦天，天地否泰之交會，正在九三六四之際也。

六四，翩翩，不富以其鄰，不戒以孚。

此爻正是陰陽交泰。翩翩，飛貌，言三陰群飛而來也。小畜曰富者，乃陽爻也，此曰不富者，乃陰爻也。泰否相綜中爻巽，巽爲市利三倍，富之象也。又爲命令，戒之象也。言不待倚之以富，而其鄰從之者，甚于從富；不待戒之以令，而其類信之者，速于命令也。從者從乎陽也，信者信乎陽也，言陰交泰乎陽也。陽欲交泰乎陰，故初曰征，二曰尚。陰欲交泰乎陽，故四曰不富以鄰，不戒以孚，言乃中心願乎陽也。五曰帝乙歸妹，言行願乎陽也。此四爻正陰陽交泰，所以説兩箇願字。《象辭》上下交而其志同，正在于此。若三與上雖正應，然陰陽之極，不成交泰矣。故三陽之極則曰无往不復，所以防城復于隍于其始。六陰之極則曰城復于隍，所以表无往不復于其終。二復字相應。

六四柔順得正，當泰之時，陰向乎内，已交泰乎陽矣。故有三陰翩翩、不富、不戒之象。不言吉凶者，陰方向内，其勢雖微，然小人已來于内矣，固不可以言吉。然上有以祉元吉之君，上下交而其志同，未見世道之否，不可以言凶也。

《象》曰：翩翩不富，皆失實也。不戒以孚，中心願也。

皆失實者，陰虚陽實，陰往于外已久，三陰皆失其陽矣。今來與陽交泰，乃中心之至願也，故不戒而自孚。

六五，帝乙歸妹，以祉元吉。

中爻，三五爲雷，二四爲澤，有歸妹之象，故曰歸妹。因本卦陰陽交泰，陰居尊位，而陽反在下，故象以此也。帝乙，即高宗箕子之例。祉者福也，以祉者，以此得祉也，即泰道成也。〇泰已成矣，陰陽交會，五以柔中，而下應二之剛中。上下交而其志同，故有王姬下嫁之象。蓋享太平之福祉而元吉者，占者如是，亦祉而元吉矣。

《象》曰：以祉元吉，中以行願也。

中者中德也，陰陽交泰，乃其所願，故二曰尚，五曰歸，一往一來之意也。二曰中行，五曰中行願，上下皆中正，所謂上下交而其志同也。四與陽心相孚契，故曰中心願。五下嫁于陽，則見諸行事矣，故曰行願。惟得行其願，則泰道成矣，所以元吉。

上六，城復于隍，勿用師，自邑告命，貞吝。

坤爲土，變艮亦土，俱有離象。中虚外圍，城之象也。既變爲艮，則爲徑路，爲門闕，爲果蓏，城上有徑路，如門闕，又生草木，則城傾圮，不成其城矣，復于隍之象也。程子言掘隍土積累以成城，如治道積累以成泰。及泰之終，將反于否，如城土傾圮復于隍是也。此復字，正應无往不復復字。師者，興兵動衆，以平服之也。坤爲衆，中爻爲震，變爻象離，爲戈兵，衆動戈兵，師之象也。與復上六同。中爻兑口，告之象也。兑綜巽，命之象也。自者，自近以及遠也。邑字，詳見謙卦。○上六當泰之終，承平既久，泰極而否，故有城復于隍之象。然當人心離散之時，若復用師以平服之，則勞民傷財，民益散亂，故戒占者，不可用師遠討，惟可自一邑親近之民播告之，漸及于遠，以諭其利害可也。此收拾人心之舉，雖亦正固，然不能保邦于未危之先，而罪己下詔于既危之後，亦可羞矣。故其占者如此。

《象》曰：城復于隍，其命亂也。

命，即可以寄百里之命。命字謂政令也。蓋泰極而否，雖天運之自然，亦人事之致，惟其命亂，所以復否。聖人于泰終而歸咎于人事，其戒深矣。

☷坤下乾上

否者，閉塞不通也。卦象卦德皆與泰反。《序卦》：『物不可以終通，故受之以否。』所以次泰。此七月之卦。

否之匪人，不利句**，君子貞，大往小來。**

否之匪人與履虎尾、同人于野、艮其背同例，卦辭惟此四卦與卦名相連。否之匪人者，言否之者非人也，乃天也，即大往小來也。不利者，即《彖辭》萬物不通、天下无邦、道長、道消也。君子貞者，即儉德避難，不可榮以禄也。不言小人者，《易》爲君子謀也。大往小來者，否泰相綜，泰内卦之陽，往而居否之外，外卦之陰，來而居否之内也。文王當殷之末世，親見世道之否，所以發匪人之句。後來孔子居春秋之否，乃曰：道之將行也與命也，道之將廢也與命也。孟子居戰國之否，乃曰：莫之爲而爲者天也，莫之致而至者命也。皆宗文王否之匪人之句。否之匪人者天數也，君子貞者人事也，所以孔孟進以禮，退以義，惟守君子之貞。程朱以爲非人道也，似無道字意。誠齋①以爲用非其人，似無用字意。不如只就大往小來說。○言否之者非人也，乃天也。否由于天，所以占者不利。丁否運之君子，欲濟其否，豈容智力于間哉，惟當守其正而已。何也？大往小來，匪人也，乃天運之自然也。天運既出于自然，君子亦將爲之何哉？故惟當守其正而已。

《象》曰：否之匪人，不利，君子貞。大往小來，則是天地不交，而萬物不通也。上下不交，而天下无邦也。內陰而外陽，內柔而外剛，內小人而外君子，小人道長，君子道消也。

釋大往小來四字，與泰卦同。上自爲上，下自爲下，則雖有邦國，實與無邦國同矣，故天下无邦。

《象》曰：天地不交，否。君子以儉德辟難，不可榮以祿。辟，音避。難，去聲。

儉者，儉約其德，斂其道德之光也。坤爲吝嗇，儉之象也。辟難者，避小人之禍也。三陽出居在外，避難之象也。不可榮以祿者，人不可得而榮之以祿也，非戒辭也。言若不儉德，則人因德而榮祿，小人忌之，禍即至矣。今既儉德，人不知我，則不榮以祿，故不禁以祿者，正所以避難也。

初六，拔茅茹，以其彙，貞吉亨。

變震爲蕃，茅茹之象也。否綜泰，故初爻辭同。貞者，上有九五剛健中正之君，三陰能牽連而志在于君則貞矣。蓋否之時，能從乎陽，是小人能從君子，豈不貞。○初在下，去陽甚遠，三陰同體，故有拔茅茹以其彙之象。當否之時，能正而志在于休否之君，吉而且亨之道也，故教占者以此。

① 齋，原作『齊』，據寶廉堂本改。

《象》曰：拔茅貞吉，志在君也。

貞者以其志在于君也，故吉。泰初九曰志在外，此變外爲君者，泰六五之君，不如否之剛健中正，得稱君也。

六二，包承，小人吉，大人否亨。

包承者，包乎初也。二乃初之承，曰包承者，猶言將承包之也。大來乎下，故曰包荒；小來乎下，故曰包承。既包乎承，則小人與小人爲群矣。小人與小人爲群，大人與大人爲群，不相干涉，不相傷害矣。否者，不榮以休①也。〇當否之時，小來乎下，故六二有包承之象。既包乎承，則小人爲群，不上害乎大人矣，故占者在小人則有不害正之吉，在大人則身否而道亨也。

《象》曰：大人否亨，不亂群也。

陰來乎下，陽往乎上，兩不相交，故不亂群。

六三，包羞。

包者，包乎二也。三見二包乎其初，三即包乎二，殊不知二隔乎陽，故包同類，若三則親比乎陽矣。從陽可也，乃不從陽，非正道矣，可羞者也，故曰包羞。〇六三不中不正，親比乎陽，當小來于下之時，止知包乎其下矣，而不知上有陽剛之大人在也，乃舍四之大人而包二之小人，羞孰甚焉，故有是象。占者之羞可知矣。

《象》曰：包羞，位不當也。

① 休，王校本據史本、朝爽堂本、寶廉堂本改作『禄』。

位不當者，柔而志剛，不能順從乎君子，故可羞。

九四，有命，无咎，疇離祉。

變巽爲命，命之象也。有命者，受九五之命也。四近君，居多懼之地，易于獲咎。今變巽順，則能從乎五矣，故有命无咎。疇者，同類之三陽也。離者麗也，離祉者，附麗其福祉也。○九四當否過中之時，剛居乎柔，能從休否之君，同濟①乎否，則因大君之命，而濟否之志行矣。故不惟在我无咎，獲一身之慶，而同類亦並受其福也。故其象占如此。

《象》曰：有命，无咎，志行也。

濟否之志行。

九五，休否，大人吉。其亡其亡，繫于苞桑。

休否者，休息其否也。其亡其亡者，念念不亡②其亡，惟恐其亡也。人依木息曰休，中爻巽木，五居木之上，休之象也。巽爲陰木，二居巽之下，陰木柔，桑之象也。巽爲繩，繫之象也。叢生曰苞，叢者聚也。柔條細弱，群聚而成叢者也。此爻變離合坎，爲叢棘，苞之象也。桑止可取葉養蚕，不成其木，已非樟楠松栢之大矣，又況叢聚而生，則至小而至柔者也。以國家之大，不繫于磐石之堅固，而繫于苞桑之柔小，危之甚也，即危如累卵之意。此二句有音韻，或古語也。

九五陽剛中正，能休時之否，大人之事也，故大人遇之則吉。然下應乎否，惟休否而已，未傾否也，故

---

① 濟，原作『群』，據寶廉堂本改。
② 亡，王校本據朝爽堂本改作『忘』。

必勿恃其否之可休，勿安其休之爲吉。兢業戒懼，念念惟恐其亡，若國家繫于苞桑之柔小，常畏其亡，而不自安之象，如此則否休而漸傾矣。故教占者，必儆戒如此，繫于苞桑，又其亡其亡之象也。

《象》曰：大人之吉，位正當也。

有中正之德而又居尊位，與夬履同者，亦恐有所恃，故爻辭有其亡其亡之句。

上九，傾否，先否後喜。

上文言休息其否，則其否猶未盡也。傾者倒也，與鼎之顛趾同，言顛倒也。本在下，而今反在上也。否泰乃上下相綜之卦，泰陰上陽下，泰終則復隍，陽反在上，而否矣。否，陽上陰下，否終則傾倒，陽①反在上而泰矣，此傾字之意也。復隍復字，應無往不復復字。傾否傾字，應無平不陂陂字。陂者傾邪也，周公爻辭，其精極矣。變兑成悦，喜之象也。○上九以陽剛之才，居否之終，傾時之否，乃其優爲者，故其占爲先否後喜。

《象》曰：否終則傾，何可長也。

言無久否之理。

① 陽，原作「陰」，據寶廉堂本改。

周易集注卷之四

䷌離下乾上

同人者，與人同也。天在上，火性炎上，上與天同，同人之象也。二五皆居正位，以中正相同，同人之義也。又一陰而五陽，欲同之，亦同人也。《序卦》：『物不可以終否，故受之以同人。』所以次否。

同人于野，亨，利涉大川，利君子貞。

象辭明。

《彖》曰：同人，柔得位得中而應乎乾，曰同人。同人曰：同人于野，亨，利涉大川，乾行也。文明以健，中正而應，君子正也。唯君子爲能通天下之志。

以卦綜釋卦名，以卦德卦體釋卦辭。同人大有二卦同體，文王綜爲一卦，故《雜卦》曰：『大有衆也，同人親也。』柔得位得中者，八卦正位，離在二。今大有上卦之離，來居同人之下卦，則不惟得八卦之正位，又得其中，而應乾九五之中正也。下與上相同，故名同人。卦辭同人于野者，六二應乎乾，乾在外卦，乃野外也，故曰于野。乾行，指利涉大川一句。蓋乾剛健中正，且居九五之位，有德有位，故可以濟險難。同人于野，雖六二得位得中所能同，至于濟險難則非六二陰柔所能也，故曰乾行。猶言乾之能事也。本卦錯師，有震木坎水象，所以利涉大川。曰乾行者，不言象而言理也。內文明則能察于理，外剛健則能勇于義，中正則内無人欲之私，應乾則外合天德之公。文明以健，以德言。中正而應，以爻言。此四者，皆君子之正道也。惟君子能通天下之志者，君子即正也。同人于野者六二也，利涉大川者乾也，君子貞則總六二、九五言之。○六二應乎九五之乾，固名同人矣。然同人卦辭乃曰同人于野亨，利涉大川，何也？蓋六二應乾固亨矣，至于利涉大川，非六二也，乃乾也。曰利君子貞者，何也？蓋内外卦皆君子之正，所以利。君子正，天下之理正而已矣。人同此心，同此理，億兆之衆志雖不同，惟此正理，方可通之，方可大同人心。若私邪不正，安能有于野之亨而利涉哉？此所以利君子貞也。

《象》曰：天與火同人，君子以類族辨物。

類族者，于其族而類之，如父母之類皆三年之喪，兄弟之類皆期年之喪是也。辨物者，于其物而辨之，如三年之喪其服之麻極粗，期年之喪稍粗，以下漸細是也。是則同軌同倫，道德可一，風俗可同，亦如天與火不同而同也。凡《大象》皆有功夫，故曰君子以，以者用也。若以類族爲人，士爲士族，農爲農族；以辨物爲物，蜾爲蜾物，羽爲羽物，則君子以三字無安頓而托空矣。

初九，同人于門，無咎。

變艮爲門，門之象也。于門者，謂于門外也。門外雖非野之可比，然亦在外，則所同者廣而無私昵矣。○初九以剛正居下，當同人之初，而上無係應，故有同人于門之象。占者如是，則無咎也。

《象》曰：出門同人，又誰咎也。

所同者廣而無偏黨之私，又誰有咎我者。

六二，同人于宗，吝。

凡離變乾而應乎陽者，皆謂之宗。蓋乾乃六十四卦陽爻之祖，有祖則有宗，故所應者爲宗。若原是乾卦，則本然之祖，見陽不言宗。惟新變之乾，則新成祖矣，所以見陽言宗也。故睽卦六五，亦曰宗。統論一卦，則二五中正相應，所以亨。若論二之一爻，則是陰欲同乎陽矣，所以可羞。如履卦《彖辭》履帝位而不疚，至本爻則貞厲，皆此意。

同人貴無私，六二中正，所應之五，亦中正，然卦取同人，陰欲同乎陽，臣妾順從之道也，溺于私而非公矣，豈不羞。故其象占如此。

《象》曰：同人于宗，吝道也。

陰欲同乎陽，所私在一人，可羞之道也。

九三，伏戎于莽，升其高陵，三歲不興。

離錯坎爲隱伏，伏之象也。中爻巽爲入，亦伏之象也。離爲戈兵，戎之象也。莽，草也，中爻巽爲陰木，草之象也。中爻巽爲股，三變爲震足，股足齊動，升之象也。巽爲高，高之象也。三變，中爻艮，陵之象也。離居三，三之象也。興，發也。伏戎于莽者，俟其五之兵也。升其高陵者，窺其二之動也。對五而言，三在五之下，故曰伏。對二而言，三在二之上，故曰升。

九三剛而不中，上無應與，欲同于二，而二乃五之正應，恐九五之見攻，故伏兵于草，升高盼望，將以敵五而攘二。然以理言，二非正應，理不直；以勢言，五居尊位，勢不敵。故至三年之久，而終不發。其象如此，以其未發，故占者不言凶。

《象》曰：伏戎于莽，敵剛也。三歲不興，安行也。

所敵者既剛且正，故伏藏。三歲不興者，以理與勢俱屈，安敢行哉？故不能行。蓋行者，即興動而行也。安者，安于理勢而不興也，故曰安行。安行即四困則之意。

九四，乘其墉，弗克攻，吉。

墉，牆也。離中虚外圍，墉之象也。解卦上六變離，亦曰墉，泰卦上六變艮，大象離曰城，皆以中空外圍也。此則九三爲六二之墉，九四在上，故曰乘。三①四皆争奪，非同人矣，故不言同人。三惡五之親二，故有犯上之心，四惡二之比三，故有陵下之志。六二，其三國之荆州乎。○四不中正，當同人之時無應與，亦欲同于六二，三爲二之墉，故有乘墉攻二之象。然以剛居柔，故又有自反而弗克攻之象，能如是則能改過矣，故占者吉。

《象》曰：乘其墉，義弗克也。其吉，則困而反則也。

義者理也，則者理之法則也。義理不可移易，故謂之則。當同而同者，理也，亦法則也。不當同而不同者，理也，亦法則也。困者困窮也，即困而右之之困也。四剛强，本欲攻二，然其志柔，又思二乃五之正應，義不可攻，欲攻不可攻，二者交戰往來于此心，故曰困。困之一字，非孔子不能説出，九四之心也。若生而知之，知其不可攻。學而知之，知其不可攻，則此心不困矣。言乘其墉矣，豈其力之不足哉？特以義不可同，故弗克攻耳。其吉者，則因困于心而反于義理之法則也。因困則改過矣，故吉。義弗克，正理也。困而反則，九四功夫也。

九五，同人先號咷而後笑，大師克相遇。 號，平聲。

火無定體，曰鼓缶而歌，而嗟，出涕沱若，中孚象離，曰或泣或歌。九五又變離，故有此象。先號咷後笑者，本卦六爻未變，離錯坎爲加憂，九五隔于三四，故憂而號咷。及九五變，則中爻爲兑悦，故後笑。旅

①　三，原作『二』，據寶廉堂本改。

先笑後號咷者，本卦未變，中爻兑悦，故先笑，及上九變，則悦體震動，成小過，災眚之凶矣，故後號咷。必用大師者，三伏莽，四乘墉，非大師豈能克？此爻變離，中爻錯震，戈兵震動，師之象也。九五陽剛之君，陽大陰小，大師之象也。且本卦錯師，亦有師象。

九五、六二以剛柔中正相應，本同心者也，但爲三四强暴所隔，雖同矣，不得遽與之同，故有未同時不勝號咷，既同後不勝喜笑之象。故聖人教占者曰君臣大分也，以臣隔君，大逆也。當此之時，爲君者宜興大師，克乎强暴後，方遇乎正應而後可。若號咷，則失其君之威矣。故教占者，占中之象又如此。

《象》曰：同人之先，以中直也。大師相遇，言相克也。

先者，先號咷也。以者，因也。中直與困卦九五中直同，即中正也。言九五所以先號咷者，以中正相應，必欲同之也。相克者，九五克三四也。

上九，同人于郊，無悔。

乾爲郊，郊之象也，詳見需卦。國外曰郊，郊外曰野，皆曠遠之地。但同人于野以卦之全體而言，言大同則能亨也。故于野取曠遠大同之象，此爻則取曠遠無所與同之象，各有所取也。

上九居同人之終，又無應與，則無人可同矣，故有同人于郊之象。既無所同，則亦無所悔，故其占如此。

《象》曰：同人于郊，志未得也。

無人可同則不能通天下之志矣，志未得，正與通天下之志相反。

☲☰乾下離上

大有者，所有之大也。火在天上，萬物畢照，所照皆其所有，大有之象也。一柔居尊，衆陽並從，諸爻皆六五之所有，大有之義也。《序卦》：『與人同者，物必歸焉，故受之以大有。』所以次同人。

大有，元亨。

象辭明。

《彖》曰：大有，柔得尊位，大中而上下應之，曰大有。其德剛健而文明，應乎天而時行，是以元亨。

以卦綜釋卦名，以卦德、卦體釋卦辭。大有綜同人，柔得尊位而大中者，同人下卦之離往于大有之上卦，得五之尊位，居大有之中，而上下五陽皆從之也。上下從之，則五陽皆其所有矣。陽大陰小，所有者皆陽，故曰大有。内剛健則克勝其私，自誠而明也。外文明則灼見其理，自明而誠也。上下應之者，衆陽應乎六五也。應天時行者，六五應乎九二也。時者，當其可之謂。天即理也，天之道，不外時而已。應天時行，如天命有德，則應天而時章之。天討有罪，皆應天而時用之是也。乾爲天，因應乾，故發此句。時行即應天之實，非時行之外别有應天也。剛健文明者德之體，應天時行者德之用。有是德之體用，則能亨其大有矣，是以元亨。

《象》曰：火在天上，大有，君子以遏惡揚善，順天休命。

火在天上無所不照，則善惡畢照矣。遏惡者，五刑五用是也。揚善者，五服五章是也。休，美也。天命之性，有善無惡，故遏惡揚善者，正所以順天之美命也。

初九，无交害，匪咎，艱則無咎。

害者，害我之大有也。離爲戈兵，應爻戈兵在前，惡人傷害之象也，故睽卦離在前，亦曰見惡人。夬乃同體之卦，二爻變離，亦曰莫夜有戎。初居下位，以凡民而大有，家肥屋潤，人豈無害之理？離火尅乾金，其受害也必矣。無交害者，去離尚遠，未交離之境也。九三交離境，故曰小人害也。九三害字從此害字來。匪咎者，人來害我，非我之咎也。艱者，艱難以保其大有，如夬之惕號也。

初九居卑，當大有之初，應爻離火，必有害我之乾金者。然陽剛得正，去離尚遠，故有無交害匪咎之象。然或以匪咎而以易心處之，則必受其害矣。惟艱，則可保其大有而無咎也，故又教占者以此。

《象》曰：大有初九，無交害也。

時大有而當其初，所以去離遠而無交害。

九二，大車以載，有攸往，無咎。

乾錯坤，爲大輿，大車之象也。陽上行之物，車行之象也。以者用也，用之以載也。變離錯坎，坎中滿，以載之象也。大車以載之重，九二能任重之象也。二變中爻成巽，巽爲股，巽錯震爲足，股足震動，有攸往之象也。

九二當大有之時，中德蓄積，充實富有，乃應六五之交孚，故有大車以載之象。有所往而如是則可以負荷其任，佐六五虚中之君，共濟大有之盛，而無咎矣，故其占如此。

《象》曰：大車以載，積中不敗也。

乾三連陽多之卦皆曰積，積聚之意。小畜、夬皆五陽一陰同體之卦，故小畜曰積德載，此曰以載，而又曰積中者，言積陽德而居中也，則小畜之積德載愈明矣。夬九二《小象》曰得中道也，小畜九二《小象》曰牽復在中，皆此中之意。敗字在車上來，乾金遇離火，必受尅而敗壞，故初曰無交害，三曰小人害，則敗字雖從車上來，亦害字之意。曰中德所以不敗壞也，曰積中不敗，則離火不燒金，六五厥孚交如，與九二共濟大有之太平矣。

九三，公用亨于天子，小人弗克。

三居下卦之上，故曰公。五雖陰爻，然居大位，三非正應，故稱天子。亨者，陽剛居正，不以大有自私，亨之象也。卦本元亨，故曰亨。用亨于天子者，欲出而有爲，以亨六五大有之治也。九二中德，止曰大車以載，不言亨于天子，而九三反欲亨于天子，何也？蓋九三才剛志剛，所以用亨天子也。同人大有相綜之卦，同人三四皆欲同乎二，所以大有二三皆欲共濟五之大有也。小人指四也，弗克者，不能也。三欲亨于天子，四持戈兵，阻而害之，因此小人所以弗亨于天子也。蓋大有之四，即同人之三，四持戈兵，即三之伏戎也。且①三變爲睽，輿曳牛掣，即小人之阻不能用亨也。舊注作享者，非。用亨天子，猶言出而使天子亨大有之亨也。○九三當大有之時，亦欲濟亨通之會，亨于天子，而共保大有之治者也。但當離乾交會之間，金受火制，小人在前，不能遽達，故有弗克亨于天子之象。占者得此，不當如九二之有攸往也，可知矣。

《象》曰：公用亨于天子，小人害也。

因小人害，所以弗克亨于天子。周公之無交害者，初之遠于四也；孔子之小人害者，三之近于四也。

九四，匪其彭，无咎。

彭，鼓聲。又盛也，言聲勢之盛也。四變中爻爲震，震爲鼓，彭之象也。變艮，止②其盛之象也。○九四居大有之時，已過中矣，乃大有之極盛者也，近君豈可極盛。然以剛居柔，故有不極其聲勢之盛之象，無咎之道也。故其占如此。

《象》曰：匪其彭，无咎，明辨晢也。

① 且，原为墨丁，寶廉堂本作「二」，王校本據史本、朝爽堂本作「且」，從之。
② 止，原作「土」，據寶廉堂本改。

哲，明貌，哲然其明辨也，離明之象也。明辨者，辨其所居之地乃别嫌多懼之地，辨其所遇之時乃盛極將衰之時也。

六五，厥孚交如，威如吉。

威如者，恭己無爲，平易而不防閑備具，特有人君之威而已。因六五其體文明，其德中順，又有陽剛群賢輔之，即舜之無爲而治矣，所以有此象。

六五當大有之世，文明中順，以居尊位，虚己誠信，以任九二之賢。不惟九二有孚于五，而上下之陽，亦皆以誠信歸之。是其孚信之交，無一毫之僞者也。是以爲六五者，賴群賢以輔治，惟威如而已。此則不言而信，不怒而民威于鈇鉞，蓋享大有太平之福者也，何吉如之。故其象占如此。

《象》曰：厥孚交如，信以發志也。威如之吉，易而無備也。

誠能動物，一人之信，足以發上下相信之志也。易而無備者，凡人君任賢圖治，若機心深刻而過于防閑預備，則易生嫌隙，決不能與所任用之賢厥孚交如矣。惟平易而不防備，則任賢勿貳，去邪勿疑，方可享無爲之治矣。威如即恭己，易而無備即無爲。若依舊注作戒辭，則《小象》止當曰威如則吉，不應曰威如之吉也。

上九，自天祐之，吉，無不利。

上九以剛明之德，當大有之盛。既有崇高之富貴，而下有六五①柔順之君，剛明之群賢輔之，上九蓋無所作爲，惟享自天祐助之福，吉而無不利者也。占者有是德，居是位，斯應是占矣。

① 六五，原作『五六』，據寶廉堂本改。

《象》曰：大有上吉，自天祐也。

言皆天之祐助，人不可得而爲也。上居天位，故曰天。此爻止有天祐之意，若《繫辭》，又別發未盡之意也。如公用射隼，止有解悖之意。若成器而動，又未盡之意也。言各不同，皆發未盡之意。舊注泥于《繫辭》者，非。

☷艮下坤上

謙者，有而不居之義。山之高，乃屈而居地之下，謙之象也。止于其内，而收斂不伐，順乎其外，而卑以下人，謙之義也。《序卦》：『有大者不可以盈，故受之以謙。』故次大有。

謙，亨，君子有終。

君子三也，詳見乾卦。三爻艮終萬物，故曰有終，彖辭明。

《彖》曰：謙亨，天道下濟而光明，地道卑而上行。天道虧盈而益謙，地道變盈而流謙。鬼神害盈而福謙，人道惡盈而好謙。謙尊而光，卑而不可踰，君子之終也。上，時掌反。

濟者施也，天位乎上，而氣則施于下也。光明者，生成萬物，化育昭著，而不可掩也。卑者，地位乎下也。上行者，地氣上行，而交乎天也。天尊而下濟，謙也，而光明，則亨矣。地卑，謙也，而上行，則亨矣。此言謙之必亨也。虧盈益謙以氣言，變盈流謙以形言。變者傾壞，流者流注卑下之地而增高也。害盈福謙以理言，惡盈好謙以情言，此四句統言天地、鬼神、人三才皆好其謙，見謙之所以亨也。踰者，過也，言不可久也。尊者有功有德，謙而不居，則功德愈光，亦如天之光明也。卑者有功有德，謙而不居，愈見其不可及，亦如地之上行也。夫以尊卑之謙，皆自屈于其始，而光不可踰，皆自伸于其終，此君子之所以有終也。

《象》曰：地中有山，謙，君子以裒多益寡，稱物平施。

上下五陰，地之象也。一陽居中，地中有山之象也。五陰之多人欲也，一陽之寡天理也。君子觀此象，裒其人欲之多，益其天理之寡，則廓然太公，物來順應，物物皆天理，自可以稱物平施，無所處而不當矣。裒者，減也。

初六，謙謙君子，用涉大川，吉。

凡《易》中有此象，而無此事、無此理者，于此爻涉大川見之，蓋金車玉鉉之類也。周公立爻辭，止因中爻震木在坎水之上，故有此句。而今就文依理，只得説能謙，險亦可濟也。

六柔謙德也，初卑位也，以謙德而居卑位，謙而又謙也。君子有此謙德，以之濟，險亦吉矣。故占者用涉大川亦吉。

《象》曰：謙謙君子，卑以自牧也。

牧，養也。謙謙而成其君子，何哉？蓋九三勞謙君子，萬民所歸服者也。二並上與三俱鳴其謙，四則撝裂其謙，五因謙而利侵伐。初居謙之下，位已卑矣，何所作爲哉？惟自養其謙德而已。

六二，鳴謙，貞吉。

本卦與小過同有飛鳥遺音之象，故曰鳴。豫卦亦有小過之象，亦曰鳴。又中爻震爲善鳴，鳴者，陽唱而陰和也。《荀九家》以陰陽相應故鳴，得之矣。故中孚錯小過，九二曰鳴鶴在陰，又曰翰音登于天，皆有鳴之意，鳴鶴，《小象》曰中心願也，此曰中心得也，言二與三，中心相得，所以相唱和而鳴也。若舊注以謙有聞，則非鳴謙，乃謙鳴矣。若《傳》以德充積于中，見于聲音，則上六鳴謙，其志未得，與鳴豫之凶，皆説不去矣。

六二柔順中正，相比于三，三蓋勞謙君子也，三謙而二和之，與之相從，故有鳴謙之象，正而且吉者也。故其占如此。

《象》曰：鳴謙貞吉，中心得也。

言六二與三中心相得，非勉强唱和也。

九三，勞謙君子，有終吉。

勞者，勤也，即勞之來之之勞。中爻坎爲勞卦，雖《繫辭》去聲讀，然同此勞字也。又中爻水木有井，象君子以勞民勸相，此勞字之象也。艮終萬物，三居艮之終，故以文王卦辭君子有終歸之。八卦正位，艮在三，所以此爻極善。有終即萬民服，舊注因《繫辭》有功而不德句，遂以爲功勞，殊不知勞乎民後方有功，此爻止有勞而不伐意，故萬民服。

九三當謙之時，以一陽而居五陰之中，陽剛得正，蓋能勞乎民而謙者也。然雖不伐其勞，而終不能掩其勞。萬民歸服，豈不有終？故占者吉。

《象》曰：勞謙君子，萬民服也。

陰爲民，五陰故曰萬民，衆陰歸之，故曰服。

六四，無不利，撝謙。

撝者，裂也，兩開之意。六四當上下之際，開裂之象也。撝謙者，以撝爲謙也。凡一陽五陰之卦，其陽不論位之當否，皆尊其陽而卑其陰，如復之元吉，師之錫命，豫之大有得，比之顯比，剥之得輿，皆尊其陽不論其位也。六四才位皆陰，九三①勞謙之賢，正萬民歸服之時，故開裂退避而去，非舊注更當發揮其謙也。○六四當謙之時，柔而得正，能謙者也，故無不利矣。但勞謙之賢在下，不敢當陽之承，乃避三而去之，故有以撝爲謙之象。占者能此，可謂不違陰陽之則者矣。

《象》曰：無不利，撝謙，不違則也。

則者，陽尊陰卑之法則也。撝而去之，不違尊卑之則矣。

六五，不富以其鄰，利用侵伐，無不利。

陽稱富，小畜五陽，故《小象》曰不獨富也。陰皆不富，故泰六四亦曰不富。富與鄰皆指三，以者，用也，中爻震爲長子，三非正應，故稱鄰。言不用富厚之力，但用長子帥師，而自利用侵伐也。坤爲衆，中爻震，此爻變離爲戈兵，衆動戈兵，侵伐之象。此象亦同初六用涉大川，但此則以變爻言也。上六利用行師亦此象。

五以柔居尊，在上而能謙者也。上能謙則從之者衆矣，故有不富以鄰，而自利用侵伐之象。然用侵伐者，因其不服而已，若他事亦無不利也。占者有此謙德，斯應是占矣。

《象》曰：利用侵伐，征不服也。

侵伐非黷武，以其不服，不得已而征之也。

上六，鳴謙，利用行師，征邑國。

凡《易》中言邑國者，皆坤土也。升卦坤在外，故曰升虚邑，晉卦坤在内，故曰維用伐邑，泰之上六曰

① 三，原作『二』，據寶廉堂本改。

自邑告命，師上六曰開國承家，復之上六曰以其國君凶，訟九①二變坤，曰邑人三百户，益之中爻坤曰爲依遷國，夬下體錯坤曰告自邑，涣九五變坤，曰涣王居，此曰征邑國，皆因坤土也。○上六當謙之終，與二②爲正應，見三之勞謙，亦相從而和之，故亦有鳴謙之象。然六二中正，既與三中心相得，結親比之好，則三之心志不在上六，而不相得矣。故止可爲將行師，征邑國而已，豈能與勞謙君子之賢相爲唱和其謙哉。

《象》曰：鳴謙，志未得也。可用行師，征邑國也。

志未得者，上六與九三心志不相得也。六二與上六皆鳴謙，然六二中心得，上六志未得，所以六二貞吉，而上六止利用行師也。

☷☳坤下震上

豫者，和樂也，陽始潛閉于地中，及其動而出地，奮發其聲，通暢和豫，豫之象也。内順外動，豫之由也。《序卦》：『有大而能謙必豫，故受之以豫。』所以次謙。

豫，利建侯行師。

震長子主器，震驚百里，建侯之象。中爻坎陷，一陽統衆陰，行師之象。屯有震無坤，則言建侯，謙有坤無震，則言行師，此震坤合，故兼言也。

《彖》曰：豫剛應而志行，順以動，豫。豫順以動，故天地如之，而况建侯行師乎？天地以順動，故日月不

① 九，原作『六』，徑改。
② 二，王校本據朝爽堂本改作『三』。

過，而四時不忒。聖人以順動，則刑罰清而民服，豫之時義大矣哉。

以卦體、卦德釋卦名、卦辭，而極言之。剛，九四也，剛應者，一陽而衆陰從之也。志行者，陽之志得行也。剛應志行，豫也，內順外動，所以成其豫也，故名豫。人事合乎天理則順，背乎天理則逆，順以動則一念一事皆天理矣。天地如之者，言天地亦不過如我之順動也。天地且不之違，而況于人之建侯行師乎。此其所以利也。建侯行師雖大事，較之天地則小矣。天地以順動者，順其自然之氣。聖人以順動者，順其當然之理。不過者，不差過也，如夏至晝六十刻夜四十刻、冬至晝四十刻、夜六十刻之類是也。不忒者，不愆忒也，如夏則暑、冬則寒之類是也。刑罰不合乎理，惟乘一己喜怒之私，故民不服。若順動合乎天理之公，縱有刑罰，亦天刑也，故民服。時義者，豫中事理之時宜也，即順動也，此極言而贊之也。六十四卦時而已矣，事若淺而有深意，曰時義大矣哉，欲人思之也。非美事有時或用之，曰時用大矣哉，欲人別之也。大事大變曰時大矣哉，欲人謹之也。

《象》曰：雷出地奮，豫。先王以作樂崇德，殷薦之上帝，以配祖考。

奮者，奮發而成聲也。作，乃制禮作樂之作，作樂以崇德，故聞樂知德。殷，盛也，作樂乃朝廷邦國之常典，各有所主，其樂不同，惟萬物本乎天，故有郊，人本乎祖，故有廟，是其用樂之最大者，故曰殷薦。故冬至祀上帝于圜丘，而配之以祖，必以是樂薦之。季秋祀上帝于明堂，而配之以考，必以是樂薦之。卦中爻坎爲樂律，樂之象，五陰而崇一陽德，崇德之象。帝出于震，上帝之象，中爻艮爲門闕，坎爲隱伏，宗廟祖宗之象。

初六，鳴豫，凶。

鳴，詳見鳴謙。謙豫二卦同體，文王綜爲一卦，故《雜卦》曰謙輕而豫怠也。謙之上六，即豫之初六，故二爻皆言鳴。震性動又決躁，所以浚恒凶，飛鳥凶。○初六與九四爲正應，九四由豫，初據其應與之常，欲相從乎四而和之，故有鳴豫之象。然初位卑，四近君，乃權臣也。正其志大行之時，上下既懸絶，且初又不中正，應與之情乖矣，豈能與四彼此唱和？其豫不能唱和，初之志窮矣，凶之道也，故占者凶。

《象》曰：初六鳴豫，志窮凶也。

惟志窮，所以凶。中孚鶴鳴子和，曰中心願也，六二鳴謙，曰中心得也，此心志相孚者也。上六鳴謙，曰志未得也，初六鳴豫，曰志窮凶也，此心志不相孚者也。相孚者皆曰心，不相孚者皆曰志，此所以爲聖人之言。

六二，介于石，不終日，貞吉。

凡物分爲兩間者曰介，二變剛，分坤爲兩間，介之象也。介于石者，言操守之堅，如石不可移易。中爻艮，石之象也。不終日者，不溺于豫，見幾而作，不待其日之晚也。二變，中爻離，且居下卦之上，不終日之象也。八卦正位，坤在二，故貞吉。○豫易以溺人，諸爻皆溺于豫，獨六二中正自守，安静堅確，故有此象，正而且吉之道也，故其占如此。

《象》曰：不終日，貞吉，以中正也。

惟中正，故不終日貞吉。

六三，盱豫，悔遲有悔。

盱者，張目也。中爻錯離，目之象也。盱目①以爲豫者，九四當權，三與親比，幸其權勢之足憑，而自縱

① 目，原作『人』，據寶廉堂本改。

其所欲也。盱與介相反，遲與不終日相反。二中正，三不中正故也。〇四爲豫之主，六三陰柔，不中不正，而近于四，上視于四，而溺于豫，宜有悔者也，故有此象。而其占爲事當速悔，若悔之遲，則過而不改，是謂過矣。此聖人爲占者開遷善之門，而勉之以速改也。

《象》曰：盱豫有悔，位不當也。

六三不中不正，故位不當。

九四，由豫，大有得，勿疑，朋盍簪。

由豫者，言人心之和豫，由四而致也。本卦一陽爲動之主，動而衆陰悦從，故曰由豫。大有得者，言得大行其志，以致天下之豫也。四多疑懼，故曰疑。又中爻坎，亦爲狐疑。勿疑者，中爻艮止，止而不疑之象也。因九四才剛明，故教之以勿疑也。盍者合也，簪者首笄也，婦人冠上之飾，所以總聚其髮者也。下坤，婦人之象也，一陽横于三陰之首，簪之象也。勿疑朋盍簪者，勿疑朋合于我者，皆簪冠之婦人也。

九四一陽居五陰之中，衆所由以爲豫，故有由豫之象。占者遇此，故爲大有得。然人既樂從，正當得志之時，必展其大行之志，俾人人皆享其和平豫大之福，勿疑由豫于我者，無同德之陽明而所以朋合于上下内外者，皆陰柔之群小可也。故又教占者，必不可疑如此。

《象》曰：由豫，大有得，志大行也。

剛應而無他爻以分其權，故曰志大行。

六五，貞疾，恒不死。

中爻爲坎，坎爲心病，疾之象也。曰貞疾者，言非假疾，疾之在外而可以藥石者也。九四由豫，人心通歸于四，危之極矣。下卦坤爲腹，九四居卦之中爲心，即咸卦憧憧往來之爻也。此正腹中心疾，故謂之貞疾。恒者，常也，言貞疾而常不死也。周室衰微，此爻近之。〇六五當豫之時，柔不能立，而又乘九四之剛，權之所主，衆之所歸，皆在于四。衰弱極矣，故有貞疾之象。然以其得中，故又有恒不死之象。即象而占可知矣。

《象》曰：六五貞疾，乘剛也。恒不死，中未亡也。

雖乘四，爲剛所逼，然柔而得中，猶存虚位不死。

上六，冥豫，成有渝，無咎。

冥者，幽也，暗也。上六以陰柔居豫極，爲昏冥于豫之象。成者，五陰同豫，至上六已成矣。然以動體變剛成離，則前之冥冥者今反昭昭矣，故又爲其事雖成，然樂極哀生，不免有悔心之萌，而能改變之象。占者如是，則能補過矣，故無咎。

《象》曰：冥豫在上，何可長也。

豫已極矣，宜當速改，何可長溺于豫而不反也。

☳☱震下兑上

隨者，從也，少女隨長男，隨之象也。隨綜蠱，以艮下而爲震，以巽上而爲兑，隨之義也。此動彼悦，亦隨之義也。《序卦》：『豫必有隨，故受之以隨。』所以次豫。

隨，元亨利貞，無咎。

隨，元亨，然動而悦，易至于詭隨，故必利于貞方得無咎，若所隨不貞，則雖大亨，亦有咎矣。不可依穆姜作四德。

《彖》曰：剛來而下柔，動而説，隨。大亨貞無咎而天下隨時，隨時之義大矣哉。

以卦綜、卦德釋卦名，又釋卦辭而贊之。剛來而下柔者，隨蠱二卦同體，文王綜爲一卦，故《雜卦》曰隨無故也，蠱則飭也。言蠱下卦原是柔，今艮剛來居于下而爲震，是剛來而下于柔也。動而悦者，下動而上悦也。時者，正而當其可也。言大亨貞而無咎者，以其時也。時者，隨其理之所在，理在于上之隨下，則隨其下，理在于下之隨上，則隨其上。泰則隨其時之泰，否則隨其時之否，禹、稷、顔回是也。譬之夏可以衣葛則葛，冬可以衣裘則裘，隨其時之寒暑而已。惟其時，則通變宜民，邦家無怨，近悦遠來，故天下隨時，故即贊之曰隨時之義大矣哉。此與艮卦時字同，不可依王肅本時字作之字。觀尾句，不曰隨之時義，而曰隨時之義，文意自見。

《象》曰：澤中有雷，隨，君子以嚮晦入宴息。

嚮與向同，晦者日没而昏也，宴息者宴安休息，即日入而息也。雷二月出地，八月入地，造化之理，有晝必有夜，有明必有晦，故人生天地，有出必有入，有作必有息。其在人心，有感必有寂，有動必有静，此造化之自然，亦人事之當然也。故雷在地上，則作樂薦帝，雷在地中，則閉關不省方，雷在澤下，則向晦宴息，無非所以法天也。震，東方卦也，日出暘谷。兑，西方卦也，日入昧谷。八月正兑之時，雷藏于澤，此向晦之象也。澤亦是地，不可執泥澤字。中爻巽爲入，艮爲止，入而止息之象也。

初九，官有渝，貞吉，出門交有功。

隨卦，初隨二，二隨三，三隨四，四隨五，五隨六，不論應與。官者，主也，震長子主器，官之象也。渝者，變而隨乎二也。初爲震主，性變動，渝之象也，故訟卦四變，中爻爲震，亦曰渝。中爻艮，門之象也，二與四同功，二多譽，功之象也。故九四《小象》亦曰功。○初九陽剛得正，當隨之時，變而隨乎其二，二居中得正，不失其所隨矣，從正而吉者也，故占者貞吉。然其所以貞吉者何哉？蓋方出門，隨人之始，即交有功之人，何貞吉如之？故又言所以貞吉之故。

《象》曰：官有渝，從正吉也。出門交有功，不失也。

二中正，所以從正吉，交有功，則不失其所隨矣。舊注不知八卦正位，震在初，乃極美之爻，所以通作戒辭看。

六二，係小子，失丈夫。

中爻巽爲繩，係之象也。陰爻稱小子，陽爻稱丈夫，陽大陰小之意。小子者三也，丈夫者初也。○六二中正，當隨之時，義當隨乎其三，然三不正，初得正，故有係小子失丈夫之象，不言凶咎者，二中正所隨之時，不能兼與也。

《象》曰：係小子，弗兼與也。

既隨乎三，不能兼乎其初。

六三，係丈夫，失小子，隨有求得，利居貞。

丈夫者九四也，小子者六二也。得者，四近君爲大臣，求乎其貴，可以得其貴也。中爻巽，近市利三倍，求乎其富，可以得其富也。○六三當隨之時，義當隨乎其四，然四不中正，六二中正，故有係丈夫失小子之象。若有所求，必有所得，但利乎其正耳。三不中正，故又戒占者以此。

《象》曰：係丈夫，志舍下也。舍，音捨。

時當從四，故心志捨乎下之二也。

九四，隨有獲，貞凶，有孚在道以明，何咎。

有獲者，得天下之心隨于己也，四近君爲大臣，大臣之道當使恩威一出于上，衆心皆隨于君，若人心隨己，危疑之道也，故凶。孚以心言，内有孚信之心也。道以事言，凡事合乎道理也。明者，識保身之幾也。有字在字以字雖字義稍異，然皆有功夫，若以象論，變坎有孚之象也，震爲大塗，道之象也，變坎錯離，明之象也，又中爻艮有光輝，亦明之象也。○四當隨之時義，當隨乎其五，然四爲大臣，雖隨有獲，而勢陵于五，故有有獲貞凶之象，所以占者凶。然當居此地之時，何以處此哉？惟誠以結之，道以事之，明哲以保其身，則上安而下隨，即無咎而不凶矣。故又教占者以此。

《象》曰：隨有獲，其義凶也。有孚在道，明功也。

義凶者，有凶之理也。有孚在道明功者，言有孚在道皆明哲之功也。蓋明哲則知心不可欺而内竭其誠，知事不可苟而外合于道，所以無咎也。周公《爻辭》三者並言，孔子《象辭》推原而歸功于明，何以驗人臣明哲爲先？昔漢之蕭何、韓信，皆高帝功臣，信既求封齊，復求王楚，可謂有獲矣，然無明哲，不知有獲貞凶之義，卒及大禍。何則不然，帝在軍中，遺使勞何，何悉遣子弟從軍，帝大悦，及擊陳豨，遺使拜何相國，封五千户，何讓不受，悉以家財佐軍用，帝又悦。卒爲漢第一功臣，身榮名顯。若何者，可謂知明功臣者矣。孔子明功之言，不其驗哉。

九五，孚于嘉，吉。

八卦正位，兑在六，乃爻之嘉美者，且上六歸山乃嘉遯矣，故曰孚于嘉。○九五陽剛中正，當隨之時，義當隨乎其六，故有孚嘉之象，蓋隨之美者也，占者得此吉可知矣。

《象》曰：孚于嘉吉，位正中也。

惟中正故孚于嘉。

上六，拘係之，乃從維之，王用亨于西山。

係即六二六三之係，維亦係也。係之又維之，言係而又係也。《詩》縶之維之，于焉嘉客是也。言五孚于六，如此係維其相隨之心，固結而不可解也。如七十子之隨孔子，五百人之隨田横，此爻足以當之。變乾，王之象也，指五也。兑居西，西之象也。兑錯艮，山之象也。六不能隨于世人，見九五維係之極，則必歸之山矣。隨蠱相綜，故蠱卦上九不事王侯，亦有歸山之象。亨者通也，王用亨于西山者，用通于西山以求之也。亨西山與謙卦用涉大川同，皆因有此象，正所謂無此事此理而有此象也。○上六居隨之終，無所隨從，見九五相隨之極，則遯而歸山矣，故有此象。蓋隨之至者也，占者得此，吉可知矣。

《象》曰：拘係之，上窮也。

上者六也，窮者，居卦之終，無所隨也，非凶也。

䷑巽下艮上

蠱者，物久敗壞而蠱生也。以卦德論，在上者止息而不動作，在下者巽順而無違忤，彼此委靡因循，此其所以蠱也。《序卦》：『以喜隨人者必有事，故受之以蠱。』所以次隨。

蠱，元亨，利涉大川，先甲三日，後甲三日。

利涉大川者，中爻震木，在兑澤之上也。先甲後甲者，本卦艮上巽下，文王圓圖艮巽夾震木于東之中，故曰先甲後甲，言巽先于甲，艮後于甲也。巽卦言先庚後庚者，伏羲圓圖艮巽夾坎水①于西之中，故曰先庚後庚，言巽先于庚，艮後于庚也。分甲于蠱者，本卦未變，上體中爻震木，下體巽木也。分庚于巽者，本卦未變，上體錯②兑金、下體綜兑金也。十干獨言甲庚者，乾坤乃六十四卦之祖，甲居于寅，坤在上乾在下爲泰，庚居于申，乾在上坤在下爲否，大往小來，小往大來，天地之道，不過如此。物不可以終通，物不可以終否，《易》之爲道，亦不過如此，所以獨言甲庚也。曰先三後三者，六爻也。先三者，下三爻也，巽也；後三者，上三爻也，艮也。不曰爻而曰日者，本卦綜隨，日出震東，日没兑西，原有此象，故少不言一日二日，多不言九日十日，而獨言先三後三者，則知其爲下三爻上三爻也明矣。以先甲用辛，取自新，後甲用丁，取丁寧，此説始乎鄭玄，不成其説矣。○當蠱之時，亂極必治，占者固元亨矣。然豈静以俟其治哉？必歷涉艱難險阻，以撥亂反正，知其先之三爻，乃巽之柔懦，所以成其蠱也，則因其柔懦而矯之以剛果。知其後之三爻，乃艮之止息，所以成其蠱也，則因其止息，而矯之以奮發。斯可以元亨，而天下治矣。

① 坎水，原作『兑方』，王校本據朝爽堂本及伏羲圓圖改，從之。
② 錯，原作『綜』，然兑爲艮之錯卦，徑改。王校本亦據朝爽堂本及啓蒙圖改。

文王圓圖

伏羲圓圖

《彖》曰：蠱剛上而柔下，巽而止，蠱。蠱，元亨而天下治也，利涉大川，往有事也。先甲三日，後甲三日，終則有始，天行也。

以卦綜、卦德釋卦名、卦辭。剛上而柔下者，蠱綜隨，隨初震之剛上而爲艮，上六兑之柔下而爲巽也。剛上則太尊而情不下達，柔下則太卑而情難上通。巽則諂，止則惰，皆致蠱之由，所以名蠱。既蠱矣，而又元亨，何也？蓋造化之與人事，窮則變矣。治必因亂，亂則將治，故蠱而亂之終，乃治之始也。如五胡之後生唐太宗、五季之末生宋太祖是也。治蠱者，當斯時則天下治矣，故占者元亨。往有事，猶言往有爲。方天下壞亂，當勇往以濟難，若復巽懦止息，則終于蠱矣，豈能元亨？·終始即先後，成言乎艮者終也，齊乎巽者始也，終則有始者，如晝之終矣，而又有夜之始，夜之終矣，而又有晝之始。故亂不終亂，亂之終乃其治之始，治亂相仍，乃天運之自然也。故治蠱者，必原其始，必推其終，知其蠱之爲始爲先者乃巽也，則矯之以剛果。知其蠱之爲終爲後者乃艮也，則矯之以奮發，則蠱治而元亨矣。恒卦上體震綜艮，下體巽，故亦曰終則有始。

《象》曰：山下有風，蠱，君子以振民育德。

山下有風，則物壞而有事更新矣。振民者，鼓舞作興以振起之，使之日趨于善，非巽之柔弱也，此新民之事也。育德者，操存省察以涵育之，非艮之止息也，此明德之事也。當蠱之時，風俗頹敗，由于民德之不新。民德不新，由于己德之不明。故救時之急，在于振民，振民又在于育德，蓋相因之辭也。

初六，幹父之蠱，有子考，無咎，厲終吉。

艮止于上，猶父道之無爲而尊于上也。巽順于下，猶子道之服勞而順于下也。故蠱多言幹父之事，幹者，木之莖幹也。中爻震木，下體巽木，幹之象也。木有幹方能附其繁茂之枝葉，人有才能方能振作其既墮之家聲，故曰幹蠱。有子者，即《禮記》之幸哉有子也。

初六當蠱之時，才柔志剛，故有能幹父蠱之象。占者如是，則能克蓋前愆。喜其今日之維新，忘其前日之廢墮，因子而考，亦可以無咎矣。但謂之蠱未免危厲，知其危厲，不以易心處之，則終得吉矣。因六柔，故又戒之以此。

《象》曰：幹父之蠱，意承考也。

意承考者，心之志意，在于承當父事，克蓋前愆，所以考無咎。

九二，幹母之蠱，不可貞。

艮性止，止而又柔，止則惰，柔則暗。又當家事敗壞之時，子欲幹其蠱。若以我陽剛中直之性，直遂幹之，則不惟不堪，亦且難入，即傷恩矣，其害不小。惟當屈己下意，巽順將承，使之身正事治，則亦已矣，故曰不可貞，事父母幾諫是也。若以君臣論，周公之事成王，成王有過，則撻伯禽，皆此意也。《易》之時正在于此。〇九二當蠱之時，上應六五，六五陰柔，故有幹母蠱之象。然九二剛中，以剛承柔，恐其過于直遂也，故戒占者不可貞，委曲巽順以幹之可也。

《象》曰：幹母之蠱，得中道也。

得中道而不太過，即不可貞也。

九三，幹父之蠱，小有悔，無大咎。

悔以心言。悔者因九三過剛，則幹蠱之事，更張措置之間，未免先後緩急失其次序，所以悔也。咎以理言，然巽體得正，能制其剛，則其幹蠱，必非私意妄行矣，所以無大咎。〇九三以陽剛之才，能幹父之蠱者，故有幹蠱之象。然過剛自用，其心不免小有悔，但爲父幹蠱，其咎亦不大矣，故其占如此。

《象》曰：幹父之蠱，終無咎也。

有陽剛之才，方能幹蠱，故周公僅許之，而孔子深許之也。

六四，裕父之蠱，往見吝。

裕，寬裕也，强以立事爲幹，怠而委事爲裕，正幹之反也。往者，以此而往治其蠱也。見吝者，立見其羞吝也。治蠱如拯溺救焚，猶恐緩不及事，豈可裕。

六四以陰居陰，又當艮止，柔而且怠，不能有爲，故有裕蠱之象，如是則蠱將日深，故往則見吝，戒占者不可如是也。

《象》曰：裕父之蠱，往未得也。

未得者，未得治其蠱也。九三之剛，失之過，故悔，悔者漸趨于吉，故終無咎。六四之柔，失之不及，故吝，吝者漸趨于凶，故往未得，寧爲悔，不可爲吝。

六五，幹父之蠱，用譽。

用者用人也，用譽者因用人而得譽也。二多譽，譽之象也。周公曰用譽，孔子二多譽之言，蓋本于此。九二以五爲母，六五又取子道，可見《易》不可典要。宋仁宗仁柔之主，得韓范富歐卒爲宋令主，此爻近之。〇六五以柔居尊，下應九二，二以剛中之才而居巽體，則所以承順乎五者，莫非剛健大中之德矣。以此治蠱，可得聞譽，然非自能譽也，用人而得其譽也。故其象占如此。

《象》曰：幹父用譽，承以德也。

承者承順也，因巽體又居下，故曰承，言九二承順以剛中之德也。

上九，不事王侯，高尚其事。

上事字，事王侯以治蠱也，下事字，以高尚爲事也。耕于有莘之野，而樂堯舜之道是也。上與五二爻以家事言，則上爲父，五爲母，衆爻爲子。觀諸爻以幹父母言，可知矣。以國事言，則五爲君，下四爻爲用事之臣，上一爻爲不事之臣，觀上一爻，以王侯言，可知矣，此《易》所以不可爲典要也。蓋當蠱之世，任其事而幹蠱者，則操巽命之權，而行其所當行，不任其事而高尚者，則體艮止之義，而止其所當止，如鄧禹諸臣，皆相光武以幹漢室之蠱，獨子陵釣于富春是也。艮止，不事之象。變坤錯乾，王侯之象。巽爲高，高尚之象。○初至五皆幹蠱，上有用譽之君，下有剛中之臣，家國天下之事已畢矣。上九居蠱之終，無係應于下，在事之外，以剛明之才，無應援而處無事之地，蓋賢人君子，不偶于時，而高潔自守者也，故有此象。占者有是德，斯應是占矣。

《象》曰：不事王侯，志可則也。

高尚之志，足以起頑立懦，故可則。

周易集注卷之五

䷒兑下坤上

臨者，進而臨逼于陰①也。二陽浸長，以逼于陰，故爲臨。十二月之卦也。天下之物密近相臨者，莫如地與水。故地上有水則爲比，澤上有地則爲臨。《序卦》：『有事而後可大。臨者，大也。蠱者，事也。』韓康伯云：可大之業，由事而生。二陽方長而盛大，所以次蠱。

臨，元亨利貞。至于八月，有凶。

臨綜觀，二卦同體。文王綜爲一卦，故《雜卦》曰：『臨觀之義，或與或求』。言至建酉則二陽又在上，陰又逼迫陽矣。至于八月，非臨數至觀八個月也，言至建酉之月爲觀，見陰之消不久也。專以綜卦言。

《彖》曰：臨剛浸而長，説而順。剛中而應，大亨以正，天之道也。至于八月有凶，消不久也。

以卦體、卦德釋卦名、卦辭。浸者，漸也，言自復一陽生，至臨則陽漸長矣。此釋卦名。説而順者，内説而外順也。説則陽之進也不逼，順則陰之從也不逆。剛中而應者，九二剛中，應乎六五之柔中也。言雖剛浸長，逼迫乎陰，然非倚剛之强暴而逼迫也，乃彼此和順相應也。此言臨有此善也。剛浸長而悦順者，

① 陰，原作『陽』，王校本據朝爽堂本改作『陰』，從之。

大亨也。剛中而應柔中者，以正也。天之道者，天道之自然也，言天道陽長陰消，原是如此大亨以正也。一誠通復，豈不大亨以正？故文王卦辭曰元亨利貞者，此也。然陰之消，豈長消哉？至酉曰觀，陰復長而凶矣。

《象》曰：澤上有地，臨。君子以教思无窮，容保民无疆。

教者，勞來匡直之謂也。思者，教之至誠惻怛，出于心思也。无窮者，教之心思不至厭斁而窮盡也。容者，民皆在統馭之中也。保者，民皆得其所也。無疆者，無疆域之限也。無窮與兑澤同其淵深，無疆與坤土同其博大，二者皆臨民之事，故君子觀臨民之象以之。

初九，咸臨，貞吉。

咸，皆也，同也。以大臨小者，初九、九二臨乎四陰也。以上臨下者，上三爻臨乎其下也。彼臨乎此，此臨乎彼，皆同乎臨，故曰咸臨。卦惟二陽，故此二爻皆稱咸臨。九剛而得正，故占者貞吉。

《象》曰：咸臨貞吉，志行正也。

初正應四亦正，故曰正。中爻震足，故初行五亦行。

九二，咸臨，吉，无不利。

咸臨與初同而占不同者，九二有剛中之德，而又有上進之勢，所以吉無不利。

象曰：咸臨吉，无不利，未順命也。

未順命者，未順五之命也。五君位，故曰命。且兑綜巽，亦有命字之象。本卦《彖辭》悦而順，孔子恐人疑此爻之吉無不利者，乃悦而順五之命也。故于《小象》曰：二之吉利者，乃有剛中之德，陽勢上進，所以吉利也，未順五之命也。

六三，甘臨，无攸利，既憂之，无咎。

甘臨者，以甘悦人而無實德也。坤土，其味甘。兑爲口，甘之象也。故節卦九五變臨亦曰甘節。无攸利者，不誠不能動物也。變乾，乾三爻惕若，憂之象也。〇三居下之上，臨人者也。陰柔悦體，又不中①正，故有以甘悦臨人之象，此占者所以无攸利也。能憂而改之，斯无咎矣。

《象》曰：甘臨，位不當也。既憂之，咎不長也。

位不當者，陰柔不中正也。咎不長者，改過也。

六四，至臨，无咎。

六四當坤兑之交，地澤相比，蓋臨親切之至者，所以占者无咎。

《象》曰：至臨，无咎，位當也。

以陰居陽故位當。

六五，知臨，大君之宜，吉。知，音智。

變坎。坎爲通，智之象也。知臨者，明四目，達四聰，不自用而任人也。應乾陽，故曰大君。知臨之知原生于九二，故即曰大君。知者，覺也，智即知也。六五非九二不能至此。宜者，得人君之統體也。

六五柔中居尊，下任九二剛中之賢，兼衆智以臨天下，蓋得大君之宜者也，吉可知矣。占者有是德，亦如是占也。

① 中，原作『由』，據寶廉堂本改。

《象》曰：大君之宜，行中之謂也。

與初行正同。六五中，九二亦中，故曰行中。行中即用中。中爻震足，行之象也。

上六，敦臨，吉，无咎。

敦，厚也。爻本坤土，又變艮土，敦厚之象。初與二雖非正應，然志在二陽，尊而應卑，高而從下，蓋敦厚之至者。

上六居臨之終，坤土敦厚，有敦臨之象，吉而无咎之道也，故其象占如此。

《象》曰：敦臨之吉，志在内也。

志在内卦二陽，曰志者，非正應也。

䷓坤下巽上

觀者，有象以示人而爲人所觀仰也。風行地上，遍觸萬類，周觀之象也。二陽尊上，爲下四陰所觀，仰觀之義也。《序卦》：『臨者大也，物大然後可觀，故受之以觀。』所以次臨。

觀，盥而不薦，有孚顒若。 觀，官唤反。

盥者，將祭而潔手也。薦者，奉酒食以薦也。有孚者，信也。顒者，大頭也，仰也。《爾雅》：顒顒，君之德也。大頭在上之意，仰觀君德之意。言祭祀者方潔手而未薦，人皆信而仰之矣，觀者必當如是也。自上示下曰觀，去聲，自下觀上曰觀，平聲。

《象》曰：大觀在上，順而巽，中正以觀天下，觀，盥而不薦，有孚顒若，下觀而化也。觀天之神道，而四時

不忒。聖人以神道設教，而天下服矣。觀皆去聲，惟下觀而化平聲。

以卦體、卦德釋卦名，又釋卦辭而極言之。順者心于理無所乖，巽者事于理無所拂。中正即九五，陽大陰小，故曰大觀在上，中正則所觀之道也。言人君欲爲觀于天下者，必所居者九五大觀之位，所具者順巽之德，而後以我所居之中觀天下之不中，所居之正觀天下之不正，斯可以爲觀矣。所以名觀，下觀而化，故人信而仰之，所以有孚顒若者此也。盥而不薦者，神感也。有孚顒若者，神應也。此觀之所以神也。故以天道、聖人之神道極言而贊之。神者妙不可測，莫知其然之謂。天之神道非有聲色，而四時代謝無少差忒。聖人神道設教，亦非有聲色，而民自服從，觀之神一而已矣。

《象》曰：風行地上，觀，先王以省方觀民設教。上觀去聲，下觀平聲。

省方者，巡狩省視四方也。觀民者，觀民俗也，即陳詩以觀民風，納價以觀好惡也。設教者，因俗以設教也，如齊之末業，教以農桑，衛之淫風，教以有別是也。風行地上，周及庶物，有歷覽周遍之象，故以省方體之。坤爲方，方之象。巽以申命，設教之象。

初六，童觀，小人无咎，君子吝。觀，平聲。

童者，童稚也。觀者，觀乎五也。中爻艮爲少男，童之象也。初居陽，亦童之象。故二居陰，取女之象。小人者，下民也。本卦陰取下民，陽取君子。无咎者，百姓日用而不知，所以无咎也。君子吝一句，乃足上句之意，故《小象》不言君子。○初六當大觀在上之時，陰柔在下，去五最遠，不能觀五中正之德輝，猶童子之識見，不能及遠，故有童觀之象。然其占在小人則无咎。若君子豈无咎哉？亦可羞吝矣。見在小人則當无咎也。

《象》曰：初六童觀，小人道也。

不能觀國之光，小人之道，自是如此。

六二，闚觀，利女貞。 觀，平聲。

闚，與窺同，門内窺視也。不出户庭，僅窺一隙之狹者也。曰利女貞，則丈夫非所利矣。中爻艮，門之象也。變坎爲隱伏，坎錯離爲目，目在門内隱伏處，窺視之象也。二本與五相應，但二之前即門，所以窺觀。○六二陰柔，當觀之時，居内而觀外，不出户庭，而欲觀中正之道，不可得矣，故有窺觀之象。惟女子則得其正也，故其占如此。

《象》曰：闚觀女貞，亦可醜也。

婦無公事，所知者蠶織。女無是非，所議者酒食。則窺觀，乃女子之正道也。丈夫志在四方，宇宙内事乃吾分内事，以丈夫而爲女子之觀，亦可醜矣。

六三，觀我生進退。 觀，平聲。

下爻皆觀乎五，三隔四，四已觀國之光，三惟觀我生而已。我生者，我陰陽相生之正應也，即上九也。爲進退，爲不果者，巽也。巽有進退之象，故曰觀我生進退。○六三當觀之時，隔四不能觀國，故有觀我生進退之人之象。不言占之凶咎者，陰陽正應，未爲失道，所當觀者也。

《象》曰：觀我生進退，未失道也。

道者，陰陽相應之正道也。

六四，觀國之光，利用賓于王。 觀，平聲。

光者，九五陽明在上，被四表，光四方者也。下坤土，國之象。中爻艮，輝光之象。四承五，賓主之象。九五，王之象。觀國光者，親炙其盛，快睹其休也。賓者，已仕者朝覲于君，君則賓禮之；未仕而仕進于君，君則賓興之也。觀卦利近不利遠，六二中正，又乃正應，乃曰闚觀，則不利于遠可知矣。○六四柔順得正，最近于五，有觀光之象，故占者利用賓于王。

《象》曰：觀國之光，尚賓也。

尚謂心志之所尚，言其志意，願賓于王朝。

九五，觀我生句**，君子无咎。**觀，去聲。

九五、上九生字亦如六三生字，皆我相生之陰陽也。觀我生作句，上九相同，觀孔子《小象》可見矣。觀我生者，觀示乎我所生之四陰也，即中正以觀天下也。君子无咎，對初爻小人无咎言。下四陰爻皆小人，上二陽爻皆君子。小人當仰觀乎上，故无咎；君子當觀示乎下，故无咎。○九五爲觀之主，陽剛中正，以居尊位，下之四陰皆其所觀示者也，故有觀我生之象。大觀在上，君子无咎之道也，故其象占如此。

《象》曰：觀我生，觀民也。二觀字皆去聲。

民即下四陰，陰爲民，民之象也，故姤九四曰遠民，以初六陰爻也。内卦三陰，遠于五，草莽之民也。六四之陰近于五，仕進之民也。九五雖與六二正應，然初三四與九五皆陰陽相生，故曰觀我生。觀民也即中正以觀天下之民也。

上九，觀其生句**，君子无咎。**觀，去聲。

上九雖在觀示之上，然本卦九五有天下國家之責，所以九五觀示乎諸爻，諸爻仰觀乎九五。曰我生者，即大有六五，五陽皆其所有之意。言下四陰，惟我可以觀示，他爻不可得而觀示之也。若上九不在其位，不任其事，則無觀示之責，止因在上位，陰陽相生，義當觀其生，是空有觀生之位而已，故不曰觀我生，而曰觀其生者，避五也。是我字甚重，而其字甚輕也。君子无咎者，九五與上九皆陽剛在上，故並君子之无咎也。〇上九以陽剛居觀之極，故有觀其生之象，亦君子之无咎者，故其象占如此。

《象》曰：觀其生，志未平也。

志者，上九之心志也。平者，均平也，與九五平分，相同一般之意。言周公爻辭，九五觀我生，而上九則以其字易我字者，何哉？以上九之心志，不敢與九五同觀其民也，故曰志未平也。蓋觀示乎民，乃人君之事，若上九亦觀示乎民，則人臣之權，與人君之權，相爲均平而無二矣，豈其理哉。故上九陽剛，雖與五同，不過有觀生之位而已，不敢以四陰爲我之民，與九五平觀示之也。

☳☲震下離上

噬，齧也。嗑，合也。頤中有物間之，齧而後合也。上下兩陽而中虛，頤之象也。四一陽間于其中，頤中有物之象也。頤中有物，必齧而後合，噬嗑之象也。《序卦》：『嗑者，合也，可觀而後有所合。』所以次觀。

噬嗑亨，利用獄。

噬嗑亨，卦自有亨義也。天下之事，所以不得亨者，以其有間也。噬而嗑，則物不①得而間之，自亨通矣，此概舉天下之事而言也。利用獄者，噬嗑中之一事也。

① 不，原作『本』，據寶廉堂本改。

《彖》曰：頤中有物曰噬嗑，噬嗑而亨。剛柔分，動而明，雷電合而章。柔得中而上行，雖不當位，利用獄也。

以卦體、卦德二象卦綜釋卦名、卦辭。頤中有物則其物作梗，以人事論，如寇盗姦宄，治化之梗。蠻夷猾夏，疆埸之梗。以至君臣父子，親戚朋友，離貳讒謗，間于其中者，皆頤中之梗也。《易》卦命名立象，各有所取。鼎也，井也，大過之棟也，小過之飛鳥也，遠取諸物者也。艮之背也，頤之頤也。噬嗑，頤中之物也，近取諸身者也。剛柔分者，震剛離柔，分居内外。内剛者齒也，外柔者輔也。動而明者，震動離明也。雷電合者，卦二象也。蓋動不如雷則不能斷，明不如電則不能察。惟雷電合則雷震電耀，威明相濟，所謂動而明者愈昭彰矣。此已前言噬嗑亨，柔得中而上行者，本卦綜賁，二卦同體，文王綜爲一卦。故《雜卦》曰：『噬嗑食也，賁无色也。』言以賁下卦離之柔得中上行，而居于噬嗑之上卦也。蓋不柔則失之暴，柔不中則失之縱。柔得中，則寬猛得宜，有哀矜之念而又不流于姑息，此其所以利用獄也。若依舊注自益卦來，則非柔得中而上行，乃上行而柔得中矣。不當位者，以陰居陽也。○頤中有物，名噬嗑矣，而曰亨者何也？蓋凡噬物，噬則頤分，嗑則頤合。今未噬之先，内剛外柔。將噬之際，動而明。正噬之時，合而章。先分後合，又何物得以間之？此所以噬嗑而亨也。然以噬嗑之亨，何事不利而獨利用獄者？蓋六五以柔在上，本不當位，不足以致諸事之利。獨以柔得中，所以利用獄也。

《象》曰：雷電噬嗑，先王以明罰勑法。

罰者，一時所用之法。法者，平日所定之罰。明者，辨也，辨其輕重，效電之明。勑者，正也，正其國法，效雷之威。明辨其墨、劓、剕、宫、大辟，以至流宥、鞭朴、金贖之數者，正所以振勑法度，使人知所畏避也。勑字本音賚，相承作勑字。

初九，屨校滅趾，无咎。 校，音教。

校，足械也。屨者，以械加于足，如納屨于足也。中爻坎，坎爲桎梏，校之象也，故上九亦言校。趾者，足趾也。震爲足，趾之象也。滅者，没也，遮没其趾也。變坤，不見其震之足，滅其趾之象也。无咎者，因其刑，而懲創以爲善也。屨校不懲，必至荷校。滅趾不懲，必至滅耳。不因其刑而懲創，必至上九之惡積罪大矣，安得无咎？初九上九，受刑之人，中四爻則用刑者。

九居初无位，下民之象也。以陽剛而不柔順，未有不犯刑者，故有屨校滅趾之象。趾乃人之所用以行者，懲之于初，使不得行其惡，小人之福也。故占者无咎。

《象》曰：屨校滅趾，不行也。

震性動，滅其趾則不得動而行以爲惡矣。

六二，噬膚滅鼻，无咎。

膚者，肉外皮也。凡卦中次序相近者言膚，剥卦言膚者，艮七坤八也。睽卦言膚者，兑二離三也。此卦言膚者，離三震四也。六爻二言膚者，皮也。三言肉者，皮中之肉也。四言胏者，肉中連骨也，以陽剛也。五陰柔，又言肉矣。爻位以次漸深，噬肉以次漸難。祭有膚鼎，蓋柔脆而無骨，噬而易嗑者也。中四爻，有上下齒噬齧之象，故四爻皆言噬。此爻變兑，兑爲口，噬之象也。二乃治獄之人居其中，初在下，外爲膚，噬其膚之象也。故《雜卦》曰噬嗑食也，正言此四爻之噬也。中爻艮，艮爲鼻，鼻之象也。二變則中爻爲離，不見其艮之鼻，滅其鼻之象也。滅字與滅趾、滅耳同例。即《朱子語録》所謂噬膚而没其鼻于器中是也，言噬易嗑而深噬之也。

六二柔順中正，聽斷以理，故其治獄有噬膚滅鼻之易之象，无咎之道也，故其占如此。

《象》曰：噬膚滅鼻，乘剛也。

剛者，初之剛也。人剛則性直，獄內委曲，皆不隱藏，已易于聽斷矣。六二又以中正乘其剛以聽斷，必得其情，故有噬膚滅鼻之易。

六三，噬腊肉，遇毒。小吝，无咎。腊，音昔。

腊肉者，即六五之乾肉也，今人以鹽火乾之肉也。離火在前，三變又成離，上火下火，乾其肉之象也。九四六五，離有乾象，故二爻皆言乾，而此言腊也。遇者，逢也，凡《易》中言遇者皆雷與火也。睽九二變震曰遇主于巷，遇元夫者，亦變震也。豐遇配主、遇夷主，小過大象坎錯離遇其妣、遇其臣，此雷火，故言遇毒。毒者，腊肉之陳久太肥者也。《說文》云毒者厚也，《五行志》云厚味實腊毒，師古云腊，久也。味厚者爲毒久。《文選》張景陽《七命》云甘腊毒之味是也。噬腊遇毒者，言噬乾肉，而遇陳久太肥厚味之肉也。中爻坎，所以曰毒。故師卦有此毒字。

六三陰柔，不中不正，治獄而遇多年陳久煩瑣之事，一時難于斷理，故有噬腊遇毒之象，亦小有吝矣。然時當噬嗑，于義亦无咎。故其占又如此。

《象》曰：遇毒，位不當也。

以陰居陽。

九四，噬乾胏，得金矢，利艱貞。吉。乾音干，胏音滓。

胏，乾肉之有骨者。離爲乾，乾之象也，六五亦同此象。三四居卦之中，乃獄情之難服者，故皆以堅物象之。金者，剛也，此爻正頤中之物，陽金居二陰之間，金之象也。變坤錯乾，亦金之象也。矢者，直也，中爻坎，矢之象也。蓋九四正居坎之中，坎得乾之中爻，爲中男，故此爻有金象，有矢象。若六五變爲乾，止有金象，無矢象矣，故止曰得黄金。且九四剛而不正，故戒之以剛直。六五柔中，故戒之以剛中。二爻皆曰得者，教人必如此也。艱者，凛凛然惟恐一毫之少忽，以心言也。貞者，兢兢然惟恐一毫之不正，以事言也。周公此象蓋極精者，非《周禮》鈞金束矢之説也。

四居卦中，獄情甚難，故有噬乾胏堅物之象。四以剛明之才治之，宜即吉矣。但四溺于二陰之間，恐其徇于私而未甚光明，故必如金之剛、矢之直，而又艱難正固，則吉矣。因九四不中正，故教占者占中之象又如此。

《象》曰："利艱貞吉"，未光也。

未光，即屯九五、夬九五之類。

六五，噬乾肉，得黄金，貞厲。无咎。

噬乾肉難于膚，而易于乾胏者也。乃所治之獄，匪難匪易之象。黄者，中也。金者，剛也。變乾，金之象也。乾錯坤，黄之象也。離得坤之中爻爲中女，則離之中乃坤土也，故曰黄金。貞者，純乎天理之公而無私也。厲者，存乎危懼之心而無忽也。无咎者，刑罰當而民不冤也。

六五居尊，用刑于人，人無不服，故有噬乾肉易嗑之象。然恐其柔順而不斷也，故必如黄之中、金之剛，而又貞厲，乃得无咎。因六五柔中，故戒占者占中之象又如此。

《象》曰："貞厲无咎"，得當也。當，去聲。

言必如此治獄方得當也。

上九，何校滅耳，凶。何，音荷。

何者，負也，謂在頸也。中爻坎爲桎梏，初則曰屨，上則曰負，以人身分上下而言也。滅者，遮滅其耳也。坎爲耳痛，滅耳之象也。又離爲戈兵，中爻艮爲手，手持戈兵，加于耳之上，亦滅耳之象也。

上九居卦之上，當獄之終，蓋惡極罪大，怙終不悛者也，故有何校滅耳之象。占者如此，凶可知矣。

《象》曰：何校滅耳，聰不明也。

聰者，聞也，聽也。上九未變，離明在上，坎耳在下，故聽之明。今上九既變，則不成離明矣，所以聽之不明也。困卦坎有言不信，夬四變坎，聞言不信。今既聽之不明，則不信人言矣。坎既心險，又不信好言，所以犯大罪。

䷕離下艮上

賁，飾也，爲卦山下有火，山者百物草木之所聚，下有火，則照見其上，品彙皆被光彩，賁之象也。《序卦》：『嗑者合也，物不可以苟合也，故受之以賁。』所以次噬嗑。

賁亨，小利有攸往。 賁，彼爲反。

小利攸往，亦爲亨，但亨之不大耳。

《彖》曰：賁亨，柔來而文剛，故亨。分剛上而文柔，故小利有攸往，天文也。文明以止，人文也。觀乎天文，以察時變。觀乎人文，以化成天下。

以卦綜、卦德釋卦辭，而極言之。本卦綜噬嗑，柔來文剛者，噬嗑上卦之柔，來文賁之剛也，柔指離之陰卦，剛則艮之陽卦也。柔來文剛，以成離明，內而離明，則足以照物，動罔不臧，所以亨。分者，又分下卦也。分剛上而文柔者，分噬嗑下卦之剛，上而爲艮，以文柔也，剛指震之陽卦，柔則離之陰卦也。剛上而文柔，以成艮止，外而艮止，則內而能知之，外而不能行之，僅可小利有攸往而已，不能建大功業也。故以其卦綜觀之，柔來文剛，剛上文柔，是即天之文也，何也？蓋在天成象，日月五星之運行，不過此一剛一柔，一往一來而已，今本卦剛柔交錯，是賁之文，即天之文也，以其卦德觀之，是即人之文也，何也？蓋人之所謂文者，不過文之明也，而燦然有禮以相接，文之止也，而截然有分以相守，今本卦内而離明，外而艮止，是賁之文，即人之文也，觀天文以察時變，觀人文以化成天下，賁之文不其大哉。變者，四時寒暑代謝之變也，化者，變而爲新，成者，久而成俗。

《象》曰：山下有火，賁，君子以明庶政，无敢折獄。

明，離象。无敢，艮象。庶者，衆也。繁庶小事，如錢穀出納之類，折獄則一輕重出入之間，民命之死生所係，乃大事也。曰无敢者，非不折獄也，不敢輕折獄也，再三詳審，而後發之意，此即小利有攸往之理。因内明外止，其取象如此，賁與噬嗑相綜，噬嗑利用獄者，明因雷而動也，賁不敢折獄者，明因艮而止也。

初九，賁其趾，舍車而徒。 舍，音捨。

賁其趾者，道義以文飾其足趾也。舍者棄也，徒者徒行也，舍車而徒，即賁其趾也。言舍車之榮而徒行，是不以徒行爲辱，而自以道義爲榮也。中爻震與坎，震，趾之象也。坎，車之象也，變艮，止而又止，舍之象也。初比二而應四，比二則從乎坎車矣，應四則從乎震趾矣。然升乎車者，必在上，方可乘。《易》中言乘者，皆在上也，言承者，皆在下也。初在下，無乘之理，故有舍坎車而從震趾之象，觀《小象》乘字可見。初九剛德明體，蓋内重外輕，自賁于下而隱者也，故有舍非義之車，而安于徒步之象。占者得此，當以此自處也。

《象》曰：舍車而徒，義弗乘也。

初在下，無可乘之理。

六二，賁其須。

在頤曰須，在口曰髭，在頰曰髯。須不能以自動，隨頤而動，則須雖美，乃附于頤以爲文者也。本卦綜噬嗑，原有頤象，今變陽則中爻爲兑口矣，口旁之文莫如須，故以須象之。

六二以陰柔居中正，三以陽剛得正，皆無應與，故二附三而動，猶須附頤而動也，故有賁其須之象。占者附其君子，斯無愧于賁矣。

《象》曰：賁其須，與上興也。

與者相從也，興者興起也。二陰柔從三陽興起者也。

九三，賁如濡如，永貞吉。

如，助語辭。濡，沾濡也。離文自飾，賁如之象也。中爻坎水自潤，濡水之象也。永貞者，長永其貞也。九三本貞，教之以永其貞也。吉者，陰終不能陵也。

九三以一陽居二陰之間，當賁之時，陰來比己，爲之左右先後，蓋得其賁而潤澤者也，故有賁如濡如之象，然不可溺于所安也。占者能守永貞之戒，斯吉矣。

《象》曰：永貞之吉，終莫之陵也。

陵者侮也，能永其貞，則不陷溺于陰柔之中，有所嚴憚，終莫之陵侮矣。

六四，賁如皤如，白馬翰如，匪寇婚媾。皤，白波反。

皤，白也。四變中爻爲巽，白之象也。賁如皤如者，言未成其賁而成其皤也，非賁如而又皤如也。中爻震爲馵足，爲的顙。馵，白足，顙，白顛，白馬之象也。舊注不知象，故言人白，則馬亦白，無是理矣。翰如者，馬如翰之飛也，中爻坎，坎爲亟心之馬，翰如之象也。寇指三，婚媾指初。

六四與初爲正應，蓋相爲賁者也，乃爲九三所隔，而不得遂，故未成其賁，而成其皤，然四往求于初之心，如飛翰之疾，不以三之隔而遂已也。使非三之寇，則與初成婚媾，而相爲賁矣。是以始雖相隔，而終則相親也，即象而占可知矣，與屯六二同。

《象》曰：六四，當位，疑也。匪寇婚媾，終无尤也。

以陰居陰，故當位，疑者，疑懼其三之親比也。六四守正，三不能求，故終无過尤。

六五，賁于丘園，束帛戔戔，吝，終吉。戔，音殘。

艮爲山，丘之象也，故頤卦指上九爲丘，渙卦中爻艮，故六四渙其丘。艮爲果蓏，又居中爻震木之上，果蓏林木，園之象也，此丘園指上九，上九賁白，貧賤肆志，乃山林高蹈之賢，蠱乃同體之卦，上九不事王侯，隨卦上六錯艮，亦曰西山，則上九乃山林之賢無疑矣。兩疋爲束，陰爻兩坼，束之象也。坤爲帛，此坤土帛之象也。戔與殘同，傷也，艮錯兑，爲毁折，戔之象也。束帛傷戔，即今人之禮緞也。本卦上體下體皆外陽中虚，有禮緞之象，上戔下戔，故曰戔戔，陰吝嗇，故曰吝。

六五文明以止之主，當賁之時，下無應與，乃上比上九高蹈之賢，故有光賁丘園、束帛以聘之象。然賁道將終，文反于質，故又有戔戔之象。以此爲禮，有似于吝，然禮薄意勤，禮賢下士，乃人君可喜之事。占者得此，吉可知矣。

《象》曰：六五之吉，有喜也。

艮錯兑爲悦，故曰有喜，得上九高賢而文之，豈不喜。

上九，白賁，无咎。

賁文也，白質也，故曰白受采。上九居賁之極，物極則反，有色復于無色，所以有白賁之象。文勝而反于質，无咎之道也，故其象占如此。

《象》曰：白賁，无咎，上得志也。

文勝而反于質，退居山林之地，六五之君，以束帛聘之，豈不得志。此以人事言者也，若以卦綜論之，此文原是噬嗑初爻，剛上文柔，以下居上，所以得志。

䷖坤下艮上

剥者，落也，九月之卦也。五陰在下，一陽在上，陰盛陽孤，勢將剥落而盡，剥之義也。至高之山，附著于地，有傾頹之勢，剥之象也。《序卦》：『賁者，飾也，致飾然後亨則盡矣，故受之以剥。』所以次賁。

剥，不利有攸往。

不利有攸往，言不可有所往。當儉德避難，所以爲君子謀也。

《象》曰：剥，剥也，柔變剛也。不利有攸往，小人長也。順而止之，觀象也。君子尚消息盈虚，天行也。

以卦體、卦德釋卦名、卦辭。剥者，陽剥也，所以剥之者陰也。五之陰，上進而欲變乎上之一陽也。以卦體言之，小人長也，陰邪之聲勢方張也。以卦象言之，内順外止，有順時而止之象，人當觀此象也。觀小人之時，時不可往，觀一卦之象，象自不往，所以不利有攸往。消息者，盈虚之方始。盈虚者，消息之已成。消息盈虚四字皆以陽言，復者陽之息，姤者陽之消，乾者陽之盈，坤者陽之虚，此正陽消而將虚之時也。天行者，天道自然之運也，天運之使然，君子亦惟以是爲尚，與天時行而已。既不可往，又豈可往哉。君子二句，又推原不利有攸往之故。

《象》曰：山附于地，剥，上以厚下安宅。

上，謂居民之上，一陽在上之象也。厚下者，厚民之生，省刑罰、薄税斂之類也。宅者上所居之位，非宅舍也。因艮體一陽，覆幬于上，有宅舍之象，故以宅言之。所以上九亦以廬言者，以有廬之象也。厚下安宅者，言厚下而不剥下者，正所以自安其宅也。民惟邦本，本固邦寧之意。卦以下剥上取義，乃小人剥君子，成剥之義。象以上厚下取義，乃人君厚生民，則治剥之道也。

初六，剥牀以足，蔑貞凶。

剥牀以足者，剥落其牀之足也。變震，足之象也。剥自下起，故以足言之。一陽在上，五陰列下，有宅象、廬象、牀象。蔑者，滅也，蔑貞者，蔑其正道也，指上九也。方剥足而即言蔑貞，如履霜而知堅冰至也。○初六陰剥在下，有剥牀以足之象。剥牀以足，猶未見其凶，然其剥足之勢，不至蔑貞而不已，故戒占者如此。此聖人爲君子危，而欲其自防于始也。

《象》曰：剥牀以足，以滅下也。

以滅下，則漸而上矣。見其端甚微，知其必有蔑貞之禍。

六二，剥牀以辨，蔑貞凶。

辨者，牀之幹也，不曰幹而曰辨者，謂牀之下，足之上，分辨處也。蔑貞同初。

《象》曰：剥牀以辨，未有與也。

與者，陽也。凡爻中，陽以應陰，陰以應陽，方謂之應與，相比亦然。二本陰爻，有陽爻之應，或有陽爻之比，則有與矣。今比乎二者初也，初，陰也，應乎二者五也，五亦陰也。前後左右，皆無應與之陽，則上九乃孤陽矣，豈不蔑貞。故初知其蔑貞，而二亦知其必有此凶也。

六三，剥之，无咎。

三雖與上九爲正應，不可言剥，然在剥卦之中，猶不能離乎剥之名。之，語助辭。衆陰方剥陽而三獨與之爲應，是小人中之君子也。去其黨而從正，雖得罪于私黨，而見取于公論，其義无咎矣。占者如此，故无咎。

剥以近陽者爲善，應陽者次之，近陽者六五是也，故无不利。應陽者此爻是也，故无咎。

《象》曰：剥之无咎，失上下也。

上下，謂四陰。三居四陰之中，不與之同黨，而獨與一陽爲應與，是所失者上下之陰，而所得者上九之陽也。惟其失四小人，所以得一君子。

六四，剥牀以膚，凶。

初足、二辨、三牀之上，四乃上體，居牀之上，乃牀上人之膚也。剥牀而及其肌膚，禍切身矣，故不言蔑貞而直曰凶。

《象》曰：剥牀以膚，切近災也。

言禍已及身，而不可免也。

六五，貫魚，以宫人寵，无不利。

此正《彖辭》所謂順而止之也。魚貫者，魚之貫串而相次以序，五陰列兩旁之象也。本卦大象巽，此爻變巽，巽有魚象，詳見中孚。巽爲繩，貫之象也。以者，后妃以之也。五，君位，爲衆陰之長，故可以以之。魚，陰物，宫人衆妾乃陰之美而受制于陽者。艮錯兑爲少女，宫人之象也。以宫人寵者，統領宫人，以次上行，進御而獲其寵也。一陽在上，五率其衆陰，本卦原有此象，且内順外止，本卦原有此德，陰順則能從乎陽，艮止則必不剥陽矣。无不利者，陰聽命于陽，乃小人聽命于君子也，故无不利。非《程傳》别設義之説。○六四以剥其膚而凶，至六五，陰長陽消之極矣。然本卦順而且止，故陰不剥陽，有貫魚以宫人寵，反聽命于陽之象。此小人之福，而君子之幸也。故占者无不利。

《象》曰：以宫人寵，終无尤也。

五以陰剥陽，今率其類以聽命于陽，有何過尤。

上九，碩果不食，君子得輿，小人剥廬。

碩果者，碩大之果。陽大陰小，碩之象也。艮爲果，果之象也。不食者，在枝間未食也。諸陽皆消，一陽在上，碩果獨在枝上之象也。此爻未變，艮錯兑爲口，猶有可食之象。此爻一變則爲坤而無口矣，不食之象也。果碩大不食，必剥落朽爛矣。故孔子曰：剥者，爛也。果剥落朽爛于外，其中之核又復生仁，猶陽無可盡之理，窮上反下，又復生于下也。輿者，物賴之以載，猶地之能載物也。變坤，坤爲大輿，輿之象也。一陽復生于地之下，則萬物皆賴之以生，此得輿之象也。廬者，人賴之以覆，猶天之能覆物也。五陰爲廬，一陽蓋上，爲廬之椽瓦。今一陽既剥于上，則國破家亡，人無所覆庇以安其身，此剥廬之象也。上一畫變，此窮上也，故曰剥，剥則陰矣，故曰小人。下一畫新生，此反下也，故曰得，得則陽矣，故曰君子。蓋陽剥于上，則必生于下，生之既終，則必剥于上。未剥之先，陽一畫在上，故其象似廬。既剥之後，陽生于下，則上一畫又在下矣。故其象似輿。○諸陽消剥已盡，獨上九一爻，故有碩果不食之象。今上九一爻既變，則純陰矣，然陽無可盡之理，既剥于上，必生于下。故生于下者，有君子得輿而爲民所載之象。剥于上者，有小人剥廬，終無所用之象。占者得此，君子小人，當自審矣。

《象》曰：君子得輿，民所載也。小人剥廬，終不可用也。

民所載者，民賴之以承載也。廬，所賴以安身者也，今既剥矣，終何用哉？必不能安其身矣。國破家亡，小人無獨存之理。載字從輿字上來，不可用從剥字上來。

䷗震下坤上

復者，來復也。自五月一陰生後，陽一向在外，至十月變坤，今冬至復來反還于内，所以名復也。《序卦》：物不可以終盡剥，窮上反下，故受之以復，所以次剥。

復，亨，出入无疾，朋來无咎。反復其道，七日來復，利有攸往。

先言出而後言入者，程子言語順是也。出者剛長也，入者剛反也，疾者遽迫也。言出而剛長之時，自一陽至五陽，以漸而長，是出之時未常遽迫也。入而剛反之時，五月一陰生，九月之剥，猶有一陽，至十月陽變，十一月陽反，以漸而反，是入之時，未嘗遽迫也。朋者，陰牽連于前，朋之象也。故豫卦、損卦、益卦、泰卦、咸卦，皆因中爻三陽三陰牽連，皆得稱朋也。自外而之内曰來，言陰自六爻之二爻，雖成朋黨而來，然當陽復之時，陽氣上行，以漸而長，亦無咎病也。復之得亨者以此。道猶言路，言剛反而復之道路也。七日來復者，自姤而遯否觀剥坤復，凡七也，即七日得之意。蓋陽極于六，陰極于六，極則反矣，故七日來復也。无疾咎者，復之亨也。七日來復，復之期也。利有攸往，復之占也。大抵姤復之理，五月一陰生爲姤，一陰生于内則陽氣浮而在外矣。至于十月坤，陰氣雖盛而陽氣未嘗息也，但在外耳，譬之妻雖爲主，而夫未嘗亡，故十一月一陽生，曰剛反，反者言反而歸之于内也。十一月一陽生而復，一陽生于内則陰氣浮而在外矣。至于四月乾，陽氣雖盛而陰氣未嘗息也，但在外耳，譬之夫雖爲主，而妻未嘗亡，故五月一陰復生，天地雖分陰陽，止是一氣，不過一内一外而已。一内一外即一升一沉，一盛一衰，一代一謝也。消息盈虚，循環無端，所以言剥言復。

《彖》曰：復，亨，剛反，動而以順行，是以出入无疾，朋來无咎。反復其道，七日來復，天行也。利有攸往，

剛長也。復，其見天地之心乎。

以卦德、卦體釋卦辭而贊之。剛反對剛長，反者，言剥之剛窮上反下而爲復也。長者，言復之剛自下進上，歷臨泰而至于乾也。以其既去而來反也，故亨。以其既反而長也，故利有攸往。剛反，言方復之初。剛長，言已復之後。行亦動也，言下體雖震動，然上體乃坤順，以順而動，所以出入往來，无疾无咎。天行者，陰陽消息，天運之自然也，故反復其道，七日來復。陽剛用事，君子道長，所以利有攸往。見天地之心者，天地無心，生之不息者，乃其心也。剥落之時，天地之心，幾于滅息矣。今一陽來復，可見天地生物之心，無一息之間斷也。一陽之復在人心，則惻隱羞惡辭讓是非，性善之端也，故六爻以復善爲義。此孔子贊辭言天地間無物可見天地之心，惟此一陽初復，萬物未生，見天地之心，若是三陽發生萬物之後，則天地之心盡散在萬物，不能見矣。天地之心動後方見，聖人之心應事接物方見。

《象》曰：雷在地中，復，先王以至日閉關，商旅不行，后不省方。

先王者，古之先王。后者，今之時王。一陽初復，萬物將發生之時，當上下安静，以養微陽。商旅不行者，下之安静也。后不省方者，上之安静也。人身亦然，《月令》齋戒掩身是也。以卦體論，陰爻貫魚，商旅之象。陽爻横亘于下，閉關之象。陽君不居五而居初，潛居深宫，不省方之象。以卦象論，震爲大塗，中開大路，旅之象。坤爲衆，商旅之象。震綜艮，艮止不行之象。闔户爲坤，閉關之象。坤爲方，方之象。

初九，不遠復，无祇悔，元吉。

不遠者，失之不遠也。祇者，適所以之辭。適者，往也，至也。人有過失，必至徵色發聲而後悔悟，此則困心衡慮者也。惟自此心而失之，又自此心而知之；自此心而知之，又自此心而改之。此則不遠，即復不至于悔者也。○初九一陽初生于下，復之主也。居于事初，其失不遠，故有不遠能復于善、無至于悔之象，本①善而吉之道也。故其占如此。

《象》曰：不遠之復，以修身也。

爲學之道無他，惟知不善則速改以從善而已。復則人欲去而天理還，修身之要，何以加此？

六二，休復，吉。

休者，休而有容也。人之有善，若己有之者也。以其才位皆柔，又變悦體，所以能下其初之賢而復。○六二柔順中正，近于初九，見初九之復而能下之，故有休復之象，吉之道也，故其占如此。

《象》曰：休復之吉，以下仁也。

復初爻本碩果不食，窮上反下，其核又生仁，所以取此仁字，復禮爲仁。初陽復，即復于仁也，故曰以下仁。

六三，頻復，厲无咎。

頻者，數也。三居兩卦之間，一復既盡，一復又來，有頻之象，與頻巽同。頻復者，頻失而頻復也。厲者人心之危也。无咎者，能改過也。不遠之復者，顔子也。頻復則日月一至，諸子也。○六三以陰居陽，不中不正，又處動極，復之不固，故有頻失頻復之象。然當復之時，既失而能知其復，較之迷復者遠矣。故當頻失之時，雖不免危厲，而至于復，則无咎也。其占如此。

《象》曰：頻復之厲，義无咎也。

頻復而又頻失，雖不免于厲，然能改過，是能補過矣。揆之于義，故无咎。

① 本，寶廉堂本作『大』。

六四，中行獨復。

中行者，在中行也。五陰而四居其中，中之象也。凡卦三四皆可言中，益卦三四，皆言中行是也。此爻變震，應爻亦震，震爲足，行之象也。獨復者，不從其類而從陽也，故孔子以從道象之。○六四柔而得正，在群陰之中，而獨能下應于陽剛，故有中行獨復之象。曰獨復，則與休者等矣，蓋二比而四應也。

《象》曰：中行獨復，以從道也。

初之《象》曰以修身也，二曰仁，四曰道。修身以道，修道以仁，仁與道皆修身之事。二比而近，故曰仁。四應而遠，故曰道。《小象》之精極矣。

六五，敦復，无悔。

敦者，厚也。有一毫人欲之雜，非復；有一毫人欲之間，非復。敦復者，信道之篤，執道之堅，不以久暫而或變者也。不遠復者，善心之萌。敦復者，善行之固。无悔者，反身而誠也。敦臨、敦復，皆因坤土。○六五以中德居尊位，當復之時，故有敦厚其復之象。如是則心與理一，無可悔之事矣，故占者无悔。

《象》曰：敦復无悔，中以自考也。

考者，成也。言有中德，自我而成其敦復也，不由于人之意。初乃復之主，二以下仁而成休復，四以從道而成獨復，皆有資于初，以成其復。惟五以中德而自成，不資于初，故曰自。无祇悔者，入德之事。无悔者，成德之事，故曰考。

上六，迷復，凶，有災眚。用行師，終有大敗，以其國君凶，至于十年不克征。

坤爲迷，迷之象也。迷復者，迷其復而不知復也。坤本先迷，今居其極，則迷之甚矣。以者，與也，並及之意。因師敗而並及其君，有傾危之憂也。坤爲衆，師之象也。變艮，大象離，離爲戈兵，衆人以戈兵而震動，行師之象也。國者，坤之象也，詳見謙卦。十者，土數成于十也。不克征者，不能雪其耻也。災眚者，凶也。用師以下則災眚之甚，又凶之大者也。復卦何以言行師？以其敵陽也。剥復相綜，陽初復，陰極盛，正龍戰于野之時，曰終有大敗者，陽上進，知其終之時，必至于夬之无號也。○上六陰柔居復之終，故有迷復之象，占者得此，凶可知矣。是以天災人眚，雜然並至，天下之事無一可爲者。若行師，則喪師辱君，至于十年之久，猶不能雪其耻，其凶如此。

《象》曰：迷復之凶，反君道也。

反君道者，反其五之君道也。六五有中德，敦復无悔，六居坤土之極，又無中順之德，所以反君道而凶。

周易集注卷之六

☳☰震下乾上

无妄者，至誠無虚妄也。《史記》作無所期望。蓋惟本无妄，所以凡事盡其在我，而于吉凶禍福皆委之自然，未嘗有所期望，所以无妄也。以天道言，實理之自然也。以聖人言，實心之自然也。故有正不正之分。蓋震者動也，動以天爲无妄，動以人則妄矣。《序卦》：『復則不妄，故受之以无妄。』所以次復。

无妄，元亨利貞，其匪正有眚，不利有攸往。

惟其无妄，所以不期望。若處心，未免于妄而匪正，則無道以致福而妄欲徼福，非所謂无妄之福；有過以召災而妄欲免①災，非所謂无妄之災。此皆未免容心于禍福之間，非所謂无妄也，豈不有眚？若真實无妄之人，則純乎正理，禍福一付之天而無苟得幸免之心也。

《彖》曰：无妄，剛自外來而爲主于内，動而健，剛中而應，大亨以正，天之命也。其匪正有眚，不利有攸往。无妄之往，何之矣？天命不祐，行矣哉。

本卦綜大畜，二卦同體。文王綜爲一卦，故《雜卦》曰：『大畜時也，无妄災也。』剛自外來者，大

① 免，原作『見』，王校本據史本、朝爽堂本改，從之。

畜上卦之艮來居无妄之下卦而爲震也。剛自外來，作主于内，又性震動，又自外來，則動以人不動以天，非至誠无虚妄矣。所以有人之眚而不利有攸往也。内動而外健，故大亨。剛中而應，故正。天命者，至誠乃天命之實理，反身而誠者也。若自外來，豈得爲天命？

以卦綜、卦德、卦體釋卦辭。言文王卦辭元亨利貞之外，而又言其匪正有眚，不利有攸往者，以剛自外來而爲主于内也。若本卦動而健，以剛中而應柔中，則大亨以正矣。大亨以正，實天之命也。天命實理，無一毫人欲之私，此文王卦辭所以言元亨也。若以外來者爲主，則有人欲之私，非反身而誠，天命之實理即匪正矣。欲，往也，將何之哉？是以天命不祐，有眚而不利也。此所以文王卦辭言元亨而又利貞也。若舊注以剛自外來爲自訟來，則非自外來，乃自内來矣。

《象》曰：天下雷行，物與无妄。先王以茂對時育萬物。

茂者，盛也。物物皆對時而育之，所育者極其盛大，非止一物也，即如雷地豫之殷也。對時者，因雷發生，萬物對其所育之時也，如孟春犧牲毋用牝之類是也。天下雷行，震動發生，一物各具一太極，是物物而與之。无妄者，天道之自然也。茂對時育物，撙節愛養，輔相裁成，使物物各遂其无妄之性者，聖人之當然也。

初九，无妄往，吉。

《爻》與《彖辭》不同者，《爻》以一爻之定體而言，《彖》以全體相綜大畜而言。

九以陽剛之德居无妄之初，有所動，所謂動以天也。且應爻亦剛，無係戀之私，是一感一應，純乎其誠矣，何吉如之。故占者往則吉。

《象》曰：无妄之往，得志也。

誠能動物，何往而不遂其心志。

六二，不耕穫，不菑畬，則利有攸往。

耕者，春耕也。穫者，秋斂也。菑者，田之一歲墾而方成者。畬者，田之三歲墾而已熟者。農家始而耕，終而穫，始而菑，終而畬。不耕穫者，不方耕而即望其穫也。不菑畬者，不方菑而即望成其畬也。耕也，菑也，即明其道也。穫也，畬也，即功也。曰不耕穫，不菑畬，即明其道，不計其功也。觀《小象》未富可見矣。若《程傳》不首造其事，《本義》无所爲于前、無所冀于後，將道理通講空了，乃禪學也。吾儒聖人之學，進德修業，盡其理之當然，窮通得喪，聽其天之自然，修身俟命，此正所謂无妄也。豈一點道理不進，空空寂寂，謂之无妄哉？初爲地位，二爲田，故九二曰見龍在田。震居東，二三皆陰土，水臨土上，春耕之象也。震爲禾稼，中爻艮爲手，禾在手，穫之象也。中爻巽，下卦震，上入下動，菑畬之象也，故禾耨取諸益。

六二柔順中正，當无妄之時，無私意期望之心，故有不耕穫、不菑畬之象。言雖爲于前無所望于後，占者必如此，則利有攸往矣。

《象》曰：不耕穫，未富也。

言未有富之心也。此富字雖曰未有此心，然亦本于象。蓋巽爲市利，小畜上體乃巽，《小象》曰不獨富也。此卦中爻巽曰未富者，未入巽之位也。

六三，无妄之災，或繫之牛，行人之得，邑人之災。

本卦大象離，此爻又變爲離，離爲牛，牛之象也。中爻巽，爲繩，又艮爲鼻，繩繫牛鼻之象也。震爲足，行之象也。三爲人位，人在震之大塗，行人之象也。三居坤土，得稱邑，又居人位，邑人之象也。此爻居震動之極，牛失之象也。又變離錯坎，坎爲盜，亦牛失之象也。或者，設或也，即假如二字。假牛以明无妄之災，乃六三也，即邑人也。○六三陰柔不正，故有此象。言或繫牛于此，乃邑人之牛也。牛有所繫，本不期望其走失，偶脱所繫而爲行人所得。邑人有失牛之災，亦適然不幸耳，非自己有以致之，故爲无妄之災。即象而占可知矣。

《象》曰：行人得牛，邑人災也。

行人得牛而去，邑人不期望其失牛而失牛，故爲无妄之災。

九四，可貞，无咎。

可者，當也。九陽剛健，體其才亦可以有爲者。但下無應與，無所係戀而無妄者也。占者得此，但可守此无妄之正道，即無咎矣。若妄動，又不免有咎①也。

《象》曰：可貞，无咎，固有之也。

固有者，本有也。無應與則無係戀而无妄，則无妄乃九四之本有也。

九五，无妄之疾，勿藥有喜。

五變則中爻成坎，坎爲心病，疾之象也。中爻巽木艮石，藥之象也。中爻巽綜兑，悦喜之象也。意外之變，雖聖人亦不能無，但聖人廓然太公，物來順應，來則照而去不留，無意必固我之私，是以意外之來，猶无妄之疾耳。如舜之有苗，周公之流言，皆无妄之疾也。誕敷文教而有苗格，公孫碩膚，德音不瑕，大舜周公之疾不藥而自愈矣。○九五陽剛中正，以居尊位，而下應亦中正，无妄之至也。如是而猶有疾，乃无妄

① 咎，原作「動」，據寶廉堂本改。

之疾，不當得而得者，故勿藥自愈，其象占如此。

《象》曰：无妄之藥，不可試也。

試者，少嘗之也。无妄之疾勿藥者，以无妄之藥，不可嘗也。若嘗而攻治，則反爲妄而生疾矣。故不可輕試其藥，止可聽其自愈。

上九，无妄，行有眚，无攸利。

下應震足，行之象也。九非有妄，但時位窮極，不可行耳。故其象占如此。

《象》曰：无妄之行，窮之災也。

无妄未有不可行者，以時位耳。與亢龍同，故二《小象》亦同。

䷙乾下艮上

大者，陽也。其卦乾下艮上，以陽畜陽，所畜之力大，非如巽以陰畜陽，所畜之力小，故曰大畜。又有蘊畜之義，又有畜止之義。《序卦》：『有无妄，然後可畜，故受之以大畜。』所以次无妄。

大畜，利貞，不家食，吉，利涉大川。

中爻兑口在外，四近于五之君，當食禄于朝，不家食之象也。何以言食？本卦大象離，故《彖辭》曰輝光日新者，因大象離也。離錯坎，又象頤，有飲食自養之象。因錯坎水，中爻震木，所以有涉大川之象。又本卦錯萃，萃大象坎。若以卦體論，四五中空，有舟象。乾健應四五上進，有舟行而前之象。應乎天者，以卦德論其理也，《彖辭》《爻辭》皆各取義不同。貞者，正也。利于正道，如多識前言往行，以畜其德是也。吉者，吾道之大行也。言所蘊畜者皆正，則畜極而通，當食禄于朝，大有作爲，以濟天下之險也。

《彖》曰：大畜，剛健篤實，輝光日新，其德剛上而尚賢。能止健，大正也。不家食吉，養賢也。利涉大川，應乎天也。

以卦德、卦綜、卦體釋卦名、卦辭。剛健者，内而存主也。篤實者，外而踐履也。剛健無一毫人欲之陰私，篤實無一毫人欲之虚假，則闇然日章，光輝宣著，其德自日新又新，所以積小高大，以成其畜也。名大畜者，以此。剛健乾象，篤實艮象，二體相合離象，故又言輝光日新。剛上者，大畜綜无妄，无妄下卦之震上而爲大畜之艮也，上而爲艮，則陽剛之賢在上矣，是尚其賢也。止健者，止居上，而健居下，禁民之强暴也。此二者皆大正之事，所以利貞。若以止健爲止陽剛君子，則又非大正矣。養賢者，食禄以養賢也。應天者，下應乎乾也。天者，時而已矣。既負藴畜之才，又有乾健之力，所以當乘時而出，以濟天下之險難也。惟剛上，則賢人在上，故能尚賢，故能成艮而止健，故能兑口在外卦而食禄于外，故能六五得中而應乎乾。此四者，皆卦綜剛上之功也。

《象》曰：天在山中，大畜，君子以多識前言往行，以畜其德。

天者一氣而已，氣貫乎地中，天依乎地，地附乎天，雲雷皆自地出。故凡地下空處、深處皆是天，故曰天在山中。多識，即大畜之意，乃知之功夫也。古聖賢之嘉言善行，皆理之所在，皆古人之德也。君子多識之，考迹以觀其用，察言以求其心，則萬理會通于我，而我之德大矣，此君子體大畜之功也。中爻震，足行之象。兑口，言之象。

初九，有厲，利已。已，夷止反。

乾三陽爲艮所畜，故内外之卦，各具其義。内卦受畜，以自止爲義。以陰陽論，若君子受畜于小人也。外卦能畜，以止人爲義。以上下論，若在位之禁止强暴也。《易》主于變易，所以取義不窮。已者，止也。

厲者，不相援而反相擠排，危厲之道也。○初九陽剛，乾體志于必進。然當大畜之時，爲六四所畜止，而不得自伸，故往則有危。惟止則不取禍矣，故教占者必利于止也。

《象》曰：有厲利已，不犯災也。

災即厲也，止而不行，則不犯災矣。

九二，輿説輹。説音脱，輹音服。

乾錯坤爲輿，輿之象也。中爻兑爲毁折，脱輹之象也。輿賴輹以行，脱則止而不行矣。

九二亦爲六五所畜，以有中德，能自止而不進，故有輿説輹之象。占者凡事不冒進，斯無尤矣。

《象》曰：輿説輹，中无尤也。

惟有中德，故無妄進之尤。

九三，良馬逐，利艱貞，曰閑輿衛，利有攸往。

此爻取藴蓄之義。乾爲良馬，良馬之象也。中爻震，爲作足之馬，乾馬在後追逐震馬之象也。兩馬因震動而追逐，遇艮止不得馳上，利艱貞之象也。中爻兑口，乾爲言，曰之象也。乾錯坤，輿之象也。陰爻兩列在前，衛之象也。《考工記》：車有六等，戈也、人也、殳也、戟也、矛也、軫也，皆衛名。良馬逐者，用功如良馬追逐之速也，即九三終日乾乾夕惕若之意。艱者，艱難其思慮，恐其失于太易也。貞者，貞固其作爲，恐其失于助長也。曰者，自嘆之辭。閑者，習也，習其車輿與其防衛也。閑習有優游自得之意。曰閑輿衛者，自嘆其當閑與衛也。言當此大畜之時，爲人所畜止摧抑，果何所事哉。亦惟自閑輿衛，以求往乎天衢耳。輿者任重之物，衛者應變之物。以人事論，君子不當家食，以一身而任天下之重者，輿也。當涉大川，以一身而應天下之變者，衛也。必多識前言往行之理，畜其剛健篤實之德，以德爲車，以樂爲御，忠信以爲甲胄，仁義以爲干櫓，涵養于未用之時，以待時而動，此閑輿衛之意也。閑輿衛又利艱貞之象也，舊注以不相畜而俱進，殊不知卦名大畜，下體非自止，則藴畜也，無進之意。蓋觀童牛之牿則知當有厲利已矣，觀豶豕之牙則知當輿説輹矣，觀何天之衢則知用功當良馬逐矣。所以《小象》言上合志，所以當取藴畜之義。唯藴畜，方能畜極而通，何天之衢。○九三以陽居健極，當大畜之時，正多識前言往行，用功不已之時也，故有良馬追逐之象。然猶恐其過剛鋭進，惟當艱貞，從容以待時，故又有曰閑輿衛之象。如是自然畜極而通，利有攸往矣。故教戒占者，必當如此。

《象》曰：利有攸往，上合志也。

上合志者，謂上九之志與之相合也，三與上九，情雖不相孚，然皆居二體之上，其志皆欲畜極而通，應與之志相合，所以利有攸往。

六四，童牛之牿，元吉。

童者，未角之稱。牿者，施横木于牛角，以防其觸，即《詩》所謂楅①衡者也。此爻變離，離爲牛，牛之象也。艮本少又應初，童牛之象也。變離錯坎，牿之象也。艮手，中爻震木，手持木而施之角，亦牿之象也。○六四艮體居上，當畜乾之時，與初相應，畜初者也。初以陽剛居卦之下，其勢甚微，于此止之，爲力甚易，故有牿童牛之象。占者如此，則止惡于未形，用力少而成功多，大善而吉之道也，故元吉。

《象》曰：六四元吉，有喜也。

上不勞于禁制，下不傷于刑誅，故可喜。四正當兑口之悦，喜之象也。

① 楅，原作『福』，據寶廉堂本及《詩·閟宫》改。

六五，豶豕之牙，吉。豶音焚。

本卦大象離，離錯坎，豕之象也。五變中爻又成離矣。豶者，犗也，騰也，乃走豕也，與童牛之梏一句同例。童字與豶字同，梏字與牙字同。中爻震足性動，豶之象也。牙者，《埤雅》云以杙繫豕也，乃杙牙，非齒牙也。杜詩凫雛入槳牙，坡詩置酒看君中戟牙，荆公槎牙死樹鳴老烏，《阿房賦》簷牙高啄，又將軍之旗曰牙，立于帳前，謂之牙帳。《考工記・輪人》牙也者，所以爲固抱也。所以蜀人呼棹牙、欃牙、床牙，則牙字古今通用，非齒牙也。《詩》：椓之丁丁。丁丁，杙聲也。以木入土，所以有聲也。今船家繫纜樁謂之橜①，亦曰杙，牙者，樁上杈牙也，蓋以絲繫矢曰弋，故從弋，所以繩繫木曰杙。變巽爲繩，繫之象也。巽木，杙之象也。言以繩繫走豕于杙牙也。舊注，因宫刑或曰犗刑，遂以爲去其勢，但天下無噛人之豕，所以此豶字止有騰字意，無犗字意，牛馬豕皆人之所畜者，故大畜並言之。〇六五，以柔中居尊位，當畜乾之時，畜乎其二者也，故有豶豕之牙之象，占者如此，則强暴梗化者，自屈服矣，故吉。

《象》曰：六五之吉，有慶也。

慶即喜，但五君位，所畜者大，故曰慶，即一人有慶也。

上九，何天之衢，亨。

此畜極而通之義。何，胡可切，音荷，儋也，負也。儋即擔字，楊子儋石是也。《詩》何蓑何笠，皆音荷，《靈光賦》荷天衢以元亨，《莊子》背負青天，皆此意。鄭康成亦言肩荷是也。上陽一畫象擔，二陰垂彈于兩邊，有擔挑之象，言一擔挑起天衢也，即陳白沙所謂明月清風作兩頭，一挑挑到魯尼丘也。因卦

① 橜，寶廉堂本作『㯿』。

體取此象，無此實事，金車玉鉉之類是也。上爲天位，天之象也。四達謂之衢，艮綜震爲大塗，衢之象也。以人事論，天衢乃朝廷政事之大道也。觀《小象》曰道大行可知矣。

畜之既久，其道大行。正不家食，擔負廟廊之重任。涉大川，擔當國家之險阻，此其時矣，故有何天衢之象。占者得此，亨可知矣。

《象》曰：何天之衢，道大行也。

道大行者，不家食，涉大川，無往而莫非亨也。道字即衢字。

䷚震下艮上

頤，口旁也。口食物以自養，故取養義。爲卦上下二陽，内含四陰，外實内虚，上止下動，故名爲頤。《序卦》：『物畜然後可養，故受之以頤。』所以次大畜。

頤，貞吉，觀頤，自求口實。

本卦大象離目，觀之象也。陽實陰虚，實者養人，虚者求人之養。自求口實者，自求養于陽之實也。震不求艮，艮不求震，惟自求同體之陽，故曰自求。爻辭見之。

《彖》曰：頤，貞吉，養正則吉也。觀頤，觀其所養也。自求口實，觀其自養也。天地養萬物，聖人養賢以及萬民，頤之時大矣哉。

釋卦辭，極言養道而贊之。觀其所養者，觀其所以養人之道正不正也，指上下二陽也。觀其自養者，觀其求口實以自養之正不正也，指中間四陰也。本卦頤，原從口，無養德之意，惟頤養得正，則養德即在其中矣。不但養、人自養，以至天地聖人養萬物、養萬民，無非養之所在，故曰頤之時大矣哉。與大過、解、革同。

《象》曰：山下有雷，頤，君子以慎言語，節飲食。

帝出乎震，萬物得養而生。成言乎艮，萬物得養而成。君子慎言語以養其德，節飲食以養其體，言語飲食，動之象；慎也，節也，止之象。此處方説出養德。

初九，舍爾靈龜，觀我朵頤，凶。舍，音捨。

大象離，龜之象也。應爻艮止中空，靈龜止而不食，服氣空腹之象也。朵者，垂朵也。震反生，朵之象也。垂下其頤以垂涎，乃欲食之貌也。爾者，四也。我者，初也。靈龜以静止爲養，朵頤以震動爲養，故爾四而我初。大象離目，又觀之象也。

初九陽剛乃養人者也，但其位卑下，不能養人及民，又乃動體，當頤養之初，正上止下動之時，惟知有口體之欲，舍六四而不養，故有舍爾靈龜，觀我朵頤之象。飲食人賤，凶之道也。故其占如此。

《象》曰：觀我朵頤，亦不足貴也。

飲食之人，則人賤之，故不足貴。

六二，顛頤，拂經，于丘頤，征凶。

顛者，頂也，指外卦也。拂者，除也，去也，違悖之意。諸爻皆求養于同體之陽，不從應與，故有顛拂之象。顛頤者，求養于上也。拂經者，違悖養于同體之常經也。山阜曰丘，土之高者，艮之象也。于丘頤者，求養于外，即顛頤也。凶者，求食于權門，必見拒而取羞也。

六二陰柔，不能自養，必待養于陽剛。然震性妄動，不求養于初，而求養于外，則違養道之常理而行失其類矣。故教占者當求養于初。若于丘頤，不惟不得其養，而往則凶也。故其象占如此。

《象》曰：六二征凶，行失類也。

養道各從其類，二三養于初，四五養于上，今二顛頤，往失其類矣，故曰失類。曰行者，震足之象也。

六三，拂頤，貞凶。十年勿用，无攸利。

拂頤者，違拂所養之道，不求養于初，而求養于上之正應也。貞者，正也。上乃正應，亦非不正也。十年者，中爻坤，土之成數也。勿用者，不得用其養也。口容止所以下三爻養于動者，皆凶。上三爻養于止者，皆吉。○六三陰柔，不中正，本乃動體，至三則動極而妄動矣，故有拂頤之象。占者得此，雖正亦凶。至于十年之久，理極數窮，亦不可往，其凶至此。

《象》曰：十年勿用，道大悖也。

震爲大塗，道之象也。大悖即拂頤。

六四，顛頤，吉，虎視眈眈，其欲逐逐，无咎。眈，都含切。

顛者，頂也，與六二同。顛頤者，求養于上也。吉者，得養道之常經也。艮爲虎，虎之象也。天下之物，自養于内者莫如龜，求養于外者莫如虎。龜自養于内，内卦初舍之，故凶。虎求養于外，外卦上施之，故吉。爻辭之精至此。眈者，視近而志遠也。變離目，視之象也。應爻初爲地位，虎行垂首，下視于地，視近也。而心志乃求養于天位之上，志遠也，故以眈字言之。視下卦，眈也。志上卦，眈也。故曰眈眈。陰者，人欲之象也。下卦二陰，欲也；上卦二陰，欲也。人欲重疊，追逐而來，故曰逐逐。眈者，四求養于上也。逐者，上施養于四也。○六四當頤養之時，求養于上，故有顛頤之象，吉之道也。故占者吉。然四求養于上，上施養于四。四得所養矣，故又有視眈欲逐之象。以求養而得逐逐之欲，似有過咎矣。然養得其正，故占者不惟吉，而又无咎也。

《象》曰：顛頤之吉，上施光也。 施，去聲。

施者，及也，布散惠與之義，詳見乾卦雲行雨施，言上養及于四也。光者，艮篤實光輝，其道光明也。變離日，亦光之象也。

六五，拂經，居貞吉，不可涉大川。

拂經者，五與內卦爲正應，亦如二之求養于上，違悖養于同體之常道也，故二五皆言拂經。居者靜以守之也，貞者求養于同體之陽，乃任賢養民之正道也。吉者，恩不自出而又①能養人也。不可涉大川者，言不可自用以濟人也。涉川必乾剛，五柔，故不可涉。○六五居尊，能自養人者也。但陰柔不正，無養人之才，又與內卦爲正應，故亦有拂經之象。然養賢及民，君道之正，故教占者順以從上，守此正道則吉，不可不量己之力而當濟人之任也。

《象》曰：居貞之吉，順以從上也。

中爻坤順，故曰順。言順從上而養人也。

上九，由頤，厲，吉，利涉大川。

由者，從也。九以陽剛居上位，是天下之養皆從上九以養之也。厲者，上而知君賴我以養也，則恐專權僭逼，而此心無一事之或忽。下而知民由我以養也，則常握髮吐哺而此心無一時之或寧。此上九之所謂厲也。故戒之以厲，而後許之以吉也。凡《易》言涉大川，取乾者，以卦德也。以乾天下至健，德行恒易，以知險也。需、同人、大畜是也。取水木者，以卦體也。渙、蠱、未濟、謙，或取中爻，或取卦變是也。取

① 文，原作『能』，據寶廉堂本改。

中虚者，以卦象也。益、中孚、頤是也。五不可涉大川，上九利涉大川，方見五賴上九以養人。

上九以陽剛之德居尊位，六五賴其賢以養人，故有由頤之象。然位高任重，必厲而後吉，即天下有險阻亦可以濟之而不失其養也。其占又如此。

《象》曰：由頤厲吉，大有慶也。

得所養下之慶，亦君上之慶，故大。

☱☴巽下兑上

大過，大者，陽也，陽過于陰也。乾坤也，坎離也，山雷也，澤風也，此八卦也。乾與坤錯，坎與離錯，澤風與山雷相錯，風澤與雷山相錯，六十四卦惟此八卦相錯，其餘皆相綜。澤本潤木之物，今乃滅没其木，是大過矣。又四陽居中過盛，此所以名大過也。不然，四陽之卦亦多，何以不名過？因其居中相聚而盛，所以得名也。《序卦》：『頤者養也，不養則不可動，故受之以大過。』所以次頤。

大過，棟橈。利有攸往，亨。 橈，乃教反。

梁上屋脊之木曰棟，所以乘椽瓦者也。木曲曰橈，本末弱而棟不正，有如水之曲也。椽垂䙕以漸而下曰宇，此卦大象坎，坎爲棟，坎主險陷，橈之象也。又爲矯輮，亦橈曲之象也。若以理論，本弱則無所承，末弱則無所寄附。此卦上缺下短，亦有橈之象。既棟橈矣，而又利有攸往，何也？蓋橈以成卦之象言，利有攸往亨則以卦體、卦德之占言。

《彖》曰：大過，大者過也。棟橈，本末弱也。剛過而中，巽而説行，利有攸往，乃亨。大過之時大矣哉。

説，音悦。

以卦體、卦德釋卦名、卦辭而嘆其大。陽大陰小，本卦大者過，故名大過。本謂初，末謂上，弱者陰柔也。古人作字，本末皆從木來，木下加一畫陽，取根株回煖，故爲本。木上加一畫陽，取枝葉向榮，故爲末。剛過者，四陽也。而中者，二五也。雖三四，亦可言中，故復卦四曰中行要，益卦三四皆曰中行也。巽而悦行者，内巽而外行之以悦也。若以人事論，體質本是剛毅，足以奮發有爲而又用之以中，不遇于剛。德性本是巽順，足以深入乎義理，而又行之以和，不拂乎人情，所以利有攸往乃亨。大過之時者，言人于大過之時，行大過之事，適其時，當其事也。如堯舜禪受，湯武放伐，雖過其事而不過乎理是也。蓋無其時不可過，有其時無其才亦不可過，故嘆其大，與頤、解①、革同。

《象》曰：澤滅木，大過。君子以獨立不懼，遯世无悶。

上一句大過之象，下二句大過之行，非達則不懼，窮則无悶也。窮亦有獨立不懼之時，不懼者不求同俗，而求同理，天下非之而不顧也。无悶者，不求人知而求天知，舉世不見知而不悔也。此必有大過人學問，義理見得明，有大過人操守，脚根立得定，方幹得此事。

初六，藉用白茅，无咎。

藉者，薦也，承薦其物也。因上承四剛，故曰藉。茅者，草也。巽陰木爲茅，故泰卦變巽曰茅，否卦大象巽亦曰茅。巽爲白，白茅之象也。无咎者，敬慎不敗也。〇初六②當大過之時，陰柔已能慎矣。又居巽體之下，則慎而又慎者也。亦如物，不錯諸地而有所藉，可謂慎矣。而又藉之以茅，茅又用夫白，白則至潔

① 解，原作『改』，據寶廉堂本改。
② 六，原作『九』，然本卦初爻爲⚋，徑改。

之物矣，是慎之大過者也。故有此象。然慎雖大過，以其居大過之初，雖大過而不過，故占①者无咎。

《象》曰：藉用白茅，柔在下也。

陰柔居巽之下。

九二，枯楊生稊，老夫得其女妻，无不利。

巽爲楊，楊之象也。木生于澤下者，楊獨多，故取此象。楊乃木之弱者，四陽之剛皆同爲木，但二五近，本末之弱，故以楊言。曰枯者，取大過乎時之義，故二五皆言枯也。至三四則成乾之堅剛，故言棟。稊，木稚也。二得陰在下，故言生稊。稊者，下之根生也。五得陰在上，故言生華。生華者，上之枝生也。根生則生生不息，枝生則無生意矣。下卦巽錯震，長男也。老夫之象，故稱老夫。老夫者，再娶女之夫也。應爻兑，兑乃少女也。女妻之象，故稱女妻。女妻者，未嫁而幼者也。九五兑錯艮，少男也。士夫之象，故稱士夫。士夫乃未娶者。應爻巽爲長女，老婦之象也，故稱老婦。老婦者，已嫁而老者也。周公爻辭，其精至此，舊注不知象，以二五皆比于陰，殊不知九二下卦反稱老夫，九五上卦反稱士夫，近初者言老，近上者言少，説不通矣。

九二陽剛得中，當大過之時而應于少女，故取諸物，有枯楊生稊，取諸身有老夫得其女妻之象，可以成生育之功矣。故占者无不利。

《象》曰：老夫女妻，過以相與也。

① 占，原作『古』，據寶廉堂本改。

此慶幸之辭。言陽方大過之始，得少陰以之相與，則剛柔相濟，過而不過，可以成生育之功矣。故占者无不利。

九三，棟橈，凶。

變坎爲棟，又木堅多心，棟之象也。因坎，三四皆以棟言；因巽，二五皆以楊言。文王棟橈本末皆弱，周公棟橈因初之弱。

九三居内卦，下陰虛弱，下虛弱則上不正，故有棟橈之象。占者之凶，可知矣。

《象》曰：棟橈之凶，不可以有輔也。

同體之初，虛弱無輔助也。

九四，棟隆，吉，有它吝。

變坎，亦有棟象。隆者，隆然而高起也。它者，初也。三四皆棟，四居外卦，陰虛在上，非如三之陰虛在下也。上虛下實，則有所承載，故有棟隆之象。占者固吉矣。然下應乎初，若以柔濟之，則過于柔矣。其棟決不能隆，吝之道也。故又戒占者以此。

《象》曰：棟隆之吉，不橈乎下也。

因外卦虛在上，實在下，所以不橈，故曰不橈乎下也。不可以有輔者，下虛故也。不橈乎下者，下實故也。

九五，枯楊生華，老婦得其士夫，无咎无譽。

兑綜巽，又楊之象也。生華者，楊開花則散漫，終無益于枯也。老婦士夫，詳見九二爻下。

九五以陽剛應乎過極之長女，乃時之大過而不能生育者也，故有枯楊生華，老婦得其士夫之象。占者得此，揆之于理，雖無罪咎，而老婦反得士夫，亦非配合之美矣，安得又有譽哉。故其象占如此。

《象》曰：枯楊生華，何可久也？老婦士夫，亦可醜也。

何可久，言終散漫。亦可醜，言非配合。言且不惟不能成生育之功，而配合非宜，亦可醜也。

上六，過涉滅頂，凶，无咎。

頂者，首也。變乾爲首，頂之象也。當過之時，遇兑澤之水，過涉之象也。澤水在首，滅没其頂之象也。以二陰爻論之，初藉用白茅，大過于慎者也。以其居卦之初，故不凶而无咎。上過涉滅頂，大過于濟者也。以其居卦之終，故有凶而无咎。

上六處大過已極之時，勇于必濟，有冒險過涉之象。然才弱不能以濟，故又有滅頂之象。過涉滅頂，必殺身矣，故占者必凶。然不避艱險，慷慨赴死，殺身成仁之事也，故其義无咎。

《象》曰：過涉之凶，不可咎也。

无咎者，上六本无咎也。不可咎者，人不得而咎之也。以人事論，過涉之凶，雖不量其淺深以取禍，然有死難之節而無苟免之羞，論其心不論其功，論是非不論利害，人惡得而咎之？

☵坎下坎上

習，重習也。坎，坎陷也。其卦一陽陷于二陰之中，此坎陷之義也。坎爲水者，四陰，土坎也。二陽，坎中之水也。天一生水，所以象水也。上坎下坎，故曰重險。《序卦》：『物不可以終過，故受之以坎。』

所以次大過。

習坎，有孚，維心亨，行有尚。

維者，繫也。尚者，有功可嘉尚也。身在坎中，所可自主者，獨此心耳。人之處險，占得此者，能誠信以維係于其心，安于義命而不僥倖苟免，則此心有主，利害禍福不能摇動，是以脱然無累而心亨矣。由是洞察時勢，惟取必于理而行之，故可出險有功，所以行有尚。九二、九五中實有孚之象，陷于坎中而剛中之德自若，維心亨之象。

《彖》曰：習坎，重險也。水流而不盈，行險而不失其信。維心亨，乃以剛中也。行有尚，往有功也。天險不可升也，地險山川丘陵也，王公設險以守其國，險之時用大矣哉。

以卦象、卦德、卦體釋卦名、卦辭而極言之。上險下險，故曰習坎。水流不盈者，足此通彼，未嘗泛濫而盈滿也。行險即水流，以其專赴于壑，故曰行險。行此險陷，未嘗失其不盈之信，是天下之有孚者莫過于水矣。故教占者有孚。剛中者，二五陽剛在内，則以理爲主，光明正大而無一毫行險僥倖之私，所以亨也。故蒙卦比卦皆坎，皆曰以剛中，心亨，則洞見乎事機之變，自可以拯溺亨屯，出險而有功也。蓋存主乎内者，理不足以勝私，則推行于外者，誠必不能動物，故剛中則心亨，心亨則往有功而出險矣。此内外功效之自然也。天險者，無形之險也。地險者，有形之險也。設者，置也。設險者，置險也，無形而欲其有形也。大而京師都會，則披山帶河，據其形勝以爲險也。小而一郡一邑，則築城鑿池，據其高深以爲險也。此則在人之險，因無形而成有形，欲其與天地同其險者也。坎，月之象，錯離，日之象，中爻震，雷之象，錯巽，風之象。日月風雷，故曰天險。不然天蒼然而已，何處有險？因卦中有天象，所以言天險也。四坤土，地之象也。中爻艮土，山丘陵之象也。本卦坎，川之象也。九五居尊，王公之象也。中爻艮止，守之象也。坤土中空，國之象也。故益卦三陽三陰而曰爲依遷國。時用者，時有用也。險之爲用，上極于天，下極于地，中極于人，故以大矣哉贊之。與睽、蹇同。

《象》曰：水洊至，習坎。君子以常德行，習教事。行，下孟反。

洊，再至也。下坎，内水之方至也。上坎，外水之洊至也。水洊習則恒久而不已，是天下之有恒者，莫如水也。君子體之，常德行者，以此進德也。習教事者，以此教民也。德行常則德可久，教事習則教不倦。

初六，習坎，入于坎窞，凶。

窞者，坎中小坎傍入者也。水性本下而又居卦之下，坎體本陷而又入于窞，則陷中之陷矣。

初六陰柔，居重險之下，其陷益深，故有在習坎而又入坎窞之象。占者如是，則終于淪没而無出險之期，凶可知矣。

《象》曰：習坎入坎，失道凶也。

剛中維心孚，出險之道也。今陰居重險之下，則與剛中維心孚相反，失出險之道矣，所以凶。

九二，坎，有險，求小得。

曰有險，則止于有險而已，非初與三入坎窞之甚矣。中爻震錯巽，巽爲近市利，求得之象也。故隨卦中爻巽亦曰隨有求得。變坤，陽大陰小，求小得之象也。

九二處于險中，欲出險而未能，故爲坎有險之象。然剛雖得中，雖亦有孚維心，但在險中，僅可求小得而已，若出險之大事，則未能矣。故其象占如此。

《象》曰：求小得，未出中也。

未出險中。

六三，來之坎坎，險且枕，入于坎窞，勿用。

之者，往也。來之者，來往也。內外皆坎，來往之象也。下坎終而上坎繼，坎坎之象也，故乾九三曰乾乾。中爻震木横于內，而艮止不動，枕之象也。險且枕者，言面臨乎險而頭枕乎險也。初與三皆入坎窞而二止言有險者，二中而初與三不中正也。勿用者，言終無出險之功，無所用也。○六三陰柔又不中正，而履重險之間，故其來也亦坎，往也亦坎。蓋往則上坎在前，是前遇乎①險矣，來則下坎在後，是後又枕乎險矣。前後皆險，將入于坎之窞而不能復出，故有此象。占者得此，勿用可知矣。

《象》曰：來之坎坎，終无功也。

處險者，以出險爲功，故曰終无功，與往有功相反。

六四，樽酒句，**簋貳**句，**用缶**句，**納約自牖，終无咎。**

四變，中爻離巽，巽木離中虛，樽之象也。坎水，酒之象也。中爻震竹，簋乃竹器，簋之象也。缶，瓦器所以盛酒漿者。比卦坤土中虛，初變震，有離象，故曰缶。離卦鼓缶，此變離，故曰缶。《漢書》：擊缶而歌烏烏。貳者，副也。言樽酒而簋，即副之也。言一樽之酒，貳簋之食，樂用瓦缶，皆菲薄至約之物也。納約自牖者，自進于牖下，陳列此至約之物而納進之也。在墻曰牖，在屋曰囱。牖乃受明之處，變離，牖之象也。此與遇主于巷同意，皆其坎陷艱難之時，故不由正道也。蓋樽酒簋貳用缶，見無繁文之設。納約曰自，見無儐介之儀。世故多艱，非但君擇臣，臣亦擇君，所以進麥飯者不以爲簡，而雪夜幸其家，以嫂呼臣

① 乎，原作『下』，據寶廉堂本改。

妻者，不以爲瀆也。修邊幅之公孫述，宜乎爲井底蛙矣。

六四柔順得正，當國家險難之時，近九五剛中之君，剛柔相濟，其勢易合，故有簡約相見之象。占者如此，庶能共謀出險之計。始雖險陷，終得无咎矣。

《象》曰：樽酒簋貳，剛柔際也。

剛，五；柔，四。際者，相接際也。五思出險而下求，四思出險而上交。此其情易合，而禮薄亦可以自通也。

九五，坎不盈，祗既平，无咎。祗作坻。

祗，水中小渚也。《詩》宛在水中坻是也。坎不盈者，水猶不盈滿，尚有坎也。平者，水盈而平也。坻既平則將盈而出險矣。坎不盈者，見在之辭。坻既平者，逆料之辭。言一時雖未平，將來必平也。无咎者，出險而太平也。

九五猶在險中，以地位言，故有坎不盈之象。然陽剛中正，其上止有一陰，計其時亦將出險矣，故又有坻既平之象。若未平，未免有咎，既平則无咎矣。故占者无咎也。

《象》曰：坎不盈，中未大也。

中者，中德也。未大者，時也。中德雖具，而值時之艱，未大其顯施而出險也。

上六，係用徽纆，寘于叢棘，三歲不得，凶。纆，音墨。

係，縛也。徽、纆皆索名。三股曰徽，二股曰纆。此爻變巽，其爲繩，又爲長，徽纆之象也。寘者，置也，囚禁之意。坎爲叢棘，叢棘之象也。今之法門，囚罪人之處，以棘刺圍墻是也。言縛之以徽纆，而又囚之于叢棘之中也。三歲不得者，言時之久而不得脱離也。坎錯離，三之象也。

上六以陰柔居險之極，所陷益深，終無出險之期，故有此象。占者如此，死亡之禍不能免矣，故凶。

《象》曰：上六失道，凶三歲也。

道者，濟險之道，即有孚維心以剛中也。今陰柔失此道，所以有三歲不得之凶。

䷝離下離上

離者，麗也，明也。一陰附麗于上下之陽，麗之義也。中虛，明之義也。離爲火，火無常形，附物而明，邵子所謂火用以薪傳是也。《序卦》：『坎者陷也，陷必有所麗，故受之以離。』火中虛而暗，以其陰也。水中實而明，以其陽也。有明必有暗，有晝必有夜，理之常也，所以次坎。

離，利貞亨，畜牝牛，吉。

六二居下離之中則正，六五居上離之中則不正，故利于正而後亨。牛，順物，牝牛則順之至也。畜牝牛者，養順德也。養順德于中者，正所以消其炎上之燥性也，故吉。

《彖》曰：離，麗也。日月麗乎天，百穀草木麗乎土，重明以麗乎正，乃化成天下。柔麗乎中正，故亨，是以畜牝牛吉也。

釋卦名義並卦辭。五爲天位，故上離有日月麗天之象，此以氣麗氣者也。二爲地位，故下離有百穀草木麗土之象，此以形麗形者也。離附物，故有氣有形。重明者，上離明，下離明也。上下君臣皆麗乎正，則可以化成天下，而成文明之俗矣。柔麗乎中正者，分言之，六五麗乎中，六二麗乎中正也；總言之，柔皆麗乎中正也。惟其中正，所以利貞而後亨。惟柔中正而後亨，所以當畜牝牛，養其柔順中正之德，而後吉也。

《象》曰：明兩作，離，大人以繼明照于四方。

作者，起也。兩作者，一明而兩作也。言今日明，明日又明也，繼明如云聖繼聖也。以人事論，乃日新又新，緝熙不已也。照于四方者，光被四表也。大人以德言則聖人，以位言則王者。其所謂明者，内而一心，外而應事接物，皆明也。是以達事理，辨民情，天下之邪正得失皆得而見之，不必以察爲明，而明照于四方矣。重明者，上下明也。繼明者，前後明也。《彖》言二五君臣，故以重明言之。《象》言明兩作，皆君也，故以繼明言之。

初九，履錯然，敬之，无咎。

履者，行也，進也。錯者，雜也，交錯也。《詩》傳云：東西爲交，邪行爲錯。本爻陽剛，陽性上進。本卦離火，火性炎上，皆有行之之象，故曰履。又變艮，綜震足，亦履之象也。艮爲徑路，交錯之象也。然者，助語辭。錯然者，剛則躁，明則察，二者交錯于胸中，未免東馳西走，惟敬以直内，則安静而不躁妄，主一而不過察，則敬者醫錯之藥也，故无咎。无咎者，剛非躁，明非察也。

初九以剛居下，而處明體，剛明交錯，故有履錯然之象，惟敬則无此咎矣，故教占者以此。

《象》曰：履錯之敬，以辟咎也。辟，音避。

避者，迴也，敬則履錯之咎，皆迴避矣。

六二，黄離，元吉。

黄，中色，坤爲黄，離中爻乃坤土，黄之象也。離者，附麗也，黄離者，言麗乎中也，即柔麗乎中正也。以人事論，乃順以存心，而不邪側。順以處事，而不偏倚是也。吉者，無所處而不當也。八卦正位，離在二，故元吉。

六二柔麗乎中，而得其正，故有黄離之象。占者得此，大吉之道也，故元吉。

《象》曰：黄離元吉，得中道也。

得中道以成中德，所以凡事無過不及而元吉。

九三，日昃之離，不鼓缶而歌，則大耋之嗟，凶。

變震爲鼓，鼓之象也。離爲大腹，又中虛，缶之象也。中爻兑口，歌與嗟之象也。缶乃常用之物，鼓缶者，樂其常也。凡人歌樂必用鐘鼓琴瑟，則非樂其常矣。若王羲之所謂年在桑榆，賴絲竹陶寫，即非樂其常矣。蓋絲竹乃富貴所用之物，貧賤無絲竹者，將何陶寫哉？故鼓缶而歌者，即席前所見之物以鼓之，乃安其常也。人壽八十曰耋，喜則歌，憂則嗟，嗟者歌之反。

重離之間，前明將盡，後明當繼之時也，故有日昃之象。然盛衰倚伏，天運之常，人生至此，樂天知命，鼓缶而歌，以安其日用之常分可也。此則達者之事，若不能安常以自樂，徒戚戚于大耋之嗟，則非爲無益，適自速其死矣，何凶如之。故又戒占者，不當如此。

《象》曰：日昃之離，何可久也。

日既傾昃，明豈能久。

九四，突如其來如，焚如，死如，棄如。

突者，竈突也。離中虛，竈突之象也。突如其來如者，下體之火，如竈突而炎上也。火性炎上，三之舊火既上于四，而不能回于其三，四之新火又發，五得中居尊，四之火又不敢犯乎其五，上下兩無所容，則火止于四而已，故必至于焚如死如，成灰棄如，而後已也。如者，助語辭。此爻暴秦似之。秦法如火，始皇舊火也，二世新火也，故至死棄而後已。坎性下，三在下卦之上，故曰來，此來而下者也。火性上，四在上卦之下，故曰來，此來而上者也。來而下，必至坎窞而後已。來而上，必至死棄而後已。

四不中正，當兩火交相接之時，不能容于其中，故有此象，占者之凶可知矣。

《象》曰：突如其來如，无所容也。

三炎上而不能反，三不能容也。五中尊而不敢犯，五不能容也。

六五，出涕沱若，戚嗟若，吉。

涕，沱貌。離錯坎，涕若之象也。又加憂，戚之象也。中爻兑口，嗟之象也。出涕沱若者，憂懼之徵于色也。戚嗟若者，憂懼之發于聲也。二五皆以柔麗乎剛，二之辭安，五之辭危者，二中正，五不正故也。六五以柔居尊而守中，有文明之德，然附麗于强剛之間，若不恃其文明與其中德，能憂懼如此，然後能吉。戒占者當如此。

《象》曰：六五之吉，離王公也。 離，音麗。

王指五，公指上九。離王公者，言附麗于王之公也。王與公相麗，陰陽相資，故吉。不言四者，四無所容，而上九能正邦也。

上九：王用出征有嘉句，**折首**句，**獲匪其醜，无咎。**

王指五，離爲日，王之象也。用者，用上九也，五附麗于上九，用之之象也。有嘉者，嘉上九也，即王三錫命也。折首獲匪其醜，即可嘉之事也。離爲戈兵，變爲震動，戈兵震動，出征之象也。王用上九專征，可謂寵之至矣。爲上九者，若不分其首，從而俱戮之，是火炎崑岡，安得可嘉哉？又安得无咎哉。折首者，折取其魁首，即殲①厥渠魁也。獲匪其醜者，執獲不及其小醜，即脅從罔治也。乾爲首，首象陽，醜象陰。明

① 殲，原作「殱」，據寶廉堂本改。

夷外卦錯乾，故曰大首。本爻乾陽，且離爲上稿，折其首之象也。本卦陽多陰少，陰乃二五，君臣無群小之醜，獲匪其醜之象也。无咎者，勇足以折首，而仁及于小醜也。王用出征有嘉一句，折首一句，獲匪其醜一句。○上九，以陽剛之才，故有王用出征有嘉之象。又當至明之極，首從畢照，故又有出征惟折其首，不及于醜之象，乃无咎之道也，故其象占如此。

《象》曰：王用出征，以正邦也。

征之爲言正也，寇賊亂邦，故正之。

周易集注卷之七

周易下經

䷞艮下兑上

咸者，感也，不曰感者，咸有皆義，男女皆相感也。艮爲少男，兑爲少女，男女相感之深，莫如少者。蓋艮止則感之專，兑悦則應之至，此咸之義也。《序卦》：『有天地』至『然後禮義有所錯』。天地，萬物之本；男女，人倫之始。上經首乾坤者，天地定位也。下經首咸恒者，山澤通氣也。位欲其對待而分，《繫辭》『天地定位』一條是也，故天地分爲二卦。氣欲其流行而合，《繫辭》『剛柔相摩』一條是也，故山澤合爲一卦。

咸，亨，利貞，取女吉。 取，七具①反。

彖辭明。蓋八卦正位，艮在三，兑在六。艮屬陽，三則以陽居陽。兑屬陰，六則以陰居陰。三爲艮之

① 具，原作『貝』，據寶廉堂本改。

主，六爲兑之主。男女皆得其正，所以亨貞吉。

《象》曰：咸，感也。柔上而剛下，二氣感應以相與。止而説，男下女，是以亨利貞，取女吉也。天地感而萬物化生，聖人感人心而天下和平，觀其所感，而天地萬物之情可見矣。

釋卦名義，又以卦綜、卦德、卦象釋卦辭而極言之。感者，感而應也，無應不爲感矣。本卦二體，初陰四陽，二陰五陽，三陽六陰，皆陽感而陰應，陰感而陽應，故曰感也，取其交相感之義也。凡天下之事，無心以感之者寂也，不能感也。有心以感之者私也，非所感也。惟心雖感之，而感之至公，無所容心于其間，則無所不感矣。故卦去其心，而象加其心。柔上而剛下者，本卦綜恒，二卦同體，文王綜爲一卦，故《雜卦》曰：『咸①，速也，恒，久也。』柔上者，恒下卦之巽，上而爲咸之兑也。剛下者，恒上卦之震，下而爲咸之艮也。二氣者，山澤之氣也。因二氣剛柔，一上一下，剛感而柔應之，柔感而剛應之，即山澤之通氣也。故恒卦亦曰上下相與也，此感之所以亨也。止而説者，人心之説，易失其正，惟止而説，則無徇情縱欲之私，此所以利貞也。男下女者，以艮之少男，下于兑之少女也。凡婚姻之道，無女先男者，必女守貞静，男先下之，則爲得男女之正，此所以取女吉也。化者氣化，生者形生，萬物化生者，天地以氣感萬物，而萬物無不通也。和者無乖戾，平者無反側。聖人以德感天下，而天下無不通也。觀其所感者，由感通之道引而伸之也。寂然不動者性，感而遂通者情。天地萬物之情可見者，見天地萬物之情，不過此感通也。

《象》曰：山上有澤，咸，君子以虚受人。

澤性潤下，土性受潤。澤之潤，有以感乎山。山之虚，有以受乎澤，咸之象也。虚者未有私以實之也，

① 咸，原作『感』，據寶廉堂本改。

受者受人之善也。人之一心，寂然不動，感而遂通者，虚故也。中無私主，則無感不通。聞一善言，見一善行，沛然若決江河矣。苟有私意以實之，如有所好樂，是喜之私實于中矣，有所忿懥，是怒之私實于中矣。既有私意，則先入者爲主，而感通之機窒，雖有至者，將拒而不受矣。故山以虚則能受澤，心以虚則能受人。

初六，咸其拇。 拇，茂后反。

拇，足大指也。艮綜震，足之象也，故以拇言之。以理論，初在下亦拇之象。咸其拇，猶言咸以其拇也。拇豈能感人，特以人身形體上下之位，象所感之淺深耳。六爻皆然。○初六陰柔，又居在下，當感人之時，志雖在外，然九四説之，初六止之，特有感人之心，而無感人之事，故有咸其拇之象，所以占無吉凶。

《象》曰：咸其拇，志在外也。

外者，外卦也。初與四爲正應，所感雖淺，然觀其拇之動，則知其心志已在外卦之九四矣。

六二，咸其腓，凶，居吉。

腓，足肚也。拇乃枝體之末，離拇升腓，漸進于上，則較之咸其拇者，其感不甚淺矣。凶者，以上應九五而凶也。感皆主于動，但九五君位，豈可妄動以感之？故凶。居者非寂然不動也，但不妄動耳。蓋此爻變巽爲進退，且性入，上體兑悦，情悦性入，必不待其求而感，若居則不感矣，不感則不變。尚爲艮體之止，故設此居吉之戒。○六二陰柔，當感人之時，咸之漸進，故有咸其腓之象。然上應九五，不待其求而感之，故占者不免于凶。若安其居以待上之求，則得進退之道而吉矣，故又教占者以此。

《象》曰：雖凶居吉，順不害也。

順者，中正柔順之德也。不害者，不害其感也。言居者，非戒之以不得相感也。蓋柔順之中德，本静而不動，能居而守是德，則不至有私感之害也。

九三，咸其股，執其隨，往吝。

股者，髀也，居足之上，腰之下，不能自由，隨身而動者也。中爻爲巽，股之象也。執者，固執也，專主也。執其隨者，股乃硬執之物，固執而惟主于隨也。以陽而從陰，以人事論，乃以君子而悦小人之富貴，故可羞吝。○①然九三以陽剛之才而居下之上，是宜自得其正道，以感于物矣。然所居之位，應于上六，陽好上而悦陰，上居悦體之極，三往而從之，故有咸股執隨之象，占者以是而往，羞吝不必言矣。

《象》曰：咸其股，亦不處也。志在隨人，所執下也。

處者，居也，即六二居吉之居。因艮止，故言居言處。處則不隨，隨則不處。曰亦者，承二爻而言。六二陰柔，以不處而凶，處而吉。陰柔隨人，不足怪矣。今九三剛明，宜乎卓然自立，則所執主者，乃高明自重之事，有何可羨？今乃亦不處而志在隨人，則所執者卑下之甚，不其可羞乎？亦不處，惜之之辭。所執下，鄙之之辭。

九四，貞吉悔亡，憧憧往來，朋從爾思。

貞者，正而固也。此心不思乎正應之陰柔，則廓然太公，物來順應，正而固矣。吉者，誠無不動也。悔亡者，内省不疚也。憧憧，往來貌。往來者，初感乎四，二感乎五，三感乎六者，往也。六感乎三，五感乎二，四感乎初者，來也。四變上下成坎，中爻成離。來之坎坎，突如來如者，往來之象也。朋者，中爻三陽牽連也，故曰朋。泰三陽牽連，亦曰朋。損六五，三陰也，益六二，三陰也，復九四，三陰也，故皆以朋稱之

① ○原脱，王校本據史本、朝爽堂本補，從之。

也。思者，四應乎初之陰，初乃四之所思也。五應乎二之陰，二乃五之所思也。三應乎六之陰，六乃三之所思也。爾者，呼其心而名之也。朋從爾思者，言四與三五，共從乎①心之所思也。四居股之上，脢之下，乃心也。心之官則思，思之象也。心統乎百體，則三與五，皆四之所屬矣，故可以兼三五而稱朋也。○九四乃心，爲咸之主，以陽居陰而失正，又應乎初之陰柔，不免悔矣，故戒占者，此心能正而固，則吉而悔亡，形于其感，無所不感矣。若此心憧憧往來，惟相從乎爾心之所思，則溺于陰柔，不能正大光明，而感應之機窒矣，又豈能吉而悔亡？故戒占者以此。

《象》曰：貞吉悔亡，未感害也。憧憧往來，未光大也。

不正而感則有害，貞則未爲感之害也。往來於心者，皆陰私，又豈能正大光明。

九五，咸其脢，无悔。脢，音梅。

脢，背脊肉，不動者也。脢雖在背，然居口之下，心之上，蓋由拇而腓、而股、而心、而脢、而口，六爻以漸而上也。初與四應，故拇與心，皆在人身之前。二與五應，故腓與脢，皆在人身之後。三與上應，故股與輔頰，皆在兩旁，而舌則居中焉。雖由拇以漸而上，然對待之精至此。諸爻動而無靜，非所感者也。此爻靜而不動，不能感者也。○九五以陽居悅體之中，比于上六，上六悅體之極，陰陽相悅，則九五之心志，惟在此末而已，所以不能感物。不能感物，則亦猶脢之不動也，故有咸其脢之象。悔生于動，既不能動而感，則亦无悔矣，故占者无悔。

《象》曰：咸其脢，志末也。

① 乎，原作「手」，據寶廉堂本改。

末者，上六也。大過上體亦兑卦，《彖辭》本末弱，末指上六可見矣。九五應二而比六，《小象》獨言志末，何也？二乃艮體，止而不動。六乃悦體，又悦之極。則九五之心志，惟在此末，而不在二矣，所以言志末。亦如謙卦，九三比二，六二鳴謙，則中心得。上六正應，鳴謙則志未得是也。人君感人心而天下和平者，以其廓然太公，物來順應也。今志在末，豈能感人，所以僅得无悔。

上六，咸其輔頰舌。

輔者，口輔也，近牙之皮膚，與牙相依，所以輔相頰舌之物，故曰輔。頰，面旁也，輔在内，頰在外，舌動則輔應，而頰從之，三者相須用事，皆所用以言者，故周公兼舉之。兑爲口舌，輔頰舌之象也。咸卦有人身象，上陰爻爲口，中三陽爲腹背，下有腿脚象，故周公六爻，自拇而舌。

上六以陰居悦之終，處咸之極，感人以言，而無其實，故其象如此。蓋小人女子之態，蘇秦張儀之流也。

《象》曰：咸其輔頰舌，滕口説也。

滕，張口騁辭貌，見《説文》。口説豈能感人。

䷟巽下震上

恒①，久也。男在女上，男動乎外，女順乎内，人理之常，故曰恒。又見《彖辭》，皆恒之義也。《序卦》：夫婦之道，不可以不久也，故受之恒。言夫婦偕老，終身不變者也。蓋咸少男在少女之下，以男下

① 以下「恒」字皆缺末筆。然前《啓蒙》不缺。

女，乃男女交感之義。恒，長男在長女之上，男尊女卑，乃夫婦居室之常。論交感之情，則少爲親切，論尊卑之序，則長當謹嚴，所以次咸。

恒，亨，无咎，利貞，利有攸往。

恒之道，可以亨通。恒而能亨，乃无咎也。恒而不可以亨，非可恒之道也，爲有咎矣。如君子恒于善，故无咎。小人恒于惡，焉得无咎？然恒亨而後无咎何也？蓋恒必利于正，若不正，豈能恒？如孝，置之而塞乎天地，溥之而横乎四海，如此正，方得恒，故利貞。恒必利有攸往，達之家邦，萬古不窮，如孝施之後世而無朝夕，方謂之恒，如不可攸往，不謂之恒矣。利貞，不易之恒也。恒之利者也，利有攸往，不已之恒也，亦恒之利者也，故恒必兩利。恒字《廣韻》《玉篇》皆有下一畫，獨《易經》無下一畫，與无字同，不同各經無字。

《彖》曰：恒，久也。剛上而柔下，雷風相與，巽而動，剛柔皆應，恒。恒，亨，无咎，利貞，久于其道也。天地之道，恒久而不已也。利有攸往，終則有始也。日月得天而能久照，四時變化而能久成，聖人久于其道而天下化成。觀其所恒，而天地萬物之情可見矣。

釋卦字義。又以卦綜、卦象、卦德釋卦名、卦辭而極言之。恒者，長久也。若以恒字論，左旁從立心，右旁從一日，言立心如一日，久而不變也。剛上而柔下者，本卦綜咸。剛上者，咸下卦之艮，上而爲恒之震也，柔下者，咸上卦之兑，下而爲恒之巽也。陰陽之理，剛上柔下，分之常。迅雷烈風，交助其勢，氣之常。男動作于外，女巽順于内，人理之常。剛以應柔，柔以應剛，交感之常。此四者，皆理之常，故曰恒。恒亨无咎利貞者，以久于其道也。蓋道者，天下古今共由之路，天地之正道也。惟久于其道，故亨，故无咎，故利貞。若非其道，亦不能恒矣。且恒久莫過于天地，天地之道，恒久而不已者也。惟其恒久不已，所以攸往不窮。蓋人凡事之攸往，至于終而不能恒久者，以其終而不能又始也。終而不能始，則自終而止，有止息間斷非恒久不已者矣，安能攸往？惟天地之道，晝之終矣，而又有夜之始。夜之終矣，而又有晝之始。寒之終矣，而又有暑之始。暑之終矣，而又有寒之始。終則有始，循環無端，此天地所以恒久也。此恒所以必利有攸往，而後謂之恒也。若有所往，不能終始循環不窮，則與天地不相似，安得謂之恒哉。得天者，附麗于天也。變化者，寒而暑，暑而寒，迭相竭，還相本，陰變于陽，陽化爲陰也。久成者，成其歲功也。久于其道者，仁漸義摩也。化成者，化之而成其美俗也。此極言恒久之道，言觀其所恒，可見萬古此天地，萬古此恒也。萬古此萬物，萬古此恒也。若當春時爲夏，當秋時爲冬，當生物時不生，當成物時不成，此之謂變怪，安得謂之恒？

《象》曰：雷風恒，君子以立不易方。

立者，止于此而不遷也。方者，大中至正之理，理之不可易者也。如爲人君止于仁，爲人臣止于敬是也。不易方者，非膠于一定也。理在于此，則止而不遷。如冬之寒，理在于衣裘，則衣裘而不易其葛。夏之暑，理在于衣葛，則衣葛而不易其裘是也。巽性入，入而在内。震性動，出而在外。二物各居其位，不易方之象也，故曰不易方。

初六，浚恒，貞凶，无攸利。

浚，深也，浚井之浚。浚字生于巽性入之入字來。初六爲長女之主，九四爲長男之主，乃夫婦也。巽性入，始與夫交之時，即深求以夫婦之常道。四動而決躁，安能始交之時即能從其所求？貞者，初與四爲正應，所求非不正也。凶者，驟而求之深，彼此不相契合也，无攸利者，有所往則夫婦反目矣。蓋初陰居陽位，四陽居陰位，夫婦皆不正，皆有氣質之性，所以此爻不善。下三爻皆以妻言，初爻凶者，妻求夫之深而凶也。三貞吝者，妻改節而見黜也。上三爻皆以夫言，四無禽者，夫失其剛，而無中饋之具也。五凶者，夫順從其妻而凶也。○初與四爲正應，婦責備夫以夫婦之常道，亦人情之所有者。然必夫婦居室之久，情事孚契，而後可以深求其常道也。但巽性務入，方交四之始，即深以夫婦之常道求之，則彼此之情未免乖矣，故有浚恒之象。占者如此，則雖貞亦凶，而無攸利也。

《象》曰：浚恒之凶，始求深也。

求者，中饋之酒漿器皿，衣服首飾之類也。

九二，悔亡。

以陽居陰，本有悔矣，以其久中，故其悔亡。亡者失之于初，而改之于終也。

《象》曰：九二悔亡，能久中也。

可久之道中焉止矣，人能恒久于中，豈止悔亡？孔子之言，蓋就周公之爻辭而美之也。

九三，不恒其德，或承之羞，貞吝。

陽德居正，故得稱德，不恒其德者，改節也。居巽之極，爲進退，爲不果，改節之象也。又變坎爲狐疑，此心不定，亦改節之象也。長女爲長男之婦，不恒其德而改節，則失其爲婦之職矣。既失其職，則夫不能容，而婦被黜矣。或者外人也，承者進也，羞者致滋味也。變坎有飲食之象，羞之象也。因婦見黜，外人與夫進其羞也。貞者，九三位正也。若依舊注，羞作羞耻，則下吝字重言羞矣。

九三位雖得正，然過剛不中，當雷風交接之際，雷動而風從，不能自守，故有不恒其德，或承之羞之象。雖正亦可羞矣，故戒占者如此。

《象》曰：不恒其德，无所容也。

无所容者，夫不能容其婦，而見黜也，所以使外人進其羞也。

九四，田无禽。

應爻爲地道，又震爲大塗，故曰田，與師卦田有禽之田同。本卦之《大象》與師卦之《大象》，皆與小過同，故皆曰禽。應爻巽爲鸛，亦禽之象也。應爻深入，與井下卦同巽，故皆曰無禽也。師卦所應剛實，故有禽。本卦所應陰虛，故无禽。

九四，以陽居陰，久非其位，且應爻深入，故有田无禽之象。既无禽，則不能與妻備其中饋之具，夫非其夫矣。故其象占如此。

《象》曰：久非其位，安得禽也。

久非其位，則非所久而久矣，故不得禽。

六五，恒其德貞，婦人吉，夫子凶。

丈夫用剛用柔，各適其宜，以柔順爲常，是因人成事矣，所以凶。此爻變兑，兑爲少女，又爲妾，婦人之象也。婦人以順爲正，故吉。

六五恒其中德正矣，故有恒其德貞之象。但剛而中，可恒也。柔而中，婦人之常，非夫子之所當常也，故占者有吉有凶又如此。

《象》曰：婦人貞吉，從一而終也。夫子制義，從婦凶也。

從一者，從夫也，婦人無專制之義，惟在從夫，順從乃其宜也。制者，裁制也。從婦者，從婦人順從之道也。夫子剛果獨斷，以義制事，若如婦人之順從，委靡甚矣，豈其所宜，故凶。

上六，振恒，凶。振，去聲。

振者，奮也，舉也，整也。振恒者，振動其恒也。如宋時，祖宗本有恒久法度，王安石以祖宗不足法，乃紛更舊制，正所謂振恒也。凶者，不惟不能成事，而反憤事也。在下入，乃巽之性，浚恒也。在上動，乃震之性，振恒也。方恒之始，不可浚而乃浚，既恒之終，不可振而乃振，故兩爻皆凶。

上六陰柔，本不能固守其恒者也，且居恒之極，處震之終，恒極則反常，震終則過動，故有振恒之象。占者之凶可知矣。

《象》曰：振恒在上，大无功也。

大无功者，不惟无功，而大无功也。曰大者，上而无益于國家，下而不利于生民，安石、靖康之禍是也。

☶艮下乾上

遯者，退避也，六月之卦也。不言退而曰遯者，退止有退後之義，無避禍之義，所以不言退也。爲卦天下有山，山雖高，其性本止。天之陽性上進，違避而去，故有遯去之義。且二陰生于下，陰漸長，小人漸盛，君子退而避之，故爲遯也。《序卦》：『恒者，久也。』物不可以久居其所。久則變，變則去，此理之常，所以次恒。

遯，亨，小利貞。

亨爲君子言也。君子能遯，則身雖遯而道亨。小者，陰柔之小人也，指下二陰也。利貞者，小者利于正，而不害君子也。若害君子，小人亦不利也。

《象》曰：遯亨，遯而亨也。剛當位而應，與時行也。小利貞，浸而長也。遯之時義大矣哉。浸，字①鴆切。

以九五一爻釋亨，以下二陰爻釋利貞而贊之。遯而亨者，惟遯乃亨，見其不可不遯也。剛指五，當位者，當中正之位。而應者，下與六二相應也。時行，言順時而行也。身雖在位，而心則遯，此所以謂之時行也。九五，有中正之德，六二能承順之，似亦可以不必于遯。然二陰浸而長，時不可以不遯，知時之當遯，與時偕行，此其所以亨也。浸者漸也，浸而長，其勢必至于害君子，故戒以利貞。時義大者，陰雖浸長，尚未盛大，且九五與二相應，其陽漸消之意，皆人之所未見而忽略者。是以苟且留連，而不能決去也。當此之時，使不審時度勢，則不知遯。若眷戀禄位，又不能遯，惟有明哲保身之智，又有介石見幾之勇，方能鴻冥鳳舉，所以嘆其時義之大。漢元成之時，弘恭、石顯得志于内，而蕭望之、劉向、朱雲皆得巨禍。桓靈之際，曹節、王甫得志于内，而李膺、陳蕃、竇武皆被誅戮者，均不知遯之時義者也。《易》中大矣哉有一，有贊美其所係之大者，豫、革之類是也。有稱嘆其所處之難者，大過、遯之類是也。

《象》曰：天下有山，遯，君子以遠小人，不惡而嚴。遠，袁萬反。

惡者，惡聲厲色，疾之已甚也。嚴者，以禮律身，無可議之隙，而凜然不可犯也。不惡者待彼之禮，嚴者守己之節。天下有山，天雖無意于絶山，而山自不能以及乎天，遯之象也。故君子以遠小人，不惡而嚴。曰不惡而嚴則君子無心于遠小人，而小人自遠，與天之無心于遠山，而山自絶于天者同矣。遠小人，艮止象。不惡而嚴，乾剛象。

初六，遯尾厲，勿用有攸往。

① 字，寶廉堂本作『居』。

遯者，居當遯之時也。尾者初也，因在下，故曰尾。厲者天下賢人君子皆以遯去，是何時也？豈不危厲。往者，往而遯去也。本卦遯乃陽剛，與陰不相干涉，故不可往。且初在下，無位，又陰柔，所居不正，無德。無位無德則無聲聞，不過凡民耳。與遯去之賢人君子不同，遯之何益？○初六居下當遯之時，亦危厲矣。但時雖危厲，而當遯者非初之人，故教占者勿用遯去，但晦處以俟時可也。

《象》曰：遯尾之厲，不往何災也？

不遯有何災眚，所以勿用有攸往。

六二，執之用黄牛之革，莫之勝説。 勝音升，説音脱。

執者，執縛也。艮性止，執之象也。黄，中色，指二。應爻錯坤，牛之象也。勝者任也，脱者解脱也。能勝其脱，欲脱即脱矣。莫之勝脱者，不能脱也。言執縛之以黄牛之皮，與九五相交之志堅固不可脱也。本卦遯者乃陽，初與二陰爻皆未遯，故此爻不言遯字。

二陰浸長，近于上體之四陽，已凌迫于陽矣。然二與五爲正應，二以中正順應乎五，五以中正親合乎二，正所謂剛當位而應，不凌迫乎陽可知矣。故有執之用黄牛之革，莫之勝説之象。占者當是時亦當如是也。

《象》曰：執用黄牛，固志也。

堅固其二五中正相合之志也。

九三，繫遯，有疾厲，畜臣妾吉。

繫者，心維係而眷戀也。高祖有疾，手勅惠帝曰：『吾得疾隨困，以如意母子相累，其餘諸兒皆足自立，哀此①兒猶小也。』曹瞞臨死，持姬女而指季豹以示四子曰：『以累汝。』因泣下。此皆所謂繫也。中爻爲巽，巽爲繩，繫之象也。繫遯者，懷禄徇私，隱忍而不去也。疾者，利欲爲纏魔，困苦之疾也。厲者，禍伏于此而危厲也。臣者僕也，妾者女子也，指下二陰也，乃三所係戀之類也。蓋臣妾也，宫室也，利禄也，凡不出于天理之公，而出于人欲之私者，皆陰之類也，皆人之所係戀者也。本卦止言臣妾者，因二陰居下位故也。畜者止也，與剥卦順而止之同，止之使制于陽而不陵上也。艮畜止象，又爲閽寺，臣之象，又錯兑，妾之象。○九三當陰長陵陽之界，與初二二爻同體，下比于陰，故有當遯而係戀之象。既有所繫，則不能遯矣，蓋疾而厲之道也。然艮性能止，惟剛正自守，畜止同體，在下之二陰馭之以臣妾之正道，使制于陽，而不陵上，斯吉矣，故又教占者必如此。

《象》曰：繫遯之厲，有疾憊也。畜臣妾吉，不可大事也。

疾憊者，疲憊于私欲，困而危矣。不可大事者，出處去就，乃丈夫之大事。知此大事，方知其遯。若畜止臣妾，不過以在我艮止之性禁令之爾，乃小事也。九三繫遯，能此小事，亦即吉矣，豈能决斷其出處去就之大事哉。

九四，好遯，君子吉，小人否。好，呼報反。否，方有反。

三比二，故曰繫。四應初，故曰好。好者愛也，繫者縛也，愛者必眷戀而縛，縛者因喜悦而愛，其實一也。好遯者，又好而又遯也。好者爵位利禄，愛慕之事也。遯者審時度勢，見幾之事也。好者四也，遯者九也。陽居陰位，陽可爲君子，陰可爲小人，故可好可遯也。所以聖人設小人之戒。否者，不也。○九四，

① 『哀此』二字原缺，據寶廉堂本補。

以剛居柔，下應初六，故有好而不遯之象。然乾體剛健，又有遯而不好之象。占者顧其人何如耳，若剛果之君子，則有以勝其人欲之私，止知其遯，不知其好，得以遂其潔身之美，故吉矣。若小人，則徇欲忘反，止知其好，不知其遯，遯豈所能哉？故在小人則否也。

《象》曰：君子好遯，小人否也。

君子剛果，故好而知遯，必于其遯。小人陰柔，故好而不知遯，惟知其好矣。

九五，嘉遯，貞吉。

嘉遯者，嘉美乎六二也。當二陰浸長之時，二以艮體，執之以黄牛之革，不淩犯乎陽，其志可謂堅固矣。爲君者不嘉美以正其志，安能治遯？故貞吉。人君無逃遯之理，玄宗幸蜀，安得爲嘉？○九五陽剛中正，有治遯之才者也。當天下賢人君子遯去之時，下應六二之中正，見六二之志固，乃褒嘉之，表正其志，以成其不害賢人君子之美，正而且吉之道也，故其象占如此。

《象》曰：嘉遯貞吉，以正志也。

二之固志者，堅固其事上之志，臣道中正之心也。五之正志者，表正其臣下之志，君道中正之心也。二五《小象》皆同言志字，所以知五褒嘉乎二。

上九，肥遯，无不利。

肥者，疾憊之反。遯字從豚，故初六言尾，上九言肥，皆象豚也。以陽剛之賢，而居霄漢之上。睟面盎背，莫非道德之豐腴。手舞足蹈，一皆仁義之膏澤。心廣體胖，何肥如之。無不利者，天子不得臣，諸侯不得友，堯雖則天，不屈飲犢之高。武既應人，終全孤竹之節。理亂不聞，寵辱不驚，何利如之。○諸爻皆疑二陰之浸長，心既有所疑而戚，戚則身亦隨之而疾瘠矣，安能肥乎？惟上九以陽剛而居卦外，去柔最遠，無所係應，獨無所疑，蓋此心超然于物外者也，故有肥遯之象，占者无不利可知矣。

《象》曰：肥遯，无不利，无所疑也。

无所疑者，不疑二陰之浸長而消陽也。无所疑，所以逍遥物外，不至于愁苦而瘠。

䷡乾下震上

大壯者，大者壯也。大謂陽也，四陽盛長，故爲大壯，二月之卦也。爲卦震上乾下，乾剛而震動，大壯之義也。又雷之威震于天上，聲勢壯大，亦大壯之義也。《序卦》：『遯者退也，物不可以終遯，故受之以大壯。』遯者陽衰而遯也，壯者陽盛而壯也。衰則必盛，消長循環之理，所以次遯。

大壯，利貞。

陽壯則占者吉亨，不必言矣。然君子之所謂壯者，非徒以其勢之盛，乃其理之正也，故利于正。陰之進不正，則小人得以陵君子，故遯言小者利于貞。陽之進不正，則君子不能勝小人，故大壯言大者利于貞。大壯綜遯，二卦本是一卦，故卦下之辭如此。

《彖》曰：大壯，大者壯也，剛以動故壯。大壯利貞，大者正也，正大而天地之情可見矣。

以卦體、卦德釋卦名，又釋利貞之義而極言之。陽長過中，大者壯也。蓋正月泰，陽雖長而未盛，三月夬，陽已盛而將衰，皆不可以言壯，惟四陽則壯矣。且乾剛震動，剛則能勝其人欲之私，動則能奮其必爲之志，何事不可行哉，此其所以壯也。卦體則勢壯，卦德則理壯，所以名壯。大者正也，言大者自無不正也。凡陽明則正，陰濁則邪，自然之理，故利于貞，若不貞則非大矣。正大者，正則無不大也。天地之情者，覆載生成所發之情也，一通一復，皆一誠之貫徹，豈不正？既正，豈不大？故曰正大。蓋大者壯，以氣言，乃壯之本體也。大者正，以理言，所以運壯之道也。正大而天地之情可見，又推極上天下地，莫非此正大之理，非特人爲然也。一陽來復，見天地之心，四陽見其情。仁者天地之心，情則其所發也。

《象》曰：雷在天上，大壯，君子以非禮弗履。

非禮者，人欲之私也。履者踐履也，非禮①弗履，則有以克勝其人欲之私矣，此惟剛健以動者可能。矯哉其强，何壯如之，雷在天上，大壯者，以聲勢而見其壯也。君子非禮弗履，大壯者以克勝其私，而見其壯也。

初九，壯于趾，征凶，有孚。

震爲足，又初在下，趾之象也。征凶者，往則必裁抑擯斥也。孚者，自信其陽剛之正德也。初以陽居陽，乾之剛未盛也，故有孚。至三則乾剛極矣，故貞厲。

初九，陽剛處下，當壯之時，壯于進者也，故有壯趾之象。以是而往，凶之道也。然陽剛居正，本有其德，故教占者惟自信其德，以甘窮困，不可有所往，往則凶矣。

《象》曰：壯于趾，其孚窮也。

既無應援，又卑下無位，故曰窮。當壯進之時，有其德而不能進，進則必凶，乃處窮之時矣，故惟自信其德，以自守可也。是其孚者，不得已也，因窮也，故曰其孚②窮。賢人君子，不偶于時，棲止山林者，多是如此。

---

① 禮，原作『理』，據《象辭》改。
② 孚，原作『事』，據寶廉堂本改。

九二，貞吉。

中則無太過，不恃其强而猛于必進，所以此爻貞吉。

九二以陽剛當大壯之時，居中而不過于壯，蓋正而吉者也，故其占如此。

《象》曰：九二貞吉，以中也。

以中者，居中位也，與解卦得中道、未濟中以行正同。中立而不倚，强哉矯，九二有焉。

九三，小人用壯，君子用罔，貞厲。羝羊觸藩，羸其角。羸，力爲切。

罔者，無也，言不用也。君子以義理爲勇，以非禮弗履爲大壯，故不用壯也。羝羊，壯羊也。羸者，瘦也，病也。羝羊恃其强壯，乃觸其藩，其角出于藩之外，易去而難反，不能用其力，是角之壯者，反爲藩所困制而弱病矣，故曰羸其角也。本卦大象兑，中爻爲兑，皆羊之象，故諸爻皆以羊言之。震爲竹爲葦，藩之象也。觸藩者，用壯之象也。陽居陽位，故曰貞。羸角者，又貞厲之象也。

九三，過剛不中，又當乾體之終，交震動之際，乃純用血氣之强，過于壯者也。然用壯爲小人之事，君子以義理爲主，豈其所用哉？故聖人戒占者曰：惟小人則用壯，君子則不用也。苟用其壯，雖正亦厲，亦如羊之觸藩羸角也，壯其可恃哉？戒之之嚴，故占中之象又如此。

《象》曰：小人用壯，君子罔也。

言用壯者，小人之事，君子則無此也。

九四，貞吉，悔亡。藩决不羸，壯于大輿之輹。

貞吉悔亡者，惟正則吉，而悔亡也。决，破也，藩决不羸，承上文而言也。三前有四之阻隔，猶有藩焉。四前二陰，則藩决而可前進矣。震爲大塗，兑爲附决，藩决之象也。輹與輻同，車輪之中幹也。車之敗，常在折輹，輹壯則車强。四變坤，大輿之象也。壯于大輿之輹，言尚往而可進也。此二句，又貞吉悔亡之象也。○九四當大壯之時，以陽居陰，不極其剛，前無困阻，而可以尚往矣，故其占中之象如此。

《象》曰：藩决不羸，尚往也。

尚往者，前無困阻，而可以上進也。

六五，喪羊于易，悔。易，音亦。

易即埸，田畔地也。震爲大塗，埸之象也。

本卦四陽在下，故名大壯，至六五無陽，則喪失其所謂大壯矣。故有喪羊于易之象。既失其壯，則不能前進，僅得无悔而已，故其象占如此。

《象》曰：喪羊于易，位不當也。

位不當者，以柔居五位也。

上六，羝羊觸藩，不能退，不能遂，无攸利，艱則吉。

震錯巽，爲進退，退遂之象也。艱者，處之艱難而不忽慢也。吉者，无攸利者，終得攸利也。六五已喪羊矣，而上六又羝羊觸藩者，蓋六五以一爻言也，上六則合一卦而言也。三則剛之極，上則動之極①，所以爻象皆同。○上六壯終動極，所以觸藩而不能退。然其質本柔，又不能遂其進也，故有觸藩不能退遂之象。占者之无攸利可知矣。然猶幸其不剛，而不妄進也。若占者能艱以處之，則得以遂其進而吉矣。

《象》曰：不能退，不能遂，不詳也。艱則吉，咎不長也。

① 極，原作「吉」，據寶廉堂本改。

詳者，慎密也。不詳者，當壯終動極之時，不能度勢而行、審幾而進也。既詳則能艱矣。咎者不能退、不能遂之咎也，惟艱則能詳而咎不長矣。心思之艱難，所以能詳，識見之詳明，所以方艱。

䷢坤下離上

晉者進也，以日出地上，前進而明也。不言進而言晉者，進止有前進之義，無明之義。晉則有進而光明之義，所以不言進也。《序卦》：『物不可以終壯，故受之以晉。』蓋物既盛壯，則必前晉，所以次大壯。

晉，康侯用錫馬蕃庶，晝日三接。

康侯，安國之侯也。錫者，賜與也。蕃庶，見其恩之者隆。三接，見其禮之者頻。坤錯乾，馬之象。中爻艮綜震，震爲蕃，蕃之象。庶者衆也，坤爲衆，庶之象。蕃庶者，言所錫之馬衆多也。晝日，離之象。離居三，三之象。艮爲手，相接之象。日者君也，坤者臣也。坤爲邑國，日在地上，照臨其邑國之侯，有寵而錫馬三接之象。《易》止有是象，無是事，如棟橈、金車、玉鉉之類皆是也。諸儒不知象，乃以《周官》校人、大行人實之，失象旨矣。

《彖》曰：晉，進也。明出地上，順而麗乎大明，柔進而上行，是以康侯用錫馬蕃庶，晝日三接也。

釋卦名，又以卦象、卦德、卦綜釋卦辭。明出地上者，離日出于地之上也。順而麗乎大明者，坤順而附麗乎大明也。柔進而上行者，晉綜明夷，因二卦同體，文王綜爲一卦，故《雜卦》曰：『晉晝也，明夷誅也。』言明夷下卦之離，進而爲晉上卦之離也。若以人事論，明出地上，乃世道維新，治教休明之時也。順以臣言，大明以君言。順者小心承順也，麗者猶言攀龍鱗、附鳳翼也。柔進而上行，則成虛中矣，是虛中下賢之君，而居于五之位也。上句以時言，中句以臣之德言，下句以君言，言爲康侯者，必際是時，備是德，遇是君，方得是寵也。

《象》曰：明出地上，晉，君子以自昭明德。

地乃陰土，譬之人欲之私。自者，我所本有也。日本明，入于地則暗矣，猶人之德本明，但溺于人欲之私則暗矣。故自昭其明德，亦猶日之出地也。自昭者，格物致知，以去其蔽明之私。誠意正心修身，以踐其自昭之實也。明德者，即行道而有得于我者也。天下無道外之德，即五倫體之于身也。此德塞乎天地，横乎四海，如杲日當空，人人得而見之，故曰明，非《大學》舊注虛靈不昧之謂也。至健莫如天，故君子以之自彊。至明莫如日，故君子以之自昭，所以二象皆以自字言之。

初六，晉如摧如，貞吉，罔孚，裕无咎。摧，音崔。

晉如者，升進也。摧者，崔嵬之崔，高也，中爻艮山在坤土之上，崔之象也。四近君，又陽爻，故有崔如之象。若以爲摧如，則與《小象》獨行正不相合矣。依鄭爲南山崔崔之崔是也。貞者盡其在我，不畔援苟且，汲汲以求進也。吉者，終得遂其進也。罔孚者，二三不信之也。中爻坎，爲狐疑，不信之象也。當升進之時，衆人通欲進，初卑下，故二三不見信。觀《小象》曰獨行正，六三曰衆允，可知矣。裕者不以進退爲欣戚，從容以處之，而我之自修者猶夫初也。无咎者，不失其身也。貞，即下文罔孚裕无咎。○初六以陰居下，當升進之時，而應近君之四，故有晉如崔如之象，占者守正則吉矣。設或不我見信，不可急于求信，惟寬裕以處之，則可以无咎矣。若求信之心切，則不免枉道失身，安得无咎？此所以利貞則吉也。

《象》曰：晉如摧如，獨行正也。裕无咎，未受命也。

獨行者，獨進也。中爻艮綜震足，行之象也。正者，應與之正道也，言升進之時，四陽在上，近乎其君，赫赫崔嵬。初又卑下，衆人不進，而初獨進之，似不可進矣。然四與初爲正應，進之亦正道也，未害其爲進也。未受命者，離日在上，未受君王之命也。未受命則無官守，所以得綽綽有餘裕。應四未應五，故曰未受命。六二曰受兹介福于王母，二受字相同。中爻艮爲手，有授受之象，故文王卦辭曰接。初二爻皆言受，皆有手象。

六二，晋如愁如，貞吉，受兹介福于其王母。

中爻坎爲加憂，爲心病，愁之象也。其所以愁者，四乃大臣中鼫鼠之小人也，近君而據下三爻升進之路，二欲升進無應援。五陰柔，二愁五之不斷。四邪辟，二愁四之見害，此其所以愁也。貞者，中正之德也。初六之貞，未有貞而勉之也。六二之貞，因其本有而教以守之也。吉者中正之德，久而必彰，上之人自當求之，下文所言受介福于王母是也。介者大也，受介福者，應六五大明之君，因其同德而任用之，加之以寵禄也。王母者，六五也。離爲日，王之象也。離爲中女，母之象也。○六二中正，上無應援，故有欲進而愁之象。占者如是而能守正，則吉而受福矣。

《象》曰：受兹介福，以中正也。

以中正者，以六二有此中正之德也。八卦正位，坤在二，所以受介福，詳見《雜説》。

六三，衆允，悔亡。

坤爲衆，衆之象也。允者，信也。初罔孚，未允也。二愁如，猶恐未允也，三則允矣。悔亡者，亡其不中正之悔也。○六三不中正，當欲進之時，宜衆所不信而有悔矣。然所居之地，近乎離明，又順體之極，有順上向明之志，則所謂不中正者，皆因親近大明而中正矣，是以衆皆信之。同下二陰上進，故有衆允之象，而占者則悔亡也。

《象》曰：衆允之志，上行也。

上者大明也，上行者，上順麗于大明也。上從大明之君，衆志之所同也。

九四，晉如鼫鼠，貞厲。鼫，音石，市亦切。

鼫鼠，《廣韻》以爲螻蛄，則非鼠矣。《玉篇》以爲形大如鼠，頭似兔，尾有毛，青黄色，則又鼠之異者也。蔡邕以爲五技鼠，能飛不能過屋，能緣不能窮木，能游不能度谷，能穴不能掩身，能走不能先人，則飛鼠也。郭景純以爲形大如鼠，好在田中食粟豆，則田鼠也。《廣韻》鼫字與碩字同一類，二字從石，皆音石。《詩·碩鼠》刺貪。碩，大也，陽大陰小，此爻陽，故爲大鼠，即《詩》之碩鼠無疑矣。中爻艮，變爻亦艮，鼠之象也。鼠竊人之物，然晝則伏藏，夜則走動，蓋不敢見日而畏人者也。離爲日，晉者晝也，鼠豈能見之哉。但當進之時，見衆人俱進，彼亦同進，不復畏其晝矣。貞者當進之時，九四晉如，非不正也。○九四不中不正，當晉之時，竊近君之位，居三陰之上，上而畏五六大明之知，下而畏三陰群小之忌，故有鼫鼠日下，惟恐人見之象。占者如是，雖正亦危矣。

《象》曰：鼫鼠貞厲，位不當也。

位不當者，不中不正也。

六五，悔亡，失得勿恤，往吉，无不利。

恤者，憂也。中爻坎爲加憂，恤之象也。五變，則中爻不成坎，故不憂，而勿恤矣。火無定體，倏然而活，倏然而没，失得其常事也。凡《易》中遇離或錯離，或中爻離，皆言失得二字，如比卦九五錯離曰失前禽，隨卦六三變離曰失小子隨有求得，噬嗑九四曰得金矢，六五曰得黄金，坎卦錯離，六二曰求小得，明夷九三曰得其大首，解卦九二錯離曰得黄矢，鼎卦初六曰得妾，震卦六二變中爻爲離曰七日得，漸卦中爻離六四曰得其桷，豐卦六二曰得疑疾，旅九四曰得資斧，巽上九變坎錯離曰喪其資斧。得失得喪，皆一意也，既濟六二曰七日得，未濟上九曰失。是則或失或得不以爲意者，乃離之本有也，非戒辭也。本卦以象論，日出地上，乃朝日也，非日中之昃。以德論，居大明之中，而下順從之。以卦變論，爲飛龍在天之君，六爻獨此爻善，所以《小象》曰往有慶也。悔亡者，中以行正也。失得勿恤者，虚中則廓然太公，不以失得累其心也，故吉无不利。○六五柔中爲自昭明德之主，天下臣民，莫不順而麗之，是以事皆悔亡，而心則不累于得失。持此以往，蓋吉而无不利者也。占者有是德，斯應是占矣。

《象》曰：失得勿恤，往有慶也。

往有慶，即吉无不利。

上九，晉其角，維用伐邑。厲吉，无咎，貞吝。

晉其角，與姤其角同。晉極明終，日已晚矣。角在首之上，晉其角，言欲進而前無其地矣，甚言其前無所進也。維者，維繫也，繫戀其三之陰私也。陽繫戀乎陰私，皆不光明之事，所以孔子《小象》但陽比于陰者，皆曰未光。離爲兵戈，坤爲衆，此爻變震，衆人戈兵震動，伐邑之象也。故離卦上九變震，亦曰王用出征。邑即内卦坤之陰土也，詳見謙卦。伐邑，即同人伏戎于莽之意。凡《易經》爻辭，無此事而有此象，如此類者甚多。厲吉无咎者，言其理也。言邑若理可以伐，雖危厲亦吉而无咎。吉无咎即下文之貞也。貞吝者，言雖當伐，亦可羞也。○上九，明已極矣，又當晉之終，前無所進，此心維繫戀乎三爻所應之陰私而已，故有晉其角，維用伐邑之象。夫繫戀其私以伐邑，其道本不光明，然理若可伐而伐之，事雖危厲亦吉而无咎。但前無所進，既不能成康侯光明之業，反繫戀其私以伐邑，雖邑所當伐，其事故貞，亦可羞矣，安得吉而无咎哉。故戒占者以此。

《象》曰：維用伐邑，道未光也。

此爻變震，下乃順體，陰陽相應，性順情動，豈有光明之事。

☷離下坤上

夷者，傷也，爲卦坤上離下，日入地中，明見其傷，與晉相綜，故曰明夷。《序卦》：『晉者，進也。』進而不已，必有所傷。理之常也，所以次晉。

明夷，利艱貞。

艱貞者，艱難委曲，以守其貞也。蓋暗主在上，去之則忘國。又有宗國同姓，不可去者，比之則失身。又當守正，然明白直遂，守正又不免取禍。所以占者利艱貞，以守正而自晦其明也。

《象》曰：明入地中，明夷。內文明而外柔順，以蒙大難，文王以之。利艱貞，晦其明也。內難而能正其志，箕子以之。 難①，乃旦反。

以卦象釋卦名，又以文王釋卦德，以箕子釋卦辭。內文明者離也，外柔順者坤也，此本卦之德也。蒙者遭也，以蒙大難者，言以此德，而遭此明傷之時也。文王以之者，言文王遭紂之囚，用此卦之德，所以內不失己，外得免禍也。晦其明者，晦其明而不露也。大難，關天下之難。內難，一家之難。正其志者，不失其正也。不失其正，又不顯其正，是謂晦其明而利艱貞之義也。箕子爲紂近親，外而佯狂，內而明哲，是即晦其明也，故曰箕子以之。大抵箕子之難，雖與文王同其艱貞，然文王爲西伯，散宜生之徒以珍物美女獻于紂，而西伯即出羑里矣。若箕子佯狂，則必要君知其真狂，左右國人亦知其真狂，再不識其佯狂。至牧

① 難，原作『艱』，徑改。

野之師，誅君弔民，方釋箕子之囚。箕子逃之朝鮮，武王以朝鮮封之，因以《洪範》授于武王，人方知其不狂。則箕子艱貞難于文王多矣，故以艱貞係箕子之下。要之，天命興周，故文王之明夷處之易；天命廢殷，故箕子之明夷處之難。雖人爲，實天意也。文王箕子，一而已矣。

《象》曰：明入地中，明夷，君子以莅衆，用晦而明。

坤爲衆，故言莅衆。用晦而明者，不用明爲明，用晦爲明也。言我本聰明睿知，乃不顯其明，若似不明者，以晦爲明，此之謂用晦而明也。若以晉明夷相綜，並論之，地在下，日在上，明在外也，君子以之，則絶去其人欲之私，以自昭明德，亦如日之極其高明，常升于萬物之上，此修己之道，當如是也。地在上，日在下，明在内也，君子以之，則存其寬厚渾含之德，去其刻薄殘忍之私，以之莅衆，如小過必赦，使人不求備，罪疑惟輕，脅從罔治之類是也。古之帝王，冕而前旒以蔽其明，黈纊塞耳以蔽其聰，亦此意。此則居上之寬，治人者當如是也。故明夷之《大象》曰莅衆用晦而明。修己治人，二卦之象盡之矣。

初九，明夷于飛，垂其翼。君子于行，三日不食，有攸往，主人有言。

明夷于飛者，傷其飛之翼也。垂其翼者，其翼見傷而垂嚲也。離爲雉，鳥之象也。此爻變艮，獨一陽在中，卦之中爲鳥身。初與六，上下爲翼，故小過初六曰飛，上六亦曰飛，皆以翼言也。此爻居初，故曰垂翼也。垂其翼而猶能飛，則傷亦未太重矣。三日不食者，離居三，三之象也。離爲日，三日之象也。離中虛，又爲大腹，空腹不食之象也。于行者，方見幾而欲行也。不食者，自悲其見傷而不食也。此爻舊指伯夷耻食周粟之事。有攸往者，于行而長往也。中爻震足，行而長往之象也。主人者，所適之主人，對君子之言也。有言者，主人不相合，言語譏傷其君子也。外卦錯乾，乾爲言，有言之象也。象爲飛，占爲行爲往，象爲垂翼，占爲不食有言，象占俱分明。

初九陽明在下，當傷之時，故有飛而垂翼之象。占者不惟方行，而有不食之厄。及長往而猶有言語之譏，此其時之所遭，不可得而避者，安其義命可也。

《象》曰：君子于行，義不食也。

義之所在，見幾而作，不食可也。

六二，明夷，夷于左股，用拯馬壯吉。

夷于左股，言傷之猶未在上體也。以去暗君，雖不如初之遠，然亦不得言近，故以足之上股象之。中爻爲震，震錯巽，股之象也。此爻變中爻爲兑，兑綜巽，亦股之象也。明夷象人身，故初二爲股，三四爲腹，五上爲首，股居下體，蓋以人身上下爲前後也。凡《易》中言左者，皆後字。詳見師卦，並本卦六四。拯者，救也。此爻變乾，爲健，爲良馬，馬健壯之象也。言用健壯之馬，以救之則吉矣。文王囚于羑里，夷于左股也。散宜生之徒，獻珍物美女，用拯馬壯也。脱羑里之囚，得專征伐，吉也。

六二去暗主稍遠，故有傷下體左股之象。然二有中正之德，能速以救之，則吉矣。故其象占如此。

《象》曰：六二之吉，順以則也。

順者，外柔順也。則者，法則也。言外雖柔順而内實文明有法則也，所以用拯馬壯也。因六二中正，故言順以則。

九三，明夷于南狩，得其大首，不可疾，貞。

南狩者，去南方狩也。離爲火，居南方，南之象也。離爲兵戈，中爻震動，戈兵震動，出征遠討之象也。大首者，元惡也。坤錯乾，乾爲首，首之象也。居天位，大首之象也。不可疾者，不可亟也。九三雖剛明，臣也；上六雖昏暗，君也。必遲遲以俟之，出于萬一不得已，如天命未絶，人心尚在，則一日之間猶爲君臣也。征者，伐暴救民，其事正也，故不可疾，惟在于貞。若亟亟以富天下爲心，是疾而不貞矣。

九三以陽剛居明體之上，而居于至暗之下，正與上六暗主爲應，故有向明除害、得其大首之象。然不可亟也，故有不可疾，惟主于貞之戒。占者有成湯文武之德，斯應是占矣。

《象》曰：南狩之志，乃大得也。

志與有伊尹之志則可之志同。得天下有道，得其民也。得其民者，得其心也。故除殘去暴，必大得民心，不然以暴易暴，安能行南狩之志？

六四，入于左腹，獲明夷之心，于出門庭。

此爻指微子言。蓋初爻指伯夷，二爻指文王，三爻指武王，五爻指箕子，上六指紂，則此爻指微子無疑矣。左腹者，微子乃紂同姓，左右腹心之臣也。坤爲腹，腹之象也。此爻變中爻爲巽，巽爲入，入之象也。因六四與上六同體，故以腹心言之。然必曰左腹者，右爲前，左爲後，今人言左遷，師卦六四左次是也。六四雖與上六同體，然六五近上六在前，六四又隔六五在後，是六五當入其右，而六四當入其左矣，故以左言之。坤爲黑，腹中乃黑暗幽隱之地也。心者心意也，明夷者紂也。明夷之心者，紂之心意也。出門庭者，遯去也。中爻震綜艮，艮爲門，門之象也。震足動，出門庭之象也。言微子終日在腹裏左邊，黑暗幽隱之中，已得明夷之心意，知其暴虐無道，必亡天下，不可輔矣，于是出門庭而歸周。《書》云吾家耄遜于荒，又曰我不顧行遯，正此爻之意也。

六四陰柔得正，與上六同體，已于幽暗之中，得其暴虐之心意，故有入腹獲心之象，于是出門庭而遯去矣。占者得此，亦當遠去也。

《象》曰：入于左腹，獲心意也。

凡人腹中心事，難以知之，今入于左腹，已得其心意，知其不可輔矣，微子所以去也。

六五，箕子之明夷，利貞。

六五居至闇之地，近至闇之君，然有柔中之德，晦其明而正其志，所以佯狂受辱也。居明夷如箕子，乃貞之至矣，故占者利于貞。諸爻以五爲君位，故周公以箕子二字明之，上六以登天二字明之。又九①三與上六爲正應，曰得其大首，皆欲人知上六之爲君也。《易》不可爲典要者，以此。然周公爻辭，必以上六爲君者，何也？蓋九三明之極，惟武王可以當之；上六闇之極，惟紂可以當之。若六五有柔中之德，又非紂之所能當也。

《象》曰：箕子之貞，明不可息也。

不可息者，耿耿不昧，常存而不息也。明不可息者，言明可晦不可息，以其在内不露，所以爲貞也。

上六，不明晦，初登于天，後入于地。

不明晦者，日落不明而晦也。初登于天者，日在地上也。後入于地者，日在地上也。本卦原是日在地下，傷其明名爲明夷，上六爲明夷之主，至此則明夷成矣。故復以明夷之本象言之。○上六以陰居坤土之極，昏闇之至者也。惟其昏闇之至，不明而晦，是以初則尊爲天子，居可傷人之勢，專以傷人之明爲事，終則自傷，而墜厥命，欲爲匹夫而不可得矣。故有日落不明而晦，初雖登天而後入地之象。其象如此，而占者可知矣。

《象》曰：初登于天，照四國也。後入于地，失則也。

① 九，原作『凡』，王校本據史本、朝爽堂本改，從之。

照四國以位言，言日居天上，能照四國，亦如人君高位，得傷人之勢也。失則以德言，言爲人君止于仁，視民如傷者也，豈可以傷人爲事哉。君以傷人爲事，失其君之則矣，是以始而登天以傷人，而終于自傷也。文王之順以則者，外柔順而内實文明。凡事通有法則，文王之所以興。紂之失則者，居坤順之極，而内實昏暗。凡事通失法則，紂之所以亡。故二六皆言則字。

周易集注卷之八

䷤離下巽上

家人者，一家之人也。八卦正位，巽在四，離在二，此卦巽以長女而位四，離以中女而位二，二四皆得，八卦正位。又九五、六二，内外各得其正，皆家人之義也。《序卦》：『夷者，傷也。傷于外者，必反于家，故受之以家人。』所以次明夷。

家人，利女貞。

言占者利于先正其内也。以占者之身而言也，非女之自貞也。蓋女貞乃家人之本，治家者之先務。正雖在女，而其所以正之者，則在丈夫。故曰利女貞。

《彖》曰：家人，女正位乎内，男正位乎外，男女正，天地之大義也。家人有嚴君焉，父母之謂也。父父，子子，兄兄，弟弟，夫夫，婦婦，而家道正，正家而天下定矣。

釋卦名卦辭而推言之。男女二字，一家之人盡之矣。父母亦男女也，曰男女，即卦名也。女正位乎内，男正位乎外，正，即卦辭之貞也。《本義》上父初子之説非也。吴幼清以五爲巽女之夫，三爲離女之夫，亦非也。惟依彖辭女正、男正二句，則卦名、卦辭，皆在其中矣。言女正位乎内，男正位乎外，男女正，乃天地間大道，理原是如此，所以利女貞。嚴乃尊嚴，非嚴厲之嚴也。尊無二上之意，言一家父母爲尊，必父母尊嚴，内外整肅，如臣民之聽命于君，然後父尊子卑，兄友弟恭，夫制婦順，各盡其道，而後家道正，正家而天下定矣。定天下係于一家，豈可不利女貞？此推原所以當女貞之故。

《象》曰：風自火出，家人，君子以言有物，而行有恒。

風自火出者，火熾則炎上而風生也，自内而及外之意。知風自火出之象，則知風化之本，自家而出，而家之本，又自身出也。有物者，有實物也，言之不虚也。言孝則實能孝，言弟則實能弟也。有恒者，能恒久也，行之不變也。孝則終身孝，弟則終身弟也。言有物，則言顧行，行有恒，則行顧言，如此則身修家齊，風化自此出矣。

初九，閑有家，悔亡。

閑者，防也，闌也，其字從門從木，木設于門，所以防閑也。又變艮，艮爲門，又爲止，亦門闌止防之意也。閑有家者，閑一家之衆，使其父父，子子，兄兄，弟弟，夫夫，婦婦也。

初九以離明陽剛，處有家之始。離明，則有豫防先見之明，陽剛則有整肅威如之吉，故有閑有家之象。以是而處家，則有以潛消其一家之瀆亂，而悔亡矣。故其象占如此。

《象》曰：閑有家，志未變也。

九五爲男，剛健得正。六二爲女，柔順得正。在初之時，正志未變，故易防閑也。

六二，无攸遂，在中饋，貞吉。

攸者所也，遂者專成也，无攸遂者，言凡閫外之事，皆聽命于夫，無所專成也。饋者餉也，以所治之飲食，而與人飲食也。饋食内事，故曰中饋。中爻坎，飲食之象也。言六二無所專成，惟中饋之事而已。自中饋之外，一無所專成也。

六二柔順中正，女之位正乎内者也，故有此象。占者如是，貞則吉矣。

《象》曰：六二之吉，順以巽也。

順以巽者，順從而卑，巽乎九五之正應也。《易·小象》言順以巽者三：蒙六五中爻爲順，變爻爲巽；漸六四變乾錯坤爲順，未變爲巽；本卦亦變乾錯坤爲順，應爻爲巽。三順以巽，皆同。

九三，家人嗃嗃，悔厲吉。婦子嘻嘻，終吝。嗃，呼落反。

家人者，主乎一家之人也。惟此爻獨稱家人者，三當一卦之中，又介乎二陰之間，有夫道焉。蓋一家之主，方敢嗃嗃也。嗃嗃，嚴大之聲。嘻嘻，嘆聲。婦者兒婦也，子者兒子也。○九三過剛不中，爲衆①人之主，故有嗃嗃之象。占者如是，不免近于傷恩。一時至于悔厲。然家道嚴肅，倫序整齊，故漸趨于吉。夫曰嗃嗃者，以齊家之嚴而言也。若專以嗃嗃爲主，而無惻怛聯屬之情，使婦子不能堪而至有嘻嘆悲怨之聲，則一家乖離，反失處家之節，不惟悔厲，而終至于吝矣。因九三過剛，故又戒占者以此。

《象》曰：家人嗃嗃，未失也。婦子嘻嘻，失家節也。

節者，竹節也，不過之意。不過于威，不過于愛也。處家之道，當威愛並行。家人嗃嗃者威也，未失處家之節也。若主于威而無愛，使婦子不能容，則反失處家之節矣。

六四，富家，大吉。

巽爲近市利三倍，富之象也。又變乾爲金爲玉，亦富之象也。承乘應皆陽，則上下内外皆富矣。《記》曰：『父子篤，兄弟睦，夫婦和，家之肥也。』肥字即富字。因本卦六爻，皆中正而吉，所以説此富字，亦因

① 衆，王校本據史本、朝爽堂本改作『家』。

本爻有此象也。若①家庭之間，不孝不弟，無仁無義，縱金玉滿堂，將何爲哉？然則周公之所謂富者，必有所指歸。觀孔子《小象》之順在位，可知矣。○六以柔順之體，而居四得正。下三爻乃一家之人，皆所管攝者也。初能閑家，二位乎内而主中饋，三位乎外，而治家以嚴，家豈不富？而四又以巽順保其所有，惟享其富而已，豈不大吉？是以有富家之象，而占者大吉也。

《象》曰：富家大吉，順在位也。

以柔順居八卦正位，故富順在位。見前《八卦正位圖》。

九五，王假有家，勿恤，吉。假，音格。

假，至也。自古聖王，未有不以修身正家爲本者。所謂刑于寡妻，至于兄弟，以御于家邦是也。有家，即初之有家也。然初之有家，家道之始。五之有家，家道之成。大意謂初閑有家，二主中饋，三治家嚴，四巽順以保其家，故皆吉。然不免有憂恤而後吉也。若王者至于有家，不恤而知其吉矣。蓋中爻坎，憂恤之象。此象出于坎之外，故勿恤。

九五，剛健中正，臨于有家之上，蓋身修家齊，家正而天下治者也，不憂而吉可知矣，故其占如此。

《象》曰：王假有家，交相愛也。

交相愛者，彼此交愛其德也。五愛二之柔順中正，足以助乎五。二愛五之剛健中正，足以刑乎二，非如常人情欲之愛而已。以周家論之，以文王爲君，以太姒爲妃，以王季爲父，以大任爲母，以武王爲子，以邑姜爲婦，以周公爲武王之弟，正所謂父父，子子，兄兄，弟弟，夫夫，婦婦也。彼此皆有德，故交愛其德，非

① 若，原作「皆」，據寶廉堂本改。

止二五之愛而已。孔子曰：無憂者，其惟文王乎。惟其交相愛，所以無憂恤。

上九，有孚，威如，終吉。

一家之中，禮勝則離，寡恩者也；樂勝則流，寡威者也。有孚，則至誠惻怛，聯屬一家之心而不至乖離；威如，則整齊嚴肅，振作一家之事而不至瀆亂。終吉者，長久得吉也。○上九以剛居上，當家人之終，故言正家長久之道，不過此二者而已。占者能誠信威嚴，則終吉矣。

《象》曰：威如之吉，反身之謂也。

反身，修身也。如言有物，行有恒，正倫理，篤恩義，正衣冠，尊瞻視，凡反身整肅之類皆是也。如是則不惡而嚴。一家之人，有不威之畏矣。

☲兑下離上

睽字從目，目少睛也。目主見，故周公爻辭，初曰見惡人，三曰見輿曳，上曰見豕負塗，皆見字之意。若從耳，亦曰睽，蓋耳聾之甚也。睽，乖異也。爲卦上離下兑，火炎上，澤潤下，二體相違，睽之義也。又中少二女同居，志不同，亦睽之義也。《序卦》：『家道窮必乖，故受之以睽。』家道窮者，教家之道理窮絶也，無教家之道理，則乖異矣，所以次家人。睽綜家人，家人離之陰在二，巽之陰在四，皆得其正。睽則兑之陰居三，離之陰居五，皆居陽位，不得其正。不正則家道窮，故曰家道窮必乖，故受之以睽。

睽，小事吉。

象辭明。

**《象》曰：睽，火動而上，澤動而下，二女同居，其志不同行。説而麗乎明，柔進而上行，得中而應乎剛，是

以小事吉。天地睽而其事同也，男女睽而其志通也，萬物睽而其事類也。睽之時用大矣哉。

以卦象、卦德、卦綜卦體釋卦名、卦辭，極言其理而贊之。火燥炎上，澤濕就下，物性本然之睽。中女配坎，少女配艮，人情必然之睽，故名睽。兑説，離明，説麗乎明也。柔進而上行者，睽綜家人，二卦同體，文王綜爲一卦，故《雜卦》①曰：『睽外也，家人内也。』言家人下卦之離，進而爲睽之上卦。六得乎五之中，而下應乎九二②之剛也，三者皆柔之所爲。柔本不能濟事，又當睽乖之時，何由得小事吉？然説麗明則有德，進乎五則有位，應乎剛則有輔，因有此三者，是以小事吉也。事同者，知始作成，化育之事同也。志通者，夫唱婦隨，交感之情通也。事類者，聲應氣求，感應之機類也。天地不睽，不能成造化。男女不睽，不能成人道。萬物不睽，不能成物類。此其時用所以大也，與坎蹇同。

《象》曰：上火下澤，睽，君子以同而異。

同者理，異者事，天下無不同之理，而有不同之事。異其事而同其理，所以同而異。如禹、稷、顔回同道，而出處異。微子、比干、箕子同仁，而去就死生異是也。《彖辭》言異而同，《象辭》言同而異，此所以爲聖人之言也。

初九，悔亡，喪馬勿逐自復，見惡人，无咎。喪，息浪反。

喪者，喪去也。中爻坎，爲亟心之馬，馬亟心，倏然喪去，喪馬之象也。勿逐自復者，不追逐而自還也。兑爲悦體，凡《易》中言兑者，皆勿逐自復。如震之六二變兑，亦勿逐七日得。既濟六二變兑，亦勿逐七

① 雜，原作『離』，王校本據史本、朝爽堂本改，從之。
② 二，原作『三』，徑改。王校本據史本、朝爽堂本改，並將下『三者』亦改作『二者』。

日得是也。坎爲盜，惡人之象也。中爻應爻離，持戈兵，亦惡人之象也。故大有初爻曰無交害，三爻曰小人害也。曰小人，則指離矣。見惡人者，惡人來而我即見之，不以惡人而拒絶也。離爲目，見之象也。○初九當睽乖之時，上無應與相援，若有悔矣。然陽剛得正，故占者悔亡。但時正當睽，不可强求人之必合，故必去者不追，惟聽其自還。來者不拒，雖惡人亦見之。此善于處睽者也。能如是，則悔亡而无咎矣，故又教占者，占中之象如此。

《象》曰：見惡人，以辟咎也。辟，音避。

當睽之時，行動即有咎病，故惡人亦不拒絶，而見之者，所以避咎也。咎即睽乖之咎。

九二，遇主于巷，无咎。

遇者，相逢也，詳見噬嗑六三遇毒。巷有二：街巷也，里巷也。兑錯艮，艮爲徑路，里巷之象也。應爻離中虚，街巷之象也。離爲日，主之象也。當睽之時，君臣相求，必欲拘堂陛之常分，則賢者無自而進矣。遇主于巷者，言不在廊廟之上，而在于巷道之中，如鄧禹諸臣之遇光武是也。○九二以剛中而居悦體，上應六五，六五正當人心睽乖之時，柔弱已甚，欲思賢明之人以輔之。二以悦體，兩情相合，正所謂得中而應乎剛也，故有遇主于巷之象。占者得此，睽而得合矣，故无咎。

《象》曰：遇主于巷，未失道也。

本卦離爲戈兵，中爻離亦爲戈兵。兑爲毁折，中爻又爲坎陷。言君臣相遇于巷，豈不失道哉？然當天下睽乖之時，外而前有戈兵，後有戈兵，中原坎陷。内而主又柔弱，國勢毁折，分崩離析，正危迫之秋，非但君擇臣，臣亦擇君之時也。得一豪傑之士，即足以濟睽矣，况又正應乎？聖人見得有此象，所以周公許其无咎，孔子許其未失道也，所以《易經》要玩象。

六三，見輿曳，其牛掣，其人天且劓，无初有終。掣，音徹。劓，魚器反。

上卦離爲目，見之象也。見者，六三與上九並見之也。又爲牛，牛之象也。中爻坎，輿之象也，曳之象也。曳者，拖也，引也。掣者，挽也，兑錯艮爲手，挽之象也。其人天者，指六三與上九也。六三陰也，居人位，故曰人；上九陽也，居天位，故曰天。周公爻辭之玄至此。錯艮，又爲鼻，鼻之象也。刑割鼻曰劓，鼻之上有戈兵，劓之象也。艮又爲閽寺，刑人不曰閽寺，而曰劓者，戈兵之刑，在卦之上體也。若閽寺，則在下體矣，然非真割鼻也。鼻者通氣出入之物，六三上九本乃正應，見其曳掣，怒氣之發，如割鼻然，故取此象。且者未定之辭，言非真割鼻也。大意言車前必有牛，六三在車中，後二曳其車，前四掣其牛，所以上九見之而發怒也，此正所謂无初也。此皆本爻自有之象，《易》惟有此象，無此事，如入于左腹之類是也。後儒不悟象，所以將此等險辭，通鶻突放過去了。○六三不中不正，上應上九，欲與之合，然當睽乖之時，承乘皆不正之陽，亦欲與之相合，曳掣不能行，上下正應，見其曳掣，不勝其怒，故有此象。然陰陽正應，初雖睽乖，而終得合也，故其象占如此。

《象》曰：見輿曳，位不當也。无初有終，遇剛也。

陰居陽位，故不當。遇剛者，遇上九也。

九四，睽孤，遇元夫。交孚，厲无咎。

元者大也，夫者人也。陽爲大人，陰爲小人，指初爲大人也。交孚者，同德相信也。厲者，兢兢然危心以處之，惟恐交孚之不至也。○九四以陽剛當睽之時，左右之鄰皆陰柔之小人，孤立而無助者也，故有睽孤之象。然性本離明，知初九爲大人君子，與之同德相信，故又有遇元夫交孚之象。然必危心以處之，方可无咎。故又教占者如此。

《象》曰：交孚，无咎，志行也。

志行者，二陽同德而相與濟睽之志行也。蓋睽者乖之極，孤者睽之極，二德交孚，則睽者可合，孤者有朋，志可行而難可濟，不特无咎而已也。

六五，悔亡，厥宗噬膚，往何咎？

宗字詳見同人六二，噬膚詳見噬嗑六二。言相合甚易，如噬膚之柔脆也。九二遇主于巷，曰主者，尊之也。六五厥宗噬膚，曰宗者，親之也。臣尊其君，君親其臣，豈不足以濟天下之睽？

六五當睽之時，以柔居尊，宜有悔矣，然質本文明，柔進上行，有柔中之德。下應剛中之賢，而虚己下賢之心甚篤，故悔可亡，有厥宗噬膚之象。惟其合之甚易，所以悔亡也。占者以是而往，睽可濟矣，故无咎也。

《象》曰：厥宗噬膚，往有慶也。

往則可以濟睽，故有慶。

上九，睽孤，見豕負塗，載鬼一車，先張之弧，後説之弧，匪寇婚媾，往遇雨則吉。説，吐活反。

九四之孤，以人而孤也，因左右皆陰爻也。上九之孤，自孤也，因猜疑而孤也。見者上九自見之而疑也，負者背也，塗者泥也。離錯坎，坎爲豕，又爲水，豕負塗之象也。坎爲隱伏，載鬼之象也。又爲弓，又爲狐疑，張弓説弓，心狐疑不定之象也。變震爲歸妹，男悦女，女悦男，婚媾之象也。寇止九二九四，又坎爲雨，雨之象也。遇雨者，遇六三也，雨則三之象也。三居澤之上，乃雨也。○上九以陽剛處明，終睽極之地，猜疑難合，故爲睽孤。與六三本爲正應，始見六三輿①曳牛掣，乃疑其爲豕，又疑其非豕而乃鬼，方欲張

① 輿，原作『與』，據寶廉堂本改。

弓射之，又疑其非鬼，乃脱弓而近于前，乃六三也。使非二四之寇，上則早與六三成其婚媾矣。始雖睽孤，終而群疑亡，又復相合，故有此象。往遇雨，又婚媾之象也。占者凡事必如是則吉。

《象》曰：遇雨之吉，群疑亡也。

惟群疑亡，所以遇雨吉。

☶☵艮下坎上

蹇，難也。爲卦艮下坎上，坎險艮止，險在前，見險而止，不能前進，蹇之義也。《序卦》：『睽者乖也，乖必有難，故受之以蹇。』所以次睽。

蹇，利西南，不利東北，利見大人，貞吉。

蹇難在東北，文王圓圖艮坎皆在東北也。若西南則無難矣，所以利西南。大人者，九五也。舊注坤方體順而易，艮方體止而險，又云『西南平易，東北險阻』：皆始于王弼。弼曰西南爲地，東北爲山，後儒從之，遂生此説，而不知文王卦辭，乃與解卦相綜也。

《彖》曰：蹇，難也，險在前也。見險而能止，知矣哉。蹇利西南，往得中也。不利東北，其道窮也。利見大人，往有功也。當位貞吉，以正邦也。蹇之時用大矣哉。難，乃旦反。知，音智。

以卦德、卦綜、卦體釋卦名、卦辭而贊之。難者，行不進之義也。坎之德爲險，居卦之前，不可前進，此所以名爲蹇也。然艮止在後，止之而不冒其險，明哲保身者也，不其智哉。往得中者，蹇綜解，二卦同體，文王綜爲一卦，故《雜卦》曰：『解緩也，蹇難也。』言解下卦之坎，往而爲蹇上卦之坎，所以九五得其中也。訟卦，剛來而得中者，坎自需上卦來，故曰來。此卦解自下卦往，故曰往。其道窮者，解上卦之震。

下而爲蹇，下卦之艮也。蹇難在東北，今下于東北，又艮止不行，所以其道窮。文王圓圖，東北居圓圖之下，西南居圓圖之上，故往而上者，則入西南之境矣，故往得中。來而下者，則入東北之境矣，故其道窮。往有功之往，即往得中之往，故利見九五大人，則往有功。當位者，陽剛皆當其位也。八卦正位，坎在五，艮在三，今二卦陽剛，皆得正位，有貞之義，故貞吉。漸卦巽艮，男女皆得正位，故《彖辭》同。若以人事論，往得中者，是所往得其地，據形勝而得所安也。若非其地，其道窮矣。往有功者，所依得其人也。蓋陽剛中正，以居尊位，則其德足以聯屬天下之心，其勢足以汲引天下之士，故往有功。正邦者，所處得其正，正則行一不義、殺一不辜而不爲，所以能明信義于天下，而邦其底定矣。有此三者，方可濟蹇。故嘆其時用之大，與坎睽同。

《象》曰：山上有水，蹇，君子以反身修德。

山上有水，爲山所阻，不得施行，蹇之象也。君子以行，有不得者，乃此身之蹇也。若怨天尤人，安能濟其蹇？惟反身修德，則誠能動物，家邦必達矣。此善于濟此身之蹇者也。

初六，往蹇來譽。

往來者，進退二字也。本卦蹇字從足，艮綜震，震爲足，故諸爻皆以往來言之。譽者，有智矣哉之譽也。往以坎言，上進則爲往，入于坎矣。來以艮言，不進則爲來，艮而止矣。

六非濟蹇之才，初非濟蹇之位。故有進而往則冒其蹇，退而來則來其譽之象。占者遇此，亦當有待也。

《象》曰：往蹇來譽，宜待也。

待者，待其時之可進也。

六二，王臣蹇蹇，匪躬之故。

王者五也，臣者二也。外卦之坎，王之蹇也。中爻之坎，臣之蹇也。因二五在兩坎之中，故以兩蹇字言之。六二艮體有不獲其身之象，故言匪躬。匪躬者，不有其身也。言王臣皆在坎陷之中，蹇而又蹇，不能濟其蹇。六二不有其身者，因此蹇蹇之故也。張巡、許遠，此爻近之。

六二當國家蹇難之時，主憂臣辱，故有王臣蹇蹇之象。然六二柔順中正，蓋事君能致其身者也，故又有匪躬之象。占者得此，成敗利鈍非所論矣。

《象》曰：王臣蹇蹇，終无尤也。

力雖不濟，心已捐生，有何所尤？初六以不往爲有譽，六二以匪躬爲无尤，有位無位之間耳。

九三，往蹇來反。

來反者，來反而比于二也。此爻變坤，爲水地比。來反者，親比于人之象也。六二忠貞之臣，但其才柔，不能濟蹇，蹇而又蹇，思剛明之人以協助之，乃其本心，所以喜其反也。

九三陽剛得正，當蹇之時，與上六爲正應，但爲五所隔，故來反而比于同體之二，三則資其二之巽順。二則資其三之剛明，可以濟蹇之功矣。故有往則蹇而來反之象，占者得此，亦宜反也。

《象》曰：往蹇來反，内喜之也。

内者，内卦之二也，二之陰樂于從陽，故喜之。

六四，往蹇來連。

連者，相連也。許遠當禄山之亂，乃對張巡曰：君才十倍于遠。由是帷帳之謀，一斷于巡，此六四之來連者也。六二喜之者，内之兄弟，喜其己之有助也。六四連之者，外之朋友，喜其人之有才也。

六四近君，當濟蹇矣，但六四以陰柔之才，無撥亂興衰之略，于是來連于九三，合力以濟，故其象如此，占者凡事親賢而後可。

《象》曰：往蹇來連，當位實也。

陽實陰虛，實指九三，與獨遠實之實同。當位實者，言九三得八卦之正位，實當其位也。陽剛得其正位，則才足以有爲，可以濟蹇矣。

九五，大蹇，朋來。

陽大陰小，大者陽也，即九五也，言九五之君蹇也。朋指三，即九五同德之陽，三與五同功異位者也。上六來碩，應乎三者也。六四來連，比乎三者也。三有剛實之才，惟三可以濟蹇，然三與五非比非應，不能從乎其五，惟二與五應，乃君臣同其患難者，餘四爻則不當其責者也。朋來合乎二以濟蹇，則諸爻皆共濟其蹇矣。自下而上曰往，自上而下曰來。今曰朋來，則知六四三皆來合乎二也。朋來之來，即來反之來。此爻變坤，坤爲衆，朋之象也。自本爻言之，所謂當位貞吉，以正邦也。自上下諸爻言之，所謂利見大人，往有功也。所以大蹇朋來。

九五居尊，有陽剛中正之德。當蹇難之時，下應六二，六二固匪躬矣，而爲三者，又來反乎二而濟蹇，三之朋既來，則凡應乎朋而來碩，比乎朋而來連，皆翕然並至，以共濟其蹇矣，故有大蹇朋來之象。占者有是德，方應是占也。

《象》曰：大蹇朋來，以中節也。

中者，中德也，即剛健中正之德也。節者，節制也。言爲五者，有剛健之中德，足以聯屬之。有九五之尊位，足以節制之，所以大蹇朋來也。

上六，往蹇來碩，吉，利見大人。

碩者，大也，陽大陰小，故言大。不言大而言碩者，九五已有大字矣。來碩者，來就三也。吉者，諸爻皆未能濟蹇，此獨能濟也。見大人者，見九五也。

上六才柔未能濟蹇，且居卦極，往無所之，益以蹇耳。九三乃陽剛當位衆志之所樂從者，反而就之，則可以共濟其蹇矣。何吉如之？若此者，非因人成事也。以九五大人之君，方在蹇中，上與三利見之，共濟其蹇，則往有功矣，此其所以吉也。故占者來碩則吉，而見大人則利也。若舊注來就九五，則見大人，爲重復矣。且《小象》曰志在内也，若就九五，則志在外卦，不在内卦矣。

《象》曰：往蹇來碩，志在内也。利見大人，以從貴也。

内指九三，對外卦而言則曰内。貴指九五，對下賤而言則曰貴。志内所以尚賢，從貴所以嚴分。

☵☳坎下震上

解者，難之散也。居險能動，則出于險之外矣，解之象也。又雷雨交作，陰陽和暢，百物解散，亦解之象也。《序卦》：『蹇者，難也。物不可以終難，故受之以解。』所以次蹇。

解，利西南，无所往，其來復吉。有攸往，夙吉。解，佳買反。

夙，早也。此教占者之辭。言解利西南，當往西南，若不往，來復于東北之地亦吉，但往西南則早得吉。不然，來復于東北之地，雖吉，不若西南之早矣。解與蹇相綜，解即解蹇難，故文王有此辭。无所往者，蹇下卦乃艮止，止則不往，所以无所往也。前儒不知文王《序卦》，所以注蹇解二卦，不成其説。

《彖》曰：解，險以動，動而免乎險，解。解，利西南，往得衆也。其來復吉，乃得中也。有攸往夙吉，往有功也。天地解而雷雨作，雷雨作而百果草木皆甲拆，解之時大矣哉。

以卦德、卦綜釋卦名、卦辭，又極言而贊之。險之爲物，見天則訟，見澤則困，見山則蹇，在外卦則屯，惟坎險在内，震動在外，是動而出乎險之外，得以免于險難，所以名解也。自下而上曰往，自上而下曰來，往得衆者，解綜蹇，蹇下卦之艮，往而爲解，上卦之震也。震二爻皆坤土，坤爲衆，故得衆也。得中者，蹇上卦之坎，來而爲解下卦之坎也。九二得中，與訟卦剛來而得中同，故蹇坎往上曰得中，解坎來下曰得中也。往有功，即上文得衆也，得衆故有功。來復東北，止得中而已。往西南則得衆有功，所以早吉也。天地解者，雨出于天，雷出于地也。窮冬之時，陰陽固結不通，所以雷不隨雨。及至陰陽交泰，則氣解而雷雨交作，由是形隨氣解而百果草木皆甲拆矣。甲者萌甲，拆者拆開。解之時既至，天地不能閉之而使不解，則天地之所以成化功者，此解也。皆此解之時也，所以爲大。

《象》曰：雷雨作，解，君子以赦過宥罪。

赦過宥罪，君子之用刑，原當如此，非因大難方解之後，當如此也。無心失理之謂過，恕其不及，而赦之不問。有心爲惡之謂罪，矜其無知而宥之從輕。雷雨交作，天地以之解萬物之屯。赦過宥罪，君子以之解萬民之難，此正《雜卦》解緩之意。

初六，无咎。

難既解矣，六以柔在下，而上有剛明者爲正，應以濟其不及，无咎之道也，故其占如此。

《象》曰：剛柔之際，義无咎也。

剛柔際者，剛柔相交際也。方解之初，宜安静以休息，六之柔，四之剛，交相爲用，則不過剛，不過柔，而所事皆得宜矣，故于義无咎。

九二，田獲三狐，得黄矢，貞吉。

坎爲狐，狐之象也。坎爲弓，矢之象也。中爻離，離居三，三之象也。又爲戈兵，戈兵震動，田之象也。變坤，坤爲黄，黄之象也。狐媚物，小人之象。黄中色，矢直物，中直者，君子之象，即六五爻所言君子小人。○九二陽剛得中，上應六五，爲之信任于國家大難方解之後，蓋有舉直錯枉之權，退小人而進君子者也，故能去邪媚，得中直，有田獲三狐，得黄矢之象，正而且吉之道也，故其占如此。

《象》曰：九二貞吉，得中道也。

居中而得中道也。

六三，負且乘，致寇至，貞吝。

坎爲輿，三居上，乘之象也，又爲盗，寇之象也。負者小人之事，輿者君子之器，此二句雖孔子據理之言，然亦本卦象之所有者，蓋三負四乘二，四不中不正，乃小人也，二得中，乃君子也。貞者，位乃君所與，故正也。負且乘，固無以正得之之理，如漢文帝寵鄧通，擢爲太中大夫，此負且乘也。天子所擢，豈不爲正？後景帝時下吏，是寇之至也。此之謂貞而吝。○六三陰柔，不中不正，而乃居下之上，是小人竊高位，而終必失之者也，故有負乘致寇之象。占者得此，雖正亦可羞也。

《象》曰：負且乘，亦可醜也，自我致戎，又誰咎也？

誰咎者，言我之咎也，非人之咎也。同人『又誰咎也』，言人誰有咎我者也。節『又誰咎也』，言無所歸咎于人也。與節小異。

九四，解而拇，朋至斯孚。

而者，汝①也。震爲足，拇居足下，三居震之下，拇之象也。二與四同功，皆有陽剛之德，故曰朋。解而拇，占中之象也，若舊注以初爲拇，則剛柔之際，義无咎，不當解者也。惟負乘之小人，則當解之矣。〇二與四爲同德之朋，當國家解難之時，四居近君之位，當大臣之任，而二爲五之正應，則四與二皆同朝君子之朋也，但四比于三，間于負乘之小人，則君子之朋，安得而至？惟解去其小人，則君子之朋自至而孚信矣。故戒占者必如此。

《象》曰：解而拇，未當位也。

以陽居陰，故未當位，惟未當位，故有解拇之戒。

六五，君子維有解，吉，有孚于小人。

維者，繫也。文王坎卦，有孚維心，此卦上坎下坎，故亦用此維字、孚字。君子者，四與二也。吉者，君子用事，小人遠退，何吉如之。孚者，信也，言信于小人，而小人自退也。

本卦四陰，六五以陰居尊，而三陰從之，乃宦官宫妾外戚之類也。然六五近比于四，又與九二爲正應，皆陽剛之君子也。六五若虚中下賢，此心能維繫之，則凡同類之陰，皆其所解矣，所以吉也，何也？蓋君子用事，自能孚信于小人，而小人自退矣。此其所以有解而吉也。故教占者必如此。

《象》曰：君子有解，小人退也。

君子維而有解，則小人不必逐之而自退矣。

上六，公用射隼于高墉之上，獲之无不利。隼，思尹切。

① 汝，原作『涉』，據寶廉堂本旁校改。

上高而無位，公也。隼，祝鳩也，鷂屬，鷙鳥之害物者也。震爲鵠，變爻爲雉，鳥之象也。坎爲弓，居下卦，自下射上之象也。震錯巽，高之象也。墉者，墻也。高墉者，王宫之墻也。變離，外闔中空，近于六五之君，高墉之象也。故泰卦上六亦曰城，九二地位，故曰田，狐則地之走者也。上六天位，故曰高，隼則天之飛者也。獲之者，獲其隼也。隼棲于山林，人皆得而射之，惟棲于王宫高墉之上，則如城狐社鼠，有所憑依，人不敢射矣。蓋六五之小人，乃宦官宫妾。上六之隼，則外戚之小人，王莽之類是也。

上六柔順得正，而居尊位，當動極解終之時，蓋能去有所憑依之小人者也，故有公用射隼于高墉而獲之象。占者得此，則小人悖逆之大患，解之已盡矣，故无不利。

《象》曰：公用射隼，以解悖也。

以下叛上，謂之悖，王莽是也。《繫辭》别是孔子發未盡之意，與此不同。

䷨兑下艮上

損者，減損也。其卦損下剛卦，益上柔卦，此損之義也。又澤深山高，損其深以增其高，此損之象也。

《序卦》：『解者，緩也，緩必有所失，故受之以損。』所以次解。

損，有孚，元吉，无咎，可貞，利有攸往，曷之用？二簋可用享。

有孚者，言損不可聲音笑貌爲之，必當至誠也。凡曰損，本拂人情之事，或過或不及，或不當其時，皆非合正理，而有孚也。非有孚則不吉，有咎。非可貞之道，不能攸往矣。惟有孚，則元吉也，无咎也，可貞也，利有攸往也，有是四善矣。曷之用者，言何以用損也，若問辭也。二簋至薄，亦可享于鬼神，若答辭也。享鬼神，當豐不當損，曰可用享，言當損時，至薄亦無害也。

《彖》曰：損，損下益上，其道上行，損而有孚，元吉，无咎，可貞，利有攸往，曷之用？二簋可用享，二簋應有時，損剛益柔有時。損益盈虛，與時偕行。

以卦綜釋卦名、卦辭。本卦綜益卦，二卦同體，文王綜爲一卦，故《雜卦》曰：『損益，盛衰之始也。』益卦柔卦居上，剛卦居下，損下益上者。損益下卦之震，上行居損卦之上，而爲艮也，故其道上行，如言柔進而上行也。若以人事論，乃剥民奉上，民既貧矣，君不能以獨富，是上下俱損矣，故名損。時者理之當然，勢之不得不然者也。言文王之所謂二簋可用享者，非常道也，以其時當于損，所以二簋也。本卦損下卦之剛，益上卦之柔，亦非常道也。以時當損下益上，所以損剛益柔也。蓋天下之理，不過損益盈虛而已。物之盈者，盈而不已，其勢必至于消，消則損矣。物之虛者，虛而不已，其勢必至于息。息則益矣，是以時當盈而損也，不能逆時而使之益，時當虛而益也，不能逆時而使之損。此皆物理之常，亦因時而有損益耳。文王之二簋可用享者，亦時而已。不然致孝鬼神當豐，豈可損乎。

《象》曰：山下有澤，損，君子以懲忿窒欲。

澤深山高，損下以增高，損之象也。懲者戒也，窒者塞也。忿多生于怒，心剛惡也，突兀而出，其高如山，况多忿如少男乎？故當戒。欲多生于喜，心柔惡也，浸淫而流，其深如水，况多欲如少女乎？故當塞。忿不懲必遷怒，欲不窒必貳過，君子修身，所當損者，莫切于此。

初九，已事遄往，无咎，酌損之。

已者，我也。本卦損剛益柔，損下益上，乃我之事也，即韓子『莫憂世事兼身事』① 之意。遄者，速

① 原重『身事』二字，據寶廉堂本删。

也。酌，即損剛益柔有時，時字之意。○本卦初剛四柔，當損初以益四，故有已事遄往之象。占者得此固無咎矣，然損剛益柔有時不可以驟損，必斟酌而後損也，故許其无咎而又戒之以此。

《象》曰：已事遄往，尚合志也。

尚與上通，指四也。陰陽正應，故合志。四之志，欲損其疾，而初遄往，合其志也。

九二，利貞，征凶，弗損，益之。

貞者，即九二之剛中也。中則正矣。利者，安中德以自守，未有不利者也。征者，不守其剛中之德，而有所往也。凶者，六五君位，本卦性悦，此爻變震，以悦而動，必容悦以媚上，則流于不中不正矣，所以凶也。弗損者，弗損其剛中之德，即貞也。益者即利也，蓋五雖柔而居剛，非不足。二雖剛而居柔，非有餘，所以損剛不能益柔也。初以剛居剛，且欲酌損，況二居柔乎？何以弗損而能益？二乃五之正應，爲臣者，能爲正人君子，豈不有益于君，所以損則不益，弗損則能益也。○九二剛中，當損剛之時，志在自守弗損，貞之道也，故占者利于此貞。若失此貞而有所往，則凶矣。蓋不變其所守，正以益上，故貞則利，而征則凶也。

《象》曰：九二利貞，中以爲志也。

德以中爲美，志定則守斯定矣。二中以爲志，所以弗損，益之。

六三，三人行，則損一人，一人行，則得其友。

本卦綜益，二卦原是陰陽相配之卦，因損下益上，正在此爻，所以發此爻辭也。益卦下震，三爲人位，人之象也。震爲足，行之象也。又爲大塗，行人之象也。中爻坤爲衆，友之象也。三人行者，益下卦三爻，居于損之上三爻也，即《彖辭》其道上行也。損一人者，損六三也。一人行，即六三也，六三行上而居四也。三行上而居四，即損下之三而益上之四也。益卦下三爻，乃一陽二陰。今損一陰以居四，則陰陽兩相配矣。居四以初爲正應，則得其友也。兩相得則專，三則雜亂。三損其一者，損有餘也，兩也。一人得友者，益不足也，兩也。天地間陰陽剛柔，不過此兩而已，故孔子《繫辭》復以天地男女發之。○本卦綜益，損下益上，此爻正損益上下交接之爻，故有此象。占者得此，凡事當致一，不可參以三而雜亂也。

《象》曰：一人行，三則疑也。

一人行，得友而成兩，則陰陽配合而專一。若三，則雜亂而疑矣。所以損其一也。

六四，損其疾，使遄有喜，无咎。

四變中爻爲坎，坎爲心病，疾之象也。遄，即初遄往之遄。初與四陰陽相合，當損下之時，初即以爲己之事而遄往矣。使其初果得遄往，則有喜矣，所以加一使字。兑悦在下，喜之象也。○六四陰柔得正，與初九爲正應，賴其陽剛益己，而損其疾，故有損其疾之象，使初能遄往，則四得損其疾，而有喜矣，无咎之道也，故其象占如此。

《象》曰：損其疾，亦可喜也。

賴初損疾，亦可喜矣，而况初之遄往哉。

六五，或益之，十朋之龜，弗克違，元吉。

兩龜爲一朋，十朋之龜，大寶也。大象離，龜之象也。十者土之成數，中爻坤，十之象也。坤土兩兩相比，朋之象也。本卦錯咸，故咸九四亦曰朋從。綜益，益之六二，即損之六五，特顛倒耳，故亦曰十朋。兩象相同或者不期而至，不知所從來也。弗克違者，雖欲違之，而不可得也。○六五當損之時，柔順虚中以應九二，蓋有下賢之實心①，受天下之益者也，故有此象。占者得此，元吉可知。然必有是德，方有是應也。

《象》曰：六五元吉，自上祐也。

與大有天祐、旅上逮同，蓋皆五之虚中也。

上九，弗損，益之，无咎，貞吉，利有攸往，得臣无家。

居損之時，若用剛以損下，非爲上之道矣，安得无咎，安得正而吉，又安能行之而得人心也？今不損下而自益，是即益其下也。九二弗損，益之，益其上。上九弗損，益之，益其下，所以大得志如此。得臣者，陽爲君，陰爲臣，三爲正應，得臣之象也。无家者，此爻變坤，有國無家之象也，故師卦上六坤變艮，則曰承家，此爻艮變坤，則曰無家，可見矣。若以理論，乃國爾忘家，無自私家之心也。若用剛以損下，是自私而有家矣。○上九居損之終，則必變之以不損。居艮之極，則必止之以不損。當損下益上之時，而能弗損以益下，所以无咎也，正而吉也，利有攸往也，得臣无家也。占者有是德，方應是占矣。

《象》曰：弗損益之，大得志也。

无咎，貞吉，利有攸往，得臣无家，豈不大得志。

䷩震下巽上

益與損相綜，益之震上而爲艮，則損下以益上，所以名損。損之艮下而爲震，則損上以益下，所以名益。《序卦》：『損而不已必益，故受之以益。』所以次損。

① 王校據朝爽堂本將『實』字乙至『受』字上，屬下讀。

益，利有攸往，利涉大川。

利有攸往者，凡事無不利也。利涉大川者，言不惟利所往，可以處常，亦可以濟變。

《彖》曰：益，損上益下，民説无疆，自上下下，其道大光。利有攸往，中正有慶。利涉大川，木道乃行。益動而巽，日進无疆，天施地生，其益无方，凡益之道，與時偕行。下下二字，上遐嫁反，下如字。

以卦綜釋卦名，以卦體、卦象、卦德釋卦辭而贊之。損，損上卦之艮。益，益下卦而爲震也。民説无疆，就損益所及之澤而言也，益在民也。其道大光，就損益所行之事而言也，益在君也。人君居九重之上，而能膏澤及于閭閻之民，則其道與乾坤同其廣大，與日月同其光明，何大光如之。卦本損上，然能損上以益下，則並上亦益矣。民益，君益，所以名益。九五以中正位乎上，而六二以中正應之，是聖主得賢臣，而慶澤自流于天下矣，所以利有攸往也。木道乃行者，亦如中孚之舟虚，乃風中之木，故木道乃行。中孚、涣皆風水①，且本卦象離錯坎，亦有水象。動而巽者，動則有奮發之勇而不柔弱，巽則有順入之漸而不鹵莽，所以德崇業廣。日進無疆，此以卦德言也。震乃剛卦，爲天，天施者初之陽也，巽乃柔卦，爲地，地生者四之陰也。天以一陽施于下，則天道下濟而資其始也。地以一陰升于上，則地道上行而資其生，所以品物咸亨，而其益無方，此以卦體言也。時者，理之當其可也，言凡益之道，非理之本無而勉强增益之也，乃理之當其可而後增益也。如曰日進無疆者，以人事當然之理而益也，曰其益无方者，以造化自然之理而益也，理之所在，當益而益，是以自我益之。改過遷善，不嫌其多，自人益之，十朋之龜，愈見其吉矣。

《象》曰：風雷，益，君子以見善則遷，有過則改。

① 水，原作「木」，王校本據朝爽堂本改，從之。

風雷之勢，交相助益，益之道也。善者，天理也，吾性之本有也。過者，人欲也，吾性之本無也。理欲相爲乘除，去得一分人欲，則存得一分天理。人有善而遷從，則過益寡。已有過而速改，則善益增，即風雷之交相助益矣。

初九，利用爲大作，元吉，无咎。

大作者，厚事也，如遷國大事之類是也，故曰益以興利。陽大陰小，此爻陽，故以大言之。元吉，以功言，非諸爻以效言也。

初剛在下，爲動之主，當益之時，受上之益者也。六四近君，與初爲正應，而爲六四所信任，以其有剛明之才，故占者利用爲大作。然位卑任重，則有所不堪者，必其所作之事周悉萬全，爲經久之良圖，至于元善，方可无咎。苟輕用敗事，必負六四之信任矣，故戒占者以此。

《象》曰：元吉，无咎，下不厚事也。

下者，下位也。厚事者，大作也。初位卑，本不可以任厚事，豈能无咎？故必大善而後无咎也。

六二，或益之，十朋之龜，弗克違，永貞吉。王用享于帝，吉。

損之六五即益之六二，以其相綜，特倒轉耳，故其象同。損受下之益，此則受上之益。十朋之龜者，寵錫優渥之象也。永貞吉者，必長永貞，固守其虛中之德，而後可以常保其優渥之寵錫也。王用亨于帝者，言永貞虛中之心，必如人君之對越在天，小心翼翼也。此一句又永貞之象，乃占中之象也。帝出震，齊巽，本卦下震上巽，帝之象也。

六二當益之時，虛中處下，蓋精白一心以事君，本無求益之心而自得君之寵益者也，故有或益十朋之龜弗克違之象。然爻位皆陰，又戒以永貞，必事君如事天而後可以受此益也，故又有王用享于帝之象，占者必如是方吉也。

《象》曰：或益之，自外來也。

言不知所從來也，與上九自外來同。二則吉來，上則凶來。

六三，益之，用凶事，无咎。有孚，中行告公句**，用圭。**

凶者，險阻盤錯也。如使大將出師，及使至海外之國，豈不是凶。三之爻位本凶，《説文》云凶象地穿交陷其中。中爻坤地震極，未有不陷者，凶之象也。无咎者，凶事乃上之所益，三不得與焉，所以無咎也。有孚者，誠信也。中行者，中道可行之事也。凶事乃太過之事，故以中言之。告公者，告于四也。故六四曰中行告公從。圭乃通信之物，祭祀朝聘用之，所以達誠信也。六爻中虚，有孚之象也，巽綜兑，兑爲口，告之象也，故夬外卦兑亦曰告自邑，泰卦中爻兑亦曰自邑告命。震爲玉，圭之象也。用圭乃有孚之象，又占中之象也。有孚以下，乃聖人教占者開凶事之路也。

六三陰柔，不中不正，又居益下之極，然當益下之時，故有受上之益而用行凶事之象，占者得此，可以无咎。若以陰柔不堪此凶事，必當有孚誠信，以中道可行之事告于公，如用圭通誠信焉，庶乎凶事或可免也。故又有中行告公用圭之象，教占者必如此。

《象》曰：益用凶事，固有之也。

固有之者，本有之也。言三之爻位多凶，則凶事乃三之本有也。孔子三多凶之句，本原于周公之爻辭，六十四卦惟謙卦三爻有吉字，餘皆無，故三多凶。

六四，中行，告公從，利用爲依遷國。 爲字去聲。

中行告公者，即三爻以中道可行之事而告于四也。從者，巽性順，從之象也。爲字去聲。凡遷國安民，必爲其依而後遷。依者，依其形勝也，依形勝即所以依民也。如漢高祖之徙長安，以其地阻，三面可守，獨以一面東制諸侯，依其險而遷者也。國有所依，則不費其兵，不費其財，而民有所依矣。宋太阻亦欲徙長安，因晉王固諫，乃嘆曰：不出百年，天下民力殫矣。以四面受敵，無所依也。故周公不曰利用遷國，而曰爲依遷國。中爻坤，國之象也。損益相綜，損卦艮之一陽下而遷爲益之初，兑三之陰上而遷爲益之四，遷之象也。九五坐于上而三陰兩列中空，如天府，前後一陽，爲之藩屏，有所憑依，一統之象也，故利用爲依遷國。蓋遷國安民，乃益下中行之大事，則非凶事矣，故三告而四從也。

四陰得正，有益下之志，而又有益下之權者也，三乃受四之益者。若以中道可行之事，告于四而四從之，上下協謀則利用爲依遷國，而凡事之可遷移者亦無不利也。故其象如此，占可知矣。

《象》曰：告公從，以益志也。

八卦正位，巽在四，四以益下爲志，故告公從。

九五，有孚，惠心，勿問元吉。有孚，惠我德。

惠者，即益下之惠也。心者，益下之心也。德者，益下之政也。二、三皆受上之益者也，則益之權在四矣。三比四，有孚于四，以中行告四，四從之。五比四，有孚于四，四不必告五，五亦不必問四矣。下于上曰告，上于下曰問。蓋正位在四，知其必能惠下也，所以勿問也，故《小象》曰勿問之矣。巽爲命，綜兑爲口，中爻坤，錯乾爲言，皆告問之象也，故三爻、四爻、五爻，曰告曰問，五爻變成艮矣，艮止，勿問之象也。

我者五，自謂也。元吉，即有孚惠德也。言四之惠者，皆五之德也。

九五陽德中正，爲益下之主，當益之時，以益下之惠心，有孚于四，不必問而知其元吉矣，何也？蓋五孚于四，五之心知四必能惠我之德也，故有勿問之象，而占者元吉。

象曰：有孚惠心，勿問之矣。惠我德，大得志也。

四之《小象》曰告公從，五曰勿問之矣。見告、問二字，爲重上下相聯屬也。四曰以益者也，五曰大得志也，見四以益下爲志，而此則大得益下之志也。看六爻，要留心《小象》。

上九，莫益之，或擊之，立心勿恒，凶。

莫益者，莫能益也。此爻與恒卦九三同，亦不恒其德者也，所以下句言勿恒。蓋巽爲進退不果，勿恒之象也，所以莫益也。又變坎爲盜，中爻艮爲手，大象離爲戈兵，坎錯離亦爲戈兵，盜賊手持戈兵，擊之象也。此與蒙卦上九擊字相同，通是有此象，前儒不識象，止以理度之，就説求益不已，放于利而行多怨，不奪不饜，往往似此失《易》之旨，殊不知益卦不比損卦，損剛益柔有時，非恒常之道也，若益而不已，則日進無疆，其益無方，所以立心當恒，若不恒，不能益而不已，則凶矣。

上九以陽剛居益之極，極則變而不益矣，故有莫益或擊之象。所以然者，以其立心不恒也。若益民之心，恒久不變，則民説無疆矣，安有擊之之凶哉，惟其立心不恒，所以占者凶。

象曰：莫益之，偏辭也。或擊之，自外來也。

辭者，爻辭也。偏對正言，言非爻辭之正意也。正意在下句，言且莫言，莫能益也，此非到底之辭，猶有擊之之者，此是正辭也。自外來，與六二同，但分吉凶耳。

周易集注卷之九

䷪乾下兑上

夬者，决也，陽决陰也，三月之卦也。其卦乾下兑上，以二體論，水在天上，勢必及下，决之象也。以爻論，五陽長盛，一陰將消，亦决之象也。《序卦》：『益而不已必决，故受之以夬。』所以次益。

夬，揚于王庭，孚號有厲，告自邑，不利即戎，利有攸往。

揚于王庭，孚號有厲，皆指上六小人。揚者，得志放肆之意。于王庭，在君側也。五爲君，王之象也。兑錯艮，爲門闕，庭之象也。故節卦中爻艮亦曰庭。六與三爲正應，故曰孚。兑爲口舌，號之象也，故上六陰消曰无號。六號呼其三，與之孚契，三在衆君子之中，不敢與之相交，則三亦危矣，故有厲也。此見小人難决也。蓋容悦小人，在君之側，君聽信不疑。孚者且危厲，則不孚者可知矣，此所以難决也。告自邑者，告同類之陽也，如言告于本家之人也。乾錯坤，邑之象也。坤爲衆，又衆人之象也。乾爲言，告之象也。不即戎，不尚武勇也。言雖告于衆人，亦不合力以尚武勇也。方利有攸往，而小人可决矣。此正所謂决而和也。非舊注正名其罪，相與合力也，若如此，乃是即戎矣。

《彖》曰：夬，决也，剛决柔也。健而説，决而和，揚于王庭，柔乘五剛也。孚號有厲，其危乃光也。告自邑，不利即戎，所尚乃窮也。利有攸往，剛長乃終也。說，音悦。長，丁丈反。

釋卦名卦辭。惟健則不怯以容其惡，惟説則不猛以激其變。健而説者德也，决而和者事也。一陰加于五陽之上，則君亦在下矣。又與君同體，又容悦，豈不肆于王庭。三雖危，然舍正應而從君子，所以危而有光。君側之小人，豈可尚武勇。尚武勇，世道亂矣，故尚則必窮。剛長，陰自消矣。

《象》曰：澤上于天，夬，君子以施禄及下，居德則忌。

此象諸家泥滯程朱潰决二字，所以皆説不通。殊不知孔子此二句，乃生于澤字，非生于夬字也。蓋夬，乃三月之卦，正天子春來布德行惠之時，乃恩澤之澤，非水澤之澤也。天者君也，禄者澤之物也。德者澤之善也，居者施之反也。紂鹿臺之財，居德也。周有大賚，施禄也。下句乃足①上句之意，言澤在于君，當施其澤，不可居其澤也，居澤則乃人君之所深忌者。

初九，壯于前趾，往不勝爲咎。

震爲足，本卦大象震，又變巽，錯震，又居下，故以足趾言之。壯者大壯也，四陽爲壯，五陽爲夬。前者初居下，而欲急進于四陽大壯之位，近九五以决上六，故不曰趾而曰前趾也。往者，往决上六也。既曰前，又曰往，則初九急進，而决之之情見矣。凡所謂咎者，皆以其背于理，而爲咎病也。若君子之决小人，非背于理也，但不量力，不能勝小人，反爲小人所傷，則爲咎也，故曰不勝爲咎。

初九當夬之時，是以君子欲决小人者也。但在下位卑，又無應與，恃剛而往，故有此象。其不勝小人可必矣。故占者以不勝爲咎。

《象》曰：不勝而往，咎也。

① 足，原作『是』，據寶廉堂本改。

言往之前，已知其不勝小人矣，不慮勝而決，所以咎也。

九二，惕號，莫夜有戎，勿恤。 莫，音暮。

惕恤，皆憂懼也。剛居柔地，内而憂懼之象也。又變離錯坎，爲加憂，亦憂懼之象也。號，呼衆人也。乾爲言，外而呼號之象也。二爲地位，離日在地下，莫夜之象也。又離爲戈兵，坎爲盗，又爲夜，又本卦大象震，莫夜盗賊，戈兵震動，莫夜有戎之象也。本卦五陽一連，重剛，有戎象，所以卦爻爻辭皆言戎，非真有戎也。決小人之時，喻言小人不測之禍也。狄仁傑拳拳以復廬陵王爲憂者惕也，密結五王者號也，卒能反周爲唐，是亦有戎勿恤矣。

九二當夬之時，以剛居柔，又得中道，故能憂惕號呼，以自戒備。思慮周而黨與衆，是以莫夜有戎，變出于不測，亦可以無患矣。故教占者以此。

《象》曰：有戎勿恤，得中道也。

得中道者，居二之中也。得中，則不恃其剛而能惕號，不忘備戒，所以有戎勿恤。

九三，壯于頄，有凶。君子夬夬，獨行遇雨，若濡有愠，无咎。

頄音逵，面顴也。乾爲首，頄之象也。夬夬者，以心言也。言去小人之心，決而又決也。獨行者，陽性上行，五陽獨此爻與上六爲正應，獨行之象也。上六陰爻，又兑爲雨澤，雨之象也。濡者濕濡也，言九三合上六之小人，而若爲污也。愠者見恨于同類之君子，而嗔其與小人合也。前儒不知此爻，乃聖人爲占者設戒，又不知夬夬乃君子之心，故以爻辭爲差錯。王允之于董卓，温嶠之于王敦，此爻近之。

九三，當夬之時，以剛居剛，又與上六爲正應，聖人恐其不能決而和也，故爲占者設其戒曰：決去小人，若壯見于面目，則事未成而幾先露，反噬之凶不免矣。惟其決小人之心，夬而又夬，而面目則不夬夬而與之相合，如獨行遇雨，有所濡濡，雖迹有可疑，不免爲君子所愠，然從容以觀其變，委曲以成其謀，終必能決小人也。占者能如是，可以免凶而无咎矣。

《象》曰：君子夬夬，終無咎也。

心夬夬而面目相合，是決而和矣，所以終無咎。

九四，臀无膚，其行次且，牽羊悔亡，聞言不信。臀，徒敦反。次，七私反。且，七餘反。

人心①出腹中之物，皆在于臀。臀字從殿，殿者後也。凡《易》中言臀者，皆坎也，坎爲溝瀆，臀之象也。故始九三變坎曰臀，困下卦坎，初六曰臀。此爻變坎，亦曰臀。乾一兑二爲膚，詳見噬嗑。此爻變坎，則不成一二矣，故无膚也。兑爲毁折，亦无膚之象也。次且即趦趄二字，行不進也。惟其臀無膚，所以行不進也。兑爲羊，羊之象也。牽羊者，牽連三陽而同進也。兑綜巽爲繩，牽連之象也。觀大壯六五，乾陽在下曰喪羊，則此牽羊，可知其牽三陽矣。乾爲言，下三陽之言也，乃前告自邑之言也。變坎爲耳痛，聞言不信之象也。所以困卦亦有言不信之句，蓋變坎則情險性健，乃傲物也，故聞言不信。

九四以陽居陰，不中不正，有臀无膚，行不進，而不能決小人之象。然當決之時，不容不決也，故教占者能牽連下三陽以同進，用人成事，則可以亡其不進之悔。但不中不正之人，不樂聞君子之言，度其雖言之，亦不信也。占者如是，其有悔也必矣。

《象》曰：其行次且，位不當也。聞言不信，聰不明也。

位不當者，不中正也。聰者聽也，聽之不能明其理也，此原不信之由。位不當以位言，聽不明以變坎

① 心，王校本據史本、朝爽堂本及虎林本原校改作「身」。

言。

九五，莧陸夬夬句**，中行无咎。**

莧者，莧菜也。諸菜秋冬皆可種，獨莧三月種之。夬三月之卦，故取象于莧。亦如瓜五月生，故姤取瓜象。陸者地也，地之高平曰陸。莧乃柔物，上六之象也。陸地所以生莧者。六乃陰土，陸之象也。莧陸夬夬者，即俗言斬草除根之意①。言欲決去其莧，並其所種之地亦決之。上決者，夬莧也。下夬者，夬陸也。亦如王臣蹇蹇，上蹇，王之蹇也，下蹇，臣之蹇也。決而又決，則根本枝葉，皆以決去，無復潛滋暗長矣。中行者，五本居中得正，爲近上六，陰陽相比，則心事不光明，能夬夬則復其中行之舊矣。九三夬夬，以心言，以應爻而言也。九五以事言，以親比而言也。蓋三居下位，五則擅夬決生殺之權，故與三不同。○九五當夬之時，爲夬之主，本居中得正，可以決小人者也。但與六相近，不免溺于其私，外雖欲決而一時溺愛之心復萌，則決之不勇矣。故必如決莧，並其地而決之，則可以去其邪心，不爲中德之累而无咎矣。故其象占如此。

《象》曰：中行无咎，中未光也。

中未光者，恐中德近陰，未光明也，故當夬而又夬。

上六，无號，終有凶。

上六當權之時，號呼其正應之三，今三正應夬夬，則正應不可號矣。當權之時，揚于王庭，亦可以號呼而哀求于五，今五相親比，亦夬夬，則五不可號矣，故曰无號。終有凶，即《小象》終不可長。占者之凶，

① 意，原作『患』，據寶廉堂本改。

可知矣。

《象》曰：无號之凶，終不可長也。

言一陰在上，不可長久，終爲五陽所決去也。

☴巽下乾上

姤，遇也，五月之卦也。一陰生于下，陰與陽遇，以其本非所望，而卒然值之，如不期而遇者，故爲姤也。《序卦》：『夬，決也。決必有所遇，故受之以姤。』所以次夬。

姤，女壯，勿用取女。 取，七慮①反。

一陰而遇五陽，有女壯之象，故戒占者勿用取女。以其女德不貞，決不能長久，從一而終也。幽王之得褒姒，高宗之立武昭儀，養鷙棄鶴，皆出于一時一念之差，而豈知後有莫大之禍哉？故一陰生于五陽之下，陰至微矣。而聖人即曰女壯勿用取者，防其漸也。

《彖》曰：姤，遇也，柔遇剛也。勿用取女，不可與長也。天地相遇，品物咸章也。剛遇中正，天下大行也。姤之時義大矣哉。

釋卦名、卦辭而極贊之。取妻非一朝一夕之事，故曰夫婦之道，不可以不久也。不可與長者，言女壯，則女德不貞，不能從一而長久也。上五陽天也，下一陰地也。品物咸亨者，萬物相見乎離，亨嘉之會也。天地相遇，止可言資始資生，而曰咸章者，品物在五月，皆章美也。剛指九二，剛遇中正者，九二之陽德，遇

① 慮，原作『前』，據寶廉堂本改。

乎九五之中正也。遇乎中正，則明良會而庶事康，其道可大行于天下矣。姤本不善，聖人義理無窮，故又以其中之善者言之。言一陰而遇五陽，勿用取女，固①不善矣。然天之遇地，君之遇臣，又有極善者存乎其中焉。以一遇之間而有善不善，可見世之或治或亂，事之或成或敗，人之或窮或通，百凡天下國家之事，皆不可以智力求之，惟其遇而已矣。時當相遇，莫之爲而爲，莫之致而至，遇之時義，不其大矣哉。

《象》曰：天下有風，姤，后②以施命誥四方。

風行天下，物無不遇，姤之象也。施命者，施命令于天下也。興利除害，皆其命令之事也。誥者告也，曉諭警戒之意。君門深于九重，堂陛遠于萬里，豈能與民相遇，惟施命誥四方，則與民相遇，亦猶天之風與物相遇也。乾爲君，后之象，又爲言，誥之象。又錯坤，方之象。巽乃命之象。

初六，繫于金柅，貞吉。有攸往，見凶，羸豕孚蹢躅。柅，女履反。蹢，音的。躅，直録反。

柅者，收絲之具也。金者，籰上之孔，用金也，今人多以銅錢爲之。巽爲木，柅之象也。又爲繩，繫之象也。變乾，金之象也。貞吉者，言繫于金柅，前無所往，則得其正而吉也。若無所繫，有所攸往，往而相遇相比之二，正應之四，則立見其凶也。羸③豕者，小豕也。孚者，誠也。蹢躅者，跳躑纏綿也。言小豕相遇乎豕，即孚契蹢躅，不肯前進，此立見其凶，可醜之象也。凡陰爻居下卦者，不可皆以爲小人害君子。如姤有相遇之義，觀有觀示之義，此卦因以爲小人害君子，所以將九五極好之爻通説壞了。○初六一陰始

① 固，原作「因」，據寶廉堂本改。
② 后，原作「後」，據寶廉堂本、《周易》原文改。
③ 羸，原作「羸」，據爻辭改。

生，當遇之時，陰不當往遇乎陽，故教占者有繫于金柅之象。能如此，則正而吉矣。若有所往，立見其凶。故又有羸豕蹢躅之象，其戒深矣。

《象》曰：繫于金柅，柔道牽也。

牽者，牽連也。陰柔牽乎陽，所以戒其往。

九二，包有魚，无咎，不利賓。

包者，包裹也，詳見蒙卦九二。魚陰物，又美，初之象也。剥變巽曰貫魚，井曰射鮒，姤曰包魚，皆以巽爲少女，取象于陰物之美也。言二包裹纏綿乎初，猶包魚也。无咎者，本卦主于相遇，故无咎也。不利賓者，理不當奉及于賓也。蓋五月包裹之魚，必餒而臭矣，所以不利于賓也。巽爲臭，魚臭不及賓之象也。五陽纏綿一陰，故于四爻、五爻皆取包裹之象。无咎以卦名取義，不及賓以魚取義。若以正意論，初與四爲正應，二既先包乎初，則二爲主，而四爲賓矣，所以不利賓。而四包無魚，但《易》以象爲主，故只就魚上説。○九二與初，本非正應，彼此皆欲相遇，乃不正之遇也，故有五月包魚之象。占者得此，僅得无咎。然不正之遇，已不可達及于賓矣，故不利賓。

《象》曰：包有魚，義不及賓也。

五月包魚，豈可及賓？以義揆之，不可及賓也。

九三，臀無膚，其行次且，厲，无大咎。

夬之九四與姤相綜，倒轉即姤之九三，所以爻辭同。○九三當遇之時，過剛不中，隔二，未牽連乎初相遇之難，故有此象。然不相遇，則亦无咎矣。故占者雖危厲，而无大咎也。

《象》曰：其行次且，行未牽也。

本卦主于相遇，三其行未得與初牽連，所以次且。

九四，包无魚，起凶。

初六不中不正，卦辭以女壯勿取戒之矣。若屯卦六二與初相比，不從乎初，十年乃字，蓋六二柔順中正故也。今不中正，所以舍正應而從二，既從乎二，則民心已離矣。九四才雖剛而位則柔，據正應之理，起而與二相争，亦猶三國之争荆州，干戈無寧日也，豈不凶？故不曰凶，而曰起凶，如言起釁也。

九四不中不正，當遇之時，與初爲正應。初爲二所包，故有包无魚之象。九四不平，與二争之，豈不起其凶哉？故其象占如此。

《象》曰：无魚之凶，遠民也。

陰爲民，民之象也。故觀卦下陰爻曰觀民。遠民者，二近民而四遠民也。

九五，以杞包瓜，含章，有隕自天。

杞，枸杞也，杞與瓜皆五月所有之物。乾爲果，瓜之象也。因前爻有包魚之包，故此爻亦以包言之。含章者，含藏其章美也。此爻變離，有文明章美之意。又居中，有包含之意，故曰含章。含即杞之包，章即瓜之美。以杞包瓜，即含章之象也。隕者從高而下也，有隕自天者，言人君之命令，自天而降下也。巽爲命，乾爲天，故命令自天而降。孔子後以施命誥四方一句，本自周公有隕自天來，故《小象》曰志不違命。且此爻變成鼎，又正位凝命之君，三箇命字可證。○九五當遇①之時，有中正之德，深居九重，本不與民相

① 遇，原作『變』，王校本據史本、朝爽堂本改，從之。

遇，故有以杞包瓜，含藏章美之象。然雖含藏中正之章美，不求①與民相遇，及施命誥四方，如自天而降，亦猶天下之風，無物不相遇也，其相遇之大爲何如哉？占者有是德，方應是占也。

《象》曰：九五含章，中正也。有隕自天，志不舍②命也。舍，音捨。

有中正之德，所以含其中正之章美，不發露也。志者，心志也。舍，違也。命者，命令也。雖不發露章美，然心志不違，施命誥四方，所以有隕自天。

上九，姤其角，吝，无咎。

與晉其角同，當遇之時，高亢過剛，不遇③于初，故有姤其角之象，吝之道也。然不近陰私，亦無咎矣，故其占如此。

《象》曰：姤其角，上窮吝也。

居上卦之極，故窮，惟窮，所以吝。

䷬坤下兑上

萃者，聚也，水潤澤其地，萬物群聚而生，萃之象也。又上悦而下順，九五剛中，而二以柔中應之，萃之由也。《序卦》：『姤者，遇也。物相遇而後聚，故受之以萃。』所以次姤。

① 求，原作『永』，據寶廉堂本改。
② 舍，原作『捨』，據寶廉堂本改。
③ 原作『高亢遇剛，不過于初』，王校本據史本、朝爽堂本、寶廉堂本换遇、過二字，從之。

萃，亨，王假有廟，利見大人，亨，利貞，用大牲吉，利有攸往。

卦大象坎，坎爲宫，中爻巽艮，巽木在艮闕之上，皆廟之象也。坎爲隱伏，鬼神之象也。九五中正，大人之象也。上亨字，占得此卦亨也。下亨字，見大人之亨也。大象坎爲豕，外卦兑爲羊，内卦坤爲牛，大牲之象也。言當此萃時，可以格鬼神，可以見大人，必亨，但利于①正耳。凡物當豐厚，不宜儉嗇。凡事宜攸往，不宜退止。此教占者處萃之時當如此也。

《彖》曰：萃聚也，順以説，剛中而應，故聚也。王假有廟，致孝享也。利見大人亨，聚以正也。用大牲吉，利有攸往，順天命也。觀其所聚，而天地萬物之情可見矣。

以卦德、卦體釋卦名，又釋卦辭而極贊之。内順乎外，外悦乎内，五以剛中而下交，二以柔中而上應，内外君臣，皆相聚會，所以名萃。盡志以致其孝，盡物以致其享，聚以正者，如蕭何、張良諸臣，一時聚會，以從高祖，聚也；除暴秦，正也；能成一統之功，亨也。天命者，天理之自然也，以人事言，即當其可之時也。言時當豐而豐，時當往而往者，乃所以順其天理之自然也。情者，所以發出之情也。陽倡陰和，乾始坤生，天地此聚也；形交氣感，聲應氣求，萬物亦此聚也。天地萬物之情，聚而已矣。

《象》曰：澤上于地，萃，君子以除戎器，戒不虞。

澤字義多，有水澤，有雨澤，有恩澤，有潤澤。澤在天上，有恩澤之意，所以施禄及下，居德則忌。此則有水澤潤澤之意，所以生萬物而萃也。除者，去舊取新之意，謂整理其蔽壞也。戒者備也，虞者度也，言變出不測而不可虞度也。衆萃必有争奪之事，故君子除戎器者，非耀武也，所以戒不虞也。聖人之心，義理

① 于，原作「字」，據寶廉堂本改。

無窮。姤卦文王卦辭本不善，聖人則發出姤之時義大一段。本卦文王卦辭極善，聖人又發出此一段，蓋本卦錯大畜，有離震二象，戈兵震動，故言戎器不虞。又大象坎錯離，中爻艮綜震，亦有此象。

初六，有孚不終，乃亂乃萃，若號，一握爲笑，勿恤，往无咎。

孚者與四正應，相孚信也。有孚不終者，陰柔之人，不能固守，所以孚不長久也。欲萃之急，不擇正應，而與同類群小相萃也。號者呼也，握者持也，言呼九四近前，而以手握持之也。若者如也，言當如此象也。言有孚之心，能若孚于前，而以手握之不釋，則有孚之心至矣。雖爲衆人所笑，勿恤此笑，方得无咎也。中爻巽爲進退，有孚不終之象也。坤爲迷亂之象也。坤爲衆，萃之象也。兑爲口舌，號之象也。坤錯乾，乾居一，一之象也。中爻艮手，握持之象也。兑爲悦，笑之象也。大象坎，爲加憂，恤之象也。今此爻變，不成坎，不憂矣，勿恤之象也。○初六陰柔與九四爲正應，當萃之時，比于同類之陰，有有孚不終，乃亂乃萃之象，故教占者有孚堅固，如將九四呼于前，而以手握之，以陰握陽，雖不免爲人所笑，然必勿恤此笑，方得往而與九四爲聚也，故无咎。

《象》曰：乃亂乃萃，其志亂也。

質本陰柔，急于欲萃，方寸已亂矣，所以不暇擇其正應而萃也。

六二，引吉，无咎，孚乃利用禴。

引，開弓也，與君子引而不發之引同。本卦大象坎，又此爻變坎，坎爲弓，引之象也。凡人開弓射物，必專心于物，當物之中，不偏于左，不偏于右，方得中箭，蓋中德不變之象也。二雖中正，居群小之中，少偏私則非中矣，故言引則吉无咎也。中爻艮手，故初曰一握，握者手持之也。二曰引，引者手開之也，皆手之象也。吉者，得萃于九五也。无咎者，二與九五皆同德，又正應也。孚者，孚于五也。利用禴者，言薄祭亦可以交神。又與五相聚，吉而无咎之象也。坎爲隱伏，有人鬼之象。此爻變坎成困，故困之二爻亦利享祀，既①濟坎亦言禴，涣亦言有廟也。此爻變中爻成離，禴，夏祭，故與既濟皆言禴。○六二中正，上應九五之中正，蓋同德相應者也。二中德不變，故有引之之象。占者得此，不惟吉，而且无咎矣。然能引則能孚信于五，而與五相聚矣，故有利用禴之象。其占中之象又如此。

《象》曰：引吉，无咎，中未變也。

二本有中德，惟能如引，誠信而中，則中德未變矣，所以吉而无咎。

六三，萃如嗟如，无攸利，往，无咎，小吝。

此爻變艮成咸，咸三爻亦往吝，但咸以君子而隨小人，可羞之事。此則以小人而聚小人，所以僅小吝也。大象坎爲加憂，兑爲口，嗟嘆之象也。○六三陰柔，不中不正。當萃之時，欲萃者，其本志也，欲有萃如之象。但上無應與，不得相聚，故有嗟如无攸利之象。然三之于上，雖彼此陰爻，無相偶之情，能往而從之，我性順而彼性悦，必能相聚，可以无咎。但不能萃剛明之人，而萃陰柔群小，亦有小吝矣。故其占如此。

《象》曰：往无咎，上巽也。

巽者，三之中爻本巽也，兑綜巽，亦巽也。上往以巽而從之，我順而彼悦，可以相聚者也，故无咎。

九四，大吉无咎。

大吉无咎與隨卦九四隨有獲同，就時位上説，不就理上説。正所謂處不以其道得之富貴者也。近悦

① 既，原作『未』，王校本以所引經文爲既濟卦辭改，從之。

體之君，臨婦順之民，豈不大吉，人誰咎病？六爻初亂萃，二引萃，三嗟如，五有悔，六涕洟，惟四不中不正，而自然相聚，聚之不勞心力，故大吉。時位自然，非四勉强求之，故无咎。○九四不中不正，居多懼之地，本不吉，有咎者也。然近九五之君，有相聚之權，率三陰順而聚于五，上悦下順，則不勞心力，而亦自能相聚矣。若不論其九四之德，惟以其萃論之，蓋大吉无咎者也。故有此象。占者得此，亦當如是也。

《象》曰：大吉无咎，位不當也。

位不當者，不中不正也。既不中正，則大吉者亦不吉，无咎者亦有咎矣。周公就時位能萃之象上説，孔子就理上説。

九五，萃有位，无咎。匪孚，元永貞，悔亡。

匪者，不也。匪孚者，不信于人也。九四比群陰在下以分其萃，大吉无咎，所以匪孚也。元者，元善也，即陽剛中正之德也。永貞者，長永貞固也。悔者，五與上六相近，同居悦體。陰陽比暱，恐其雖萃天下之位，而其德未甚光明，所以悔也。○九五當天下之尊，爲萃之主，臣民皆萃，可以无咎矣。然四分其萃，未免匪孚。上溺陰私，未免有悔。故必反己自修，俾元善中正之德，長永貞固，斯悔亡而人孚矣。戒占者必如此。

《象》曰：萃有位，志未光也。

此爻與夬中未光相同，蓋陰陽相悦，此未光也。又變震，爲情動性順，此未光也。變震成豫，又和樂矣，此未光也。陽與陰相聚會之時，又悦又動，又順又和樂，安能保其志之光明哉？故曰志未光。若依本爻陽剛中正，有何疚病？

上六，齎咨涕洟，无咎。

齎者，持也，遺也，有所持而遺之之義。中爻艮爲手，持遺之象也。咨者，咨嗟也。自鼻出曰涕，自目出曰洟。兑爲口，咨之象也。又爲澤，涕洟之象也。○上六處萃之終，求萃而不可得，惟持遺咨嗟涕洟，哀求于五而已，故有此象。然憂思之過，危者必平，所以无咎。六爻皆无咎者，水潤澤其地。萬物群聚而生，乃天地爲物不二、生物不測之理也，所以六爻皆无咎。

《象》曰：齎咨涕洟，未安上也。

未安于上，所以哀求其五。

☴☷巽下坤上

升者，進而上也。爲卦巽下坤上，木生地中，長而益高，升之象也。又綜萃，萃下卦之坤，上升而爲升之上卦，亦升之象也。《序卦》：『萃者，聚也。聚而上者謂之升，故受之以升。』所以次萃。

升，元亨，用見大人，勿恤，南征吉。

言占得此卦者大亨，用見大人，不可憂懼，從南方行則吉，所以元亨也。不曰利見而曰用見者，九二雖大人，乃臣位，六五之君欲用九二，則見之也。六四王用亨于岐山，即此用字也。勿恤者，本卦大象坎，有憂恤之象，故教之以勿恤。南征吉者，文王圓圖，巽東南之卦，過離而至坤，是巽升于坤，故南征吉。若東行，則至震，非升矣。

《彖》曰：柔以時升，巽而順，剛中而應，是以大亨。用見大人，勿恤，有慶也。南征吉，志行也。

以卦綜釋卦名，以卦德、卦體釋卦辭。柔者，坤土也。本卦綜萃，二卦同體，文王綜爲一卦，故《雜卦》曰萃聚而升不來也。柔以時升者，萃下卦之坤，升而爲升之上卦也。柔本不能升，故以時升，所以名升。

内巽外順，則心不躁妄，行不悖理。又我有剛中之德，而六五以順應之，豈不能升？所以元亨。有慶者，慶幸其道之得行，勿恤者此也。志行者，心期其道之必行，吉者此也。有慶志行者，即元亨也。

《象》曰：地中生木，升，君子以順德，積小以高大。

本卦以坤土生木而得名，故曰君子以順德，坤順之德，即敬以直内，義以方外也。積者，日積月累，如地中生木，不覺其高大也。巽爲高，高之象也。

初六，允升大吉。

允者，信也。本卦原是坤土上升，初與四皆坤土，故允升。○初六柔順居初，當升之時，與四相信而合志，占者如是，必能升矣，故大吉。

《象》曰：允升大吉，上合志也。

與四合志，故允升。大畜九三與上九皆陽爻，然本卦皆欲畜極而通，故《小象》曰上合志也。此卦初居内卦之初，四居外卦之下，因柔以時升，皆欲升者也，故《小象》亦曰上合志也。

九二，孚乃利用禴，无咎。

九二以陽剛居中，六五以柔順應之，蓋孚信之至者矣，故有利用薄祭，亦可交神之象。占者如是，得遂其升，而有喜矣，故无咎。升綜萃，萃六二引者陰柔也，此剛中，故止言孚乃利用禴。

《象》曰：九二之孚，有喜也。

有喜者，喜得其升也。蓋誠信之至，則君必信任之專，得以升矣。周公許之曰无咎，孔子曰君臣相孚，豈止无咎，且有喜也。中爻兑，喜悦之象也。

九三，升虚邑。

陽實陰虚，上體坤，有國邑之象，詳見謙卦。以三升四，以實升虚，故曰升虚邑。或曰四邑爲丘，四丘爲虚，非空虚也，乃丘虚也，亦通。○九三以陽剛之才，當升之時，而進臨于坤，故有升虚邑之象。占者得此，其升而無疑者可知矣。

《象》曰：升虚邑，无所疑也。

本卦六五之君陰柔，九二之臣陽剛，似君弱臣强，正人之所疑也。况當升之時，自臣位漸升于君位，使四乃陽剛，則逼其五矣，安得而不疑？今升虚邑，陰土與五同體，故无所疑。

六四，王用亨于岐山，吉，无咎。

坤錯乾，乾爲君，王之象也。王，指六五也。物兩爲岐，故曰岐路，兩路也。坤土兩拆，岐之象也。隨卦兑爲西，故曰西山，此兩拆，故曰岐山。中爻震綜艮，山之象也，則三四五皆山矣。皆因有此象，故以岐西二字别之。前儒不知象，乃曰岐山在西，失象之旨矣。此言岐山指四也，亨者通也，與公用亨于天子，王用亨于西山亨字同。王用亨于岐山者，即用見大人也。言六五欲用乎九二，乃通于四而求之也。四爻皆言升，獨二與五爲正應，故曰用禴。四與五相比，故曰用亨，蓋君位不可升也。二用禴而五用亨，上下相用，正所謂剛中而應也，何吉如之，故吉而无咎。○六四以柔居柔，與五同體，蓋順事乎五之至者也，故六五欲用乎九二，乃通乎四以求之，故有王用亨于岐山之象。吉而无咎之道也，故其象占如此。

《象》曰：王用亨于岐山，順事也。

四本順體，又以柔居柔得正，順事乎五，故五欲用乎九二，乃通乎四以求之也。四若非正，則成容悦之小人，安能通乎其二。

六五，貞吉，升階。

王用亨于岐山，上孚乎下，賢君之事也。九二即覲君而升階，下孚于上，良臣之事也，故先言貞吉之占，而後言升階之象。階者，階梯也，如梯之等差也。六五以柔居尊，下任剛中之賢，乃通于四以求之，貞而且吉者也。九二當升之時，因六五用六四之求，即覲君而升階矣。上下相孚，故其占象如此。

《象》曰：貞吉升階，大得志也。

大得志，即，《彖辭》有慶志行也。

上六，冥升，利不息之貞。

冥與冥豫之冥同，昏于升而不知止者也。坤爲迷，冥之象也。不息之貞，天理也。惟天理可以常升而不已，若富貴利達，涉于人欲之私，而非天理者，則有消長矣。冥豫動體，故教之以豫。冥升順體，故教之以貞。○上六居升之極，乃昏于升而不知止者也，有冥升之象，故聖人教占者曰：升而不已，惟利不息之貞，他非所利也。爲占者開遷善之門如此。

《象》曰：冥升在上，消不富也。

消者，消其所升之業也。富者，富有也。凡升者，乃天理不息之貞，則成富有之業矣。若升其人欲之私，往而不返，溺而不止，則盈者必虛，泰者必否，見其日消而不見其長，消而不富矣，故曰消不富也。本卦下體巽，巽爲富，此爻外卦，故曰不富。亦如无妄二爻，未入巽之位，曰未富。

☵☱坎下兑上

困者，窮困也。爲卦水居澤中，枯涸無水，困之義也。又六爻皆爲陰所掩，小人之揜君子，窮困之象也。《序卦》：『升而不已必困，故受之以困。』所以次升。

困，亨貞，大人吉，无咎。有言不信。

此卦辭乃聖人教人處困之道也。言當困之時，占者處此，必能自亨其道，則得其正矣。他卦亨貞，言不貞則不亨，是亨由于貞也。此卦亨貞，言處困能亨，則得其貞，是貞由于亨也。然豈小人所能哉？必平素有學有守之大人，操持已定，而所遇不足以戕之，方得吉而无咎也。若不能實踐躬行，自亨其道，惟欲以言求免其困，人必不信而益困矣。言處坎之險，不可尚兑之口也。二五剛中，大人之象。兑爲口，有言之象。坎爲耳痛，耳不能聽，有言不信之象。

《彖》曰：困，剛揜也。險以説，困而不失其所，亨，其唯君子乎？貞大人吉，以剛中也。有言不信，尚口乃窮也。説，音悦。

以卦體釋卦名，又以卦德、卦體釋卦辭。坎剛爲兑柔所揜，九二爲二陰所揜，四五爲上六所揜，此困之所由名也。兑之揜坎，上六之揜四五者，小人在上位也。如絳灌之揜賈誼，公孫弘之揜董仲舒是也。二陰之揜九二者，前後左右皆小人也。如曹節、侯覽輩之揜黨錮諸賢，王安石、惠卿之揜元祐諸賢是也。險以説，卦德也。困而不失其所亨者，人事也。處險而能説，則是在困窮艱險之中，而能樂天知命矣。所者，指此心也，此道也，言身雖困，此心不愧不怍，心則亨也。時雖困，此道不加不損，道則亨也。不于其身，于其心，不于其時，于其道，如羑里演《易》，陳蔡絃歌，顔子在陋巷不改其樂是也。君子即大人也，貞大人吉者，貞字在文王卦辭連亨字讀，《彖辭》連大人者，孔子恐人認貞字爲戒辭也。剛中者，二五也，剛中則知明守固，居易俟命，所以貞大人吉也。貞大人者，貞正大人也。尚口乃窮者，言不得志之人，雖言亦不信也。蓋以口爲尚，則必不能求其心之無愧，居易以俟命矣，是不能亨而貞者也。故聖人設此戒，以尚口則自取困窮矣。尚口如三上相書，凡受人之謗，不反①己自修，與人辨謗之類。

《象》曰：澤无水，困，君子以致命遂志。

澤所以瀦水。澤无水，是水下漏而上枯矣，困之象也。致者，送詣也。命存乎天，志存乎我，致命遂志者，不有其命。送命于天，惟遂我之志，成就一箇是也。患難之來，論是非不論利害，論輕重不論死生，殺身成仁，舍生取義，幸而此身存，則名固在，不幸而此身死，則名亦不朽，豈不身困而志亨乎？身存者，張良之椎，蘇武之節是也。身死者，比干、文天祥、陸秀夫、張世傑是也。

初六，臀困于株木，入于幽谷，三歲不覿。

凡言困者，皆柔揜剛，小人困君子也。臀，坎象，詳見夬卦。人之體，行則趾在下，坐則臀在下，故初言臀。株者，根株也，乃木根也。《詩》朝食于株，諸葛亮《表》成都有桑八百株，王荆公詩日月無根株，皆言根也。中爻巽木，在坎之上，初又居坎之下，木根之象也。坎爲隱伏，幽谷之象也。水在上，幽谷在下，則谷之中皆木根矣。言入于幽谷之中，而臀坐于木根之上也。此倒言也。因有臀字，文勢必將困于株木之句，居于臀下，故倒言也。若曰臀入于幽谷，則不通矣。覿，見也。坎錯離，爲卦又居三，三歲不覿之象也。不覿者，不覿二與四也。○初六以陰柔之才，居坎陷之下，當困之時，遠而與四爲應，近而與二爲比，亦欲揜剛而困君子矣。然才柔居下，故有坐木根入幽谷，終不得見二四之象。欲困君子，而反自困，即象而占可知矣。

《象》曰：入于幽谷，幽不明也。

① 反，原作「及」，據寶廉堂本改。

此言不覿之故，幽對明言，二與四合成離有明象。初居離明之下，則在離明之外而幽矣，所以二與四得見乎幽谷，而入幽不明者，不得見乎二四也。

九二，困于酒食，朱紱方來，利用亨祀，征凶，无咎。 紱，音弗。

困于酒食者，言酒食之艱難窮困也。如孔子之蔬食水飲，顔子之簞食瓢飲，《儒行》之并日而食是也。酒食且困，大于酒食者可知矣。《程傳》是。凡《易》言酒者皆坎也，言食者皆兑也，故需中爻兑言酒食，未濟與坎皆言酒也。朱紱者，組綬用朱也。方來者，其德升聞而爲君舉用之也。利用亨祀者，亨者通也。誠應之意，乃象也。亦如利用禴之意，言當通之以祭祀之至誠也。坎隱伏，有人鬼象，故言祀。征凶者，當困之時，往必凶也。凶字，即《大象》致命之意。正所謂困而亨也，所以无咎。中爻離，朱之象。又巽繩，紱之象。坎乃北方之卦，朱乃南方之物，離在二之前，故曰方來，此即孔明之事。困酒食者，卧南陽也。朱紱方來者，劉備三顧也。利用亨祀者，應劉備之聘也。征凶者，死而後已也。无咎者，君臣之義无咎也。

九二以剛中之德，當困之時，甘貧以守中德而爲人君之所舉用，故有困于酒食，朱紱方來之象，故教占者至誠以應之，雖凶而无咎也。

《象》曰：困于酒食，中有慶也。

言有此剛中之德，則自亨其道矣，所以有此朱紱方來之福慶。

六三，困于石，據于蒺蔾，入于其宫，不見其妻，凶。

兑錯艮，艮爲石，石之爲物，堅而不納，其質無情。石在前，困于石之象也。據者，依也。坎爲蒺蔾，蒺蔾乃有刺之物，不可依據。蒺蔾在後，據于蒺蔾之象也。坎爲宫，宫之象也。中爻巽爲入，入其宫之象也。

此爻一變，中爻成乾，不成離目，不見之象也。坎爲中男，兑爲少女，則兑乃坎之妻也。兑之中宫、坎之中宫，皆陽，爻非陰爻，入其宫不見其妻之象也。此爻一箇入字、見字不輕下，周公之爻辭，極其精矣。舊注不知象，所以以石指四，蒺藜指二，宫指三，妻指六也。○六三陰柔不中不正，當困之時，亦欲揜二之剛而困君子矣，但居坎陷之極，所承所乘者，皆陽剛。孤陰在于其中，前困者無情，後據者有刺，則一己之室家，且不能保，將喪亡矣，况能困君子乎？故有此象，所以占者凶。

《象》曰：據于蒺藜，乘剛也。入于其宫，不見其妻，不祥也。

乘剛者，乘二之剛也。不祥者，死期將至也。此爻變爲大過，有棺槨象，所以死期將至，人豈有不見其妻之理？乃不祥之兆也。殷仲文從桓玄，照鏡不見其面，數日禍至，此亦不祥之兆也。

九四，來徐徐，困于金車，吝，有終。

金車指九二，坎車象，乾金當中，金車之象也。自下而上曰往，自上而下曰來。來徐徐者，四來于初也。初覯乎四，四來乎初，陰陽正應故也。○九四與初爲正應，不中不正，志在于初，故有徐徐而來于初之象。然爲九二所隔，故又有困于金車之象。夫以陰困陽之時，不能自亨其道，猶志在于初，固爲可羞，然陽有所與，終不能爲陰所困也，故其占如此。

《象》曰：來徐徐，志在下也。雖不當位，有與也。

志在下者，志在初也。有與者，四陽初陰，有應與也。且四近君，故陰不能困。井卦二五皆陽爻，故曰无與。

九五，劓刖，困于赤紱，乃徐有説，利用祭祀。 説，音悦。

兑錯艮，鼻象，變震足象。截鼻曰劓，去足曰刖。上體兑爲毀折，錯艮爲閽①寺刑人，下體中爻離爲戈兵，又坎錯離，亦爲戈兵，上下體俱有刑傷，劓刖之象也。若以六爻卦畫論之，九五爲困之主，三陽居中，上下俱陰拆，亦劓刖之象也。赤紱者，臣之紱也。中爻離巽，與九二同，紱乃柔物，故亦以此象之。三柔，困赤紱之象也。赤紱者，四與二也。四乃五之近臣，二乃五之遠臣，三揜之，故曰困于赤紱。劓刖者，君受其困也。赤紱者，臣受其困也。兑爲悦，悦之象也，乃徐有悦者，言遲久必有悦，不終于困也。利用祭祀者，乃徐有悦之象也，蓋祭盡其誠則受其福矣。教九五中正之德，不可以聲音笑貌爲之也。〇九五當柔揜剛之時，上下俱刑傷，故有劓刖之象。三柔比四而揜二，故不惟劓刖，又有困及于赤紱之象，則君臣皆受其困矣。然九五中正而悦體，既有能爲之才，又有善爲之術，豈終于其困哉？必徐有悦，而不終于困也。蓋能守此中正之德，如祭祀之誠信，斯有悦而受其福矣。故教占者，占中之象又如此。

《象》曰：劓刖，志未得也。乃徐有説，以中直也。利用祭祀，受福也。

爲陰所揜，故志未得。以中直，與同人九五同。直即正也，受福者，中正之德。如祭祀之誠信，則受福而不受其困矣。

上六，困于葛藟，于臲卼，曰動悔，有悔，征吉。

艮爲山，爲徑路，爲果蓏。《周禮》：蔓生曰蓏，葛藟之類。高山蹊徑，臲卼不安。兑錯艮，有此象，又正應坎，爲陷，爲叢棘，爲蒺藜，亦皆葛藟之類之象。蓋葛藟者，纏束之物。臲卼者，危動之狀。曰者，自訟之辭也。兑爲口，變乾爲言，曰之象也。曰動悔者，自訟其動，則有悔，亦將如之何哉？動悔之悔，事之悔

① 閽，原作『閹』，據寶廉堂本改。

也，上六之悔也。有悔之悔，心之悔悟也，聖人教占者之悔也。征者去而不困其君子也。與蒙卦幾不如舍舍字同。

上六陰柔，亦欲揜剛，而困君子矣。然處困之極，反不能困，故欲動而揜乎剛，則纏束而不能行。欲静而不能揜乎剛，則又居人君之上。危懼而不自安，是以自訟其動則有悔，故有此象。然處此之時，顧在人之悔悟何如耳。誠能發其悔悟之心，去其陰邪之疾，知剛之不可揜棄而去之可也。故占者惟征則吉。

《象》曰：困于葛藟，未當也。動悔有悔，吉行也。

欲揜剛，故未當。有悔，不揜剛，故從吉而行。

䷯巽下坎上

井者，地中之泉也。爲卦坎上巽下，巽者入也，水入于下而取于上，井之義也。巽爲木①，汲水者以木承水而上，亦井之義也。《序卦》：困于上者必反于下，故受之以井。所以次困。

井，改邑不改井，无喪无得。往來井井，汔至亦未繘井，羸其瓶，凶。

井綜困，二卦同體，文王綜爲一卦，故《雜卦》曰井通而困相遇也。改邑不改井者，巽爲市邑，在困卦爲兑，在井爲巽，則改爲邑矣，若井則无喪无得。在井卦，坎往于上，在困卦，坎來于下。剛居于中，往來不改，故曰往來井井。《易經》與各經不同，玄妙處正在于此。汔，涸也，巽下有陰坼②，涸之象也。繘者，井

① 木，原作「水」，王校本據史本及《説卦傳》改，從之。
② 坼，原作「沂」，據寶廉堂本改。

索也，巽爲繩，繘之象也。羸者，弱也，與羸其角同。汲水之人，弱不勝其瓶，將瓶墜落于井也。中爻離，瓶之象也，在離曰缶，在井曰瓶、曰甕，皆取中空之意。○言井乃泉脉，不可改變，其德本無得喪，而往來用之者不窮，濟人利物之功大矣。若或井中原涸無水，以至或有水，而人不汲，又或不惟不得水，或汲之而羸其瓶，則無以成濟人利物之功，故占者凶。

《彖》曰：巽乎水而上水，井，井養而不窮也。改邑不改井，乃以剛中也。汔至亦未繘井，未有功也。羸其瓶，是以凶也。

以卦德、卦綜釋卦名、卦辭。凡井中汲水，井上用一轆轤，以井索加于其上，用桶下汲，方能取上，是以桶入乎其水方能上也，故曰巽乎水而上水。巽字有木字、入字二意。《文選》殫極之綆斷幹，綆即轆轤之索也。養而不窮者，民非水火不生活也。改邑不改井者，以剛居中。在困卦，居二之中，在井卦，居五之中，往來皆井，不可改變也。未有功者，井以得水爲功，井中水涸，以至汲水之索未入于井，皆無功也。若羸其瓶，是不惟不得其水，並汲水之具亦喪亡矣，豈不凶？青苗之法，安石之意，將以濟人利物而不知不宜于民，反以致禍，正羸其瓶之凶也。

《象》曰：木上有水，井，君子以勞民勸相。

木上有水者，水承木而上也。勞者，即勞之也。勸者，即來之也。相者，即匡直輔翼也。勞民勸相者，言勞之不已，從而勸之，勸之不已，又從而相之也。人有五性之德，即地脉井泉，流行不息者也，逸居而無教，則近于禽獸，不能成井養不窮之功矣。是君子勞民勸相，則民德可新，父子有親，君臣有義，夫婦有別，長幼有序，朋友有信。往來用之，井井不窮矣。是勞民勸相者，君子之井也。

初六，井泥不食，舊井无禽。

陰濁在下，泥之象也。凡言食者，皆兑口也。今巽口在下，不食之象也。又巽爲臭，不可食之象也。坎有小過象。凡《易》言禽者，皆坎也。故師六五曰田有禽，以本卦坎又變坎也；比卦九五失前禽，以坎變坤也。恒大象坎，此卦坎居上卦，但二卦下卦皆巽，巽深入，禽高飛之物，安得深入于井中，故恒井二卦皆曰无禽。井以得水齊井之口易汲爲善，故初則不食，二則漏，三則求王明，四則修井，惟五六則水齊井口，易于汲取，故五六獨善。○初六陰濁在下，乃井之深而不可浚渫者也，則泥而不食，成舊廢之井。無井旁①汲水之餘瀝，而禽亦莫之顧而飲矣，故有此象，占者不利于用可知矣。

《象》曰：井泥不食，下也。舊井無禽，時舍也。舍，音捨。

陰濁在下，爲時所弃捨。

九二，井谷射鮒，甕敝漏。

上陽爻，下陰爻兩開，谷之象也。又變艮，山下有井，必因谷所生，亦谷之象也。坎爲弓在上，射之象也。巽爲魚，鮒之象也。鮒，小魚，《莊子》：『周視轍中有鮒魚焉，曰：我東海之波臣也。』又《爾雅》：『鱖，小魚也。』注云：『似鮒子而黑，俗呼爲魚婢，江東呼爲妾魚。』曰臣曰婢曰妾，皆小之意。前儒以爲蝦蟆，又以爲蝸牛，皆非也。巽綜兑，爲毁折，敝之象也。下陰爻有坼，漏之象也。坎水在上，巽主入，水入于下，亦漏之象也。○九二陽剛居中，才德足以濟利，但上無應與，不能汲引，而乃牽溺于初，與卑賤之人相與，則不能成井養不窮之功矣。故以井言，有旁水下注，僅射其鮒之象。以汲水言，有破甕漏水之象。占者不能成功可知矣。

① 旁，原作『滂』，據寶廉堂本改。

《象》曰：井谷射鮒，无與也。

无與者，无應與也。所以比初射鮒。

九三，井渫不食，爲我心惻，可用汲，王明句**，並受其福。**

渫者，治井而清潔也。中爻三變成震，不成兑口，不食之象也。爲我心惻者，我者三自謂也，言可汲而不汲，人爲我惻之也。坎爲加憂，惻之象也。王明者，指五也。中爻三與五成離，王明之象也。可用汲王明者，可求用汲于王明也。汲字雖汲水，其實汲引之汲。並者，三之井可食，福也，食三之井者亦福也。九二比于初之陰爻，不能成功，故教九三，求九五之陽明。〇九三以陽居陽，與上六爲正應。上六陰柔不能汲引則不爲時用而成濟人利物之功矣，故有井渫不食，人惻之象。所以然者，以正應陰柔，又無位故也。故教可用汲者，其惟舍正應而求五之王明乎，若得陽明之君以汲引之，則能成井養之功，而並受其福矣。故教占者必如此。

《象》曰：井渫不食，行惻也。求王明，受福也。

行惻①者，行道之人亦惻也。三變中爻成震足，行之象也。求王明者，五非正應，故以求字言之。孔子以周公爻辭忽然説起王明，恐人不知指五，所以加一求字也。不求正應，而求王明，此《易》之所以時也。比卦六四，舍正應而比五，皆此意。管仲舍子糾而事桓公，韓信舍項羽而事高祖，馬援舍隗囂而事光武，皆舍正應而求王明者也。

六四，井甃，无咎。

① 惻，原作『測』，據上下文及賓廉堂本改。

甃者，砌其井也。陰列兩旁，甃之象也。初爲泥，三之渫，渫其泥也。二射鮒，四之甃，甃其谷也。既渫且甃，井日新矣。寒泉之來，井食豈有窮乎？

六四陰柔得正，近九五之君，蓋修治其井，以瀦畜九五之寒泉者也，故有井甃之象。占者能修治臣下之職，則可以因君而成井養之功，斯无咎矣。

《象》曰：井甃，无咎。修井也。

修井畜泉，能盡其職矣，安得有咎？

九五，井洌，寒泉食。

洌，甘潔也。五變坤爲甘，以陽居陽爲潔。寒泉，泉之美者也。坎居北方，一陽生于水中，得水之正體。故甘潔而寒美也。食者，人食之也，即井養而不窮也。中爻兑口之上，食之象也。井以寒洌爲貴，泉以得食爲功。以人事論，洌者天德之純也，食者王道之溥也。黄帝、堯、舜、禹、稷、周、孔，立養立教，萬世利賴。井洌寒泉食之者也。

九五，以陽剛之德，居中正之位，則井養之德已具，而井養之功已行矣，故有此象。占者有是德，方應是占也。

《象》曰：寒泉之食，中正也。

寒泉之食，王道也。中正者，天德也。

上六，井收句，**勿幕，有孚**句，**元吉。**

收者，成也。物成于秋，故曰秋收。井收者，井已成矣，即《小象》大成之成也。周公曰收，孔子曰成，一意也。幕者，蓋井之具也。坎口在上，勿幕之象也，言不蓋其井也。有孚者，信也。齊口之水，无喪无得，用之不竭，如人之誠信也。元吉者，勿幕有孚，則澤及于人矣。

上六居井之極，井已成矣。九五寒泉爲人所食，上六乃不掩其口，其水又孚信不竭，則澤及于人，成井養不窮之功矣，故有勿幕有孚之象，占者之元吉可知矣。

《象》曰：元吉在上，大成也。

大成者，井養之功大成也。蓋有寒泉之可食，使掩其口，人不得而食之；或不孚信，有時而竭，則澤不及人，安得爲大成？今勿幕有孚，則澤及人，而井養之功成矣。元吉以澤之所及言，大成以功之所就言。

周易集注卷之十

䷰離下兑上

革者，變革也。澤在上，火在下，火燃則水涸，水決則火滅。又中少二女不相得，故其卦爲變革也。《序卦》：『井道不可不革，故受之以革。』所以次井。

革，己日乃孚，元亨，利貞，悔亡。己，音紀，十干之名。

己者，信也。五性仁義禮智信，惟信屬土，故以己言之，不言戊而言己者，離兑皆陰卦，故以陰土言。且文王圓圖，離兑中間乃坤土，故言己也。凡離火燒兑金斷裂者，惟土可接續，故《月令》于金火之間，置一中央土。十干丙丁戊己而後庚辛，言離火燒金，必有土方可孚契之意。日者，離爲日也。己日乃孚者，信我後革也。言當人心信我之時，相孚契矣，然後可革也。不輕于革之意。元亨利貞悔亡者，言除弊去害，掃而更之，大亨之道也。然必利于正，亨以正則革之，當其可而悔亡矣。蓋不信而革，必生其悔，惟亨而正，則人心信我矣，所以己日乃孚，而後革也。

《彖》曰：革，水火相息，二女同居，其志不相得，曰革。己日乃孚，革而信之，文明以説，大亨以正，革而當，其悔乃亡。天地革而四時成，湯武革命，順乎天而應乎人。革之時大矣哉。

以卦象釋卦名，以卦德釋卦辭而極贊之。火燃則水乾，水決則火滅，又相滅息之勢。少女志在艮，中女志在坎，有不相得之情。水火以滅息爲革，二女以不能同居，各出嫁爲革，故曰革。革而信之者，言革而人相信也。東征西怨，南征北怨，革而信之之事也。離之德明，兑之德悦，明則識事理而所革不苟，悦則順時勢而所革不驟。大亨者，除弊興利，一事之大亨也。伐暴救民，舉世之大亨也。以正者，揆之天理而順，即之人心而安也。又亨又正，則革之攸當，所以悔亡，正所謂革而信之也。陽極則陰生而革乎陽，陰極則陽生而革乎陰，故陰往陽來而爲春夏，陽往陰來而爲秋冬，四時成矣。命者，王者易姓受命也。王者之興，受命于天，故曰革命。天命當誅，順天也；人心共忿，應人也。天道改變，世道遷移，此革之大者。然要之同一時也。時不可革，天地聖人，不能先時；時所當革，天地聖人不能後時。革之時不其大哉？故曰：禮時爲大，順次之，體次之，宜次之，稱次之。堯授舜，舜授禹，湯放桀，武王伐紂，時也。

《象》曰：澤中有火，革，君子以治歷明時。

水中有火，水若盛則息火，火或盛則息水，此相革之象也。歷者，經歷也，次也，數也，行也，過也，蓋日月五緯之躔次也。又作曆。時者，四時也，治曆以明其時。晝夜者，一日之革也。晦朔者，一月之革也。分至者，一年之革也。元會運世者，萬古之革也。

初九，鞏用黄牛之革。

離爲牛，牛之象也。中爻乾錯坤，黄之象也。鞏者，固也，以皮束物也。束之以黄牛之革，則固之至矣。此爻變，即遯之艮止矣。艮止故不革，所以爻辭同。本卦以離火①革兑金，下三爻主革者也，故二三言革，上三爻受革者也，故四言改，五六言變。○初九當革之時，以陽剛之才，可以革矣。然居初位卑，無可

① 火，原作『大』，據寶廉堂本改。

革之權。上無應與，無共革之人，其不可有爲也必矣。但陽性上行，火性上炎，恐其不能固守其不革之志。故聖人教占者曰革道匪輕，不可妄動，必固之以黄牛之革而後可，所以其象如此。

《象》曰：鞏用黄牛，不可以有爲也。

無位無應之故。

六二，己日乃革之，征吉，无咎。

離爲日，日之象也。陰土，己之象也。此爻變夬，情悦性健，故易于革。○六二以文明之才，而柔順中正，又上應九五之君，故人①皆尊而信之，正所謂己日乃孚，革而信之者也，故有此象。占者以此象而往，則人皆樂于耳目之新，有更化善治之吉，而無輕變妄動之咎矣。故占者吉而无咎。

《象》曰：己日革之，行有嘉也。

應九五故有嘉，即征吉二字也。

九三，征凶貞厲，革言三就，有孚。

革言者，革之議論也。正應兑爲口，言之象也。中爻乾爲言，亦言之象也。就者，成也。三就者，商度其革之利害可否，至再至三，而革之議論定也。離居三，三就之象也，故同人曰三歲不興，未濟曰三年有賞于大國，既濟曰三年克之，明夷曰三日不食，皆以離居其三也。若坎之三歲不得，困之三歲不覿，解之田獲三品，皆離之錯也。漸之三歲不孕，巽之田獲三品，皆以中爻合離也。豐之三歲不覿，以上六變而爲離也。周公爻辭，其精至此。○九三，以剛居剛，又居離之極，蓋革之躁動，而不能詳審者也。占者以是往，凶可

① 人，原作『以』，據寶廉堂本改。

相知矣。故雖事在所當革，亦有危厲。然當革之時，不容不革，故必詳審其利害可否，至于三就，則人信而相孚，可以革矣。故教占者必如此。

《象》曰：革言三就，又何之矣。

言議革之言，至于三就，則利害詳悉，可否分明，又復何之？

九四，悔亡有孚，改命吉。

改命者，到此已革矣。離交于兑，改夏之命令于秋矣。所以不言革而言改命，如湯改夏之命而爲商，武改商之命而爲周是也。九四之位，則改命之大臣，如伊尹、太公是也。有孚者，上有孚于五，下而孚于民也。○九四卦已過中，已改其命矣。改命所係匪輕，恐有所悔。然時當改命，不容不改者也，有何悔焉？是以悔亡。惟于未改之先，所改之志，孚于上下，則自獲其吉矣。故教占者如此。

《象》曰：改命之吉，信志也。

志者，九四之志也。信志者，信九四所改之志也。上而信于君，下而信于民，必如是信我，方可改命也。信乃誠信，及爻辭孚字。

九五，大人虎變，未占有孚。

陽剛之才，中正之德，居尊位而爲革之主，得稱大人。兑錯艮，艮爲虎，虎之象也。兑爲正西，乃仲秋鳥獸毛毨，變之象也。乾之五則曰龍，革之五則曰虎，若以理論，揖遜者見其德，故稱龍；征誅者見其威，故稱虎。三四之有孚者，乃水火相交之際，教占者之有孚也。五之有孚，即湯武未革命之先，四海徯後之思，未占而知其有孚矣。○九五以陽剛中正之才德，當兑金肅殺之秋，而爲順天應人之舉。九四爲改命之佐，已改其命矣，是以爲大人者，登九五之位，而宇宙爲之一新，故有大人虎變之象。此則不待占决而自孚信者也。占者有是德，方應是占矣。

《象》曰：大人虎變，其文炳也。

文炳以人事論，改正朔，易服色，殊徽號，變犧牲，制禮作樂，炳乎其有文章是也。

上六，君子豹變，小人革面，征凶，居貞吉。

楊子曰『貍變則豹，豹變則虎』，故上六即以豹言之。革命之時，如鼓刀之叟，佐周受命，此豹變者也。又如蕭何諸臣，或爲吏胥，或販繒屠狗，後皆開國承家，列爵分土，亦豹變者也。即班孟堅所謂雲起龍驤，化爲侯王是矣。蓋九五既虎變而爲天子，則上六即豹變而爲公侯，若下句小人則百姓矣。革面者，言舊日面①從于君者亦革也，如民之從桀紂者，不過面從而心實不從也。及湯師之興，則東征西怨，南征北怨，面從之僞皆革，而心真實以向湯矣。如民之從紂者，不過面從，而心實不從也。及化行南國，泰誓、牧誓，則面從之僞皆格而心真實以向文武矣。蓋以力服人者，面從者也；以德服人者，中心悦而誠服也，心從者也。征凶者，聖人作而萬物覩，别有所往，則爲梗化之民而凶矣。居者，征之反也。君子豹變者，變其舊日之冠裳也。小人革面者，革其舊日之詐僞也。○上六當世道革成之後，而天命維新矣。公侯則開國承家，百姓則心悦誠服，有君子豹變，小人革面之象。故戒占者，不守其改革之命，而别有所往則凶。能守其改革之命，則正而吉也。

《象》曰：君子豹變，其文蔚也。小人革面，順以從君也。

① 面，原作『而』，據寶廉堂本改。

其文蔚者，冠裳一變，人物一新也。順以從君者，兑爲悦，悦則順，即中心悦而誠服也。蔚本益母草，其花對節相開，亦如公侯相對而並列，故以蔚言之。豹次于虎，獸不同也。炳從虎，蔚從草，文之大小顯著不同也。

䷱巽下離上

鼎者，烹飪之器，其卦巽下離上，下陰爲足，二三四陽爲腹，五陰爲耳，上陽爲鉉，鼎之象也。又以巽木入離火而致烹飪，鼎之用也。《序卦》：『革物者，莫若鼎，故受之以鼎。』所以次革。

鼎，元吉，亨。

《彖辭》明。觀孔子《彖辭》是以元亨，則吉字當從《本義》作衍文。

《彖》曰：鼎，象也，以木巽火，亨飪也。聖人亨以享上帝，而大亨以養聖賢，巽而耳目聰明，柔進而上行，得中而應乎剛，是以元亨。亨，並庚反。

以卦體釋卦名，又以卦德、卦綜、卦體釋卦辭。象者，六爻有鼎之象也。巽者，入也，以木入于火也。亨，煮也。飪，熟食也。亨飪有調和之義，故《論語》曰失飪不食。象者，鼎之體。亨飪者，鼎之用，所以名鼎。聖人者君也，聖賢者臣也。古人有聖德者皆可稱聖，如《湯誥》稱伊尹爲元聖是也。亨飪之事，不過祭祀、賓客而已。祭祀之大者，無出于上帝，賓客之重者，無過于聖賢。亨上帝貴質，故止曰亨。享聖賢貴豐，故曰大亨。所以享帝用特牲，而享聖賢以饔牲牢禮也。巽而耳目聰明者，内而此心巽順，外而耳目聰明也。離爲目，五爲鼎耳，故曰耳目。皆有離明之德，故曰聰①明。柔進而上行者，鼎綜革，二卦同體，文王綜爲一卦，故《雜卦》曰：『革去故也，鼎取新也。』言革下卦之離，進而爲鼎之上卦也。進而上行，居五之中，應乎二之剛也。若以人事論，内巽外聰，有其德，進而上行，有其位，應乎剛有其輔，是以元亨。

《象》曰：木上有火，鼎，君子以正位凝命。

正對偏倚言，凝對散漫言。正位者，端莊安正之謂，即齋明盛服，非禮不動也。凝者，成也，堅也。命者，天之命也。凝命者，天命凝成堅固，國家安于磐石，所謂協乎上下以承天休也。鼎譬之位，命譬之實。鼎之器正，然後可凝其所受之實。君之位正，然後可凝其所受之命。鼎綜革，故革亦言命。孔子因大禹鑄九鼎象物，成王定鼎于郟②鄏，卜世三十，卜年七百，所以説到正位凝命上去。周烈王二十三年，九鼎震，此不能正位凝命之兆也，其後秦遂滅周，取九鼎。則鼎所係匪輕矣，故以鼎爲宗廟之寶器。及天寶五年，宰臣李適之常列鼎俎，具膳羞。中夜，鼎躍相鬭不解，鼎耳及足皆折，豈以明皇不能正位凝命，而有幸蜀之禍與？

初六，鼎顛趾，利出否，得妾以其子，无咎。

巽錯震，震爲足，趾之象也。巽爲長女，位卑居下，妾之象也。震爲長子，子之象也。鼎爲寶器，主器者莫若長子，則子之意，亦由鼎而來也。顛趾者，顛倒其趾也。凡洗鼎而出水，必顛倒其鼎，以鼎足反加于上，故曰顛趾。否者，鼎中之污穢也。利出否者，順利其出否也，故孔子曰鼎取新也。得者，獲也。得妾

① 聰，原作『聽』，據經文改。
② 郟，原作『郊』，據寶廉堂本改。

者，買妾而獲之也。以者，因也，因其子而買妾也。言洗鼎之時，趾乃在下之物，不當加于其上。今顛于上，若悖上下之序矣。然顛趾者，不得已也，以其順利于出否也。亦猶一夫一婦，人道之常，既有妻，豈可得妾？今得其妾，若失尊卑之分矣，然得妾者，不得已也，以其欲生子，而不得不買妾也。得妾以其子，又顛趾出否之象也。○初六居下，尚未烹飪，正洗鼎之時，顛趾以出否，故有得妾以其子之象。占者得此，凡事迹雖若悖其上下尊卑之序，于義則无咎也。

《象》曰：鼎顛趾，未悖也。利出否，以從貴也。

未悖者，未悖于理也。言以顛趾于鼎之上，雖若顛倒其上下之序，然洗鼎當如此，未爲悖理也。貴對賤言。鼎中之否則賤物也。以從貴言，欲將珍羞貴重之物，相從以實于鼎中，不得不出其否賤以濯潔也。

九二，鼎有實，我仇有疾，不我能即，吉。

鼎有實者，既洗鼎矣，乃實物于其中也。陽實陰虚，故言實。仇者，匹也，對也，指初也。疾者，陰柔之疾也。即者，就也。言初雖有疾，九二則剛中自守，不能使我與之即就也。此九二之能事，非戒辭也。○九二以剛居中，能守其剛中之實德，雖比于初，而不輕于所與，有鼎有美實，我仇有疾，不我能即，而浼我實德之象。占者如此，則剛中之德不虧，其吉可知矣。

《象》曰：鼎有實，慎所之也。我仇有疾，終无尤也。

慎所之者，慎所往也。此一句亦言九二之能事，非戒辭也。言九二有陽剛之實德，自能慎于所往，擇善而交，不失身于陰黨也。終无尤者，言我仇雖有疾，然慎于所往，不我能即，而不失身于彼，有何過尤哉。

九三，鼎耳革，其行塞。雉膏不食，方雨虧悔，終吉。

三變爲離爲坎，坎爲耳，耳之象也。革者，變也。坎爲耳痛，耳革之象也。三未變，錯震足爲行，三變則成坎陷，不能行矣，行塞之象也。其行塞者，不能行也。離爲雉，雉之象也。坎爲膏，膏之象也。中爻兑，三變則不成兑口，不食之象也。三變則内坎水，外亦坎水，方雨之象也。鼎之所賴以舉行者，耳也。三居木之極，上應火之極，木火既極，則鼎中騰沸，併耳亦熾熱革變，而不可舉移矣，故其行塞也。雨者，水也。虧者，損也。悔者，鼎不可舉移，而雉膏之美味，不得其食，不免至于悔也。方雨虧悔者，言耳革不食，惟救之以水耳。方雨則能虧損其騰沸熾熱之勢，而悔者不至于悔矣。終吉者，鼎可移，美味可食也。

九三以陽剛居鼎腹之中，本有美實之德，但應與木火之極，烹飪太過，故有耳革行塞，雉膏不食之象。然陽剛得正，故又有方雨虧悔之象。占者如是，始雖若不利，終則吉也。

《象》曰：鼎耳革，失其義也。

義者，宜也。鼎烹飪之木火不可過，不可不及，方得烹飪之宜。今木火太過，則失烹飪之宜矣。所以耳革也。

九四，鼎折足，覆公餗，其形渥，凶。

四變中爻爲震，足之象也。中爻兑，爲毁折，折之象也。鼎實近鼎耳，實已滿矣，今震動，覆之象也。餗者，美糁也。八珍之膳，鼎之實也。鼎以享帝養賢，非自私也，故曰公餗。渥者，霑濡也。言覆其鼎，而鼎之上皆霑濡其美糁也。以人事論，項羽之入咸陽，安禄山之陷長安，宗廟燒焚，寳器披離，不復見昔日彼都人士之盛，其形渥之象也。不可依晁氏其刑剭凶者，敗國殺身也。若不以象論，以二體論，離巽二卦成鼎，下體巽有足而無耳，故曰耳革。上體離有耳而無足，故曰折足。

九四居大臣之位，任天下之重者也。但我本不中不正，而又下應初六之陰柔，則委任亦非其人，不能勝大臣之任矣，卒至傾覆國家，故有此象。占者得此，敗國殺身，凶可知矣。

《象》曰：覆公餗，信如何也。

信者，信任也。言以餗委托信任于人，今將餗覆之，則所信任之人爲如何也。

六五，鼎黄耳，金鉉，利貞。

五爲鼎耳。黄，中色。五居中，黄耳之象也。此爻變乾金，金鉉之象也。以此爻未變而言，則曰黄，以此爻既變而言，則曰金。在鼎之上，受鉉以舉鼎者耳也。在鼎之外，貫耳以舉鼎者鉉也。蓋鉉爲鼎之繫，繫于其耳，二物不相離，故並言之。

六五有虚中之德，上比上九，下應九二，皆其剛明，故有黄耳金鉉之象。鼎既黄耳金鉉，則中之爲實者，必美味矣。而占者則利于貞固也，因陰柔，故戒以此。

《象》曰：鼎黄耳，中以爲實也。

黄，中色。言中乃其實德也，故云黄耳。

上九，鼎玉鉉，大吉，无不利。

上九居鼎之極，鉉在鼎上，鉉之象也。此爻變震，震爲玉，玉鉉之象也。玉豈可爲鉉？有此象也，亦如金車之意。鼎之爲器，承鼎在足，實鼎在腹，行鼎在耳，舉鼎在鉉，鼎至于鉉，厥成功矣。功成可以養人，亦猶井之元吉，大成也，故大吉无不利。○上九以陽居陰，剛而能柔，故有温潤玉鉉之象。占者得此，凡事大吉，而又行无不利也。占者有玉鉉之德，斯應是占矣。

《象》曰：玉鉉在上，剛柔節也。

剛柔節者，言以陽居陰，剛而能節之以柔，亦如玉之温潤矣，所以爲玉鉉也。

子，故受之以震。』所以次鼎。

䷲震下震上

震者，動也。一陽始生于二陰之下，震而動也。其象爲雷，其屬爲長子。《序卦》：『主器者莫若長子，故受之以震。』所以次鼎。

震，亨，震來虩虩，笑言啞啞，震驚百里，不喪匕鬯。虩音隙，啞音厄，匕音妣。

虩虩，恐懼也。虩本壁虎之名，以其善于捕蠅，故曰蠅虎。因捕蠅常周環于壁間，不自安寧而驚顧，此用虩字之意。震艮二卦同體，文王綜爲一卦，所以《雜卦》曰：『震起也，艮止也。』艮爲虎，故取虎象，非無因而言虎也。啞啞，笑聲。震之大象兑，又中爻錯兑，皆有喜悦言語之象，故曰笑言。匕，匙也，以棘爲之，長三尺。未祭祀之先，烹牢于鑊，實諸鼎，而加幕焉，將薦，乃舉幕以匕出之，升于俎上。鬯，以秬黍酒和鬱金，以灌地降神者也。人君于祭之禮，親匕牲薦鬯而已，其餘不親爲也。震來虩虩者震也，笑言啞啞者震而亨也。此一句言常理也。震驚百里，不喪匕鬯，處大變而不失其常，此專以雷與長子言之，所以實上二句意也。一陽在坤土之中，君主百里之象，中爻艮，手執之，不喪之象。中爻坎，酒之象。○言震自有亨道，何也？蓋《易》之爲理，危者使平，易者使傾，人能于平時，安不忘危，此心常如禍患之來，虩虩然恐懼而無慢易之心，則日用之間，舉動自有法則，而一笑一言，皆啞啞而自如矣。雖或有非常之變，出于倏忽之頃，猶雷之震驚百里，然此心有主，意氣安閑，雷之威震，雖大而遠，而主祭者自不喪匕鬯也。此可見震自有亨道也。不喪匕鬯，乃象也，非真有是事也，言能恐懼則致福，而不失其所主之重矣。

《象》曰：震亨，震來虩虩，恐致福也。笑言啞啞，後有則也。震驚百里，驚遠而懼邇也。出可以守宗廟社稷，以爲祭主也。

《易舉正》「出可以守」句上有「不喪匕鬯」四字。程子亦云，今從之。恐者，恐懼也。致福者，生全出于憂患，自足以①致福也。後者，恐懼之後也，非震驚之後也。則者，法則也。不違禮，不越分，即此身日用之常度也。人能恐懼，則操心危而慮患深，自不違禮越分，失日用之常度矣，即俗言懼法朝朝樂也。所以安樂自如，笑言啞啞也。驚者，卒然遇之而動乎外；懼者，惕然畏之而變其中。驚者不止于懼，懼者不止于驚。遠者外卦，邇者内卦，内外皆震，遠邇驚懼之象也。出者，長子已繼世而出也。可以者，許之之辭也。言禍患之來，出于倉卒之間，如雷之震，遠邇驚懼，當此之時，乃能處之從容，應之暇豫。不喪匕鬯，則是不懼。由于能懼，雖甚有可驚懼者，亦不能動吾之念也，豈不可以負荷天下之重器乎？故以守宗廟，能爲宗廟之祭主；以守社稷，能爲社稷之祭主矣。

《象》曰：洊雷，震，君子以恐懼修省。

洊者，再也。上震下震，故曰洊。修理其身，使事事合天理，省察其過，使事事遏人欲，惟此心恐懼，所以修省也。恐懼者，作于其心；修省者，見于行事。

初九，震來虩虩，後笑言啞啞，吉。

將卦辭加一後字，辭益明白矣。初九、九四，陽也，乃震之所以爲震者，震動之震也。二三五上，陰也，

① 以，原作「矣」，據寶廉堂本改。

乃爲陽所震者，震懼之震也。初乃成卦之主，處震之初，故其占如此。

《象》曰：震來虩虩，恐致福也。笑言啞啞，後有則也。

解見前。

六二，震來厲，億喪貝，躋于九陵，勿逐，七日得。

震來厲者，乘初九之剛，當震動之時，故震之來者猛厲也。億者，大也。億喪貝，大喪其貝也。十萬曰億，豈不爲大？六五《小象》曰大无喪可知矣。貝者，海中之介蟲也。二變則中爻離，爲蟹爲蚌，貝之象也。震爲足，躋之象也。中爻艮爲山陵之象也。陵乘九剛，九陵之象也。又艮居七，七之象也。離爲日，日之象也。若以理數論，陰陽各極于六，七則變而反其初矣，故《易》中皆言七日得。躋者，升也。言震來猛厲，大喪此貨貝，六①二乃不顧其貝，飄然而去，避于九陵，無心以逐之，不期七日，自獲其貝也。其始也，墮甑弗顧；其終也，去珠復還。太王之遷岐，亦此意也。

六二當震動之時，乘初九之剛，故有此喪貝之象。然居中得正，此无妄之灾耳，故又有得貝之象。占者得此，凡事若以柔順中正自守，始雖不免喪失，終則不求而自獲也。

《象》曰：震來厲，乘剛也。

當震動之時，乘九之剛，所以猛厲不可禦。

六三，震蘇蘇，震行无眚。

蘇即穌，死而復生也。《書》曰后來其蘇是也，言后來我復生也。陰爲陽所震動，三去初雖遠，而比四

① 六，原作『九』，徑改。

則近，故下初之震動將盡，而上四之震動復生，上蘇下蘇，故曰蘇蘇。中爻坎，坎多眚，三變陰爲陽，陽得其正矣。位當矣，且不成坎體，故无眚。行者，改徙之意，即陰變陽也。震性奮發有爲，故教之以遷善改過也。唐肅宗遭禄山之變，猶私與張良娣局戲不已，可謂不知震行无眚者矣。○六三不中不正，居二震之間，下震將盡，而上震繼之，故有蘇蘇之象，所以然者，以震本能行而不行耳。若能奮發有爲，恐懼修省，去其不中不正，以就其中正，則自笑言啞啞而无眚矣。故教占者如此。

《象》曰：震蘇蘇，位不當也。

不中不正，故不當。

九四，震遂泥。

遂者，無反之意。泥者，沉溺于險陷而不能奮發也。上下坤土得坎水，泥之象也。坎有泥象，故需卦井卦皆言泥。睽卦錯坎，則曰負塗。晉元帝困于五胡，而大業未復，宋高宗不能恢復中原，皆其泥者也。○九四以剛居柔，不中不正，陷于二陰之間，處震懼則莫能守，欲震動則莫能奮，是既無能爲之才，而又溺于宴安之私者也，故遂泥焉而不復反，即象而占可知矣。

《象》曰：震遂泥，未光也。

未光者，陷于二陰之間，所爲者皆邪僻①之私，無復有正大光明之事矣，所以遂泥也。與夬卦、萃卦未光皆同。

六五，震往來厲，億无喪，有事。

① 僻，原作『避』，據寶廉堂本改。

初始震爲往，四洊震爲來，五乃君位，爲震之主，故往來皆厲也。億无喪者，大无喪也。天命未去，人心未離，國勢未至瓦解也。有事者，猶可補偏救弊以有爲也。六五處震，亦猶二之乘剛，所以爻辭同億字、喪字。○六五以柔弱之才，居人君之位，當國家震動之時，故有往來危厲之象，然以其得中，才雖不足以濟變，而德猶可以自守，故大无喪而猶能有事也。占者不失其中，則雖危无喪矣。

《象》曰：震往來厲，危行也。其事在中，大无喪也。

危行者，往行危，來行危，一往一來皆危也。其事在中者，言所行雖危厲，而猶能以有事者，以其有中德也。有是中德，而能有事，故大无喪。

上六，震索索，視矍矍，征凶。震不于其躬①，于其鄰，无咎。婚媾有言。矍，俱縛反。

此爻變離，離爲目，視之象也。又離火遇震動，言之象也。故明夷之主人有言，中孚之泣歌，皆離火震動也。凡震遇坎水者，皆言婚媾。屯，震坎也；賁中爻，震坎也；睽上九變震②，中爻坎也。此卦中爻坎也。索者求取也，言如有所求取，不自安寧也。矍者，瞻視徬徨也。六三蘇蘇，上六索索矍矍，三内震之極，上外震之極，故皆重一字也。震不于其躬，于其鄰者，謀之之辭也。言禍患之來，尚未及于其身，方及其鄰之時，即早見預待，天未陰雨而綢繆牖户也。孔斌曰：燕雀處堂，子母相哺。竈突炎上，棟宇將焚。言魏不知鄰禍之將及也，此鄰之義也。婚媾者親近也，猶言夫妻也。親近者，不免于有言，則疏遠者可知矣。○上六以陰柔居震極，中心危懼，不能自安，故有索索矍矍之象。以是而往，方寸亂矣，豈能濟變？故

① 躬，原作「窮」，據寶廉堂本改。

② 震，原作「正」，王校本據史本、朝爽堂本改，從之。

占者征則凶也。然所以致此者，以其不能圖之于早耳，苟能于震未及其身之時，恐懼修省，則可以免索索矍矍之咎。然以陰柔處震極，亦不免婚媾之有言，終不能笑言啞啞，安于無事之天矣。防之早者，且有言，况不能防者乎？婚媾有言，又占中之象也。

《象》曰：震索索，中未得也。雖凶无咎，畏鄰戒也。

中者，中心也。未得者，方寸亂而不能笑言啞啞也。畏鄰戒者，畏禍已及于鄰，而先自備戒也。畏鄰戒，方得无咎。若不能備戒，豈得无咎哉。

☶艮下艮上

艮者，止也。一陽止于二陰之上，陽自下升，極上而止，此止之義也。又其象爲山，下坤土，乃山之質。一陽覆冒于其上，重濁者在下，輕清者在上，亦止之象也。《序卦》：『震者，動也。物不可以終動，止之，故受之以艮。艮者，止也。』所以次震。

艮其背，不獲其身。行其庭，不見其人，无咎。

此卦辭以卦綜言，如井卦改邑不改井，蹇卦利西南之類，本卦綜震，四爲人之身，故周公爻辭以四爲身。三畫之卦，二爲人位，故曰人。庭則前庭，五也。艮爲門闕，故門之内，中間爲庭。震，行也，向上而行，面向上，其背在下，故以陽之畫初與四爲背。艮止也，向下而立，面向下，其背在上，故以陽之畫三與上爲背。上二句以下卦言，下二句以上卦言，言止其背，則身在背後，不見其四之身，行其庭，則背在人前，不見其二之人，所以一止之間，既不見其己，又不見其人也。辭本玄妙，令人難曉。孔子知文王以卦綜成卦辭，所以《彖辭》説一行字，一動字，重一時字。

《彖》曰：艮，止也，時止則止，時行則行，動静不失其時，其道光明。艮其止，止其所也。上下敵應，不相與也。是以不獲其身，行其庭，不見其人，无咎也。

以卦德、卦綜、卦體釋卦名、卦辭。言所謂艮者，以其止也。然天下之理無窮，而夫人之事萬變，如惟其止而已，豈足以盡其事理哉？亦觀其時何如耳。蓋理當其可之謂時，時當乎艮之止則止，當乎震之行則行，行止之動静，皆不失其時，則無適而非天理之公。其道如日月之光明矣，豈止无咎而已哉。然艮之所以名止者，亦非固執而不變遷也，乃止其所也。惟止其所當然之理，所以時止則止也。卦辭又曰不獲其身，不見其人者，蓋人相與乎我，則我即得見其人，我相與乎人，則人即能獲其我。今初之于四，二之于五，三之于上，陰自爲陰，陽自爲陽，不相與應，是以人不獲乎我之身，而我亦不見其人，僅得无咎而已。若時止時行，豈止无咎哉？八純卦皆不相應與，獨于艮言者，艮性止，止則固執不遷，所以不光明，而僅得无咎。文王《卦辭》專以象言，孔子《彖辭》，專以理言。

《象》曰：兼山，艮，君子以思不出其位。

兼山者，内一山，外一山，兩重山也。天下之理，即位而存，父有父之位，子有子之位，君臣夫婦亦然。富貴有富貴之位，貧賤有貧賤之位，患難夷狄亦然。有本然之位，即有當然之理，思不出其位者，正所以止乎其理也，出其位則越其理矣。

初六，艮其趾，无咎，利永貞。

艮綜震，震爲足，趾之象也。初在下，亦趾之象也。咸卦亦以人身，以漸而上。〇初六陰柔，無可爲之才，能止者也。又居初卑下，不得不止者也。以是而止，故有艮趾之象。占者如是，則不輕舉冒進，可以无咎而正矣。然又恐其正者不能永也，故又教占者以此。

《象》曰：艮其趾，未失正也。

理之所當止者曰正，即爻辭之貞也。爻辭曰利永貞，象辭曰未失正，見初之止，理所當止也。

六二，艮其腓，不拯其隨，其心不快。

腓者，足肚也，亦初震足之象。拯者，救也。隨者，從也。二比三，從三者也。不拯其隨者，不求拯于所隨之三也。凡陰柔資于陽剛者皆曰拯，涣卦初六用拯馬壯是也。二中正，八卦正位，艮在三，兩爻俱善，但當艮止之時，二艮止不求救于三，三艮止不退聽于二，所以二心不快。中爻坎爲加憂，爲心病，不快之象也。〇六二居中得正，比于其三，止于其腓矣。以陰柔之質，求三陽剛以助之可也。但艮性止，不求拯于隨，則其中正之德，無所施用矣，所以此心常不快也。故其占中之象如此。

《象》曰：不拯其隨，未退聽也。

二下而三上，故曰退。周公不快，主坎之心病而言。孔子未聽，主坎之耳痛而言。

九三，艮其限，列其夤，厲薰心。

限者，界限也。上身與下身相界限，即腰也。夤者，連也，腰之連屬不絶者也。腰之在身，正屈伸之際，當動不當止，若艮其限，則上自上，下自下，不相連屬矣。列者，列絶而上下不相連屬，判然其兩段也。薰與燻同，火烟上也。薰心者，心不安也。中爻坎爲心病，所以六二不快。九三薰心。坎錯離，火烟之象也。止之爲道，惟其理之所在而已。九三位在腓之上，當限之處，正變動屈伸之際，不當艮者也。不當艮而艮，則不得屈伸，而上下判隔，列絶其相連矣，故危厲，而心常不安。占者之象如此。

《象》曰：艮其限，危薰心也。

不當止而止，則執一不能變通。外既齟齬，心必不安，所以危厲而薰心①也。

六四，艮其身，无咎。

艮其身者，安静韜晦，鄉憐有鬬而閉户，括囊无咎之類是也。

六四以陰居陰，純乎陰者也，故有艮其身之象。既艮其身，則無所作爲矣。占者如是，故无咎。

《象》曰：艮其身，止諸躬也。

躬即身也，不能治人，不能成物，惟止諸躬而已，故《爻》曰艮其身，《象》曰止諸躬。

六五，艮其輔，言有序，悔亡。

序者，倫序也。輔見咸卦注。艮錯兑，兑爲口舌，輔之象也，言之象也。艮其輔者，言不妄發也。言有序者，發必當理也。悔者，易則誕，煩則支，肆則忤，悖則違，皆悔也。咸卦多象人面，艮卦多象人背者，以文王卦辭，艮其背故也。

六五，當輔出言之處，以陰居陽，未免有失言之悔。然以其得中，故又有艮其輔，言有序之象。而其占則悔亡也。

《象》曰：艮其輔，以中正也。

正當作止，與止諸躬止字同。以中而止，所以悔亡。

① 薰，原作「董」，據《象》文及寶廉堂本改。

上九，敦艮，吉。

敦與篤行之篤字同意。時止則止，貞固不變也。山有敦厚之象，故敦臨、敦復，皆以土取象。

上九以陽剛居艮極，自始至終，一止于理而不變，敦厚于止者也，故有此象。占者如是，則其道光明，何吉如之。

《象》曰：敦艮之吉，以厚終也。

厚終者，敦篤于終而不變也。賁、大①畜、蠱、頤、損、蒙六卦，上九皆吉者，皆有厚終之意。

① 大，原作『犬』，據寶廉堂本改。

周易集注卷之十一

䷴艮下巽上

漸者，漸進也。爲卦艮下巽上，有不遽進之義，漸之義也。木在山上，以漸而高，漸之象也。《序卦》：『艮者，止也。物不可以終止，故受之以漸。』所以次艮。

漸，女歸吉，利貞。

婦人謂嫁曰歸。天下之事，惟女歸爲有漸。納采、問名、納吉、納徵、請期、親迎，六禮備而後成婚，是以漸者莫如女歸也。本卦不遽進，有女歸之象。因主于進，故又戒以利貞。

《彖》曰：漸之進也，女歸吉也。進得位，往有功也。進以正，可以正邦也。其位剛得中也，止而巽，動不窮也。

釋卦名，又以卦綜、卦德釋卦辭。之字作漸字。女歸吉者，言必如女歸而後漸方善也。能如女歸，則進必以禮。不苟于相從，得以遂其進之之志而吉矣。進得位者，本卦綜歸妹，二卦同體，文王綜爲一卦，故《雜卦》曰：『漸，女歸待男行也。歸妹，女之終也。』言歸妹下卦之兑，進而爲漸上卦之巽，得九五之位也。然不惟得位，又正之中也。正邦者，成刑于之化也，即往有功也。此以卦綜言也。進不窮者，蓋進之之心愈急，則進之之機益阻。今卦德内而艮止，則未進之先，廉静無求，外而巽順，則將進之間，相時而動，此所以進不窮也。有此卦綜卦德，吉而利貞者以此。

《象》曰：山上有木，漸，君子以居賢德善俗。

習俗移人，賢者不免，故性相近而習相遠也。君子法漸進之象，擇居處于賢德善俗之地，則耳濡目染，以漸而自成其有道之士矣，即《孟子》引而置之莊嶽之間之意。

初六，鴻漸于干，小子厲，有言，无咎。

鴻，雁之大者。鴻本水鳥，中爻離坎，離爲飛鳥，居水之上，鴻之象也。且其爲物，木落南翔，冰泮北歸，其至有時，其群有序，不失其時與序，于漸之義爲切。昏禮用鴻，取不再偶，于女歸之義爲切。所以六爻皆取鴻象也。小子者，艮爲少男，小子之象也。内卦錯兑，外卦綜兑，兑爲口舌，有言之象也。干，水旁也，江干也。中爻小水流于山，故有干象。厲者，危厲也，以在我而言也。言者，謗言也，以在人而言也。无咎者，在漸之時，非躐①等以强進，于義則无咎。○初六陰柔，當漸之時，漸進于下，有鴻漸于干之象。然少年新進，上無應與，在我不免有小子之厲，在人不免有言語之傷，故其占如此，而其義則无咎也。

《象》曰：小子之厲，義无咎也。

小子之厲，似有咎矣。然時當進之時，以漸而進，亦理之所宜。以義揆之，終无咎也。

六二，鴻漸于磐，飲食衎衎，吉②。衎，苦旦反。

磐，大石也。艮爲石，磐之象也。自干而磐，則遠于水而漸進矣。中爻爲坎，飲食之象也。故困卦九

① 躐，原作『獵』，據寶廉堂本改。
② 『吉』字原缺，據《周易》原文補。

二言酒食，需卦九五言酒食，未濟上九言酒食，坎卦六四言樽酒。衎，和樂也。巽綜兑悦，樂之象。言鴻漸于磐而飲食自適也。吉即《小象》不素飽之意。

六二，柔順中正，而進以其漸，又上有九五中正之應，故其象如此，而其占則吉也。

《象》曰：飲食衎衎，不素飽也。

素飽即素餐也。言爲人之臣，食人之食，事人之事，義所當得，非徒飲食而已也。蓋其德中正，其進漸次，又應九五中正之君，非素飽也宜矣。

九三，鴻漸于陸，夫征不復，婦孕不育，凶，利禦寇。

地之高平曰陸，此爻坤，陸之象也。夫指三，□①艮爲少男，又陽爻，故謂之夫。婦指四，巽爲長女，又陰爻，故謂之婦。本卦女歸，故以夫婦言之。征者往也，不復者不反也，本卦以漸進爲義，三比上四，漸進于上，溺而不知其反也。婦孕者，此爻合坎，坎中滿，孕之象也。孕不育者，孕而不敢使人知其育，如孕而不育也。蓋四性主入，無應而奔于三，三陽性上行，又當進時，故有此醜也。若以變爻論，三變則陽死成坤，離絶夫位，故有夫征不復之象，既成坤，則並坎中之滿，通不見矣，故有婦孕不育之象。坎爲盜，離爲戈兵，故有寇象。變坤，故《小象》曰順相保。

九三過剛，當漸之時，故有自磐而進于陸之象。然上無應與，乃比于親近之四，附麗其醜，而失其道矣，非漸之貞者也。故在占者則有夫征不復，婦孕不育之象，凶可知矣。惟禦寇之道，在于人和，今變坎成坤，則同心協力，順以相保，故利也。若以之漸進，是枉道從人，夫豈可。

①　此處原空一字。按四庫本作『故』，朝爽堂本作『爻』。

《象》曰：夫征不復，離群醜也。婦孕不育，失其道也。利用禦寇，順相保也。離，力智切。

離，附著也。揚①子雲《解嘲》云丁傅董賢用事，諸附離之者，起家至二千石，《莊子》附離不以膠漆，皆此離也。群醜者，上下二陰也。夫征不復者，以附離群陰，溺而不反也。失其道者，淫奔之事，失其夫婦之正道也。順相保者，禦寇之道，在于行險而順，今變坎成坤，則行險而順矣，所以能相保禦也。雁群不亂，飛則列陣相保，三爻變坤，有雁陣象，故曰順相保。

六四，鴻漸于木，或得其桷，无咎。

巽爲木，木之象也。下三爻一畫横于上，桷之象也。桷者，椽也，所以乘瓦。巽爲繩直，故有此象。又坎爲宫，四居坎上，亦有桷象。凡木之枝柯，未必横而寬平如桷，鴻趾連而且長，不能握枝，故不棲木。若木之枝如桷，則横平而棲之，可以安矣。或得者，偶然之辭，未必可得，偶得之也。巽爲不果，或得之象。无咎者，得漸進也。

六四以柔弱之資，似不可以漸進矣。然巽順得正，有鴻漸于木或得其桷之象。占者如是，則无咎也。

《象》曰：或得其桷，順以巽也。

變乾錯坤爲順，未變爲巽，巽正位在四，故曰順巽。

九五，鴻漸于陵，婦三歲不孕，終莫之勝，吉。

高阜曰陵，此爻變艮爲山，陵之象也。婦指二，中爻爲離，中虚空腹，不孕之象也。離居三，三歲之象也。三歲不孕者，言婦不遇乎夫而三歲不孕也。二四爲坎，坎中滿，故曰孕，三五中虚，故曰不孕。爻辭取

① 揚，原作「陽」，據寶廉堂本改。

象，精之極矣。凡正應爲君子，相比爲小人，二比三，三比四，四比五，皆陰陽相比，故此爻以三歲不孕，終莫之勝吉言。終莫之勝者，相比之小人，終不得以間之，而五與二合也。

九五陽剛當尊，正應乎二，可以漸進相合，得遂所願矣，但爲中爻相比所隔，然終不能奪其正也。故其象如此，占者必有所遲阻而後吉也。

《象》曰：終莫之勝，吉，得所願也。

願者，正應相合之願也。

上九，鴻漸于陸，其羽可用爲儀，吉。

陸即三爻之陸，中爻水，在山上，故自干而陸。此爻變坎，又水在山上，故又有鴻漸于陸之象。巽性入，又伏，本卦主于漸進，今進于上，則進之極，無地可進矣。巽性伏入，進退不果，故又退漸于陸也。蓋三乃上之正應，雖非陰陽相合，然皆剛明君子，故知進而又知退焉。儀者，儀則也。知進知退，惟聖人能之。今上能退于三，即蠱之志可則，蓋百世之師也。故其羽可以爲儀。曰羽者，就其鴻而言之。曰羽可儀，猶言人之言行可法則也。升卦與漸卦同是上進之卦，觀升卦上六曰利不息之貞，則此爻可知矣。胡安定公以陸作逵者非也，蓋《易》到六爻極處即反，亢龍有悔之類是也。

上九木在山上，漸長至高，可謂漸進之極矣。但巽性不果，進而復退于陸焉。此則知進知退，可以起頑立懦者也。故有鴻漸于陸，其羽可用爲儀之象。占者有是德，即有是吉矣。

《象》曰：其羽可用爲儀吉，不可亂也。

不可亂者，鴻飛于雲漢之間，列陣有序，與凡鳥不同，所以可用爲儀。若以人事論，不可亂者，富貴利達，不足以亂其心也。若富貴利達亂其心，惟知其進，不知其退，惟知其高，不知其下，安得可用爲儀？今知進又知退，知高又知下，所以可以爲人之儀則。

䷵兌下震上

婦人謂嫁曰歸，女之長者曰姊，少者曰妹。因兌爲少女，故曰妹。爲卦兌下震上，以少女從長男，其情又以悦而動，皆非正也，故曰歸妹。《序卦》：『漸者，進也。進必有所歸，故受之以歸妹。』漸有歸義，所以次漸。

歸妹，征凶，无攸利。

《彖辭》明。漸曰女歸，自彼歸我也，娶婦之家也。此曰歸妹，自我歸彼也，嫁女之象也。

《彖》曰：歸妹，天地之大義也，天地不交而萬物不興。歸妹，人之終始也，説以動，所歸妹也。征凶，位不當也。无攸利，柔乘剛也。

釋卦名，復以卦德釋之，又以卦體釋卦辭。言所謂歸妹者，本天地之大義也。蓋物無獨生獨成之理，故男有室，女有家，本天地之常經，是乃其大義也。何也？蓋男女不交則萬物不生，而人道滅息矣。是歸妹者，雖女道之終，而生育之事，于此造端，實人道之始，所以爲天地之大義也。然歸妹雖天地之正理，但説而動則女先乎男，所歸在妹，乃妹之自爲，非正理而實私情矣，所以名歸妹。位不當者，二四陰位而居陽，三五陽位而居陰，自二至五皆不當也。柔乘剛者，三乘二之剛，五乘四之剛也，有夫屈乎婦，婦制其夫之象。位不當，則紊男女内外之正。柔乘剛，則悖夫婦倡隨之理，所以征凶无攸利。

《象》曰：澤上有雷，歸妹，君子以永終知敝。

永對暫言，終對始言，永終者，久後之意。兑爲毁折，有敝象。中爻坎，爲通，離爲明，有知象。故知其敝。天下之事，凡以仁義道德相交洽者，則久久愈善，如劉孝標所謂風雨急而不輟其音，霜雪零而不渝其色，此永終无敝者也。故以勢合者，勢盡則情疏，以色合者，色衰則愛弛，垝垣復關之輩，雖言笑于其初，而桑落黄隕之嗟，終痛悼于其後，至于立身一敗，萬事瓦裂，其敝至此。○雷震澤上，水氣隨之而升，女子從人之象也。故君子觀其合之不正，而動于一時情欲之私，即知其終之有敝，而必至失身敗德，相爲睽乖矣。此所以欲善其終，必慎其始。

初九，歸妹以娣，跛能履，征吉。

《爾雅》：長婦謂稚婦爲娣，娣謂長婦爲姒。即今之妯娌相呼也。又《曲禮》：世婦姪娣。謂以妻之妹從妻來者爲娣也。古者諸侯一娶九女，嫡夫人之左右媵皆以姪娣從。送女從嫁曰媵。以《爾雅》《曲禮》媵送考之，幼婦曰娣，蓋從嫁以適人者也。兑爲妾，娣之象。初在下，亦娣之象。兑爲毁折，有跛之象。震爲足，足居初，中爻離爲目，目與足皆毁折，所以初爻言足之跛，而二爻言目之眇也。若以變坎論，坎爲曳，亦跛之象也。跛者，行之不以正，側行者也。以嫡娣論，側行正所尊正室也，若正行則是專正室之事矣，故以跛象之。○初九居下，當歸妹之時，而無正應，不過娣妾之賤而已，故爲娣象。然陽剛在女子爲賢正之德，但爲娣之賤，則閨閫之事不得以專成。今處悦居下，有順從之義，故亦能維持調護，承助其正室，但不能專成，亦猶跛者，側行而不能正行也。占者以是而往，雖其勢分之賤，不能大成其内助之功，而爲媵妾職分之，當然則已盡之矣。吉之道也，故征吉。

《象》曰：歸妹以娣，以恒也。跛能履吉，相承也。

恒，常也，天地之常道也。有嫡有妾者，人道之常。初在下位，無正應，分當宜于娣矣，是乃常道也，故曰以恒也。恒字義，又見九二《小象》。相承者，能承助乎正室也。以其有賢正之德，所以能相承，故曰相承也。以恒，以分言。相承，以德言。

九二，眇能視，利幽人之貞。

眇者，偏盲也，一目明，一目不明也，或目邪，皆謂之眇，解見初九。兑綜巽，巽爲白眼，亦有眇象。中爻離，目視之象。幽人之貞者，幽人遭時不偶，抱道自守者也。幽人無賢君，正猶九二無賢夫①，衆爻言歸妹，而此爻不言者，居兑之中，乃妹之身，是正嫡而非娣也。幽人一句，詳見前履卦。又占中之象也。○九二陽剛得中，優于初之居下矣。又有正應，優于初之無應矣。但所應者陰柔不正，是乃賢女而所配不良，不能大成内助之功，故有眇者能視而不能遠視之象。然所配不良，豈可因不良而改其剛中之德哉。故占者利如幽人之貞可也。

《象》曰：利幽人之貞，未變常也。

一與之齊，終身不改，此婦道之常也。今能守幽人之貞，則未變其常矣。故教占者，如幽人之貞則利也。初爻二爻《小象》，孔子皆以恒常二字釋之，何也？蓋兑爲常，則恒常二字，乃兑之情性，故釋之以此。

六三，歸妹以須，反歸以娣。

須，賤妾之稱。《天文志》：須女四星，賤妾之稱。故古人以婢僕爲餘須。反者，顛倒之意，震爲反生，

① 夫，原作「婦」，王校本據朝爽堂本作「夫」，從之。

故曰反。○六①居下卦之上，本非賤者也，但不中不正，又爲悦之主，善于容悦以事人，則成無德之須，賤而人莫之取矣，故爲未得所適，反歸乎娣之象。初位卑，歸以娣宜矣。三居下卦之上，何自賤至此哉？德不稱位而成須故也。不言吉凶者，容悦之人，前之吉凶，未可知也。

《象》曰：歸妹以須，未當也。

未當者，爻位不中不正也。

九四，歸妹愆期，遲歸有時。

愆，過也，言過期也。女子過期不嫁人，故曰愆期，即《詩》摽梅之意。因無正應，以陽應陽，則純陽矣，故愆期。有時者，男女之婚姻，自有其時也，蓋天下無不嫁之女，愆期者數，有時者理。若以象論，中爻坎月離日，期之之象也。四一變，則純坤而日月不見矣，故愆期。震春、兑秋、坎冬、離夏，四時之象。震東兑西，相隔甚遠，所以愆期。四時循環，則有時矣。

九四以陽應陽，而無正應，蓋女之愆期而未歸者也。然天下豈有不歸之女，特待時而歸，歸之遲耳，故有愆期遲歸有時之象。占者得此，凡事待時可也。

《象》曰：愆期之志，有待而行也。

行者，嫁也。天下之事，自有其時。愆期之心，亦有待其時而後嫁耳。爻辭曰有時，象辭曰有待，皆待時之意。

① 『六』下王校本據朝爽堂本補『三』字。

六五，帝乙歸妹①，其君之袂，不如其娣之袂良，月幾望，吉。

帝乙，如箕子明夷、高宗伐鬼方之類。君者，妹也。此爻變兑，兑爲少女，故以妹言之。諸侯之妻曰小君，其女稱縣君。宋之臣，其妻皆稱縣君是也。故不曰妹而曰君焉。袂，衣袖也，所以爲禮容者也。人之著衣，其禮容全在于袂，故以袂言之。良者，美好也。三爻爲娣，乾爲衣，三爻變乾，故其衣之袂良。五爻變兑成缺，故不如三之良。若以理論，三不中正，尚容飾，五柔中，不尚容飾，所以不若其娣之袂良也。月幾望者，坎月離日，震東兑西，日月東西相望也。五陰二陽，言月與日對，而應乎二之陽也。曰幾者，言光未盈滿，柔德居中而謙也。月幾望而應乎陽，又下嫁，占中之象也。

六五柔中居尊，蓋有德而貴者也。下應九二，以帝有德之女下嫁于人，故有尚德而不尚飾、其服不盛之象。女德之盛，無以加此。因下嫁，故又有月幾望而應乎陽之象。占者有是德，則有是吉矣。

《象》曰：帝乙歸妹，不如其娣之袂良也。其位在中，以貴行也。

在中者，德也。以貴者，帝女之貴也。行者，嫁也。有是中德，有是尊貴，以之下嫁，又何必尚其飾哉，此所以君之袂不如娣之袂良也。

上六，女承筐无實，士刲羊无血，无攸利。

兑爲女，震爲士。筐乃竹所成，震爲竹，又仰盂，空虚無實之象也。又變離，亦中虚無實之象也。中爻坎，爲血卦，血之象也。兑爲羊，羊之象也。震綜艮，艮爲手，承之象也。離爲戈兵，刲之象也。羊在下，血

① 妹，原作「袂」，據《周易》原文改。

在上，無血之象也。凡夫婦祭祀，承筐而採蘋蘩者，女之事也；刲羊而實鼎俎者，男之事也。今上與三皆陰爻，不成夫婦，則不能供祭祀矣。无攸利者，人倫以廢，後嗣以絶，有何攸利？刲者，屠也。

上六以陰柔居卦終而无應，居終則過時，无應則无配，蓋歸妹之不成者也，故有承筐无實，刲羊无血之象。占者得此，无攸利可知矣。

《象》曰：上六无實，承虚筐也。

上爻有底而中虚，故曰承虚筐。

☳☲離下震上

豐，盛大也。其卦離下震上，以明而動，盛大之由也。又雷電交作，有盛大之勢，乃豐之象也，故曰豐。

《序卦》：『得其所歸者必大，故受之以豐。』所以次歸妹。

豐，亨，王假之，勿憂宜日中。

亨者，豐自有亨道也，非豐後方亨也。假，至也。必以王言者，蓋王者車書一統而後可以至此也。此卦離日在下，日已昃矣，所以周公爻辭言見斗、見沬者皆此意。勿憂宜日中一句讀，言王者至此，勿憂宜日中，不宜如是之昃，昃則不能照天下也。孔子乃足之曰：日至中不免于昃，徒憂而已。文王已有此意，但未發出，孔子乃足之。離日象，又王象。錯坎，憂象。

《象》曰：豐，大也，明以動，故豐。王假之，尚大也。勿憂宜日中，宜照天下也。日中則昃，月盈則食，天地盈虚，與時消息，而况于人乎？况于鬼神乎？

以卦德釋卦名，又以卦象釋卦辭而足其意。非明則動無所之，冥行者也；非動則明无所用，空明者也。惟明動相資，則王道由此恢廓，故名豐。尚大者，所尚盛大也？非王者有心欲盛大也，其勢自盛大也。撫盈盛①之運，不期侈而自侈矣。宜照天下者，遍照天下也，日昃則不能遍照矣。日中固照天下，然豈長日中哉？蓋日以中爲盛，日中則必昃；月以盈爲盛，月盈則必食。何也？天地造化之理，其盈虚每因時以消息，時乎息矣必至于盈，時乎消矣必至于虚。虚而息，息而盈，盈而消，消而虚，此必然之理數也。天地盈虚，與時消息，天地且不常盈不常②虚，而況于人與鬼神乎？可見國家無常豐之理，不可憂其宜日中，不宜日昃也。鬼神是天地之變化運動者，如風雲雷雨，凡陽噓陰吸之類皆是。

《象》曰：雷電皆至，豐，君子以折獄致刑。

始而問獄之時，法電之明，以折其獄，是非曲直，必得其情。終而定刑之時，法雷之威，以致其刑，輕重大小，必當其罪。

初九，遇其配主，雖旬无咎，往有尚。

遇字，詳見噬嗑六三。配主者，初爲明之初，四爲動之初，故在初曰配主，在四曰夷主也。因宜日中一句，故爻辭皆以日言。文王象豐，以一日象之，故曰勿憂宜日中。周公象豐，以十日象之，故曰雖旬无咎。十日爲旬，言初之豐，以一月論，已一旬也，言正豐之時也。〇當豐之初，明動相資，故有遇其配主之象。既遇其配，則足以濟其豐矣。故雖豐已一旬，亦无災咎，可嘉之道也，故占者往則有尚。

---

① 盛，原作「成」，據寶廉堂本改。

② 「常」字原無，據意補。

《象》曰：雖旬无咎，過旬災也。

雖旬无咎，周公許之之辭。過旬咎也，孔子戒之之辭。過旬災者，言盛極必衰也。

六二，豐其蔀，日中見斗，往得疑疾，有孚發若，吉。

蔀蔀，草名，中爻巽，草之象也。故大過下巽曰白茅，泰卦下變巽曰拔茅，屯卦震錯巽曰草昧，皆以巽爲陰柔之木也。因王弼以蔀字爲覆曖，後人編《玉篇》即改蔀覆也。斗，量名，應爻震，有量之象，故取諸斗。南斗北斗，皆如量，所以名斗。《易》止有此象，無此事，亦無此理，如金車玉鉉之類是也。又如刲羊無血，天下豈有殺羊無血之理？所以《易》止有此象。本卦離日在下，雷在上，震爲蕃，草蕃盛之象也，言草在上蕃盛。日在下，不見其日，而惟見其斗也。疑者，援其所不及，煩其所不知，必致猜疑也。疾者，持方枘①以内圓鑿，反見疾惡也。有孚者，誠信也。離中虚，有孚之象也。發者，感發開導之也。若，語助辭。吉者，至誠足以動人。彼之昏暗可開，而豐亨可保也。貞字誠字，乃六十四卦之樞紐，聖人于事難行處，不教人以貞，則教人以有孚。○六二居豐之時，爲離之主，至明者也。而上應六五之柔暗，故有豐其蔀，不見其日，惟見其斗之象。以是昏暗之主，往而從之，彼必見疑疾，有何益哉？惟在積誠信，以感發之，則吉。占者當如是也。

《象》曰：有孚發若，信以發志也。

志者，君之心志也。信以發志者，盡一己之誠信，以感發其君之心志也。能發其君之志，則己之心與君之心相爲流通矣。伊尹之于太甲，孔明之于後主，郭子儀之于肅宗代宗，用此道也。

① 枘，原作「柄」，據四庫本改。

九三，豐其沛，日中見沬，折其右肱，无咎。沬音未。

沛，澤也，沛然下雨是也，乃雨貌。沬者，水源也，故曰涎沫、濡沫、跳沫、流沫，乃霡霂細雨不成水之意。此爻未變，中爻兑爲澤，沛之象也。既變，中爻成坎水矣，沬之象也。二爻巽木，故以草象之。三爻澤水，故以沬象之。周公爻辭精極至此。王弼不知象，以蔀爲覆曖，後儒從之，即以爲障蔽。王弼以沛爲旆，後儒亦以爲旆，殊不知雷在上，中爻有澤有風，方取此沛沬之象，何曾有旆之象哉。相傳之謬，有自來矣。肱者，手臂也。震綜艮，中爻兑錯艮，艮爲手，肱之象也。又兑爲毁折，折其肱之象也。曰右者，陽爻爲右，陰爻爲左，故師之左次，明夷之左股左腹，皆陰爻也。此陽爻，故以右言之。右肱至便于用，而人不可少者，折右肱，則三無所用矣。无咎者，德在我，其用與不用在人，以義揆之，无咎也。○九三處明之極，而應上六之柔暗，則明有所蔽，故有豐其沛，不見日而見沬之象。夫明既有所蔽，則以有用之才，置之無用之地，故又有折其右肱之象，雖不見用，乃上六之咎也，于三何尤哉，故无咎。

《象》曰：豐其沛，不可大事也。折其右肱，終不可用也。

不可大事，與遯卦九三同，皆言艮止也。蓋建立大事以保豐亨之人，必明與動相資。今三爻變，中爻成艮，上①雖動而不明矣。動而又止，安能大事哉，其不可濟豐也必矣。周公爻辭，以本爻未變言。孔子象辭，以本爻既變言。人之所賴以作事者在右肱也，今三爲時所廢，是有用之才，而置無用之地，如人折右肱矣，所以終不可用。

九四，豐其蔀，日中見斗，遇其夷主吉。

① 上，王校本據史本、朝爽堂本改作『止』，屬上讀。

夷者，等夷也，指初也，與四同德者也。二之豐蔀見斗者，應乎其昏暗也。四之豐蔀見斗者，比乎其昏暗也。若以象論，二居中爻巽木之下，四居中爻巽木之上。巽陰木，蔀之類也，所以爻辭同。吉者，明動相資，共濟其豐之事也。

當豐之時，比乎昏暗，故亦有豐蔀見斗之象。然四與初同德相應，共濟其豐，又有遇其夷主之象，吉之道也。故其象占如此。

《象》曰：豐其蔀，位不當也。日中見斗，幽不明也。遇其夷主，吉行也。

幽不明者，初二日中見斗，是明在下，而幽在上，二之身猶明也。若四之身，原是蔀位，則純是幽而不明矣。行者動也，震性動，動而應乎初也。

六五，來章，有慶譽，吉。

凡卦自下而上者謂之往，自上而下者謂之來。此來字非各卦之來，乃召來之來也，謂屈己下賢，以召來之也。章者，六二離本章明而又居中得正。本卦明以動故豐，非明則動無所之，非動則明無所用。二五居兩卦之中，明動相資，又非豐蔀見斗之説矣，此《易》不可爲典要也。慶者，福慶集于己也。譽者，聲譽聞于人也。此爻變兑，兑爲口，有譽象。吉者，可以保豐亨之治也。

六五爲豐之主，六二爲之正應。有章明之才者，若能求而致之，則明動相資，有慶譽而吉矣。占者能如是，斯應是占也。

《象》曰：六五之吉，有慶也。

有慶方有譽，未有無福慶而有譽者。舉慶則譽在其中矣。

上六，豐其屋，蔀其家，闚其户，闃闃其无人，三歲不覿，凶。

此爻與明夷初登于天，後入于地相同。以屋言者，凡豐亨富貴，未有不潤其屋者。豐其屋者，初登于天也。蔀其家以下，後入于地也。蔀其家者，草生于屋，非復前日之炫耀而豐矣。豐其蔀，本周公爻辭，今將豐蔀二字分開，則知上豐字，乃豐之極，下蔀字乃豐之反矣。故《小象》上句以爲天際翔也。闚者，窺視也。離爲目，窺之象也。閴者，寂静也。閴其无人者，户庭寂静而无人也。三歲不覿者，變離，離居三也。言窺其户，寂静无人至于三年之久，猶未見其人也。凶者，殺身亡家也。泰之後而城復于隍，豐之後而閴寂其户，處承平豈易哉？

上六以柔暗之質，居明動豐亨之極，承平既久，奢侈日盛，故有豐其屋之象。然勢極則反者，理數也，故離之明極，必反其暗，草塞其家而有暗之象。震之動極，必反其静，有閴其无人，三年不覿之象。占者得此，凶可知矣。

《象》曰：豐其屋，天際翔也。闚其户，閴其无人，自藏也。

言豐極之時，其勢位炙手可熱，如翱翔于天際雲霄之上，人可仰而不可即。上六天位，故曰天。及爾敗壞之後，昔之光彩氣焰，不期掩藏而自掩藏矣。權臣得罪披離之後，多有此氣象。

䷷艮下離上

旅，羈旅也。爲卦山内火外，内爲主，外爲客。山止而不動，猶舍館也。火動而不止，猶行人也，故曰旅。《序卦》：『豐，大也。窮大者必失其居，故受之以旅。』所以次豐。

唐玄宗開元初，海内富安，行者雖萬里，不持寸兵。及其天寶以後，自恃承平，以爲天下無復可憂，遂深居禁中，以聲色自娱，悉以政事委之李林甫。及禄山陷京師，乃幸蜀，遂有馬嵬之慘。此窮極于大者必失其居之驗也。旅非專指商賈，凡客于外者皆是。

旅，小亨，旅貞吉。

小亨者，亨之小也。旅途親寡，勢涣情疏，縱有亨通之事，亦必微小，故其占爲小亨。然其亨者，以其正也。道無往而不在，理無微而可忽，旅途之間，能守此正，則吉而亨矣。小亨者，占之亨也。旅貞吉者，聖人教占者處旅之道也。

《彖》曰：旅小亨，柔得中乎外，而順乎剛，止而麗乎明，是以小亨，旅貞吉也。旅之時義大矣哉。

以卦綜、卦德釋卦辭而嘆①其大。本卦綜豐，二卦同體，文王綜爲一卦，故《雜卦》曰：『豐，多故。親寡，旅也。』豐下卦之離，進而爲旅之上卦，所以柔得中乎外卦，而又親比上下之剛也。明者，己之明也，非麗人之明也。止而麗乎明，與睽悦而麗乎明同，只是内止外明也。羈旅之間，柔得中不取辱，順乎剛不招禍，止而不妄動，明而識時宜，此四者處旅之正道也。有此正道，是以占者小亨。若占者能守此旅之正道，則吉而亨矣。大本贊辭，然乃嘆辭也。言旅本小事，必柔中順剛，止而麗明，方得小亨。則難處者旅之時，難盡者旅之義。人不可以其小事而忽之也，與豫、隨、姤同。

《象》曰：山上有火，旅，君子以明慎用刑，而不留獄。

明其刑，以罪之輕重言；慎其刑，以罪之出入言。不留者，既決斷于明慎之後，當罪者即罪之，當宥者

① 嘆，原作『嘆』，據寶廉堂本改。

即宥之，不留滯淹禁也，非留于獄中也。因綜豐雷火，故亦言用刑。明者火之象，慎者止之象，不留者旅之象。

初六，旅瑣瑣，斯其所取灾。

瑣者，細屑猥鄙貌。初變則兩離矣，故瑣而又瑣。瑣者，羈旅之間，計財利得失之毫末也。斯者，此也。取災者，自取其災眚也。斯其所以取災者，因此瑣瑣自取災眚，非由外來也。旅最下則瑣瑣取災，旅最上則焚巢致凶，必如象之柔中順剛，止而麗明，方得盡善。○初六陰柔在下，蓋處旅而猥鄙細屑者也。占者如是，則召人之輕侮，而自取災眚矣。故其象占如此。

《象》曰：旅瑣瑣，志窮災也。

志窮者，心志窮促淺狹也，惟其志窮，所以瑣瑣取災。

六二，旅即次，懷其資，得童僕貞。

即者，就也。次者，旅之舍也。艮爲門，二居艮止之中，即次得安之象也。資者，財也，旅之用也。中爻巽，巽爲近市利三倍，懷資之象也。故家人六四富家大吉。少曰童，長曰僕，旅之奔走服役者也。艮爲少男，綜震爲長男，童僕之象也。貞者，良善不欺也。陰爻中虛，有孚貞信之象也。○六二當旅之時，有柔順中正之德，故有即次懷資童僕貞之象，蓋旅之最吉者也。占者有是德，斯應是占矣。

《象》曰：得童僕貞，終无尤也。

羈旅之中，得即次懷資，可謂吉矣。若使童僕狡猾，則所居終不能安，而資亦難保其不盗矣。此心安得不至怨尤？所以童僕貞，終无尤。

九三，旅焚其次，喪其童僕貞，厲。

三近離火，焚次之象也。三變爲坤，則非艮之男矣，喪童僕之象也。貞者，童僕之貞信者喪之也。貞字連童僕讀，蓋九三過剛不中，與六二柔順中正全相反，焚次與即次反，喪童僕貞與得童僕貞反，得字對喪字看，故知貞字連童僕。

九三居下之上，過剛不中，居下之上，則自高不能下人，過剛則衆莫之與，不中則所處失當，故有焚次喪童僕貞之象，危厲之道也。故其象占如此。

《象》曰：旅焚其次，亦以傷矣。以旅與下，其義喪也。

焚次已傷困矣，況又喪童僕貞乎？但以義揆之，以旅之時，而與下過剛如此，宜乎喪童僕也，何足爲三①惜哉。下字即童僕。

九四，旅于處，得其資斧，我心不快。

處者，居也，息也。旅處與即次不同。即次者，就其旅舍，已得安者也；旅處者，行而方處，暫棲息者也。艮土性止，離火性動，故次與處不同。資者，助也，即六二懷資之資，財貨金銀之類。斧則所以防身者也。得資足以自利，得斧足以自防，皆旅之不可無者。離爲戈兵，斧之象也。中爻上兑金，下巽木，木貫乎金，亦斧之象也。旅于處，則有棲身之地，非三之焚次矣。得資斧則有禦備之具，非三之喪童僕矣。離錯坎爲加憂，不快之象。此爻變，中爻成坎，亦不快之象。○九四以陽居陰，處上之下，乃巽順以從人者也，故有旅于處，得其資斧之象。但下應陰柔，所托非人，故又有我心不快之象。占者亦如是也。

① 三，疑當爲『之』。

《象》曰：旅于處，未得位也；得其資斧，心未快也。

以陰居陽，不得其位，故旅于暫處之地。况陰柔相應，難與共事，資斧外必有不得者矣，心安得快乎[1]？

六五，射雉，一矢亡，終以譽命。

離爲雉，雉之象也。錯坎，矢之象也。變乾，乾居一，一之象也。始而離則有雉矢二象，及變乾，則不見雉與矢矣，故有雉飛矢亡之象。譽者，兑也，兑悦體，又爲口，以口悦人，譽之象也。凡《易》中言譽者皆兑，如蠱卦用譽，中爻兑也，蹇卦來譽，下體錯兑也，豐卦慶譽，中爻兑也。命，命令也。以者，用也，言五用乎四與二也。本卦中爻乃兑與巽，兑爲譽，巽爲命，六五比四而順剛，又應乎二之中正，四乃兑，二乃巽，所以終得聲譽命令也。如玄宗幸蜀，及肅宗即位于外，德宗幸奉天，皆天子爲旅也，可謂雉飛矢亡矣。後得郭子儀諸臣，恢復故物，終得其譽，又得命令于天下，如建中之詔是也。○六五當羈旅之時，以其陰柔，故有射雉雉飛矢亡之象。然文明得中，能順乎四，而應乎二，故終以譽命也。占者凡事始凶終吉可知矣。

《象》曰：終以譽命，上逮也。

上者，五也。五居上體之中，故曰上，以四與二在下也。逮，及也，言順四應二，賴及于四二，所以得譽命也。

上九，鳥焚其巢，旅人先笑後號咷。喪牛于易，凶。 易音亦。

離其爲木也，科上槁，巢之象也。離爲鳥爲火，中爻巽，爲木爲風，鳥居風木之上，而遇火，火燃風烈，

① 此《象辭》及注文原無，據史本補。王校本據朝爽堂本補，文字全異。

焚巢之象也。旅人者，九三也，乃上九之正應也。三爲人位，得稱旅人。先笑者，上九未變，中爻兑悦，笑之象也。故與同行正應之旅人爲之相笑，及焚其巢，上九一變，則悦體變爲震動，成小過災眚之凶矣，豈不號咷，故先笑後號咷也。離爲牛，牛之象也。與大壯喪羊于易同。易即埸，田畔地也。震爲大塗，有此象。○上九當羈旅窮極之時，居卦之上則自高，當離之極則躁妄，與柔中順剛止而麗明者相反，故以之即次，則無棲身之地，有鳥焚其巢，一時變笑爲號咷之象；以之懷資，則無守衛之人，有喪牛于易之象。欲止無地，欲行無資，何凶如之？故占者凶。

《象》曰：以旅在上，其義焚也；喪牛于易，終莫之聞也。

在上，過于高亢，宜乎見惡于人而焚巢。既見惡于人，則人莫有指而聞之者，而牛不可獲矣。錯坎爲耳痛，故莫之聞。

☴巽下巽上

巽，入也，二陰伏于四陽之下，能巽順乎陽，故名爲巽。其象爲風，風亦取入義，亦巽之義也。《序卦》：『旅而無所容，故受之以巽。』旅途親寡，非巽順何以取容？所以次旅。

巽，小亨，利有攸往，利見大人。

小亨者，以卦本屬陰，又卑巽也，惟其如是，則才智不足以識遠任重，僅可小亨。雖小亨，然利有所往，蓋巽以從人，人無不悦，所以利有攸往。然使失其所從，未必利往。縱使利往，失其正矣，故利見大德之人。此則因其從陽，而教之以所從之人也。

《彖》曰：重巽以申命，剛巽乎中正，而志行，柔皆順乎剛，是以小亨，利有攸往，利見大人。

釋卦義，又以卦體釋卦辭。重巽者，上下皆巽也。申命者，丁寧重復也，非兩番降命也。風之吹物，無處不入，無物不鼓動。詔令之入人，亦如風之動物也。陸贄從狩奉天，所下制書日以百計，雖勇夫悍卒無不感動流涕，則申命之係于人君亦大矣。剛巽乎中正，指九五，巽乎中正者，居巽卦之中正也。志行者，能行其志也，蓋剛居中正，則所行當其理，而無過中失正之弊。凡出身加民，皆建中表正，而志以行矣，此大人之象也。柔指初與四，剛指二三五六，惟柔能順乎剛，是以小亨，利有攸往。惟剛巽乎中正，故利見大人。

《象》曰：隨風巽，君子以申命行事。

前風去而後風隨之，故曰隨風。申命者，隨風之象也。申命者，所以曉諭于行事之先；行事者，所以踐言于申命之後，其實一事也。商之《盤庚》，周之《洛誥》，諄諄于言語之間者，欲民曉知君上之心事，所以申命行事也。故建中之詔，雖不及商周，而隨時救弊，亦未必無小補云。

初六，進退，利武人之貞。

巽爲進退，進退之象也。變乾純剛，故曰武人。故履六三變乾亦曰武人，皆陰居陽位，變陽則稱武人也。蓋陰居陽位則不正，變乾則貞矣，故曰利武人之貞。曰利武人之貞，如云利陽剛之正也。○初六陰柔居下，又爲巽之主①，乃卑巽之過者也，是以持狐疑之心。凡事是非可否，莫之適從，故有進退之象。若此者，以剛果之不足也。苟能如武人之貞，則有以矯其柔懦之偏，不至于過巽矣。故教占者如此。

---

① 主，原作『立』，據寶廉堂本改。

《象》曰：進退，志疑也。利武人之貞，志治也。

進退者，以陰柔居巽下，是非可否，莫之適從，志疑故也。惟疑則方寸已亂，不能決進退矣。若柔而濟之以剛，則心之所之者有定見，事之所行者有定守，可進則決于進，可退則決于退，不持疑于兩可，不亂矣①。

九二，巽在牀下，用史巫紛若，吉，无咎。

一陰在下，二陽在上，牀之象，故剥以牀言。巽性伏，二無應于上，退而比初，心在于下，故曰牀下。中爻爲兑，又巽綜兑，兑爲巫，史巫之象也。又爲口舌，爲毁，爲附，紛若之象也。史掌卜筮，曰史巫者，善于卜吉凶之巫也，故曰史巫，非兩人也。《周禮》女巫有府一人，史四人，胥四人。《離騷》云：『巫咸將夕降兮，懷椒糈而要之』。注：『巫咸，古之神巫，善于筮吉凶者。』紛者，繽紛雜亂貌。若，助語辭。巫者擊鼓擊缶，婆娑其舞，手舞足蹈，不安寧之事也。必曰巫者，男曰覡，女曰巫。巽爲長②女，故以巫言之。初乃陰爻，居于陽位，二乃陽爻，居于陰位，均之過于卑巽者也。初教以武人之貞，教之以直前勇敢也。二教之以巫之紛若，教之以抖擻奮發也。初陰③據陽位，故教以男子之武；二陽據陰位，故教以女人之紛。爻辭之精如此。〇二以陽處陰，而居下無應，乃比乎初，故有巽在牀下之象。然居下體，亦過于卑巽者，必不自安寧。如史巫之紛若，鼓舞動作，則有以矯其柔懦之偏，不惟得其吉，而在我亦無過咎矣。教占者當如

① 持，原作『特』，據寶廉堂本改。又，寶廉堂本『不亂矣』前有『治而』二字。
② 長，原作『少』，據寶廉堂本旁校改。
③ 陰，原作『陽』，據寶廉堂本改。

是也。

《象》曰：紛若之吉，得中也。

得中者，得中而不過于卑巽也。凡《小象》二五言中字，皆因中位，又兼人事。

九三，頻巽吝。

頻者，數也。三居兩巽之間，一巽既盡，一巽復來，頻巽之象。曰頻巽，則頻失可知矣。頻巽與頻復不同，頻復者終于能復也，頻巽者終于不巽也。

九三過剛不中，又居下體之上，本不能巽，但當巽之時，不容不巽矣。然屢巽屢失，吝之道也。故其象占如此。

《象》曰：頻巽之吝，志窮也。

三本剛，而位又剛，已不能巽矣。又乘剛，安能巽？曰志窮者，言心雖欲巽，而不得巽也。

六四，悔亡，田獲三品。

中爻離，爲戈兵，巽錯震，戈兵震動，田之象也。離居三，三品之象也。三品者，初巽爲雞，二兑爲羊，三離爲雉也。

六四當巽之時，陰柔無應，承乘皆剛，宜有悔矣。然以陰居陰，得巽之正，又居上體之下，蓋居上而能下者也。故不惟悔亡，而且有田獲三品之象。占者能如是，則所求必得而有功矣。

《象》曰：田獲三品，有功也。

八卦正位，巽在四，所以獲三品而有功。

九五，貞吉，悔亡，无不利，无初有終。先庚三日，後庚三日，吉。

先庚後庚，詳見蠱卦。五變則外卦爲艮，成蠱矣。先庚丁，後庚癸，其説始于鄭玄，不成其説。

九五居尊，爲巽之主，命令之所由出者也。以其剛健中正，故正而又吉，然巽順之體，初時不免有悔，至此則悔亡而无不利矣。惟其悔亡而无不利，故无初有終也。然命令之出，所係匪輕，必原其所以始，慮其所以終，先庚三日，後庚三日，庶乎命令之出，如風之吹物，無處不入，無物不鼓動矣。占者必如是而吉也。

《象》曰：九五之吉，位正中也。

剛健中正，未有不吉者。曰悔亡者，巽累之也。故孔子止言九五之吉。

上九，巽在牀下，喪其資斧，貞凶。

本卦巽木綜兑金，又中爻兑金，斧之象也。又中爻離爲戈兵，亦斧之象也。陰乃巽之主，陰在下四爻，上亦欲比乎四，故與二之巽在牀下同。九三九五不言牀下者，三過剛，五居中得正也。巽近市利三倍，本有其資，此爻變坎爲盗，則喪其資矣。且中爻離兑斧象，皆在下爻，不相管攝，是喪其斧矣。貞者，巽本美德也。

上九居巽之終，而陰居于下，當巽之時，故亦有巽在牀下之象。但不中不正，窮之極矣，故又有喪其資斧之象。占者得此，雖正亦凶也。

《象》曰：巽在牀下，上窮也。喪其資斧，正乎凶也。

上窮者，言上九之時勢也，非釋巽在牀下也。巽在牀下，乃本卦之事，當巽之時，不容不巽者也。正乎凶，即爻辭貞凶。

䷹兑下兑上

兑悦也。一陰進于二陽之上，喜悦之見于外也，故爲兑。《序卦》：『巽者，入也。入而後悦之，故受之以兑。』所以次巽。

兑，亨，利貞。

亨者，因卦之所有而與之也。貞者，因卦之不足而戒之也。説則亨矣。但陰陽相説，易流于不正，故戒以利貞。

《彖》曰：兑，説也，剛中而柔外，説以利貞，是以順乎天而應乎人。説以先民，民忘其勞；説以犯難，民忘其死，説之大，民勸矣哉。先，西薦反。難，乃旦反。

釋卦名，又以卦體釋卦辭而極言之。兑，説也，與咸，感也同。咸去其心，説去其言，故咸則無心之感，兑則無言之説也。剛中指二五，柔外指三上。陽剛居中，中心誠實之象。柔爻在外，接物和柔之象。外雖柔説，中實剛介，是之謂説而貞，故利貞。《易》有天道焉，順天者上兑也。有人道焉，應人者下兑也。揆之天理而順，故順天。即之人心而安，故應人。天理人心，正而已矣。若説之不以正，則不能順應矣。民忘其勞，如禹之隨山濬川，周宣之城朔方是也。民忘其死，如湯之東征西怨，岳飛蔡州、朱仙鎮之戰是也。

説本有亨，而又利貞者，蓋卦體剛中，則所存者誠，固無不亨。柔外，恐説之不正，故必正而後利也。説得其正，是以順天應人。以之先民，民忘其勞，以之犯難，民忘其死。夫好逸惡死，人情之常，今忘勞忘死，非人情也。而忘之者以説，而不自知其勞且死也。曷爲而説也？知聖人勞我以逸我，死我以生我也，是以説而自勸也。夫勸民與民自勸，相去遠矣，是以聖人大之曰説之大，民勸矣哉，此正之所以利也。

《象》曰：麗澤兑，君子以朋友講習。

麗者，附麗也。兩澤相麗，交相浸潤，互有滋益。水就濕，各以類而相從。朋友之道，不出乎此。習者，鳥數飛也，其字从羽。《月令》鷹乃學習，借鳥以明學，蓋習行所傳之業，爲之習熟不已也。講者，資友講之以究其理。習者，我自習之以踐其事。朋友之間，從容論説，以講之于先，我又切實體驗，以習之于後，則心與理相涵，而所知者益精。身與事相安，而所能者益固，欲罷不能，而真説在我矣。

初九，和兑，吉。

和與《中庸》發而皆中節謂之和和字同，謂其所悦者無乖戾之私，皆情性之正，道義之公也。吉者，無惡無射，家邦必達之意。蓋悦能和，即順天應人，豈不吉？

初九以陽爻居説體，而處最下，又無應與之係，説得其正者也。故其象占如此。

《象》曰：和兑之吉，行未疑也。

本卦説體不當，陰陽相比。二比三，三比四，五比六，陰陽相比，則不能無疑，故夬卦上説體。《小象》曰中未光也，萃卦曰志未光也。未光者，因可疑而未光也。故上六引兑亦曰未光，本卦獨初爻無比，無比則無所疑矣，故曰行未疑也。行者，與人和説也。變坎爲狐疑，疑之象也。

九二，孚兑，吉，悔亡。

本卦無應與，專以陰陽相比言。剛中爲孚，居陰爲悔，蓋來兑在前，私係相近，因居陰不正，所以不免悔也。〇九二當兑之時，承比陰柔，説之當有悔矣。然剛中之德，孚信内充，雖見小人，自守不失正，所謂和而不同也。占者能如是，以孚而説，則吉而悔亡矣。

《象》曰：孚兑之吉，信志也。

心之所存爲志，信志，即誠心二字。二剛實居中，誠信出于剛中之志，豈又説小人而自失。革九四辭同義異，革則人信，孚則己信。

六三，來兑凶。

自内至外爲往，自外至内爲來。凶者非惟不足以得人之與，且有以取人之惡，所以凶也。何也？蓋初剛正，二剛中，乃君子也，説之不以道，豈能説哉？求親而反疏矣。如弘霸嘗元忠之糞，彭孫濯李憲之足，丁謂拂萊公之鬚，皆爲人所賤，而至今猶有遺羞，豈不凶？

三陰柔，不中正，上無應與，近比于初與二之陽，乃來求而悦之，是自卑以求悦于人，不知有禮義者矣。故其占凶。

《象》曰：來兑之凶，位不當也。

陰柔不中正。

九四，商兑未寧，介疾有喜。

商者，商度也。中爻巽，巽爲不果，商之象也。寧者，安寧也。兩間謂之介，分限也。故人守節，亦謂之介。四與三，上下異體，猶疆介然，故以介言之。比乎五者公也，理也，故不敢舍公而從私。比乎三者私也，情也，故不能割情而就理。此其所以商度未寧也。商者四，介者九。

四承九五之中正，而下比六三之柔邪，故有商度未寧之象。然質本陽剛，若能介然守正，疾惡柔邪，而相悦乎同體之五，如此則有喜矣。故戒占者如此。

《象》曰：九四之喜，有慶也。

與君相悦則得，得其柔剛之正道，而有福慶矣。

九五，孚于剥，有厲。

剥謂陰能剥陽，指上六也。剥即剥卦，消陽之名。兑之九五正當剥之六五，故言剥。以人事論，如明皇之李林甫，德宗之盧杞，皆以陰柔容悦，剥乎陽者也。孚者，憑國家之承平，恃一己之聰明，以小人不足畏而孚信之，則内而蠱惑其心志，外而壅蔽其政令，國事日爲之紊亂矣，所以有厲。因悦體人易孚之，所以設此有厲之戒。不然九五中正，安得有厲？

九五陽剛中正，當悦之時，而居尊位，密近上六，上六陰柔，爲悦之主，處悦之極，乃妄悦以剥陽者也。故戒占者，若信上六，則有危矣。

《象》曰：孚于剥，位正當也。

與履九五同。

上六，引兑。

引者，開弓也，心志專一之意，與萃引吉之引同。中爻離錯坎，坎爲弓，故用引字。萃六二變坎，故亦用引字。本卦二陰，三曰來兑，止來于下，其字猶緩，其爲害淺，至上六則悦之極矣，故引兑，開弓發矢，其情甚急，其爲害深，故九五有厲。

上六陰柔，居悦之極，爲悦之主，專于悦五之①陽者也，故有引兑之象。不言吉凶者，五已有危厲之戒矣。

《象》曰：上六引兑，未光也。

未光者，私而不公也。蓋悦至于極，則所悦者必暗昧之事，不光明矣。故萃卦上體乃悦，亦曰未光。

① 『專于悦五之』，四庫本無，以小字注『闕』。

周易集注卷之十二

䷺坎下巽上

涣者，離散也。其卦坎下巽上，風行水上，有披離解散之意，故爲涣。《序卦》：『兑者，説也。説而後散之，故受之以涣。』所以次兑。

涣，亨，王假有廟，利涉大川，利貞。

坎錯離，離爲日，王之象也。中爻艮，艮爲門闕，又坎爲宫，廟之象也。又坎爲隱伏，人鬼之象也。木在水上，利涉大川之象也。王假有廟者，王至于廟以聚之也。此二句皆以象言，非真假廟涉川也。假有廟者，至誠以感之，聚天下之心之象也。涉大川者，冒險以圖之，濟天下之艱之象也。如沛公約法三章，以聚天下之心，即假有廟之象也。沛公當天下土崩瓦解，正涣之時，使不約法三章，雖立千萬廟以聚祖考之精神，亦何益哉？且當時太公留于項羽，况祖考乎？《易》蓋有此象，而無此事無此理也。利貞者，戒之也。

《象》曰：涣，亨，剛來而不窮，柔得位乎外而上同。王假有廟，王乃在中也。利涉大川，乘木有功也。

以卦綜釋卦辭。本卦綜節，二卦同體，文王綜爲一卦。故《雜卦》曰：『涣，離也。節，止也。』剛來不窮者，言節上卦坎中之陽，來居于涣之二也。言剛來亦在下之中，不至于窮極也。柔得位乎外而上同者，節下卦兑三之柔，上行而爲巽之四，與五同德，以輔佐乎五也。八卦正位，坎在五，巽在四，故曰得位，故曰上同。王乃在中者，中爻艮爲門闕，門闕之内即廟矣。今九五居上卦之中，是在門闕之内矣，故曰王乃在中也。乘木者，上卦巽木乘下坎水也。有功者，即利涉也。因有此卦綜之德，故能王乃在中。至誠以感之，以聚天下之心；乘木有功，冒險以圖之，以濟天下之難。此涣之所以亨也。

《象》曰：風行水上，涣，先王以享于帝立廟。

享帝立廟，在國家盛時説，非土崩瓦解之時也。與王假有廟不同。孔子在涣字上生出此意來，言王者享帝而與天神接，立廟而與祖考接，皆聚己之精神，以合天人之涣也。風在天上，天神之象，水在地下，人鬼之象。享帝則天人感通，立廟則幽明感通。

初六，用拯馬壯吉。

坎爲亟心之馬，馬壯之象也。陳平交歡太尉而易吕爲劉，仁傑潛授五龍而反周爲唐，皆拯急難而得馬壯者也。

初六當涣之初，未至披離之甚，猶易于拯者也。但初六陰柔，才不足以濟之，幸九二剛中，有能濟之具者。初能順之，託之以濟難，是猶拯急難而得馬壯也。故有此象。占者如是，則吉也。

《象》曰：初六之吉，順也。

順二也。

九二，涣奔其机①，悔亡。

① 机，原作「杌」，以下皆同。此字《周易》本有異文。然所引《山海經》作「机」則無異文，知來氏用「机」字，據改。寶廉堂本亦作「机」。

奔者，疾走也。中爻震足，坎本亟心，奔之象也。又當世道涣散，中爻震動不已，皆有出奔之象。机，木也，出蜀中，似榆，可燒以糞稻田。《山海經》云『大堯之上多松柏，多机』是也。中爻震木，應爻巽木，机之象也，指五也。○當涣之時，二居坎陷之中，本不可以濟涣而有悔也。然應九五中正之君，君臣同德，故出險以就五，有奔于其机之象。當天下涣散之時，汲汲出奔以就君，得遂其濟涣之願矣，有何悔焉？故占者悔亡。

《象》曰：涣奔其机，得願也。

得遂其濟涣之願。

六三，涣其躬，无悔。

六三居坎體之上，險將出矣。且諸爻獨六三有應援，故无悔。涣其躬者，奮不顧身，求援于上也。六三陰柔，本不可以濟涣，然與上九爲正應，乃親自求援于上九，雖以陰求陽，宜若有悔。然志在濟時，故无悔也。教占者必如此。

《象》曰：涣其躬，志在外也。

在外者，志在外卦之上九也。

六四，涣其群，元吉。涣有丘，匪夷所思。

涣其群者，涣其人也。當涣之時，土崩瓦解，人各植黨，如六國之争衡，田横之海島，隗囂之天水，公孫述之于蜀，唐之藩鎮，尾大不掉，皆所謂群也。政無多門，勢無兩大，脛大于股則難步，指大于臂則難把，故當涣其群也。六四能涣小人之私群，成天下之公道，所以元吉。柔得位乎外而上同，豈不元吉？涣丘者，涣其土也。艮爲土，丘之象也。頤上卦艮，故曰丘頤，此卦中爻艮，故亦以丘言之。涣其丘，如漢高祖封韓信爲齊王，又爲楚王，及陳豨反，以四千户封趙將是也。夷者平常也，言非平常之人思慮所能及也。如高祖以四千户封趙將，左右諫曰：封此何功？高祖曰：非汝所知。陳豨反，趙地皆豨有，吾羽檄天下兵，未有至者，今計獨邯鄲兵耳。吾何愛四千户？蓋左右諫者乃平常之人，匪夷所思，于此見矣。○六四上承九五，當濟涣之任者也。所居得正，而下無應與，則外無私交，故有涣其群之象。占者如是，則正大光明，無比黨攜貳之私，固大善而元吉矣。然所涣者，特其人耳，若並其土而涣之，則其元吉猶不殊于涣群。但涣其群者，人皆可能，而涣其丘者，必才智出衆之人，方可能之。殆非平常思慮之所能及也。故又教占者以此。

《象》曰：涣其群，元吉，光大也。

凡樹私黨者，皆心之暗昧狹小者也。惟無一毫之私，則光明正大，自能涣其群矣。故曰光大也。

九五，涣汗其大號，涣王居，无咎。

上卦風以散之，下卦坎水，汗之象也。巽綜兑，兑爲口，號之象也。五爲君，又陽爻，大號之象也。散人之疾而使之愈者汗也，解天下之難而使之安者號令也。大號如武王克商《武成》諸篇，及唐德宗罪己之詔，皆是也。王居者，帝都也，如赤眉入長安，正涣之時矣，光武乃封更始爲淮陽王而定都洛陽是也。又如徽、欽如金，正涣之時矣，建炎元年，皇后降書中外，乃曰歷年二百，人不知兵，傳世九君，世無失德。雖舉族有北轅之釁，而敷天同左袒之心，乃眷賢王，越居舊服。高宗乃即位于南京應天府，皆所謂涣王居也。益卦中爻爲坤，利用爲依遷國，此爻一變，亦中爻成坤，故涣王居。坎錯離，離爲日，王之象。五乃君位，亦有王之象。孔子恐人不知王居二字，故《小象》曰正位也。曰正位，義自顯明。

九五陽剛中正，以居尊位，當涣之時，爲臣民者涣其躬，涣其群，濟涣之功成矣。乃誕告多方，遷居正位，故有涣汗其大號、涣王居之象。雖其始也不免有土崩瓦解之虞，至此則恢復舊物，大一統宇矣。以義揆之，則无咎也。故其占爲无咎。

《象》曰：**王居无咎，正位也。**

光武諸將于中山上尊號。不聽。耿純進曰：天下士大夫捐親戚，棄土壤，從大王于矢石之間者，其計固望攀龍鱗、附鳳翼，以成其志耳。今大王留時逆衆，不正號位，恐士夫絶望計窮，有去歸之思，無爲久自苦也。此即正位之意，蓋京師天下根本，當涣之時，王者必定其所居之地，以正其位。位既正，則人心無攜貳。昔之涣者，今統于一矣，故涣王居者，乃所以正位也。

上九，涣其血句，**去逖出，无咎。**去，去聲。

依《小象》涣其血作句。血者，傷害也。涣其血者，涣散其傷害也。逖者，遠也。當涣之之時，干戈擾攘，生民塗炭，民之逃移而去鄉土者多矣。去逖出者，言去遠方者，得出離其遠方而還也。此爻變坎，下應坎，坎爲血，血之象也。又爲隱伏，遠方竄伏之象也。○上九以陽剛當涣之極，方其始而涣散之時，其傷害，其遠逖，二者所不免也。今九五誕告多方，遷居正位，歸于一統，非復前日之離散，則傷害者得涣散矣，遠逖者得出離矣，故有涣血去逖出之象，而其占則无咎也。

《象》曰：**涣其血，遠害也。**

涣其血，去逖出，則危者已安，否者已泰，其涣之害遠矣，故曰遠害也。

䷻兑下坎上

節者，有限而止也。爲卦下兑上坎，澤上有水，其容有限，若增之則溢矣，故爲節。《序卦》：『涣者，離也，物不可以終離，故受之以節。』所以次渙。

節，亨，苦節不可貞。

五行以甘爲正味，稼穡作甘者，以中央土也。若火炎上，則焦枯，所以作苦。不可貞者，不可固守以爲常也。凡人用財修己皆有中道，如天地之牛角繭栗，賓客之牛角尺，損則用二簋，萃則用大牲，此中道也。若晏子之豚肩不掩豆，梁武帝以麪爲犧牲，則非經常而不可久矣。仕止久速，各有攸當，或遠或近，或去或不去，歸潔其身。如屈原、申屠狄之投河，陳仲子之三日不食，許行之並耕，泄柳之閉門，皆非經常而不可久者也。

《彖》曰：節亨，剛柔分而剛得中，苦節不可貞，其道窮也。説以行險，當位以節，中正以通，天地節而四時成，節以制度，不傷財，不害民。

以卦綜釋卦辭，又以卦德、卦體釋亨之義而極言之。坎剛卦，兑柔卦，節渙相綜，在渙則柔外而剛内，在節則剛外而柔内，則剛柔分也。剛得中者，二五也，二五皆剛居中也。言剛柔雖分内分外，而剛皆得中，此其所以亨也。惟其中所以亨，若苦節，則不貞矣。不中，則天理不順，人情不堪，難于其行，所以窮也。蓋窮者亨之反，亨則不窮，窮則不亨。當位指九五，八卦正位，坎在五，故以當位言之。中正者，五中正也。通者，推行不滯而通之天下也。坎爲通，故以通言之。蓋所謂節者，以其説而行險也。蓋説則易流，遇險則止。説而不流，所以爲節。且陽剛當九五之位，有行節之勢，以是位而節之。九五具中正之全，有體節之德，以是德而通之。此所以爲節之善，故占者亨。若以其極言之，陽極陰生，陰極陽生。柔節之以剛，剛節之以柔，皆有所制，而不過天地之節也。天地有節，則分至啓閉，晦朔弦望，四時不差，而歲功成矣。制者，法禁也。故天子之言曰制書。度者，則也，分寸尺丈引爲五度，十分爲寸，十寸爲尺，十尺爲丈，十丈爲引，皆有所限制而不過。節以制度，是量入爲出。如《周禮》九賦九式有常數常規是也。不傷者，財不至于匱乏。不害者，民不苦于誅求。桀紂之虐，由不及乎節。不傷不害，惟聖人能之。

《象》曰：澤上有水，節，君子以制數度，議德行。行，下孟反。

古者之制器用宫室衣服，莫不有多寡之數，隆殺之度，使賤不踰貴，下不侵上，是之謂制數度，如繁纓一就三就之類是也。得于中爲德，發于外爲行。議之者，商度其無過不及，而求歸于中，如直温寬栗之類是也。坎爲矯輮，制之象。兑爲口舌，議之象。制者節民于中，議者節身于中。

初九，不出户庭，无咎。

中爻艮爲門，門在外，户在内，故二爻取門象，此爻取户象。前有陽爻蔽塞，閉户不出之象也。又應四，險難在前，亦不當出，亦不出之象也。此象所該者廣，在爲學爲含章，在處事爲括囊，在言語爲簡默，在用財爲儉約，在立身爲隱居，在戰陣爲堅壁，《繫辭》止以言語一事言之。无咎者，不失身，不失時也。○初九陽剛得正，居節之初，知前爻蔽塞，又所應險難，不可以行，故有不出户庭之象。此則知節之時者也。故占者无咎。

《象》曰：不出户庭，知通塞也。

道有行止，時有通塞，不出户庭者，知其時之塞而不通也。此塞字，乃孔子取内卦之象。

九二，不出門庭，凶。

聖賢之道，以中爲貴，故邦有道，其言足以興；邦無道，其默足以容。九二當禹稷之位，守顔子之節。初之无咎，二之凶可知矣。○九二前無蔽塞，可以出門庭矣。但陽德不正，又無應與，故有不出門庭之象。此則惟知有節，而不知通其節，節之失時者也，故凶。

《象》曰：不出門庭，凶，失時極也。

極，至也，言失時之至，惜之也。初與二《小象》皆一意，惟觀時之通塞而已。初，時之塞矣，故不出户庭无咎。二，時之通矣，故不出門庭凶。所以可仕則仕，可止則止。孔子爲聖之時，而禹稷顔回同道者，皆一意也。

六三，不節若，則嗟若，无咎。

兑爲口舌，又坎爲加憂，又兑悦之極，則生悲嘆，皆嗟嘆之象也。用財恣情忘費則不節矣，修身縱情肆欲則不節矣。嗟者，財以費而傷，德以縱而敗，豈不自嗟？若，助語辭。自作之孽，何所歸咎。

六三當節之時，本不容不節者也，但陰柔不正，無能節之德，不節之後，自取窮困，惟嗟嘆而已，此不能節者也。占者至此，將何咎哉。故無所歸咎。

《象》曰：不節之嗟，又誰咎也？

此與解卦小異，詳見解卦。

六四，安節，亨。

安者，順也，上承君之節，順而奉行之也。九五爲節之主，當位以節，中正以通，乃節之極美者。四最近君，先受其節。不節之節以修身用財言者，舉其大者而言耳。若臣安君之節，則非止二者。蓋節者，中其節之義。在學爲不陵節之節，在禮爲節文之節，在財爲撙節之節，在信爲符節之節，在臣爲名節之節，在君師爲節制之節，故不止于修身用財。○六四柔順得正，上承九五，乃順其君，而奉①行其節者也，故其象

① 奉，原作「未」，據史本改。

爲安，其占爲亨。

《象》曰：安節之亨，承上道也。

承上道即遵王之道。

九五，甘節，吉，往有尚。

甘者，樂易而無艱苦之謂。坎變坤，坤爲土，其數五，其味甘，甘之象也。凡味之甘者，人皆嗜之。下卦乃悦體，又兑爲口舌，甘節之象也。諸爻之節，節其在我者。九五之節，以節節人者也。臨卦六三，居悦體之極，則求悦乎人，故无攸利。節之九五，居悦體之上，則人悦乎我，故往有尚。吉者，節之盡善盡美也。往有尚者，立法于今而可以垂範于後也。蓋甘節者，中正也。往有尚者，通也。數度德行，皆有制議，而通之天下矣。正所謂當位以節，中正以通也。○九五爲節之主，節之甘美者也，故占者不惟吉，而且往有尚。

《象》曰：甘節之吉，居位中也。

中可以兼正，故止言中。

上六，苦節，貞凶，悔亡。

苦節，雖本文王卦辭，然坎錯離上，正居炎上之地，炎上作苦，亦有苦象。貞凶者，雖無越理犯分之失，而終非天理人情之安也。蓋以事言，無甘節之吉，故貞凶。以理言，無不節之嗟，故悔亡。《易》以禍福配道義，而道義重于禍福，故大過上六過涉滅頂，无咎，而此曰悔亡，見理之得失重于事之吉凶也。○上六居節之極，蓋節之苦者也，故有卦辭苦節之象。節既苦矣，故雖正，不免于凶。然禮奢寧儉，而悔終得亡也。

《象》曰：苦節貞凶，其道窮也。

道窮見《彖辭》。

䷼兑下巽上

孚，信也。爲卦二陰在内，四陽在外，而二五之陽皆得其中。以一卦六爻言之，爲中虚；以二體之二五言之，爲中實。皆孚之象也。又下説以應上，上巽以順下，亦有孚義。《序卦》：『節而信之，故受之以中孚。』所以次節。

中孚，豚魚吉，利涉大川，利貞。

豚魚生于大澤之中，將生風則先出拜，乃信之自然，無所勉强者也。唐詩云河豚吹浪夜還風是也。信如豚魚則吉矣。本卦上風下澤，豚魚生于澤，知風，故象之。鶴知秋，雞知旦，二物皆信，故卦爻皆象之。利貞者，利于正也。若盜賊相約，男女相私，豈不彼此有孚，然非天理之正矣，故利貞。

《彖》曰：中孚，柔在内而剛得中，説而巽，孚乃化邦也。豚魚吉，信及豚魚也。利涉大川，乘木舟虚也。中孚以利貞，乃應乎天也。

以卦體、卦德、卦象釋卦名、卦辭。二柔在内而中虚，二剛居中而中實，虚則内欲不萌，實則外誘不入，此中孚之本體也。而又下説上順，上下交孚，所以孚乃化邦也。若徙木立信，乃出于矯强矣，安能化邦？《易舉正》止有信及也三字，無豚魚二字。及者，至也，言信至于豚魚，則信出自然矣。如此信，此所以吉也。乘木舟虚者，本卦外實中虚，有舟虚之象。至誠以涉險，如乘巽木之空，以行乎兑澤之上，又豈有沉溺之患？所以利涉大川。應乎天者，信能正，則事事皆天理，所謂誠者天之道也。貞應乎天，所以利貞。

《象》曰：澤上有風，中孚，君子以議獄緩死。

聖人之于卦，以八卦爲之體，其所變六十四卦中，錯之綜之，上之下之，皆其卦也。如火雷噬嗑，文王之意，以有火之明，有雷之威，方可用獄。孔子《大象》言用獄者五，皆取雷火之意，豐取其雷火也，旅與賁，艮綜震，亦雷火也，解則上雷而中爻爲火也，下體錯離，亦火也。此卦則大象爲火，而中爻爲雷也。蓋孔子于易，韋編三絶，胸中之義理無窮，所以無往而非其八卦。不然，風澤之與議獄緩死何相干涉哉。《易經》一錯一綜，大象中爻，觀此五卦，自能默悟。兑爲口舌，議之象。巽爲不果，緩之象。○議獄緩死者，議獄罪當死矣，乃緩其死而欲求其生也。風入水受者，中孚之象也。議獄緩死，則至誠惻怛之意溢于用刑之間矣。

初九，虞吉，有他不燕。

虞者，樂也，安也。燕者，喜也，安也。二字之義相近。有他者，其志不定而他求其所應也。本卦三四皆陰爻，六三則陰柔不正，六四則得八卦之正位者，因有此陰柔不正者隔于其中，故周公方設此有他之戒。若論本爻應爻，則不容戒也。○初九陽剛得正，而上應六四，四蓋柔上得正者也。當中孚之初，其志未變，故有與六四相信而安樂之象。占者如是則吉，若不信于六四，而别信于他，則是不能安樂其中孚矣。故戒占者如此。

《象》曰：初九虞吉，志未變也。

方初，中孚之志未變。

九二，鶴鳴在陰，其子和之；我有好爵，吾與爾靡之。和，去聲。

大象離，雉象，變震，鵠象，皆飛鳥之象也。不言雉鵠而言鶴者，鶴信故也。鶴八月霜降則鳴，兑乃正秋，故以鶴言之。中孚錯小過之遺音，又兑爲口舌，鳴之象也。故謙豫二卦，象小過皆言鳴。在陰者，鶴行依洲嶼，不集林木，九居陰爻，在陰之象也。巽爲長女，兑爲少女，子母之象也。好爵者，懿德也，陽德居中，故曰好爵。○子與爾皆指五，因中孚感應極至而無以加，所以不論君臣，皆呼子爾也。言懿德人之所好，故好爵雖我之所有，而彼亦繫戀之也。物之相愛者莫如子母之同心，人之所慕者莫如好爵之可貴。鶴鳴子和者，天機之自動也。好爵爾靡者，天理之自孚也。靡與縻同，繫戀也。巽爲繩，繫之象也。○九二以剛中居下，有中孚之實。而九五剛中居上，亦以中孚之實應之，故有此象。占者有是德，方有是感應也。

《象》曰：其子和之，中心願也。

誠意所願，非九二求于九五也。

六三，得敵，或鼓或罷，或泣或歌。

得敵者，得對敵也，指上九之應也。言六三不正，上九亦不正也。陰陽皆位不當，所以曰得敵。巽爲進退，爲不果，作止之象。又中爻震爲鼓，鼓之象。艮爲止，罷之之象。本卦大象離錯坎，坎爲加憂，泣之象。兑爲口舌，爲巫歌之象。○六三陰柔不正，而上應九之不正，此爲悦之極，彼爲信之窮，皆相敵矣。是以或鼓或罷，而作止不定。或泣或歌，而哀樂無常。其象如此，占者不能孚信可知矣。

《象》曰：或鼓或罷，位不當也。

陰居①陽位。

六四，月幾望，馬匹亡，无咎。

① 居，原作『中』，據寶廉堂本改。

月幾望者，月與日對而從乎陽也。本卦下體兑，中爻震，震東兑西，日月相對，故幾望。曰幾者，將望而猶未望也。因四陰爻，近五陽爻，故有此日月之象。馬匹亡者，震爲馬，馬之象也。此爻變，中爻成離牛，不成震馬矣，馬匹亡之象也。匹者，配也，指初九也。曰亡者，不與之交，而絶其類也。无咎者，心事光明也。〇六四當中孚之時，近君之位，柔順得正，而中孚之實德，惟精白以事君，不係戀其黨與者也，故有月幾望，馬匹亡之象。占者能是，則无咎矣。

《象》曰：馬匹亡，絶類上也。

絶其類應而上從五也。

九五，有孚攣如，无咎。

攣如，即鶴鳴子和，我爵爾靡也。靡字與攣字，皆有固結而不可解之意。縻者，繫戀也。攣者，相連也。如合九二，共成一體。包二陰以成中孚，故有此象。若以人事論，乃委用專而信任篤，虞庭之賡歌，有商之一德是也。无咎者，上下交而德業成也。

九五居尊位，爲中孚之主，剛健中正，有中孚之實德，而下應九二，與之同德相信，故其象占如此。

《象》曰：有孚攣如，位正當也。

與履不同，履周公爻辭乃貞厲，此則无咎。

上九，翰音登于天，貞凶。

《禮記》雞曰翰音，而此亦曰翰音者，以巽爲雞也。因錯小過，飛鳥遺之音，故九二曰鶴鳴，而此曰翰音也。雞信物，天將明則鳴，有中孚之意。巽爲高，登天之象也。又居天位，亦登天之象也。《禮記》注：

翰，長也，雞肥則音長。考諸韻，無長字之義，蓋翰，羽也，雞鳴則振拍其羽，故曰翰音，則翰音即雞鳴二字也。登者，升也，言雞鳴之聲，登聞于天也。雞鳴本信，但鳴未幾而天明，不能信之長久。巽進退不果，不長久之象也。九二上孚于五，在陰而子和，上九不下孚于三，翰音反登天，其道蓋相反矣。貞者，信本正理也。○上九居中孚之極，極則中孚變矣。蓋聲聞過情，不能長久于中孚者也，故有此象。占者得此，貞亦凶矣。

《象》曰：翰音登于天，何可長也。

言不能鳴之長登于天，不過天將明，一時而已。

䷽艮下震上

小，謂陰也，爲卦四陰二陽，陰多于陽，小者過也，故曰小過。《序卦》：『有其信者，必行之，故受之以小過。』所以次中孚。

小過，亨，利貞，可小事，不可大事。飛鳥遺之音，不宜上，宜下，大吉。

小過錯中孚，象離，離爲雉，乃飛鳥也。既錯變爲小過，則象坎矣。見坎不見離，則鳥已飛過，微有遺音也。《易經》錯綜之妙至此。若以卦體論，二陽象鳥身，上下四陰象鳥翼，中爻兑爲口舌，遺音之象也。遺音人得而聽之，則鳥低飛，在下不在上，與上六飛鳥離之者不同矣。大過曰棟撓①，棟重物也，故曰大過。

① 棟撓，原作『撓棟』，據寶廉堂本改。

飛鳥輕物，而又曰遺音，故曰小過。不宜上宜下，又就小事言也，如坤之居後不居先是也。《上經》終之以坎離，坎離之上，頤與大過，頤有離象，大過有坎象，方繼之以坎離。《下經》終之以既濟未濟，既濟未濟之上中孚與小過，中孚有離象，小過有坎象，方繼之既濟未濟。文王之序卦精矣。○陰柔于人無所逆，于事無所拂，故亨，然利于正也。蓋大過則以大者爲貞，小過則以小者爲貞，故可小事，不可大事。然卦體有飛鳥遺音，其過如是，其小之象，故雖小事亦宜收斂謙退居下，方得大吉。惟小事而又居下，斯得時宜而貞矣。可小事不可大事者，當小過之時，宜下不宜上者，行小過之事。

《彖》曰：小過，小者過而亨也。過以利貞，與時行也。柔得中，是以小事吉也。剛失位而不中，是以不可大事也。有飛鳥之象焉，飛鳥遺之音，不宜上宜下，大吉，上逆而下順也。

以卦體、卦象釋卦名、卦辭。陽大陰小，本卦四陰二陽，是小者過也。此原立卦名之義。過而亨者，言當小過之時，不容不小過，不小過則不能順時，豈得亨？惟小者過，所以亨也。時者，理之當可也。時當小過而小過，非有意必之私也，時之宜也，乃所謂正也。亦如當大過之時，理在于大過，不得不大過，則以大過爲正也，故過以利貞者，與時行也。以二五言，柔順得中，則處一身之小事，能與時行矣。所以小事吉。以三四言，凡天下之大事，必剛健中正之君子方可爲之。今失位不中，則陽剛不得志矣，所以不可大事。卦體內實外虛，有飛鳥之象焉，故卦辭曰飛鳥遺之音。不宜上者，上卦乘陽，且四五失位，逆也。宜下大吉者，下卦承陽，且二三得正，順也。惟上逆而下順，所以雖小事，亦宜下也，無非與時行之意。

《象》曰：山上有雷，小過，君子以行過乎恭，喪過乎哀，用過乎儉。行，下孟反。

山上有雷，其聲漸遠，故爲小過。當小過之時，可小者過而不可大者過，可以小過而不可甚過。三者之過皆小者之過，小過之善者也。蓋當小過之時，不容不過，行不過乎恭則傲，過甚則足恭；喪不過乎哀則易，過甚則滅性；用不過乎儉則奢，過甚則廢禮。惟過恭過哀過儉，則與時行矣。

初六，飛鳥以凶。

因本卦有飛鳥之象，故就飛鳥言之。飛鳥在兩翼，而初六上六又翼之鋭者也，故初與上皆言飛言凶。以者，因也，因飛而致凶也。○居小過之時，宜下不宜上。初六陰柔不正，而上從九四陽剛之動，故有飛鳥之象。蓋惟知飛于上，而不知其下者也，凶可知矣。故占者凶。

《象》曰：飛鳥以凶，不可如何也。

不可如何，莫能解救之意。

六二，過其祖，遇其妣；不及其君，遇其臣，无咎。

遇字詳見噬嗑六三。陽爲父，陰爲母，祖妣之象。震艮皆一君二民，君臣之象。三四陽爻，皆居二之上，有祖象，有君象。初在下，有妣象，有臣象。陰四故曰過，陽二故曰不及。本卦初之與四，上之與三，皆陰陽相應，陰多陽少，又陽失位，似陰有抗陽之意，故二陽爻皆言弗過。此爻不應乎陽，惟與初之陰相遇，故曰遇妣、遇臣也。觀九四遇五曰遇，上六隔五曰弗遇，可見矣。蓋遇者非正應，而卒然相逢之辭。言以陰論，四陰二陽，若孫過其祖矣，然所遇者乃妣也，非遇而抗乎祖也。以陽論，二陽四陰，若不及在君，過在臣矣。然所遇者乃臣也，非過而抗乎君也。若初之于四，上之于三，則祖孫君臣，相爲應與，對敵而抗矣。所以初與上皆凶。此爻因柔順中正，所以過而不過。○本卦陰過乎陽，陰陽不可相應。六爻以陽應陰者，皆曰弗過，以陰應陽者，則曰過之。六二柔順中正，以陰遇陰，不抗乎陽，是當過而不過，无咎之道也。故其象占如此。

《象》曰：不及其君，臣不可過也。

臣不可過乎君，故陰多陽少，不可相應。

九三，弗過句。**防之，從或戕之，凶。**

弗過者，陽不能過乎陰也。兩字絶句。本卦陰過乎陽，故二陽皆稱弗過。防之者，當備懼防乎其陰也。從者，從乎其陰也。何以衆陰欲害九三？蓋九三剛正，邪正不兩立，況陰多乎陽。〇九三當小過之時，陽不能過陰，故言弗過。然陽剛居正，乃群陰之所欲害者，故當防之。若不防之，而反從之，則彼必戕害乎我而凶矣。故戒占者如此。

《象》曰：從或戕之，凶如何也。

如何者，言其凶之甚也。

九四，无咎，弗過句，**遇之，往厲，必戒，勿用永貞。**

九四與九三不同，九三位當，九四位不當，故言咎。弗過者，弗過乎陰也。遇之者，反遇乎陰也。三之陰在下，其性止，故惟當防。四之陰在上，陽性上行，且其性動，與之相比，故遇也。往者，往從乎陰也。永貞者，貞實之心，長相從也。〇九四以剛居柔，若有咎矣。然當小過之時，剛而又柔，正即所謂小過也，故无咎。若其陽弗過乎陰，亦如其二，但四弗過乎陰，而反遇乎陰，不當往從之。若往從乎彼，與之相隨，則必危厲，所當深戒。況相從而與之長永貞固乎？故又戒占者如此。

《象》曰：弗過遇之，位不當也。往厲必戒，終不可長也。

位不當者，剛居柔位，終不可長者，終不可相隨而長久也，所以有往厲勿用之戒。舊注因不知三爻四爻弗過二字絕句，所以失旨。

六五，密雲不雨，自我西郊，公弋取彼在穴。

本卦大象坎，雲之象也。中爻兑，雨之象也。又兑西巽東，自西向東之象也。以絲繫矢而射曰弋，坎爲弓，弋之象也。又巽爲繩，亦弋之象也。坎爲隱伏，又坎出自穴，入于穴，皆穴之象也。鳥之巢穴，多在高處，今至五，則已高而在上矣，故不言飛而言穴。本卦以飛鳥遺音象卦體，今五變成兑，不成震，鳥不動，在于穴之象也。公者，陽失位在四，五居四之上，故得稱公也。取彼者，取彼鳥也，鳥既在穴，則有遮避，弋豈能取之？雲自西而東者，不能成其雨。弋取彼在穴者，不能取其鳥，皆不能小過者也。蓋雨之事，大則雷雨，小則微雨；射之事，大則狩，小則弋。如有微雨，是雨之小過矣。能取在穴，是弋之小過矣。今不雨，不能取，是不能小過也。小畜以小畜大，小過以小過大。畜與過皆陰之得志也，故周公小過之爻辭，同文王小畜之卦辭。

本卦宜下不宜上，至外卦則上矣。五以柔居尊而不正，不能成小過之事，故有此象占者，亦如是也。

《象》曰："密雲不雨"，已上也。

本卦上逆下順，宜下不宜上，今已高在上矣，故曰已上也。

上六，弗遇句，過之，飛鳥離之，凶，是謂災眚。

此爻正與四爻相反，四曰弗過遇之者，言陽不能過乎陰而與五相比，是弗過乎陰，而適遇乎陰也。此曰弗遇過之者，言上六隔五，不能遇乎陽，而居于上位，反過乎陽也。因相反，所以曰弗過遇之，曰弗遇過之，顛倒其辭者以此。離之者，高飛遠舉，不能聞其音聲，正與飛鳥遺之音相反。凡陰多於陽者①，聖人皆曰有災眚，故復卦上六亦言之。○六以陰居動體之上，處小過之極，蓋過之高而亢者也。陰過如此，非陰之福也。天災人眚薦至，凶孰甚焉？故其象占如此。

《象》曰：弗遇過之，已亢也。

亢則更在上矣。

䷾離下坎上

既濟者，事之已成也。爲卦水火相交，各得其用，又六爻之位，各得其位，故爲既濟。《序卦》：『有過物者必濟，故受之以既濟。』所以次小過。

既濟，亨小，利貞，初吉，終亂。

亨小者，言不如方濟之時亨通之盛大也。譬如日之既昃，不如日中之盛，所以亨小而不能大也。利貞者，即泰之艱貞也。日中則昃，月盈則食，無平不陂，無往不復，一治一亂，乃理數之常。方濟之時，人心儆戒，固無不吉矣。及既濟之後，人心恃其既濟，般樂怠敖，未有不亂者。此雖氣數之使然，亦人事之必然也，故利于貞。

《象》曰：既濟亨小者句**，亨也。利貞，剛柔正而位當也。初吉，柔得中也。終止則亂，其道窮也。**

① 『於』，原作『與』，寶廉堂本在『與』字旁注一『於』字，史本亦作『於』，據改。

釋卦名亨小義，又以卦體釋卦辭。言既濟亨小者，非不亨也，正當亨通之時也。但濟曰既，則亨小，不如方濟之時，亨通之盛大矣，故曰既濟，亨小者，亨也，非不亨也，特小耳。小字生于既字，初三五陽居陽位，二四六陰居陰位，剛柔正而位當也。剛柔正即是位當，有貞之義，故曰利貞。初指六二，二居内卦，方濟之初，而能柔順得中，則思患深而豫防密，所以吉也。終止則亂者，人之常情。處平常無事之時，則止心生，止則心有所怠而不復進，亂之所由起也。處艱難多事之時，則戒心生，戒則心有所畏，而不敢肆，此治之所由興也，可見非終之爲亂也，于其終而有止心，此亂之所由生也。不止，亂安從生？文王曰終亂，孔子曰終止則亂，聖人贊易之旨深矣。其道窮者，以人事言。怠勝敬則凶，此人道之理而窮也。以天運言之，盛極則必衰，此天道以數而窮也。以卦體言之，水在上，終必潤下，火在下，終必炎上，此卦體以勢而窮也。今當既濟之後，止心既生，豈不終亂？故曰其道窮。

《象》曰：水在火上，既濟，君子以思患而豫防之。

患者，蹇難之事，象坎險。防者，見幾之事，象離明。思以心言，豫以事言。思患者慮乎其後，豫防者圖之于先。能如此，則未雨而徹桑土，未火而徙積薪。天下之事，莫不皆然，非但既濟當如此也。

初九，曳其輪，濡其尾，无咎。

坎爲輪，爲狐，爲曳輪，狐曳之象也。初在狐之後，尾象。在水之下，濡象。若專以初論，輪在下，尾在後，皆初之象。濡其尾者，垂其尾于後，而霑濡其水也。輿賴輪以行，曳其輪則不前。獸必揭其尾而後涉，濡其尾則不濟，皆不輕舉妄動之象也。无咎者，能保其既濟也。○九當既濟之時，尚在既濟之初，可以謹戒而守成者。然初剛得其正，不輕于動，故有曳輪濡尾之象。以此守成，无咎之道，故其象占如此。

《象》曰：曳其輪，義无咎也。

以此守成，理當无咎。

六二，婦喪其茀，勿逐，七日得。

二乃陰爻，離爲中女，婦之象也。又應爻中男，乃五之婦也。茀者，車後茀也，即今舟中蓬之類，所以從竹。坎爲輿，離中虚，茀之象也。近日書房皆寫茀，茀者草多也，去茀遠矣。坎爲盜，離持戈兵，喪茀之象也。此與屯卦六二相同，屯乘剛，故邅如班如，此則乘承皆剛，故喪其茀矣。婦人喪其茀，則無遮蔽，不能行矣。變乾居一，前坎居六，離爲日，七日之象也。勿逐自得者，六二中正，久則妄求去，正應合，所以勿逐自得也。又詳見睽卦初九。若以理數論，陰陽極于六，七則變矣，時變則自得，蓋變則通之意。〇二以中正之德，而上應中正之君，本五之婦也。但乘承皆剛，與五不得相合，故有婦喪茀，不能行之象。然上下中正，豈有不得相合之理，但俟其時耳。故又戒占者，勿可追逐，宜令其自得也，又有此象。

《象》曰：七日得，以中道也。

中道者，居下卦之中，此六二之德也。濟世之具在我，故不求自得。

九三，高宗伐鬼方，三年克之，小人勿用。

離爲戈兵，變爻爲震，戈兵震動，伐國之象也。鬼方者，北方國也，夏曰獯鬻，商曰鬼方，周曰玁狁，漢曰匈奴，魏曰突厥①，三與上六爲應，坎居北，故曰鬼方。坎爲隱伏，鬼之象也。變坤，中爻爲方，方之象也。

---

① 突厥，王校本疑當作「鮮卑」。按四庫本亦作「鮮卑」，又「獯鬻」四庫本作「昆吾」。

周公非空取鬼方二字也。離居三，三年之象也。既變坤，陽大陰小，小之象也。三居人位，小人之象也。變坤，中爻成艮止，勿用之象也。周公爻象一字不空，此所以爲聖人之筆也。○既濟之時，天下無事矣。三以剛居剛，故有伐國之象。然險陷在前，難以驟克，故又有三年方克之象。夫以高宗之賢，其用兵之難如此，而況既濟無事之世，任用小人，捨内治而幸邊功，未免窮兵厲民矣。故既言用兵之難，不可輕動，而又言任人不可不審也。教占者處既濟之時當如此，戒之深矣。

《象》曰：三年克之，憊也。 憊，蒲敗反。

憊者，病也，時久師老，財匱力困也。甚言兵不可輕用。

六四，繻有句**衣袽，終日戒。**

細密之羅曰繻，凡帛皆可言，故過關之帛曰繻。袽者，蔽衣也。四變，中爻爲乾，衣之象也。錯坤爲帛，繻之象也，又成兑爲毁折，敝衣之象也。成卦爲既濟，本爻又得位，猶人服飾之盛也。濟道將革，不敢恃其服飾之盛，雖有繻不衣之，而乃衣其敝衣也。終日，盡日也，居離日之上，離日已盡之象也。戒者，戒懼不安也。四多懼，戒之象也。衣袽以在外言，終日戒以心言。○六四當出離入坎之時，陰柔得正，知濟道將革，坎陷臨前，有所疑懼，故有有繻不衣，乃衣其袽，終日戒懼之象。占者必如是，方可保既濟也。

《象》曰：終日戒，有所疑也。

疑者，疑禍患之將至也。

九五，東鄰殺牛，不如西鄰之禴祭，實受其福。

鄰者，文王圓圖離居正南，坎居正北，震居正東，兑居正西，則東西者，乃水火之鄰也，故有東西之象。

觀震卦，上六變離，爻辭曰不于其躬，于其鄰，則震兑又以南北爲鄰矣。殺牛不禴祭者，言當既濟之終，不當侈盛，當損約也。五變坤，牛之象。離爲戈兵，坎爲血，見戈兵而流血，殺之象。禴夏祭，離爲夏，禴之象。坎爲隱伏，人鬼之象。又爲有孚，誠心祭人鬼之象。殺牛，盛祭，禴，薄祭，實受其福者，陽實陰虚，陽大陰小，《小象》曰吉大來也，大字即實字，吉字即福字，大與實皆指五也。言如此損約則五吉而受其福矣。泰入否，聖人曰勿恤其孚，于食有福。既濟將終，聖人曰不如禴祭，實受其福。聖人之情見矣。六四不衣美衣而衣惡衣，九二不尚盛祭而尚薄祭，皆善於①處終亂者也。○五居尊位，當既濟之終，正終亂之時也，故聖人戒占者曰濟將終矣，與其侈盛，不如艱難菲薄，以享既濟之福，若侈盛則止而亂矣。故其戒之之象如此。

《象》曰：東鄰殺牛，不如西鄰之時也，實受其福，吉大來也。

之當作知，因與音同，寫時之誤。時，二簋應有時之時，言東鄰殺牛，不如西鄰知時也。蓋濟道終亂之時，此何時哉。能知其時艱難，菲薄以處之，則自有以享其既濟之福矣。吉大來者，言吉來于大也。來字與益卦自外來也來字同。

上六，濡其首，厲。

初九卦之始，故言濡尾者，心有所畏懼，而不敢遽涉也。上六，卦之終，故言濡首者，志已盈滿，而惟知其涉也。大過上六，澤水之深矣，故滅頂；既濟上六，坎水之深矣，故濡首。○既濟之極，正終亂之時也，

① 於，原作『與』，據史本改。

故有狐涉水，而濡首之象。既濡其首，已溺其身，占者如是，危可知矣。

《象》曰：濡其首，厲，何可久也。

言必死亡。

䷿坎下離上

未濟，事未成之時也。水火不交，不相爲用，其六爻皆失其位，故爲未濟。《序卦》：『物不可窮也，故受之以未濟終焉。』所以次既濟。

未濟，亨，小狐汔濟，濡其尾，无攸利。

亨者，言時至則濟矣。特俟其時耳，故亨也。坎爲狐，坎居下卦，故曰小狐。坎爲水，爲隱伏，穴處而隱伏，往來于水間者狐也。又爲心病，故多狐疑。既濟、未濟二卦皆以狐言者此也。水涸曰汔，此指濟渡水邊水淺處言也。濡其尾者，言至中間深處，即濡其尾而不能涉矣。此未濟之象也。无攸利，戒占者之辭。○言未濟終于必濟，故亨。然豈輕于濟而得亨哉？如小狐不量水中之淺深，見水邊之淺涸，果于必濟，及濟于水之中，乃濡其尾而不能濟矣。如此求濟，豈得濟哉？占者无攸利可知矣。故必識淺深之宜，持敬畏之心，方可濟而亨也。

《象》曰：未濟亨，柔得中也。小狐汔濟，未出中也。濡其尾，无攸利，不續終也。雖不當位，剛柔應也。

釋卦辭。柔得中指六五，陰居陽位得中，則既不柔弱無爲，又不剛猛僨事，未濟終于必濟，所以亨。前卦既濟之初吉者，已然之亨也，柔中之善于守成者也。此卦未濟之亨者，未然之吉也，柔中之善于撥亂者也。未出中者，未出險中也，言止于水邊涸處濟之，而未能出其險陷之中也。濟而得濟，謂之終。今未出中，則始雖濟，而終不能濟，是不能繼續而成其終矣。然豈終于不濟哉？蓋六爻雖失位，故爲未濟，然剛柔相應，終有協力出險之功，是未濟終于必濟，此其所以亨也。

《象》曰：火在水上，未濟，君子以慎辨物居方。

火炎上，水潤下，物不同也。火居南，水居北，方不同也。君子以之慎辨物，使物以群分；慎居方，使方以類聚，則分定不亂。陽居陽位，陰居陰位，未濟而成既濟矣。

初六，濡其尾，吝。

獸之濟水，必揭其尾，尾濡則不能濟。濡其尾者，言不能濟也。○初六才柔，又無其位。當未濟之時，乃不量其才力，而冒險以進，不能濟矣，吝之道也。故其象占如此。

《象》曰：濡其尾，亦不知極也。

極者，終也，即彖辭濡其尾，无攸利，不續終也。言不量其才力而進，以至濡其尾，亦不知其終之不濟者也。

九二，曳其輪，貞吉。

坎爲輪，曳其輪者，不遽然而進也。凡濟渡必識其才力，量其淺深，不遽于進，方可得濟，不然必濡其尾矣。貞者，得濟之正道也。吉者，終得以濟也。

二以陽剛之才，當未濟之時，居柔得中，能自止而不輕于進，故有曳其輪之象。占者如是，正而吉矣。

《象》曰：九二貞吉，中以行正也。

九居二，本非其正，以中故得正也。

六三，未濟征凶，利涉大川。

未濟者，言出坎險可以濟矣，然猶未濟也，故曰未濟。利涉大川者，正卦爲坎，變卦爲巽，木在水上，乘木有功，故利涉大川。征者，行也。初濡其尾，行而未濟也。二曳其輪，不行也，坎至于三則坎之極，水益深矣。故必賴木以渡之，方可濟也。若不賴木而直行，則濡其尾而凶矣。○陰柔不中正，當未濟之時，病于才德之不足，故征凶。然未濟有可濟之道，險終有出險之理。幸而上有陽剛之應，若能涉險而往，賴之則濟矣，故占者利于賴木以涉大川。利涉大川，又占中賴陽剛之象也。

《象》曰：未濟征凶，位不當也。

以柔居剛。

九四，貞吉悔亡，震用伐鬼方，三年有賞于大國。

震者，懼也。四多懼，四變中爻爲震，故以震言之。伐鬼方三年，詳見既濟。大國對鬼方而言，則伐之者爲大國，鬼方爲小國也。有賞于大國者，三年鬼方自順服，故大國賞之，惟其有賞，故不言克之也。既濟言克之者，鬼方在上，仰關而攻，克之甚難，且水乃克火之物，火又在下，所以三年方克。《小象》曰憊者此也。此則鬼方在下，易于爲力，故自屈服。曰有賞者，如上之賞下也。未濟與既濟相綜，未濟九四即既濟九三，故爻辭同；亦如損益相綜，損之六五即益之六二；夬姤相綜，夬之九四即姤之九三，所以爻辭皆同也。綜卦之妙至此。○以九居四不正而有悔也，能勉而貞，則吉而悔亡矣。然以不貞之資，非臨事而懼，何以能濟天下之事哉？故必憂惕敬懼之久，則其志可行，而有以賞其心志矣。故占者又有震用伐鬼方，三年有賞于大國之象。

《象》曰：貞吉悔亡，志行也。

志行者，已出其險，濟之之志行也。履之九四，否之九四，睽之九四，皆言志行，以四多懼故也。

六五，貞吉，无悔，君子之光，有孚，吉。

貞非戒辭，乃六五之所自有。无悔與悔亡不同。无悔者，自无悔也；悔亡者，有悔而亡也。未濟漸濟，故雖六五之陰，而亦有暉光。既濟漸不濟，故雖九五之陽，而必欲如西鄰之禴祭。凡天地間造化之事，富貴功名，類皆如此。○六五爲文明之主，居中應剛，虛心以求九二之共濟，貞吉无悔矣。故本之于身則光輝發越，徵之于人，則誠意相孚，吉不必言矣。占者有是德，方應是占也。文明即君子之光，中虛即有孚。

《象》曰：君子之光，其暉吉也。

日光曰暉，言如日光之盛。蓋六五承乘，應皆陽剛，君子相助爲明，故其暉吉。

上九，有孚于飲酒，无咎，濡其首，有孚失是。

六爻皆有酒象。《易》中凡言酒者，皆坎也。上三①爻離錯坎，亦酒也。是字，即无咎二字。濡其首者，三②也。坎水至三，坎水極深矣，故涉之者濡其首。既濟之上六，即未濟之六三也。既濟言濡其首，故上九與六三爲正應，即以濡其首言之。○六五爲未濟之主，資九二之剛中，三涉川，四伐國，至于六五光輝

① 三，原作「二」，據史本改。
② 三，原作「二」，據史本、寶廉堂本改。

發越，已成克濟之功矣。上九負剛明之才，又無其位，果何所事哉？惟有孚于五，飲酒宴樂而已。此則近君子之光，所有孚者是矣，无咎之道也。若以濡其首之三，爲我之正應，乃有孚于二，與之飲酒，則墜落于坎陷之中，與三同濡其首，所有孚飲酒者不是矣，安得无咎哉？故曰有孚失是，教占者必如此。

《象》曰：飲酒濡首，亦不知節也。

節者，事之界也。濡首同于六三，亦不知三在坎險之界，而自罹其咎矣。

周易集注卷之十三

繫辭上傳

天尊地卑，乾坤定矣。卑高以陳，貴賤位矣。動静有常，剛柔斷矣。方以類聚，物以群分，吉凶生矣。在天成象，在地成形，變化見矣，

天地者，陰陽形氣之實體也。乾坤者，《易》中純陰純陽之卦名也。卑高者，天地萬物上下之位。貴賤者，《易》中卦爻上下之位也。動者陽之常，静者陰之常。以天地論，天動地静。以萬物論，男外而動，女内而静，雄鳴而動，雌伏而静也。剛柔者，《易》中卦爻陰陽之稱也。斷，判斷，乃自然分判，非由人也。方者，東南西北之四方也。方以類聚者，以中國言之，冀州之類與冀州相聚，荆州之類與荆州相聚是也。以外夷言之，南倭之類與南倭相聚，北虜之類與北虜相聚是也。物者，萬物也。群分者，角之群分别于毛，毛之群分别于羽，羽之群分别于裸是也。吉凶即善惡，以方言之，中國四夷有内華外夷之善惡，中國九州有君子小人之善惡。以物言之，牛馬則善，虎狼則惡，此皆陰陽淑慝之分也，故吉凶生矣。吉凶者，《易》中卦爻占决之辭也。此皆聖人仰觀俯察，列于兩間之表表可見者。故以一尊一卑，一卑一高，一動一静，一類一群，一形一象言之。前儒以方謂事情所向，恐不然矣。象者日月星辰之屬，形者山川動植之屬，兩間形象，其中有往有來，有隱有見，有榮有枯，有生有死，千變萬化。《易》中變化，則陰之極者變乎陽，陽之極者化乎陰也。○此一條言天地萬物，一對一待，《易》之象也。蓋未畫《易》之前，一部《易經》已列于兩間，故天尊地卑，未有《易》卦之乾坤，而乾坤已定矣。卑高以陳，未有《易》卦之貴賤，而貴賤已位矣。動静有常，未有《易》卦之剛柔，而剛柔已斷矣。方以類聚，物以群分，未有《易》卦之吉凶，而吉凶已生矣。在天成象，在地成形，未有《易》卦之變化，而變化已見矣。聖人之《易》，不過模寫其象數而已，非有心安排也。孔子因伏羲圓圖，陰陽一對一待，陰錯乎陽，陽錯乎陰，所以發此條。

是故剛柔相摩，八卦相盪，鼓之以雷霆，潤之以風雨。日月運行，一寒一暑。乾道成男，坤道成女。乾知大始，坤作成物。

八卦以天地水火山澤雷風八卦之象言，非乾坎艮震巽離坤兑也，若舊注以兩相摩而爲四，四相摩而爲八，則將下文日月男女説不通矣。八卦者剛柔之體，剛柔者八卦之性，總則剛柔，分則八卦。摩盪者，兩儀配對，氣通乎間，交感相摩盪也。惟兩間之氣，交感相摩盪，而後生育不窮。得陽氣之健者爲男，得陰氣之順者爲女。然成男雖屬乾道，而男女所受之氣皆乾以始之；成女雖屬坤道，而男女所生之形皆坤以成之。分之則乾男而坤女，合之則乾始而坤終，此造化一氣流行之妙，兩在不可測者也。知者，知此事也。作者，能此事也。蓋未成之物，無所造作，故言知；已成之物，曾經長養，故言作。言乾惟知始物，别無所知，坤惟能成物，别無所能，此所以易簡也。凡人之知，屬氣屬魂，凡人之能，屬形屬魄。故乾以知言，坤以能言也。大者完全之意，譬之生人，止天一生水也，而二之火爲心，三之木爲肝，四之金爲肺，五之土爲脾，一身之骸骨臟腑皆完全備具矣，蓋不惟始而大始也。○此一條言天地陰陽之流行，一施一受，《易》之氣也。言天地萬物，惟有此對待，故剛柔八卦，相爲摩盪，于是鼓雷霆，潤風雨，日月寒暑，運行往來，形交氣感，男女于是乎生矣。故乾所知者惟始物，坤所能者惟成物。無乾之施，則不能成坤之終；無坤之受，則不能成乾之始。惟知以施之，能以受之，所以生育不窮。孔子因文王圓圖，帝出乎震，成言乎艮，又文王序卦，陰綜乎陽，陽綜乎陰，所以發此條。

乾以易知，坤以簡能。易則易知，簡則易從。易知則有親，易從則有功。有親則可久，有功則可大。可久則賢人之德，可大則賢人之業。易簡而天下之理得矣，天下之理得，而成位乎其中矣。

易知者，一氣所到，生物更無凝滯。此則造化之良知，無一毫之私者也，故知之易。簡能者，乃順承天，不自作爲，此則造化之良能，無一毫之私者也，故能之簡。蓋乾始坤成者，乃天地之職司也，使爲乾者用力之難，爲坤者用力之煩，則天地亦勞矣。惟《易》乃造化之良知，故始物不難，惟簡乃造化之良能，故成物不煩也。人受天地之中以生，其性分之天理，爲我良知良能者，本與天同其易，而乃險不可知，本與地同其簡，而乃阻不可從者，以其累于人欲之私耳。故易則易知，簡則易從。易知者，我易知乎此無私之理也；易從者，我易從乎此無私之理也。非人知人從也。下易字，難易之易。○此一條，言人成位乎中也。言乾惟知大始，是乾以易知矣。坤惟能成物，是坤以簡能矣。人之所知如乾之易，則所知者皆性分之所固有，而無一毫人欲之艱深，豈不易知？人之所能，如坤之簡，則所能者，皆職分之所當爲，而無一毫人欲之紛擾，豈不易從？易知則此理之具于吾心者，常洽浹親就，不相支離疏隔，故有親。易從則此理之踐于吾身者，常日積月累，無有作輟怠荒，故有功。有親則日新不已，是以可久。有功則富有盛大，是以可大。可久則賢人之德與天同其悠久矣，可大則賢人之業與地同其博大矣。夫以易簡而天下之理得，成賢人之德業，則是天有是易，吾之心亦有是易，地有是簡，吾之身亦有是簡，與天地參而爲三矣。《易》中三才，成其六位者此也。理得成位，即致中和，天地位，萬物育之意。賢人即聖人，與天地並而爲三，非聖人而何？

右第一章。此章天尊地卑一條，言天地對待之體。剛柔相摩一條，言天地流行之用。乾以易知一條，則言人成位乎天地之中。成位乎中，則天地之體用模寫于《易》者，神而明之，皆存乎其人矣。此三條，孔子原《易》之所由作，通末説到《易》上去。至第二章，設卦觀象方言《易》。

聖人設卦觀象，繫辭焉而明吉凶，剛柔相推而生變化。

設卦者，文王周公將伏羲圓圖六十四卦陳列也。象者物之似，總之有一卦之象，析之有六爻之象。觀此象而繫之以辭，以明一卦一爻之吉凶。剛柔相推者，卦爻陰陽，迭相爲推也。柔不一于柔，柔有時而窮，則自陰以推于陽而變生矣。剛不一于剛，剛有時而窮，則自陽以推于陰而化生矣。如乾之初九交于坤之初六則爲震，坤之初六交于乾之初九則爲巽，此類是也。又如夬極而乾矣，反下而又爲姤，剥極而坤矣，反下而又爲復，此類是也。《易》之爲道，不過辭變象占四者而已。吉凶者，占也，占以辭而明，故繫辭焉而明吉凶。剛柔相推者象也，變由象而出，故剛柔相推而生變化。

是故吉凶者失得之象也，悔吝者憂虞之象也，變化者進退之象也，剛柔者晝夜之象也，六爻之動，三極之道也。

是故者，因上文也。吉凶悔吝以卦辭言，失得憂虞以人事言。《易》言吉凶，在人爲失得之象。《易》言悔吝，在人爲憂虞之象。蓋人之行事，順理則得，逆理則失，故辭有吉凶，即人事失得之象。虞者樂也，憂則困心衡慮，漸趨于吉，亦如悔之自凶而趨吉也。虞則志得意滿，漸向于凶，亦如吝之自吉而向凶也，所以悔吝即憂虞之象，所謂觀象繫辭以明吉凶者此也。變化剛柔，以卦畫言；進退晝夜，以造化言。柔變乎剛，進之象；剛化乎柔，退之象。進者息而盈也，退者消而虚也。剛屬陽明，晝之象；柔屬陰暗，夜之象。進退無常，故變化者，進退之象。晝夜一定，故剛柔者，晝夜之象。三者三才也，地位、人位、天位也。三才即六爻，分之則六爻，總之則三才。極，至也。爻不極，則不變動。陽極則陰，陰極則陽，言六爻之變動者，乃三才極至之道理如此也。故曰道有變動曰爻，所謂剛柔相推而生變化者此也。六爻之動一句言變化之故。

是故君子所居而安者《易》之序也，所樂而玩者爻之辭也。

上二節言聖人作《易》之事，此二節則教人之學《易》也。居者處也，安者處而不遷，樂者悅樂也，玩者悅樂而反覆玩味，序者文王序卦也。所居而安者，文王六十四卦之序；所樂而玩者，周公三百八十四爻之辭。文王序卦有錯有綜，變化無窮，若可遷移矣。然文王本其自然之畫而定之，非有心安排也，故不可遷移。如乾止可與坤相錯，不可與別卦相錯，故孔子《雜卦》曰乾剛坤柔。屯止可與蒙相綜，不可與別卦相綜，故孔子《雜卦》曰：『屯見而不失其居，蒙雜而著。』故處而不遷。此則教人學文王序卦、學周公爻辭。

是故君子居則觀其象而玩其辭，動則觀其變而玩其占。是以自天祐之，吉无不利。

辭因象而繫，占因變而决。静而未卜筮時，《易》之所有者象與辭也。動而方卜筮時，《易》之所有者變與占也。《易》之道，一陰一陽，即天道也。如此觀玩，則所趨皆吉，所避皆凶，静與天俱，動與天游，冥冥之中，若或助之矣，故自天祐之，吉无不利。變即上變也，言變則化在其中，此則教人學文王周公辭變象占。

右第二章。此章言聖人作《易》。君子學《易》之事。

象者言乎象者也，爻者言乎變者也，吉凶者言乎其失得也，悔吝者言乎其小疵也，无咎者，善補過也。

彖謂卦辭，文王所作者。爻謂爻辭，周公所作者。象指全體而言，乃一卦之所具者。如元亨利貞，則言一卦純陽之象。變指一節而言，乃一爻之所具者。如潛龍勿用，則言初陽在下之變。凡言動之間，盡善之謂謂得，不盡善之謂失，小不善之謂疵，不明乎善而誤于不善之謂過，覺其小不善，非不欲改，而彼時未改，于是乎有悔。覺其小不善，猶及于改而不能改，或不肯改，于是乎有吝。悔未至于吉而猶有小疵，吝未至于凶而已有小疵。善者嘉也，嘉其能補過也，即上文言乎言字之例。本有過而能圖回改復，謂之補，譬如衣有破處是過也，帛則用帛補之，布則用布補之，此之謂補過。吉凶失得之大，不如悔吝之小，悔吝疵病之小，又不如无咎之爲善。○彖言象，爻言變，則吉凶悔吝无咎之辭皆備矣。故吉凶者言乎卦爻中之失得也，悔吝者言乎卦爻中之小疵也，无咎者善乎卦爻中之能補過也。此釋彖、爻之名義，又釋吉凶、悔吝、无咎之名義也，

是故列貴賤者存乎位，齊小大者存乎卦，辯吉凶者存乎辭，憂悔吝者存乎介，震无咎者存乎悔。是故卦有小大①，辭有險易。辭也者，各指其所之，

上文釋卦爻吉凶、悔吝、无咎之名義矣，此則教人體卦爻吉凶悔吝无咎之功夫也。五存應四言一善。列貴賤句，應爻者言乎其變。齊小大句，應象者言乎其象。列者，分列也。六爻上體爲貴，下體爲賤。齊者，等也，等分大小也。陽大陰小，陽大爲主者，復、臨、泰之類也。陰小爲主者，姤、遯、否之類也。小往大來，大往小來，皆其類也。介者，分也。震者，動也。大小即所齊之大小也。險易者，即卦爻辭之險易也。

險者暗昧而艱深，如文王卦辭，履虎尾、先甲後甲之類，周公爻辭，其人天且劓、入于左腹之類是也。易者明白而平易，如文王卦辭，謙君子有終、漸女歸吉之類；周公爻辭，師左次、同人于門之類是也。之者，往

① 小大，原作「大小」，據寶廉堂本及通行本改。

也。各者，吉、凶、悔、吝、无咎五者各不同也。各指其所之者，各指其所往之地也。○言爻固言乎其變矣，若列貴賤，則存乎所變之位，不可貴賤混淆。彖固言乎其象矣，若齊大小，則存乎所象之卦，不可大小紊亂。吉凶固言乎失得矣，若辯吉凶，則存乎其辭，辭吉則趨之，辭凶則避之。悔吝固言乎小疵矣，然不可以小疵而自恕，必當于此心方動、善惡初分、幾微之時即憂之，則不至于悔吝矣。无咎固補過矣，然欲動補過之心者，必自悔中來也。是故卦與辭雖有大小險易之不同，然皆各指于所往之地，如吉凶則趨之避之，如悔吝則憂乎其介，如无咎存乎悔也。此則教人觀玩，體卦爻吉凶悔吝无咎之功夫也。

右第三章。此章教人觀玩之事，故先釋卦爻並吉凶悔吝无咎五者之名義，而後教人體此卦爻並五者功夫也。

《易》與天地準，故能彌綸天地之道。

準者，均平也，言《易》之書與天地均平也。彌者彌縫，包括周密，合萬爲一而渾然無欠，即下文範圍之意。綸者絲綸，條理分明，析一爲萬而燦然有倫，即下文曲成之意。彌綸天地者，如以乾卦言，爲天爲圜，以至爲木果，即一卦而八卦可知矣。如以乾卦初爻潛龍言，在君得之則當傳位，在臣得之則當退休，在士得之則當靜修，在商賈得之則當待價，在女子得之則當愆期，在將帥得之則當左次，即一爻而三百八十四爻可知矣，豈不彌綸乎天地。

仰以觀于天文，俯以察于地理，是故知幽明之故。原始反終，故知死生之説。精氣爲物，游魂爲變，是故知鬼神之情狀。

天垂象，有文章，地之山川原隰，各有條理。陽極而陰生則漸幽，陰極而陽生則漸明。一日之天地如此，終古之天地亦如此。故者，所以然之理也。人物之始，此陰陽之氣；人物之終，此陰陽之氣。其始也氣聚而理隨以完，故生；其終也氣散而理隨以盡，故死。説者，死生乃人之常談也。人之陰神曰魄，耳目之聰明是也。人之陽神曰魂，口鼻之呼吸是也。死則謂之魂魄，生則謂之精氣。天地之所公共者謂之鬼神，陰精陽氣，聚而物，則自無而向于有，乃陰之變陽，神之伸也。魂游魄降，散而爲變，則自有而向于無，乃陽之變陰，鬼之歸也。情狀，猶言模樣。○《易》與天地準者，非聖人安排穿鑿，强與之準也。蓋《易》以道陰陽，陰陽之道，不過幽明死生鬼神之理而已，今作《易》聖人，仰觀俯察，知幽明之故，原始反終，知死生之説，知鬼神之所以爲鬼神者，乃精氣爲物，游魂爲變也，故能知其情狀。夫天地之道，不過一幽一明，一死一生，一鬼一神而已。而作《易》聖人，皆有以知之，此所以《易》與天地準也。

與天地相似，故不違。知周乎萬物，而道濟天下，故不過。旁行而不流，樂天知命，故不憂。安土敦乎仁，故能愛。知，周音智。

相似即不違，下文不過、不憂、能愛皆不違之事。知周乎萬物者，聰明睿知，足以有臨，所以道濟天下也。不過雖指天地，若以聖人論，乃道濟天下，德澤無窮，舉天下不能過也。如言天下莫能載焉之意，與下文不過不同。旁行者，行權也。不流者，不失乎常經也。天以理言，仁義忠信是也。命以氣言，吉凶禍福是也。樂天理則内重外輕，又知命則惟修身以俟，所以不憂。如困于陳蔡，夢奠兩楹，援琴執杖而歌是也。隨寓而安乎土，脑①中無爾我町畦。又隨寓而敦篤乎仁，所行者皆立人達人之事，所以能愛。不過、不憂、能愛，皆指天地言。至大不能過者天地之體，不憂者天地之性，能愛者天地之情。天地之道不過如此而已，故以此三者言之。萬物天下協不過二字，樂字協不憂二字，仁字協愛字。○此言聖人與天地準也。言

① 脑，史本、寶廉堂本作『胸』。

聖人于天地之道，豈特如上文知之哉？聖人即與天地相似也，惟其與天地相似，故聖人之道皆不違乎天地矣。何也？天地至大無外，不能過者也。聖人則知周乎萬物而道濟天下，故與天地相似，同其不過。天地無心而成化，鼓萬物而不與聖人同憂，不憂者也。聖人則旁行不流，樂天知命，故與天地相似，同其不憂。天地以生物爲心，能愛者也。聖人則安土敦仁，故與天地相似，同其能愛，是三者皆與天地相似者也。惟其相似，所以作《易》與天地準也。

範圍天地之化而不過，曲成萬物而不遺，通乎晝夜之道而知，故神无方而《易》无體。

範，如人範金，使成形器。圍，如人墻圍，使有界止。化者，天地之變化也。天地陰而陽，陽而陰，本無遮闌，本無窮盡。聖人則範圍之，範圍即裁成天地之道，治曆明時，體國經野之類是也。不過者，不使之過也。曲成萬物，如教之養之，大以成大，小以成小之類是也。通者達也，通達乎晝夜之道而知之也。晝夜即幽明、死生、鬼神也。神指聖人，即聖而不可知之謂神。《易》指《易》書。無方所，無形體，皆謂無形迹也。○聖人既與天地相似，故《易》能彌天地之道，聖人則範圍天地而不過，亦能彌之。《易》能綸天地之道，聖人則曲成萬物而不遺，亦能綸之。《易》書所具，不過幽明、死生、鬼神之理也，聖人則通乎晝夜之道而知，亦能知幽明、死生、鬼神，故聖則无方，而《易》則无體。《易》與天地準者，因作《易》聖人亦與天地準也。

右第四章。此章言《易》與天地準者，因作《易》聖人亦與天地準也。

一陰一陽之謂道。

理乘氣機以出入，一陰一陽。氣之散殊，即太極之理各足而富有者也。氣之迭運，即太極之理流行而日新者也，故謂之道。

繼之者善也，成之者性也。仁者見之謂之仁，知者見之謂之知。百姓日用而不知，故君子之道鮮矣。見音現。知音智。

繼是接續不息之意，《書》言帝降，《中庸》言天命。氣之方行，正所降所命之時，人物之所公共之者也。此指人物未生，造化流行上言之。蓋静之終，動之始，静極復動則貞，而又繼之以元，元乃善之長，此繼之者所以善也。以其天命之本體，不雜于形氣之私，故曰善。成，是凝成有主之意，氣以成形，而理亦賦焉，乃人物所各足之者也。因物物各得其太極無妄之理，不相假借，故曰性。見，發見也。仁者知者即君子。○此一陰一陽之道，若以天人賦受之界言之，繼之者善也，成之者性也，此所以謂之道也。雖曰善曰性，然具于人身，渾然一理，無聲無臭，不可以名狀，惟仁者發見于惻隱，則謂之仁，知者發見于是非，則謂之知。而後所謂善性者，方有名狀也。故百姓雖與君子同具此善性之理，但爲形氣所拘，物欲所蔽，而知君子仁知之道者鮮矣。

顯諸仁，藏諸用，鼓萬物而不與聖人同憂，盛德大業至矣哉。富有之謂大業，日新之謂盛德。

仁者造化之心，用者造化之功。仁本在内者也，如春夏之生長萬物，是顯諸仁。用本在外者也，如秋冬之收斂萬物，是藏諸用。春夏是顯秋冬所藏之仁，秋冬是藏春夏所顯之用。仁曰顯，用曰藏，互言之也。不憂者，乾以易知，坤以簡能，無心而成化，有何所憂？富有者，無物不有而無一毫之虧欠。日新者，無時不然而無一毫之間斷。天地以生物爲德，以成物爲業。○此一陰一陽之道，若以天地言之，自其氣之噓也，則自内而外，顯諸其仁。自其氣之吸也，則自外而内，藏諸其用。然天地無心而成化，雖鼓萬物出入之機，而不與聖人同憂，此所以盛德大業不可復加也。富有日新，乃德業之實，此一陰一陽之道，在天地者也。

生生之謂易，成象之謂乾，效法之謂坤，極數知來之謂占，通變之謂事，陰陽不測之謂神。

效法者承天時行，惟效法之而已。極數者，方卜筮之時，究極其陰陽七八九六之數，觀其所值何卦，所值何爻，以斷天下之疑，故曰占。通變者，既卜筮之後，詳通其陰陽老少之變，吉則趨之，凶則避之，以定天下之業，故曰事。以其理之當然而言曰道，以其道之不測而言謂之神，非道外有神也。○此一陰一陽之道，若以易論之，陽生陰，陰生陽，消息盈虚，始終代謝，其變無窮。此則一陰一陽之道在易書，易之所由名者此也。聖人作易之初，不過此陰陽二畫。然乾本陽，而名爲乾者，以其健而成象，故謂之乾。坤本陰，而名爲坤者，以其順而效法，故謂之坤。此則一陰一陽之道在卦者也。故究極此一陰一陽之數以知來，則謂之占，詳通其一陰一陽之變以行事，則謂之事，此則一陰一陽之道在卜筮者也。若其兩在不測，則謂之神，蓋此一陰一陽之道，其見之于人，則謂之仁知，見之于天地，則謂之德業，見之于易，則謂之乾坤占事，人皆得而測之。惟言陽矣，而陽之中未常無陰；言陰矣，而陰之中未常無陽。兩在不測，則非天下之至神，不能與于此矣，故又以神贊之。

右第五章。此章言一陰一陽之道不可名狀，其在人則謂之仁知，在天地則謂之德業，在易則謂之乾坤占事，而終贊其神也。通章十一箇謂字相同，一陰一陽貫到底。

夫易廣矣，大矣。以言乎遠則不禦，以言乎邇則静而正，以言乎天地之間則備矣。

廣言其中之所含，大言其外之所包。不禦者，無遠不到而莫之止也。静者，無安排布置之擾也。正者，六十四卦皆利于正也。備者，無所不有也。下三句正形容廣大。

夫易廣矣大矣，何也？蓋易道不外乎陰陽，而陰陽之理則遍體乎事物。以遠言，其理則天高而莫禦。以邇言，其理則地静而不偏。以天地之間而言，則萬事萬物之理無不備矣。此易所以廣大也。

夫乾，其静也專，其動也直，是以大生焉。夫坤，其静也翕，其動也闢，是以廣生焉。

天地者即乾坤之形體，乾坤者天地之情性。專者專一而不他，直者直遂而不撓，翕者舉萬物之生意而收斂于内也，闢者舉萬物之生意而發散于外也。乾之性健，一而實，故以質言而曰大，大者天足以包乎地之形也。坤之性順，二而虚，故以量言而曰廣，廣者地足以容乎天之氣也。動者乾坤之相交也。易之所以廣大者，一本于乾坤而得之也。蓋乾畫奇，不變則其静也專，變則其動也直。坤畫偶，不變則其静也翕，變則其動也闢，是以大生廣生焉。易不過模寫乾坤之理，易道之廣大，其原蓋出于此。

廣大配天地，變通配四時，陰陽之義①配日月，易簡之善配至德。

配者，相似也，非配合也。變通者，陰變而通于陽，陽變而通乎陰也。義者，名義也。卦爻中剛者稱陽，柔者稱陰，故曰義。易簡者，健順也。至德者，仁義禮知，天所賦于人之理，而我得之者也。仁禮屬健，義知屬順。○易之廣大，得于乾坤，則易即乾坤矣。由此觀之，可見易之廣大，亦如天地之廣大；易之變通，亦如四時之變通。易所言陰陽之義，與日月之陰陽相似。易所言易簡之善，與聖人之至德相似。所謂遠不禦而近静正，天地之間悉備者在是矣。此易所以廣大也。

右第六章。此章言易廣大配天地。

子曰：易其至矣乎。夫易，聖人所以崇德而廣業也。知崇禮卑，崇效天，卑法地，天地設位，而易行乎其中矣。成性存存，道義之門。

子曰二字後人所加。窮理則知崇如天而德崇，循理則禮卑如地而業廣。蓋知識貴乎高明，踐履貴乎

① 義，原作『氣』，據史本、寶廉堂本及通行本改。

著實，崇效天則與乾知太始者同其知，所謂洋洋發育萬物，峻極于天者，皆其知之崇也。禮卑法地，則與坤作成物者同其能，所謂優優大哉，三千三百者，皆其禮之卑也。天清地濁，知陽禮陰，天地設位，而知陽禮陰之道即行乎其中矣。易字即知禮也，知禮在人則謂之性，而所發則道義也。門者，言道義從此出也。○此言聖人以易而崇德廣業，見易之所以爲至也。蓋六十四卦，三百八十四爻，皆理之所在也，聖人以是理窮之于心，則識見超邁，日進于高明，而其知也崇。循是理而行，則功夫敦篤，日就于平實，而其禮也卑。崇效乎天，則崇之至矣，故德崇；卑法乎地，則卑之至矣，故業廣。所以然者，非聖人勉强效法乎天地也，蓋天地設位，而知陽禮陰之道，已行乎其中矣。其在人也，則謂之成性，渾然天成，乃人之良知良能，非有所造作而然也，聖人特能存之耳。今聖人知崇如天，則成性之良知已存矣。禮卑如地，則成性之良能又存矣。存之又存，是以道義之得于心爲德，見于事爲業者，自然日新月盛，不期崇而自崇，不期廣而自廣矣。聖人崇德廣業以此，此易所以爲至也。

右第七章。此章言聖人以易崇德廣業，見易之所以至也。

聖人有以見天下之賾①，而擬諸其形容，象其物宜，是故謂之象。

賾者口旁也，養也。人之飲食在口者，朝夕不可缺，則人事之至多者，莫多于口中日用之飲食也，故曰聖人見天下之賾。賾蓋事物至多之象也，若以雜亂釋之，又犯了下面亂字，不如以口釋之，則于厭惡字親切。擬諸形容，乾爲圜，坤爲大輿之類。象其物宜，乾稱龍，坤稱牝馬之類。二其字皆指賾。

聖人有以見天下之動，而觀其會通，以行其典禮。繫辭焉以斷其吉凶，是故謂之爻。

① 賾，王校本據朝爽堂本校語改爲『頤』，下注及下節中該字同。

觀其會通，全在天下之動上言，未著在易上去。會者，事勢之湊合難通者也，即嘉會足以合禮會字，但嘉會乃嘉美之會，有善而無惡，此則有善惡于其間。典禮即合禮之禮，蓋通即典禮所存，以事勢而言則曰通，以聖人常法而言則曰典禮。典者，常法也，禮即天理之節文也，如大禹揖遜與傳子，二者相湊合，此會也。然天下謳歌等皆歸之子，此通也。若復揖遜，不通矣，則傳子者，乃行其典禮也。湯武君與民二者相湊合，此會也。然生民塗炭，當救其民，順天應人，此通也。若順其君，不救其民，不通矣，則誅君者，乃行其典禮也。所以周公三百八十四爻，皆是見天下之動，觀其會通，以行其典禮，方繫辭以斷其吉凶，如剥卦五爻，陰欲剥陽，陰陽二者相湊合而難通者也。然本卦有順而止之之義，此通也，合于典禮者也。則繫貫魚以宫人寵之辭，無不利而吉矣。離卦四爻，兩火相接，下三爻炎上，下五爻又君位難犯，此二火湊合而難通者也。然本卦再無可通之處，此悖于典禮者也。則繫死如棄如之辭，無所容而凶矣。

言天下之至賾而不可惡也，言天下之至動而不可亂也。擬之而後言，議之而後動，擬議以成其變化。惡，烏路反。

言，助語辭。惡，厭也。朝此飲食，暮此飲食，月此飲食，年此飲食，得之則生，不得則死，何常厭惡？既見天下之賾，以立其象，是以不惟賾，雖言天下之至賾而不可惡也。既見天下之動，以立其爻，是以不惟動，雖言天下之至動而不可亂也。蓋事雖至賾，而理則至一。事雖至動，而理則至静。故賾雖可惡，而象之理，犁然當于心，則不可惡也。動雖可亂，而爻之理，井然有條貫，則不可亂也。是以學易者，比擬其所立之象以出言，則言之淺深詳略，自各當其理。商議其所變之爻以制動，則動之仕止久速，自各當其時。夫變化者易之道也，既擬易後言，詳易後動，則語默動静，皆中于道。易之變化，不在其易，而成于吾身矣。故舉鳴鶴以下七爻，皆擬議之事，以爲三百八十四爻之凡例云。

『鳴鶴在陰，其子和之；我有好爵，吾與爾靡之』。子曰：『君子居其室，出其言善，則千里之外應之，況其邇者乎？居其室，出其言不善，則千里之外違之，況其邇者乎？言出乎身，加乎民；行發乎邇，見乎遠。言行，君子之樞機，樞機之發，榮辱之主也。言行，君子之所以動天地也，可不慎乎？』和，胡卧反。靡音縻。行，下孟反。見，賢遍反。

釋中孚九二義。以此擬議于言行，亦如乾坤之《文言》也。但多錯簡，詳見後篇《考定》。居室，在陰之象。出言鶴鳴之象。千里之外應之，子和之象。言，者心之聲，出乎身，加乎民。行者心之迹，發乎邇，見乎遠。此四句，好爵爾靡之象。户以樞爲主，樞動而户之闢，有明有暗。弩以機爲主，而弩之發，或中或否，亦猶言之出，行之發，有榮有辱也。應雖在人，而感召之者則在我，是彼爲賓，而我爲主也，故曰榮辱之主。動天地者，言不特榮在我也，言行感召之和氣，足以致天地之祥。不特辱在我也，言行感召之乖氣，足以致天地之異。如景公發言善而熒惑退舍，東海孝婦含冤而三年不雨是也。言行一發，有榮有辱，推而極之動天地者亦此，安得不慎。所以擬議而後言動者以此。

同人『先號咷而後笑』。子曰：『君子之道，或出或處，或默或語。二人同心，其利斷金。同心之言，其臭如蘭。』

釋同人九五爻義，以擬議于異同。爻辭本言始異終同，孔子則釋以迹異心同也。斷金者，物不能間也，言利刃斷物，雖堅金亦可斷，不能阻隔也。如蘭者，氣味之相投，言之相入，如蘭之馨香也。○同人以同爲貴，而乃言號咷而後笑者，何也？蓋君子之出處語默，其迹迥乎不同矣，然自其心觀之，皆各適于義，成就一箇是而已。迹雖不同而心則同，故物不能間。而言之有味，宜乎相信而笑也。

『初六，藉用白茅，无咎』，子曰：『苟錯諸地而可矣，藉之用茅，何咎之有？慎之至也。夫茅之爲物薄，而用

可重也。慎斯術也以往，其无所失矣。

釋大過初六爻義，以擬議于敬慎。錯，置也。置物者不過求其安，今置之于地，亦可以爲安矣，而又承藉之以茅，則益有憑藉，安得有傾覆之咎？故无咎也，以其慎之至也。夫茅之爲物，至薄之物也。今不以薄而忽之，以之而獲无咎之善，是其用則重矣。當大過之時，以至薄之物，而有可用之重，此慎之之術也。慎得此術以往，百凡天下之事，又有何咎而失哉？孔子教人以慎術，即孟子教人以仁術。

『勞謙，君子有終，吉』，子曰：『勞而不伐，有功而不德，厚之至也。語以其功下人者也，德言盛，禮言恭。謙也者，致恭以存其位者也。』

釋謙九三爻義，以擬議人之處功名。勞者功之未成，功者勞之已著，不德者不以我有功而爲德也。厚者，渾厚不薄之意。厚之至，據其理而贊之，非言九三也。語者，言也。以功下人者，言厚之至，不過以功下人也。以功下人，即勞而不伐，有功而不德也。德者及人之德，即功勞也。德欲及人，常有餘。禮欲視已，常不足。言者，言從來如此説也。勞謙則兼此二者矣。○人臣以寵利居成功，所以鮮克有終。九三勞謙君子有終吉者，何也？蓋人臣勞而不伐，有功而不德，此必器度識量有大過人者，故爲厚之至。夫厚之至者，不過言其以功下人耳，知此可以論九三矣，何也？蓋人之言德者必言盛，人之言禮者必言恭。今九三勞，則德盛矣，謙則禮恭矣。德盛禮恭，本君子修身之事，非有心爲保其禄位，而强爲乎此也。然致恭，則人不與争勞争功，豈不永保斯位？所以勞謙有終吉者以此。

『亢龍有悔』，子曰：『貴而无位，高而无民，賢人在下位而无輔，是以動而有悔也。』

重出。

『不出户庭，无咎』，子曰：『亂之所生也，則言語以爲階。君不密則失臣，臣不密則失身，幾事不密則害成，是以君子慎密而不出也。』

釋節初九爻義，以擬議人之慎言語，亂即下文失臣失身害成也。君不密，如唐高宗告武后以上官儀教我廢汝是也。臣不密，如陳蕃乞宣臣章以示宦官者是也。幾者事之始，成者事之終，如韓琦處任守忠之事，歐陽修曰韓公必自有説，此密幾事也。○不出户庭，无咎，何也？蓋亂之所生，皆言語以爲階。如君之言語不密，則害及其臣，謀以弭禍，而反以嫁禍于臣。臣之言語不密，則害及于身，謀以除害，而反得反噬之害。不特君臣爲然，凡天下之事，有關于成敗而不可告人者，一或不密則害成。言語者，一身之户庭，君子慎密，不出户庭者以此。

子曰：『作《易》者，其知盗乎？《易》曰：「負且乘，致寇至。」負也者，小人之事也，乘也者，君子之器也，小人而乘君子之器，盗思奪之矣。上慢下暴，盗斯伐之矣。慢藏誨盗，冶容誨淫。《易》曰：「負且乘，致寇至，盗之招也。」』

釋解六三爻義，以擬議小人竊高位。聖人作《易》以盡情僞，故言知盗。思者，雖未奪而思奪之也。上慢者，慢其上，不忠其君。下暴者，暴其下，不仁其民。四盗字皆言寇盗。誨盗之盗，活字偷也。冶者，妖冶也，粧飾妖冶其容也。此二句皆指坎也，坎爲盗爲淫，故蒙①卦言『見金夫不有躬』，又言寇也。盗之招，即自我致戎。○作《易》者，其知致盗之由乎？《易》曰：負且乘，致寇至。夫負本小人之事，而乘則君子之名器，小人而乘君子之名器，盗必思奪之矣，何也？蓋小人竊位，必不忠不仁，盗豈不思奪而伐

① 蒙，原作『象』，據引文及史本改。

之？然奪伐①雖由于盜，而致其奪伐者，實由自暴慢，有以誨之，亦猶慢藏誨盜，冶容誨淫也。《易》之言招盜而誨之之意也。作《易》者不歸罪于盜，而歸罪于招盜之人，此所以知盜。

右第八章。此章自中孚至此凡七，乃孔子擬議之辭，而爲三百八十四爻之凡例，亦不外乎隨處以慎其言動而已，即七爻而三百八十四爻可類推矣。

天一地二，天三地四，天五地六，天七地八，天九地十。

伏羲龍馬負圖，有一至十之數。人知河圖之數而不知天地之數，人知天地之數，而不知何者屬天，何者屬地，故孔子即是圖而分屬之。天陽，其數奇，故一三五七九屬天；地陰，其數偶，故二四六八十屬地。

天數五，地數五，五位相得而各有合。天數二十有五，地數三十，凡天地之數五十有五，此所以成變化而行鬼神也。

天數五者，一三五七九，其位有五也。地數五者，二四六八十，其位有五也。五位者，即五數也。言此數，在河圖上下左右中央，天地各五處之位也。相得者，一對二，三對四，六對七，八對九，五與十對乎中央，如賓主對待相得也。有合者，一與六居北，二與七居南，三與八居東，四與九居西，五與十居中央，皆奇偶同居，如夫婦之陰陽配合也。二十有五者，一三五七九，奇之所積也。三十者，二四六八十，偶之所積也。變者化之漸，化者變之成。一二三四五，居于圖之内者，生數也，化之漸也，變也。六七八九十，居于圖之外者，成數也，變之成也，化也。變化者數也，即下文知變化之道之變化也。鬼神，指下文卜筮而言，即下文神德行其知神之所爲之鬼神也。故曰卜噬者，先王所以使民信時日敬鬼神也，非屈伸往來也。言

① 伐，原作『發』，據寶廉堂本改。

天地之數，五十有五成變化，而鬼神行乎其間，所以卜筮而知人吉凶也。故下文即言大衍之數，乾坤之策，四營成易也。何以爲生數成數？此一節，蓋孔子之圖説也，皆就河圖而言。河圖一六居北爲水，故水生于一，而成于六，所以一爲生數，六爲成數。生者即其成之端倪，成者即其生之結果，二七居南爲火，三八居東爲木，四九居西爲金，五十居中央爲土，皆與一六同。

大衍之數五十，其用四十有九，分而爲二以象兩，掛一以象三，揲之以四以象四時，歸奇于扐以象閏，五歲再閏，故再扐而後掛。

衍與演同，演者廣也，衍者寬也，其義相同，言廣天地之數也。大衍之數五十者，蓍五十莖，故曰五十也。其用四十有九者，演數之法，必除其一。方筮之初，右手取其一策，反于櫝中是也。分二者，中分其筮數之全，置左以半，置右以半，此則如兩儀之對待，故曰以象兩也。掛者，懸其一于左手小指之間也。三者，三才也。左爲天，右爲地，所掛之策象人，故曰象三。揲之以四者，間數之也，謂先置右手之策于一處，而以右手四四數左手之策，又置左手之策于一處，而以左手四四數右手之策，所以象春夏秋冬也。奇者，零也，所揲四數之餘也。扐者，勒也，四四之後，必有零數，或一或二，或三或四。左手者，歸之于第四第三指之間，右手者歸之于第三第二指之間，而扐之也。象閏者，以其所歸之餘策，而象日之餘也。五歲再閏者，一年十二月，氣盈六日，朔虚六日，共餘十二日，三年則餘三十六日，分三十日爲一月，又以六日爲後閏之積，其第四、第五年，又各餘十二日，以此二十四日，湊前六日又成一閏，此是五歲再閏也。掛一當一歲，揲左當二歲，扐左則三歲一閏矣。又揲右當四歲，扐右則五歲，再閏矣。再扐而後掛者，再扐之後，復以所餘之蓍，合而爲一，爲第二變，再分再掛再揲也。獨言蓍者，分二揲四，皆在其中矣。此則象再閏也。

乾之策二百一十有六，坤之策百四十有四，凡三百有六十，當期之日，二篇之策，萬有一千五百二十，當萬

物之數也。期音基。

策者，乾坤老陽老陰，過揲之策數也。乾九坤六，以四營之，乾則四九三十六，坤則四六二十四。乾每一爻得三十六，則六爻得二百一十有六矣。坤每一爻得二十四，則六爻得百四十有四矣。當期之數者，當一年之數也。當者，適相當也，非以彼準此也。若以乾坤之策，三百八十四爻總論之，陽爻百九十二，每一爻三十六，得六千九百一十二策，陰爻百九十二，每一爻二十四，得四千六百八策，合之萬有一千五百二十，當萬物之數也。

是故四營而成《易》，十有八變而成卦，八卦而小成。引而伸之，觸類而長之，天下之能事畢矣。顯道神德行，是故可與酬酢，可與祐神矣。子曰：知變化之道者，其知神之所爲乎！

上文言數，此則總言卦筮引伸觸類之無窮也。營者求也，四營者，以四而求之也。如老陽數九，以四求之，則其策三十有六。老陰數六，以四求之，則其策二十有四。少陽數七，以四求之，則其策二十有八。少陰數八，以四求之，則其策三十有二。陰陽老少，六爻之本，故曰四營而成《易》。十有八變而成卦者，三變成一爻，十八變則成六爻矣。八卦者，乾坎艮震之陽卦，巽離坤兑之陰卦也。言聖人作《易》，止有此八卦，亦不過小成而已，不足以盡天下之能事也。惟引此八卦而伸之，成六十四卦，如乾爲天，天風姤，坤爲地，地雷復之類，觸此八卦之類而長之，如乾爲天爲圜，坤爲地爲母之類，則吉凶趨避之理，悉備于中，天下之能事畢矣。能事者，下文顯道神德行，酬酢祐神，所能之事也。道者，吉凶消長，進退存亡之道，即天下能事之理。德行者，趨避之見于躬行實踐，即天下能事之迹。道隱于無，不能以自顯，惟有筮卦之辭，則其理昭然于人，不隱于茫昧矣。德滯于有，不能以自神，惟人取决于筮，則趨之避之，民咸用以出入，莫測其機緘矣。惟其顯道神德行，則受命如響，可以酬酢萬變，如賓主之相應對，故可與酬酢。神不能自言吉凶與人，惟有蓍卦之辭，則代鬼神之言，而祐助其不①及，故可與祐神。不惟明有功于人，而且幽有功于神，天下之能事豈不畢？變化者，即上文蓍卦之變化也。兩在不測，人莫得而知之，故曰神。言此數出于天地，天地不得而知也。模寫于蓍卦，聖人不得而知也，故以神贊之。子曰二字，後人所加也。

右第九章。此章言天地筮卦之數，而贊其爲神也。

《易》有聖人之道四焉：以言者尚其辭，以動者尚其變，以制器者尚其象，以卜筮者尚其占。

《易》之爲道，不過辭變象占四者而已。以者用也，尚者取也，辭者彖辭也，如乾元亨利貞是也。問焉而以言者尚之，則知其元亨，知其當利于貞矣。變者爻變也，動者動作營爲也，尚變者主于所變之爻也，制器者結繩網罟之類是也。尚象者，網罟有離之象是也。占者，占辭也，卜得初九潛龍，則尚其勿用之占是也。

是以君子將有爲也，將有行也，問焉而以言，其受命也如嚮。无有遠近幽深，遂知來物。非天下之至精，其孰能與于此？嚮，去聲。

此尚辭之事，問即命也。受命者，受其問也。以言二字，應以言者尚其辭，謂發言處事也，未有有爲有行而静默不言者。嚮者向也，即嚮明而治之嚮也。言如彼此相向之近，而受命親切也。遠而天下後世，近而瞬夕户階，幽則其事不明，深則其事不淺。來物，未來之吉凶也。精者，潔浄精微也。○君子將有爲有

① 不，原作「下」，據寶廉堂本改。

行，問之①于《易》，《易》則受其問，如對面問答之親切，以決未來之吉凶。遠近幽深，無不周悉，非其辭之至精，孰能與此？故以言者尚其辭。

參伍以變，錯綜其數。通其變，遂成天地之文，極其數，遂定天下之象。非天下之至變，其孰能與于此？

此尚變尚象之事，參伍錯綜，皆古語。三人相雜曰參，五人相雜曰伍。參伍以變者，此借字以言蓍之變，乃分揲掛扐之形容也。蓋十八變之時，或多或寡，或前或後，彼此相雜，有參伍之形容，故以參伍言之。錯者陰陽相對，陽錯其陰，陰錯其陽也，如伏羲圓圖，乾錯坤，坎錯離，八卦相錯是也。綜即今織布帛之綜，一上一下者也，如屯蒙之類，本是一卦，在下則爲屯，在上則爲蒙，載之文王序卦者是也。天地二字，即陰陽二字，成文者，成陰陽老少之文也。蓋奇偶之中有陰陽，純雜之中有老少，陽之老少，即天之文，陰之老少，即地之文。物相雜，故曰文，即此文也。定天下之象者，如乾坤相錯，則乾馬坤牛之類，各有其象。震艮相綜則震雷艮山之類，各有其象是也。變者象之未定，象者變之已成，故象與變二者不離，蓍卦亦不相離，故參伍言蓍，錯綜言卦，所以十一章言圓而神，即言方以知也。○參伍其蓍之變，錯綜其卦之數，通之極之，而成文成象。則奇偶老少，不滯于一端。内外貞悔，不膠于一定，而變化無窮矣。非天下之至變，其孰能與于此？故以動者尚其變，以制器者尚其象。

《易》无思也，无爲也，寂然不動，感而遂通天下之故。非天下之至神，其孰能與于此？

① 『問之』下原有『之』字而加墨點，示删去，寶廉堂本則空一字，四庫本注『闕』。此段蓋祖述宋俞琰《周易集説》而少變其字。《周易集説》曰：『君子將動而有爲有行，必求之《易》，所爲所行有疑，必告蓍而問其所占之吉凶，蓍也受人之命而答之。』則此處並無闕文。

此言尚占之事。《易》者卜筮也，蓍乃草，無心情之物，故曰無思。龜雖有心情，然無所作爲，故曰無爲。無心情、無作爲，則寂然而静，至蠢不動之物矣，故曰寂然不動。感者人問卜筮也。通天下之故者，知吉凶禍福也。此神字，即是興神物之神。上節就聖人辭上説，故曰精。就蓍卦形容上説，故曰變。此章蓍與龜上説，乃物也，故曰神。○凡天下之物，有思有爲，其知識才能超出于萬物之表者，方可以通天下之故也。今蓍龜無思無爲，不過一物而已。然方感矣，而遂能通天下之故，未嘗遲回于其間，非天下之至神乎？所以卜筮者尚其占，觀下文唯神也三字可見。

夫《易》，聖人所以極深而研幾也。唯深也故能通天下之志，唯幾也故能成天下之務，唯神也故不疾而速，不行而至。子曰『《易》有聖人之道四焉』，此之謂也。

極深者，究極其精深也。探賾索隱，鈎深致遠，通神明之德，類萬物之情，知幽明死生鬼神之情狀是也。研幾者，研審其幾微也。履霜而知堅冰之至，剥足而知蔑貞之凶之類是也。唯精故極深，未有極深而不至精者。唯變故研幾，未有知幾而不通變者。通天下之志，即發言處事，受命如嚮也。成天下之務，即舉動制器，成文成象也。不疾不行，即寂然不動，而速而至，即感而遂通天下之故也。○總以辭變象占四者論之，固至精至變至神矣。然所謂精者，以聖人極其深也。惟深也，故至精而能通天下之志。所謂變者以聖人之研其幾也，惟幾也，故至變而能成天下之務。蓍龜無思無爲，則非聖人之極深研幾矣，惟神而已。惟神也，故寂然不動，感而遂通天下之故，不疾而速，不行而至也。夫至精至變至神，皆聖人之道，而《易》之辭變象占有之，故《易》謂有聖人之道四者，因此謂之四也。

右第十章。此章論《易》有聖人之道四。

子曰：『夫《易》，何爲者也？夫《易》，開物成務，冒天下之道，如斯而已者也。是故聖人以通天下之

志，以定天下之業，以斷天下之疑。』

何爲者，問辭也。如斯而已者，答辭也。物乃遂知來物之物，吉凶之實理也。開物者，人所未知者開發之也。務者，趨避之事，爲人所欲爲者也。成者，成就也。冒天下之道者，天下之道悉覆冒，包括于卦爻之中也。以者以其易也。易開物，故物理未明，易則明之以通天下之志。《易》成務，故事業未定，《易》則定之，以定天下之業。《易》冒天下之道，故志一通而心之疑決，業一定而事之疑決，以斷天下之疑。

是故蓍之德圓而神，卦之德方以知，六爻之義易以貢。聖人以此洗心，退藏于密，吉凶與民同患。神以知來，知以藏往，其孰能與于此哉？古之聰明叡知，神武而不殺者夫。 神已知來知字平聲，餘皆去聲。易音亦，與音預，夫音符。

圓者，蓍數七七四十九，象陽之圓也。變化無方，開于未卦之先，可知來物，故圓而神。方者，卦數八八六十四，象陰之方也。爻位各居，定于有象之後，可藏往事，故方以知。《易》者一圓一方，交易變易，屢遷不常也。貢者獻也，以吉凶陳獻于人也。洗心者，心之名也。聖人之心，無一毫人欲之私，如江漢以濯之，又神又知，又應變無窮，具此三者之德，所以謂之洗心，猶《書》言人心道心，《詩》言遐心，以及赤心、古心、機心，皆其類也，非心有私而洗其心也。退藏于密者，此心未發也。同患者，同患其吉當趨，凶當避也。凡吉凶之幾，兆端已發，將至而未至者曰來。吉凶之理，見在于此，一定而可知者曰往。知來者，先知也。藏往者，了然蘊畜于胸中也。孰能與于此者，問辭也。古之聰明二句，答辭也。人自畏服，不殺之殺，故曰神武。○蓍之德圓而神，筮以求之，遂知來物，所以能開物也。卦之德方以知，率而揆之，既有典常，所以能成務也。六爻之義易以貢，吉凶存亡，辭無不備，所以能冒天下之道也。聖人未畫卦之前，已具此三者洗心之德，則聖人即蓍卦六爻矣。是以方其無事，而未有吉凶之患，則三德與之而俱寂，退藏于密，鬼神莫窺，則蓍卦之無思無爲，寂然不動也。及其吉凶之來，與民同患之時，則聖人洗心之神，自足以知來，洗心之智，自足以藏往，隨感而應，即蓍卦之感而遂通天下之故也。此則用神而不用蓍，用智而不用卦，無卜筮而知吉凶，孰能與于此哉？惟古之聖人，聰明睿知，具蓍卦之理，而不假于蓍卦之物，猶神武自足以服人，不假于殺伐之威者，方足以當之也。此聖人之心《易》，乃作《易》之本。

是以明于天之道，而察于民之故。是興神物，以前民用。聖人以此齋戒，以神明其德夫。

天道者，陰陽剛柔，盈虚消長，自有吉凶，其道本如是也。民故者，愛惡情僞，相攻相感，吉凶生焉，此其故也。神物者，蓍龜也。興者起而用之，即齋戒以神明其德也。前民用，即通志成務斷疑也。卜筮在前，民用在後，故曰前。齋戒者，敬也。蓍龜之德無思無爲，寂然不動，感而遂通天下之故，乃天下之至神者，故曰神明。聖人不興起而敬之，百姓褻而弗用，安知其神明。聖人敬之，則蓍龜之德本神明，而聖人有以神明其德矣。○聖人惟其聰明睿智，是以明于天之道，而察于民之故。恐人不知天道民故之吉凶所當趨避也。于是是興神物以前民用，使其當趨則趨，當避則避。又恐其民之褻也，聖人敬而信之，以神明其德，是以民皆敬信而神明之。前民用而民用不窮矣。

是故闔户謂之坤，闢户謂之乾。一闔一闢謂之變，往來不窮謂之通。見乃謂之象，形乃謂之器。制而用之謂之法。利用出入，民咸用之，謂之神。

二氣之機，静藏諸用，動顯諸仁者，《易》之乾與坤也。二氣之運，推遷不常，相續不窮者，易之變與通也。此理之顯于其迹，呈諸象數，涉諸聲臭者，《易》之象與器也。此道修于其教，垂憲示人，百姓不知者，《易》之法與神也。乃者二氣之理也。○聖人明于天之道，而察于民之故，固興神物以前民用矣。百姓見《易》之神明，以爲《易》深遠而難知也，而豈終不易知哉？是故《易》有乾坤，有變通，有形象，有法神。即今取此户譬之，户一也，闔之則謂之坤，闢之則謂之乾。又能闔，又能闢，一動一静，不膠固于一定，則謂之變。既闔矣而復闢，既闢矣而復闔，往來相續不窮，則謂之通。得見此户，則涉于有迹，非無聲無臭之可比矣，則謂之象。既有形象，必有規矩方圓，則謂之器。古之聖人，制上棟下宇之時，即有此户，則謂之法度。利此户之用，一出一入，百姓日用而不知，則謂之神。即一户而《易》之，理已在目前矣。《易》雖神明，豈深遠難知者哉？

是故《易》有太極，是生兩儀，兩儀生四象，四象生八卦，八卦定吉凶，吉凶生大業。

太極者，至極之理也。理寓于象數之中，難以名狀，故曰太極。生者，加一倍法也。兩儀者，畫一奇以象陽，畫一偶以象陰，爲陰陽之儀也。四象者，一陰之上加一陰爲太陰，加一陽爲少陽，一陽之上加一陽爲太陽，加一陰爲少陰。陰陽各自老少，有此四者之象也。八卦者，四象之上，又每一象之上，各加一陰一陽爲八卦也。曰八卦，即六十四卦也。下文昔者包犧氏之王天下也，始作八卦，以通神明之德，以類萬物之情，曰神明萬物，則天地間無所不包括矣。如乾爲天爲圜，坤爲地爲母之類是也。故六十四卦，不過八卦變而成之。如乾爲天，天風姤，坤爲地，地雷復之類是也。若邵子八分十六，十六分三十二，三十二分六十四，不成其説矣。定者通天下之志，生者成天下之務。蓋既有八卦，則剛柔迭用，九六相推，時有消息，位有當否，故定吉凶，吉凶既定，則吉者趨之，凶者避之，變通盡利，鼓舞盡神，故生大業。若無吉凶利害，則人謀盡廢，大業安得而生？

是故法象莫大乎天地，變通莫大乎四時，縣象著明莫大乎日月，崇高莫大乎富貴。備物致用，立成器以爲天下利，莫大乎聖人。探賾索隱，鉤深致遠，以定天下之吉凶，成天下之亹亹者，莫大乎蓍龜。縣音玄。

天成象，地效法之，故曰法象。萬物之生，有顯有微，皆法象也，而莫大乎天地。萬物之運，終則有始，皆變通也，而莫大乎四時。天文煥發，皆懸象著明者，而莫大乎日月。崇高以位言，貴爲天子，富有四海是也。物，天地之所生者，備以致用，如服牛乘馬之類是也。器乃人之所成者，立成器以爲天下利，舟楫網罟之類是也。是天地間器物，智者創之，巧者述之，如蔡倫之紙、蒙恬之筆，非不有用有利也，但一節耳，故莫大乎聖人。事爲之太多者曰賾，事幾之幽僻者曰隱，理之不可測度者曰深，事之不可驟至者曰遠。探者討而理之，索者尋而得之，鈎者曲而取之，致者推而極之。四字雖不同，然以蓍龜探之索之鈎之致之，無非欲定吉凶昭然也。亹亹者，勉勉不已也。吉凶既定，示天下以從違之路，人自勉勉不已矣。此六者之功用，皆大也。聖人欲借彼之大，以形容蓍龜之大，故以蓍龜終焉。與《毛詩》比體相同。○上文闔户一節，以《易》之理比諸天地間一物之小者，然豈特小者爲然哉？至于天地間至大之功用亦有相同者，何也？蓋《易》有太極，是生兩儀，兩儀生四象，四象生八卦，八卦定吉凶，吉凶生大業，是大業也，所以成天下之亹亹者也。試以天地之大者言之，是故法象莫大乎天地，變通莫大乎四時，縣象著明莫大乎日月，崇高莫大乎富貴，備物致用，立成器以爲天下利，莫大乎聖人，此五者，皆天地間至大莫能過者也。若夫探賾索隱，鈎深致遠，以定天下之吉凶，成天下之亹亹，以生其大業者，則莫大乎蓍龜。夫以小而同諸一物之小，大而同諸天地功用之大，此《易》所以冒天下之道也。

是故天生神物，聖人則之。天地變化，聖人效之。天垂象見吉凶，聖人象之。河出圖洛出書，聖人則之。《易》有四象，所以示也。繫辭焉，所以告也。定之以吉凶，所以斷也。

神物者，蓍龜也。天變化者，日月寒暑往來相推之類。地變化者，山峙川流，萬物生長凋枯之類。吉凶者，日月星辰，躔次循度，晦明薄蝕也。四象者，天生神物之象，天地變化之象，垂象吉凶之象，河圖洛書之象也。○《易》之爲道，小而一户，大而天地四時日月富貴聖人，無有不合，《易》誠冒天下之道矣。

《易》道如此，豈聖人勉强自作哉？蓋《易》之爲書，不過辭變象占四者而已，故《易》有占，非聖人自立其占也。天生神物，有自然之占，聖人則之，以立其占。《易》有變，非聖人自立其變也，天地變化，有自然之變，聖人效之以立其變。《易》有象，非聖人自立其象也，天垂象見吉凶，有自然之象，聖人象之以立其象。《易》有辭，非聖人自立其辭也，河出圖洛出書，有自然之文章，聖人則之以立其辭。因天地生此四象，皆自然而然，所以示聖人者至矣。聖人雖繫之以辭，不過因此四象繫之以告乎人而已。雖定之以吉凶，不過因此四象定之以決斷其疑而已。皆非聖人勉强自作也。學《易》者，能居則觀象玩辭，動則觀變玩占，《易》雖冒天下之道，道不在《易》而在我矣。

右第十一章。此章言《易》開物成務，冒天下之道。然皆出于天地，自然而然，非聖人勉强自作也。

《易》曰：『自天祐之，吉无不利』。子曰：『祐者，助也。天之所助者順也，人之所助者信也。履信思乎順，又以尚賢也。是以自天祐之，吉无不利也。』

釋大有上九爻義，天人一理，故言天而即言人。天之所助者順也，順則不悖于理，是以天祐之。人之所助者信也，信則不欺乎人，是以人助之。六五以順信居中，上九位居六五之上，是履信也。身雖在上，比乎君而心未常不在君，是思乎順也。上賢與大畜剛上而尚賢同，言聖人在上也。上九履信思順，而六五又尚賢，此所以自天祐之，吉无不利也。上九居天位，天之象。應爻居人位，人之象。離中虚，信之象。中坤土，順之象。變震動，思之象。震爲足，上九乘乎五，履之象。

子曰：『書不盡言，言不盡意。』然則聖人之意，其不可見乎？子曰：『聖人立象以盡意，設卦以盡情

僞，繫辭焉以盡其言，變而通之以盡利①，鼓之舞之以盡神。』

書本所以載言，然書有限，不足以盡無窮之言。言本所以盡意，然言有限，不足以盡無窮之意。立象者，伏羲畫一奇以象陽，畫一偶以象陰也。立象則大而天地，小而萬物，精及無形，粗及有象，悉包括于其中矣。本于性而善者情也，拂乎性而不善者僞也。僞則不情，情則不僞。人之情僞萬端，非言可盡，即卦中之陰陽淑慝也。既立其象，又設八卦，因而重之爲六十四，以觀愛惡之相攻，遠近之相取，以盡其情僞。文王周公又慮其不能觀象以得意也，故又隨其卦之大小，象之失得憂虞，繫之辭以盡其言，使夫人之觀象玩占者，又可因言以得意。而前聖之精藴，益以闡矣。盡意盡情僞盡言，皆可以爲天下利。又恐其利有所未盡，于是教人于卜筮中觀其卦爻所變，即動則觀其變而玩其占也。由是即其所占之事，而行之通達，即通變之謂事也。下文化裁推行是也。則其用不窮，而足以盡利矣。因變得占，以定吉凶，則民皆無疑而行事不倦。如以鼓聲作舞容，鼓聲疾，舞容亦疾，鼓聲不已，而舞容亦不已，自然而然，不知其孰使之者，所謂盡神也。盡利者，聖人立象設卦之功。盡神者，聖人繫辭之功。子曰宜衍其一。○書不盡言，言不盡意，然則聖人之意，終不可見乎？蓋聖人仰觀俯察，見天地之陰陽，不外乎奇偶之象也。于是立象以盡意。然獨立其象，則意中之所包，猶未盡也。于是設卦以盡意中情僞之所包。立象設卦，不繫之以辭，則意中之所發，猶未昭然明白也。于是繫辭以盡其意中之所發。立象設卦繫辭，《易》之體已立矣。于是教人卜筮，觀其變而通之，則有以成天下之務，而其用不窮，足以盡意中之利矣。由是斯民鼓之舞之，以成天下之亹亹，而其妙莫測，足以盡意中之神矣。至此意斯無餘藴，而聖人憂世覺民之心，方于此乎遂也。

① 利，原作『意』，據寶廉堂本、通行本《易經》改。

乾坤其《易》之藴邪？乾坤成列，而《易》立乎其中矣。乾坤毁，則无以見《易》。《易》不可見，則乾坤或幾乎息矣。

《易》者《易》書也，緼者衣中所著之絮也。乾坤其《易》之藴者，謂乾坤藴于《易》六十四卦中，非謂《易》藴于乾坤兩卦之中也。成列者，一陰一陽對待也。既有對待，自有變化。毁謂卦畫不立，息謂變化不行。蓋《易》中所藴者，皆九六也。爻中之九皆乾，爻中之六皆坤。九六散布于二篇，而爲三百八十四爻，則乾坤成列，而《易》之本立乎其中矣。《易》之所以爲《易》者，乾九坤六之變易也，故九六毁不成列，九獨是九，六獨是六，則無以見其爲《易》。《易》不可見，則獨陽獨陰不變不化，乾坤之用息矣。乾坤未嘗毁，未嘗息，特以爻畫言之耳。乾坤即九六，若不下箇藴字，就説在有形天地上去了。

是故形而上者謂之道，形而下者謂之器。化而裁之謂之變，推而行之謂之通，舉而措之天下之民謂之事業。

道器不相離，如有天地，就有太極之理在裏面。如有人身此軀體，就有五性之理藏于此軀體之中。所以孔子分形上形下，不離形字也。裂布曰裁，田鼠化爲鴽。周宣王時馬化爲狐，化意自見矣。化而裁之者，如一歲裁爲四時，一時裁爲三月，一月裁爲三十日，一日裁爲十二時是也。推行者，將已裁定者推行之也。如堯典分命羲和等事，是化而裁之，至敬授人時則推行矣。通者達也，如乾卦當潛而行潛之事，則潛爲通，如行見之事，則不通矣。當見而行見之事，則見爲通，如行潛之事，則不通矣。事者業之方行，業者事之已著。此五謂言天地間之正理，聖人之教化禮樂刑賞，皆不過此理。至于下文六存，方説卦爻，不然下文化而裁之二句，説不去矣。蓋謂者名也，存者在也，上文言化而裁之，名之曰變；下文言化而裁之，在乎其變。字意各不同。説道理由精而及于粗，故曰形而上者謂之道。説卦爻由顯而至于微，故曰默而成之，存乎德行。○陰陽之象皆形也。形而上者，超乎形器之上，無聲無臭，則理也，故謂之道。形而下者則囿于形器之下，有色有象，止于形而已，故謂之器。以是形而上下，化而裁之則謂之變，推而行之則謂之通，及舉此變通措之天下之民，則所以變所以通者，皆成其事業矣，故謂之事業。此畫前之《易》也，與卦爻不相干。

是故夫象，聖人有以見天下之賾，而擬諸其形容，象其物宜，是故謂之象。聖人有以見天下之動，而觀其會通，以行其典禮。繫辭焉以斷其吉凶，是故謂之爻。

重出以起下文。

極天下之賾者存乎卦，鼓天下之動者存乎辭，化而裁之存乎變，推而行之存乎通，神而明之存乎其人。默而成之，不言而信，存乎德行。

極，究也。賾，多也。天地萬物之形象，千態萬狀，至多而難見也。卦之象，莫不窮究而形容之，故曰極天下之賾者存乎卦。鼓，起也。動，酬酢往來也。天地萬物之事理，酬酢往來，千變萬化，至動而難以占決也。爻之辭莫不發揚其故，以決斷之，故曰鼓天下之動者存乎辭。卦即象也，辭即爻也。化裁者，教人卜筮，觀其卦爻所變，如乾初爻一變，則就此變化而以理裁度之，爲潛龍勿用，乾卦本元亨利貞，今曰勿用，因有此變也，故曰存乎變。通者，行之通達不阻滯也。裁度已定，當推行矣。今當勿用之時，遂即勿用，不泥于本卦之元亨利貞，則行之通達不阻滯矣，故曰存乎通。神者運用之莫測，明者發揮之極精，下文默而成之，不言而信是也。無所作爲謂之默，曰默則不假諸極天下之賾之卦矣。見諸辭説之謂言，曰不言，則不托諸鼓天下之動之辭矣。成者我自成其變通之事也，信者人自信之如蓍龜也，與奏假無言，時靡有爭同意。○極天下之賾者存乎卦之象，鼓天下之動者存乎爻之辭。此卦此辭，化而裁之，存乎其變；推而行之，存乎其通。此本諸卦辭，善于用《易》者也。若夫不本諸卦辭，神而明之，則又存乎其人耳。蓋有所爲而後成，有所言而後信，皆非神明。惟默而我自成之，不言而人自信之，此則生知安行，聖人之能事也，故曰存乎德行。故有造化之《易》，有《易》書之《易》，有在人之《易》，德行者在人之《易》也。有德行以神明之，則《易》不在造化，不在四聖，而在我矣。

右第十二章。此章論《易》書不盡言，言不盡意，而歸重于德行也。

周易集注卷之十四

繫辭下傳

八卦成列，象在其中矣。因而重之，爻在其中矣。剛柔相推，變在其中矣。繫辭焉而命之，動在其中矣。吉凶悔吝者，生乎動者也。剛柔者，立本者也。變通者，趣時者也。重，直龍反。

八卦以卦之橫圖言。成列者，乾一兑二，離三震四，陽在下者列于左。巽五坎六，艮七坤八，陰在下者列于右。象者，八卦形體之象，不特天地雷風水火山澤之象。凡天地所有之象，無不具在其中也。因而重之者，三畫上復加三畫，重乾重坤之類也。陽極于六，陰極于六，因重成六畫，故有六爻。八卦成列二句，言三畫八卦，因而重之二句，言六畫八卦，至剛柔相推，言六十四卦，如乾爲天，乾下變一陰之巽，二陰之艮，三陰之坤，是剛柔相推也。繫辭者，繫六十四卦三百八十四爻之辭也。命者，命其吉凶悔吝也。動者，人之動作營爲，即趨吉避凶也。《易》六十四卦三百八十四爻，不過一剛一柔，九六而已。《易》有九六，是爲之本。無九六，則以何者爲本？故曰立本。《易》窮則變，變則通，不變則不通。有一卦之時，有一爻之時，時之所在，理之所當然，勢不得不然。趣者，向也。〇伏羲八卦成列，雖不言象，然既成八卦，而文王之象已在卦之中矣。伏羲八卦雖無爻，然既重其六，而周公六爻已在重之中矣。六十四卦剛柔相推，雖非占卜卦爻之變，而卦爻之變已在其中矣。各繫以辭，雖非其動，然占者值此爻之辭，則即玩此爻以動之，而動即在其中矣。繫辭以命而動在其中者何也？蓋吉凶悔吝，皆辭之所命也。占者由所命之辭而動，當趨則趨，當避則避，則動罔不吉。不然，則凶悔吝隨之矣。吉凶悔吝生乎其動，動以辭顯，故繫辭以命，而動在其中矣。剛柔相推，而變在其中者何也？蓋剛柔者，立本者也，變通者，趣時者也。有剛柔以立其本，而後可變通以趣其時，使無剛柔，安能變通？變通由于剛柔，故剛柔相推，而變在其中矣。

吉凶者，貞勝者也。天地之道，貞觀者也。日月之道，貞明者也。天下之動，貞夫一者也。觀去聲。夫音扶。

貞者，正也。聖人一部《易經》，皆利于正。蓋以道義配禍福也，故爲聖人之書。術家獨言禍福，不配以道義，如此而詭遇獲禽則曰吉，得正而斃焉則曰凶，京房郭璞是也。勝者勝負之勝，言惟正則勝，不論吉凶也。如富與貴，可謂吉矣，如不以其道得之，不審乎富貴，吉而凶者也。貧與賤可謂凶矣，如不以其道得之，能安乎貧賤，凶而吉者也。負乘者致其寇，舍車者賁其趾，季氏陽貨之富貴，顔回原憲之貧賤，凡殺身成仁，舍生取義，過涉滅頂，皆貞勝之意也。觀者垂象以示人也，道者天地日月之正理，即太極也。一者，無欲也，無欲則正矣。孔子祖述堯舜者，祖述其精一也，故曰吾道一以貫之。又曰所以行之者一也，又曰天下之動貞夫一者也。三一字皆同，孔子没，後儒皆不知一字之義，獨周濂溪一人知之，故某不得已又作《入聖功夫字義》。○吉凶者以貞而勝，不論其吉凶也，何也？天地有此正理而觀，故無私覆無私載；日月有此正理而明，故無私照。天地日月且如此，而况于人乎？故天下之動，雖千端萬緒，惟貞夫一。能無欲則貞矣，有欲必不能貞，惟貞則吉固吉，凶亦吉。正大光明，與天地之貞觀，日月之貞明，皆萬古不磨者也，豈論其吉凶哉？

夫乾，確然示人易矣。夫坤，隤然示人簡矣。爻也者，效此者也。象也者，像此者也。爻象動乎内，吉凶見

乎外，功業見乎變，聖人之情見乎辭。見，賢遍反。

確然健貌，隤然順貌。天惟有此貞一，故確然示人以易；地惟有此貞一，故隤然示人以簡。聖人作《易》，爻也者，不過效此貞一而作；象也者，不過像此貞一而立。使不效像乎此，則聖人之《易》與天地不相似矣。此爻此象，方動于卦之中，則或吉或凶，即呈于卦之外，而功業即因變而見矣。功業者，成務定業也，因變而見，即變而通之以盡利也。若聖人之辭，不過于爻象之中，因此貞一而繫之以辭也。蓋教人不論吉凶，以貞勝而歸于一者。此則聖人繫辭，覺民之心情也，故曰情。

天地之大德曰生，聖人之大寶曰位。何以守位？曰仁。何以聚人？曰財。理財正辭，禁民爲非，曰義。

大德者，易簡貞一之大德也。生者天主生物之始，地主生物之成也。大寶者，聖人必居天位，方可行天道，是位者，乃所以參贊之功者也，故曰大寶。聚人者，內而百官，外而黎庶也。理財者富之也，九賦九式之類是也。正辭者教之也，教之以正也，三物十二教之類是也。禁非者，既道之以德，又齊之以刑，五刑五罰之類是也。仁義者，貞一之理也。○天地有此貞一之大德，惟以生物爲心，故無私覆無私載。聖人居大寶之位，而與天地參，是以守其位，而正位凝命也，則以仁，曰仁，即天地貞一之大德也。居其位而理財正辭禁非也，則曰義，曰義，即天地貞一之大德也。仁以育之，義以正之，有此貞一無私之大德，所以與天地參也。《易》之爲書，辭變象占，專教人以貞勝而歸于一者以此。《上繫》首章，舉天地易簡知能之德，而繼之以聖人之成位，見聖人有以克配乎天地，此作《易》之原，《易》之體也。《下繫》首章，舉天地易簡貞一之德，而繼之以聖人之仁義，見聖人有以參贊乎天地，此行《易》之事，《易》之用也。

右第一章。此章論《易》，而歸之于貞一。

古者包犧氏之王天下也，仰則觀象于天，俯則觀法于地，觀鳥獸之文與地之宜。近取諸身，遠取諸物，于是

始作八卦，以通神明之德，以類萬物之情。

法，法象也。天之象，日月星辰也。地之法，山陵川澤也。鳥獸之文，有息者根于天，飛走之類也。地之宜，無息者根于地，草木之類也。如《書》言兖之漆，青之檿，徐之桐是也，非高黍下稻也。伏犧時尚鮮食，安得有此？近取諸身，氣之呼吸，形之頭足之類是也。遠取諸物，鱗介羽毛，雌雄牝牡之類也。通者理之相會合也，類者象之相肖似也。神明之德，不外健順動止，八者之德。萬物之情，不外天地雷風八者之情。德者陰陽之理，情者陰陽之迹。德精而難見故曰通，情粗而易見故曰類。○包犧氏之王天下也，仰觀俯察，與鳥獸之文，與地之宜，近取諸身，遠取諸物，見得天地間一對一待，成列于兩間者，不過此陰陽也。一往一來，流行于兩間者，不過此陰陽也。于是畫一奇以象陽，畫一偶以象陰，因而重之以爲八卦，以通神明之德，以類萬物之情。

作結繩而爲網罟，以佃以漁，蓋取諸離。 罟音古，佃音田。

離卦中爻爲巽，繩之象也。網以佃，罟以漁，離爲目，網罟之兩目相承者似之。離德爲麗，網罟之物，麗于中者似之。蓋取諸離者，言繩爲網罟有離之象，非睹離而始有此也。教民肉食，自包犧始，自此至結繩而治，有取諸卦象者，有取諸卦義者。

包犧氏没，神農氏作。斲木爲耜，揉木爲耒，耒耨之利，以教天下，蓋取諸益。 斲，陟角反。耜音似。耒，力對反。耨，奴豆反。

耒耜者，今之犁也。耜者耒之首，斲木使鋭而爲之，今人加以鐵鏵，謂之犁頭。耒者耜之柄，揉木使曲而爲之。二體皆木，上入下動，中爻坤土，木入土而動，耒耜之象。教民粒食，自神農始。

日中爲市，致天下之民，聚天下之貨，交易而退，各得其所，蓋取諸噬嗑。

離日在上，日中之象。中爻艮，爲徑路。震爲大塗，又爲足，致民之象。中爻坎水艮山，群珍所出，聚貨之象。又震錯巽，巽爲市利三倍，爲市聚貨之象。震動，交易之象。巽爲進退之象。艮止，各得其所之象。此噬嗑之象也。且天下之人其業不同，天下之貨其用不同，今不同者皆于市而合之，以其所有，易其所無，各得其所，亦猶物之有間者，齧而合之，此噬嗑之義也。

神農氏没，黄帝堯舜氏作。通其變使民不倦，神而化之使民宜之。《易》窮則變，變則通，通則久，是以自天祐之，吉無不利。黄帝堯舜垂衣裳而天下治，蓋取諸乾坤。

陽極則必變于陰，陰極則必變于陽，此變也。陽變于陰則不至于亢，陰變于陽則不至于伏，此通也。陽而陰，陰而陽，循環無端，所以能久。是以聖人之治天下，民之所未厭者，聖人不强而去之；民之所未安者，聖人不强而行之。如此變通，所以使民不倦。不然，民以爲紛更，安得不倦？由之而莫知其所以然者神也，以漸而相忘于不言之中者化也。神而化之，所以使民宜之。不然，民以爲不便，何宜之有？○犧農之時，民朴俗野。至黄帝堯舜時，風氣漸開，時已變矣。三聖知時當變也，而通其變，使天下之人皆歡忻鼓舞，趨之而不倦。所以然者，非聖人有以强之也，亦神而化之而已。惟其神而化之，故天下之民安之以爲宜。惟其宜之，故趨之而不倦也。蓋天地之理數，窮則變，變則通，通則久。犧農之時，人害雖消而人文未著，衣食雖足而禮義未興。故黄帝堯舜惟垂上衣下裳之制，以明尊卑貴賤之分。而天下自治者，以窮則變，是以神而化之，與民宜之也。蓋取諸乾坤者，乾坤之理亦變化無爲，此乾坤之義也。乾坤之體，亦上衣下裳之尊卑，此乾坤之象也。

刳木爲舟，剡木爲楫，舟楫之利，以濟不通句**，致遠**句**，以利天下，蓋取諸涣。**刳，口姑反。剡，以冉反。

以濟不通句絶，致遠句絶。刳者，剖而使空也。刳木中虚，可以載物。剡者，斬削也。剡木末鋭，可以進舟。濟不通者，横渡水也，與濟人溱洧濟字同。溪澗江河，或東西阻絶，或南北阻絶，皆不通也。致遠者，長江天遠不能逆水而上，不能放流而下，皆不能致遠也。今有舟楫，則近而可以濟不通，遠而可以致遠，均之爲天下則矣。濟不通，即下文引重之列，致遠即下文致遠之列。蓋取諸涣者，下坎水，上巽木，中爻震動，木動于水上，舟楫之象也。且天下若無舟楫，不惟民不能彼此往來，雖君臣上下，亦阻絶而不能往來，天下皆涣散矣。乘木有功，以濟其涣，此涣之義也。

服牛乘馬，引重致遠，以利天下，蓋取諸隨。

上古牛未穿，此則因其性之順，穿其鼻，馴而服之。上古馬未絡，此則因其性之健，絡其首，駕而乘之。中爻巽爲繩，艮爲鼻，又爲手，震爲足，服之乘之之象也。震本坤所變，坤爲牛，一奇畫在後者，陽實而大，引重之象也。兑本乾所變，乾爲馬，一偶畫在前者，大道開張，致遠之象也。牛非不可以致遠，曰引重者爲其力也。馬非不可以引重，曰致遠者，爲其敏也。蓋取諸隨者，人欲服牛牛則隨之而服人，欲乘馬馬則隨之而乘，人欲引重則隨之而引重，人欲致遠則隨之而致遠。動静行止，皆隨人意，此隨之義也。

重門擊柝，以待暴客，蓋取諸豫。

中爻下艮爲門，上震綜艮又爲門，是兩門矣，重門之象也。震動善鳴，有聲之木，柝之象也。艮爲守門閽人，中爻坎爲夜，艮又爲手，擊柝之象也。坎爲盗，暴客之象也。上古外户不閉，至此建都立邑，其中必有官職府庫，故設重門以禦之，擊柝以警之，以待暴客。豫者逸也，又備也。謙輕而豫怠，逸之意也。恐逸豫，故豫備。

斷木爲杵，掘地爲臼，臼杵之利，萬民以濟，蓋取諸小過。

中爻兑爲毁折，斷與掘之象也。上震木，下艮土，木與地之象也。大象坎陷，臼舂之象也。萬民以濟者，前此雖知粒食而不知脱粟，萬民得此杵臼，治米極其精，此乃小有所過，而民用以濟者也。

弦木爲弧，剡木爲矢，弧矢之利，以威天下，蓋取諸睽。

弧，弓也。弦木使曲，剡木使鋭。中爻坎，木堅。離，木槁①。兑爲毁折，弦木剡木之象也。坎爲弓矢，離爲戈兵，又水火相息，皆有征伐之意。所以既濟未濟，皆伐鬼方。弧矢威天下之象也，所以威天下者，以其睽乖不服也，故取諸睽。

上古穴居而野處，後世聖人易之以宫室，上棟下宇，以待風雨，蓋取諸大壯。

棟，屋脊木也。宇，椽也。棟直承而上，故曰上棟。宇兩垂而下，故曰下宇。二陰在上，雷以動之，又中爻兑爲澤，雨之象也。兑綜巽，風之象也。四陽相比，壯而且健，棟宇之象。大過四陽相比，故亦言棟。大壯者，壯固之義也。

古之葬者，厚衣之以薪，葬之中野，不封不樹，喪期无數。後世聖人，易之以棺槨，蓋取諸大過。

衣之以薪，蓋覆之以薪也。葬之中野，葬之郊野之土中也。不封者，無土堆，而人不識也。本卦象坎爲隱伏，葬之象也。中爻乾爲衣，厚衣之象也。巽爲木，薪之象也，棺之象也。乾爲郊，郊外中野之象也。巽爲入，兑錯艮爲手，又爲口，木上有口，以手入之，入棺之象也。大過者過于厚也，小過養生，大過送死，惟送死可以當大事，故取大過。

上古結繩而治，後世聖人易之以書契，百官以治，萬民以察，蓋取諸夬。

結繩者，以繩結兩頭，中割斷之，各持其一，以爲他日之對驗也。結繩而治，非君結繩而治也。言當此

① 槁，王校本據朝爽堂本及《説卦傳》改作『槁』。

百姓結繩之時，爲君者于此時而治也。書，文字也，言有不能記者，書識之。契，合約也，事有不能信者，契驗之。百官以此書契而治，百官不敢欺萬民。以此書契而察，萬民不敢欺。取夬者，有書契則考核精詳，稽驗明白。亦猶君子之決小人，小人不得以欺矣。兑綜巽爲繩，繩之象也。乾爲言，錯坤爲文，言之有文，書契之象也。

右第二章。通章言制器尚象之事。綱罟耒耜，所以足民食。交易舟車，所以通民財。弦弓門柝，所以防民患。杵臼以利其用，衣裳以華其身，宫室以安其居，棺槨以送其死，所以爲民利用安身，養生送死無遺憾矣。然百官以治，萬民以察，卒歸之夬之書契者，蓋器利用便則巧僞生，聖人憂之，故終之以夬之書契焉。上古雖未有《易》之書，然造化人事，本有《易》之理，故所作事暗合《易》書，正所謂畫前之《易》也。

是故《易》者象也，象也者，像也。彖者，材也。爻也者，效天下之動者也。是故吉凶生而悔吝著也。

是故二字承上章取象而言。木梃曰材，材，幹也，一卦之材，即卦德也。天下之動，紛紜轇轕，或出或處，或默或語，大而建侯行師，開國承家，小而家人婦子嘻嘻嗃嗃，其變態不可盡舉。效者效力也，獻也，與川嶽效靈效字同，發露之意。言有一爻之動，即有一爻之變，周公于此一爻之下，即繫之以辭而效之，所謂六爻之義，易以貢也。生者從此而生出也，著者自微而著見也。吉凶在事本顯，故曰生。悔吝在心尚微，故曰著。悔有改過之意，至于吉則悔之著也。吝有文過之意，至于凶則吝之著也。原其始而言，吉凶生于悔吝。要其終而言，則悔吝著而爲吉凶也。○《易》卦者，寫萬物之形，象之謂也，舍象不可以言《易》矣。象也者像也，假象以寓理，乃事理彷彿近似，而可以想像者也，非造化之貞體也。彖者象之材也，乃卦之德也，爻者效天下之動者也。象之變也，乃卦之趣時也，是故伏羲之《易》，惟像其理而近似之耳。至于文王，有彖以言其材，周公有爻以效其動，則吉凶由此而生，悔吝由此而著矣，而要之皆據其象而已，故舍象不可以言《易》也。若學《易》者不觀其象，乃曰得意在忘形象，得象在忘言，正《告子》所謂不得于言，勿求于心者也。若舍此象，止言其理，豈聖人作《易》前民用以教天下之心哉？

右第三章。

陽卦多陰，陰卦多陽，其故何也？陽卦奇，陰卦偶，其德行何也？陽一君而二民，君子之道也。陰二君而一民，小人之道也。

震坎艮爲陽卦，皆一陽二陰，巽離兑爲陰卦，皆一陰二陽。陽卦奇，陰卦偶者，言陽卦以奇爲主，震坎艮皆一奇，皆出于乾之奇。震以一索得之，坎以再索得之，艮以三索得之，三卦皆出于乾之奇，所以雖陰多，亦謂之陽卦。陰卦以偶爲主，巽離兑皆一偶，皆出于坤之偶，巽以一索得之，離以再索得之，兑以三索得之，三卦皆出于坤之偶。所以雖陽多，亦謂之陰卦。陰雖二畫，止當陽之一畫，若依舊注，陽卦皆五畫，陰卦皆四畫，其意以陽卦陽一畫，陰四畫也，陰卦陽二畫陰二畫也，若如此則下文陽一君二民，非二民乃四民矣，陰二君一民，非一民乃二民矣。蓋陰雖二畫，止對陽之一畫。故陽謂奇，陰謂偶，所以説一陰一陽之謂道。德行兼善惡，與上文故字相對。何也與上文何也相對。陽爲君，陰爲民，一君二民，乃天地之常經，古今之大義。如唐虞三代，海宇蒼生，罔不率俾是也，故爲君子之道。二君一民，則政出多門，車書無統，如七國争雄是也，故爲小人之道。○陽卦宜多陽，而反多陰，陰卦宜多陰，而反多陽，其故何也？蓋以卦之奇偶論之，陽以奇爲主，震坎艮三卦之奇皆出于乾，三男之卦，故爲陽卦。陰以偶爲主，巽離兑三卦之偶皆出于坤，三女之卦，故爲陰卦。若以德行論之，陽一君而二民，君子之道也。震坎艮皆一君而二民，正合君子之道，故陽卦多陰。陰二君而一民，小人之道也。巽離兑皆二君而一民，正合小人之道，所以陰卦多陽。

右第四①章。

《易》曰：『憧憧往來，朋從爾思。』子曰：『天下何思何慮？天下同歸而殊塗，一致而百慮，天下何思何慮？』

此釋咸九四爻，亦如上傳擬議之事，下數節倣此。慮亦②出于心之思，但慮則思之深爾。同歸而殊塗者，同歸于理，而其塗則殊。一致而百慮者，一致于數，而其慮則百，因殊故言同，因百故言一。致者極也，送詣也，使之至也。言人有百般思慮，皆送至于數，有數存焉，非人思慮所能爲也，正所謂莫之致而至者命也。以塗言之，如父子也，君臣也，夫婦也，朋友也，長幼也，如此之塗，接乎其身者甚殊也。然父子有親之理，君臣有義之理，夫婦有别之理，朋友有信之理，長幼有序之理，使父子數者之相感，吾惟盡其理而已，有何思慮？以慮言之，如富貴也，貧賤也，夷狄也，患難也，如此之慮，起乎其心者有百也。然素富貴行乎富貴，素貧賤行乎貧賤，素夷狄行乎夷狄，素患難行乎患難，如使富貴數者之相感，吾惟安乎其數而已，有何思慮？下文則言造化理物有一定自然之數，吾身有一定自然之理，而吾能盡其理，安其數，則窮神知化，而德盛矣。

日往則月來，月往則日來，日月相推，而明生焉。寒往則暑來，暑往則寒來，寒暑相推，而歲成焉。往者屈也，來者信也，屈信相感，而利生焉。尺蠖之屈，以求信也，龍蛇之蟄，以存身也。信音申。

以造化言之，一晝一夜相推而明生，一寒一暑相推而歲成。成功者退謂之屈，方來者進謂之信，一往

① 四，原作『三』，據寶廉堂本及上下文改。
② 亦，原作『不』，王校本據朝爽堂本改，從之。

一來，一屈一信，循環不已，謂之相感。利者功也，日月有照臨之功，歲序有生成之功也。應時而往，自然而往，應時而來，自然而來，此則造化往來相感，一定之數，惟任乎氣之自運而已，非可以思慮而往也，非可以思慮而來也。以物理言之，屈者乃所以爲信之地，不屈則不能信矣，故曰求。必蟄而後存其身以奮發，不蟄則不能存其身矣。應時而屈，自然而屈，應時而信，自然而信，此則物理相感，一定之數，惟委乎形之自然而已，非可以思慮而屈也，非可以思慮而信也，正所謂一致而百慮也。造化物理，往來屈信，既有一定之數，則吾惟安其一致之數而已，又何必百慮而憧憧往來哉？

精義入神，以致用也。利用安身，以崇德也。

精者明也，擇也，專精也，即惟精惟一之精，言無一毫人欲之私也。義者吾性之理，即五倫仁義禮知信之理也。入神者精義之熟，手舞足蹈皆其義。從心所欲不踰矩，莫知其所以然而然也。致用者，詣于其用，出乎身，發乎邇也。利用者利于其用，加乎民，見乎遠也。安身者身安也，心廣體胖，四體不言而喻也。惟利于其用，無所處而不當，則此身之安，自無入而不自得矣。既利用安身，則吾身之德，自不覺其積小高大矣。○以吾身言之，精研其義，至于入神，非所以求致用也，而自足以爲出而致用之本。利其施用，無適不安，非所以求崇德也，而自足以爲入而崇德之資。致者自然而致，崇者自然而崇，此則吾身內外相感，一定之理也。正所謂同歸而殊塗也，故天下之塗，雖有千萬之殊，吾惟盡同歸之理，精義入神以致用，利用安身以崇德而已，又何必論其殊塗，而憧憧往來哉？

過此以往，未之或知也。窮神知化，德之盛也。

過此者，過此安一致之數，盡同歸之理也。以往者，前去也。未之或知者，言不知也。言相感之道，惟當安數盡理，如此功夫，過此則無他術，無他道也。故同歸之理，窮此者謂之窮神。一致之數，知此者謂之知化。能窮之知之，則不求其德之盛，而德之盛也無以加矣，又何必憧憧往來也哉。天下何思何慮者正以此。蓋盡同歸之理是樂天功夫，神以理言，故言窮。安一致之數是知命功夫，化以氣言，故言知。理即仁義禮知之理，氣即吉凶禍福之氣。内而精義入神，已有德矣；外而利用安身，又崇其德。内外皆德之盛，故總言德之盛。崇字即盛字，非崇外别有盛也。一部《易經》説數即説理。

《易》曰：『困于石，據于蒺藜，入于其①宫，不見其妻，凶。』子曰：『非所困而困焉名必辱，非所據而據焉身必危。既辱且危，死期將至，妻其可得而見邪？』

釋困六三爻義。非所困者，在我非所困也。非所據者，在人非所據也。欲前進以榮其身，不得其榮，是求榮而反辱也，故名必辱。欲後退以安其身，不得其安，是求安而反危也，故身必危。辱與危，死道也，故不見妻。

《易》曰：『公用射隼于高墉之上，獲之，无不利』。子曰：『隼者禽也，弓矢者器也，射之者人也。君子藏器于身，待時而動，何不利之有？動而不括，是以出而有獲，語成器而動者也。』

釋解上六爻義。此孔子别發一意，與解悖不同。括字乃孔子就本章弓矢上取來用，蓋矢頭曰鏃，矢末曰括。括與筈同，乃箭筈也，管弦處也，故《書》曰『若虞機張，往省括于度』。則釋括有四義：結也，至也，檢也，包也。《詩》『日之夕矣，牛羊下括』，至之義也。楊子《或問士》曰其中也弘深，其外也肅括，檢之義也。《過秦論》包括四海，包之義也。此則如坤之括囊，取閉結之義。動而不閉結，言動則不遲疑滞拘，左之左之，右之右之，無不宜之有之，資深逢原之意也。〇隼者禽也，弓矢者器也，射之者人也。君

① 『其』字原無，據寶廉堂本及通行本《易經》補。

子負濟世之具于身，而又必待其時，時既至矣，可動則動，何不利之有？蓋濟世之具在我，則動而不括，此所以出而有獲，无所不利也。《易》曰公用射隼于高墉之上，獲之，无不利者，正言器已成矣，而後因時而動也。

子曰：『小人不耻不仁，不畏不義，不見利不勸，不威不懲。小懲而大戒，此小人之福也。《易》曰「履校滅趾，无咎」，此之謂也。』

釋噬嗑初九爻義。可耻者莫如不仁，小人則甘心不仁。可畏者莫如不義，小人則甘心不義，利以動之而後爲善，曰勸者即勸其爲仁爲義也。威以制之而後去惡，曰懲者即懲其不仁不義也。故小有懲于前，大有誡于後，此則小人之福也。不然，不仁不義，不勸不懲，積之既久，罪大而不可解矣，何福之有？《易》曰履校滅趾，无咎者，正此止惡于未形，小懲大誡爲小人之福之意也。

善不積不足以成名，惡不積不足以滅身。小人以小善爲无益而弗爲也，以小惡爲无傷而弗去也。故惡積而不可掩，罪大而不可解。《易》曰：『何校滅耳，凶。』

釋噬嗑上九爻義，惟惡積而不可掩，故罪大而不可解。何校滅耳凶者，積惡之所致也。

子曰：『危者安其位者也，亡者保其存者也，亂者有其治者也。是故君子安而不忘危，存而不忘亡，治而不忘亂，是以身安，而國家可保也。《易》曰：「其亡其亡，繫于苞桑。」』

釋否九五爻義。安危以身言，存亡以家言，治亂以國言，所以下文曰身安而國家可保也。危者自以爲位可恒安者也，亡者自以爲存可恒保者也，亂者自以爲治可恒有者也。惟安其位，保其存，有其治，則志得意滿，所以危亡而亂矣，唐之玄宗、隋之煬帝是也。《易》教人易者使傾，正此意。

子曰：『德薄而位尊，知小而謀大，力小而任重，鮮不及矣。《易》曰「鼎折足，覆公餗，其形渥，凶」。言

不勝其任也。』知音智，勝音升。

釋鼎九四爻義，德所以詔爵，智所以謀事，力所以當任。鮮不及者，鮮不及其禍也。

子曰：『知幾其神乎？君子上交不諂，下交不瀆，其知幾乎？幾者動之微，吉之先見者也。君子見幾而作，不俟終日。《易》曰「介于石，不終日，貞吉」，介如石焉，寧用終日？斷可識矣。君子知微知彰，知柔知剛，萬夫之望。』

釋豫六二爻義。諂者諂諛①，附冰山、吠村莊者也。瀆者，瀆慢也。不知其幾，如劉、柳交伾文，竟陷其黨是也。斷可識者，斷可識其不俟終日也。豫卦獨九四大有得，蓋爻之得時者，初與四應，交乎四者也。三與四比，亦交乎四者也，皆諂于其四矣。獨二隔三，不與四交，上交不諂者也。初六鳴豫凶，不正者也。二與之比，二中正不瀆慢，下交不瀆者也。動之微即先見，知微知彰也。本卦止一剛，初柔四剛，知柔知剛也。聖人之言皆有所據，知幾其神與知微、知彰三句，皆是贊辭。○幾者人之所難知，能知人之所不能知，故曰神。君子之交人，上下之間，不諂不瀆者，以其有先見之明，懼其禍之及己也，故知幾惟君子。何也？蓋幾者方動之始，動之至微，良心初發，吉之先見者也。若溺于物欲，非初動之良心，延遲不決，則不能見幾，禍已及己，見其凶而不見其吉矣。惟君子見此幾，即作而去，不俟終日，然見此幾之君子，豈易能哉？必其操守耿介，修身反己，無一毫人欲之私者，方可能之。《易》曰：介于石，不終日，貞吉。夫以耿介如石之不可移易，則知之之明，去之之決，斷可以識其不俟終日矣。蓋天下之事，有微有彰，人之處事，有柔有剛。人知乎此，方能見幾也。今君子既知其微，又知其彰；既知其所以柔，又知其所以剛。四者既知，

① 諛，原作『諛』，王校本據史本、朝爽堂本、四庫本改，從之。

則無所不知。所以爲萬夫之望，而能見幾也，故贊其知幾其神。

子曰：『顏氏之子，其殆庶幾乎？有不善，未嘗不知，知之未嘗復行也。《易》曰：「不遠復，无祇悔，元吉。」』

釋復初九爻義。殆者，將也。庶，近也。幾者動之微，吉之先見者也，即下文有不善未嘗不知也。言顏氏之子其將近于知幾乎？知之未嘗復行，故不貳過。

天地絪緼，萬物化醇，男女構精，萬物化生。《易》曰：『三人行則損一人，一人行則得其友。』言致一也。

釋損卦六三爻義。絪，麻線也，緼，綿絮也，借字以言天地之氣，纏綿交密之意。醇者凝厚也，本醇酒，亦借字也。天地之氣本虛，而萬物之質則實，其實者乃虛氣之化而凝，得氣成形，漸漸凝實，故曰化醇。男女乃萬物之男女，雌雄牝牡，不獨人之男女也。男女乃父母，萬物皆男女之所生也。以卦象言，地在中爻，上下皆无，有天將地纏綿之象，故曰天地絪緼。以二卦言，少男在上，少女在下，男止女悦，有男女構精之象，故以天地男女並言之。致與喪致乎哀致字同，專一也。陰陽兩相與則專一，本卦六爻應與，而皆陽相配，故曰致一。〇天地絪緼，氣交也。專一而不二，故曰醇。男女構精，形交也。專一而不二，故化生。夫天地男女，兩也，絪緼構精以一合一亦兩也，所以成化醇化生之功。《易》曰三人行則損一人，一人行則得其友者，正以損一人者兩也，得其友者兩也，兩相與則專一，若三則雜亂矣，豈能成功？所以爻辭言損一得友者以此。

子曰：『君子安其身而後動，易其心而後語，定其交而後求，君子修此三者故全也。危以動則民不與也，懼以語則民不應也，无交而求則民不與也。莫之與，則傷之者至矣。《易》曰：「莫益之，或擊之，立心

勿恒，凶。」』易其之易，以鼓反。

釋益上九爻義。安其身者，身無愧怍也，危則行險矣。易其心者，坦蕩蕩也，懼則長戚戚矣。以道義交則淡以成，故定；以勢利交則甘以壞，故無交。修者，安也，易也，定也，修此三者，則我體益之道全矣，故不求益而自益。若缺其一則立心不恒，不能益矣。全對缺言。民者人也。上與字黨與之與，下與字取與之與。莫之與，即上文民不與、不應、不與也。傷之者，即擊之也。安也，易也，定也，皆立心之恒，故曰立心勿恒凶。

右第五章。

子曰：『乾坤，其《易》之門邪？乾陽物也，坤陰物也，陰陽合德，而剛柔有體，以體天地之撰，以通神明之德。』

門者，物之所從出者也。陰陽二卦，六十四卦，三百八十四爻，皆其所從出，故爲《易》之門。有形質曰物，一奇象陽，一偶象陰，則有形質矣。以二物之德言，則陰與陽合，陽與陰合，而其情相得。以二物之體言，則剛自剛，柔自柔，而其質不同。以者用也，撰者述也。天地之撰，天地雷風之類也，可得見者也。德者理也，神明之德，健順動止之類也，不可測者也。可得見者，《易》則以此二物體之。不可測者，《易》則以此二物通之。形容曰體，發越曰通。

其稱名也，雜而不越。于稽其類，其衰世之意邪？

一卦有一卦之稱名，一爻有一爻之稱名。或言物象，或言事變，可謂至雜矣。然不過體天地之撰，通神明之德而已。二者之外，未嘗有踰越也，但稽考其體之通之之類。如言龍戰于野，入于左腹，獲明夷之心，如此之類，似非上古民淳俗朴不識不知之語也。意者衰世民僞日滋，所以聖人説此許多名物事類出者，亦不得已也。

夫《易》，彰往而察來，而微顯闡幽，開而當名辯物，正言斷辭，則備矣。

彰往者明天道之已然也，陰陽消息，卦爻之變象，有以彰之。察來者，察人事之未然也。吉凶悔吝，卦爻之占辭，有以察之，日用所爲者顯也。《易》則推其根于理數之幽以微之，使人敬慎而不敢慢。百姓不知者幽也，《易》則就其事爲之顯以闡之，使人洞曉而無所疑。開而當名辨物者，各開六十四卦所當之名，以辯其物，如乾馬、坤牛、乾首、坤足之類，不使之至于混淆也。正言斷辭者，所斷之辭吉則正言其吉，凶則正言其凶，無委曲無迴避也，如是則精及無形，粗及有象，無不備矣。曰備者，皆二物有以體其撰，通其德也。此其所以備也。

其稱名也小，其取類也大。其旨遠，其辭文。其言曲而中，其事肆而隱。因貳以濟民行，以明失得之報。

牝馬遺音之類，卦之稱名者小也。負乘喪第之類，爻之稱名小者也。肆陳也，貳者副也，有正有副猶兩也。言既小又大，既遠又文，既曲又中，既肆又隱，不滯于一邊，故名爲貳。失得者吉凶也，報者應也。○《易》辭纖細無遺，其稱名小矣，然無非陰陽之理，默寓乎中，而取類又大。天地陰陽，道德性命，散見于諸卦爻之中，其旨遠矣。然其辭昭然有文，明白顯然以示人，而未常遠也。卦爻之言，委曲婉轉謂之曲，曲則若昧正理矣。然曲而中乎典禮，正直而不私焉。敘事大小本末，極其詳備，謂之肆，肆則若無所隱矣。然理貫于大小本末之中，顯而未必不隱焉，因此貳則兩在莫測，無方無體矣。宜乎濟斯民日用之所行，以明其吉凶之應也。曰濟者，皆二物有以體其撰，通其德，此其所以濟也。夫《易》皆二物，體其撰，通其德，則乾坤不其《易》之門耶？

右第六章。此章言乾坤爲《易》之門。

《易》之興也，其于中古乎？作《易》者，其有憂患乎？

《易》之興，指《周易》所繫之辭。《易》乃伏羲所作，然無其辭。文王已前，不過爲占卜之書而已。至文王，始有彖辭，教人以反身修德之道。則《易》書之著明而興起者，自文王始也。因受羑里之難，身經乎患難，故所作①之《易》，無非處患難之道。下文九卦，則人所用以免憂患之道也。

是故履，德之基也。謙，德之柄也。復，德之本也。恒，德之固也。損德之修也。益，德之裕也。困，德之辨也。井，德之地也。巽德之制也。

德者，行道而有得于身也。履者，禮也，吾性之所固有。德爲虚位，而禮有實體，修德以禮，則躬行實踐之間，有所依據，亦猶室之有基址矣，故爲德之基。柄者，人之所執持者也。人之盈滿者，必喪厥德，惟卑己尊人，小心畏義，則其德日積，亦猶物之有柄，而爲人所執持矣，故爲德之柄。人性本善，其不善者，蔽于物欲也。今知自反不善，而復于善，則善端萌蘖之生，自火燃泉達，萬善從此充廣，亦猶木之有根本，而枝葉自暢茂矣，故爲德之本。然有德在我，使不常久，則雖得之，必失之，故守恒久，則長久堅固，故恒者德之固也。君子修德，必去其所以害德者，如或忿慾方動，則當懲窒，損而又損，以至于無，此乃修身之事，故曰損者德之修也。君子之進德，必取其有益于德者，若見善而覺己之有過，則遷善改過以自益，故曰益者德之裕也。裕者充裕也。人處平常，不足以見德，惟處困窮，出處語默之間，辭受取與之際，最可觀德。困而亨則君子，窮斯濫則小人，故爲德之辯。井静深有本，而後澤及于物，人涵養所畜之德，必如井而後可施及于人也，故爲德之地。巽既順于理，又其巽入細微，事至則隨宜斷制，故爲德之制。此九卦無功夫無次

① 作，原作『以』，據寶廉堂本改。

第。○此言九卦爲修德之具也。聖人作《易》，固有憂患矣，然聖人之憂患，惟修其德而已。聖人修德，雖不因憂患而修，然卦中自有修德之具，如履謙復恒損益困井巽，乃德之基之柄之本之固之修之裕之辯之地之制，蓋不必六十四卦，而九卦即爲修德之具矣。

履和而至，謙尊而光，復小而辨于物，恒雜而不厭，損先難而後易，益長裕而不設，困窮而通，井居其所而遷，巽稱而隱。易，以豉①反。長，知丈反。稱去聲。

禮順人情故和，和無森嚴之分則不至矣。然節文儀則，皆天理精微之極至也。和而至此，履之才德，所以極其善也。謙以自卑則不尊矣，謙以自晦則不光矣，今謙自卑而人尊，自晦而愈光，尊而光，此謙之才德所以極其善也。暗昧而小者則必不能辯物矣，今復一陽居于群陰暗昧之下，雖陰盛陽微，以一陽之小而能知辨其五陰皆爲物欲，所以反其不善以復其善，小而辨物，此復之才德所以極其善也。事至而雜來者則必至于厭矣，恒則雖處轇轕之地，而常德如一日，雜而不厭，此恒之才德所以極其善也。凡事之難者則必不易矣，損則懲忿窒慾，雖克己之最難，然習熟之久，私意漸消，其後則易，先難後易，此損之才德所以極其善也。凡事之長裕者則必至于設施造作矣，益則日知其所亡，月無忘其所能，可謂長裕矣。然非助長也，長裕而不設，此益之才德所以極其善也。身之窮者則必不通矣，困則身窮而道通，窮而又通，此困之才德所以極其善也。人居其所者則必不能遷矣，井雖居其所而不動，然泉脉流通，日遷徙而常新，居其所而遷，此井之才德所以極其善也。輕重適均之謂稱，稱則高下之勢，人皆得而見之，則必不能隱矣，巽則能順其理，因時以稱其宜，然其性入而伏，則又形迹之不露，稱而隱，此巽之才德所以極其善也。此正言九卦才德

① 豉，原作『鼓』，從王校本改。

之善，以見其能爲修德之具也。言履和而至，所以爲德之基，若和而不至，不可以爲德之基矣。下八卦倣此，此一節而字與《書經》九德而字同。

履以和行，謙以制禮，復以自知，恒以一德，損以遠害，益以興利，困以寡怨，井以辯義，巽以行權。和行之行，下孟反。遠，袁萬反。

以者用也，行者日用所行之行迹也。人有禮則安，無禮則危，禮以和之，使之揆之理而順，即之心而安，無乖戾也。制者，制服之意。禮太嚴，截然不可犯，謙以制之，則和而至矣。履即禮，非有别禮也。但上天下澤乃生定之禮，生定之禮本有自然之和，人之行禮，若依其太嚴之體，不免失之亢，故用謙以制之則和矣。自知者，善端之復，獨知之地也。德不常則二三，常則始終惟一，時乃日新矣。興利者，遷善改過，則日益高明，馴至于美，大聖神矣，何利如之？井以辯義者，井泉流通，日新不已，遷徙于義，非能辯義，安能遷徙？所以用井以辯之。巽以行權者，如湯武之放伐，乃行權也。然順乎天，即巽順乎理也，又應乎人，皆同心同德，東征西怨，南征北怨，是即巽之能相入也。若離心離德，安得謂之相入。所以巽順乎理，又能相入，方能行權。○上一節言九卦爲修德之具，以之字發明之。中一節言九卦之才德，以而字發明之。此一節言聖人用九卦以修德，以以字發明之。是故行者，吾德所行之行迹也，恐其失于乖，則用履以和之。固禮者，吾德之品節也，恐其失于嚴，則用謙以制之。擇善者，吾身修德之始事也，則用復以自知而擇之。固執者，吾身修德之終事也，則用恒以一德而守之。人欲者，吾德之害也，則用損以遠之。天理者，吾德之利也，則用益以興之。不知其命之當安，未免怨天，非所以修德也，則用困以寡之。不知性之當盡，不能徙義，非所以修德也，則用井以辯之。然此皆言修德之常經也，若有權變，不可通常經者，則用巽以行之。能和行，能制禮，能自知，能一德，能遠害，能興利，能寡怨，能辯義，能行權，則知行並進，動静交修，經事知宜，變事知權，此九卦所以爲德之基之柄之本之固之修之裕之辯之地之制也，以此修德，天下有何憂患不可處哉？

右第七章。此章論聖人以九卦修德。

《易》之爲書也不可遠，爲道也屢遷，變動不居，周流六虛，上下无常，剛柔相易，不可爲典要，惟變所適。

書者，卦爻之辭也，不可遠，不可離也。以之崇德廣業，以之居安樂玩，皆不可離之意。爲道者，易之爲道也。一陰一陽之謂道，故曰道。變動者卦爻之變動也，不居者，不居于一定也。六虛者，六位也，虛對實言。卦雖六位，然剛柔往來如寄，非實有也，故曰六虛。外三爻爲上，内三爻爲下。典猶册之有典，要猶體之有要，典要拘于迹者也。下文既有典常，則以辭言之耳。○《易》之爲書不可遠，以其爲道也屢遷，所以不可遠也。何也？《易》不過九六，是九六也，變動不居，周流于六虛之間，或自下而上，或自上而下，或剛易乎柔，或柔易乎剛，皆不可以爲一定之典要，惟其變之所趨而已。道之屢遷如此，則廣大悉備，無所不該，此所以不可遠也。

其出入以度，外内使知懼，又明于憂患與故，无有師保，如臨父母。

出入以卦言，即下文外内也。出者自内而之外，往也。入者自外而之内，來也。度者，法度也，言所繫之辭，其出入外内，當吉則吉，當凶則凶，當悔則悔，當吝則吝，各有一定之法度，不可毫釐移易。明于憂患者，于出入以度之中，又能明之也。故者，所以然之故也。明其可憂，又明其可憂之故。明其可患，又明其可患之故。如勿用取女，明其憂患也。見金夫不有躬，明其故也。○《易》不可以爲典要，若無一定之法度，而人不知懼矣。殊不知上下雖無常，剛柔雖相易，然其所繫之辭，或出或入，皆有一定之法度。立于内外爻辭之間，使人皆知，如朝廷之法度，懼之而不敢犯也。然豈特使民知懼哉？又明于憂患與故，雖無師保之教訓，而常若在家庭父母之側，愛之而不忍違也。既懼之而不敢犯，又愛之而不忍違，《易》道有益于人如此，人豈可遠乎？

初率其辭，而揆其方，既有典常，苟非其人，道不虛行。

初對既言，初者始也，既者終也，率，由也，揆，度也，方，道也。或出或入，或憂或患之方道也。○《易》之爲書，上下無常，剛柔相易，不可爲典要，若不可揆其方矣。然幸而有聖人之辭在也。故始而由其辭以揆出入以度，使民懼之方，由其辭以揆憂患與故，使民愛之方。始見《易》之爲書，有典可循，有常可蹈。而向之不可爲典要者，于此有典要矣。故神而明之，惟存乎其人，率辭揆方何如耳。苟非默而成之，不言而信之人，則不能率辭揆方，屢變之道，不可虛行矣，豈能知《易》哉？《易》之爲書，不可遠如此。

右第八章。此章言《易》不可遠，率辭揆方，存乎其人。

《易》之爲書也，原始要終，以爲質也，六爻相雜，惟其時物也。

質謂卦體，初者卦之始。原其始，則二三在其中矣。上者卦之終，要其終，則四五在其中矣。卦必原始要終以爲體，故文王之彖辭，亦必原始要終以爲辭。如屯曰元亨利貞，蒙曰童蒙求我，皆合其始終二體言之也。若六爻之剛柔相雜，則惟取其時物而已。故周公之爻辭，亦惟取諸時物以爲辭。如乾之龍，物也，而有潛見躍飛之不同者，時也。漸之鴻，物也，而有于磐陸木之不同者，時也。○《易》之爲書也，不過卦與爻而已。一卦分而爲六爻，六爻合而爲一卦，卦則舉其始終以爲體。爻之剛柔，雖相雜而不一，然占者之決吉凶，惟觀爻所值之時，所值之物而已，雖相雜而實不雜也。《易》之爲書蓋如此。

其初難知，其上易知，本末也。初辭擬之，卒成之終。

此言初上二爻。初爻難知者，以初爻爲爻之本，方有初爻，而一卦之形體未成，是其質未明，所以難知。易知者，上爻爲卦之末，卦至上爻，則其質已著，其義畢露，所以易知。惟難知，故聖人繫初爻之辭，則必擬而議之，當擬何象何占，不敢輕率。惟易知，故聖人繫上爻之辭，不過因下爻以成其終，如乾初九曰潛龍，上爻即曰亢龍是也。

若夫雜物撰德，辯是與非，則非其中爻不備。

物者，爻之陰陽。雜者，兩相雜而互之也。德者，卦之德。撰者，述也。內外二卦固各有其德，如風山漸，外卦有入之德，內卦有止之德，又自其中爻二五三四之陰陽雜而互之，則二四有坎陷之德，三五有離麗之德，又撰成兩卦之德矣。辨是與非者，辨其物與德之是非也。是者當于理也，非者悖于理也。蓋爻有中有不中，有正有不正，有應與無應與，則必有是非矣。故辯是與非，非中爻不備。○初與上固知之有難易矣，然卦理無窮，內外有正卦之體，中爻又有合卦之體，然後其義方無遺缺。若夫錯陳陰陽，撰述其德，以辯別其是非，使徒以正卦觀之，而遺其合卦所互之體，則其義必有不備者矣。

噫，亦要，存亡吉凶，則居可知矣句。**知者觀其彖辭，則思過半矣。**要，平聲。知音智。

噫者，嘆中爻之妙也。亦要作句。《易經》有一字作句者，如萃卦六二引吉，无咎，則一字作句也。要者，中也，即中爻也。《説文》：身中曰要。猪身中肉曰要勒，今作腰，言此亦不過六爻之要耳，非六爻之全，即知存亡吉凶也。存亡者天道之消息，吉凶者人事之得失，居者本卦之不動也。居則觀其象之居，言不待六爻之動而知也。彖辭文王卦下所繫之辭也。○言此不過六爻中之要耳，而存亡吉凶，不待動而可知，故學《易》者宜觀玩也。若觀玩所思之精專，不必觀周公分而爲六之爻辭，但觀文王一卦未分之彖辭，則此心之所思者亦可以得存亡吉凶于過半，況中爻之合兩卦者乎？中爻成兩卦，宜乎知存亡吉凶也。

二與四同功而異位，其善不同。二多譽，四多懼，近也。柔之爲道，不利遠者，其要无咎，其用柔中也。三與五同功而異位，三多凶，五多功，貴賤之等也。其柔危，其剛勝邪。勝音升。

同功者，二與四互成一卦，三與五互成一卦，皆知存亡吉凶，其功同也。善不同者，二中而四不中，故不同也。不利遠者，既柔不能自立，又遠于君，則孤臣矣，所以不利。要者，約也。用者，發之于事也。柔中者，柔而得中也。三多凶者，六十四卦惟謙卦勞謙一爻，許之以吉，所以三多凶。五爲君，君則貴有獨運之權，故多功。三爲臣賤，不能專成，故多凶。耶者，疑辭也。言柔居陽位，則不當位而凶，陽當陽位，則當位而吉，此六十四卦之自定也。今三多凶者，豈以柔居而凶，五多功者，豈以剛居之則能勝其位而不凶耶？六十四卦中，亦有柔居陽位而吉，剛居陽位而凶者。〇二與四同功而異位，二多譽，四多懼者，以其近于君，有僭逼之嫌，故懼也。二之多譽者，以柔之爲道，本不利遠于君，但《易》不論遠近，大約欲其无咎而已。今柔居中位，發之于外，莫非柔中之事，則无咎矣，此所以多譽也。三與五同功而異位，三多凶，五多功，所以然者，以君貴臣賤，故凶功不同也，豈三乃陰居陽位則凶，五乃陽居陽位則勝耶？非也，乃貴賤之等使然耳。夫以中之四爻同功矣，而有譽有懼，有凶有功，可見六爻相雜，惟其時物，正體與互體皆然也。聖人設卦，立象繫辭，不遺中爻者以此。

右第九章。此章專論中爻。

《易》之爲書也，廣大悉備，有天道焉，有人道焉，有地道焉。兼三才而兩之，故六。六者，非他也，三才之道也。

廣大者，體統渾淪也。悉備者，條理詳密也。兼三才者，三才本各一，因重爲六，故兩其天，兩其人，兩其地也。天不兩則獨陽無陰矣，地不兩則獨陰無陽矣，人不兩則不生不成矣，此其所以兩也。才者，能也。

天能覆，地能載，人能參天地，故曰才。三才之道者，立天之道曰陰與陽，五爲陽，上爲陰也。立人之道曰仁與義，三爲仁，四爲義也。立地之道曰柔與剛，初爲剛，二爲柔也。○《易》之爲書，廣大悉備，何也？以《易》三畫之卦言之，上畫有天道焉，中畫有人道焉，下畫有地道焉，此之謂三才也。然此三才，使一而不兩，則獨而無對，非三才也于是兼三才，而兩之，故六。六者豈有他哉？三才之道，本如是其兩也。天道兩則陰陽成象矣，人道兩則仁義成德矣，地道兩則剛柔成質矣。道本如是，故兼而兩之，非聖人之安排也。《易》之爲書，此其所以廣大悉備也。

道有變動，故曰爻。爻有等，故曰物。物相雜，故曰文。文不當，故吉凶生焉。當，都喪反。

變動者，潛見躍飛之類也。等者，剛柔大小遠近貴賤之類也。物者，陽物陰物也。爻不可以言物，有等則謂之物矣。相雜者，相間也，一不獨立，兩則成文。陰陽兩物交相錯雜，猶青黄之相兼，故曰文。不當者，非專指陽居陰位，陰居陽位也。卦情若淑，或以不當爲吉。剥之上九，豫之九四是也。卦情若慝，反以當位爲凶。大壯初九，同人六二是也。要在隨時變易，得其當而已。一變動之間，即有物有文，有吉凶，非有先後也。卦必舉始終而成體，故上章以質言。曰兼三才，猶上章之所謂質也。爻必雜剛柔而爲用，故此章以文言，曰變動者，猶上章之所謂時物也。○三才之道，變動不居，故曰爻。爻也者，言乎其變，效天下之動者也。爻有等，故曰物。物相雜，故曰文。文不當位，故吉凶生焉。夫一道也，爲爻爲物，爲文爲吉凶，而皆出于《易》，此其書所以廣大悉備也。

右第十章。此章言《易》廣大悉備。

《易》之興也，其當殷之末世、周之盛德邪？當文王與紂之事邪？是故其辭危，危者使平，易者使傾。其道甚大，百物不廢，懼以終始，其要无咎，此之謂《易》之道也。易者之易，以鼓反。

危者使平，易者使傾，此聖人傳心之言。如以小而一身論，一飲一食，易而不謹，必至終身之疾。一言一語，易而不謹，必至終身之玷，此一身易者之傾也。以大而國家論，越王卧薪嘗膽，冬持冰，夏持火，卒擒吴王，此危者之平也。玄宗天寶已前，海内富庶，遂深居禁中，聲色自娱，悉以政事委之李林甫，京師遂爲安禄山所陷，此易者之傾也。其道甚大，百物不廢，于此可見。危使平，易使傾，即《書》言殖有禮，覆昏暴之意。物者，事也。廢字即傾字也。若依小注萬物之理，無所不具，則全非本章危平易傾之易矣。懼以終始者，危懼自始至終，惟恐其始危而終易也。○《易》之興也，其當殷之末世、周之盛德耶？當文王與紂之事耶？惟當文王與紂之事，是故玩其辭，往往有危懼警戒之意。蓋危懼則得平安，慢易必至傾覆，《易》之道也。此道甚大，雖近而一身，遠而天下國家，凡平者皆生于危，凡傾者皆生于《易》。若常以危懼爲心，則凡天下之事物，雖百有不齊，然生全成于憂患，未有傾覆而廢者矣。故聖人繫《易》之辭，懼以終始，不敢始危而終易者，大約欲人恐懼修省，至于无咎而已，此則《易》之道也。

右第十一章。

夫乾，天下之至健也，德行恒易以知險。夫坤，天下之至順也，德行恒簡以知阻。行，去聲。易，以鼓反。阻，莊吕反。

健順者，乾坤之性。德者，乾坤蘊畜之德，得諸心者也，即日新盛德之德也。行者，乾坤生成之迹，見諸事者也，即富有大業之事也。易簡者，乾坤無私之理也。險阻者，乾坤至賾至動之事。險者，險難也，易直之反。阻者，壅塞也，簡静之反。惟易直無私者，可以照天下巇險之情。惟簡静無私者，可以察天下煩壅之故。六十四卦，利貞者無非易簡無私之理而已。此節止論其理，言知險知阻，乃健順德行易簡之能事也，未説道聖人與《易》。至下文説心研慮，方説聖人。八卦象告，方説到《易》。

能説諸心，能研諸侯之慮，定天下之吉凶，成天下之亹亹者，是故變化云爲，吉事有祥，象事知器，占事知來。説音悦。侯之二字衍。吉作言。

能者，人皆不能而聖人獨能之也。能字在前，者字在後者，言能悦心研慮，定天下吉凶，成天下亹亹者，惟聖人也。險阻之吉，如大過過涉滅頂，蠱之利涉大川是也。云爲即言行二字，變化即以動者尚其變字。吉字，劉績讀作言，今從之。○聖人事未至，則能以易簡無私之理悦諸心。事既至，則能以易簡無私之理研諸慮，是即乾坤之易簡矣。是以險阻之吉者，知其爲吉，險阻之凶者，知其爲凶，而定天下之吉凶。險阻之吉者，則教人趨之，險阻之凶者，則教人避之，而成天下之亹亹。是故《易》必以動者，尚其變也。聖人則即其易簡之理，不必尚其變，而凡有所云爲，自變化而莫測。《易》必以言者，尚其辭也。聖人則即其易簡之理，不必尚其辭，而凡事必有兆，自前知而如神。事之有形迹而爲器者，《易》必以制器者尚其象也。聖人則知以藏往，即其易簡之理，而知其一定之器。事之無形迹而爲來者，《易》必以卜筮者尚其占也。聖人則神以知來，即其易簡之理，而知其未然之來。此則聖人未卜筮，而知險知阻也。

天地設位，聖人成能，人謀鬼謀，百姓與能。八卦以象告，爻彖以情言，剛柔雜居，而吉凶可見矣。

凡人有事，人謀在先。及事之吉凶未決，方決于卜筮，所以説人謀鬼謀百姓與能也。故《書》曰：謀及乃心，謀及卿士，謀及庶人，謀及卜筮。先心而後人，先人而後鬼，輕重可知矣。象者，像也，八卦成列，象在其中矣。凡卦中之畫及天地雷風乾馬坤牛之類也。爻者，效天下之動者也。彖者，材也，皆有辭也。情即象之情，陽有陽之情，陰有陰之情，乾馬有健之情，坤牛有順之情。剛柔即九六也，相雜則吉凶之理自判然可見。告者告此險阻也，言者言此險阻也，見者見此險阻也。○天地設位，有易簡之理，而知險知阻，此天地之能也。聖人則以易簡之理，悦心研慮，未卜筮而知險知阻矣。然百姓不皆聖人也，于是聖人作

《易》，以成天地之能，所以天下之事，雖至險至阻，其來無窮。然明而既謀于人，幽而又謀于鬼，不惟賢者可與其能，雖百姓亦可以與能矣。然百姓亦可以與能者，豈百姓于易簡之理，亦能悅心研慮哉？蓋八卦以象告險阻，爻象以情言險阻，剛柔相雜，以吉凶見險阻。是以百姓雖至愚，然因聖人作《易》之書，其所告所言所見，自能知險知阻矣。所以聖人能成天地之能，而百姓亦與能也。

變動以利言，吉凶以情遷，是以愛惡相攻而吉凶生，遠近相取而悔吝生，情僞相感而利害生。凡《易》之情，近而不相得則凶，或害之，悔且吝。

卦以變爲主，故以利言。其言吉者，利人也。其言凶者，人則避之亦利也。愛相攻，家人九五是也。惡相攻，同人九三是也。遠相取，恒之初六是也。近相取，豫之六三是也。情相感，中孚九二是也。情者情實也，對僞而言。僞相感，漸之九三是也。曰相攻、曰相取、曰相感，即情也。感者情之始動，利害之開端也。取則情已露而悔吝著矣，攻則情至極而吉凶分矣。卦爻中其居皆有遠近，其行皆有情僞，其情皆有愛惡也。凡《易》之情者，聖人作《易》之情也。近者近乎相攻相取相感之情也，與上文遠近之近不同。不相得者，不相得其易簡之理，而與之違背也。情兼八卦剛柔，故此節言卦爻之情，下節言人之情。○《易》之爲書，以象告，以情言，見吉凶，百姓固可以與能矣，而人之占卜者，卦中之變動，本教占者趨吉避凶，無不利者也。然變動中有吉有凶，其故何也？以其卦爻之情而遷移也。是故情之險阻不同，有愛惡相攻險阻之情，則吉凶生矣。有遠近相取險阻之情，則悔吝生矣。有情僞相感險阻之情，則利害生矣。凡《易》之情，以貞爲主，貞即易簡之理也。情雖險阻不同，若合乎易簡之理，則吉矣，利矣，無悔吝矣。若近乎相攻相取相感之情，而違背乎易簡之理，則凶矣，害矣，悔且吝矣。小而悔吝，中而利害，大而吉凶，皆由此險阻之情而出，此《易》所以以象告，以情言，見吉凶，使人知所趨避者此也。

將叛者其辭慚，中心疑者其辭枝，吉人之辭寡，躁人之辭多，誣善之人其辭游，失其守者其辭屈。

叛者背理，慙者羞愧，疑者可否未決，枝者兩岐不一，躁者急迫無涵養。誣善之人，或援正入邪，或推邪入正，故游蕩無實。失守者無操持，屈者抑而不伸。○相攻相取相感，卦爻險阻之情固不同矣。至于人之情，則未易見也。然人心之動，因言以宣。試以人險阻之情，發于言辭者觀之，蓋人情之險阻不同，而所發之辭亦異。是故將叛者其辭必慙，中心疑者其辭必枝，吉人之辭必寡，躁人之辭必多，誣善之人其辭必游，失其守者其辭必屈。夫吉者，得易簡之理者也，叛疑躁誣失守者。失易簡之理者也，人情險阻不同，而其辭既異如此，又何獨于聖人卦爻之辭而疑之？可見易知險，簡知阻，本聖人成天地之能，而使百姓與能者，亦不過以易簡之理，知其險阻而已。

右第十二章。此章反復論易知險，簡知阻，蓋天尊地卑，首章言聖人以易簡之德成位乎天地，見聖人作易之原。此章言聖人以易簡之德，知險知阻，作《易》而使百姓與能，見聖人作《易》之實事也。

周易集注卷之十五

説卦傳

昔者聖人之作《易》也，幽贊于神明而生蓍，參天兩地而倚數，觀變于陰陽而立卦，發揮于剛柔而生爻，和順于道德而理于義，窮理盡性以至于命。

言蓍草乃神明幽助方生，周公之爻定陽九陰六者，非老變而少不變之説也，乃參天兩地而倚數也。參兩之説，非陽之象圓，圓者徑一而圍三，陰之象方，方者徑一而圍四之説也。蓋《河圖》天一地二，天三地四，天五地六，天七地八，天九地十。一二三四五者，五行之生數也，六七八九十者，五行之成數也。生數居《河圖》之内，乃五行之發端，故可以起數。成數居《河圖》之外，則五行之結果，故不可以起數。參之者，三之也，天一天三天五之三位也。兩之者，二之也，地二地四之二位也。倚者，依也。天一依天三，天三依天五，而爲九。地二依地四，而爲六也。若以畫數論之，均之爲三，參之則三箇三，兩之則兩箇三矣。聖人用蓍以起數，九變皆三畫之陽，則三其三而爲九，此九之母也。則過揲之策，四九三十六，此九之子也。參之是三箇十二矣。九變皆二畫之陰，則二其三而爲六，此六之母也。則過揲之策，四六二十四，此六之子也。兩之是兩箇十二矣，均之爲十二，參之則三箇，兩之則兩箇也，以至乾六爻之策，二百一十有六，乃三箇七十二合之也。均之爲七十二，參之則三箇，兩之則兩箇矣。總之乾策六千九百十二，乃三箇二千三百四合之也。坤策四千六百八，乃兩箇二千三百四合之也。均之二千三百四，參之則三箇，兩之則兩箇矣。此皆《河圖》生數自然之妙，非聖人之安排也。若夫七八，亦乾坤之策，但二五爲七，三四爲七，是一地一天，不得謂參兩。一三四爲八，一二五爲八，是一地二天，亦不得謂之參兩，以至過揲之策，六爻之策，萬物之數，皆此參兩。故周公三百八十四爻，皆用九六者，以生數可以起數，成數不可以起數也。觀變者，六十四卦皆八卦之變。陽變陰，陰變陽也。如乾初爻變則爲姤，二爻變則爲遯。坤初爻變則爲復，二爻變則爲臨是也。詳見雜説八卦變六十四卦圖。發揮于剛柔者，布散剛柔于六十四卦，而生三百八十四爻也。《易》中所言之理，一而已矣，自其共由而言謂之道，自其蘊畜而言謂之德，自其散布而不可移易謂之理，自其各得其所賦之理謂之性，道德理性四者，自其在人而言謂之義，自其在天而言謂之命。和順于道德者，謂《易》中形上之道，神明之德，皆有以貫徹之，不相悖戾拂逆也。理于義者，六十四卦，皆利于貞，其要無咎者義也。今與道德不相違背，則能理料其義。凡吉凶悔吝無咎，皆合乎心之制，事之宜矣。窮理者謂《易》中幽明之理，以至萬事萬物之變，皆有以研窮之也。盡性者，謂《易》中健順之性，以至大而綱①常，小而細微，皆有以處分之也。至于命者，凡人之進退存亡得喪，皆命也。今既窮理盡性，則知進知退，知存知亡，知得知喪，與天合矣，故至于命也。惟聖人和順于道德，窮理盡性，是以文王發明六十四卦之彖辭，周公發明三百八十四爻之爻辭，有吉有凶，有悔有吝，有無咎者，皆理于義，至于命也。使非

① 綱，原作『剛』，據寶廉堂本改。

理義立命，安能彌綸天地，觀象玩辭，觀變玩占，自天祐之，吉無不利也哉？幽贊二句，言蓍數也。蓍與《河圖》，皆天所生，故先言此二句。立卦者伏羲也，生爻者周公也，理義至命者，文王周公之辭也。上理字理料之理，下理字義理之理。自聖人之作《易》也，下六句，皆一意。幽贊于神明，參天兩地，觀變于陰陽，發揮于剛柔，和順于道德，窮理盡性一意也。生也倚也，立也生也，理也至也，一意也。聖人作《易》，不過此六者而已。言蓍數卦爻而必曰義命者，道器無二致，理數不相離。聖人作《易》，惟教人安于義命而已。故兼天人而言之，此方謂之易，非舊注極功之謂也。故下文言順性命之理，以陰陽剛柔仁義並言之。〇言《易》有蓍，乃聖人幽贊于神明而生之。《易》有數，乃聖人參天兩地而倚之。《易》有卦，乃聖人觀變于陰陽而立之。《易》有爻，乃聖人發揮于剛柔而生之。《易》彖辭爻辭中有義，乃聖人和順于道德而理之。《易》彖辭爻辭中有命，乃聖人窮理盡性而至之。

右第一章①。

昔者聖人之作《易》也，將以順性命之理。是以立天之道曰陰與陽，立地之道曰柔與剛，立人之道曰仁與義，兼三才而兩之，故《易》六畫而成卦，分陰分陽，迭用柔剛，故《易》六位而成章。

性，人之理。命，天地之理也。陰陽以氣言，寒暑往來之類是也。剛柔以質言，山峙川流之類是也。仁義以德言，事親從兄之類是也。三者雖若不同，然仁者陽剛之理，義者陰柔之理，其實一而已矣。蓋天地間不外形氣神三字，如以人論，骨肉者剛柔之體也，呼吸者陰陽之氣也，與形氣不相離者五性之神也，理

① 此四字原無，據寶廉堂本補。

也。特因分三才，故如此分爾。天無陰陽則氣機息，地無剛柔則地維墜，人無仁義則禽獸矣。故曰立天立地立人，兼三才而兩之者，總分三才，爲上中下三段，而各得其兩。初剛而二柔，三仁而四義，五陽而上陰也。分陰分陽，以爻位言，分初三五爲陽位，二四上爲陰位也。既分陰分陽，乃迭用剛柔之爻以居之。或以柔居陰，以剛居陽，爲當位。以柔居陽，以剛居陰，爲不當位。亦有以剛柔之爻，互居陰陽之位，爲剛柔得中者，故六位雜而成文章也。○昔者聖人之作《易》也，將以順性命之理而已，非有所勉强安排也。以性命之理言之，立天之道曰陰與陽，立地之道曰柔與剛，立人之道曰仁與義，而性命之理則根于天地，具于人心者也。故聖人作《易》，將此三才兼而兩之，六畫而成卦。又將此三才，分陰分陽，迭用而成章者，無非順此性命之理而已。

右第二章

天地定位，山澤通氣，雷風相薄，水火不相射，八卦相錯。數往者順，知來者逆，是故《易》逆數也。射音石。數，色主反。

相薄者，薄激而助其雲雨也。不相射者，不相射害也。相錯者，陽與陰相對待，一陰對一陽，二陰對二陽，三陰對三陽也。故一與八錯，二與七錯，三與六錯，四與五錯。八卦不相錯，則陰陽不相對待，非《易》矣。宋儒不知錯綜二字，故以爲相交，而成六十四卦。殊不知此專説八卦逆數，方得相錯，非言六十四卦也。乾一兑二離三震四，前四卦爲往。巽五坎六艮七坤八，後四卦爲來。數往者順，數圖前四卦，乾一至震四，往者之順也。知來者逆，知圖後四卦，巽五至坤八，來者之逆也。是故《易》逆數者，言因錯卦之故，所以《易》逆數。巽五不次于震四，而次于乾一也。○惟八卦既相錯，故聖人立圓圖之卦。數往者之既順，知來者之當逆，使不逆數，而巽五即次于震四之後，則八卦不錯矣。是故四卦逆數，巽五復回次于乾一者以此。

右第三章。此章言伏羲八卦逆數，方得相錯。

雷以動之，風以散之，雨以潤之，日以晅之，艮以止之，兑以説之，乾以君之，坤以藏之。晅，况晚反。説音悦。

天地定位，上章言八卦之對待，故首之以乾坤。此章言八卦對待生物之功，故終之以乾坤。乾坤[illegible]交，而爲震巽，震巽相錯，動則物萌，散則物解，此言生物之功也。中交而爲坎離，坎離相錯，潤則物滋，晅則物舒，此言長物之功也。晅者明也，終交而爲艮兑，艮兑相錯，止則物成，説則物遂，此言成物之功也。若乾則爲造物之主，而于物無所不統。坤則爲養物之府，而于物無所不容。六子不過各分一職，以聽命耳。

右第四章。此章言伏羲八卦相錯，生物成物之功。

帝出乎震，齊乎巽，相見乎離，致役乎坤，説言乎兑，戰乎乾，勞乎坎，成言乎艮。説音悦。勞去聲。

此文王圓圖。帝者陽也，陽爲君，故稱帝。乾以君之，乃其證也。且言帝，則有主宰之意，故不言陽而言帝。孔子下文不言帝，止言萬物者，亦恐人疑之也。出也、齊也、相見也、致役也、説也、戰也、勞也、成也，皆帝也。二言字，助語辭。震方三陽開泰，故曰出。致者委也，坤乃順承天，故爲陽所委役。至戌亥之方，陽剥矣，故與陰戰，曰戰乎乾者，非與乾戰也。陽與陰戰于乾之方也。伏羲圓圖之乾，以天地之乾言。文王圓圖之乾，以五行乾金之乾言。至坎則以肅殺相戰之後，適值乎慰勞休息之期。陽生于子，故曰勞，至艮方陽已生矣，所以既成其終，又成其始。

萬物出乎震，震，東方也。齊乎巽，巽，東南也。齊也者，言萬物之潔齊也。離也者明也，萬物皆相見，南方

之卦也。聖人南面而聽天下，嚮明而治，蓋取諸此也。坤也者地也，萬物皆致養焉，故曰致役乎坤。兑，正秋也，萬物之所説也，故曰説言乎兑。戰乎乾，乾，西北之卦也，言陰陽相薄也。坎者水也，正北方之卦也，勞卦也，萬物之所歸也，故曰勞乎坎。艮，東北之卦也，萬物之所成終，而所成始也，故曰成言乎艮。

潔齊即姑洗之意。春三月，物尚有不出土者，或有未開花葉者，彼此不得相見。至五月，物皆暢茂，彼此皆相見，故曰萬物皆相見。夏秋之交，萬物養之于土，皆得向實，然皆陽以委役之，故曰致役乎坤。至正秋，陽所生之物皆成實矣，故説。至戌亥之月，陽剥矣，故與陰相戰于乾之方。至子月，萬物已歸矣，休息慰勞于子之中故勞。至冬春之交，萬物已終矣，然一陽復生，故又成其始。此因文王圓圖帝出乎震八句，孔子解之。雖八卦震巽離坤兑乾坎艮之序，實春夏秋冬，五行循環流行之序也。蓋震巽屬木，木生火，故離次之。離火生土，故坤次之。坤土生金，故兑乾次之。金生水，故坎次之。水非土，亦不能生木，故艮次之。水土又生木火，此自然之序也。若以四正四隅論，離火居南，坎水居北。震動也，物生之初，故居東。兑説也，物成之後，故居西，此各居正位者也。震陽木，巽陰木，故巽居東南巳方。兑陰金，乾陽金，故乾居西北亥方。坤陰土，故居西南。艮陽土，故居東北，此各居四隅者也。

右第五章。此章言文王圓圖，帝出乎震一節，言八卦之流行。後一節言八卦流行，生成物之功。

神也者，妙萬物而爲言者也。動萬物者莫疾乎雷，撓萬物者莫疾乎風，燥萬物者莫熯乎火，説萬物者莫説乎澤，潤萬物者莫潤乎水，終萬物始萬物者莫盛乎艮。故水火相逮，雷風不相悖，山澤通氣，然後能變化，既成萬物也。

神即雷風之類，妙即動撓之類。以其不可測故謂之神，亦如以其主宰而言謂之帝也。動，鼓也。撓，散也。燥，乾也。澤，地土中之水氣皆是也。水者冬之水，天降雨露之屬皆是也。逮，及也，謂相濟也。既，盡也。成，生成也。前節言伏羲之對待，曰雷動風散者雷風相對也，曰雨潤日晅者水火相對也，曰艮止兑説者山澤相對也。此節言文王之流行，曰動萬物者春也，曰撓萬物者春夏之交也，曰燥萬物者夏也，曰説萬物者秋也，曰潤萬物者冬也，曰終始萬物者冬春之交也。所以火不與水對，山不與澤對，先儒不知對待流行，而倡爲先天後天之説，所以《本義》于此二①節，皆云未詳。殊不知二圖分不得先後，譬如天之與地對待也，二氣交感，生成萬物者流行也，天地有先後哉？男之與女對待也，二氣交感，生成男女者流行也，男女有先後哉？所以伏羲文王之圖，不可廢一。孔子所以發二聖千載之秘者此也。此節乃總括上四節，二圖不可廢一之意，所以先儒未詳其義。〇神也者，妙萬物而爲言者也。以文王流行之卦圖言之，雷之動，風之撓，火之燥，澤之説，水之潤，艮之終始，其流行萬物，固極其盛矣，然必有伏羲之對待，水火相濟，雷風不相悖，山澤通氣，然後陽變陰化，有以運其神妙萬物，而生成之也。若止于言流行而無對待，則男女不相配，剛柔不相摩，獨陰不生，獨陽不成，安能行鬼神，成變化，而動之撓之燥之説之潤之，以終始萬物哉？

右第六章。第三章天地定位，第四章雷以動之，言伏羲圓圖之對待。第五章帝出乎震二節，言文王圓圖之流行，此則總二聖之圖而言文王之流行，必有伏羲之對待，而後可流行也。

乾，健也。坤，順也。震，動也。巽，入也。坎，陷也。離，麗也。艮，止也。兑，説也。

① 二，王校本據史本、朝爽堂本改作「一」。

此言八卦之情性，乾純陽故健，坤純陰故順。震坎艮，陽卦也，故皆從健。巽離兑，陰卦也，故皆從順。健則能動，順則能入，此震巽所以爲動爲入也。健遇上下皆順，則必溺而陷，順遇上下皆健，則必附而麗，此坎離所以爲陷爲麗也。健極于上，前無所往必止。順見于外，情有所發必悦。

右第七章。

乾爲馬，坤爲牛，震爲龍，巽爲雞，坎爲豕，離爲雉，艮爲狗，兑爲羊。

馬性健，其蹄圓，乾象。牛性順，其蹄坼①，坤象。龍蟄物，遇陽則奮，震之一陽動于二陰之下者也。雞羽物，遇陰則入，巽之一陰伏于二陽之下者也。豕性剛躁，陽剛在内也。雉羽文明，陽明在外也。狗止人之物，羊悦群之物，此遠取諸物如此。

右第八章。

乾爲首，坤爲腹，震爲足，巽爲股，坎爲耳，離爲目，艮爲手，兑爲口。

首尊而在上，故爲乾。腹納而有容，故爲坤。陽動陰静，動而在下者足也。陽連陰拆，拆而在下者股也。坎陽在内，猶耳之聰在内也。離陽在外，猶目之明于外也。動而在上者手也，拆而在上者口也，此近取諸身如此。

右第九章。

乾，天也，故稱乎父。坤，地也，故稱乎母。震一索而得男，故謂之長男。巽一索而得女，故謂之長女。坎

① 『坼』，原作『拆』，據史本改。

再索而得男，故謂之中男。離再索而得女，故謂之中女。艮三索而得男，故謂之少男。兑三索而得女，故謂之少女。

六子皆自乾坤而生，故稱父母。索者，陰陽之相求也。陽先求陰則陽入陰中而爲男，陰先求陽則陰入陽中而爲女。震坎艮，皆坤體，乾之陽來交于坤之初而得震則謂之長男，交于坤之中而得坎則謂之中男，交于坤之末而得艮則謂之少男。巽離兑，皆乾體，坤之陰來交于乾之初而得巽則謂之長女，交于乾之中而得離則謂之中女，交于乾之末而得兑則謂之少女。三男本坤體，各得乾之一陽而成男，陽根于陰也。三女本乾體，各得坤之一陰而成女，陰根于陽也。此文王有父母六子之説，故孔子發明之，亦猶帝出于震，孔子解之也。

右第十章。

乾爲天，爲圜，爲君，爲父，爲玉，爲金，爲寒，爲冰，爲大赤，爲良馬，爲老馬，爲瘠馬，爲駁馬，爲木果。

純陽而至健爲天，故爲天。天體圜，運動不息，故爲圜。乾之生乎萬物，猶君之主萬民也，故爲君。乾知太始，有父道焉，故爲父。純粹爲玉，純剛爲金，爲寒爲冰者，冰則寒之凝也。乾居亥位，陽生于子也。寒冰在子，以陽之始言之。大赤在午，以陽之終言之。良馬，馬之健而純，健之不變者也。老馬，健之時變者也。瘠馬，健之身變者也。駁馬，健之色變者也。乾道變化，故又以變言之。木果，圓之在上者也。漢荀爽集九名家《易傳》，有爲龍，爲直，爲衣，爲言。

坤爲地，爲母，爲布，爲釜，爲吝嗇，爲均，爲子母牛，爲大輿，爲文，爲衆，爲柄，其于地也爲黑。

純陰爲地，資生爲母。爲布者陰柔也，且地南北經，而東西緯，亦布象也。爲釜者陰虚也，且六十四升爲釜，亦如坤包六十四卦也。其静也翕，凝聚不施，故爲吝嗇。其動也闢，不擇善惡之物皆生，故爲均。性順而生物，生生相繼，故爲子母牛。能載物爲輿，曰大輿者，乃順承天之大也。三畫成章，故爲文。偶畫成群，故爲衆。柄者持成物之權，黑者爲極陰之色。荀《九家》有爲牝，爲迷，爲方，爲囊，爲裳，爲黄，爲帛。

震爲雷，爲龍，爲玄黄，爲旉，爲大塗，爲長子，爲決躁，爲蒼筤竹，爲萑葦。其于馬也爲善鳴，爲馵足，爲作足，爲的顙。其于稼也爲反生，其究爲健，爲蕃鮮。旉作車。筤音郎。萑音丸。馵，主樹反。

震者動也，爲雷者氣之動于下也，爲龍者物之動于下也。乾坤始交而成震，兼天地之色，故爲玄黄。旉當作車字。震，動也，車，動物也，此震之性，當作車也。上空虚，一陽横于下，有舟車之象，故剥卦君子得輿，小人剥廬。陽剥于上，有剥廬之象。陽生于下，則爲震矣，有得輿之象。此震之象，當作車也。且從大塗，從作足馬則車誤作旉也明矣。一奇動于内，而二偶開張，四通八達，故爲大塗。震①一索而得男，故爲長子。一陽動于下，其進也鋭，故爲決躁。蒼者東方之色，故爲蒼筤竹。萑葦，荻與蘆也，與竹皆下本實而上幹虚，陽下陰上之象也。凡聲陽也，上偶開口，故爲善鳴。《爾雅》：馬左足白曰馵，震居左，故曰馵。作者兩足皆動也，一陽動于下，故爲作足。顙者額也，的顙者白額之馬也。震錯巽，巽爲白，故爲頭足皆白之馬。剛反在下，故稼爲反生，反生者根在上也。究者，究其前之所進也。陽剛震動，勢必前進，故究其極而言之。就其健者，震進則爲臨爲泰，爲三畫之純陽矣，故爲健。究蕃者，究其陽所生之物也。帝出乎震，則齊乎巽，相見乎離，品物咸亨而蕃盛矣，故爲蕃。究鮮者，鮮謂魚，震錯巽，故爲魚也。《書》奏庶鮮食，

① 震，原作「坤」，諸本改作「乾」。今據《説卦傳》改。

謂魚肉之類。《老子》治大國如烹小鮮，則專言魚也。究健、究蕃者，究一陽之前進也。究鮮者，究一陽之對待也。荀《九家》有爲玉，爲鵠，爲鼓。

巽爲木，爲風，爲長女，爲繩直，爲工，爲白，爲長，爲高，爲進退，爲不果，爲臭。其于人也，爲寡髮，爲廣顙，爲多白眼，爲近利市三倍，其究爲躁卦。

巽，入也。物之善入者莫如木，故無土不穿。氣之善入者莫如風，故無物不被。坤一索乾而得巽，故爲長女。木曰曲直，繩直者，從繩以取直，而工則引繩之直，以制木之曲者也。巽德之制，故能制器爲工。伏羲圓圖震錯巽，震居東北爲青，巽居西南爲白，蓋木方青，而金方白也。陽長陰短，陽高陰卑，二陽一陰，又陽居其上，陰居其下，故爲長爲高，風行無常，故進退。風或東或西，故不果。臭以風而傳，陰伏于重陽之下，鬱積不散，故爲臭。姤卦包魚不利賓者，以臭故也。爲寡髮者，髮屬血，陰血不上行也。廣顙者，闊額也，陽氣獨上盛也。眼之白者爲陽，黑者爲陰，所以離爲目，巽二白在上，一黑沉于下，故爲白眼。巽本乾體，爲金爲玉，利莫利于乾也。坤一索而爲巽，巽性入，則乾之所有，皆入于巽矣，故近市利三倍。曰近者，亦如市之交易，有三倍之利也。震爲決躁，巽錯震，故其究爲躁卦，亦如震之其究爲健也。震巽以究言者，剛柔之始也。荀《九家》有爲楊，爲鸛。

坎爲水，爲溝瀆，爲隱伏，爲矯輮，爲弓輪。其于人也，爲加憂，爲心病，爲耳痛，爲血卦，爲赤。其于馬也，爲美脊，爲亟心，爲下首，爲薄蹄，爲曳。其于輿也爲多眚，爲通，爲月，爲盜。其于木①也，爲堅多心。

① 木，原作『水』，據寶廉堂本、《説卦傳》改。

水内明，坎之陽在内，故爲水。陽畫爲水，二陰夾之，故爲溝瀆。陽匿陰中爲柔所掩，故爲隱伏。矯者直而使曲，輮者曲而使直，水流有曲直，故爲矯輮。因爲矯輮，弓與輪，皆矯輮所成，故爲弓輪。陽陷陰中，心危慮深，故爲加憂。心耳皆以虚爲體，坎中實，故爲病爲痛，蓋有孚則心亨，加憂則心病矣。水在天地爲水，在人身爲血。爲赤者，得乾之一畫，與乾色同，但不大耳。乾爲馬，坎得乾之中爻，而剛在中，故爲馬之美脊。剛在内而躁①，故爲亟心。柔在上，故首垂而不昂。柔在下，故蹄薄而不厚。因下柔，故又爲曳，蓋陷則失健，足行無力也。多眚者，險陷而多阻，因柔在下，不能任重也。上下皆虚，水流而不滯，故通。月者水之精，從其類也。盜能伏而害人，剛强伏匿于陰中，故爲盜。中實，故木多心堅。荀《九家》有爲宫，爲律，爲可，爲棟，爲叢棘，爲狐，爲蒺藜，爲桎梏。

離爲火，爲日，爲電，爲中女，爲甲胄，爲戈兵。其于人也，爲大腹，爲乾卦，爲鱉，爲蟹，爲蠃，爲蚌，爲龜。其于木也，爲科上槁。蠃者騾，力木反。

離者麗也。火麗木而生，故爲火。日者火之精，電者火之光，故爲日爲電。甲胄外堅，象離之畫。戈兵上鋭，象離之性。中虚故爲大腹。乾音干。水流濕，故稱血，火就燥，故稱乾。外剛内柔，故爲介物。中虚，故爲木之科。科者，科巢之象也。炎上，故木上槁。荀《九家》有爲牝牛。

艮爲山，爲徑路，爲小石，爲門闕，爲果蓏，爲閽寺，爲指，爲狗，爲鼠，爲黔喙②之屬。其于木也，爲堅多節。蓏音粿。喙，况廢反。

① 躁，王校本據史本、朝爽堂本改作「躁」。
② 喙，原作「啄」，據寶廉堂本及《説卦傳》改。下同。

山止于地，故爲山。一陽塞于外，不通大塗，與震相反，故爲徑路。剛在坤土之上，故爲小石。上畫相連，下畫雙峙而虛，故爲門闕。木實植生①曰果，草實蔓生曰蓏。實皆在上，故爲果蓏。閽人掌王宮中門之禁，止物之不應入者，寺人掌王之内人及宮女之戒令，止物之不得出者。艮剛止内柔，故爲閽寺。人能止于物者在指，物能止于物者在狗。鼠之爲物，其剛在齒，鳥之爲物，其剛在喙。黔者黑色，鳥喙多黑。曰屬者，不可枚舉也。狗鼠黔喙，皆謂前剛也。坎陽在内，故木堅在心。艮陽在上，故木堅多節。木枝在上方有節。荀《九家》有爲鼻，爲虎，爲狐。

兑爲澤，爲少女，爲巫，爲口舌，爲毁折，爲附決。其于地也，爲剛鹵，爲妾，爲羊。

澤乃瀦水之地，物之潤而見乎外者亦爲澤。兑之陰見乎外，故爲澤。坤三索于乾而得女，故爲少女。女巫擊鼓婆娑，乃歌舞悦神者也。通乎幽者，以言悦乎神爲巫。通乎顯②者，以言悦乎人爲口舌。正秋，萬物條枯實落，故爲毁折，此以其時言也。柔附于剛，剛乃決柔，故爲附決。震陽動，故決躁。兑陰悦，故附決。兑非能自決，乃附于剛而決也。此以其勢言也。兑金乃堅剛之物，故爲剛。《説文》云：鹵西方鹹地。兑正西，故爲鹵。少女從姊爲娣，故爲妾。内狠外説，故爲羊。荀《九家》有爲常，爲輔頰。

右第十一章。此章廣八卦之象。

① 此處原重『生』字，據史本删。
② 顯，原作『頭』，據寶廉堂本改。

序卦傳

序卦者，孔子因文王之序卦，就此一端之理以序之也。一端之理在所略，孔子分明恐後儒雜亂文王之序卦，故借此一端之理以序之，其實本意專恐爲雜亂其卦也。如大過以下，使非孔子序卦可證，則後儒又聚訟矣。蔡氏改正，丘氏猶以爲不當僭改經文，豈不聚訟？所以序卦有功于《易》。宋儒不知象，就説序卦非聖人之書，又説非聖人之藴，非聖人之精。殊不知序卦非爲理設，乃爲象設也。如井、蹇、解、無妄等卦辭，使非《序卦》《雜卦》，則不知文王之言，何自而來也。自孔子没，歷秦漢至今日，叛經者皆因不知《序卦》《雜卦》也。以此觀之，謂序卦爲聖人之至精可也。

有天地，然後萬物生焉。盈天地之間者唯萬物，故受之以屯，屯者盈也，屯者物之始生也。物生必蒙，故受之以蒙，蒙者蒙也，物之穉也。物穉不可不養也，故受之以需。需者，飲食之道也。飲食必有訟，故受之以訟。

盈者言乾坤之氣盈，充塞于兩間也。如有欠缺，豈能生物。屯不訓盈，言萬物初生之時，如此鬱結未通，必如此盈也。物之始生，精神未發，若蒙冒然，故屯後繼蒙。蒙者蒙也，上蒙字卦名，下蒙字物之象也。穉者小也，小者必養而後長大。水在天以潤萬物，乃萬物之所需者，需不訓飲食，謂人所需于飲食者，在養之以中正，乃飲食之道也。飲食人之所大欲也，所需不如所欲則必争，乾餱以愆，豕酒生禍，故訟。

訟必有衆起，故受之以師，師者衆也。衆必有所比，故受之以比，比者比也。比必有所畜，故受之以小畜。物畜然後有禮，故受之以履。履而泰然後安，故受之以泰，泰者通也。物不可以終通，故受之以否。

争起而黨類必衆，故繼之以師。比者比也，上比卦名，下比相親附之謂也。衆必有所親附依歸，則聽其約束，故受之以比。人來相比，必有以畜養之者，無以養之，何以成比，故受之以小畜。禮義生于富足，物畜然後有禮，故受之以履。禮蓋人之所履，非以禮訓履也，人有禮則安，無禮則危，故受之以泰。治亂相仍，如環無端，無久通泰之理，故受之以否。

物不可以終否，故受之以同人。與人同者，物必歸焉，故受之以大有。有大者不可以盈，故受之以謙。有大而能謙必豫，故受之以豫。豫必有隨，故受之以隨。以喜隨人者必有事，故受之以蠱。

上下不交，所以成否。今同人于野，利涉大川，疇昔儉德辟難之君子，皆相與出而濟否矣，故繼之以同人。能一視同人，則近悦遠來，而所有者大矣，故大者皆爲吾所有。所有既大，不可以有自滿也，故受之以謙。有大不盈而能謙，則永保其所有之大，而中心和樂矣，故受之以豫。和樂而不拒絶乎人，則人皆欣然願隨之矣，故受之以隨。以喜隨人者，非無故也，必有其事，如臣之隨君，必以官守言責爲事，弟子之隨師，必以傳道解惑爲事，故受之以蠱。

蠱者事也，有事而後可大，故受之以臨。臨者大也，物大然後可觀，故受之以觀。可觀而後有所合，故受之以噬嗑。嗑者合也，物不可以苟合而已，故受之以賁，賁者飾也。致飾然後亨則盡矣，故受之以剥。

蠱者壞也，物壞則萬事生矣。事因壞而起，故以蠱爲事。可大之業，每因事以生，故受以臨。臨者二陽進而逼四陰，駸駸乎向于大矣。臨不訓大，臨者以上臨下，以大臨小。凡稱臨者，皆大者之事也，故以大釋之。凡物之小者，不足以動人之觀，大方可觀。德之大，則光輝之著，自足以起人之瞻仰。業之大，則動績之偉，自足以耀人之耳目，故臨次以觀。既大而可觀，則信從者衆。自有來合之者，故受之以噬嗑。物不可以苟合，又在乎賁以飾之，不執贄則不足以成賓主之合，不受幣則不可以成男女之合，賁所以次合也。賁者文飾也，致者專事文飾之謂也。文飾太過，則爲亨之極，亨極則儀文盛而實行衰，故曰致飾亨則盡矣，故繼之以剥。

剥者剥也，物不可以終盡，剥窮上反下，故受之以復。復則不妄矣，故受之以无妄。有无妄然後可畜，故受之以大畜。物畜然後可養，故受之以頤，頤者養也。不養則不可動，故受之以大過。物不可以終過，故受之以坎，坎者陷也。陷必有所麗，故受之以離，離者麗也。

所謂剥者，以其剥落而盡也。然物不可以終盡，既剥盡于上，則必復生于下，故繼之以復。復者，反本而復于善也。善端既復，則妄念不生，妄動不萌，而不妄矣。无妄則誠矣，誠則好善如好好色，惡惡如惡惡臭，然後可以畜德，而至于大，故受之以大畜。物必畜然後可養，况我之德乎？德既畜于己，則可以優游涵泳而充養之，以至于化矣，是可養也，故受之以頤，頤者養之義也。有大涵養，而後有大施設，養則可動，不養則不可動矣。動者施設而見于用也，故受之以大過。大過者，以大過人之才，爲大過人之事，非有養者不能也。然天下之事，中焉止矣，理無大過而不已，過極則陷溺于過矣，故受之以坎。坎者一陽陷于二陰之間，陷之義也。陷于險難之中，則必有所附麗，庶資其才力，而難可免矣，故受之以離。離者一陰麗于二陽之間，附麗之義也。物不可以終通終否終盡終過，以理之自然言也，造化乃如此也。有大者不可以盈，不養則不可動，以理之當然言也，人事乃如此也。

右上篇。

有天地然後有萬物，有萬物然後有男女，有男女然後有夫婦，有夫婦然後有父子，有父子然後有君臣，有君

臣然後有上下，有上下然後禮義有所錯。

有夫婦則生育之功成而有父子，有父子則尊卑之分起而後有君臣，有君臣則貴賤之等立而後有上下，上下既立則有拜趨坐立之節，有宮室車馬之等，小而繁①纓之微，大而衣裳之垂，其制之必有文，故謂之禮。其處之必得宜，故謂之義。錯者交錯也，即八卦之相錯也。禮義尚往來，故謂之錯。

夫婦之道不可以不久也，故受之以恒，恒者久也。物不可以久居其所，故受之以遯，遯者退也。物不可以終遯，故受之以大壯。物不可以終壯，故受之以晉，晉者進也。進必有所傷，故受之以明夷。

物不可以久居其所，泛論物理也。如人臣居寵位之久者是也，豈有夫婦不久居其所之理？序卦止有一端之理者，正在于此。遯者退也，物不可以終退，故受之以大壯。既壯盛則必進，故受之以晉。進而不已，則知進不知退，必有所傷矣，亦物不可久居其所之意。《易》之消息盈虛，不過如此。時止時行，則存乎其人也。

夷者傷也，傷于外者必反其家，故受之以家人。家道窮必乖，故受之以睽，睽者乖也。乖必有難，故受之以蹇，蹇者難也。物不可以終難，故受之以解，解者緩也。緩必有所失，故受之以損。

傷于外者，其禍必及于家，故受之以家人。禍及于家，則家道窮困矣。家道窮困則父子兄弟豈不相怨，故受之以睽。一家乖睽則內難作矣，故受之以蹇。凡人患難，必有解散之時，故受之以解。緩則怠惰偷安，廢時失事，故受之以損。

① 繁，原作『繫』，據寶廉堂本改。

損而不已必益，故受之以益。益而不已必決，故受之以夬，夬者決也。決必有所遇，故受之以姤，姤者遇也。物相遇而後聚，故受之以萃，萃者聚也。聚而上者謂之升，故受之以升。升而不已必困，故受之以困。

損而不已必益，益而不已必決，決去即損去之意。盛衰損益，如循環然。損不已必益，益不已必損，造化如此，在《易》亦如此，故曰損益盛衰之始也。損者盛之始，益者衰之始，所以決字即損字也。夬與姤相綜，夬柔在上，剛決柔也。姤柔在下，柔遇剛也，故決去小人，即遇君子，所以夬受之以姤。君子相遇，則合志同方，故受之以萃。同志既萃，則乘時遘會，以類而進，故受之以升。升自下而上，不能不用其力，升而不已，則力竭而困憊矣，故受之以困。

困乎上者必反下，故受之以井。井道不可不革，故受之以革。革物者莫若鼎，故受之以鼎。主器者莫若長子，故受之以震，震者動也。物不可以終動，止之，故受之以艮，艮者止也。物不可以終止，故受之以漸，漸者進也。進必有所歸，故受之以歸妹。得其所歸者必大，故受之以豐，豐者大也。窮大者必失其居，故受之以旅。

不能進而困于上，則必反于下，至下者莫若井也，井養而不窮，可以舒困矣，故受之以井。井久則穢濁不可食，必當革去其故，故受之以革。革物之器，去故而取新者，莫若鼎，故受之以鼎。鼎重器也，廟祭用之，而震爲長子，則繼父而主祭者也，故受之以震，震者動也。物不可以終動，動則止①之以靜，故受之以艮。艮者止也，物不可以終止，靜極而復動也，故受之以漸。漸者進也。進以漸而不驟者，惟女子之歸，六

① 止，四庫本作『主』。

禮以漸而行，故受之以歸妹。得其所歸者必大，細流歸于江海，則江海大；萬民歸于帝王，則帝王大；至善歸于聖賢，則聖賢大，故受之以豐。窮大而驕奢無度，則必亡國敗家而失其所居之位矣。唐明皇宋徽宗是也，故受之以旅。

旅而無所容，故受之以巽，巽者入也。入而後説之，故受之以兑，兑者説也。説而後散之，故受之以涣，涣者離也。物不可以終離，故受之以節。節而信之，故受之以中孚。有其信者必行之，故受之以小過。有過物者必濟，故受之以既濟。物不可窮也，故受之以未濟終焉。

旅者，親寡之時，非巽順何所容。苟能巽順，雖旅困之中，何往而不能入，故受之以巽。巽者入也。人情相拒則怒，相入則悦，入而後悦之，故繼之以兑，兑者悦也。人之氣憂則鬱結，悦則舒散，悦而後散之，故受之以涣，涣者離也，離披解散之意。物不可以終離，離則散漫遠去而不止矣，故受之以節，節所以止離也。節者制之于外，孚者信之于中，節得其道，而上能信守之，則下亦以信從之矣，所謂節而信之也，故受之以中孚。有者自恃其信而居其有也，必者不加詳審而必于其行也。事當隨時制宜，若自有其信，而必行之，則小有過矣，故受之以小過。有過人之才者，必有過人之事，而事無不濟矣，故受之以既濟。物至于既濟，物之窮矣，然物無終窮之理，故受之以未濟終焉。物不可窮，乃一部《易經》之本旨，故曰物不可以終通，以至終離，言物不可者十一，皆此意也。

右下篇。

雜卦傳

雜卦者，雜亂文王之序卦也。孔子將序卦一連者，特借其一端之理以序之，其實恐後學顛倒文王所序之卦也。一端之理在所緩也，又恐後學以序卦爲定理，不知其中有錯有綜，有此二體，故雜亂其卦。前者居于後，後者居于前，止將二體兩卦有錯有綜者下釋其意，如乾剛坤柔，比樂師憂是也。使非有此《雜卦》，象必失其傳矣。

乾剛坤柔。

此以錯言，言乾坤之情性也。文王序卦六十四卦止乾、坤、坎、離、大過、頤、小過、中孚八卦相錯，蓋伏羲圓圖，乾坤坎離四正之卦本相錯，四隅之卦，兑錯艮，震錯巽，故大過、頤、小過、中孚所以相錯也。

比樂師憂。

此以綜言，因二卦同體，文王相綜爲一卦，後言綜者倣此。順在内故樂，險在内故憂。凡綜卦有四正綜，四正者，比樂師憂，大有衆同人親之類也。四隅之卦，艮與震綜，皆一陽二陰之卦。艮可以言震，震可以言艮，兑與巽綜，皆二陽一陰之卦。兑可以言巽，巽可以言兑，如隨蠱咸恒之類是也。有以正綜隅，隅綜正者，臨觀屯蒙之類是也。前儒不知乎此，所以言象失其傳，而不知象即藏于錯綜之中，因不細玩《雜卦》故也。

臨觀之義，或與或求。

此以綜言。君子之臨小人也，有發政施仁之意，故與。下民之觀君上也，有仰止觀光之心，故求。曰或者，二卦皆可言與求也。蓋求則必與，與則必求。

屯見而不失其居，蒙雜而著。

此以綜言。見者居九五之位也，居者以陽居陽也。八卦正位，坎在五，言九五雜于二陰之間，然居九五之位，剛健中正，故見而不失其居。蒙九二亦雜于二陰之間，然爲發蒙之主。故雜而著見，皆以坎之上下言，言蒙之坎上而爲屯矣。見而不失其居，屯之坎下而爲蒙矣，雜而又著。

震，起也，艮，止也。

此以綜言，震陽起于下，艮陽止于上。

損益，盛衰之始也。

此以綜言，損上卦之艮，下而爲益下卦之震。帝出乎震，故爲盛之始。益上卦之巽，下而爲損下卦之兑，説言乎兑，故爲衰之始。震東兑西，春生秋殺，故爲盛衰之始。

大畜，時也，无妄，災也。

此以綜言。大畜上卦之艮，下而爲無妄下卦之震，故孔子曰剛自外來而爲主于内。無妄下卦之震，上而爲大畜之艮，故孔子曰剛上而尚賢。止其不能止者，非理之常，乃適然之時。得其不當得者，非理之常，乃偶然之禍。

萃聚而升，不來也。

此以綜言。升上卦之三陰，下而爲萃之下卦。三陰同聚，故曰萃。萃下卦之三陰，上而爲升之上卦，三陰齊升，故曰升。惟升故不降下而來。

謙輕而豫怠也。

此以綜言。謙之上六，即豫之初六，故二爻皆言鳴。謙心虚，故自輕。豫志滿，故自肆。

噬嗑，食也，賁，無色也。

此以綜言。賁下卦之離，上而爲噬嗑之上卦，故孔子曰柔得中而上行。噬嗑上卦之離，下而爲賁之下卦，故孔子曰柔來而文剛。頤中有物，食其所有，白賁無色，文其所無。

兑見而巽伏也。

此以綜言，與震艮同，震艮以陽起止于上下，此則以陰見伏于上下。

隨無故也，蠱則飭也。

此以綜言，隨則以蠱上①卦艮之剛，下而爲震，故孔子曰剛來而下柔。蠱則以隨上卦兑之柔，下而爲巽，故孔子曰剛上而柔下。隨無大故，故能相隨，蠱有大故，故當整飭。

剥，爛也，復，反也。

此以綜言，剥則生意漸盡而歸于無，復則生意復萌而反于有。

晉，晝也，明夷，誅也。

此以綜言。明夷下卦之離，進而爲晉之上卦，故孔子曰柔進而上行，明在上而明著，明在下而明傷。

① 上，原作『止』，據寶廉堂本改。

井通而困，相遇也。

此以綜言①。困上卦之兑，下而爲井下卦之巽。井下卦之巽，上而爲困上卦之兑。養而不窮，通也，即不困。剛過其揜，遇也，即不通。

咸，速也，恒，久也。

此以綜言。故孔子曰柔上而剛下，剛上而柔下。有感則速，速則婚姻及時。有恒則久，久則夫婦偕老。

涣，離也，節，止也。

此以綜言。節上卦坎之剛來居涣之下卦，涣上卦巽之柔來居節之下卦。風散水故涣，涣則離而不止。澤防水故節，節則止而不離。

解，緩也，蹇，難也。

此以綜言。蹇下卦之艮往而爲解上卦之震，出險之外，安舒寬緩之時，居險之下，大難切身之際。

睽，外也，家，人内也。

此以綜言。睽下卦之兑，即家人上卦之巽。睽于外而不相親，親于内而不相睽。

否泰，反其類也。

此以綜言。大往小來，小往大來，故反其類。

① 此四字原無，王校本據史本、朝爽堂本補，從之。

大壯則止，遯則退也。止當作上。

此以綜言，止字乃上字之誤。二卦相綜，遯之三爻即大壯之四爻，上字指大壯之四爻而言，退字指遯之三爻而言，皆相比于陰之爻也。孔子因周公三爻四爻之辭，故發此上退二字，言大壯則壯于大輿之輹，上往而進，遯則退而畜止臣妾，使制于陽，不使之浸而長也。故大壯則上，遯則退。

大有，衆也，同人，親也。

此以綜言。同人下卦之離進居大有之上卦，大有上卦之離來居同人之下卦，勢統①于一，所愛者衆，情通于同，所與者親。

革，去故也，鼎，取新也。

此以綜言。鼎下卦之巽進而爲革上卦之兑，水火相息，有去故之義。水火相烹，有從新之理。

小過，過也，中孚，信也。

此以錯言，過者踰其常，信者存其誠。

豐多故，親寡旅也。

此以綜言。旅下卦之艮，即豐上卦之震。人處豐盛，故多故舊。人在窮途，故寡親識。

離上而坎下也。

此以錯言，炎上潤下。

① 統，原作「繞」，據寶廉堂本改。

小畜，寡也，履，不處也。

此以綜言。一卦皆以柔爲主。小畜柔得位但寡不能勝，衆陽所以不能畜，故曰寡也。履柔不得位，惟以悦體履虎尾，故曰不處也。不處者非所居也，故六三《小象》曰位不當。

需，不進也，訟，不親也。

此以綜言。天水相上下，安分待時，故不進。越理求勝，故不親。

大過，顛也，頤養，正也。依蔡氏改正。

此以錯言。弱其本末故顛，擇其大小故正。《序卦》曰：頤者，養也。不養則不可動，故受之以大過。有此作證，蔡氏方改正，所以《序卦》有功于《易》。

既濟，定也，未濟，男之窮也。依蔡氏改正。

此以綜言。水火相爲上下，六位皆當故定，三陽失位故窮。

歸妹，女之終也，漸，女歸，待男行也。依蔡氏改正。

此以綜言。歸妹下卦之兑，進而爲漸上卦之巽，漸下卦之艮進而爲歸妹上卦之震，歸妹者女事之終，待男者女嫁之禮。

姤，遇也，柔遇剛也。夬，决也，剛决柔也，君子道長，小人道消也。依蔡氏改正。

此以綜言。君子小人，迭爲盛衰，猶陰陽迭相消長。一柔在五陽之下，曰柔遇剛者，小人之遭遇，君子之所憂也。一柔在五陽之上，曰剛决柔者，君子之道長，小人之所憂也。《易》之爲書，吉凶消長，進退存亡，不過此理此數而已，故以是終之。

周易集注卷之十六①

考定周易繫辭上下傳

梁山來知德考定

繫辭上傳

天尊地卑，乾坤定矣。卑高以陳，貴賤位矣。動静有常，剛柔斷矣。方以類聚，物以群分，吉凶生矣。在天成象，在地成形，變化見矣。是故剛柔相摩，八卦相盪。鼓之以雷霆，潤之以風雨。日月運行，一寒一暑。乾道成男，坤道成女。乾知大始，坤作成物。乾以易知，坤以簡能。易則易知，簡則易從。易知則有親，易從則有功。有親則可久，有功則可大。可久則賢人之德，可大則賢人之業。易簡而天下之理得矣。天下之理得，而成位乎其中矣。

右第一章。

聖人設卦觀象，繫辭焉而明吉凶，剛柔相推而生變化。是故吉凶者失得之象也，悔吝者憂虞之象也，

① 本卷原無卷題，據例及寶廉堂本補。

變化者進退之象也，剛柔者晝夜之象也。六爻之動，三極之道也。是故君子所居而安者《易》之序也，所樂而玩者爻之辭也。是故君子居則觀其象而玩其辭，動則觀其變而玩其占，是以自天祐之，吉無不利。

右第二章。

彖者言乎象者也，爻者言乎變者也，吉凶者言乎其失得也，悔吝者言乎其小疵也，无咎者善補過也。是故列貴賤者存乎位，齊小大者存乎卦，辯吉凶者存乎辭，憂悔吝者存乎介，震無咎者存乎悔。是故卦有小大，辭有險易。辭也者，各指其所之。

右第三章。

《易》與天地準，故能彌綸天地之道。仰以觀于天文，俯以察于地理，是故知幽明之故。原始反終，故知死生之説。精氣爲物，游魂爲變，是故知鬼神之情狀。與天地相似，故不違。知周乎萬物，而道濟天下，故不過。旁行而不流，樂天知命，故不憂。安土敦乎仁，故能愛。範圍天地之化而不過，曲成萬物而不遺，通乎晝夜之道而知，故神無方而《易》無體。

右第四章。

一陰一陽之謂道，繼之者善也，成之者性也。仁者見之謂之仁，知者見之謂之知，百姓日用而不知，故君子之道鮮矣。顯諸仁，藏諸用，鼓萬物而不與聖人同憂。盛德大業，至矣哉。富有之謂大業，日新之謂盛德，生生之謂易，成象之謂乾，效法之謂坤，極數知來之謂占，通變之謂事，陰陽不測之謂神。

右第五章。

夫易，廣矣大矣。以言乎遠則不禦，以言乎邇則静而正，以言乎天地之間則備矣。夫乾，其静也專，其動也直，是以大生焉。夫坤，其静也翕，其動也闢，是以廣生焉。廣大配天地，變通配四時，陰陽之義配日月，易簡之善配至德。

右第六章。

子曰：《易》其至矣乎。夫《易》，聖人所以崇德而廣業也。知崇禮卑，崇效天，卑法地，天地設位而《易》行乎其中矣。成性存存，道義之門。

右第七章。

聖人有以見天下之賾，而擬諸其形容，象其物宜，是故謂之象。聖人有以見天下之動，而觀其會通，以行其典禮。繫辭焉，以斷其吉凶，是故謂之爻。言天下之至賾而不可惡也，言天下之至動而不可亂也，擬之而後言，議之而後動，擬議以成其變化。

子曰：『危者安其位者也，亡者保其存者也，亂者有其治者也。是故君子安而不忘危，存而不忘亡，治而不忘亂，是以身安而國家可保也。《易》曰：「其亡其亡，繫于苞桑。」』

同人『先號咷而後笑』，子曰：『君子之道，或出或處，或默或語。二人同心，其利斷金，同心之言，其臭如蘭。』

《易》曰：『自天祐之，吉無不利』，子曰：『祐者，助也。天之所助者順也，人之所助者信也。履信思乎順，又以尚賢也。是以自天祐之，吉無不利也。』

『勞謙，君子有終，吉。』子曰：『勞而不伐，有功而不德，厚之至也。語以其功下人者也。德言盛，禮言恭。謙也者，致恭以存其位者也。』

子曰：『知幾其神乎！君子上交不諂，下交不瀆。其知幾乎！幾者動之微，吉之先見者也。君子見幾而作，不俟終日。《易》曰：「介于石，不終日，貞吉。」介如石焉，寧用終日？斷可識矣。君子知微知彰，知柔知剛，萬夫之望。』

子曰：『小人不耻不仁，不畏不義，不見利不勸，不威不懲，小懲而大誡，此小人之福也。易曰：「履校滅趾，無咎。」此之謂也。』

善不積不足以成名，惡不積不足以滅身。小人以小善爲無益而弗爲也，以小惡爲無傷而弗去也，故惡積而不可掩，罪大而不可解。《易》曰：『何校滅耳，凶。』

子曰：『顔氏之子，其殆庶幾乎！有不善未嘗不知，知之未嘗復行也。《易》曰：「不遠復，無祇悔，元吉。」』

初六，藉用白茅，無咎。子曰：『苟錯諸地而可矣。藉之用茅，何咎之有？慎之至也。夫茅之爲物薄而用可重也，慎斯術也以往，其無所失矣。』

右第八章。依《序卦》上經九爻與下經同。

天一地二，天三地四，天五地六，天七地八，天九地十。天數五，地數五，五位相得而各有合。天數二十有五，地數三十，凡天地之數，五十有五，此所以成變化而行鬼神也。大衍之數五十，其用四十有九，分而爲二以象兩，掛一以象三，揲之以四以象四時，歸奇于扐以象閏，五歲再閏，故再扐而後掛。乾之策，二百一十有六。坤之策，百四十有四，凡三百有六十，當期之日。二篇之策，萬有一千五百二十，當萬物之數也。是故四營而成易，十有八變而成卦，八卦而小成。引而伸之，觸類而長之，天下之能事畢矣。顯道神德行，是故可與酬酢，可與祐神矣。子曰：知變化之道者，其知神之所爲乎。

右第九章。

《易》有聖人之道四焉：以言者尚其辭，以動者尚其變，以制器者尚其象，以卜筮者尚其占。是以君子將有爲也，將有行也。問焉而以言，其受命也如嚮。無有遠近幽深，遂知來物。非天下之至精，其孰能與于此？參伍以變，錯綜其數。通其變，遂成天下之文。極其數，遂定天下之象。非天下之至變，其孰能與于此？《易》無思也，無爲也，寂然不動，感而遂通天下之故。非天下之至神，其孰能與于此？夫《易》，聖人之所以極深而研幾也，唯深也，故能通天下之志。唯幾也，故能成天下之務。唯神也，故不疾而速，不行而至。子曰《易》有聖人之道四焉者，此之謂也。

右第十章。

子曰：『夫《易》，何爲者也？夫《易》，開物成務，冒天下之道，如斯而已者也。是故聖人以通天下之志，以定天下之業，以斷天下之疑。』是故蓍之德圓而神，卦之德方以知，六爻之義易以貢。聖人以此洗心，退藏于密，吉凶與民同患。神以知來，知以藏往，其孰能與于此哉？古之聰明叡知，神武而不殺者夫？是以明于天之道，而察于民之故，是興神物，以前民用。聖人以此齋戒，以神明其德夫。是故闔户謂之坤，闢户謂之乾，一闔一闢謂之變，往來不窮謂之通，見乃謂之象，形乃謂之器，制而用之謂之法，利用出入，民咸用之謂之神。是故《易》有太極，是生兩儀，兩儀生四象，四象生八卦，八卦定吉凶，吉凶生大業。是故法象莫大乎天地，變通莫大乎四時，縣象著明莫大乎日月，崇高莫大乎富貴。備物致用，立成器以爲天下利，莫大乎聖人。探賾索隱，鉤深致遠，以定天下之吉凶，成天下之亹亹者，莫大乎蓍龜。是故天生神物，聖人則之，天地變化，聖人效之。天垂象，見吉凶，聖人象之。河出圖，洛出書，聖人則之。《易》有四象，所以示也。繫辭焉，所以告也。定之以吉凶，所以斷也。

右第十一章。

子曰：『書不盡言，言不盡意。』然則聖人之意，其不可見乎？子曰：聖人立象焉以盡意，設卦以盡情僞，繫辭焉以盡其言，變而通之以盡利，鼓之舞之以盡神。乾坤，其《易》之緼耶？乾坤成列，而《易》立乎其中矣。乾坤毁，則無以見《易》。《易》不可見，則乾坤或幾乎息矣。是故形而上者謂之道，形而下者謂之器，化而裁之謂之變，推而行之謂之通，舉而措之天下之民謂之事業，極天下之賾者存乎卦，鼓天下之動者存乎辭，化而裁之存乎變，推而行之存乎通，神而明之存乎其人。默而成之，不言而信，存乎德行。

右第十二章。與《下繫傳》同十二章。

繫辭下傳

八卦成列，象在其中矣。因而重之，爻在其中矣。剛柔相推，變在其中矣。繫辭焉而命之，動在其中矣。吉凶悔吝者生乎動者也，剛柔者立本者也，變通者趣時者也，吉凶者貞勝者也，天地之道貞觀者也，日月之道貞明者也，天下之動貞夫一者也。夫乾，確然示人易矣。夫坤，隤然示人簡矣。爻也者效此者也，象也者像此者也。爻象動乎內，吉凶見乎外，功業見乎變，聖人之情見乎辭。天地之大德曰生，聖人之大寶曰位。何以守位？曰仁。何以聚人？曰財。理財正辭，禁民爲非，曰義。

右第一章。

古者包犧氏之王天下也，仰則觀象于天，俯則觀法于地，觀鳥獸之文，與地之宜，近取諸身，遠取諸物，于是始作八卦，以通神明之德，以類萬物之情。作結繩而爲網罟，以佃以漁，蓋取諸離。包犧氏没，神農氏作，斲木爲耜，揉木爲耒，耒耨之利，以教天下，蓋取諸益。日中爲市，致天下之民，聚天下之貨，交易而退，各得其所，蓋取諸噬嗑。神農氏没，黄帝堯舜作，通其變，使民不倦，神而化之，使民宜之。易，窮則變，變則通，通則久，是以自天祐之，吉無不利。黄帝堯舜，垂衣裳而天下治，蓋取諸乾坤。刳木爲舟，剡木爲楫，舟楫之利，以濟不通，致遠以利天下，蓋取諸涣。服牛乘馬，引重致遠，以利天下，蓋取諸隨。重門擊①柝，以待暴客，蓋取諸豫。斷木爲杵，掘地爲臼，臼杵之利，萬民以濟，蓋取諸小過。弦木爲弧，剡木爲矢，弧矢之利，以威天下，蓋取諸睽。上古穴居而野處，後世聖人易之以宫室。上棟下宇，以待風雨，蓋取諸大壯。古之葬者，厚衣之以薪，葬之中野，不封不樹，喪期無數，後世聖人易之以棺槨，蓋取諸大過。上古結繩而治，後世聖人易之以書契，百官以治，萬民以察，蓋取諸夬。

右第二章。

是故易者象也，象也者像也，彖者材也，爻也者效天下之動者也。是故吉凶生而悔吝著也。

右第三章。

陽卦多陰，陰卦多陽，其故何也？陽卦奇，陰卦偶。其德行何也？陽一君而二民，君子之道也；陰二君而一民，小人之道也。

右第四章。

《易》曰：『憧憧往來，朋從爾思。』子曰：『天下何思何慮？天下同歸而殊塗，一致而百慮，天下何思何慮？』日往則月來，月往則日來，日月相推而明生焉。寒往則暑來，暑往則寒來，寒暑相推而歲成焉。往者屈也，來者信也，屈信相感而利生焉。尺蠖之屈，以求信也。龍蛇之蟄，以存身也。精義入神，以致用也。利用安身，以崇德也。過此以往，未之或知也。窮神知化，德之盛也。

① 擊，原作『繫』，據卷十四及寶廉堂本改。

子曰：『作《易》者，其知盜乎？《易》曰：「負且乘，致寇至。」負也者，小人之事也，乘也者，君子之器也。小人而乘君子之器，盜思奪之矣。上慢下暴，盜思伐之矣。慢藏誨盜，冶容誨淫。《易》曰：「負且乘，致寇至」，盜之招也。』

《易》曰：『公用射隼于高墉之上，獲之，無不利。』子曰：『隼者禽也，弓矢者器也，射之者人也。君子藏器于身，待時而動，何不利之有？動而不括，是以出而有獲，語成器而動者也。』

天地絪緼，萬物化醇，男女構精，萬物化生。《易》曰：『三人行，則損一人，一人行，則得其友。』言致一也。

子曰：『君子安其身而後動，易其心而後語，定其交而後求。君子修此三者，故全也。危以動則民不與也，懼以語則民不應也，無交而求則民不與也，莫之與則傷之者至矣。《易》曰：「莫益之，或擊之，立心勿恒，凶。」』

《易》曰：『困于石，據于蒺蔾，入于其宮，不見其妻，凶。』子曰：『非所困而困焉名必辱，非所據而據焉身必危，既辱且危，死期將至，妻其可得見邪？』

子曰：『德薄而位尊，知小而謀大，力小而任重，鮮不及矣。《易》曰：「鼎折足，覆公餗，其形渥，凶。」言不勝其任也。』

不出户庭，無咎。子曰：『亂之所生也，則言語以爲階。君不密則失臣，臣不密則失身，幾事不密則害成，是以君子慎密而不出也。』

『鳴鶴在陰，其子和之，我有好爵，吾與爾靡之。』子曰：『君子居其室，出其言善，則千里之外應之，況其邇者乎。居其室，出其言不善，則千里之外違之，況其邇者乎。言出乎身，加乎民。行發乎邇，見乎遠。言行，君子之樞機，樞機之發，榮辱之主也。言行，君子之所以動天地也，可不慎乎。』

右第五章。依《序卦》下經九爻，與上經同。

子曰：『乾坤其《易》之門邪！乾，陽物也；坤，陰物也。陰陽合德，而剛柔有體，以體天地之撰，以通神明之德。其稱名也，雜而不越，于稽其類，其衰世之意邪！夫《易》，彰往而察來，而微顯闡幽，開而當名，辨物正言，斷辭則備矣。其稱名也小，其取類也大。其旨遠，其辭文。其言曲而中，其事肆而隱。因貳以濟民行，以明失得之報。』

右第六章。

《易》之興也，其于中古乎？作《易》者，其有憂患乎？是故履，德之基也；謙，德之柄也；復，德之本也；恒，德之固也；損，德之修也；益，德之裕也；困，德之辨也；井，德之地也；巽，德之制也。履和而至。謙尊而光。復小而辨于物。恒雜而不厭。損先難而後易。益長裕而不設。困窮而通。井居其所而遷。巽稱而隱。履以和行，謙以制禮，復以自知，恒以一德，損以遠害，益以興利，困以寡怨，井以辨義，巽以行權。

右第七章。

《易》之爲書也不可遠，爲道也屢遷，變動不居，周流六虚。上下無常，剛柔相易，不可爲典要，唯變所適，其出入以度，外内使知懼，又明于憂患與故，无有師保，如臨父母。初率其辭，而揆其方，既有典常，苟非其人，道不虚行。

右第八章。

《易》之爲書也，原始要終以爲質也。六爻相雜，唯其時物也。其初難知，其上易知，本末也。初辭擬之，卒成之終。若夫雜物撰德，辨是與非，則非其中爻不備。噫，亦要存亡吉凶，則居可知矣。知者觀其彖辭，則思過半矣。二與四同功而異位，其善不同，二多譽，四多懼，近也。柔之爲道，不利遠者，其要無咎，其用柔中也。三與五同功而異位，三多凶，五多功，貴賤之等也。其柔危，其剛勝邪。

右第九章。

《易》之爲書也，廣大悉備，有天道焉，有人道焉，有地道焉，兼三才而兩之，故六。六者，非他也，三才之道也。道有變動，故曰爻。爻有等，故曰物。物相雜①，故曰文。文不當，故吉凶生焉。

右第十章。

《易》之興也，其當殷之末世、周之盛德邪？當文王與紂之事邪？是故其辭危，危者使平，易者使傾。其道甚大，百物不廢，懼以終始，其要無咎，此之謂《易》之道也。

右第十一章。

夫乾，天下之至健也，德行恒易以知險。夫坤，天下之至順也，德行恒簡以知阻。能説諸心，能研諸慮，定天下之吉凶，成天下之亹亹者。是故變化云爲，吉事有祥，象事知器，占事知來。天地設位，聖人成能，人謀鬼謀，百姓與能。八卦以象告，爻彖以情言，剛柔雜居，而吉凶可見矣。變動以利言，吉凶以情遷，是故愛惡相攻而吉凶生，遠近相取而悔吝生，情僞相感而利害生。凡《易》之情，近而不相得則凶。或害之，悔且吝。將叛者其辭慚，中心疑者其辭枝，吉人之辭寡，躁人之辭多，誣善之人其辭游，失其守者其辭屈。

右第十二章，與上繫傳同十二章。

---

① 『雜』，原作『離』，據卷十四及寶廉堂本改。

補定周易説卦傳

梁山來知德補定

説卦傳

昔者聖人之作《易》也，幽贊于神明而生蓍，參天兩地而倚數，觀變于陰陽而立卦，發揮于剛柔而生爻，和順于道德而理于義，窮理盡性以至于命。

右第一章。

昔者聖人之作《易》也，將以順性命之理，是以立天之道曰陰與陽，立地之道曰柔曰剛，立人之道曰仁與義，兼三才而兩之，故《易》六畫而成卦。分陰分陽，迭用柔剛，故《易》六位而成章。

右第二章。

天地定位，山澤通氣，雷風相薄，水火不相射，八卦相錯，數往者順，知來者逆，是故《易》逆數也。

右第三章。

雷以動之，風以散之，雨以潤之，日以晅之，艮以止之，兑以説之，乾以君之，坤以藏之。

右第四章。

帝出乎震，齊乎巽，相見乎離，致役乎坤，説言乎兑，戰乎乾，勞乎坎，成言乎艮。萬物出乎震，震，東方也。齊乎巽，巽，東南也。齊也者，言萬物之潔齊也。離也者，明也。萬物皆相見，南方之卦也。聖人南面而聽天下，嚮明而治，蓋取諸此也。坤也者，地也。萬物皆致養焉，故曰致役乎坤。兑，正秋也，萬物之所說也，故曰說言乎兑。戰乎乾，乾，西北之卦也，言陰陽相薄也。坎者，水也，正北方之卦也，勞卦也，萬物之所歸也，故曰勞乎坎。艮，東北之卦也，萬物之所成終而所成始也，故曰成言乎艮。

右第五章。

神也者，妙萬物而爲言者也。動萬物者莫疾乎雷，撓萬物者莫疾乎風，燥萬物者莫熯乎火，説萬物者莫説乎澤，潤萬物者莫潤乎水，終萬物始萬物者莫盛乎艮。故水火相逮，雷風不相悖，山澤通氣，然後能變化，既成萬物也。

右第六章。

乾，健也。坤，順也。震，動也。巽，入也。坎，陷也。離，麗也。艮，止也。兑，説也。

右第七章。

乾爲馬，坤爲牛，震爲龍，巽爲雞，坎爲豕，離爲雉，艮爲狗，兑爲羊。

右第八章。

乾爲首，坤爲腹，震爲足，巽爲股，坎爲耳，離爲目，艮爲手，兑爲口。

右第九章。

乾，天也，故稱乎父。坤，地也，故稱乎母。震，一索而得男，故謂之長男。巽，一索而得女，故謂之長女。坎，再索而得男，故謂之中男。離，再索而得女，故謂之中女。艮，三索而得男，故謂之少男。兑，三索而得女，故謂之少女。

右第十章。

乾爲天，爲圜，爲君，爲父，爲玉，爲金，爲寒，爲水，爲大赤，爲良馬，爲老馬，爲瘠馬，爲駁馬，爲木果。

荀《九家》有爲龍，爲直，爲衣，爲言。○來知德有爲郊，爲帶，爲旋，爲知，爲富，爲大，爲頂，爲戎，爲武。

坤爲地，爲母，爲布，爲釜，爲吝嗇，爲均，爲子母牛，爲大輿，爲文，爲衆，爲柄，其于地也爲黑。荀《九家》有爲牝，爲迷，爲方，爲囊，爲裳，爲黄，爲帛，爲漿。○來知德有爲末，爲能，爲小，爲朋，爲户，爲敦。

震爲雷，爲龍，爲玄黄，爲車，爲大塗，爲長子，爲决躁，爲蒼筤竹，爲萑葦。其于馬也，爲善鳴，爲馵足，爲作足，爲的顙。其于稼也，爲反生。其究爲健，爲蕃鮮。荀《九家》有爲玉，爲鵠，爲鼓。○來知德有爲青，爲升，躋，爲奮，爲官，爲園，爲春耕，爲東，爲老，爲筐。

巽爲木，爲風，爲長女，爲繩直，爲工，爲白，爲長，爲高，爲進退，爲不果，爲臭。其于人也，爲寡髮，爲廣顙，爲多白眼，爲近利市三倍。其究爲躁卦。荀《九家》有爲楊，爲鸛。○來知德有爲浚，爲魚，爲草茅，爲宫人，爲老婦。

坎爲水，爲溝瀆，爲隱伏，爲矯輮，爲弓輪。其于人也，爲加憂，爲心病，爲耳痛，爲血卦，爲赤。其于馬也，爲美脊，爲亟心，爲下首，爲薄蹄，爲曳。其于輿也，爲多眚，爲通，爲月，爲盜。其于木也，爲堅多心。荀《九家》有爲宫，爲律，爲可，爲棟，爲叢棘，爲狐，爲蒺藜，爲桎梏。○來知德有爲沫，爲泥塗，爲孕，爲酒，爲臀，爲淫，爲北，爲幽，爲孚，爲河。

離爲火，爲日，爲電，爲中女，爲甲胄，爲戈兵。其于人也，爲大腹，爲乾卦。爲鱉，爲蟹，爲蠃，爲蚌，爲龜。其于木也，爲科上槁。荀《九家》有爲牝牛。○來知德有爲苦，爲朱，爲三，爲焚，爲泣，爲歌，爲號，爲墉，爲城，爲南，爲不育，爲害。

艮爲山，爲徑路，爲小石，爲門闕，爲果蓏，爲閽寺，爲指，爲狗，爲鼠，爲黔喙之屬。其于木也，爲堅多節。荀《九家》有爲鼻，爲虎，爲狐。○來知德有爲牀，爲握，爲終，爲宅，爲廬，爲丘，爲篤，爲童，爲尾。

兑爲澤，爲少女，爲巫，爲口舌，爲毁折，爲附決。其于地也，爲剛鹵，爲妾，爲羊。荀《九家》有爲常，爲輔頰。○來知德有爲笑，爲五，爲食，爲跛，爲眇，爲西。

右第十一章。

跋[1]

《易》自孔子没，商瞿不能傳。至王弼掃象之後，後儒因之，不言其象，止言其理，四聖之易已絶矣。先生生于二千餘年之下，以侍養未仕，遠客萬州求溪，探賾索隱，三十年而後悟易之象，又悟文王《序卦》，又悟孔子《雜卦》，又悟卦變之非，潔净精微之奥妙，復燦然大明于世。誥秦中致仕歸田，欲梓是書，先生以未就辭之。天啓文明，恭遇閩中徐侯來令吾梁，首懇是書，慨然捐俸梓之。邑士夫建吾古公、春城李公及不肖誥感侯高誼，各少補工費。通學諸友助費者，誥不能悉紀。是不傳之秘自先生而傳，而已絶之書自徐侯而續其成也，豈偶然哉，羽翼四聖之功亦偉矣。誥不能文，敢直書數字于其後云。

時萬曆己亥夏午月吉旦門生戴誥頓首謹識。

① 此跋原附于卷十六之後，諸本無。標題爲點校者所加。『謹識』左旁有印章『黄堂大夫』。

來知德集 (下)

（明）来知德 撰
况正兵 方强 點校

巴蜀書社

下册目録

附録　太史來知德先生年譜

來瞿唐先生日録

來瞿唐先生日録序①

來先生注《易》本心契，著錯綜妙義，予爲刻而流布之。其《日録》十一卷，爲内篇者六，爲外篇者五，予覽竟，作而嘆曰：嗟乎！古人寄慨于隙駒，傷逝于流水，夫非惜②此日哉？故湯警日新，曾凛三省，乾乾之行，體天同健。蓋人生而不聞道，俯仰日月，積愆累尤，與瓦礫草木同擲，亦不可得；聞道而行之，則水流物生，同琹點瑟，無非是物，是則所謂同天地而行江河者，豈易言哉！先生塵視富貴，沉心學道于求溪山中，三十餘年，居顔子之陋巷，坐堯夫之安樂。其才故豪，歛而爲學，學故博，悟而爲性。性者，命于天而與天游者也。説天莫辨乎《易》，故先生所爲《弄圓圖》《太極圖》，神明乎濂溪先生之旨，而悟夫天地古今治亂消息之所以然。以其悟者，證澈曾顔真實之學，故合《大學古本》，要歸于格物。格物即證，以克己而剔欲，認理于作止語默之間，功夫人事，造化天道，故其動履準繩而言成文章。了于知，謂之省覺；驗于用，謂之省事；抽于文章，謂之字義；游于聲，謂之詩賦：放懷寥廓，歸宿仁義。先生漫以李白自託，而斷然以公卿難到、聖人可學自許，非欺我也。先生初舉孝廉，即却百金餽遺。于兩尊人，生而孝養，歿而廬墓，冰蘖之操，終身一轍，行藏之際，有同水雲。此豈冒處士之虚聲、揚文人之浮采可同年語哉？予故併刻此《録》與《易注》偕行，俾覽先生書者，知下學上達爲日新實境，不致抱隙駒逝水之嘆也。萬曆辛亥

① 此序唯道光本有。
② 「非惜」二字污損難識。

歲端月關中張惟任仲衡父撰。

來瞿唐先生日録序[①]

自郭青螺先生推舉來先生于朝，而海内知先生有《易注》與《日録》兩書。直指仲衡張公重授之梓，流布于世，而余不佞，因得澄覽其所稱述。蓋先生于易義中悟『錯綜其數』一語，此千年秘密，而所注明通簡切，不爲浮蔓，足與蔡虚齊先生《蒙引》相伯仲。《日録》一書，又先生歲時所歷閲，身心所磨鍊，非若俗儒文字之解，與氣魄擔荷之能也。先生抱才故不凡，自爲孝廉入京師，得薛敬軒先生《語録》，有所開悟，以壹力問學。余細展其《弄圓》《格物》諸圖，則淵源于周茂叔之無欲主静，而瀟灑脱落于邵堯夫之堂室。所云三欲迷五性、證格物于克己，而省事省覺息息不放、在在勤行，斷然以聖人爲必可至，即謂濂洛以後一人可也。然道同太虚，而教者所指與學者之各有所入，譬之日月，光本無全虧，而隨眼力所到，歸之見日月而止。先生指宋儒觀喜怒哀樂未發氣象與静坐默認，及象山之主静、新建之致良知，以爲涉于禪宗，而竊竊然辨之，余不敢謂然也。佛老之教，與吾儒軌物黑白相反，而其微而至者可以相證，不可以言傳。先生以形爲俗流，氣爲仙佛，神爲吾儒，又詆訶佛氏，此杜祁公未讀《楞嚴》時語也。夫儒者之道修身，見世時措之宜，先生慨今世制科法敝，遠遡三代養士之意，欲去科目而僅存貢之一途，將舉末法而結繩之，令先生而用于世，未必其盡合矣。嗟乎！道無奇，亦無無奇，近世卓吾老人欲以怪破天下之常，而竟以

①　此序唯道光本有。

怪殺其身；來先生欲以平常救天下怪異之習，不免執常而歧其同。中庸，其至難言之矣，孟氏有言：『君子反經而已。』則吾寧從來先生焉。以問仲衡先生謂何？武林黄汝亨①譔。

來瞿唐先生日録序

夔之梁山，蓋有瞿唐來先生云。先生躬曾閔之至行，秉箕潁之亮節，抗意雲表，游情物外，誠士林之清修，而明世之高蹈也。始以弱冠歌鹿鳴，上春官；後緣太孺人病，焚引侍養，抱終棲雲壑之志。越二十餘禩，有司不一見其面，而鄉里士民薰其德者以善良，真有若陽城之居晉鄙者。予壬申春來爲夔守，行部次梁山，躬先生之廬，乃先生復惠顧，秉燭款語，坐逾夜分，先生所談吐皆根極理要。于時兩院亦廉知先生賢，下有司以玄纁旌先生爲『三川高士』，欲致先生一見而不可得。乃先生每與予語，必歡甚。間出所著《日録》及詩文凡若干卷示予，予受而讀之，知先生獨探理窟，不落言筌。至其詩賦時出奇崛語，飄飄有凌雲氣，寄興于廖廓而歸宿于仁義，以游逍遥之墟，即莊周所謂至人者非與？庚辰夏，予以學使將出蜀避暑龍泉山中，先生不遠數百里相送，贈古風四章。予無以别先生，乃次其集而序之，庶幾誦先生言如見先生云。萬曆庚辰夏五望日番山人郭棐篤周甫譔

① 亨，原作『亭』。此序今見黄汝亨《寓林集》卷三，據改。

來瞿唐先生日録序①

蒼然者天而已，惟得一之故，時而風雲雷雨，時而空廓，人不可得而測，以其一也。先生戊辰歲游吴，余得侍先生登燕子磯，見先生援筆即成數十韻。先生天才本高，又無書不讀，而又加之以講格物之學，靈根湛然無欲，且山林日久，涵養愈深，時時不改其樂，故其爲文，如鞭風駕霆，周游六合之外，而卒歸于一，使人莫知其端倪，若詩中『崑崙崑崙在何處』是也。禪家謂『信手拈來，頭頭是道』，非先生之文矣乎？郭督學服先生爲至人，傅刺史一見《大學古本》即汗出，以先生千載真儒，真傳仲尼之絶學，雖朱程復生，亦必屈服。董四府以清和二聖比先生，信不誣矣。然此皆先生所種花木爾，若先生所解《大學古本》，兼新畫《太極圖》《弄圓圖》諸篇，則先生之堂奥也；《四省録》，先生之棟宇墻墉也。此不過園林別墅所種之花木，其不可曉者，則奇花異木也，人見者止此，安得窺先生之堂奥乎？蓋先生襟懷灑落，如光風霽月，不拘拘于繩趨尺步之間，其人品絶似康節，而其才則十倍于康節。且康節居洛，與諸宰執交，偶有一字一句，人即傳之；先生居萬山之中，知先生者惟木石鹿豕。且先生見人，杯酒之間長自比李白，絶口不言理學，故宜海内知先生者尚少。必如是，而後其論始定。萬曆乙酉仲冬一日吴會張子功識。

① 此序唯道光本有。

重刻來瞿唐先生日録引①

日録者，瞿唐先生日所録也。曰『來瞿唐先生日録』者，郭督學夢菊公名之也。先生所著有《四省録》《釜山稿》《悟山稿》《入關稿》《鐵鳳稿》《快活庵稿》《游吴游岳諸稿》，夢菊公總名之曰《來瞿唐先生日録》云。先生之家世有碩德，曾大父曾作宜良令，有善政。致仕後，以俸金貸人，終身之日，盡焚其券。大父好浮屠，家資皆捐焉。父諱朝，拾金還主。先生生時，母丁夢人空中駕鶴至庭，欲鳴，其人撫其頂曰不不不，故先生别號不不子。至稍長，先生常夢鶴立十二巫峰之巔，故先生又號十二峰道人。已前俱見先生年譜。嘉靖壬子，中式第五。明倫堂石砌偶生靈芝，五采奪目，識者已知先生不凡矣。先生辭作興百金，大巡喻吴臯公喜此榜得人，以『清節可風』表其門。過京師，見薛敬軒《録》，遂潛心理學，而人未之知也。尋以父病痹，母病目，焚引侍養。及父母没，廬墓六年。時夢菊公守夔，謂先生詩録其文蔚然有陶韋之風流，學録其理淵然，得薛胡之正脉。董願庵公謂先生曰：『由然與人相偕，春風藹然，得聖人之和。一介不取與，得聖人之清。』范兵憲羅岡公謂先生『楊馬之文，曾閔之行』。大巡孫肯堂公旌先生『三川高士』。

余舊時去成都，得登先生之廬，睹其松竹悠悠，宛然太古無懷氏之民也。先生事伯兄如事父，以田租代姪勞力之不足，族中子弟貧寒者乃養之教之。名其所居爲快活庵，凡六經百家諸書，無一不讀。樂道甘

① 道光本仍題作『來瞿唐先生日録序』。

貧，擁膝長吟，常自比李白，所著詩中更無一愁字。先是，先生戊辰游吳，過京師。古建吾公送先生游山資，不受，余竊疑之。至丁丑，先生游峨眉，余與家兄送至忠州，周東郊公送游山資，先生亦不受。至舟中，余問之曰：『何以不受？』先生曰：『鴻雁啄人間粟，决不能摩霄。』余私語家兄曰：『願庵公長謂先生有伯夷之清，于兹見矣。』然亦止知先生文章道德爲一世人豪也。及癸未，先生復游鐵鳳，余于笈中見所解《大學》古本，余讀之汗出。始知千載真儒，直接孔氏之絶學者先生也，雖朱程復生，亦必屈服，豈知孔氏之學至今日方大明也哉？夫以先生之才之行之學，乃祖宗列聖教化養育所間出者，鳳毛麟角，世不常有，蓋非止三川之士而已也。逆知先生，必不能遂長往山林之願。但孔子且有『莫我知也』之嘆，余與先生同郡，固先生之鍾子期也。因僭以先生始終大略，明白直書之，引于篇首，諒天下後世必有名筆，敘先生之書者。

先生諱知德，字矣鮮，瞿唐其別號也。世爲夔州梁山人。其曰自比李白，蓋先生自炙其面，必有所激，因有所託而逃云。

萬曆癸未中秋日夔州傅時望撰

來瞿唐先生日録卷一

弄圓篇

弄圓歌

我有一丸，黑白相和。雖是兩分，還是一個。大之莫載，小之莫破。無始無終，無右無左。八卦九疇，縱横交錯。今古參前，乾坤在坐。堯舜周孔，約爲一堂。我弄其中，琴瑟鏗鏘。孔曰太極，惟陰惟陽。是定吉凶，大業斯張。形即五行，神即五常。惟其能圓，是以能方。孟曰弄此，有事勿忘。名爲浩然，至大至剛。充塞天地，長揖羲皇。

太極圖

白者陽儀也，黑者陰儀也。黑白二路者，陽極生陰，陰極生陽，其氣機未常息也，即太極也。其中間一圈乃太極之本體也。

此圖與周子之圖少異者，非求異于周子也。周子之圖散開畫，使人易曉，此圖總畫。解周子之圖者，以中間一圈爲太極之本體者，非也。圖説周子已説盡了，故不必贅。

○《易》以道陰陽，其理止此矣。

○世道之治亂，國家之因革，山川之興廢，王伯之誠僞，風俗之厚薄，學術之邪正，理學之晦明，文章之醇漓，士子之貴賤，賢不肖之進退，華夷之强弱，百姓之勞逸，財賦之盈虚，户口之增減，年歲之豐凶，舉辟之詳略，以至一草一木之賤，一飲一食之微，皆不外此圖。程子曰：『天地萬物之理，無獨必有對，皆自然而然，非有安排也。』于此圖見之矣。

○程子見賣兔者，曰：『聖人見河圖洛書而畫八卦，然何必圖書，只有此兔亦可畫八卦。』不知程子兔何可以畫八卦？學者也須在此研究。某平生無過人處，只是見古人一句書一件事，就下一個死心窮究。

○朱子説：『未有天地之先，畢竟先有此理』，此句説得少差。有物方有理，程子説『在物爲理』，説得是。

○張子曰：『物之初生，氣日至而滋息。物生既盈，氣日反而游散。至之謂神，以其伸也，反之謂鬼，以其歸也。』此圖即是此道理，所以某以月本有盈虧，非受日光。

○畫此圖時因讀《易》『七日來復』，見得道理原不斷絶，往來代謝是如此，因推而廣之，作《理學辨疑》。

○『七日來復』，諸儒解之者多，然譬喻親切者少。來復就譬如扇鐵扯風厢相似，將手推去又扯轉來。來復者是扯轉來也，皆一氣也。

○將此圖玩得久，就曉得長生所必無之事，而講空寂者，亦不知無不終無，必至于有，有不終有，必至于無也，二氏自不能入我之心矣。

伏羲卦

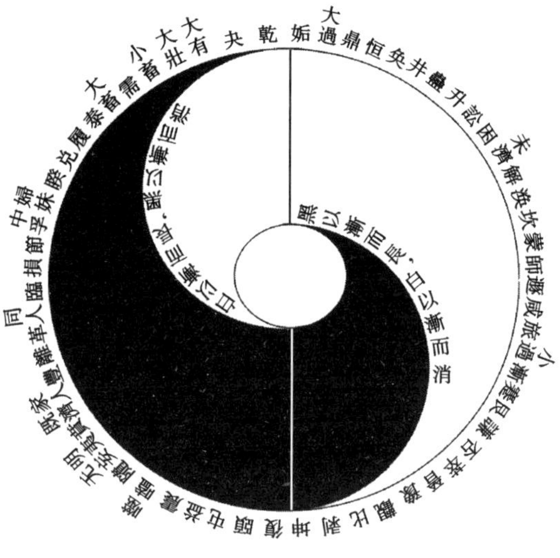

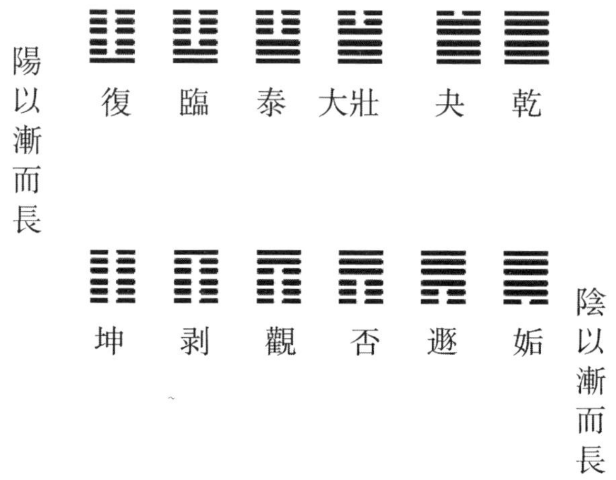

○白路者一陽復也，自復而臨、而泰、而壯、而夬，即爲乾之純陽。

○黑路者一陰姤也，自姤而遯、而否、而觀、而剥，即爲坤之純陰。

○復者天地之生子也，未幾而成乾健之體，健極則必生女矣，是火中之一點水也。姤者天地之生女也，未幾而成坤順之功，順極則必生男矣，是水中之一點火也。故乾道成男，未必不成女，坤道成女，未必不成男。

○坤而復焉，一念之醒也，而漸至于夬。故君子一簣之土，可以成山。

○乾而姤焉，一念之差也，而漸至于剥。故小人一爝之火，可以燎原。

○學者只將此圖黑白消長玩味就有長進，然非深于道者，不足以知之。觀此圖者且莫言知造化性命之學，且將黑白消長玩『安危進退』四個字，氣象亦已足矣。了得此義，便就知進知退知存知亡，便即與天地合其德，日月合其明，四時合其序，鬼神合其吉凶。故修德凝道之君子，以『居上不驕，爲下不倍』，『國有道，其言足以興，國無道，其默足以容』結之。

○卦乃伏羲所畫也，初畫此圖時也無傳授，只見得天地間止有此陰陽，止有此消息盈虚、生死始終、大小長短之理。畫圖于壁，每日玩之，亦非求合于伏羲之卦也。偶一日見《序卦》，此圖合之可見造化自然之數，非有所安排也，而伏羲千古之秘于此圖盡泄矣。

○張横渠云：『爲天地立心，爲生民立命，爲去聖繼絶學，爲萬世開太平。』做儒者必須如此，不要做小小伎倆。

伏羲八卦方位

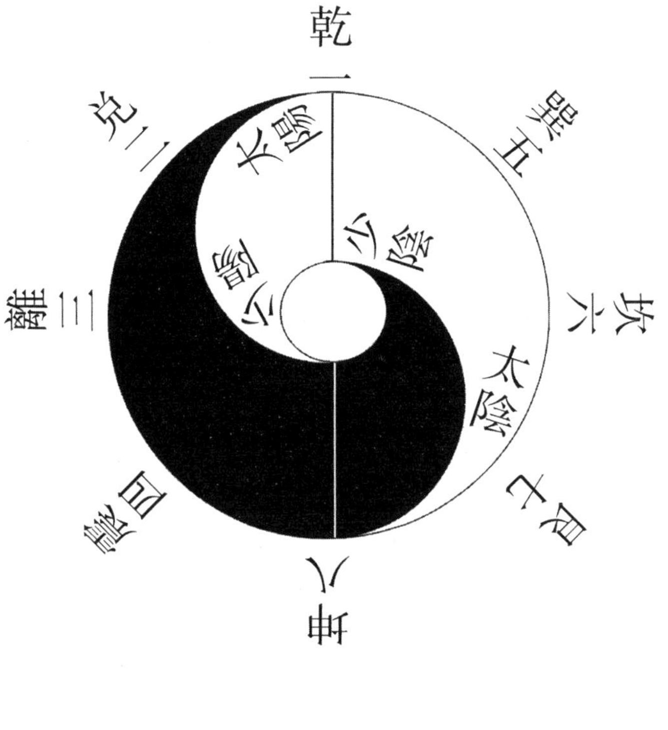

乾一
兌二
離三
震四
巽五
坎六
艮七
坤八
太陽
少陰
少陽
太陰

兩儀

⚊ 一如標竿故有專有直
一實故主乎施
一奇爲陽之儀

⚋ 一偶為陰之儀
一虛故主乎承
一如門扇故有翕有闢

陽⚊陰⚋天地自然之形天地自然之數

伏羲只在一奇一偶上生出六十四卦又生出後堅許多文字

四象

陽自然老之象

一陽上加一陽爲少陽

加一陰爲少陰

陰自然少之象

陽自然少之象

一陰上加一陽爲少陽

加一陰爲太陰

陰自然老之象

八卦

一乾 ☰
二兑 ☱
太陽上
加一陽爲乾
加一陰爲兑

三離 ☲
四震 ☳
少陰上
加一陽爲離
加一陰爲震

五巽 ☴
六坎 ☵
少陽上
加一陽爲巽
加一陰爲坎

七艮 ☶
八坤 ☷
太陰上
加一陽爲艮
加一陰爲坤

陰陽自然

生人之卦

○二分四，四分八，自然而然，不假安排。則所謂象者、卦者皆儀也。故天地間萬事萬物，但有儀形者，即有定數存乎其中。而人之一飲一啄、一窮一通、一夭一壽皆毫釐不可逃者，故聖人惟教人以貞，以成大業。

○八卦已成之謂往，以卦之已成而言，自一而二、三、四、五、六、七、八，因所加之畫順先後之序而去，故曰數往者順。

○八卦未成之謂來，以卦之初生而言，一陽上添一畫爲太陽，太陽上添一畫則爲純陽，必知其爲乾矣，八卦皆然。其所加之畫皆自下而行上謂之逆，故曰知來者逆。與邵子、朱子所説略不同。

○以一年之卦氣論之，自子而丑、寅、卯、辰、巳、午者順也，今伏羲之卦將乾安于午位，逆行至于子，是乾兑離震其數逆也。

○以卦之次序論之，自乾而兑、而離、而震、而巽、坎、艮、坤乃順也，今伏羲之卦乃不以巽次于震之後，而乃以巽次于乾之左，漸之于坤焉，是巽、坎、艮、坤，其數逆也，故曰易逆數也。

○伏羲八卦方位自然之妙，以横圖論，乾一、兑二、離三、震四、巽五、坎六、艮七、坤八，不假安排，皆自然而然，可謂妙矣。伏羲乃顛之倒之、錯之縱之，安其方位，疑若涉于安排，然亦自然而然也。今以自然之妙圖畫于後。

以相對論：

☰ ☷

此三陽對三陰也，故曰天地定位。

☵ ☲ 此一陽對一陰于下，少陽對少陰于上也，故曰水火不相射。

☶ ☱ 此太陽對太陰于下，一陽對一陰于上也，故曰山澤通氣。

☳ ☴ 此一陽對一陰于下，太陽對太陰于上也，故曰雷風相薄。

以乾坤所居論：

○乾位乎上，君也。左則二陽居乎巽之上焉，一陽居乎坎之中焉，右則二陽居乎兑之下焉，一陽居乎離之上下焉，宛然三公九卿百官之侍列也。

坤居于下，后也。左則二陰居乎震之上焉，一陰居乎離之中焉，右則二陰居乎艮之下焉，一陰居乎坎之上下焉，宛然三妃九嬪百媵之侍列也。

以男女相配論：

○乾對坤者父配乎母也。

○震對巽者長男配長女也。

○坎對離者中男配中女也。

○艮對兑者少男配少女也。

以乾坤橐籥相交换論：

○乾取下一畫換于坤則爲震，坤取下一畫換于乾則爲巽，此長男長女槖籥之氣相交換也，故彼此相薄。

○乾取中一畫換于坤則爲坎，坤取中一畫換于乾則爲離，此中男中女槖籥之氣相交換也，故彼此不相射。

○乾取上一畫換于坤則爲艮，坤取上一畫換于乾則爲兑，此少男少女槖籥之氣相交換也，故彼此通氣。

○程子謂雷乃天地之怒氣。某以其所説之非者，其原蓋出于此。觀其澤山之卦曰『二氣感應以相與，止而説，男下女』，『天地感而萬物化生』，又觀孔子釋山澤之卦，乃曰『天地絪緼』，『男女構精，萬物化生』可以知其非怒氣矣。

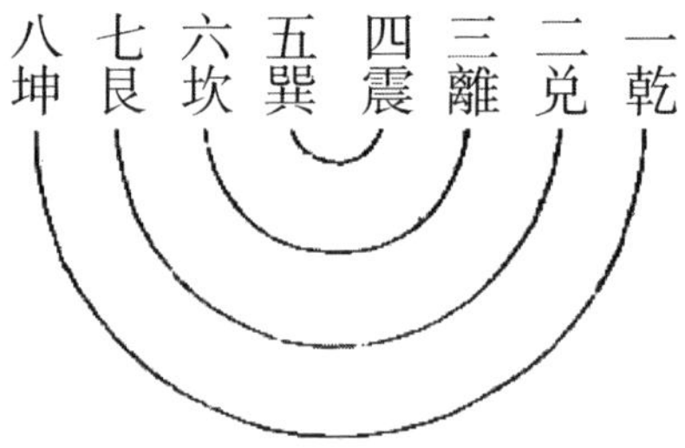

八卦通皆乾坤之數

○天一地八乃天地自然之數也，乾始于一，坤終于八，今兑二艮七亦一八也，離三坎六亦一八也，震四巽五亦一八也。八卦皆本于乾坤于此可見。故曰『乾坤其《易》之門耶』。乾坤毁，無以見易。一部《易經》，乾坤二字盡之矣。

○讀《易》且莫看爻辭，並《繫辭》，並《程傳》《本義》，且將圖玩，玩之既久，讀《易》自有長進。

○伏羲之卦起于畫，故某前數條，皆以畫論之。若宋儒謂天位乎上，地位乎下，日生于東，月生于西，山鎮西北，澤注東南，風起西南，雷動東北，則謂其合天地之造化不以數論也。

陽直圖消息虛盈

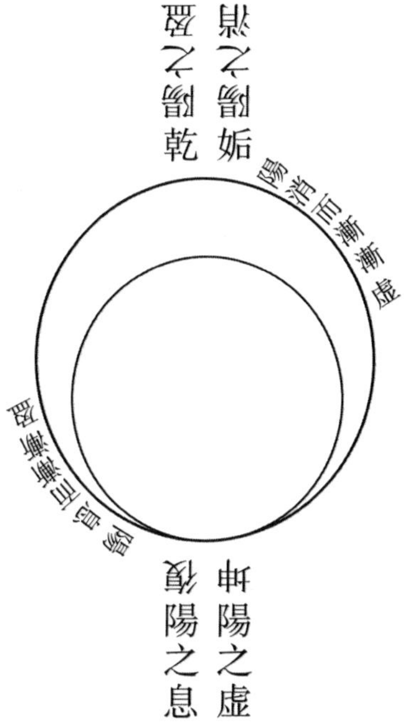

陰直圖消息虛盈

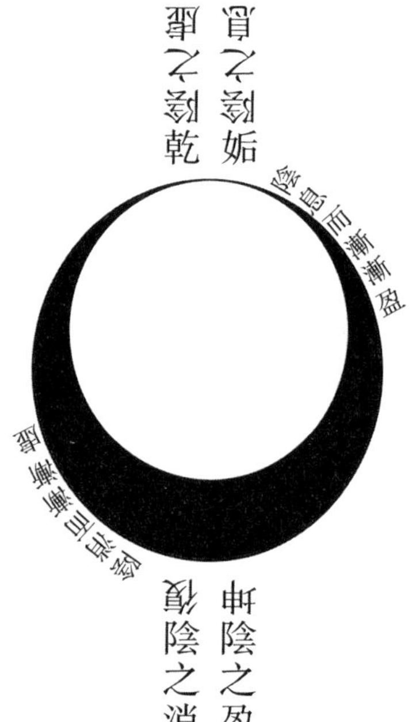

○復者陽之息也。
乾者陽之盈也，陽息必盈，盈必消。
姤者陽之消也，陽消必虛，虛必息。四字循環。
坤者陽之虛也。
姤者陰之息也。
坤者陰之盈也，陰息必盈，盈必消。
復者陰之消也，陰消必虛，虛必息。四字循環。
乾者陰之虛也。
○天地陰陽之理，不過消息盈虛而已。故孔子有曰：『君子尚消息盈虛。』

○坤與復之時，陽氣通是一樣微，但坤者虚之終而微也。復者息之始而微也。乾與姤之時，陽氣通是一樣盛，但乾者盈之終而盛也，姤者消之始而盛也。

○乾與姤之時，陰氣通是一樣微。但乾者虚之終而微也，姤者息之始而微也。坤與復之時，陰氣通是一樣盛，但坤者盈之終而盛也，復者消之始而盛也。

○息者喘息也，吸呼之氣也，生長也。故人之子謂之息，以其所生也，因氣微故謂之息。消者減也，退也，盈者中間充滿也，虚者中間空也。

以天上月論

○月缺于三十日半夜止，盈于十五日半夜止。

○初一日子時息之始，息至十五日而盈。十六日子時消之始，消至三十日而虚。

○初一日與二十九日，月同是缺，但初一日之缺乃息之始，二十九日之缺乃消之終。

○十六日與十四日，月同是盈，但十四日之盈乃息之終，十六日之盈乃消之始。

○初二日與二十八日相同。初二日息，二十八日消。下倣此。

○初三日與二十七日相同。初四日與二十六日相同。初五日與二十五日相同。初六日與二十四日相同。初七日與二十三日相同。初八日與二十二日相同。初九日與二十一日相同。初十日與二十日相同。十一日與十九日相同。十二日與十八日相同。十三日與十七日相同。十四日與十六日相同。

○月初一日起于卯時之初刻，初二日正卯，初三日卯末辰初，初四日正辰，初五日辰末，初六日巳初，初七日正巳，初八日巳末午初，初九日正午，初十日午末，十一日未初，十二日正未，十三日未末申初，十四日正申，十五日申末。自初一日卯時初刻起，至十五日申末止，乃由息而盈，即經之三五而盈也。

○十六日起于酉之初刻，十七日正酉，十八日酉末戌初，十九日正戌，二十日戌末。二十一日亥初，二十二日正亥，二十三日亥末子初，二十四日正子，二十五日子末，二十六日丑初，二十七日正丑，二十八日丑末寅初，二十九日正寅，三十日寅末。自十六日酉時初刻起至三十日寅末止，乃由消而虛，即經之所謂三五而缺。

○虛之終息之始，陰陽通是一般微。以天上月譬之，如二十九日夜之月至三十半夜是虛之終也，三十半夜至初一日夜是息之始也，其月通是一般缺。亦猶冬至前十月之日，與冬至後十二月之日，同一般短也。盈之終消之始，陰陽通是一般盛。以天上月譬之，如十四日夜之月至十五日半夜，是盈之終也。十五日半夜至十六日夜，是消之始也，其月通是一般盈。亦猶夏至前四月之日與夏至後六月之日同一般長也。

○天地陰陽之氣即如人呼吸之氣，四時通是一樣。但到冬月寒之極，氣之内就生一點温厚起來，所謂息也。温厚漸漸至四月發散充滿，所謂盈也。盈又消了，到五月熱之極，氣之内就生一點嚴凝起來，所謂息也。嚴凝漸至十月翕聚充滿，所謂盈也，盈又消了。

○陰陽之氣如一個環，動静無端，陰陽無始，未曾斷絶，特有消息盈虚耳。朱子説陽無驟至之理，又説一陽分作三十分云云，雙峰饒氏説坤字介乎剥復二卦之間云云，通説零碎了。似把陰陽之氣作斷絶了又生起來，殊不知陰陽剥復就是月，一般月，原不曾斷絶，止有盈缺耳。宋儒邵子與朱子，此處不曾經心理會，看得不分曉，所以説月本無光，借日以爲光。

○周公『碩果不食』譬喻極親切。果長不至碩，則尚有氣；長養至于碩果，氣候已完，將朽爛了，外面氣盡，中間就生起核之仁來，可見氣未曾絶。

文王八卦方位

○諸儒因邵子解文王之卦，皆依邵子之説，通説穿鑿了。文王之方位本明，而解之者反晦也，殊不知文王之卦孔子已解明矣，『帝出乎震』一節是也，又何必别解哉？朱子乃以文王八卦不可曉處甚多，不知何説也。

○蓋文王以伏羲之卦恐人難曉，難以致用，故就一年春夏秋冬方位卦，所屬木火土金水相生之序而列之，今以孔子説卦解之于後。

○帝者天也，一年之氣始于春，故出乎震。震，動也，故以出言之。齊乎巽，巽者入也，時當入乎夏矣，故曰巽。巽東南也，言萬物之潔齊也，蓋震巽皆屬木之卦也。離者，麗也，故相見乎離。坤者，地也，土也，南方之火生土，方能生金，故坤艮之土界木火于東南，界金水于西北，土居乎中，寄旺于四季，萬物之所以至養也，所以成終成始也。坤，順也，安得不致役，故言致役乎坤。兑，説也，萬物于此而成，所以説也。乾，健也，剛健之物必多争戰，故陰陽相薄而戰。坎，陷也，凡物升于上者必安逸，陷于下者必勞苦，故勞乎坎。艮，止也，一年之氣于焉終止而又交春矣。蓋孔子釋卦多從理上説，役字生于坤順，戰字生于乾剛，勞字生于坎陷，諸儒皆以辭害意，故愈辨而愈穿鑿矣。

八卦所屬：

坎

一者，水之生數也。六者，水之成數也。坎居于子，當水生成之數，故屬水。《月令》：春其數八，夏其數七，秋其數九，冬其數六，皆以成數言。

離

二者，火之生數也。七者，火之成數也。離居于午，當火生成之數，故離屬火。

震巽

三者，木之生數也。八者，木之成數也。震居東，巽居東南之間，當天三地八之數，故震巽屬木。

兑乾

四者，金之生數也，九者，金之成數也。兑居西，乾居西北之間，當地四天九之數，故兑乾屬金。

艮坤

五者，土之生數也。十者，土之成數也。艮坤居東北西南四方之間，當天地五十之中數，故艮坤屬土。

何以天一生水，地二生火，天三生木，地四生金？此皆從卦上來。天地二字即陰陽二字，蓋一陽一陰皆生于子午坎離之中。陽則明，陰則濁，試以照物驗之陽明居坎之中，陰濁在外，故水能照物于内而不能照物于外。陽明在離之外，陰濁在内，故火能照物于外而不能照物于内。觀此則陰陽生于坎離端的矣。離卦一陰居其中，即一陰生于午也，故爲地二生火。坎卦一陽居其中，即一陽生于子也，故爲天一生水。及水之盛必生木矣，故天三又生木。及火之盛必生土而生金矣，故地四又生金。從坎至艮至震巽乃自北而東子丑寅卯辰巳也，屬陽皆天之生。至巳則天之陽極矣，故至午而生陰。從離至坤至兑，乾乃自南而西，午未申酉戌亥也，屬陰皆地之生。至亥則地之陰極矣，故至子而生陽。艮居東北之間，故屬天生。坤居西南之間，故屬地生。

何以六成、八成、七成、九成、十成也？蓋天地萬物非土不成，故數至五即成之五者，土之中數也。如水旺于子而墓于辰，此生一而成六之意也，餘倣此。

一年氣象

○萬古之人事，一年之氣象也。春作夏長秋收冬藏，一年不過如此。自盤古至堯舜，風俗人事以漸而長，蓋春作夏長也。自堯舜以後風俗人事以漸而消，蓋秋斂束藏也，此之謂大混沌。然其中有小混沌。以人身血氣譬之，盤古至堯舜，如初生時到四十歲。自堯舜以後，如四十到百年。

○此已前乃總論也。若以消息論之，大消中其中又有小息，大息中其中又有小消，小息中又有小消，小消中又有小息，故以大小混沌言之。

○何以大消中又有小息？且以生聖人論，堯舜以後乃有大消矣，至周末又生孔子乃小息也，所以禄位名壽，通不如堯舜。

○邵子元會運世，只就此一年算。

一日氣象

大混沌

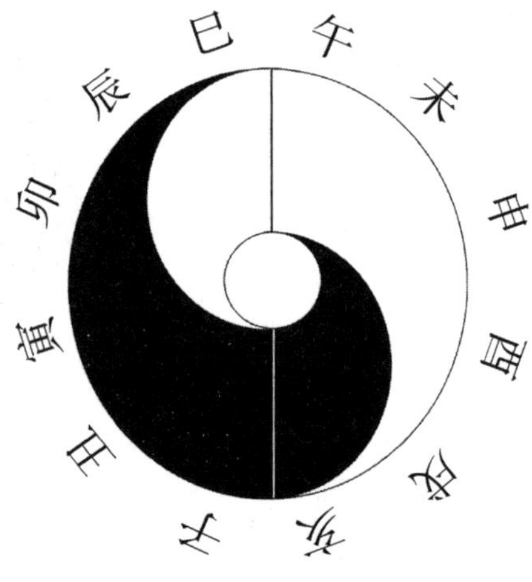

○萬古之始終者，一日之氣象也。一日有晝有夜，有明有暗，萬古天地即如晝夜。

○做大丈夫把萬古看做晝夜，此襟懷就海闊天高，只想做聖賢出世，而功名富貴，即以塵視之矣。

天地形象

天地形象，雖非如此，然西北山高，東南多水，亦有此象。

○天地戌亥之交。其形體未曾敗壞，在此圖看出，以氣機未常息也。

○天地惟西北高，東南低。以風水論，是右邊白虎，太極盛矣。是以歷代帝王長子不傳天下，通是二房子孫傳之。以人材論，聖賢通生在西北一邊，以山高聳秀出于天外故也。以財賦論，通在東南，以水聚湖海故也。以中原論，泰山在中原獨高，所以生孔子。舊時去游岱岳，一日，路上見一山聳秀，問路邊人，答曰此王府陵也。次日行到孟廟在其下，始知生孟子者此山也。

○以炎凉論，天地嚴凝之氣，始于西南而盛于西北，天地温厚之氣始于東北而盛于東南。嚴凝之氣，其氣凉，故多生聖賢。温厚之氣，其氣炎，故多生富貴。

○以情性論，西北人多直實、多剛、多蠢，下得死心，所以聖賢多也。東南人多尖秀、多柔、多巧，下不得死心，所以聖賢少也。

○人事與天地炎凉氣候相同，冬寒之極者春生必盛，夏熱之極者秋風必悽，雨之久者必有久晴，晴之久者必有久雨。故有大權者必有大禍，多藏者必有厚亡。知此則就可以居易俟命，不怨天尤人。

帝王圖

大混沌

○天地到了堯時純陽了，所以生堯。惟天爲大，惟堯則之。堯已前之聖人陰浮在上，風氣未開，功業文章未甚顯著。堯以後之聖人陰沉在下，遭際時艱，所以盡善未盡美。

○所以説，堯舜性之也，湯武反之也，説順乎天而應乎人，湯武以之。湯武本是聖人，如生在堯舜之時，揖遜之事决能做得。因他生在亂世天下，生民俱陷于水火之中，他只得出來救民。觀武王《泰誓》曰『予小子既獲仁人』是也。

○所以做大丈夫看我生在甚麽時候，要自立，如生在天地氣運衰之時，爲天地氣運所限，禄位名壽決不完全。如孔子之春秋，孟子之戰國，皆自立于天地者也。

○有伏羲則必有堯舜，有堯舜則必有大禹，有大禹則必有湯武，有湯武則必有五伯。自然之勢也。

○以天地大小混沌試驗，天地將到戌亥，必定天下相殺，數百年乃才纔昏。

○時勢不同，所以聖人之性反不同，故在唐虞則曰『嚚訟，可乎』，在文武則曰『詒厥孫謀』，如『無飲我泉，我泉我池』，始終與揖遜隔一關。

歷代文章

大混沌

○堯已前風氣未開，七政未齊，庶績未熙，則文章必不同矣，故孔子删《詩》《書》斷自《堯典》。

○漢文辭勝，其文濃，其味厚。宋文理勝，其文淡，其味薄。漢文如王妃公主之粧，珠寶羅綺，燦爛摇曳。宋文如貧家之女，荆釵布裙，水油盤鏡而已，而姿色則勝于富貴之家也。

○漢唐應制之文猶傳于世，至本朝應制之文，即無一篇可傳，其文可知矣。文既不可傳于世，則所刻程式之文，皆木之災也，終何用哉？蓋政事可見人之德行，文章不可見人之德行。政事者，躬行之事也。文章者，口説之話也。故當重政事之科。

○七篇珠玉不如一字之廉，五策汪洋不如一字之儉。廉者不苟取，儉者不苟用。爲官得此，生靈安矣。

以周家論

小混沌

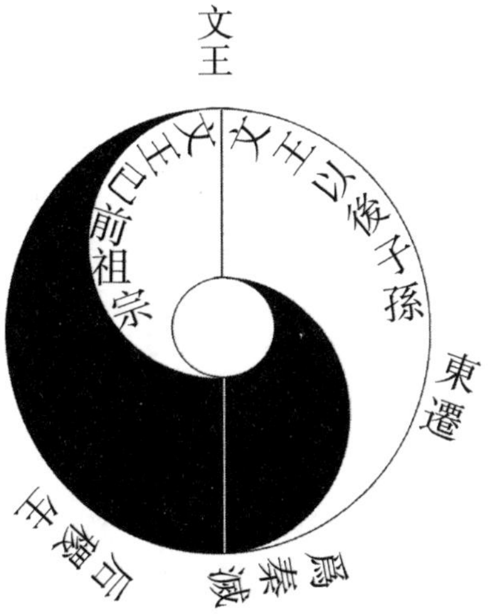

○以小混沌論，周至六國，乃戌亥矣，所以只是相殺。及剥之盡，乃生漢高祖。以皇朝論，元乃宋之戌亥也，純是一團陰，所以夷狄主中國。周之後六國，漢之後三國以至五胡亂華，唐之後五季，宋之後金元①。

歷代人材

大混沌

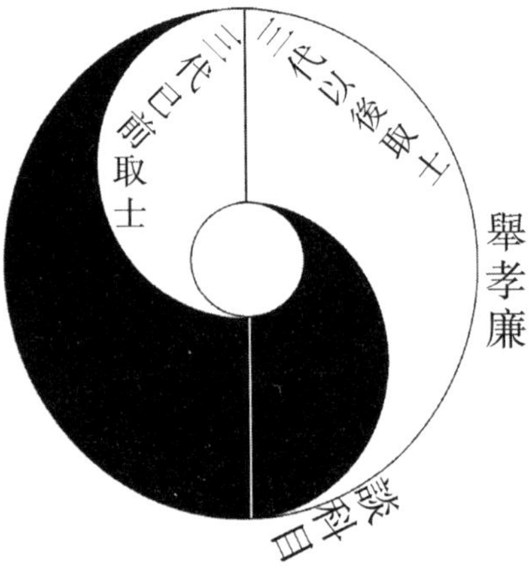

○昔人有云：『周之士也貴，秦之士也賤。』看來今之士也賤，秦之士也貴，秦之士不過曳裾王門而已。今則呼喝搜檢、披髮以見有司，其去曳裾者遠矣。且做文章反擬論古人，以古人三上相書，河汾獻策，

① 『所以夷狄主中國』，『以至五胡亂華』兩句，道光本删。

而不知己之醜也。使妻妾見其披髮，豈不相笑于中庭乎？

○爲世道計者，養士、安民二者而已。蕭何告高祖養其民以致賢人。鄧禹告光武延攬英雄，務悦民心，二人皆爲功臣之首，則二者有裨于世道不小也。三代安民之法，在于井田。取士之法，鄉舉里選。安民之法，李斯廢之，儒者罵不絶口。取士之法楊廣廢之，而儒者更無一人言及，何也？自諱也，以己亦曾披髮也。譬之夜奔之女，彼此相罵獨不及此事，以我亦曾夜奔也。

○某常疑漢文帝天下富庶，屢減田租之半後又盡除之。景帝即位，方收民田半租，三十而税。一旦匈奴長犯邊，不爲不費，何以如此富庶也？以其不設科也。近日設科三年間，費了幾百萬錢糧，民安得不窮也哉？漢猶近古人，四十方入仕，所以漢多循良。因隋設科至唐，則士皆賤矣。所以《正樂府十首》内有《賤貢士》十一篇。

○漢惟其不設科，所以人無所倚而不敢放肆。如陳壽居喪，使女奴丸藥，積年沉廢。郄詵篤孝，以假葬違常，降品一等。其懲勸如此，人安得不學好？楊廣乃天下極惡之人，居喪不敢公然食肉，猶令人潛以竹筒貯之。漢舉孝廉，其遺風到隋猶凛凛也。

○宋儒每議科目陷士子于不肖，故以少年登科爲不幸也。然宋偏在一隅，天下無學不能復三代之制。

○或問于余曰『欲士子之貴重，可以復三代取士之法乎？』曰：『俄頃之間即復之矣。』或曰：『將何以復之？』曰：『廢科而存貢即復之矣。』蓋漢之博士弟子即三代司徒論選士之秀而升于學者也，即今之歲貢也。科者，争奪之法也。貢者，揖遜之法也。楊廣設此争奪之法，將士子不置灰土而賤矣。今欲復三代之法，只看三年間進士、舉人、貢士出幾多人，却將天下生員算，看該幾個人貢一個？如一百個貢一個，則縣人有五百生員者，每一年當貢五人矣，不足一百之數，或兩年一貢，或三年一貢，其府四州三縣二額設廪膳，猶如舊數，以錢糧已定故也。止是貢論生員多寡，提學考校亦有定數，必要考三場。一省或提學五員或四員或一員算，每日可看幾卷？至貢入太學，祭酒考校，有資性、才華好者登記册籍，以爲他日選官之備。及選官後，惟以政事取人，則天下之人皆知文章不能定終身之富貴，惟政事可以求終身之富貴，則十年之間不惟可以損幾萬錢糧，而做官將必有伯夷之清出矣。

○此法一行有八善焉：不濫費錢糧，一善也。提學考校之精，二善也。監司惟論政事考察、不以青白眼視人、無焚香嗔目之誚，三善也。至貢時入稍長，練達事體，四善也。皆勉强清、慎、勤以求遷轉，人人向上學好矣，五善也。不論南北中卷而取士均平，六善也。不披髮見有司、貴重士子，七善也。鄉學升國學，黜楊廣而遵禹湯文武聖人之制，八善也。然非赤心報國者不議及此。

○或者曰：人必及時效用，若貢則必年長矣，何以能效用哉？曰：此正欲其年之長也。玷科名者皆年少也，方當夙出之時，即有民社之寄，豈不玷科名哉？青年不玷科名者，十中止一二耳。蓋鵲雖至老，終與人報喜。梟雖至少，終與人報惡。使其爲良吏也，縱白首何害？使其爲酷吏也，縱少年何益？且四十强仕，三代之制也。夫以孔子大聖也，四十而後不惑。孟子大賢也，四十而後不動心。遽伯玉賢大夫也，五十而後知四十九年之非。百里奚賢相也，七十而後之秦。以至馬援矍鑠，武公儆戒，榮公九十、太公八十、轅固九十而指。公孫弘曲學阿世。人苟爲善，固不害其老也。

○或者曰：『科以待非常之材，貢以待庸下之材，必兼設而後可。』曰：『縱有非常之材，不出生員之中。未有非常之材，可以登科而反不能補一廪者也。』蓋人必拂逆而後動心忍性，譬之金必銷鎔而後成器，譬之木必繩墨而後成材。鄉學國學乃銷鎔繩墨之地也。驕傲者于焉而挫其鋭，惰慢者于焉而致其恭。所以三代聖人養士，皆鄉學升之國學，所以古之成材也易。試將人家子弟就看出來了，子弟到八九歲時，在父母之前驕傲，常哭泣，送至館中，先生即有規矩準繩可知矣。漢末行九品中正之法。議者曰：『鄉舉里選者，採毀譽于衆人之中。九品中正者，寄雌黄于一人之口，今以一日而卜終身之富貴，是寄雌黄于一人之口也。若養于鄉學，養于國學，則涵養非一日矣。』

○董仲舒對武帝曰：『不素養士而欲求賢，是猶不琢玉而求文采也。』故養士莫大乎太學。太學者，賢士之所關也，教化之本原也。願置太學，置明師以養天下之士，數考問以盡其材，則英俊宜可得矣。斯言得之。

○披髮見有司，因設科既久，人率以爲常，不以爲異。若三代之時，有一士子披髮去見有司，豈不爲天下大怪異之事？其妻子不相笑于中庭者鮮矣。楊綰云：『國之公卿以此待士，家之長老以此訓子，嫫母自忘其醜，一至于此。』

以秦始皇論

一人混沌

一人力可拔山，不過如此。則爲人出世者必有其道矣。

○文武之子孫過其曆，祖龍不二世而亡者，仁與不仁而已。始皇併六合即坑儒生，焚六籍，築長城，廢井田，廢封建，自以爲天下可以力得矣。不知三代之得天下，得其民也。得其民者，得其心也。釋箕子囚，式商容閭，封堯舜禹湯之後，大賚天下者，得民心也。約法三章亦可近之。

○立國須以禮義。宋至欽徽北轅之時，金人以張邦昌立爲帝，而宋更無一人從之者。蓋宋人人講學，所以至衰弱之極，不廢君臣之義。至國亡之時，猶有文天祥起義兵，陸秀夫、張世傑死節。以其知禮義也。暴秦惟其以法繩之，所以陳涉一呼，天下瓦解，決有由矣。秦何有一人死節並起義兵哉？

日混沌

○人生在世乃浮生也。一日雖有十二時，止有九個時生，有三個時亦如死，如亥、子、丑三時夢寐之中，雖生猶死也，不知身在何處，雖帝王聖人亦是如此。非如死而何？及雞鳴而起，孳孳爲善者亦惟日不足也，孳孳爲利者亦惟日不足也。爲善者上同乎堯舜，爲利者下同于盗蹠。同堯舜者，長生者也。同盗蹠者，夭折者也。知一日之混沌，知一人之混沌，則知所以出世矣。

三教

天下混沌

○有一個一陽就有二個陰對待，所以二氏之教與儒者並行也。

○舊時去閱藏經，全然無半毫理，苾蒭乃尊如神明，餙以縹緗，貯以樓閣，人看之者不敢輕易，必燒香净口净手。蓋緣天地有此形氣即有此邪正，正長不能勝邪，故麒麟鳳凰世不常有，鶯鴟虎豹到處皆多。

○天地有此二氏出者以有此形氣，故正長不能勝邪也。人尊信之多者，以亦有此形氣，賢者少而愚者多故也。

圖書論

河圖

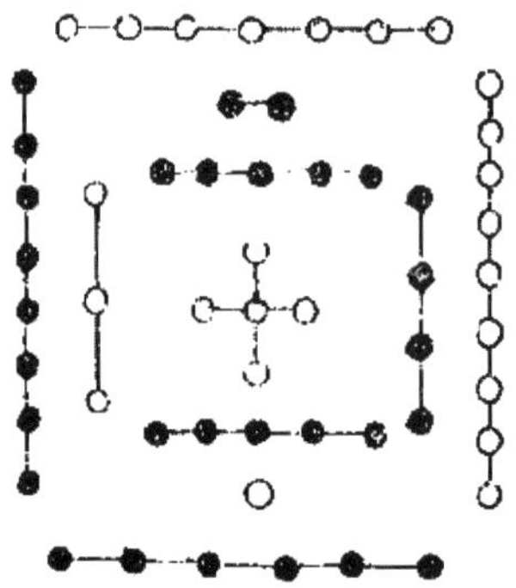

洛書

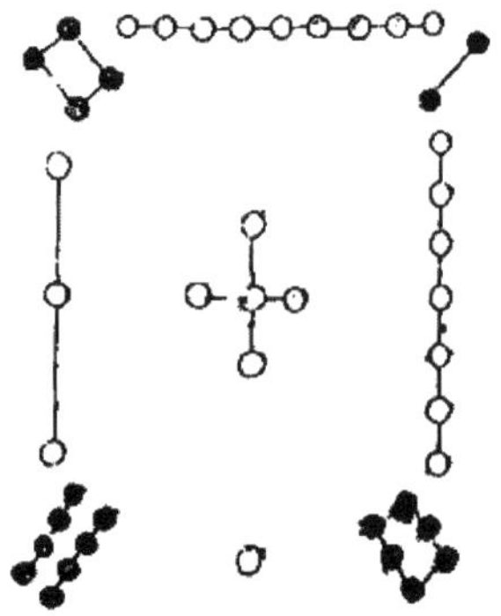

○以河圖論之，天地嚴凝之氣始于西南而盛于西北，故陰由二而四，四而六，六而八。天地温厚之氣，始于東北而盛于東南，故陽由一而三，三而七，七而九。

○陽息于北，由北而東，而南，而西，故天一至天三、天七、天九，以漸而盈，盈極則消而虚矣。陰息于南，由南而西，而北，而東，故地二、地四、地六、地八，以漸而盈，盈極則消而虚矣。

○以相連論，一而九，十也，三而七，十也，二而八，十也，四而六，十也，故五爲中數。故天地生數遇五而成，天地成數遇五而對。若以四旁論，後爲一，前爲二，左三右四中五，後六前七，左八右九中十，皆自然而然，不假安排。

○偶者陰陽之對待，奇者陰陽之運行。奇者氣行于天，偶者質具于地。孔子《繫辭》『天尊地卑』一條，以對待而言也；『剛柔相摩』至『坤道成女』，以運行而言也。

○天一、天三、天五、天七、天九，一九成十，三七成十，又加以五，故天數二十有五。地二、地四、地六、地八、地十，二八成十，四六成十，又加以十，故地數三十。

○後一六者，水生成之數也，故居北。前二七者火，生成之數也，故居南。左三八者，木生成之數也，故居東。右四九，金生成之數也，故居西。五十者，土生成之數也，故居中央。

○以四象八卦論，乾兑皆居一太陽之位，然乾陽卦，兑陰卦。離震皆居二少陰之位，然離陰卦震陽卦。巽坎皆居三少陽之位，然巽陰卦，坎陽卦。艮坤皆居四太陰之位，然艮陽卦，坤陰卦。以河圖數論，太陽居一而數九，是乾得九陽之數，而兑得其一之位也，故乾一兑二皆屬太陽。少陰居二而數八，是離得八陰之數而震得二陰之位也，故離三震四皆屬少陰。少陽居三而數七，是坎得七陽之數，而巽得三陽之位也。故巽五坎六皆屬少陽，太陰居四而數六，是坤得六陰之數而艮得四陰之位也，故艮七坤八皆屬太陰。

○一六爲友者，一爲老陽之位，六爲老陰之數也，居于北。四九爲友者，四爲老陰之位，九爲老陽之數也，居于西，秋斂冬藏有老之義，故居西北。二七爲友者，二爲少陰之位，七爲少陽之數也，居于南。三八爲友者，三爲少陽之位，八爲少陰之數也，居于東。春作夏長，有少之義，故居東南。

○以洛書論之，陽生于北，長于東，盛于南而消于西，故天一天三天九盛之極，至天七則消矣。陰生于南，長于西，盛于北而消于東，故地二地六地八盛之極，至地四則消矣。此與河圖一樣，中五雖少地十，然四偶交錯各十，亦天五地十也。

○一九爲老陽，三七爲少陽，居乎四正。二八爲少陰，四六爲老陰，居乎四隅。五居乎二老二少之中。

○太陽之一得五而爲太陰，故一與太陰相連。少陰之二得五而爲少陽，故二與少陽相連。少陽之三得五而爲少陰，故三與少陰相連。太陰之四得五而爲太陽，故四與太陽相連。不過此數變化無窮，故天數五地數五，成變化而行鬼神也。故陽卦一爻變則爲陰卦，陰卦一爻變則爲陽卦，故曰非天下之至變，其孰能與于此。

○以二圖總論之，圖之東北與書相同，而西南不同，何也？蓋圖之陰陽皆主陽極陰極而言。故一陽由左旋至九而止，一陰由右旋至八而止，書之陰陽以盛衰消長而言，故陽盛于南而九盛于北。而八至西則陽衰，故天七至東則陰衰，故地四此所以東北相同而西南則異也。雖西南各異，然東北西南皆一奇一偶相配，又何嘗異哉？

○以伏羲圖論，乾兑生于老陽之四九，離震生于少陰之三八，巽坎生于少陽之二七，艮坤生于老陰之一六。九有四，七有二者，陽中之陰也。八有三，六有一者，陰中之陽也。伏羲畫卦之時，不求與洛書同而自與洛書同。以文王圖論，一六爲水坎居其北，二七爲火離居其南，三八爲木震居其東，四九爲金乾兑居西，五十爲土坤、艮夾乎金火木水四位之間，亦中央土也。文王畫卦之時不求合乎河圖而自與河圖同。可見只有此數理一無二，所以俟之不惑，考之不謬也。

○以十數當中折斷論，一與六對，二與七對，三與八對，四與九對，五與十對，本天地自然之數也。河圖則一二三四五在内，六七八九十在外而陰陽相間。洛書則一二三四五相連，六七八九十而陰陽比肩。相間者一倡一隨，比肩者或左或右，其實而已矣。

天地間只有此數同一二三四五六七八九十之數。河圖、洛書鋪列位次不同，顛之倒之，上之下之，皆成文章。正孔子所謂『參伍以變，錯綜其數』。通其變遂成天地之文，極其數遂定天下之象，于此亦可見矣。

○以質言，五行生成之序，水、火、木、金、土也。以氣言，五行運行之氣，木、火、土、金、水也。圖則相尅者相對，書則相生者相對。圖雖相尅，然自東之木生南之火，自南之火生中之土，自中之土生西之金，自西之金生北之水，是尅而又生也。書雖相生，然北之水尅西之火，西之火尅南之金，南之金尅東之木，東之木尅中之土，是生而又尅也。縱横交互，則生成之序、運行之氣皆其中矣。

○圖書中天五五點，下一點天一之水也，上一點地二之火也，左一點天三之木也，右一點地四之金也，中一點天五之土也。此五點若專以五行之土論，前後左右四點，辰戌丑未之土也，中一點中央之土也，五者流行乎前後左右，貫徹乎辰戌丑未。故天地得五方可以成變化而行鬼神。此所以聖人作《易》，參天兩地而倚數，推而至于千千萬萬，無非此五者而已。

○此天地自然之八卦也，是未畫卦之先而卦已備矣，故曰：『河出圖，洛出書，聖人則之。』故有天地之八卦，有伏羲之八卦，有周孔之八卦，有吾心之八卦，能了此，則八卦不在四聖而在吾心矣。

○參天兩地何也？蓋天地之數皆始于一而成于五，一者數之始，五者數之祖也。故金木水火非土不成質，仁義禮智非土不成德。以自然之數論之，天一地二少其五，天三地四多其五，惟天三地二合其五。故聖人參天兩地而倚數，言依此五，以起其數也，非有心以參兩之也。若依朱子『圓者徑一圍三』，『方者徑一圍四』之説，是參天四地矣，是有心以參兩之矣。

○《洪範》九疇，箕子所作。洪範者，大法也。當時武王問箕子，天于冥冥之中默有以安定其民、保合其居止，何以上下相安，彝倫攸敘。箕子乃紂之舊臣，難以顯言紂無道殛死，不可傳以大法。乃以紂比鯀，武王比禹，言我聞在昔鯀，陻洪水，汩陳其五行，帝乃震怒，不畀洪範九疇，彝倫攸斁。鯀則殛死，禹乃嗣興，天乃錫禹洪範九疇，彝倫攸敘。曰天錫者，即《中庸》之『天命』，仲虺之『天乃錫王勇智』，魯頌之『天錫公純嘏』也。漢儒與宋儒不知箕子以禹比武王，真以九疇乃禹之言。殊不知禹聖君也，關石和鈞，王府則有。以關石和鈞而且貽之子孫，况一王之大法，禹反秘之不傳，必俟千年之後，至于箕子方傳之乎，其謬也甚矣。且九疇者即九德九經之類也。孔安國、劉歆又以禹治洪水，神龜負文，遂成九數。宋儒復信之，是謬中又生謬矣。洛書言數，洪範言理，何相干乎？孔子曰『河出圖，洛出書，聖人則之』，是伏羲之時已有洛書矣。孔子之言乃其證也。不得不辨于此，見諸儒注疏之差。

來瞿唐先生日録卷二

格物諸圖

格物諸圖引

德生蜀中僻地，少時不揣，妄意聖賢，然無傳授，且愚劣。雖有此二者，而學聖賢之志未常一刻忘也。乃以孔門之學，先于格物，欲窮極事物之理，乃取六經並秦漢文章，日夜誦讀。及過京師，見薛敬齋《録》，始知學當求諸心，歸來遂爲《四省録》。一曰省覺，謂心有開明覺悟處，即録之也。二曰省事，謂自家行事，或見人行事，或行事之當理或跌蹶，即録之也。三曰省言，謂讀古人之書有悟處，即録之，如《大學》古本是也。四曰省藝，如吟詩、如彈琴、如古人見舞劍而悟草書之類，蓋因粗以悟精也。乃刻一大圖，書寫『願學孔子』四字，以警其心。録之即以自反身心，無愧無怍，知其良心未破，但作聖功夫無下手泊岸處。乃游吴並五岳，欲會近日講學之士，又每每不相值。思宋儒終日端坐，欲識仁體者有之，以存養爲主人者有之。又近日講致良知，意此學在于静坐也，乃静坐絶妄想。如此者數年，茫然渺冥，全無入手處，自覺其爲禪學。既無師指明，又無友審問，終日山林中，委係彌高彌堅，在前在後，無處下手，把捉不住。及先父母相繼見背，制中六年，斷酒肉，辭室家，羈孤無聊，人不堪其憂。制方闋，登太白山，見此心之所以往來者，非有他也，乃三欲也。蓋孔子之三戒，孟子之三好也。數夜即輾轉不寐，思孔門講仁，孟軻講義，宋儒講敬説禮，近日講知，千載之下，又安知不有講信者出乎？又思孔門講仁，宜講仁之本體矣，而又罕言仁者何也？又以克己復禮爲仁，能近取譬爲求仁之方，何也？孟軻講義，亦不言義之本體，而乃曰『乃若其情，則可以爲善矣』，何也？又思《大學》頭上即教人格物，格物二字與五性合不相下，此又何也？心上之理，與簡册上文字，二處全不相合，思之又思，日積月累，方知五性無聲、無臭、無形，而雖知物欲有迹而易見，五性本體上，半毫功夫做不得，惟當于發念上做功夫。遏人欲者，即所以存天理也。人欲既遏，則天理自然呈露，而情之所發，事之所行，皆天理矣。始知三欲者，千欲萬欲之根柢，即克己功夫條目也；乃四勿中物欲之大者，故孔子又摘出言之。特今之學者，皆以爲粗迹尋常之話，不體認之爾，何也？克己復禮，孔子告顔回之爲仁者也。顔回在當時已直任之無疑，則顔回之用功惟克己無他道矣。及顔回没，孔子稱好學者獨顔回，乃曰『不遷怒，不貳過』，則顔回之克己者，不過此不遷、不貳二端，而聖門端的功夫，亦不過此二端也。又讀《易》見孔子《大象》云『山下有澤，損。君子以懲忿窒慾』。夫懲忿則不至于遷怒，窒慾則不至于貳過。不好勇則懲忿矣，不好好色則窒慾矣。此心一旦豁然，始知格物之物，非宋儒物理之物也，亦非近日儒者事物之物也，乃物欲之物①。蓋已也、忿也、慾也、怒也、過也、色也、勇也、得也，皆《大學》之所謂物也。克也、懲也、窒也、不遷也、不貳也、三戒也，皆格之之意也。孔子先後之言未嘗異也。格物、克己，乃聖門有頭腦的功夫，故《大學》之教首言之，而又以之教得意門人也。德因此大有所

① 物，道光本作『欲』。

悟，始知宋儒默坐澄心，欲識仁體，欲觀喜怒哀樂未發氣象者，不過禪學。而講敬説禮，又講致良知者，都合此心混雜于天理人欲之區，枉誤後生晚進，深爲可痛，皆非孔氏心印也。因大書『發念處即遏三大欲』八個字于壁，以常警心而續畫諸圖云。

萬曆乙酉十二月念二日。

重刻格物諸圖前語①

武林楊澄

斯道之晦明，天乎？亦人乎？恐人不得而與，天實爲之也。孟子敘道統之傳自堯舜，以後皆以五百餘歲言之，蓋歸之天也。孔孟千年之後，濂、洛、關、閩迭出，六經皆有注疏，以爲斯道至此大明矣，而豈知微詞奥旨，頭腦功夫，尚有未明，豈天意尚有所俟乎？吾常反復觀先生之履歷，而知天意欲先生之明道也。先生篤孝友，中式後，俾父母俱病，先生即焚引侍養，不得立功業于世，此天意也。丁丑歲先生往南岳注《易》，以破舟，先生遂客求溪。求溪近夷徼萬山之中，人孰得而知之。若在南岳，人猶有知先生者，此天意也。張江陵爲相，禁海内學者聚生徒講學。先生遂自比李白，人皆不知先生，以詩人目之，此天意也。求溪注《易》成，丙戌歲欲于華岳訂證，以不服水土而還，復客求溪，此天意也。天意欲先生明孔孟之道，故俾先生行拂亂其所爲，三十年來悠游于林壑之中，得以大肆力于正學，剖析其理于絲毛毫忽之間，皆天意也。格物二字未授先生口訣之先，講如聚訟。宋儒曰：格，至也，知猶識也，窮極事物之理，欲其極處無不到也。在近日儒者曰：知者意之體，物者意之用。則又指物爲事矣。先生獨曰：格物二字，即克己二字

① 此篇唯道光本有。

也。何也？懲忿窒欲四字，孔子之言也。及孔子稱顔子爲好學，乃曰不遷怒不貳過，故先生教人以發念處先遏三大欲。蓋不好勇則能懲忿，而不遷怒矣；不好貨、好色，則能窒慾，而不貳過矣。始知勇也、貨也、色也，忿也、欲也、怒也、過也，皆《大學》之所謂物也；戒也、懲也、窒也、不遷也、不貳也，皆《大學》之所謂格也。此夫子所以告顔子以克己，而其目則四也。直指明切，聖人復起不易斯言矣。吾友張成夫拜先生于求溪，臨别索言，先生與之曰：『爲學如燒窖，切不可助長。火候功夫到，煙自生清亮。仲尼到而今，千載道已喪。只因名利關，終日作膨脹。因此自沉溺，墮落深萬丈。仰視魯仲尼，仲尼在天上。不須求花譜，鴛鴦舊花樣。只于心上覓，何處是蕩蕩。』澄將此言書于壁，每日誦之。及澄見先生，問先生曰：『蕩蕩何以用功也？』先生曰：『去其所以戚戚者，則不求蕩蕩而自蕩蕩矣。』澄曰：『何以去戚戚？』先生曰：『口之于味，以至四肢之于安佚，欲遂其氣質之性，能不戚戚乎？欲宫室之美，妻妾之奉，所識窮乏得我，能不戚戚乎？蓋所以戚戚者，乃物欲也，即《大學》格物之物也。戚戚二字，即《易》之憧憧往來，朋從爾思也。』澄曰：『朋從爾思，朱程以爲朋友從其所思，先生以爲戚戚，何也？』先生曰：『朋友豈能從吾心之所思？蓋天下惟朋字不正，乃念頭惡處妖星厲鬼之類也。從者，聚也，言邪念從聚于吾之心思，即妄想心也。』及觀先生古詩有云：『撤去諸般憂，明鏡光鑾鑾。提起鏡來照，仲尼在裏頭。』又云：『説與種花人，種花只鋤草。』又云：『今日醒一醒，明日悟一悟。一日復一日，就生登天步。立在崑崙巔，絶日四面顧。下見紅塵起，千條萬條路。』皆此意也。孔子曰：『下學而上達，知我者其天乎？』自孔子殁後，因佛氏混雜，學者通不求下學，惟求上達，故欲識仁體，觀喜怒哀樂未發氣相，求本來面目，以至千載之餘，尚不得接孔氏之絶學。獨先生曰：『遏人欲者，即所以存天理也，故惟于下學遏人欲上做功夫。』先生既先知先覺，又以『發念處即遏三大欲』八字開示後學。當禪學混雜之餘，聖學將絶之後，先生挺出，獨能以孔氏之學表章之，先生之功，蓋不在禹下也。譬之人欲適越國者，通從北行，獨先生教之曰：『爾從南行某日某處，某日某處即至越矣。』先生之功豈在禹下哉！先生惟以格物爲功，湛然無欲，故《求溪元日詩》云：『耳熱反看真個事，紅霞高照玉壺冰。』又云：『幾番獨立通明殿，朵朵紅雲捧至尊。』其無欲氣象不覺發之辭章如此。澄又問先生曰：『在明明德，宋儒以爲虚靈不昧，先生獨以爲即達道，何也？』先生曰：『「在明明德」一章，經也；「所謂誠意」以下，傳也；「所謂平天下在治其國者」一節，即乃釋「古之欲明其德于天下者，先治其國」二句也，當時親炙者，即曰上老老而民興孝，上長長而民興弟，上恤孤而民不倍。夫老也、長也、孤也，即五倫也，乃達道也。上老老、上長長、上恤孤，乃明明德也。上老老而後民興孝，上長長而民興弟，上恤孤而後民不倍，即有諸己而後求諸人也。此所以能明明德于天下也。當時親炙者，釋經文已解明德即達道矣。若曰虚靈不昧，尚屬于心，豈能達之天下哉？』此千載不傳之秘，先生獨能悟之，所以功不在禹下也。先生之詩亦不苟作。澄問先生元日詩『我有春情滿壯懷』，何以爲春情也，先生曰：『春情者仁心也。』澄又問：『「必生芳草傳消息，方遣流鶯説去來」，此二句何也？』先生曰：『仁性不可言，惟發之惻隱則可言之，故必傳其消息而後可説去來也。若渾然在中之仁，安可言哉？』澄又問：『「紅日幾番輝白玉，赤松今已變黄梅」，此二句何也？』先生曰：『紅日白玉，言我良心本無私欲。赤松仙人也，黄梅禪僧也，言天下學者通講禪矣。』故先生之詩不可以粗淺看之，不然春情二字不知説何事。即此一詩，而他詩可知矣。得先生指教，一言一句皆是學問，此所以功不在禹下也。求溪在萬山之中，先生雖不求人知，然闇然日章，正所謂依乎中庸，遁世不見知而不悔，其先生之謂與？先生常對澄曰：『某非聰明過人，但好古敏求，能沉潛反復耳。』先生注《易》求溪十年，《朱子語録》以《易經》象失其傳，故《易》注止以本卦之義注之，不及其象。先生曰：

『《易》不可爲典要，《易》不立象，《易》不作可也。注《易》者不知其象，不注可也。』遂登華山静坐，悟象之理。及病復還求溪，數十夜不寐，將象悟出，又將《易》重解一番，訓釋精到，他日必與《書經蔡傳》《春秋胡傳》《詩經集注》並傳。先生有《浩然歌》云：『我登天兮天不高，我涉海兮水不多。』蓋爲此也。其篤志若此。

先生中式後初入京，有一舊布袍，止加新綿，短者續之，破者補之。父母喪後止衣麻衣。譚侍御訪先生于村落，倉卒無款，止以菜待之，先生談笑自若，不以爲意。既篤志又能甘貧，宜乎先生之悟道也。澄受知先生有年，讀先生《格物諸圖》，始信傳。達吾公謂先生直接孔氏之傳，雖程朱復生亦必屈服，斯言爲不虚。故以天生先生欲明道之意，並澄問答序之于首云。

發念處即遏三大欲五條

○此殲厥渠魁功夫也，蓋此三欲乃形氣中之元惡。殲此渠魁，其餘手足容恭容重等件，不過協從功夫耳。故德以遏此三欲，去行四勿功夫，即易易者此也。

○學者把此三欲通忽略過了，非死心學聖人者不能去此欲也。過此一關，渣滓渾化，即聖人矣。且如以好勇論，此血氣之勇，但此心微有不平處就是勇字渣滓未化，莫看容易了。

○此三欲又絶不得，絶則釋氏矣。天理人欲同行異情，惟聖人定之以中正仁義，雖人欲亦天理矣。詳見後。

○學聖功夫要下得手。凡人見火而不入于火者，知火之能焚也；見水而不入于水者，知水之能溺也；見米麵飯而必食者，知其能養人也。學者學聖，必見惡如見水火，見善如見米麵飯，如此則天理人欲判然分明，方能學聖。若只講敬，説識仁體，説體認天理，説致良知，恐止把做一場話説，通是不曾苦心用力，終下不得手。

〇此三欲雖分三者，其實不過要富貴，有富貴三欲遂矣。世人只是要高爵厚禄，家中有金銀財帛，此好得也。要嬌妻美妾、歌兒舞女，此好色也。要人人通仰視他、畏懼他、尊敬他，凡出一言人皆不敢違背，通奉承他傲得氣，此好勇也。聖人之言，雖分三者，其實富貴其總管也。

三欲試驗八條①

禽獸

人生天地與禽獸一般，人特靈爾。試觀禽獸不過此三欲，且如家雞，見食則呼其同類，非其類則逐之，此好得也。見雌雞則眷戀，此好色也。見雄雞則鬭，此好勇也。野雉占山岡，此好得也。捕雉者以囮音訛去即鬭，此好勇也。如不鬭，取其雌者于側，此好色也。牛馬亦然。蓋有此形氣即有此三欲。常人用形，聖人用神，即以禽獸之形神論之，四靈蓋禽獸中之聖，而用神者，龍得木之神故修長，神化莫測，雲雨從之，而爲鱗之長。鳳得火之神，故周身文章，非時不見，而爲羽之長。白虎得金之神，故亦不履生草，不踐生蟲，而爲毛之長。白虎亦麟類，見《通考》。龜得水之神，故五色似金玉知吉凶，而爲介之長。所以四靈即出類拔萃，與禽獸不同，然則人用其神，過此三欲，豈有不出類拔萃而爲聖人乎？

① 道光本作『七條』，删『夷狄』一條。

夷狄

即禽獸而夷狄可知矣。夷狄之人亦如中國之人，但他限于所居之地，不讀書，不明理，全是形氣用事。試觀夷狄不過此三欲：常提槍刀殺人，好勇也；劫掠人財，好得也；聚麀，好色也。除此三欲，夷狄無欲矣。

罪人

即禽獸而罪人可知矣。試去囹圄中觀罪人，不是好色謀殺親夫或奸有服之親，便是好得劫殺人財或盜庫銀、好勇毆死人，除此三件無罪人矣。縱有假雕印信之類，無非好得心所發也。三欲爲千欲萬欲之根柢，到此處方看得端的。

常人

即罪人而常人可知矣。人生在天地間，終日只想積幾多金銀，買幾多田産，起幾多房屋，此好得也。長成人即慕少艾，此好色也。日不眠，夜不睡，只想富貴勝過人，氣在不肯下，此好勇也。與人少有一言不合，即懷恨于心，或即怒氣相加，亦好勇也。

讀書人

即常人而讀書人可知矣。讀書人中式後，即忘前日窗前燈火之窮困，就約三朋四友飄蕩無度，就借銀買妾，此好色也。就求有司作興，此好得也。就揚頭扯袖，眼裏就以資格空人，略年長前輩、疏布衣舊友，把平日做秀才忠厚渾樸氣象通改了，一時化爲兇狠强暴之人。居鄉則凌虐鄉里，居官則淫刑濟貪。平生所講究五經四書，非止爲榮禄進取之梯，實乃虎狼生翼之具，此好勇也。其好色好貨好勇之極，有可醜可笑可畏可痛，不可明言而筆之于書者。夫以我之良心，爲仁義之府，乃天下之至寶。所以爲聖爲賢，參天地贊化育者，皆此至寶也。凡世上一切軒冕金玉皆不足以尚之，今乃反爲中舉、中進士滋其勢力。好勇好貨好色，將仁義之良，我之至寶，一時椓喪散漫。凡民不足責矣，以讀聖賢之書中式之人，即三代鄉舉里選之士，漢之得舉孝廉者也，中式後爲之豎標豎坊以表揚之，今乃若此，是棄天爵而要人爵，捨靈龜而觀朵頤，爲外物而反喪至寶矣。反不如鄉人田舍郎，種田輸租，安分守己之不喪良心也。孟子耻不免爲鄉人，今反鄉人之不若，居鄉人之下，没世無善可稱，甘與草木同其朽腐，是讀書猶未讀書也，豈不可哀之甚哉？正昔人《鶴媒詩》云『嗟爾高潔非凡禽，胡爲狗食移此心』也。然可與知道者談，不然是彈高山流水于闤闠，人鮮不以爲迂矣。

賢人

即讀書人而賢人可知矣。如魯南子學柳下惠，顔叔子執燭，即千載有名，非不好色，即成賢人乎？如陽震夜金、范丹塵甑，即千載有名，非不好得，即成賢人乎？如顔子犯而不校，師德唾面自乾，即千載有名，非不好勇，即成賢人乎？

西方聖人

即賢人而西方聖人可知矣。釋家佛出來，曉得世間人好色，他就不娶妻，祝髮爲僧。曉得世間人好得，他就高山上打坐，談空説寂，以一切有爲法如夢幻泡影，如露亦如電。曉得世間人好勇，他就以慈悲爲本。他全然反了世間人之事，他就爲西方聖人。雖是異端，三綱五常盡廢，然一塵不染，較之讀書人奔競名利，鐘鳴漏盡，猶不知止者，有愧于彼多矣。而今天下浮屠，反多于儒學，非除此三欲者，即爲聖人乎？夫以沉溺于三欲者，即爲罪人，除革乎三欲者，即爲聖人，而作聖功夫在于格物，愈見端的矣。

吾儒聖人

即異端聖人而吾儒聖人可知矣。聖人雖渣滓渾化，無三欲之可言，然載之于經亦有可見者，如云不殖貨利，不邇聲色，允恭克讓，温恭充①塞，小心翼翼，昭事上帝，無然畔援，無然歆羨，不聞亦式，不諫亦入，温良恭儉讓，無意無必，無固無我。孔子告哀公修身，就説齊明盛服，非禮不動。尊賢，就説去讒遠色，賤貨而貴德。自聖人以下，沛公一亭長也，與項羽争天下，范增看他出來，説他前在山東貪財好色，今財物無所取，婦女無所幸，此其志不在小。則作聖之功，不外于格物，而格物必先于三大欲，其功夫端的矣。若學者做功夫，先遏三欲，去行四勿，功夫即容易了，不過時時覺照而已。若被三欲牽纏，出不得世，隨人講性命之學，千講萬講，終是葛藤。

三欲所屬三條

色類

女色正所好之色也。凡五色可愛，人者皆是。如愛人富貴，愛絲竹音聲，愛戲局，愛花木，皆色心所發也。

勇類

刀劍殺人正所好勇也。至于凡欲勝人者皆是。如欲富貴勝過人，欲長生之類是也，故孔子又以鬬名之。如石崇鬬富，今人鬬促織、鬬雞、鬬馬、鬬舟競渡之類。

---

① 充，原作『允』，據意改。

貨類

金銀正所好之貨也。凡田産、珠玉，爲我所得者皆是。故孔子又以得名之。故謂女人曰奇貨，蓋貨指其物，得則在我也。

三欲連環三條

色中勇貨

如鄰家處子，所好之色也。不顧死命逾牆相從，是勇也；處子奇貨爲我所得，是貨矣。

勇中色貨

舞劍視人，勇也。然好勇豈空好哉？必其色有可愛之事，方去争鬭。如争妻，是妻可愛也。争田産，是田産可愛也，争得過來是貨矣。如獵狩，提搶刀是勇也。見所獵之物走動，色色可愛，是色也。得麋鹿歸，是貨矣。

貨中色勇

金銀珠玉，貨也。色色可愛，色也。連城易之，勇也。又如我不肯，而寧可碎首殺身，完璧歸趙，亦勇也。

三欲爲千欲萬欲之根柢三條

色

舉火戲諸侯是也。諸侯豈可戲？色其根柢也。

勇

殺妻求將是也。妻豈可殺？勇其根柢也。

貨

七月大水，三峽黑石，十船九歿，乃翻鹽井以橫黃金是也。險豈可冒？貨其根柢也。

凡此之類甚多，不可悉舉，但舉一事即見之矣。細思起來，此身諸般之欲，何處不是？此三欲發根，故爲千欲萬欲之根柢。

三欲中五性 三條

色

鄰家處子，色也。我欲上祀祖宗，下延子孫，去聘定他，是仁愛之心所發也。請媒妁行六禮，當輕、當重、當前、當後，中間有判斷，是義也。行之無過不及，有節文，是禮也。閥閲相當，無他日之悔，是智也。男女以時，期日不爽，是信也。

貨

金銀，貨也。我遠行，人送我贐，此心感謝，即時動惻隱之心，仁也。此心商量判斷，當受不當受，義也。交道接禮，賓主百拜，禮也。知其受之有名，不傷于廉，智也。始終無詐僞之心，信也。

勇

稱爾戈，比爾干，立爾矛，勇也。憫生民塗炭之已久，仁也。此心權度，當此生民塗炭之時，救民事重，君臣義輕，義也。未嘗殺一不辜，禮也。知天命之在我，予弗順，厥罪惟鈞，智也。予小子既獲仁人，祇承上帝，上不負上帝生我之聰明，下不失生靈之仰望，信也。

天理人欲同行異情三條

色

同一男女相見也，行六禮者謂之婚，逾東家牆者謂之淫。淫而不顧人道者謂之娼，不論倫理者謂之聚麀。

勇

同一以刀殺人也，救民者謂之義，占人疆土者謂之侵，以下殺上者謂之叛。

貨

同一金銀入手也，交道接禮謂之幣，受君之禄謂之俸，貪民之財謂之贓，劫掠人財謂之賊。若離絶人事即釋氏矣。惟格去物欲之私，雖人欲實天理矣，所以爲同行異情也。

三欲近似三條

色

以攜妓爲蹶弛風流。

得

以貪財爲學者，莫先于治生。

勇

以客氣爲養浩然之氣。

此之謂認人欲爲天理。

五性圖 一條

凡物有形有氣有神，如天地是形也，屈伸往來氣也，所以主宰之者神也。仁乃木之神，禮乃火之神，義乃金之神，知乃水之神。此神字即命也、性也、道也、理也、太極也，但隨處命名不同耳。與生俱生，與形氣原不相離，如天依乎地、地附乎天相似。然雖不離形氣，實不雜于形氣。天生出堯舜出來，方分一個道心人心。到了孔子又分一個形而上者謂之道、形而下者謂之器。雖如此分得明白，但因他粘搭在形氣上，又因佛氏出來混雜一番，所以自孔孟以後，儒者通不曉得下功夫，説識仁體、説致良知、説隨處體認天理，通將功夫用錯了。殊不知五性無聲無臭，何處下手？惟格形氣上物欲，則五性自呈露矣。此孔門傳心至捷之法也。

五性爲三欲所迷圖六條

五性其植立如松柏，三欲便是纏松柏之藤蘿，格物功夫是斬藤蘿之刀。

五性其光明如日月，三欲便是遮日月之煙霧，格物功夫是吹煙霧之風。

五性其散布如金，三欲便是污金之泥沙，格物功夫是陶泥沙之水。

五性其美粹如玉，三欲便是包裹玉之頑石，格物功夫是鑿石之鑽。

五性其尊重如君，三欲便是迷君之妖蠱，格物功夫是斬妖蠱之劍。

五性其生意如嘉禾，三欲便是雜嘉禾之草，格物功夫是薅草之鋤。

千古聖學不明，只爲五性搭附在形氣上。

一理圖四條

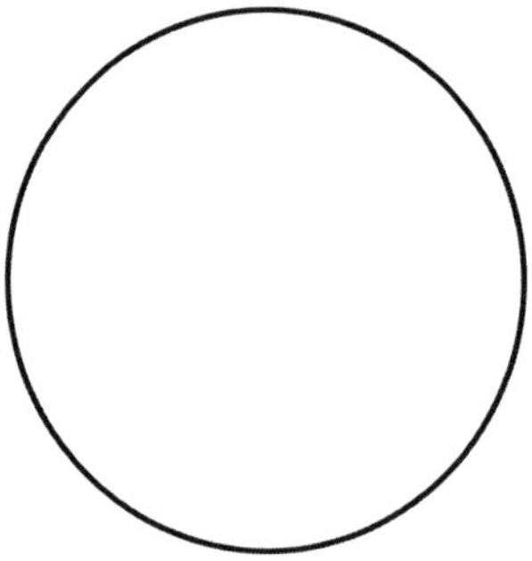

五性雖是五者，乃一理也。觀孔子説一陰一陽之謂道，繼之者善也，成之者性也云云，仁者見之謂之仁，智者見之謂之智，百姓日用而不知，故君子之道鮮矣。又説立人之道曰仁與義，又説春作夏長仁也，秋斂冬藏義也，四德可以統言者，以其一理也。譬如一個縣令，從東門出來名爲仁，從西門出來名爲義，從南門出來名爲禮，從北門出來名爲智。又譬如天上一個月，落在山東之川者名爲仁，落在西蜀之川者名爲義，落在浙江之川者名爲禮，落在陜西之川者名爲智。所以説天理本然上做不得功夫，以理無聲無臭無定在故也。以發念上論，譬如一人幹錯了一件事，此心惶恐羞愧，是羞惡之心也；曉得自家不是，乃是非之心也；正當羞愧之時，忽有客到，與之揖讓爲禮，是恭敬之心也。正當爲禮之時偶見孺子入井，俱驚惶去救，乃惻隱之心也。一時四心俱出，何處把捉？只是遏人欲天理自見矣。又譬如居官者，甘受人夜金，是無羞惡之心也；送之不以禮而接之，是無恭敬之心也；將事即屈斷，是無是非之心也；又將不送金之人鞭笞，是無惻隱之心也。沉溺物欲一事，四心俱喪，而五性乃一理猶可見矣。

○五性皆理也，仁可以兼管四德，仁但可以識其用，不可以識其體。如仁之于父子，爲子者冬温夏凊，昏定晨省，皆仁之發用也。惟可以識其用，故可以踐行其用。何以不可識其體？五性在人身渾然一理。譬如一桶水貯在一處，未曾分散，脚下一面有四孔，從東邊孔來者是惻隱之心也，從西邊孔來者是羞惡之心也，南北亦然。是如此模樣，他渾然無聲無臭，何以識得他體？説識仁體，只恐仁字還看不分曉。所以程子又説惻隱之心仁之端也，既曰仁之端，則不可便謂之仁。殊不知仁止可如此説矣，如别説，不説得高遠，便説得卑近。

○程子又説：『義訓宜，禮訓别，智訓知。仁當何訓？説者謂訓覺、訓人，皆非也。當合孔孟言仁處大概，研窮之二三歲，得之未晚也。』不知程子當時如何又如此説。『仁者，人也，親親爲大』，孔子之言也。『仁者人也，合而言之者道也』，孟子之言也。又説『仁，人心也』。而程子乃以訓人爲非，何哉？又教人二三歲得之未晚，只恐除了訓人字再訓不得了。程子又要把仁只消道一公字，假如説仁者公也，親親爲大，仁者公也，喪其公而不知求，説不通矣。不如『仁者，人也』，説得不滲漏，説得穩。程子曰『仁者天下之公、善之本也』，故要道一公字，殊不知義禮智皆公理，不特仁爲公理也。

○大抵仁字乃天賦，我渾然無私之理也，爲善之長，可以兼管四德者也，所發者則惻隱之心也。當時孔門言仁，有就心之無私而言者，如不先其所難，而先計其獲是私也，惟力行是先其所難矣，又不計其獲，故力行近乎仁，而博學、篤志、切問、近思，仁亦在中也。巧言令色，私也；剛毅木訥，其言也訒①，非巧言令

① 訒，原作『認』，據《論語·顔淵》及道光本改。

色矣，故近乎仁。如説三月不違仁，皆就心之無私而言也。有就事之無私而言者，『求仁得仁』，『殷有三仁』是也。有就用功無私而言者，『克己復禮爲仁』是也。有就功業而言者，『如其仁，如其仁』是也。有就惻隱所發而言者，『愛人』，『予之不仁也』，『己欲立而立人』，『己所不欲，勿施于人』，『體仁足以長人』是也。有就兼管而言者，『恭、寬、信、敏、惠』，『居處恭、執事敬，與人忠』，『出門如見大賓，使民如承大祭』是也。張子説『禮儀三百，威儀三千，無一物而非仁』，此數句説得極是。

本來面目三條

○『本來面目』四字非儒者之言也，乃釋家之言也。近日儒者要求本來面目，要觀喜、怒、哀、樂未發氣象，是皆泥于釋家圓明光禪之説也。德姑就其言而曉之。

○如仁之于父子，仁乃本來面目也。爲子者聽妻子之言，有私財好勇鬭狠則爲不孝，而仁之本來面目失矣。今不聽妻子之言，不有私財，和氣婉容，則必温清定省，幾諫諭道，所行者皆孝之事，而仁之本來面目見矣。此即求仁功夫也。

如義之于君臣，義乃本來面目也。爲臣者爲妻妾之奉、宫室之美、好得好色、淫刑酷暴，則義之本來面目失矣。今不爲妻妾之奉、宫室之美、不貪不酷、廉静寡欲、易直慈良，則民之所好好之，民之所惡惡之，有官守者盡其職，有言責者盡其忠，而義之本來面目見矣。此即集義功夫也。

三心圖 一條

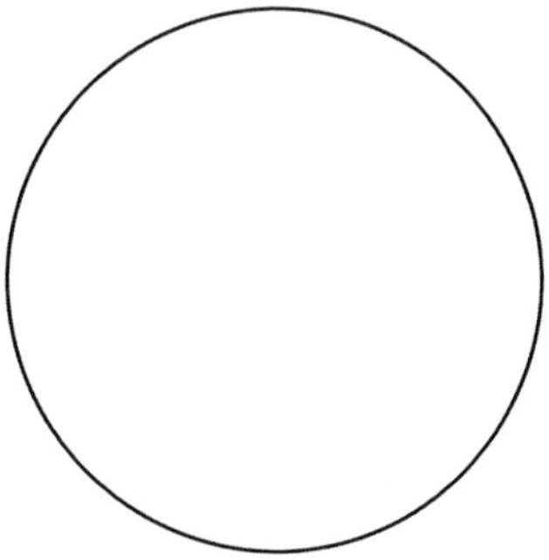

此未發之心

〇此未發之心也，若以做功夫論，乃閉城門心也。釋氏用此心作功夫，終日無天、無地、無人、無我打坐，所以説出話來一個套子。如説無無明，亦無無明盡，乃至無老死，亦無老死盡。又如不見諦非不見諦，非得果非不得果。非凡夫非離凡夫，非聖人非不聖人。又如非因所生，非緣所起，非有相、非無相、非自相、非他相、非一相、非異相、非即所相、非離所相、非同所相、非異所相、非即能相、非離能相、非同能相、非異能相。又如非有想、非無想、非有非非想、非無非非想之類，皆是統歸一個圈套，打破了，左來右去，不過是二邊不住、中道不安的功夫，就説此等話出來了。然終何用哉？三綱絶矣。吾儒要出來應世，務要明德新民，以天下爲一家，中國爲一人，全在人情物理上做功夫。所以格物爲入手功夫。若觀喜怒哀樂未發氣象求本來面目，即是禪矣。

〇大抵天地有此形氣，五性藏附在形氣之中，常不能勝形氣，所以正常不能勝邪，君子常不能勝小人。

少時去看釋氏藏經，所説之話，全是妄誕之話，何曾有半毫理。然往往高明之士，皆尊信之。如蘇子瞻何等才華，一向尊信他。陸象山雖自以爲先立其大，不是禪學，然觀語録中，如云獅子咬人、狂狗逐塊，六經注我、我注六經，汝耳自聰、汝目自明，又如管歸一路，此等話自不覺流而爲禪矣。人要他著書，他又説道在天地，有個朱元晦、陸子静便添得些子，無了，便減得些子，此皆禪語。令後生晚進無處適從，深爲可痛。其實中心不足，道理尚未透徹，乃説此禪語使人猜想，但看孔子決不説此禪機藏頭之話。子以四教文、行、忠、信，子所雅言《詩》《書》執禮，有鄙夫問，必竭兩端，再無一句隱語，方是儒者。論起程子不曾留心于佛，他説學者于釋氏之説，直須如淫聲美色以遠之。但他所用功夫主于敬，去終日端坐如泥塑人，自不覺流而爲禪。傳流至李延平，一向通講默坐澄心。所以然者，只因格物二字體認不真，不知聖門有此頭腦功夫故耳。自佛氏出來，混雜此一番，我等不免多説了幾句話，不然道不得明，世變江河，一至于此。

三心圖 附動静合一共二十條

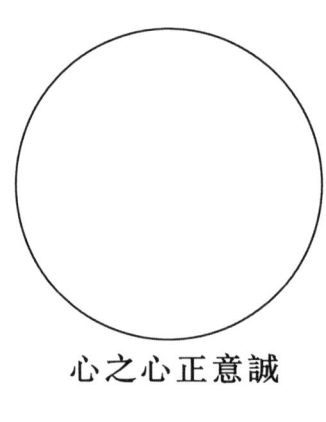

誠意正心之心

○學者臨關功夫最難，關一開，差之一毫，謬以千里。譬如美色，人分明曉得是妖蠱之物，但有此形氣，目之于色，所愛者美色也，美色在前，念頭一動，理不勝氣，此念一去，如决江河矣。所以聖人説修身正心，又于心上抽出一個誠意功夫出來，曉得人有此形氣意念，所發義理少而物欲多。又説個格物功夫在頭。異于釋氏者，正在于此。格了形氣上物欲，則是非之心呈露，凡事臨前，尺尺寸寸，曉然明白，所以意方誠得。如沉溺于物欲，恣肆形氣之所好愛，則凡事通糊塗了。如紂，只爲迷惑于妲己，此正有所好樂則不得其正也，就凡事通糊塗了。斮朝涉之脛，剖賢人之心，而惻隱之心喪矣。崇信奸回，放黜師保，而是非之心喪矣。郊社不修，宗廟不享，而恭敬之心喪矣。力行無度，穢德彰聞，而羞惡之心喪矣。

忿懥、恐懼、憂患、好樂，皆人心也，皆妄心也，通在形氣七情上生出來，即有我之私也。所以説格物二字即克己二字也。人不能克去己私，反去奉承此血肉之軀，則口之于味、耳之于聲、鼻之于臭、目之于色、四肢之于安佚，凡其可以奉承而如形氣之所願者，無所不至矣。既無所不至，則與禽獸不遠矣。有所忿懥，如明帝以杖撞人，一時之忿懥也。令狐綯爲李義山題詩，終身不開其廳，終身之忿懥也。皆是拂逆我形氣上心意的，所以有所忿懥也。有所憂患，如説『今不取，後世必爲子孫憂』，子孫是我形氣上所生的，所以有所憂患也。有所好樂，如共王之好營宫室，漢武之好神仙皆是也，皆是我形氣意歡喜的，所以有所好樂也。有所恐懼，如做諫官，君有過，正當諫，恐觸逆鱗打死了，就不諫，甘曠厥言責之職，此性命是我形氣上要緊的，怕壞了性命，所以有所恐懼也。左來右去，都是奉承此血肉之軀。陰濁既盛，陽明通不見了。所以聖人教人只去把所奉承血肉、陰濁物欲格了，則陽明自然顯出來了。孔孟已後，儒者不曉得做功夫，認格物二字不真，專去五性陽明上求，殊不知五性無聲無臭，何以做得功夫？及程子説涵養須用『敬以直内』一句作主，喜人静坐，不知敬以直内，敬字即禮字，即以義制事，以禮制心者也。禮字説得寬，敬字説得有把捉，所以下一個敬字。《大學》頭腦功夫在于敬，聖人已先説矣。蓋人有此身莊敬而多欲者，曾見人整齊嚴肅，坐如尸，立如齋，而却眷戀功名富貴，不肯放手者。故《大學》頭腦功夫不以敬爲先，然説一格字、致字、誠字、正字、修字，則敬亦不必言矣。

〇程子以『敬者主一』也。主一之謂敬，無適之謂一，無適言不之東、不之西。朱子言無適，乃不馳騖走作之意。又説：『有以一爲難見，不可下功夫，如何？一者無他，只是整齊嚴肅則心便一。』既整齊嚴肅，此心又不馳騖走作，不之東、不之西，非禪而何？禪家坐下，也眼觀鼻、鼻觀心，也不之東、不之西，豈能安得百姓？解孔子修己以敬、以安百姓，解不通矣。程子又説：『上下一于恭敬，則天地自位，萬物自育，氣無不和，四靈畢至。』説得全不是話了，豈有是理①？所以朱子解修己以敬，到此處遂不解，但云修己以敬，夫子一言至矣盡矣。殊不知敬者天理也，乃吾性之禮偶然所發，而無一毫人欲之私者也。此一字，乃『齋明盛服，非禮不動』八個字之總名也。齋明八個字，乃敬字下手功夫也。出門如見大賓，使民如承大祭，執虚如執盈，虚室②如有人，此則敬之規模氣象也。非長令此心未發，不之東、不之西，終日端坐，以爲敬也。蓋身心上，非禮即動不得，若在禮上事也動得。若一時静坐，偶然思起親來，不成説此心要不之東、不之西，不當思親，如此就不是了。如周公其有不合者，仰而思之，夜以繼日，幸而得之，坐以待旦，一沐三握髮，一飯三吐哺。孔子終日不食，終夜不寢。二聖人皆非敬矣。蓋聖人之心，當静時，亦有不之東、不之西之時，及動時，行事無一毫人欲之私，縱胼手胝足，勞心焦思，亦敬也。若不之東、不之西，終

① 『説得』至『是理』，道光本無。
② 虚室，道光本作『入虚』。

日端坐，是禪學矣。

○大抵修身説仁字敬字，通是無一毫人欲之私。如修道以仁者，言皆出于至誠惻怛之意，而無一毫人欲之私也。朱子解『仁者，天地生物之心』，所謂『元者，善之長也』，則與修道二字不相干矣。左右宋儒只爲學聖，頭腦功夫看不端的，所以于修身入手處就無着落。譬如人身孔竅一般，一竅通則百竅皆通，一竅不通則竅竅不通。①

○論起敬字，學者豈可離得？如文王之敬止，孔子之修己，《易》之直内，《禮》之毋不敬，皆學者至緊功夫。但冥心閉目，此心不之東西以爲敬，就差了，正所謂差之毫釐，謬以千里。程子曰：『釋氏之學，于敬以直内，則有之矣。于義以方外，則未之有也。』程子將敬字略看差了，所以如釋氏在心之未發上用功夫。殊不知敬義二字，皆天理也，能義以方外者，必能敬以直内，不能義以方外者，必不能敬以直内，此内外合一之道也。釋氏既能敬以直内，何以不能安百姓？程子不曾詳直方二字。蓋人心之所以不直不方者，以其心之有私欲也。禮義者，吾性天理之公也，以此直于内、方于外，則内外皆天理之公，而無一毫邪曲之私，不期直而自直，不期方而自方矣。如無思無慮時，此心寂然不動，不之東、不之西，無邪曲之私者，固敬以直内也；如有思有慮時，此心東馳西騖，皆天理之公而無一毫人欲之私。思無邪者，亦敬以直内也，此之謂聖學，此謂動静合一。詳説見下。

○蓋敬者禮之所發，此心已打起精神矣。此默坐澄心者，所以爲非敬也。譬如爲人臣止于敬，有官守者盡其職，固敬也；若爲諫官，君有過，面折廷争，東引西證，亦敬也。如非天理之公，乃邪曲之私，如好色

① 此段道光本無。

之類，雖心之主于一而無適，如坐禪之類，雖身之整齊嚴肅，皆不得謂之敬矣。故曰敬者天理也，乃吾性之禮偶然所發，而無一毫人欲之私者也。如入宗廟之中，不期敬而自敬；見大人君子，即時生敬。通是不曾留心商量計較。如孟子説乍見孺子入井，非納交要譽，純是天理。惟其純是天理，則事事皆天理，所以可安百姓。非終日端坐，此心不之東西，謂之敬也，所以説程子看敬字略差了。

○程子將敬字略看差者何也？他只將敬字在威儀氣象上看，不曾在天理上看。觀其説：『有以一爲難見，不可下功夫，如何？一者無他，只是整齊嚴肅，則心便一。』可以知其將敬字不在天理上看矣。蓋吾性之理本一也，其所發者，自其惻隱而言謂之仁，自其恭敬而言謂之禮，自其羞惡而言謂之義，自其是非而言謂之智。程子全在威儀氣象看，所以教人整齊嚴肅。殊不知敬雖離不得整齊嚴肅，然要曉得是天理所發。

○程子惟其不肯打動此心，故人問作文害道否，曰：『害也。凡爲文，不專意則不工，若專意則志局于此，又安能與天地同其大？』殊不知古今聖賢與天地同其大者，莫如孔子。孔子删述六經，費了千辛萬苦，如《繫辭》等書稿，也不知易幾遍。觀其讀《易》韋編三絶，猶曰假我數年，至今文章炳如日月，何曾害道哉？若説文害道，『文行忠信』之文、『博我以文』之文、『君子懿文德』之文、『文不在兹』之文，豈又一樣文乎？文既害道，孔門四科，不必文學矣。若周子虚車之説，就無病痛矣。文能載道，何害于文？程子本闢佛，只因他功夫近于禪，不肯打動此心，所以門人就説天下何思何慮。程子自涪歸，嘆門人俱化于夷①，蓋因爲師者往日端坐如泥塑人，故不覺流而爲禪矣。甚矣！用功不可差毫忽也。

① 『程子自』至『化于夷』，道光本無。

〇程子説主一無適之謂敬，謂此心不之東之西也。殊不知此心之東之西者何也？乃妄想心也。即有所好樂忿懥等心也，即格物之物也。今既知格物功夫，則此心自然不之東西，不消下一敬字矣。聖人所以不以敬字爲先也，所以然者何也？蓋主一無適，乃閉心功夫，可以相從天理、人欲于混雜之間。説個格物，則止遏人欲好色、好勇、好得之類，明明顯顯矣。所以程子門人無從下手，不覺流而爲禪矣。況今日科舉之學興，人已不知聖學爲何物，間有一二高明之士出來，所立門户全在雲霄之上，一點下學功夫不講，所以聖賢日益稀少。噫！可哀也。

動静合一

〇此格物誠意功夫，心中之動静也。

〇静坐之時，如心思道理，此之謂静亦動。如禪家静坐之時，不敢開闢思道理，謂之理障，是静而不能動者也。德所以説思無邪，亦謂之敬以直内者，此也。

〇行事之時，全在天理，此之謂動亦静。如富貴利達之學，是動而不能静者也。

〇朱子言周子説主静正是要人静定其心，自作主宰，將周子静字略認錯了。他見程子説敬則自虚静，不可把虚静唤作敬，因有此説。殊不知周子主静立人極，本注云『無欲故静』，有此四字，周子也恐人認錯了静字，故注此四字。經曰：『人生而静，天之性也。感物而動，性之欲也。』周子静字在此處來，言聖人無欲，主静立人極。以爲静坐之静，是禪學也，安能立人極哉？

〇儒釋之分，只在誠意。把意上説個誠字，教人如好好色，如惡惡臭，則天理人欲判然分明。如只是整齊嚴肅，終日端坐，求識仁體，則此心終不分曉。

○何以此心終不分曉？蓋此心整齊嚴肅，不之東，不之西，就是無妄了。文王于無妄卦云：『無妄，元亨利貞，其匪正有眚，不利有攸往。』程傳乃曰：『雖無邪心，苟不合正理，則妄也，乃邪心也。』觀文王並程傳之言，則坐禪者雖無邪心，不合正理矣。所以聖學頭腦，不以敬爲先。

三心圖三條

富貴利達之心

○此人心也，全在形氣上用功夫。口之于味，要吃好的。耳之于聲，要聽好的。目之于色，要看好的。鼻之于臭，要聞好的。四肢要好處安佚，要宫室之美、妻妾之奉，所識窮乏得我，左來右去，只是要奉承血肉之軀。所以未得富貴，終日終夜勞心焦思以求之；既得富貴，則患得患失，高爵厚禄猶不知退避，必至于殺身亡家而後已也。

○宋儒不知格物二字，所以伊川先生説：『孟子才高，學之無可依據，學者當學顔子。』以德論之，可依據者，莫如孟子也。孟子説天理人欲，説得分曉，所以德如今講功夫，就與孟子一般。别人講高深，我只講卑淺;別人講精細,我只講粗大;別人要識仁體,我只格形氣物。欲反似,濯之江漢,暴之秋陽,磨之不磷,涅之不緇,南子可見,獵亦可較。

○伊川先生曰:『太抵人有此身,便有自私之理,宜其與道難一。』此言説得極好,伊川先生雖不知格物功夫,而此言暗合也。

四勿五條

○三戒四勿,皆孔子之言,但四勿説得密,兼物欲之大小而言之;三戒説得疏,乃在四勿中抽出物欲之大者言之。故德以發念處先遏此大欲,然後覺照些小功夫即易易矣。此先後緩急之序也,非舍四勿,惟遏三欲也。

○勿者,無也,莫也。戒者,慎也,警也。《易注》洗心曰齋防患曰戒。論起勿戒二字,皆禁止物欲之辭,但戒字較勿字尤重,所以用此字于三大欲之上。如曰少之時勿好色,則其言緩矣。

○宋儒知此四勿功夫,作《四箴》,止因他不知格物二字,所以將此四勿中之三大欲通忽略過了。德非立門户也,蓋將孔孟要緊之言,表章申明之耳。伯夷之清,止不好得而已,即爲聖人之清,此等功夫可忽乎?故將三欲格了,渣滓渾化,即聖人矣。

○如説識仁體,致良知,每日做功夫,就不明不白了。正北溪陳氏所謂:『枉誤後生晚進,使相從于天理人欲混雜之區,爲可痛也。』惟格此物,行三戒四勿功夫,則明明白白登堯舜周孔之堂矣。

○四勿功夫,細密行之,亦有捷法。如程明道以『無不敬,思無邪』二句作主也好,以『不愧于屋漏』一句作主也好,以『言忠信,行篤敬』二句作主也好,以『居處恭,執事敬,與人忠』三句作主也好,此時時覺照捷法，通是聖人之言，但看我氣質之偏在何處，因病而藥，知其先後緩急之序，斯可矣。大抵聖人之言，總歸于無欲。

常觀浴沂舞雩氣象一條

○此正反觀其喜怒哀樂未發氣象也。蓋行四勿細密功夫，雖有捷法，又要常觀浴沂舞雩氣象，則身心不至局促。宋儒自程子以後，其徒通把學講壞了，德爲此日夜痛息。龜山先生乃程子親授門人，傳至羅豫章，又傳至李延平，通觀喜怒哀樂氣象，延平先生乃曰：『學問之道不在多言，但默坐澄心體認，天理若見，雖一毫私意之發，亦退聽矣。』此言至于今日數百年間，使天下學者皆化爲夷①，深可痛息。以此作功夫，即《易經》恒卦『田无禽』，即仙家所謂『只將水火煮空鐺』者也。殊不知此非聖學也，乃釋氏閉城門功夫也。聖人之學，在于誠意上用功夫，先于懲忿窒欲。若延平此功夫，乃在誠意上一層默坐澄心，無天無地、無人無我、無喜無怒、無哀無榮，何以能如堯舜禹治曆明時，誅四凶，八年于外？何以能如湯武救民水火？何以能如周公坐以待旦，輔幼君，誅管蔡？何以能如孔子周流四方，欲行道以濟時哉？若延平此功夫，只在深山打坐，廢絶人倫可也。故學者行四勿細密功夫，要常觀浴沂舞雩氣象，則功夫細密，既不空疏，襟懷洒落，又不泥滯，既高出塵冥，又兩脚實地，正所謂致廣大而盡精微，極高明而道中庸矣。

① 化爲夷，道光本作『流爲禪』。

過了人欲關就見伊尹氣象 一條

〇行三戒、四勿功夫，過了人欲一關，則襟懷洒落。就是非其義也、非其道也，禄之以天下弗顧也，繫馬千駟弗視也，一介不以取諸人，一介不以與諸人；如其義也、如其道也，舜受堯之天下不以爲泰，行一不義、殺一不辜而得天下不爲，此等氣象了。周子教人志伊尹之所志，正在于此。

一理合于造化

〇人欲既消，此身雖是血肉之軀，乃一團天理矣。既是一團天理，無一毫人欲之私，則能與天地合其德，日月合其明，四時合其序，鬼神合其吉凶，隨我素富貴、貧賤、患難、夷狄，只是此一理，即無入而不自得。是以在上位不陵下，在下位不援上，此心光明如光風霽月，隨他萬事萬物，紛紜轇轕在前，吾性所發，足以有容，足以有執，足以有敬，足以有别。本諸身，徵諸民，考三王，俟百世，以功業則博厚配地，高明配天，悠久無疆，一貫之妙在此矣。

樂

〇樂也者，學之成而手舞足蹈，不覺其皆道也。孔子所謂『知之者不如好之者，好之者不如樂之者』是也。蓋義精仁熟，則道即我、我即道。從容中道，從心所欲不踰矩。學必至于樂然後爲學，若未至于樂，猶與聖學隔一關。

〇此樂字，生知安行者有師指授，三五年即能領悟。若困知勉行者，必二三十年日積月累執持，即久一旦融化，方知此樂也。不然，其不以登山臨水，歌兒舞女爲樂者鮮矣。驟語此樂，未免説夢也。

總論

○大抵爲學有個初頭功夫，有個中間功夫，有個收拾功夫。初頭功夫興于《詩》是也。蓋人之資禀不同，有生而知之，有學而知之，有困而知之；有安而行之，有利而行之，有勉强而行之。初頭之時，縱聖人之學亦必有所感發興起。感發興起者，感發興起以爲善，欲明善復初以爲聖人也。如『吾十有五而志于學』是也，如張横渠少時談兵，李延平少時豪勇，夜馳馬數里而歸，後皆發憤于正學是也。既有所感發興起，則必博學、審問、慎思、明辨、篤行，發憤忘食，好古敏求，有所執持，立于禮是也，四十而不惑、四十不動心是也。故曰不學禮無以立，宋儒敬字在此處矣。執持既久，義精仁熟，習慣自然，敬字通融化了，成于樂是也。到了樂處則渣滓渾化，意象兩忘，大而化之之謂聖，聖而不可知之謂神矣。蓋心中斯須不和不樂則鄙詐之心入之矣，外貌斯須不莊不敬則易慢之心入之矣，故君子禮樂不可斯須去身。致禮以治躬則莊敬，莊敬則威嚴。致樂以治心則易直，子諒之心油然生矣。生則樂，樂則安，安則久，久則天，天則神。天則不言而信，神則不怒而威。所謂天神者只是熟，莫知其然而然也。若終日只去執持莊敬，不去格物，則外貌雖莊敬，而中心實鄙詐矣。此莊以涖之，次于知及仁守也。噫！非沉潛苦學者惡足以知之。

來瞿唐先生日録卷三

大學古本

大學古本序

大學之道，修身盡之矣。修身之要，格物盡之矣。明德者何也？昭明于天下之德也，即五達道也。自其共由于人謂之道，自其實得于己謂之德，自其通于天下曰達，自其昭于天下曰明，非有二物也，一而已矣。觀下文釋齊、治、平，皆以五倫言之是也。不言道而言德者，有諸己而後求諸人也，此正五帝三王以德服人之王道也，非伯者之以力也。若以人之所得于天而虚靈不昧爲明德，則尚未見諸施爲，以何事明明德于天下也哉？親者九族也，民者萬民也，即親親而仁民也，自近以及遠而家而國而天下也，非當作新也，亦非親其民也。止至善者，止于仁敬孝慈信也。自數字之義不明，聖人修己以安百姓之道荒矣。道喪千載，噫！可哀也，又何望其知格物也？五帝三王之學，皆所以明倫。孔子十五而知志帝王之學，七十子從孔子，問孔子之志。孔子曰：『老者安之，少者懷之，朋友信之。』此何志也？即《大學》老老、長長、恤孤、平天下之志也。及哀公問政，乃大人不知《大學》者，故孔子告之曰：『天下之達道五，所以行之者三。知斯三者，則知所以修身、治人、治天下國家。』則明德即達道，不待辨而自明矣。孟軻氏得孔子之真傳者，故曰『聖人，人倫之至也』。堯舜之道孝弟而已矣。親親，仁也；敬長，義也。無他，達之天下也，人人親其親、長其長而天下平。及齊宣、梁惠、滕文公問政，皆以設爲庠序、人倫明于上告之。此皆載之簡册，自兒童時即讀之。但天下學者日汲汲于科目，如水之赴海；間有一二高明之士，又馳情于釋氏之空寂，不以身心體認之，以至此義不明爾。格物者，修身之有頭腦功夫也，即告顔子之克己也，即孟子之寡欲也。誠意者，心之要緊處也。格物則知之至矣，修身則行之盡矣。知至行盡，天下國家舉而措之而已。春秋之時，五伯迭興，君不君、臣不臣、父不父、子不子，不知明明德于天下也久矣。間有欲平天下者如管晏之徒，又不知本之五倫，反之躬行。孔子懼，作《春秋》，奪南面之權而不諱，敦典庸禮，命德討罪，無非所以明倫也。孔子没，其徒恐此道久而失其傳，乃筆之于書，引五帝三王之《詩》《書》以爲證，豈知千載之後字義猶不明也哉？噫！可哀也。秦漢唐已來，聖人之道渾如長夜。至宋河南程氏取而表章之，朱子乃爲之注，可謂有功于聖門矣。但以明德爲虚靈不昧，以格物爲窮至事物之理，不免失之支離。至我明陽明王氏崛起浙中，以此書原未錯簡，朱程格物不免求之于外，可謂有功于朱程矣。但仍以明德爲靈昭①不昧，而教人先于悟良知，則又不免失之茫昧。支離茫昧雖分内外，然于作聖功夫入手之差者則均也。德以未仕，山林中潛心反復二十餘年，一旦恍然有悟，懼天下之學者日流而爲禪也，乃書數條于《大學》古本之後。極知愚劣不足爲程、朱、王三公之直友，但學者能以身心體認之，則于國家一道德以同俗之教化，未必無小補云。

萬曆乙酉十月望日後學來知德書。

① 靈昭，道光本作『虚靈』。

大學之道，在明明德，在親民，在止于至善。知止而後有定，定而後能靜，靜而後能安，安而後能慮，慮而後能得。物有本末，事有終始，知所先後，則近道矣。古之欲明明德于天下者，先治其國。欲治其國者，先齊其家。欲齊其家者，先修其身。欲修其身者，先正其心。欲正其心者，先誠其意。欲誠其意者，先致其知。致知在格物。物格而後知至，知至而後意誠，意誠而後心正，心正而後身修，身修而後家齊，家齊而後國治，國治而後天下平。自天子以至于庶人，壹是皆以修身爲本。其本亂而末治者，否矣。其所厚者薄，而其所薄者厚，未之有也。此謂知本，此謂知之至也。

自天子至末乃應物有本末一條。

厚是親，薄是民，言不能老老長長而欲天下興孝興弟者，無是理也。若以虛靈不昧來說所厚者薄，說不通矣。

爲學之功也，知至行盡而已。格物固知之至矣，使不能體之于身，猶不可言知之至也。今不一于修身，則行之盡矣，豈非知之至也哉？

此正是結上文。

○所謂誠其意者，毋自欺也。如惡惡臭，如好好色，此之謂自謙。故君子必慎其獨也。小人閑居爲不善，無所不至。見君子而後厭然，揜其不善而著其善。人之視己，如見其肺肝然，則何益矣？此謂誠于中，形于外。故君子必慎其獨也。曾子曰：『十目所視，十手所指，其嚴乎？』富潤屋，德潤身，心廣體胖。故君子必誠其意。

既提『所謂』，當加一圈。

《詩》云：『瞻彼淇澳，菉竹猗猗。有斐君子，如切如磋，如琢如磨。

自《詩》以下直至『此謂知本』，反復只論格物之功。能格物即能修身，能修身則能化民，左來右去是此意。誠意功夫只在格物，所以只講格物，不言致知，以致知不可用功也。誠意之功不外格物，既格物則明德、親民、止至善皆在其中矣。故復以明德、親民、止至善繫于誠意之下。

瑟兮僩兮，赫兮喧兮。有斐君子，終不可諠兮。』如切如磋者，道學也。如琢如磨者，自修也。瑟兮僩兮者，恂栗也。赫兮喧兮者，威儀也。有斐君子，終不可諠兮者，道盛德至善，民之不能忘也。《詩》云：『於戲前王不忘。』君子賢其賢而親其親，小人樂其樂而利其利，此以没世不忘也。《康誥》曰：『克明德。』《太甲》曰：『顧諟天之明命。』《帝典》曰：『克明峻德。』湯之《盤銘》曰：『苟日新，日日新，又日新。』格物。《康誥》曰：『作新民。』《詩》云：『周雖舊邦，其命維新。』是故君子無所不用其極。《詩》云：『邦畿千里，維民所止。』《詩》云：『緡蠻黄鳥，止于丘隅。』子曰：『于止，知其所止，可以人而不如鳥乎？』《詩》云：『穆穆文王，於緝熙敬止。』爲人君，止于仁。爲人臣，止于敬。爲人子，止于孝。爲人父，止于慈。與國人交，止于信。子曰：『聽訟，吾猶人也。必也使無訟乎？』無情者不得盡其辭，大畏民志。此謂知本。修身已前雖有知本，又應格致誠正四件前。然屬之身心，皆求諸己之事也，故獨以誠意起之。修身以後則有國家天下，故各開其類。

道學，自修者知行並進之功也。恂慄威儀者，表裏交修之功也，非德容表裏之威也。此忘字生上忘字來。克字顧字皆格字也。新字皆格字也。新字生上新字來，所以不可以親作新。

修身化民至于無訟，則老安少懷，天下太平矣。此正明德、新民、止至善也。故結以此。

○所謂修身在正其心者，身有所忿懥，則不得其正。有所恐懼，則不得其正。有所好樂，則不得其正。有所憂患，則不得其正。心不在焉，視而不見，聽而不聞，食而不知其味。此謂修身在正其心。

○所謂齊其家在修其身者，人之其所親愛而辟焉，之其所賤惡而辟焉，之其所畏敬而辟焉，之其所哀矜而辟焉，之其所敖惰而辟焉。故好而知其惡，惡而知其美者，天下鮮矣。故諺有之曰：『人莫知其子之惡，莫知其苗之碩。』此謂身不修，不可以齊其家。

○所謂治國必先齊其家者，其家不可教，而能教人者，無之。故君子不出家而成教于國。孝者，所以事君也。弟者，所以事長也。慈者，所以使衆也。《康誥》曰：『如保赤子。』心誠求之，雖不中，不遠矣。未有學養子而後嫁者也。一家仁，一國興仁。一家讓，一國興讓。一人貪戾，一國作亂。其機如此。此謂一言僨事，一人定國。堯舜帥天下以仁，而民從之。桀紂帥天下以暴，而民從之。其所令反其所好，而民不從。是故君子有諸己，而後求諸人。無諸己，而後非諸人。所藏乎身不恕，而能喻諸人者，未之有也。故治國在齊其家。《詩》云：『桃之夭夭，其葉蓁蓁。之子于歸，宜其家人。』宜其家人，而後可以教國人。《詩》云：『宜兄宜弟。』宜兄

視不見者，即仰面貪看鳥，回頭錯認人也。非不可墮于無也。

莫知子之惡，之所親而辟也。莫知苗之碩，之所愛而辟也。

明德。

必有諸己而後可以求諸人。若以虛靈不昧，學者當因其所發而遂明之，何以求諸人哉？

明德。

明德。

宜弟，而後可以教國人。《詩》云：『其儀不忒，正是四國。』其爲父子兄弟足法，而後民法之也，此謂治國在齊其家。

○所謂平天下在治其國者，上老老，而民興孝。上長長，而民興弟。上恤孤，而民不倍。是以君子有絜矩之道也。所惡于上，毋以使下。所惡于下，毋以事上。所惡于前，無以先後。所惡于後，毋以從前。所惡于左，無以交于右。所惡于右，無以交于左。此之謂絜矩之道。《詩》云：『樂只君子，民之父母。』民之所好好之，民之所惡惡之，此之謂民之父母。《詩》云：『節彼南山，維石岩岩。赫赫師尹，民具爾瞻。』有國者不可以不慎，辟則爲天下僇矣。《詩》云：『殷之未喪師，克配上帝。儀監于殷，峻命不易。』道得衆則得國，失衆則失國。是故君子先慎乎德。有德此有人，有人此有土，有土此有財，有財此有用。德者本也，財者末也。外本內末，爭民施奪。是故財聚則民散，財散則民聚。是故言悖而出者，亦悖而入。貨悖而入者，亦悖而出。《康誥》曰：『惟命不于常。』道善則得之，不善則失之矣。《楚書》曰：『楚國無以爲寶，惟善以爲寶。』舅犯曰：『亡人無以爲寶，仁親以爲寶。』《秦誓》曰：『若有一个臣，斷斷兮無他技，其心休休焉，其如有容焉。人之有技，

明德。

有物欲在心，决不能行絜矩。故先于格物。

又言明德。

若己有之。人之彦聖，其心好之，不啻若自其口出。寔能容之，以能保我子孫黎民，尚亦有利哉？人之有技，媢疾以惡之。人之彦聖，而違之俾不通。寔不能容，以不能保我子孫黎民，亦曰殆哉？』惟仁人放流之，迸諸四夷，不與同中國。此謂唯仁人爲能愛人，能惡人。見賢而不能舉，舉而不能先，命也。見不善而不能退，退而不能遠，過也。好人之所惡，惡人之所好，是謂拂人之性，菑必逮夫身。是故君子有大道，必忠信以得之，驕泰以失之。生財有大道，生之者衆，食之者寡，爲之者疾，用之者舒，則財恒足矣。仁者以財發身，不仁者以身發財。未有上好仁，而下不好義者也。未有好義，其事不終者也。未有府庫財，非其財者也。孟獻子曰：『畜馬乘不察于雞豚。伐冰之家不蓄牛羊。百乘之家不蓄聚斂之臣。與其有聚斂之臣，寧有盗臣。』此謂國不以利爲利，以義爲利也。長國家而務財用者，必自小人矣，彼爲善之。小人之使爲國家，菑害並至，雖有善者，亦無如之何矣。此謂國不以利爲利，以義爲利也。臨尾又以義利言，左來右去，只要人爲善去惡，格物之功至此端的矣。

用賢理財皆本于格物。

格物。

德

○德者得也，以五倫體之於身，躬行心得也。即下文言敬，止仁、敬、孝慈、信之德也；言齊家，孝弟慈之德也；言治國，宜家人、宜兄弟父子、兄弟足法之德也。言平天下，上老老、長長、恤孤之德也。『德者德也』一句見《樂記》。

明德

此五倫，在天地間昭如日月。以置立言，置之而塞乎天地；以縱橫言，溥之而横乎四海；以悠久言，施之後世而無朝夕。人人不可離，家家不可背，乃明白顯然之事，非所隱也，非行怪也，故謂之明。

○此明字，對暗字而言，若釋氏講空虛、講陰間地府、講前生後世、講六道輪迴，則皆幽闇之事，人目所不見，不得謂之明矣。

明明德

○上明字即人倫明于上之明。《書》曰：『克明峻德，以親九族。九族既睦，平章百姓。百姓昭明，協和萬邦。』孔門下此明字，蓋本于《堯典》克明之明也。又：『司徒明七教以興民德，齊八政以防淫，一道德以同俗。』明者，即此明七教之明字也。七教者，父子、兄弟、夫婦、君臣、長幼、朋友、賓客也，民德者即此明德之德也。

○若依注中『德者，人之所得于天，而虛靈不昧，以具衆理，而應萬事者也。學者當應其所發，而遂明之』如此解，全在心上去了，未見之施爲，何以能明明德于天下哉？何以能先治其國哉？民可使由之，不可使知之，若以我之所得于天，虛靈不昧爲德，是欲使民知之矣，天下豈有許多聰明百姓也哉？況下文明説宜其家人而後可以教國人，宜兄弟而後可以教國人，又何以爲虛靈不昧？

○明明德即修身也，即有諸己也。古人有言曰：『紫衣賤服，尚化齊風。長纓鄙好，且化鄒俗。』爲人上者，况以五倫躬行實踐，而天下有不化也哉？若所令反其所好，民即不從矣。

以古人修身明明德言之，如：『思齊齋太任，文王之母。思媚周薑，京室之婦。惠于宗公，神罔時怨，神罔時恫。刑于寡妻，至于兄弟，以御于家邦。雝雝在宫，肅肅在廟，不顯亦臨，無射亦保。肆戎疾不殄，烈，烈假不瑕，不聞亦式，不諫亦入。』此修身齊家也。又：『文王之爲世子，朝于王季，日三。雞初鳴而衣服，至于寢門外，問内竪之御者，曰：「今日安否，何如？」内竪曰安，文王乃喜。及日中又至，亦如之。及莫，又至，亦如之。其有不安節，則内竪以告文王，文王色憂，行不能正履。王季復膳，然後亦復初。食上，必在，視寒暖之節食。下，問所膳。命膳宰曰：「未有原？」應曰：「諾」。然後退。武王帥而行之，不敢有加焉。文王有疾，武王不説脱冠帶而養。文王一飯，亦一飯。文王再飯，亦再飯。』此修身齊家也。如此修身齊家，豈不化行南國？

○學者只將《周南》《召南》熟看，就看出明德、親民、修身、齊家、治國、平天下氣象出來了，故曰人而不爲《周南》《召南》，其猶正墻面而立也。

○以古人明明德于天下，載之于經者言之，如曰：『百姓不親，五品不遜，敬敷五教，在寬。』故有虞氏養國老于上庠，養庶老于下庠。夏后氏養國老于東序，養庶老于西序。殷人養國老于右學，養庶老于左學。周人養國人于東膠，養庶老于庠虞。春食孤子，秋食耆老，此孔子已前，五帝三王所以老老、長長、恤孤、明明德于天下之事也。及孟子告滕文公，乃曰：『設爲庠序學校以教之。庠者，養也。校者，教也。序者，射也。夏曰校，殷曰序，周曰庠，學則三代共之，皆所以明人倫也。』夫孔子祖述憲章，堯舜文武者也。堯舜文武之學，皆所以明倫，豈有孔子之教，不本于明倫者乎？孟子得孔子之真傳者，孟子言設學皆所以明倫。後之儒者乃以明德解爲虚靈不昧，是即釋氏虚空圓明之教矣，豈孔氏之教乎？

○又曰：『聖人能以天下爲一家、中國爲一人者，非意之也，必知其情，辟于其意，達于其患，然後能爲之。』何謂人義？父慈子孝、兄良弟恭、夫義婦聽、長惠幼順、君仁臣忠，十者謂之人義，此人義乃五倫也。大人以萬物爲一體，正欲天下一家，中國一人者，又豈止教之以心而不教之五倫哉？則明德乃五倫之德彰彰矣。

○凡前所引數條，非某之自立門户而言也，亦非賢人之言也，皆聖人之經也。但因三代以後，設科目，人人止竊聖人之言以取功名，未曾留心體認，又因老佛出來作混，資質略高者俱留心佛老，所以將聖人之言通忽略了，所以某以爲道喪千載，可哀者此也。

○『克明峻德，以親九族』，蔡仲默注，以爲即上文之德，錯矣。蓋『欽明文思安安，允恭克讓』，乃史臣贊堯之德也，模寫聖人生知安行氣象。就譬如孔子門人，模寫孔子『子之燕居，申申如也、夭夭如也』，『子温而厲，威而不猛，恭而安』，『子絶四：毋意、毋必、毋固、毋我』。是此等話不成堯，自家又將欽明文思，克明此德去親九族，説不通矣。克明峻德，即是敬敷五教，養國老于上庠等事。

○就虚靈上説，一本《大學》通説空疏了，更無下手處；就五倫上説，一本《大學》徹頭徹尾。

○觀《康誥》説『克明德』，下文即説：『矧惟不孝不友，子弗祗服厥父事，大傷厥考心。于父不能字厥子，乃疾厥子。于弟弗念天顯，乃弗克恭厥兄，兄亦不念厥子哀，大不友于弟。』以孝友言之，則德字又可知矣。

○大抵學者認德字不真，只謂不曉得道德兩個字，離不得道，便是本然的德，便是以道體之于身凝聚蕴蓄的，故曰：『苟不至德，至道不凝焉。』今日所志之道，即他日所據之德也。今日所據之德，即前日所志之道也。外道以言德，則德其所德，非吾德之所謂德矣。把《中庸》『修道之謂教』看，則《大學》教人之德，不外于道又可知矣。

○如朱子《章句序》：『而其所以爲教，則又皆本之。人君躬行心得之餘，不待求之民生日用彝倫之外，是以當世之人，無不有以知其性分之，所固有職分之所當爲。』如依序文如此解明德，則一本《大學》通暢矣，不知如何又解在心上去了。

親民

親者九族也，民者萬民也，親民二字即親親而仁民也，即以親九族昭明百姓也，即關雎麟趾，化行南國也。此二字又全又活，親字管齊家一項，民字管治平一項，乃文章減字法也。宋儒程子改親字作新字，近日王陽明解作親其民，把『如保赤子，此之謂民之父母』，通爲親其民。殊不知把明德解爲虚靈不昧，又把親民解爲親其民，新其民則修身齊家工夫全空疏了。不能修其身，不能親親以齊其家，乃先去新親其民，是所厚者薄，而所薄者厚也。與下文『明明德于天下』一條，全不相同了，此萬世不易之定論也。

明明德、親民、止至善，此八個字冠之篇首。聖門下得約而達，一本《大學》通該管了。上明字藏得有格物修身工夫在裏頭，即下文日新又新、切磋琢磨等是也。下明德二字即孝、弟、慈等是也，親字即父子、兄弟、家人是也，民字即興孝、興弟、興仁、興讓之民也。止至善，即止于仁、敬、孝、慈、信也，八個字何等停當？

明德親民

何以明德親民，合而言之也？吾身出入相對，不可須臾離也，即《中庸》所謂『道也者，不可須臾離也，可離非道也』。如以家庭論，對父母則父母爲親，而孝之道不可離矣；對妻妾則妻妾爲親，而别之道不可離矣；對昆弟則昆弟爲親，而長之道不可離矣；對奴僕則奴僕爲親，而慈之道不可離矣；如出仕臨民，則國與天下滿目皆其民，而信之道不可離矣。是親民者，正所以明德也。所以明德親民不可分也，所以引《詩》纔説明德，就説親民。若無父、無君、無妻、無子、無昆弟、朋友，何以謂之德？無老者何以安之？無少者何以懷之？即釋氏深山打坐之人矣。

○孔子十五而志大學，見得大人之學，以天下爲一家，中國爲一人，所以急急遑遑，轍環列國，欲行道以濟時艱，以不負上天生聰明之意。知得此道理，真所以絶糧伐木，略不爲意。觀其言曰：『鳥獸不可以同群，吾非斯人之徒與而誰與？』子路曰：『長幼之節不可廢也，君臣之義如之何其廢之？』皆明德親民意也。《湯誓》曰：『予畏上帝，不敢不正。』《仲虺》曰：『惟天生民有欲，無主乃亂。惟天生聰明時乂，有夏昏德，民墜塗炭，天乃錫王勇智，表正萬邦，纘禹舊服，兹率厥典，奉若天命。』《泰誓》曰：『惟天地萬物父母，惟人萬物之靈，亶聰明，作元后，元后作民父母。』又曰：『天祐下民，作之君、作之師』云云。又曰：『惟天惠民，惟辟奉天。』伊尹曰：『天之生斯民也，先知覺後知，先覺覺後覺。非予覺之而誰？』皆是不敢負上天生聰明之心，所以急急遑遑，行道以濟時艱。孔子惟其知此，所以説順乎天而應乎人。湯武以之，鯀子惟其見不到此，所以説武王非聖人也。箕子不臣僕于武王，而以《洪範》傳于武王者，亦此意。蓋恐此道自我而絶也。不然，箕子乃忘君事仇之人矣，孔子安得謂之仁？

○大抵自孔孟以後，至于今日，『明德親民、止于至善』八個字，通認不真。宋儒認明德爲虚靈不昧，又不知明德親民不可分，以敬字作工夫。敬字作功夫是矣，天下無不敬之聖人；但終日端坐如泥塑人，不是敬的功夫了。天下豈有終日端坐之聖人哉？終日端坐者，西方之聖人也。孔子當時説『發憤忘食，樂以忘憂，不知老之將至』，皆是實歷苦語。自來聖人，通是兢兢業業，憂勤惕勵，非行道以濟時，必明道以淑人，無冥心閉目打坐之聖人。又説讀書玩物喪志，殊不知天下豈有不讀書之聖人？如不讀書，孔子説『博我以文』，『好古敏以求之』，『信而好古』，博學又審問，慎思又明辨之，又説『博學篤志，切問近思，仁在其中』，皆是誑人之言。又説『汝以爲多學而識之者與』，必定多學。聖人方對門人如此説，若不多學，無此言矣。古來聖人如伏羲、神農、黄帝之書，謂之《三墳》。少昊、高辛、顓頊、唐、虞之書，謂之《五典》。八卦之説，謂之《八索》。九州之志，謂之《九丘》，通是孔子删了。孔子當時不能行道，欲明道以淑人，删《詩》《書》、定《禮》《樂》、修《春秋》，千辛萬苦，孔子何曾喪其志哉？天下無有讀書成心病者，但讀書要識痛癢，歸在我一路來，博學詳説，將以反説約。的如此讀書，不枉讀書矣。如張平子、左太冲，就不識痛癢了。説個玩物喪志，終是認得學聖功夫不端的。雖學聖功夫不專于聞見口耳，然讀書一項豈可廢？朱子説『用力之久，而一旦豁然貫通』，極説得是。學聖人者都是如此；但不當以格物爲窮極事物之理，又在枝葉上去了。

○古來聖賢見得萬物一體，明德親民端的，所以到了行不得處，就自任不辭。如曰『文不在兹乎？』『非予覺之而誰？』『予不得已也。』皆是將這一場事擔負在身上。論其形迹，就似俗人求名求富貴一般，急急遑遑如湯武之行權、孔子之周流四方，席不暇暖，與求名求富貴無異，而不知大人之學，當如是也。但進以禮，退以義，進退不失禮儀之中正，得與不得，即歸之命，所謂「行一不義，殺一不辜而得天下不爲」是也。則與俗人之求富貴，披髮以見有司，不顧禮儀而爲之，天淵懸絶矣。某少時焚引，一時相厚之友，皆以南山捷徑戲之。余作《客問》一篇書來者，即以此答，尾云：『江湖廊廟，原爲一體。明道行道，皆以淑人。』亦此意也。有志于聖學者，不能行道，必要明道。不然終歸于私，不是大人之學。如南山捷徑乃希圖富貴，已不在吾儒中算矣，與明德親民差一萬里。明德親民是知其我道①之當然，急急違違而欲以道淑人也，非圖富貴也，此君子、小人義利毫厘之差，又不可不辨。然今日披髮以見有司者，又笑不得南山捷徑，此又不可不辨。

止至善

○止至善者，止于仁、敬、孝、慈、信之類也。至善者，無過不及，恰在止處也。即《中庸》所謂中節也。節者竹節也，節止于此不去也。以爲人君止于仁言之，舜之作五刑亦仁也，誅四凶亦仁也。何也？皆發乎天理，而無一毫私意與乎其間也。若梁武帝宗廟以麵爲犧牲，似仁而非仁矣。何也？溺于輪迴之説，是自私矣。其餘可類推。

知止而後有定一節

知者，覺也、識也、喻也，即下文『知』字。心無二知，分生知、學知、困知者，以人之資禀不同也。此知字即應下文『此謂知之至也』。定者，正也，言此心有定向也。静者，寂也、息也、定也。安者，心無愧也、寧也、止也、静也。其實此心既定，已静已安矣，但自心之既定寂然不動言，則曰定；自心之既定妥帖無愧言，則曰安。非此心既定，又別有所謂静與安也。慮者，詳審其過不及以求其至也，即《太甲》之『弗慮胡獲』，《説命》之『慮善以動』也。蓋獲字即得字，言不慮何以得，故慮而後能得也。至善而曰慮而後能得者，言必慮善以動，動惟厥時也②。

① 知其我道，道光本作『真知斯道』。
② 此段據道光本補。

〇知止者，知其止于仁、敬、孝、慈、信，五倫之理，止于此也。知其理止于此，則喜怒哀樂未發之時，而定、而静、而安者，此仁、敬、孝、慈、信也，此五倫之理也。無忿懥也、無恐懼也、無好樂憂患也，則此心未發之時，一團天理，廓然大公①，是即謂之中矣。既安于五倫之理，則喜怒哀樂已發之時，所以思慮酬酢者，此仁、敬、孝、慈、信也，此五倫之理也，不辟于親愛也，不辟于賤惡也，不辟于畏敬哀矜敖惰也。則此心既發之後，一團天理，物來順應，是即謂之和矣。如此豈不得所止乎？

〇定、静、安三個字，是模寫此心無忿懥、恐懼、好樂、憂患之氣象。定字是天下定于一之定，不遷移也。静是不擾。安是妥貼自然。

從來此一節，詁訓者都説得無下手處，都是懸空捕風捉影，所以然者何也？明德二字認不真故也。所以體貼到身上説不得。殊不知聖人之言，豈有説得行不得之言哉？

本末始終

本末始終者，此正知止下手功夫也，所謂擇之精也。下文本末、厚薄，此其類也。且如以事親言之，諭父母于道及養志者，本也。養口體者，末也。身體髮膚，受之父母，不敢毀傷者，孝之始也；立身行道，揚名于後世者，孝之終也。凡事事物物，皆有本末、始終、先後，即孔子所謂先于正名也，如醫家所謂君臣佐使也。如失其輕重先後之序，雖是君子路上人，終不能至其至善之域矣。

〇道字應德字，『知所先後』，知字内藏得有博學、審問、慎思、明辨功夫。

修身正心誠意致知格物總論

① 大公，原作『太公』，據道光本改。按萬曆本多作『太公』，以下不再出校。

凡人有此形體，即有此形氣之私。口之于味也、目之于色也、耳之于聲也、鼻之于臭也、四肢之安佚也，性也。有此形氣之性，故好勇、好貨、好色，不辨禮義而受萬鍾，欲宮室之美、妻妾之奉、所識窮乏得我，凡此皆所謂物也。有此物欲横于心，是以千思萬想，千計萬較，時起時滅，朝朝暮暮，在此胸中，未曾停息。倘此横于中之物欲，或得或喪，發之七情，即有所忿懥，有所恐懼，有所好樂，有所憂患，是以見之于事，即偏于一邊。不之所親愛而辟；必之所賤惡而辟，不之所畏敬而辟，必之所哀矜敖惰而辟。心既有所忿懥、恐懼、好樂、憂患之偏，而所行之事，又隨其心之所偏而辟，則天賦于我之五性皆已牿亡喪失矣。是非之良心既以喪失，是以安其危而利其災，此身之所以不修也。如商紂惟好宮室、臺榭、陂池，作奇技淫巧以悦婦人。唐明皇開元初年，罷大明宮，于農務之時焚珠玉錦繡于殿前，幾至太平矣；及寵太真，是皆有所好樂也、有所親愛也，身安得修乎？所以紂失天下，玄宗竄身西蜀，正所謂辟則爲天下僇也。所以聖門教人先于格物，此有頭腦至捷功夫也。自孔子没，至于今日，無人知此功夫，此德以道喪千載，可哀者此也。

訓字

修者，理也、整也，對荒亂頹敗而言也。正者，當也、定也、平也，對偏邪而言也。誠者，敬也、信也，對欺誑而言也。致者，至也、詣也，對踟躕不進而言也。格者，殺也、除也、去也，對優柔、遲留而言也，此一字下得猛。

○説我要整理此身，便要心上不偏邪。心上不偏邪，在于發念意向上不欺誑。要我意向上不欺誑，在至詣我是非心上去看，等將善惡曉然明白。要心上曉然明白，只在格了心上物欲就明白了。

○正心之心已發之心。

○是非之心人皆有之，此所謂知也。惟物欲蔽了就不明白，要錢官，即問斷不公，見之矣。

○身也、心也、意也、物也，屬形氣一邊用得功夫，所以下個修字、正字、誠字、格字，都下得重。格字尤①下得猛，但凡遏人欲，字都下得重。如克己復禮之克、養心寡欲之寡是也。到了知字，即仁義禮智信之智也，乃是非之心也，乃天理也。雖不離形氣，然無半毫形氣之私，無聲無臭，下不得功夫，所以下一個致字。此一字下得輕。致者，送也、詣也、至也，只似説送與是非之心看，所以物格而後知至。至與致二字不同，若説物格而後知致，即不通矣。

訓意

○修身者，止于仁、敬、孝、慈、信而爲善也；不之所親愛、賤惡、畏敬、哀矜、敖惰而辟爲惡也。辟則安能齊家乎？故欲齊家者先修其身。然心者身之主也，使此心不覺照，心不在而失其本心，惟知眷戀于物欲，有所忿懥、恐懼、好樂、憂患，雖視之亦不見，聽之亦不聞，食之亦不知其味矣，安能修身乎？故在于正心，必定要此心不偏邪，一團天理，惟仁也，惟敬也，惟孝、慈、信也，則身可得而修矣。然意者心之所發也，使意之方發，差之一毫，則所行之事謬以千里矣，安能正心乎？故必要發念之時，仁、敬、孝、慈、信之善，如好好色也；忿懥、恐懼、好樂、憂患之惡如惡惡臭也，斯心可得而正矣。然使此心不知其孰真孰妄，未免認人欲爲天理，又安能誠意乎？故必致吾是非之心以鑒之，曉然明白，知其何者爲仁、敬、孝、慈、信之善，所當好也；知其何者爲忿懥、恐懼、好樂、憂患之惡，所當惡也。斯意可得而誠矣。然欲此心曉然明白，豈有

① 尤，原作『猶』，據道光本改。

他術哉？亦惟格去此物而已。蓋吾心之中，有所忿懥、恐懼、好樂、憂患者，皆蔽我良知之物也。今將此物猛然格除，一切掃去，則此心未發之時，廓然大公，無意無必，致天下之中矣。既發之後，物來順應，無固無我，致天下之和矣。此孔門接堯舜精一之傳，至捷至近之心法也，聖人復起，不易吾言矣。

二節訓意

〇修身者，爲善而去惡也。正心者，已發之心惟在于善，而不偏于惡也。誠意者，方發之心，實好其善、實惡其惡也。致知者，知其孰爲善、孰爲惡也。格物者，格其孰爲惡之惡也。既格其惡，則此心無蔽障明白之至矣。明白之至，則一念之發，絶不欺矣。既不欺，則心廓然大公而正矣。既正，則物來順應而身修矣。

物格而後一條

〇心譬如鏡也，本光明也。物者，鏡上之塵垢也。格者，去其塵垢也。知至者，去其塵垢而光明之至也。意者，人心發動取鏡照物也。誠意者，將鏡來照，妍者如好好色也，媸者如惡惡臭也。正心者，心惟其妍，不偏于媸也。修身者，知其妍而爲善、知其媸而去也。

〇心者譬如目也，本光明也。物者目上之翳也。格物者，以藥點之去其翳也。知至者，復其光明之本體也。意者，目去看物之好醜也。誠意者，好者如好色也，醜者如惡惡也。下同前。

〇格了物，知即至矣，及下坡板丸之勢，所以説致知上用不得功夫。今之儒者，講致良知，只是聽人説，不曾自家體認。

〇格物者，格去其物欲也。知至者，知物欲知之極其至也。誠意者，誠其意而不自欺于物欲也。正心者，正此心而不邪于物欲也。修身者，修整其身而此身全無物欲也。蓋格物之時，此心尚有善有惡，既格去物欲，則有善無惡矣。是以知之至，意之誠，心之正，而身修矣。此下坡之勢。

誠意

學者臨關功夫最難，所以聖人又説誠意此一種功夫出來，異于禪學者，正在此。一念差了，終身事通差了，故于正心中拈出誠意。

〇此一種功夫，即是《中庸》戒慎、恐懼也，『莫見乎隱』二句，即『十目所視』二句也。既説個戒慎、恐懼，心已動矣。注中解『所以全天理之本然』解錯了。他只因下有「喜怒哀樂未發，謂之中」，即有此解也。殊不知學者静坐之時，不過絶了妄想，閉目打坐而已，安能存天理之本然？大抵自漢唐宋以來，儒者通不曉得遏人欲即所以存天理，天理本然上半釐功夫做不得，何也？仁義禮知，我固有之也，非由外鑠也。惟遏人欲則惻隱、羞惡、辭讓、是非之心自然呈露，而所行之事，皆仁義禮知之事矣。天理本然上，不惟做不得功夫，亦不消做功夫。

〇如把戒懼二句作静而存養，只把禪家就看出來了。禪家終日無天、無地、無人、無我打坐，何曾存得天理之本然？殊不知未發上做得功夫，聖人已先説矣。所以不説欲正其心者先于未發，説欲正其心者先誠其意，此正聖學禪學之所由分也。在心上單提一個誠意出來，異禪學者正在此。惟不知此功夫，伊川將『艮其背，不獲其身。行其庭，不見其人』，就解錯了。若程明道説『與其非外而是内，不若内外之兩忘也』，就説得是了。陸象山以存養爲主人，考索爲奴僕，就偏了。做男兒大丈夫，爲天地立心、爲生民立命、爲萬世開太平，以先知覺後知，以先覺覺後覺，把道理明明白白説與世人，使斯道大明，方是豪傑。若終日閉目打坐，門徒來專心問他，他説半句留半句，使人莫測端倪，斯則達磨之教也。朱子雖然著述上略有些差錯，但他爲人平易，皆諄諄教人，允矣兩端必竭，四教雅言之規模也。今將三條功夫開于後。

聖學

聖學在心之意念上用功夫，所謂慎獨也，格物則其下手之頭腦功夫矣。

禪學

禪學在心之未發上用功夫，只是硬鎖了心，不開城門，無天、無地、無人、無我，不肯將外物擾動，讀書窮理，謂之理障。

詞章之學

詞章之學，專于工辭，如左思、張衡是也。心之真妄與未發已發，俱不論矣。

近日學者，知詞章之學非聖學是矣，但又認禪學爲聖學，則與詞章之學一而已矣，均爲不知聖學也。

致知

○知者，五性中之智也。王陽明以爲良知，是也。朱子解知猶識也，解錯了。又解致推極也，推極吾心之知識，欲其所知無不盡也。若如此説，一句書不讀之人知孝其親，婦人爲夫死節，何曾推極其知識哉？致知二字，通解錯了。王陽明認知爲良知是矣，但又教人悟良知、良知上做功夫，又錯了。殊不知良知乃天理，做不得功夫。又不曾見孔子『好知不好學，其蔽也蕩』此一句了。其徒就説，本來靈覺生機，丹府一粒，點鐵成金，此乃生生之謂性。孟子已闢了，何消又拈起以爲活寶説？大抵學朱子之學不成，不失爲博古通今之士；學致良知不成，即刻成惠可僧名矣。

○王陽明《傳習録》又以聞見之知，孔子以爲知之次，則是聞見之知，已落第二義矣，惟當致良知。殊不知『知之次也』一章，朱子解錯了。知之次者，言必待聞見而後知次于生知者也。孔子説不知其理而妄作者，我決無是也。我之知，雖非生知，然多聞則擇其善者而從之，多見則擇其善者而記之。聞見之知，雖與生知者同，亦知之之真，然必待于聞見，亦生知之次矣。若無知而妄作，我豈有是哉？如此解方應得首句。

○朱子解雖未能實知其理，亦可以次于知之者也。若説雖未實知其理，依然是無知妄作了。朱子何等聰明人，不知當時如何如此解，只恐舊注是如此。

○天下之知無二也，或生而知之，或學而知之，或困而知之，及其知之一也。知止説得個遲速，説不得個詳略。譬如蜀川到燕京，千里馬止六七日即到，次于千里者一月方到，如款段蹇駑，兩三月方到。及到了燕京，千里馬也是到，次于千里者也是到，款段蹇駑也是到，止説得遲速，説不得詳略。陽明講良知引此章爲證，差矣。大抵陽明先生聰明之至，也肯與人講論，不似象山諸公，説半句留半句，但盡他聰明説，通説快了，不沉潛反復。如陽明説：『問思辨行，皆所以爲學，未有學而不行者也。』如言：『學孝，則必服勞，奉養躬行孝道而後謂之學，豈徒懸空口耳講説而遂謂之孝乎？』天下之學，無有不行而可以言學者。則學之始，固已即是行矣。篤者，敦實篤厚之意。已行矣，而敦篤其行，不息其功之謂爾。蓋學之不能無疑則有問，問即學也，即行也。不能無疑，則有思，思即學也，即行也。不能無疑，則有辨，辨即學也，即行也。辨既明矣，思既慎矣，問既審矣，學既能矣，又從而不息其功焉，斯之謂篤行。非謂學問思辨之後，而始措之行也。此區區心理合一之體，知行並進之功，所以異于後世之説者，正在于是。已前是《傳習録》。若依此説，心與理合一，知與行並進，説孝則説得通矣，説忠則説不通矣，所以陽明不説忠。如讀《孟子》『有官守者已盡其職，有言責者盡其忠』，此學也。然天下無有不行而可以言學者，必有官守言責方言學，則布衣之講學者，此條不必講矣。又以審問言之，如顔淵問爲邦，孔子曰『行夏之時，乘殷之輅，服周之冕，樂韶舞，放鄭聲，遠佞人』。顔子必行夏時乘輅、服冕、放聲、遠佞，而後謂之學乎？不然此空談也。陽明自以爲心理合一、知行並進，而不自覺其言之不通矣。此皆聰明之極，説快之過也。

〇格物者，正所以致良知也。就譬如説磨鏡之塵垢者，正所以求鏡之明也。所以不説『欲致其知者先格其物』，説『致知在格物』，以格了物即知之至，所以説不得個先後字。

〇朱子解格物致知錯了，所以解『盡其心者』一章亦錯了。盡者，終也、竭也，對有剩餘而言也。若心上略有纖惡之未除，即有餘欠矣。盡其心者，復其天命之本體也。天生此心之時，原無物欲也。命者，死生有命之命也。《孟子》此章，教人修身以立命，言我身心性命通是天賦與我的，我能盡其心，就知得性、知得天了，存此心不失以養其性，就是事天了。不管我命長命短，只去修身，則命自我立，而知天事天，不足言矣。朱子解《大學》如彼，解到了此處，就説知性則物格之謂盡心，則知至之謂。

〇德爲海内人講致良知，山林中將致字磨礱二十年。蓋因解致字爲『喪致乎哀』之致，以致字可用功夫也。及後貫通之時，方知致字用不得功夫，功夫全在格物上。何以用不得功夫？蓋人禀五行以生，有形有神，智屬水，乃水之神也，神何以做得功夫？只將物欲格了，五性自呈露矣。

〇以五性呈露模樣言之，五性譬如明月，物欲譬如人家板壁。板壁有一線未遮隔，即有一線明月進來，將板壁通取了，明月即通進來了。所以格物是孔門至妙至捷之功夫，只格物則惻隱四端之發見，自火燃而泉達矣。

物

物者，即勇、貨、色之類也，即宫室之美、妻妾之奉、所識窮乏得我是也，即下文『有所忿懥』等是也。對我而言者也，乃物我也，物交物之物也，皆有形也。何以不言人欲而言物也？如色貨是物，我去好他，方是欲，故不言欲而言物也。以下文言，即閑居之不善也，即桀紂之暴也，即貪戾也，聚斂也，畜牛羊也，察雞豚也，好此物則所藏乎身不恕，媢嫉以惡之，違之而俾不通矣。

格

格字，王陽明以爲『格其君心』之格，極説得是。但指物字作事字，又錯了。將此功夫説緩了，又渺冥了。格字即下文切磋琢磨也，瑟僩赫喧也，克明也，顧諟也，日新又新也。物欲未易磨勘，身心未易整齊，故引衛武公之詩明之。未易戰勝，故引《書》克字明之。未易洗刷，故引《盤銘》明之。未易覺照，故引顧諟明之。

格物

物字，陽明指爲事字，就説得纏繞了，就説知者意之體，物者意之用，使後學不明不白；指爲物欲之物，就直切了。如孝乃明德也，孝多衰于妻子，好色而聽妻子之言，好貨有私財，好勇鬬狠，不能愉色婉容，是事親有所好樂也，則孝蔽于此物矣。今格去此物，則此心一團天理，就能冬温夏凊，昏定晨省，所行者皆孝之事，而止于其孝矣。忠乃明德也，如好色欲妻妾之奉，好貨察雞豚、畜牛羊，好勇貪戾僨事，而有桀紂之暴，是事君有所好樂也，則忠蔽于此物矣。今格去此物，則此心一團天理，就能有官守者盡其職，有言責者盡其忠，民之所好好之，民之所惡惡之，斷斷無技，休休有容，以能保我子孫黎民，所行者皆忠之事而止于其敬矣。此是下死心學聖人，方曉得此功夫，不然只是口談。

〇以吾一身論之，手容恭，此修身之一事也。今見富貴下我一等之人，或扯袖高擡其手，是敖矣。或垂彈，疏懶不爲其禮，是惰矣。有此敖惰而下交之瀆者何也？蓋因恃我富貴，眼裏空人，故好自高，有所好樂之心發之也。此物横于胸中，是以手容不恭，惟知敖惰矣。或見富貴上我一等之人，即足恭骫骳卑下爲諂諛之狀，是之所畏敬矣。有此畏敬而上交之諂者何也？蓋見人富貴喧赫，有所恐懼，見其金帛宮室，有所羡慕，好樂此二心發之也。此物横于胸中，故手容不恭，惟之所畏敬矣。今將恃富貴、畏富貴、自卑自高此心之物一格了，則此心廓然大公，自知我之富貴何以恃得人，人之富貴何以慕得他，惟知我手容當恭，自意誠心正而身修矣。

〇孔子曰：『君子以虚受人。』蓋心中無物則虚，所以物格即知至，見善如决江河矣，所以能受人。

〇宋儒説格物説前了，何也？『講學以耨之』一句是也，蓋講學乃薅草功夫也。『好學近乎知』一句是也，蓋好學乃開我愚蒙功夫。故今日格一物，明日格一物，博學而詳説者，正以反説于約，以求格吾身心之私欲也。是宋儒之説，説去前一步矣。近日儒者説致良知，又説後了，何也？格物者正所以致良知也。蓋孩提之童知愛親敬長者，以無物欲也。及長成人，物欲蔽之，是以喪失其舊日孩提之良知矣。今格去其物欲者，正所以復還孩提之良知也。故曰『大人者不失其赤子之心』也。所以説近日儒者又説後了一步。就譬如六月大水駕巫峽黑石船相似，捉舵走不得半毫。學聖功夫，精密在此處可見。

〇鄒東郭云：『孩提之童知愛其親，而强且壯者顧有不愛焉。豈强且壯者反愚于孩提乎？呼蹴之食，乞人不屑，而不義之萬鍾，公卿或受焉，豈公卿反不肖于乞人乎？』此數句説得快人心。若某生同其時，足數句于後，即千古之名言矣。强且壯者，反愚于孩提何也？以好貨財，私妻子，好勇鬭狠，此物欲蔽之也。是以即不顧父母之養。若格去此物，即還孩提愛敬之舊知矣。公卿反不肖于乞人者，以欲宮室之美，妻妾之奉，所識窮乏得我，此物欲蔽之也。是以失其本心，不辨禮義而受萬鍾之禄。若格去此物，即還羞惡不屑之舊心矣。豈非千古之名言乎？但觀世人，兄弟小時同牀共枕，哥哥前，弟弟後，何等相愛；及成人有室家，析居爲財産告狀，即爲仇敵，就可知矣。

○宋儒把個敬字作功夫，近日儒者把個良知作功夫，就窅窅冥冥，茫茫蕩蕩，無下手處，只依孔子格物作功夫，就有下手處，事事物物通有把捉。

○聖人之言無二也。顔子乃孔子得意門人，孔子告之曰『克己復禮爲仁』。孟子得孔子之真傳者，乃曰『養心莫善于寡欲』。蓋『物格而後知至』，『克己復禮爲仁』，『養心莫善于寡欲』，此三句話乃一句話也。何也？物也，己也，欲也，皆有我之私也。格也，克也，寡也，皆除去有我之私也。以此作證驗，則諸儒之紛紛講格物者，不待辨而自明矣。昔者孔子曰：『文王既没，文不在兹乎？』兹孔門格物之説，千載未明，今斯文晦而復明，某亦不能自辭矣。

○宋儒只爲認此二字不真，説周茂叔教人每令尋孔顔樂處，所樂何事亦不説。所樂何事，朱子亦説程子引而不發，亦不敢妄爲之説。非不説也，只恐真不知所樂何事也。看來自漢唐宋至于今日之儒，通不知所樂何事。知之者惟周茂叔一人而已。蓋人無欲即樂。孔子説『君子坦蕩蕩』，無欲也。孟子説『反身而誠，樂莫大焉』，無欲也。『仰不愧于天，俯不怍于人』，無欲也。以至心廣體胖，無入而不自得，人知不知亦囂囂，皆無欲之樂也。又樂多賢友，即有朋自遠方來，得天下英才而教育之樂也，皆非涉于形氣之私之樂也。若世人以歌兒舞女爲樂，是即驕樂、宴樂、佚游矣。學者只將聖門樂字打通了，則聖人用功，即可知矣。不然一節不通，節節不通，千言萬語，終日葛藤。

○學者如不知此種功夫，終日在言語威儀上做功夫，苦心苦力也，一般成高賢。但欲爲時中之聖，即不能矣。如去獵較，見南子，應佛肸召，道隆則從而隆，道污則從而污，此等事决幹不得。何也？必磨磷涅緇也。如知格物功夫，則江漢濯之、秋陽暴之，皜皜乎不可尚也。譬如行船相似，捉不住此種功夫，就譬如捉不住舵。舟也堅固，舟上人也爽力，也認得《水經》，只是捉不住舵，就怕漩渦下不得灘。如捉得住舵，船大也好，船小也好，江水也好，漢水也好，大灘大浪也好，如捉得住格物功夫，就堅之至矣，雖磨不磷；白之至矣，雖涅不緇。事親也好，事君也好，處朋友也好，處昆弟也好，富貴也好，貧賤也好，夷狄也好，患難也好，都無入而不自得。不作小家人見識，闊刀大斧，徑入周孔之堂室矣。

此之謂自謙

〇謙字當作誡字，字畫左右相同，其義亦順。誡與戒同警也，即《中庸》戒慎之戒也。言必要如好好色、如惡惡臭，此之謂自警，非由他人也。若不自警，即自欺矣。小人閑居爲不善，只是不自警。十目所視，十手所指，則警之至矣。且此字乃聖門已用之字，《易》『小懲而大誡』是也。又『王用三驅，失前禽，邑人不誡』是也。解作自慊，説不通矣，且字畫亦差之太遠。

來瞿唐先生日録卷四

入聖功夫字義

入聖功夫字義叙①

豫章王必恭

此入聖之梯航也。不知此，則莫其知適從矣。先生接引後學，于《大學古本》《格物圖》《省覺》《省事》之外，復作此《字義》。先生常曰：『聖人可學，公卿難到。』讀此，則聖人果可學，特患人無志向爾。先生之學，不立門户，惟以孔孟遺言表章之，又不求人知。自丁丑歲去客萬縣求溪，注《易》，于今十一年矣。求溪在萬縣江之南萬山之中，人孰得而知之？先生嘗對必恭曰：『學者做工夫，急欲人知，此大病痛。』初入求溪之時，鄉人不知先生所爲何事，獨郭夢菊公見先生文集，謂先生詩録，其文蔚然，有陶、韋之風流；學録，其理淵然，得薛、胡之正脉。他無所知者。先生既不求人知，且先生依乎中庸，無驚世駭俗之事，所以海内知先生者尚少，正所謂遯世不見知而不悔也。宦蜀中者，如撫巡徐華陽公，代巡喻吳臯

① 此叙唯道光本有。

公、孫肯堂公、何淵泉公，督學郭夢菊公、郭青螺公，分巡范羅岡公、張嵩淮公，及府縣諸公，謂先生梁州高士者有之，清節可風者有之，東川高士者有之，三川高士者有之，天下高士者有之，孝廉經世者有之，清和入聖者有之，一代大儒者有之，天下一人者有之，以所居之室左爲皞皞窩、右爲囂囂榻者有之，以其堂爲明道堂、悦我堂者有之，以先生人品絶似康節而才則十倍于康節者有之。諸公可謂知先生矣，然皆仰先生人品之高，欲一見先生而不可得者，恐猶未深知先生也。獨傳達吾公，謂先生千載真儒，直接孔氏之傳，雖程朱復生，亦必屈服，乃深知先生者。蓋傅達吾公萬縣人，先生客萬縣求溪有年，凡先生一顰一笑、一言一動，肝肺中之事，達吾亦探知之，故達吾自謂爲先生之鍾子期者，此也。

必恭久聞先生有《入聖功夫字義》，屢次請見此書，先生笑而不答；至今年方得梓之此《字義》。與吾友李先春讀之反覆，蓋聖人復起，不易其言者。如『明德』二字，當時以爲虛靈不昧，先生獨曰：『此五倫見之躬行，所謂有諸己而後求諸人者也。何也？「所謂平天下在治其國者」一節，乃釋經文「古之欲明明德于天下」一句也。當時親炙門人，已以老老長長之五倫釋之矣。若虛靈不昧，安能明明德于天下也哉？』此聖人復起，不易其言者也。格物二字，舊時以爲窮極事物之理，先生獨曰：『格物二字，即克己二字也。當時之門人傳曰：「苟日新，日日新，又日新。」非克去己私乎？「如切如磋，如琢如磨」，非克去己私乎？「克明」「顧諟」，非克去己私乎？』此聖人復起，不易其言者也。一貫二字，舊時以爲一理而貫通萬事，先生獨曰：『一字乃聖賢傳心秘訣之字也，始于堯舜文武，非孔子之言也。蓋惟精即格物也，惟一即此一也，純一不已即此一也。所以孔子又曰：「所以行之者一也。」又曰：「天下之動，貞夫一者也。」夫以一而行天下之達道，以一而貞天下之動，非一貫乎？所以曾子明之以「忠恕」也。』先生常與必恭曰：『忠者，盡乎天理之心，而不間以一毫人欲之私者也。一者純乎天理之心，而不雜以一毫人欲之私者也。忠字就此心于天理上盡，了無虧欠；一字就此心于天理上純，了無夾雜。説曾子以忠恕明一貫者以此。所以不説「吾道一理以貫之」，止説「吾道一以貫之」，吾道一以貫之，雖不外乎理，然與吾道一理以貫之，其差别語意，即如「由仁義行，非行仁義也」之意。蓋一者無欲也，渾身皆無欲也，即無意、無必、無固、無我也。若單説一個「一」字，則一字重而理字輕，五官百體，皆説在其中矣；若兼説個「一理」二字，則理字重而一字輕，此身猶見得理，則五官百體與理猶分而爲二也。此毫厘之差，非死心學聖人者不能辨之。此聖人復起，不易其言者也。先生又説：『仁無義禮智信，則不爲仁矣；義無仁禮智信，則不爲義矣。禮智信亦然。故一性出而四性從之，五性不可缺一，猶五官、五臟不可缺一也。』此皆孟子以下無以發之者，此聖人復起，不易其言者也。宜乎兩洲謂先生功不在禹下也。

先生人品甚高，每日獨坐，畫一太極圖于壁，時時坐蒲團玩之。此圖與周子不同，乃先生悟造化之理而畫之者。誅茅爲草堂，目名爲快活庵；以所飲之酒，名爲快活春；所卧之榻，名爲九喜榻。其學以無欲爲主，人品絶似孟子。楊兩洲見先生還，其友人問兩洲曰：『瞿唐公何如人？』兩洲曰：『不枉見有司，高談仁義，蓋再生之孟子也。』事伯兄即如事父。今年徐華陽公送銀十二兩，即分其半與伯兄，甘貧樂道，忘食忘憂，不知天壤之間有何富貴，真疏食水飲，樂在其中，而視不義之富貴如浮雲者。薛敬軒與陳白沙二公，凡宋儒有言之不是者，二公絶口不言，再不論其是非；獨先生與王陽明，有不是則辨之。先生常與必恭曰：『此論天下公理之是非，非論其人品也。若摘人之短，言人之過，豈但非吾儒之事，蓋小人之尤者。若論公理，有何害哉！即孟子所謂「予不得已」，伊尹所謂「非予覺之而誰」，孔子所謂「弗明弗措」，有何害哉！譬之官道，天下之公路也。路有南北，或論當南行，或論當北行，此特論天下之公路耳，與人何相干哉！』若先生與程朱同時，亦直諒多聞之友也。

先生之學，一字一句，皆從心悟，見人則以聖人可學爲言。郭青螺謂先生心無區囿，學有淵源，蓋以此也。必恭既得《字義》捧讀，因問先生：『入聖功夫，静坐何如？』先生曰：『此一種功夫，乃程子因孔子「敬以直内」「洗心退藏于密」此二句説，所以下此功夫。程子高明，不墮空寂，若他人不免有此病。爲學要行遠自邇，登高自卑，于人情物理上做工夫，自下學而上達矣。孔子之非禮勿視、聽、言、動，孟子之孝、弟、忠、信，乃其的當功夫也。蓋無欲故静，聖人立人極，不過無欲耳。若入聖在静坐，則堯、舜、禹、湯、文、武、周公、孔子八聖人，皆如彌勒佛之閉目静坐矣。』

先生注《易》求溪，《程傳》《本義》，皆以象失其傳，皆言理而不言象。先生曰：『易者，象也。象也者，像也。此孔子之言也。易不知其象，《易》不注可也。』求溪十年後去，游五岳，復至求溪。居一樓，十夜不寐，偶思見『豕負塗一』，遂悟其象。常與必恭曰：『易象未失其傳，易有錯有綜，有互有中爻，皆備于圓圖、序卦之中，特宋儒不潛心考究耳。』先生之易，六十卦有二十與宋儒不同；三百八十四爻有一百五十爻與宋儒不同。如注『剛柔相摩，八卦相蕩，易知則有親，易從則有功』，遠非宋儒所可及。雖先生山林中近三十年，思之思之，鬼神將通之，然亦聖朝治化休隆，天啓文明，不借才于異代，若有神以助先生也。前年必恭去拜先生，先生正注《易》，亦要存亡吉凶，明日親切，雖親按孔子口訣，亦不如是也。故孔子已後，知易者獨先生也。蓋先生原未讀《易》，先生之易，先畫太極圖而以《易》説之。則先生胸中原有易矣，故一見《易》而豁然也。易象與錯卦、綜卦，自漢儒歷有宋四大儒，及精其易如康節者，皆不能悟，先生獨悟之，則先生非親受業于孔子者乎？先生之《互錯綜三體自然圖》與《伏羲之圓圖》《文王之圓圖》，此三圖者，皆天地自然之象數，歷萬古不磨者也。信乎千載真儒，直接孔氏之傳，雖程朱復生，亦必屈服。達吾公真先生之鍾子期也。

必恭于《字義》中有發前賢所未發者，恐人忽略，僭爲旁注標出，非敢阿私所好。古人云：東海有聖人出焉，此心此理同也；西海有聖人出焉，此心此理同也。鳳毛麟角，先生雖不求人知，闇然日章，自有知先生者。刻成之後，因書數字弁諸首，以告天下不深知先生者。

躬行

○孔子曰：『文，莫吾猶人也，躬行君子，則吾未之有得。』以孔子而猶曰『躬行君子，則吾未之有得』，况承學①者乎？又曰：『君子之道四，丘未能一焉，有所不足，不敢不勉，有餘不敢盡。言顧行、行顧言，君子胡不慥慥爾？』必至慥慥，此之謂實學。

○聖人雖可學，無志者不必論矣，有志者豈能徑造？所謂躬行者豈有别道，不過出孝入弟，人情物理上用功夫。張横渠云：『心中有所開，即便劄記。』近日薛文清公亦用此法，此便是四端擴而充之功夫、其次致曲功夫。劄記者，無非遏人欲而存天理也，無非克己，無非格物，無非寡欲，無非懲忿窒欲，無非求放心，將此種功夫時時覺照，戒慎恐懼，終食不違，有事勿忘，此之謂慎獨，此便是躬行漸次功夫。如此去躬行，久久成熟，美大聖神，自然馴至矣，非粗心浮氣即去躬行也。

○孔子曰：『學之不講，是吾憂也。』講學者，所以辨理欲也。辨理欲，將來修德、遷善、徙義也，若不能修德、遷善、徙義，講之何益？又曰：『學以聚之，問以辨之，寬以居之，仁以行之。』學聚問辨者，正欲

① 道光本無『承』字。

寛居仁行也。使不寛居仁學，學聚問辨何益？又曰：『修禮以耕之，陳義以種之，講學以耨之，本仁以聚之，播樂以安之。』耨者，薅草也。講學以耨之者，去其人欲也。不能本仁以聚，播樂以安，則耨之之功亦枉矣，耨之何益？所以王陽明說：『博學之，即是行之功夫。』陽明之意，以不能行，其學猶未博也，其問猶未審也。以知行合一異于宋儒，在此雖其言不免傷于快，然無非欲人躬行之意。

〇學者若不能慎獨克己，躬行實踐，乃去終日講學，講之何益？如司馬君實，不講亦不害爲君子。若有文章，無德行，則其文皆虛文。飾輪轅之虛車也，終何用哉？且如王介甫《臨川集》一百三十卷，婿蔡卞以其言與孟軻相上下。東坡謂王氏之文未必不善，而患在好使人同已。神宗在藩邸已聞其名，及即位，頒其所修《詩》《書》《周禮義》于學宮以取士。新義既頒，一時學者無敢不傳習，而先賢傳注一切不用，天下皆習王氏之學以取科第。蔡京乃卞之兄，入相後遂尊崇王氏，詔配享孔子。及政和三年，復追封爲舒王，又封子雱爲臨川伯，從祀孔子廟庭。但其人賦性狠愎，有客氣，所以新法之行，附已者以爲通變，不附已者以爲俗學，就說天變不足畏，祖宗不足法，又說今人未可非商鞅，商鞅能令法必行，通不是話了。原其心，雖未曾立心爲奸，然其性執拗不能克去己私，安能從祀？故宣和之亂，龜山上言：『今日之禍，安石啓之。』遂罷祀廟庭，正所謂『難將一人手，掩得天下目』也。又如《禮記》乃戴聖所纂，鄧康成注之，即所謂『小戴』也。唐貞觀初，以有功聖門，從祀孔子廟庭。戴聖在漢爲九江太守不法，何武爲揚州刺史，聖懼，自免。後爲博士，毀武于朝廷。武聞之，終不揚其惡。而聖子賓客爲盜，繫廬江，聖自以子必死，武平心決之，卒得不死。自是聖慚服。聖身爲贓吏，子爲賊徒，縱有功聖門，豈可從祀？然貞觀從祀至今，近一千年矣。歷宋朝，無限名儒不能查出，至嘉靖庚寅議大禮方罷祀，可見難將一人手掩得後世目也。嗚呼，人之躬行，可不慎哉？故君子慎獨。

心

○心者身之主宰，以氣論，心屬火，其脉絡通乎五臟百骸，故能爲一身之主。因屬火，火燃物，故出入無時，莫知其鄉。

○心有形、有氣、有神。形者心之體也；氣者息之呼吸也；神者性也，附于心之仁義禮智信之理也。天所賦我之性，故有善無惡，但理附于形氣之中，即有善惡矣。

此二條論心字義。

○堯舜分個道心、人心，論起來止是一心，無二心。然理附于形氣，不容不兩分矣。理附形氣之中，無聲無臭，不睹，不聞，無依憑，有感觸方發見，故曰道心惟微。人所稟氣質之性，剛柔善惡不同，若惟縱其耳目口鼻四肢之欲，則滅天理而窮人欲矣。心之所思所想者，皆行險僥倖之事，豈不危殆？故曰『人心惟危』。故常人爲形氣所勝，道心遂不發見矣。雖天理之在人心，未嘗暫息，然暫時發見，暫時昏蔽。惟聖人則無形氣之私，純是天理，所以常人多而聖人少也。

○堯舜教人以精一功夫，無非教人去形氣之人欲，而存天命之天理。精字從米，以一字論之，一對二言，一是米，二是荑稗糠秕。精以擇之者，擇去荑稗糠秕而存米也。以精字論之，精對粗言，一是熟米之潔白者，精是舂得熟，簸揚得凈也。二説不同，然要之皆去人欲，而存天也。

此二條堯舜論心之祖。

○是心也，自其爲一身之主，曰大。孟子曰『先立乎其大』，『從其大體爲大人』是也。凡人稱所生之父爲大人，是尊此心爲親也。又稱爲天君，是稱此心爲君也。以官爵論，曰良貴，曰天爵，充之曰美，曰大，曰神，曰聖。是天地間之至尊至貴者，此心也；而人之至尊至貴者，亦莫過此心之仁義道德也。守之既貴，行之又利，廓之配天地，故喪其心而不知求，宜乎孟子哀之。周子亦云：『聖賢非性，生必養心而至之。』明道先生亦云：『人于外物奉身者，事事要好，只有自家一個身心却不要好。苟得外物好時，却不知道自家身與心却已先不好了。』故聖人行一不義、殺一不辜而得天下不爲者，以心重于天下故也。

此一條論心尊貴。

〇孟子曰：『人之所以異于禽獸者幾希？』所以異之者，此心也。若喪失此心，違背天理，無仁無義，不孝不弟，即禽獸矣。雖身都將相，金穴財山，與此心何加損哉？王陽明亦云『若違了天理，便與禽獸無異，便偷生在世上千百年，也不過做了千百年禽獸』者，此也，正孔子所謂罔生。

此一條論喪心。

〇不可在一顰一笑、一步一趨上學聖人，只在心上學。若要説如何温而厲，如何威而不猛，如何恭而安，如何申申如也，如何夭夭如也，如此去學聖就差了。

此一條言學聖在心。

〇志者心之所之，如我心要想行到某處，必要忙忙行到方是志。若心要想行到某處，却又説行不行，或行得緩，就不是志了。故有志聖學而不能躬行得到者，終是志衰。

此一條論志之字義。

〇孔子曰『吾十有五，而志于學』，故能從心所欲，不踰矩。則志學之日，已不踰矩矣。孟子曰『志之所至，氣必至焉』，故曰舜爲法于天下，可傳于後世，我猶未免爲鄉人也，是則可憂也。憂之如何？如舜而已矣。故能養浩然之氣，充塞天地，則志之所至之時，已充塞天地矣。朱晦庵幼時，韋齋先生授之《孝經》，晦庵一閲，封之，題其上曰『不若是也非人』。則晦庵幼時立志，已非凡品，故學者莫先于立志。

此一條論古聖自幼立志之大。

○有一樣人，少小未曾立志，乃因跌蹶，或因困窮，偶然發憤而立志者。如越王勾踐，因敗于吴，棲于姑蘇，遂卧薪嘗膽，夏月持火，冬月持冰，其立志如此，後遂擒吴，故曰勾踐事吴。班超少有大志，傭書養母，乃投筆嘆曰：『大丈夫當立功異域，以取封侯，安能久事筆硯乎？』左右笑之。超曰：『小子安知壯士之志！』後果出征西域，封定遠侯。蘇秦家貧，不禮于嫂，發憤讀書，欲睡，引錐自刺其股，血流至踝。後相六國。故曰蘇秦之相六國，家激之也。蘇秦爲人，固不足道，某寫此止見古人如此發奮也。

此一條言古人立志發奮取富貴雪耻。

○有因蒙大難而發憤立志爲文章者，如司馬遷因宫刑遂修《史記》，成一家之言，至今謂之遷史。觀其《報任少卿書》曰：『文王拘而演《周易》，仲尼厄而作《春秋》。屈原放逐，乃賦《離騷》。左丘失明，厥有《國語》。孫子臏脚，《兵法》修列。不韋遷蜀，世傳《吕覽》。韓非囚秦，《説難》《孤憤》。此人皆①意有所鬱結，不得通其道，垂空文以自見。』觀司馬子長此書，則古人皆有所感激立志爲文章可知矣。

此一條言古人立志發奮爲文章。

○人之氣質不同，志向因之不同。故有志道德者，有志功名者，有志富貴者。以三等評論之，道德上矣，立功名者次之，富貴又其次也。然人情多愛富貴，孔子亦曰『崇高莫大于富貴』，又曰『富與貴是人

① 人皆，原作『皆人』，據道光本及《漢書·司馬遷傳》改。

之所欲也』，是聖人雖絶學，亦未嘗不近人情也。然志于道德，豈貧賤之人方可志，而功名富貴者即不可志哉？是道德未嘗礙功名富貴也。且如堯舜爲天子，富貴矣，堯舜則開精一之秘，其仁如天，其德好生，無往而非道德。乃得其位，得其禄，得其名，得其壽，後之聖人皆祖述之。是道德未嘗礙天子也。至于商紂亦爲天子，乃力行無度，穢德彰聞，崇信奸回，放黜師保，所爲者皆反道背德之事，豈不爲天下僇哉？周公與曹操皆爲宰輔，以輔幼君。周公則思兼三王以施四事，夜以繼日，坐以待旦，皆道德之事，是道德未嘗礙宰輔也；至于曹操之爲宰輔，爲鬼爲蜮。至今稱周公爲聖人，而罵曹操爲奸鬼，豈曹操亦未嘗行一不義，殺一不辜，而天下後世亦謂之奸鬼哉？看來栽培傾覆皆存乎其人爾。蓋道德存乎我，富貴存乎天。使我有此富貴也，雖千方百計辭之而不能去，使我無此富貴也，雖千謀萬巧招之而不能來。而乃既得富貴，背去道德，愚亦誠甚矣。故富貴之人，不可志向之錯。

此一條言人志向有三等，道德未嘗礙人富貴。既得富貴之人，還當志道德，不可立志之差。

○聲名財利，多能奪人之志，故曰賢而多財則損其志。豈但聲名財利能奪其志，至于小事亦然。程明道亦云：『子弟凡百玩好皆奪志。至于書劄，于儒者事最近，然一向好着，亦自喪志。如王、虞、顔、柳輩，誠爲好人則有之，曾見有善書者知道否？平生精力一用于此，非惟荒廢時日，于道便有妨處，足知喪志也。』

此一條言①聲名財利、凡百玩好皆能喪人志。

○人未有無志而能成其事者。自古人班超、司馬子長諸人觀之，或有志立功異域，或有志爲文章、成

① 『言』字原無，據意補。

一家之言，皆能成其志，而況于心學乎？若有志于心學，既不至異域費我之力，又不做文章費我之心，又況仁義禮智信乃我之固有，又不俟外求。吾惟慎獨遏人欲以存之而已①。此功夫又簡易不煩瑣。孔子曰：『易則易知，簡則易從。易知則有親，易從則有功。有親則可久，有功則可大。可久則賢人之德，可大則賢人之業。』易簡而天下之理得矣②，天下之理得而成位乎其中矣，又不勞攘費思慮。孔子曰：『天下何思何慮？同歸而殊途，一致而百慮。』天下何思何慮？又不似禪家離了父母，捨了妻子，斷了酒肉，去荒山野箐終日端坐。左右在人情物理，五倫上做功夫，又尊貴不卑污，故曰富莫富于蓄道德，貴莫貴于爲聖賢。人能得此種功夫之味，識此種學問之趣，雖隋珠在前，趙璧在後，亦莫之顧也。故緇視珠玉，塵視冠冕③。而乃曠安宅而弗居，舍正路而弗由者，無非欲肆其耳目口鼻四肢之欲爾。

此一條言志心學之易、志心學之尊貴。

○即今科舉之士，雖有司呼喝搜檢，披髮以相見，與三代之士邈乎不同。有志者必鴻冥鳳舉，然時勢不得不然耳。鴻冥鳳舉者，豈多見哉？爲今之士，若于平時肯講究如何而中和，如何而天地位、萬物育，如何而格致誠正，如何而修齊治平，誦詩讀書，做舉業以應舉，凡一切升沉得喪，俱置之不問；及爾登第之後，將平日所講究學問舉而措之。則登第者乃仁義道德之舟車也，何人不可成，何聖賢不可做哉？即今薛文清公、王文成公，豈不登第，豈不居高位？而二公皆爲名儒，是科舉亦未嘗累人也。今則不然，入塾之

①『慎獨人欲』旁有原刻小字注：『皆令後學省悟之言。』
② 此句旁注：『此等處皆非所易知。』
③ 此句旁注：『必恭云：功夫到樂處方能出此言。』

時，師之所教者，富貴也；士之立志者，富貴也；父母之所望者，富貴也。妻子、親戚之所欣慕誇張者，富貴也。也不知心學爲何物。及爾登第，果然紆金曳紫，聲勢赫耀，不惟士之志已遂，而父母、妻子、親戚之志願亦遂矣。一旦物故，與草木同其腐朽。回視薛王二公，千年萬年不死，皆在天上矣。二公且不能及，又何望其堯舜周孔之聖人哉？有舟而不能載仁義道德，有車而不能駕仁義道德，可嘆可嘆，可惜可惜！

此一條嘆科舉之士不肯志心學。

太極

○極者至也，無以復加也。若可復加，是不及矣。若過于極，是太過矣，皆不可以言太極，所謂『上天之載，無聲無臭，至矣』是也。

○在造化上言理，曰太極，離不得天地萬物，離了天地萬物是老莊之説矣。在人所賦之理，曰至善、曰厥中。若在造化曰至善、曰厥中，説不通矣。其實理無二理，人與造化一而已矣，特命名不同爾。

○周子恐人認太極爲有形之物，故曰『無極』。朱子與陸子因此二字，講幾年、講千萬言。陸子説周子不是，朱子説周子是。講到臨了，朱子云：『我日斯邁，而月斯征，各尊所聞、各行所知亦可矣，無復望其必同也。』陸子答云：『尊兄遽作此語，甚非所望，願承末光，以卒餘教。』古人爲一字一義其争辨如此，非如今人苟且就過。其實周子加『無極』二字無害。

此三條論太極名義。

〇太極之理，在天地即月印①萬川之意。譬之于樹，有一樹之太極，有一枝葉之太極，有一花一實之太極，有華于春樹之太極，有華于夏樹之太極。何也？蓋凡物皆有元亨利貞。物之初必萌芽而生，既生了方長，長了又既而衰變，又既而剥落，歸根復命。到了歸根復命，貞下又起元矣。故春夏秋冬之樹，皆有太極。故曰一物原來有一身，一身還有一乾坤。故有終古之太極，有萬年千年百年之太極，有十年之太極，有一年之太極，有一晝一夜之太極。

此一條言天地萬物統一太極。

〇太極雖理，離不得氣。周子説『太極動而生陽，静而生陰』，此二句本于孔子『易有太極，是生兩儀』此二句來，不是有太極方有動静，太極即含動静，動静乃太極之本體，生陰生陽乃太極之流行也。陽極于六則陰生，陰極于六則陽生。故五行旋相爲本，冬水爲春木之本，春木爲夏火之本，夏火爲中土之本，中土爲秋金之本，秋金爲冬水之本；五行旋相爲竭，春木竭冬水之氣，夏火竭春木之氣，中土竭夏火之氣，秋金竭中土之氣，冬水竭秋金之氣。爲母者，以氣爲本而生其子；爲子者，因生而又竭母之氣。一死一生，一代一謝，遂成四時，此太極自然之氣也。

此一條論太極之氣。

〇既有形氣，即有象數。天一地二、天三地四、天五地六、天七地八、天九地十，此天地自然之定數也。天數五，地數五，天地之數五十有五，此所以成變化而行鬼神。聖人參天兩地而倚數，倚者依也，參其天而兩其地，則五矣，言數必依五而起也，故天地之數必成于五。天地之數以五而對，對其五則十矣。何以天

① 印，原作『應』，據道光本改。

地之數成于五?蓋天一生水,地六成之,故河圖一六居北。地二生火,天七成之,故二七居南。天三生木,地八成之,故三八居東。地四生金,天九成之,故四九居西。天五生土,地十成之,故五十居中。此河圖自然所居之位也①。何以天地之數對于其五?如天一生水,地六成之,是一對六也。故一對六、二對七、三對八、四對九、五對十,至十而止。此河圖自然各對之數也。數之對,既至十而止,以十計之,一者八卦太陽之位也,然不及于五,不成其數,二三四皆然。除其一則九矣,故九爲太陽。二者八卦少陰之位也,除其二則八矣,故八爲少陰。三者八卦少陽之位也,除其三則七矣,故七爲少陽。四者八卦太陰之位也,除其四則六矣,故六爲太陰,此四象也。周公定六爻,不曰陽而曰九,不曰陰而曰六者,以一二三四雖是陰陽,不及其五,不成其數,所以以九爲太陽,以六爲太陰也。以四象分之,陽每一象得其九,四九得三十六數。陰每一象得其六,四六得二十四數。以六爻分之,陽每一爻得三十六,六爻得二百一十有六矣,故乾之數二百一十有六。陰每一爻得二十四,六爻得百四十有四矣,故坤之數百四十有四。乾坤共三百六十數,乃一年之數也。六爻雖周公所定,然陽極于六,陰極于六,乃自然之數,非周公所安排。又以六十四卦六爻分之,陽爻百九十二,每爻三十六,得六千九百一十二數,陰爻百九十二,每爻二十四,得四千六百八數,乾坤共萬有一千五百二十,當萬物之數。此加一倍法,孔子言之,邵子得之,引而伸之,觸類而長之者此也。此太極自然之數也。

此一條言太極之數。

〇故有此形氣,即有此象數。有此象數,雖天地且不能逃,而況于人乎?人初生時,既有此形氣,即有

① 此句旁注:『夫地五行逢五即成,此處必先生口授方可。』

定數。一死一生，一富一貴，一貧一賤，一行一止，一飲一啄，皆其定數。姑引一人言之，如鄧通爲黄頭郎，既爲黄頭郎，决不能富貴矣。不料文帝一夕夢登天未得，上有一黄頭郎，從後推之，遂上。顧見其衣後穿。及覺，而之漸臺，見鄧通形貌與夢中相合，衣後亦穿，即寵幸之，擢爲太中大夫，使之貴，賜銅山，使之富。自古富貴寵幸之人，有因技藝而得者，有因便佞善承奉而得者，有因才能而得者，有因外戚而得者，今皆無所因，乃夢而得，豈非一定之數耶？既得富貴，宜乎不貧賤而餓死矣。後景帝時下吏，依然餓死，可見一定之數不能逃也。

此一條言人有一定之數不能逃。有此欛柄，所以先生棄功名如草芥。

〇生出大聖人來，知天地間有此氣、有此數、有此太極之理，故不于氣數上做功夫。乃于太極之理上做功夫，故在天地謂之太極，在聖謂之一貫。有此太極，故萬物從此出；有此一貫，故萬應從此出。故聖同天。

此一條言聖人能體此太極之理。

〇常人則于形氣上做功夫。口之于味也，目之于色也，耳之于聲也，鼻之于臭也，四肢之于安佚也，皆欲遂其所欲，必須要個富貴方能遂此欲。所以舉世之人，求此富貴，奔忙到白首，至于殺身亡家而不止者，無非奉承此血肉之軀耳。殊不知既有形氣，則有象數。既有象數，則有成有敗，有聚有散，有吉有凶，有禍有福。所以某常説，古今繼體之君，止知一個安字，不知一個危字；古今宰相，止知一個進字，不知一個退字；古今積財之人，止知一個積字，不知一個散字。惟其不知危字，所以不善于危；惟其不知退字，所以不善于退；惟其不知散字，所以不善于散。見到此，所以先生胸中湛然無欲。必恭云：又省悟一番。

此一條言常人惟于太極形氣上做功夫。

○自科舉之學興，讀孔子之書者也，不知心學爲何物。朱子集《近思録》，人乃譏之曰『入太極在篇首，是遠思非近思矣。』殊不知人不知太極之理，則不知理之本原，何以講學？

此一條言學者當知太極。

命

○命者令也。在尊者教令乎下，方可曰命，故曰大命，曰君命，曰父命。朱注謂『天以陰陽五行化生萬物，氣以成形，而理亦賦焉，猶命令也』，是也。

此一條言命字義。

此命字有三義：『天命之命』，以命令而言也；『莫非命也』，生死有命之命；『仁之于父子也，義之于君臣也，命也』之命，以命數而言也。然命數有兩般不同：『莫非命也』，死生有命之命，以命數之貧賤富貴夭壽窮通而言也；『仁之于父子也，義之于君臣也，命也』之命，以命數之禀氣清濁厚薄、上智下愚、賢否而言也。北溪陳氏亦常辨之矣。

此一條言命字有三義。

○然命字之義不同，何也？蓋天以陰陽五行化生萬物，萬物得化生之後，即有形象矣，有形象即有一定之數。所以天命之命，以命令而言也；萬物受形之後，以命數而言也；以命言者，兼理與氣而言也，以數言者，專以氣言也。

此一條原命字不同之義。

○如以氣化論，天下雷行物與無妄，當春發生之時，是命令也，百草萬木皆于此時萌芽矣。但萌芽之後，有在地之肥處者，有在地之瘠處者。肥處長得快，又長得大；瘠處不免遲而小矣；又或在陰厓，日所不到之處，又加之以地瘠，則較之地瘠之處又遲而小也。故雷行物與，命令雖同，而草木受氣之後，有此數等不同也。

此一條言命之氣化不同。

○如以形生論，男女構精，萬物化生，女受男氣之時，是命令也，及受氣之後，一成其形，則有數矣，所以氣數不同也。故人之生，有同年同月同日同時，而貧賤富貴、夭壽窮通、智愚賢不肖不同者，蓋因父母之剛善剛惡、柔善柔惡，其形性不同，子遂因此不同一也。又或父精母血，受氣足與不足，其不同二也。又或有鍾天地古今之氣運者，如五帝三王周孔是也；或有鍾天下一時之氣運者，或有鍾一方一郡一邑之氣運者，其氣運不同三也。又如人受父之氣多，則形貌與父同，受母之氣多，則形貌與母同，或與母之兄弟同，皆一氣故也。天地乃萬物之大父母，則人所居之地方即父母矣。或所居之地山川秀特，或山川醜惡，人居于此方，目之所視，耳之所聞，足之所履，口之所飲食者，此方水火之熏蒸，草木之滋味，日夜之所長養者，皆在此方。又或父母祖宗骨血皆埋藏此方，則其氣之所通，亦猶受父之精，受母之血矣，所以山川秀特者，出人亦秀特，山川醜惡者，出人亦醜惡。故太平之人仁，丹穴之人智，太蒙之人信，空同之人武，風土不同故也。故橘逾淮而化爲枳，鸜鵒不。逾濟，貉逾汶則死，物且如此，而況于人乎？此不同四也。故受父母之氣雖同，而受氣之後有此四者不同矣。同年月日時而窮通壽夭不同者，讀此段了然明白矣。必恭亦了然。

此一條言命之形生不同。

○聖人則以天命我之理，全而生之，全而歸之。故盡心知性以知天，存心養性以事天，而至于我之形氣，惟夭壽不貳，修身以俟之而已。故曰『居易以俟命』，故曰『道之將行也與？命也。道之將廢與？

『命』，故曰『莫非命也，順受其正』，故曰『進以禮，退以義，得之不得曰有命』。近日虚齋先生亦曰：『命好德不好，王侯同腐草。德好命不好，顔回任貧夭。』亦此意。人之修身能如此，惟知其理而不知其形氣，則宇宙在我之手，命自我立，謂之自造其命，命之不好者亦好矣。如莆田黄伯固、合州鄒立齋二公，皆夭而無子，然二公皆爲千古之人，是無子而有子，無壽而有壽也。又如國家大難，當捐其軀，乃過涉滅頂，可謂命之極不好矣；然殺身成仁，舍生取義。此之謂雖禍亦福也。如安禄山反，令狐潮圍張巡城四十餘日，以天道誘之，張巡曰：『君未識人倫，焉知天道？』此雖孔門名儒之言，亦不過此。後雖力竭城陷，然成仁取義，有何愧哉？此亦命不好亦好之一端也。若偷生一時，不免遺臭萬年。天下古今豈有長不死之人？近日忌陽明先生者，謂先生始赴濠約，後持兩端，遁歸，爲伍太守强留，會濠攻安慶不克，乘其沮喪，幸而成功。陽明先生一代大儒，豈反不如張巡知『未識人倫，焉知天道』哉？蓋應變有術，縱赴濠約，亦兵家之術也①。豈不聞《夬》之『獨行遇雨，若濡有愠』乎？王允之于董卓，温嶠之于王敦，顔杲卿之于安禄山，皆用此術，縱約無害也。若無而强誣一代之大賢，其心亦太毒矣。然功高，人必忌之。忠肅虞公采石之戰，以八千卒却金虜兵四十萬，其功可謂偉矣，而忌之者猶曰適然。則忌人功者亦古今常事也。若常人不知天命之理，惟奉承天命之形氣，命窮者只欲其通命，貧賤者只欲其富貴，奔忙至死，及到終身之時，命窮者依舊窮而貧賤，命通者依舊通而富貴。人身便是銅，造化便是炭與火。命原是鐘，造化鑄你一個鐘；命原是磬，造化鑄你一個磬。百年之間，其中可憐有許多齷齪，許多伎兩，將心術通壞了，依然只由造化，由不得人心所願。造化有知，豈不一笑？張乖厓云：『應被華山高士笑，天真喪盡得浮名。』果然爲此浮

① 旁注：『必恭云：此一段方服倒忌陽明之人。』

名虚利，將天真都盡喪令人心痛。

此一條言聖賢君子能盡天命之理，而常人則惟奉承天命之形氣。

故天之將降大任于人，必令他受其苦，方增益其所不能。如孔子少孤，爲大聖。李密少孤，母適人，爲孝子。范希文少孤，母適朱，遂姓朱，祥符八年，進士朱悦是也①。後爲兖州推官，方復姓，更名范仲淹。所以《更名表》云：『乘舟偶效于陶朱，入境遂同于張禄。』蓋以范蠡、范雎比之也，爲名宰相。衛青少爲騎奴，爲名將。古今少孤苦而爲豪傑者非止一人，略引此以見命不好而能立命者之一端也。

性

○自孟子説性善，性字已講明矣。宋儒曰性即理也，理則自堯舜至于塗人一也，又分個氣質之性，則性字難明矣。

此一條言性之字義。

○堯舜説個道心、人心，則即分天地之性、氣質之性矣。至横渠云：『形而後有氣質之性，善反之則天地之性存焉』故氣質之性，君子有弗性者焉。』此言發孟子所未發，已説盡矣。蓋天地之性，自道心一邊而言也，無聲無臭，形而上者也，理也，道也；氣質之性，自人心一邊而言也，有形有象，形而下者也，氣也，器也。理附乎氣，器寓乎道，本不相離。若以一而言之，理即氣，氣即理，道即器，器即道。若以兩而言之，寓乎軀殼之中者，純是天理，故曰性善；著軀殼則因所禀氣質有剛柔善惡，即有善有不善矣。

① 旁注：『此先生讀書多處。』

此一條言性分天地之性、氣質之性。

〇氣質之性有善有惡者，皆因人之所禀。聖人禀得天地中和之氣，氣生得清，質生得粹，所以生下來就不雜于形氣，就能生知安行。然生知安行中又有分兩不同，如伯夷之清，伊尹之任，柳下惠之和，稷之稼穡，夔之樂，皋陶之刑一節，皆生知安行而不能兼通。譬之于天，春生與天同而不能兼乎夏長，秋斂與天同而不能兼乎冬藏。惟孔子貫乎四時，所以古今獨稱孔子爲聖之時也。賢人則清濁相半，必要加善反之功。下此困知勉行者，必人一能之，己百之，人十能之，己千之，方反得過來。如薛文清公生時，五臟露如水晶，其清透骨，有此異質，所以爲名儒。以藝論之，如倉頡之字，蔡倫之紙，皆一節之聖，皆天所生氣質一節之入于聖者。

此一條言人氣之性聖愚不同。

性即理也。心統情性，則心即性也。聖賢説話，有將人心通作理説者，如言『仁，人心也』，『盡其心，知其性』，『存其心，養其性』，通作理上説。

此一條言心即性。

〇人心有出入存亡，性無出入存亡。性者與生俱生，與形俱形，不以堯存，不以桀亡，我固有者也。何以見得不以堯存，不以桀亡？且如孺子將入井，一街一市人無大無小通驚惶，皆有怵惕惻隱之心，豈一街一市之人，無大無小通皆堯而不皆桀哉？性無出入存亡于此可見。

此一條言性無出入存亡。

〇性字上加不得功夫。《易經》『閑邪存其誠』，是言聖人已具真實無妄之理，而又閑邪，乃純一不已之心，『無斁亦保』之意。至若學者惟操存此人心，戒慎恐懼，時時覺照，使不放失，就是存天理功夫。蓋此性此理，本純粹至善，無聲無臭，又增他不得，又減他不得，又污濁他不得，惟人欲遮隔就不能發見矣。人欲所以遏人欲即所以存天理也。譬如日月何等光明，偶被雲霧遮隔，就不明白，雲霧一開，依舊光明。人欲譬之雲霧，有聚有散，做得功夫；性譬之日月，做不得功夫。所以某常説不當依程明道，要識仁，王陽明；要致良知，還當依孔子。蓋仁智無聲無臭，原無面目，何以識得他？何以致得他①？孔子有明訓：『克己復禮爲仁。』『物格而後知至。』只是克己格物，遏了人欲，仁智即發見矣，何必于仁智上求？所以『子罕言仁』，又曰『好知不好學，其蔽也蕩』，孔子未嘗教人識仁、教人致良知也。還依孔子，何等穩當。必恭云：程王二公亦必屈服。？

此一條言性上做不得功夫。

○何以盡性即盡人物性而與天地參？蓋性者天地萬物之一原，天地萬物止有此一個太極之理，止有此性，特人與萬物分散之耳。所謂『萬物體統一太極，一物各具一太極』也。我能盡此性，則我即天地矣，即易簡之理得而成位乎中之意。説個參天地似甚大，其實盡了性即了手。

此一條言盡性之能事。

○五性本于五行。人乃天地之心，陰陽之會，鬼神之交，所以五行之性，通寓于人身軀殼之内。若分言之，仁屬木。木在春生，木其形也，春其氣也，仁其神也。春有發生之意，故曰仁者心之生理，生即有愛之意，故仁主于愛。父母乃生我者，故愛莫大于愛親。故宰予欲短喪，孔子曰『子之不仁也』。故曰『仁之實，事親是也』。愛即有惻隱之意，故發之情爲惻隱。有惻隱之心，必能行不忍人之政，故體仁足以長

① 旁注：『必恭云：果然識不得、致不得。』

人。因春在四時之首，故曰『元者，善之長也』。使無春，安能有夏秋冬？故仁包四德。故曰：『乾元者，始而亨也。利貞者，情性也。』此之謂仁之性。千古之儒，説仁親切無過于此，此便是識仁。

○仁乃吾性，性者萬物之一原，故仁者以萬物爲一體。既爲一體，所以醫家以一身之痿痹，氣不到者爲不仁，故一日克己復禮，天下歸仁焉。以仁乃人所性而有，人人皆具、人所同然故也。

○釋氏以慈悲爲本，梁武帝以麵爲犧牲，豈不是仁？但廢了禮，又不是仁了，又是私了。故曰『禮儀三百，威儀三千，無一物而非仁也。』

仁故主于愛，但勢有所不及，亦不能行之。如下井救人，子貢博施濟衆之類，皆勢所不及者。又如天旱，家中糧食止可養父母，救不得外人，外人縱當面餓死，此心見之亦有所不忍，然亦無如之何，皆勢所不及。故曰『夫仁者，己欲立而立人①，己欲達而達人，能近取譬，可謂仁之方也已。』聖人之仁，心雖無窮，而勢則有限。就譬如日月一般，日月無私照，萬國九州，照得到者皆其所照，照不到者，日月亦無如之何也。如陰崖草木，日月年年月月照不到，亦勢所不及矣。如必要照得到，就是私了。如今人不敬父母而反去奉佛者，通是一團私。

○禮屬火，火旺于夏。火其形也，夏其氣也，禮其神也。萬物齊乎巽，相見乎離，萬物在此長養。潔齊有齊整相會之意，故曰『亨者嘉之會也』。大大小小草木通暢茂，有三百、三千禮儀、威儀之意。火不可近，故禮主于嚴，相見必相敬，故禮發乎敬。

○義屬金，金旺于秋。金其形也，秋其氣也，義其神也。秋萬物摇落，又金堅有斷割之意，又萬物美利

① 旁注：『説仁親切處。必恭云：不忍釋手，不容不點。』

告成，有宜于人之意，故曰『利者義之和也』。

○智屬水，水旺于冬。水形也，冬其氣也，智其神也。水能照物于内，故有知是非之意，又冬嚴凝有貞固之意。

○信屬土，土貫乎四者之中，所以河圖洛書土皆居中也。土有敦厚篤實之意，故信者土之神也。所以臨卦、復卦、艮卦，曰敦臨，曰敦復，曰敦艮者，皆因坤土艮土也。引證更切。

此數條分而言五性。

○若以五性合而言之，不過一理。譬如一座城，開東門，自東門而出者仁也；開西門，自西門而出者義也；禮南、智北亦然。四端發見就譬如人之五官五臟，不可缺一。以仁言之，仁無禮，則將以麵爲犧牲，非仁也；無義，則不能裁割斷制，流于兼愛，非仁也；無智，則下井救人，其蔽也愚，非仁也。以禮言之，禮無仁，則儀文雖具，情意不相洽浹，非禮也；無義，則品節儀文不得其宜，非禮也；無知，則冥行妄作，非禮之禮，非禮也。以義言之，義無仁，則斷割傷于慘刻，非義也；無禮，則裁制之間無天理節文，非義也；無智，則凡事不知輕重權度，非義也。以智言之，智無仁，則以揣度過察爲明，非智也；不節之以禮，裁之以義，則必以索隱爲智，其蔽也蕩，非智也。以信言之，仁義禮智無信，則四者皆僞矣；信無仁義禮智，是尾生之信，其蔽也賊，非信也。因五者不可缺一，所以孔子告顔子問仁，而曰『克己復禮爲仁』，言仁而及于禮。子張問仁，孔子告以『恭寬信敏惠』，言仁而及于恭與信，故曰『立人之道曰仁與義』，故曰『仁者見之謂之仁，智者見之謂之智①』，故曰『禮可以義起』。因説一個，五個通在裏頭，所以單言也可，總言也亦

① 旁注：『必恭云：孔孟以來，儒者未説到此。』

可。必恭云：此一段發孟子所未發。

此一條言五性不可缺一，合而言五性。

〇五性金木水火土，有形有氣有神。人于金木水火土形上用功夫者，宫室之美，妻妾之奉，所識窮乏得我是也；氣上用功夫者，求仙而欲長生，求佛而欲不生不滅是也；神上用功夫者，君子所性，根于心，生于色，睟于面，盎于背，施于四體，四體不言而喻，堯舜、周孔、孟軻是也。形上用功夫者，朝華夕落；氣上用功夫者，水中捉月；惟神上用功夫，則以萬世爲土，與天地同不老矣①。常笑李德裕《平泉莊記》云：『鬻平泉莊者，非吾子孫也。以一石一樹與人者，非佳子弟也。吾百年後爲權豪所奪，則以先人所命，泣而告之。』而不知身死數年之後，皆化而爲煙，散而爲霧矣。此形上用功夫，朝華夕落之驗也。作此記，出此語，可謂愚之甚矣，反爲識者所笑。然古今之愚，豈獨一李德裕哉？于此又見蕭何之賢。必恭云：達吾公謂先生千載真儒者在此。

此一條言獨聖人于神上用功夫。

良知

〇孟子曰：『人之所不慮而知者，良知也。』既然説不慮而知，則夫婦之愚，可以與知。不慮也，常人不慮也，賢人不慮也，聖人不慮也。今説致良知，『致』字有功夫，則又是慮而知矣。蓋良知本我固有，特物欲有所蔽錮，則良知不能發見。故聖人先教人格物，格去其物欲，則良知自然發現矣。物欲者，即有所

① 旁注：『讀之令人汗出。』

忿懥、有所恐懼、有所好樂、有所憂患之物欲也。有此物欲則良知皆遮蔽矣。

○良知即五性中之智也，乃天理也，發而爲是非之心者，此也。即誠明之明也，所以説『自誠明謂之性』。言有實理，自有此實知，乃不假修習，所性而有者也。蓋實理中原有明，天之所命者如此，聖人之完具者亦如此，故謂之性。未能有此實理者，必明方能誠，蓋未能有此實理，即有私欲矣，必去此私欲，復其實理之本體，方能明而誠，故曰『好學近乎智』。好學者，擇善之功也，即講學以耨之也。耨之者，去其草也，去其草則嘉禾自長養矣。

○譬如居官清廉，一介不取諸人，雖愚人亦知其好官，豈但居官者自知之？是清廉之官，人皆知其好官者，乃是非之心不慮而知，良知也。但有所好樂，好樂妻妾之奉、宫室之美，有所憂患，憂患子孫無大財産、所識窮乏無以得我，即污濁不做好官，而良知盡喪矣。若要做好官，必格去有所好樂、有所憂患之物欲，則有以復其良知之本體，所以説致知在格物。某説良知乃天理做不得功夫者，此也。

此三條言良知。必恭云：此後一段説盡世態。

義利

○五性獨以義對利者，公私之間而已。利非特指財貨、爵位也，如專以財貨、爵位之多寡、輕重、高下爲利，則舜受堯之天下乃利，而陳仲子乃義矣。蓋凡事但有一毫私心就是利。且如世間人，有夫有妻、有父有子、有君有臣，乃天地之常經。夫倡婦隨、父慈子孝、君仁臣忠，乃天地之通義。佛家出來，祝髮爲僧，不娶其妻，離了父子，背了君臣，却去高山峻嶺打坐，以求空寂。以彼之甘淡薄、受苦楚，較之世人夫倡婦隨、如鼓瑟琴、父慈子孝、每食必有酒肉、君仁臣忠、富貴榮顯者，彼若可以言義矣；然彼之甘淡薄、受苦楚者，都是一團私，乃利也，非義也。若以細事論①，道途爭險易之利，冬夏爭陰陽之和，通是利。

〇宋儒説『有所爲而爲者皆利也』，此言説得精。若無所爲而爲，則無意必固我之私，乃聖人矣。但無所爲而爲，可以言三代之士，在今科舉之學説不得。豈有科舉無所爲而爲乎？白沙先生子入試揭曉，夜有詩云：『静觀今夜心，四海皆名利。』此言説盡人情。故無所爲而爲，在今日科舉之學説不得。讀此段可以觀世道。

〇有事同而心異者，如韓侂胄與岳飛，同不主和議，然岳飛心公義也，侂胄爲己利也。

此二條言義利。

道

〇道者路也，事物當然之理，天下古今所共由之路也。因人所共由，故以路字名之，孟子『夫道若大路然』是也。有物必有則，故曰形而上者道也，形而下者器也。如父子是器，父子有親，親字是道。君臣是器，君臣有義，義字是道。手是器，手容恭，恭字是道。足是器，足容重，重字是道。

此一條言道之字義

〇孔子曰：『一陰一陽之謂道。』此就造化根原説來。横渠因此言遂曰：『由太虚有天之名，由氣化有道之名。』子思説：『率性之謂道。』就人性上説。『和也者，天下之達道也』，與孔子『天下之達道五』雖同，但子思則就人性上事事統言之，孔子則專言性之五倫也。若『可以適道』，『道不遠人』，則多

① 旁注：『必恭云：論義利更精。』

在人事上説。至若『洋洋乎，發育萬物，峻極于天，優優大哉，禮儀三百，威儀三千』，則兼孔子之一陰一陽、張子之氣化、子思之率性、孔子之達道五，並道不遠人、可以適道而統言之也。

此一條言聖賢論道字不同。

○孔子曰：『朝聞道，夕死可矣。』甚言其道不可不聞也。如反孔子之言，説如不聞道，長生也不可，何也？人不聞道，昏昏昧昧，枉過一生，與禽獸一般，長生何爲？故曰『朝聞道，夕死可矣』。生死是至大之事，朝夕是至近之時，以四字抑揚言之，見道不可不聞。此與孟子『行一不義，殺一不辜而得天下不爲』語意相同，行一不義是至微事，得天下是至大事，不以至微而易至大，此可見此心純是義矣。

此一條言人當聞道。

○自孔子已後到了子思之時，道字依然説不明，所以子思説個『率性』二字出來。又恐人不知何以率性，又説個率性下手功夫，又説個率性率循的節次。戒慎恐懼者，率性之功夫也。喜怒哀樂未發謂之中，發而皆中節謂之和者，率性之節次也。天地位，萬物育者，率性之能事也，見道之所以大也。

此一條言道非自外，乃率其性。

○性不離乎形氣，而形氣之所發于外者，不過喜怒哀樂而已。如無慎獨功夫，使之有所忿懥、有所恐懼、有所好樂，有所憂患，皆不得其正，安得謂之道？故子思説個功夫節次二體出來。

○大凡人欲，必從喜怒哀樂以發于視聽言動，方成人欲，未有窅冥空寂而成人欲者。聖人遏人欲功夫，其字通下得猛。如戒字、慎字、恐字、懼字，《大學》格字，《易經》懲字、窒字，克己克字、寡欲寡字，通無寬緩舒徐之字，蓋人欲之來如對敵也。

○人之喜怒哀樂最害事。有一樣人，也不爲惡，但拒諫。人説他一言半句不好，他就發怒。只是阿諛他，他就歡喜。且如王介甫何曾爲惡，只是性狠愎。小人諂諛他，他就以爲有才，知通變。若正直君子去諫他，他就以爲俗學不通世務。如司馬君實、范堯夫、張天祺①，通因他去。君子既去，所用小人，争爲刻薄，故禍毒天下益深。可見喜怒哀樂最害事。所以説有所忿懥則不能得其正，介甫是也。

此三條言性發于情，有喜怒哀樂。喜怒哀樂最害事。必戒慎恐懼以慎其獨，方能發皆中節，而率夫性也。

○『率性之謂道』一章，大意言：『天命之謂性，率性之謂道，修道之謂教。』何以率性之謂道也？蓋道也者，即吾性之理，人不可須臾離者，其可離則外物而非道矣。故君子有不須臾離之功。雖人所不睹不聞之時，亦戒慎恐懼，惟恐人欲内萌。若人欲一萌，則情之所發，喜怒哀樂不得其正矣。性不可得而率也，所以然者何也？蓋莫見乎隱，莫顯乎微。隱微之中，雖人所不睹不聞，而已所獨睹獨聞，如十目所視，十手所指。所以君子必戒慎恐懼以慎其獨者，此也。既戒慎恐懼以遏人欲，則吾性之本體不爲人欲所遮隔障蔽，此心如明鏡止水矣。故方其人心之未發也，吾心廓然大公，一團天理謂之中。及其人心之既發也，物來順應，一團天理，發皆中節，謂之和。中也者，性之本體也，故曰天下之大。本，言天下萬事之理，皆由此出也。和也者，性之大用也，即率性之謂道也，故曰天下之達道也，言爲天下古今之所共由也。所謂率性之謂道者，蓋因加了戒慎恐懼功夫，又由中而至于和，率循其自然天理之性，所以謂之道也。既至此中和地位，則天地位、萬物育矣。蓋性者，天地萬物之一原，必如是，則吾性之能事畢矣。

○『戒慎恐懼』一條，言必如此下功夫，而後能率其性也。『莫見乎隱』一條，乃足上條之意，言因

① 祺，原作『棋』，據道光本改。

如此，所以必戒懼以慎其獨也。非上一條乃存養，下一條乃省察也。舍了戒慎恐懼，又何以下慎獨功夫？宋儒作二事看，是樓上加樓，屋上加屋矣。殊不知戒慎二條乃下學功夫，到了喜怒哀樂二條是聖人之事，專言理矣。

○『喜怒哀樂』一條，言如此如此即是率性矣。『天下之達道也』一句，正應『率性之謂道』句，言如此就是道了，故名之爲道。必恭云：千古之下説率性之謂道，方説得明。聖人復起，不易斯言。

○天地位，萬物育者，五性之能事也，乃聖神之極功也。致者至也，言到此中和地位也。此處止，只言聖神之極功，已與下學功夫不相粘矣。注中又説自戒懼而約之，自謹獨而精之，依然又是下學之事。必恭云：正是正是。

○又説吾之心正，則天地之心亦正；吾之氣順，天地之氣亦順。全不是了。况此處也説不得一個氣字，只將『惟天下至誠惟能盡其性』一章來作證，何等明快？何必言吾之心正則天地之心亦正，吾之氣順天地之氣亦順？

○宋儒只看此章文章句法有對待，就依對待解了，殊不知全在説『率性之謂道』一句。看書要將我往日下手功夫去體認他，方不差。宋儒只依文字解，所以差了。

此六條①反覆言『率性之謂道』，見宋儒注疏之差。

○戒慎恐懼，乃覺照此心功夫，時時操存，時時不放，就是矣。所以説不可須臾離也。不睹不聞，曰隱曰微，皆就此心言，非寂静之時也。某常説，李延平先生危坐終日，以驗夫喜怒哀樂未發氣象爲何如，而求

① 道光本删去『天地位萬物育』『又説吾之心正』『宋儒只看此章』三條，此處改作『三條』。

所謂中者，此終是禪學。若危坐終日以求其中，則未危坐之時，又須臾離矣。殊不知喜怒哀樂未發謂之中，乃理也，理安能危坐以求之①？李延平又説：學問之道不在多言，但默坐澄心，體認天理，若見雖一毫私意之發，亦退聽矣。若依此言，則未默坐之時又須臾離矣②。所謂不可須臾離者，是把戒慎恐懼遏人欲以存天理，作一個課程。朝也是此課程，遏人欲以存天理，不須臾離，暮也是此課程，遏人欲以存天理，不須臾離。一事也是此不須臾離，萬事也是此不須臾離，默坐澄心之時也是此不須臾離，繽紛多事之時也是此不須臾離。常時事君、事親、處友，也是此不須臾離；變時刀鋸在前，鼎鑊在後，也是此不須臾離。在孔門也是此不須臾離，故曰『君子無終食違仁，造次必于是，顛沛必于是』。在孟子也是此不須臾離，故曰『是集義所生者』，『必有事焉而勿正，心勿忘，勿助長也』。此之謂思無邪③，此之謂無不敬，久而久之，至于至誠無息。無息者，此不須臾離也。純一不已，不已者，此不須臾離也。雖是聖人，渣滓渾化，然聖人豈無人心？但聖人義精仁熟，雖有人心，然從心所欲不逾矩，人心亦道心矣。故曰『閑邪存其誠』。言龍德中正之聖人，既至誠無妄矣，而又閑其邪也。故曰『無斁亦保』，故曰『死而後已』。既至至誠純一，則此心純是一團天理，無意必固我之私，故與天地合其德，日月合其明，四時合其序，鬼神合其吉凶。故考諸三王而不謬，建諸天地而不悖，質之鬼神而無疑，百世以俟聖人而不惑。故肫肫其仁，淵淵其淵，浩浩其天。故能盡人之性，盡物之性，與天地參。故上律天時，下襲水土，辟如天地，無不持載，無不覆幬。故不見而

① 旁注：『延平亦定屈服。』
② 旁注：『屈服屈服。』
③ 旁注：『必恭云：皆程朱所未發者。』

章，不動而變，無爲而成。故聲名洋溢乎中國，施及蠻貊。舟車所至，人力所通，天之所覆，地之所載，日月所照，霜露所隊，凡有血氣者莫不尊親，故曰配天①。既配天矣，豈不天地位、萬物育？

此一條言能盡不須臾離之功，則能率性矣，故天地位，萬物育。

○《大學》《中庸》首章，皆聖門頭腦功夫。《中庸》戒慎恐懼者，遏人欲也。遏此人欲則未發爲中，已發爲和。中者，天下之大本。和者，天下之達道。致中和而天地位，而萬物育矣。《大學》格物者，遏人欲也。遏此人欲，則知至意誠心正身修家齊國治而天下平矣。孔門之言無二也，《大學》言明德，《中庸》言達道。道與德，一而已矣。

此一條言孔門《大學》《中庸》首章立言皆相同。此一段皆千古不易之言。

德 附明德

○德者得也，道與德相離不得。天賦我五性②之理，散于五倫事物。其理之當然者，謂之道，將此道凝聚于此身，謂之德，故曰『苟不至德，至道不凝焉』。故知以知此道，仁以體此道，勇以强此道。謂之達德者，此也。蓋德字有功夫，即《大學》之所謂『有諸己』也，故曰『據于德』。據者，據其實也。實能事親則孝，即有諸己矣；實能事兄則弟，即有諸己矣。

○此德字，德者得也，一字盡之矣，謂其躬行心得也。善與惡皆可稱之，如《書》言紂穢德彰聞，如史

① 旁注：『必恭云：此一段見先生道理爛熟。』
② 五，原作『吾』，據道光本改。

言唐之君閨門慚德，皆言其惡德也。禽獸亦可言之，如曰『驥不稱其力，稱其德』，是又言禽獸之善德也。天地造化亦可言之，如曰『鬼神之爲德，其盛矣乎』是也。

○《書》言九德：『寬而栗，柔而立，愿而恭，亂而敬，擾而毅，直而温，簡而廉，剛而塞，彊而義。』曰寬曰柔，上九字皆氣質之性，此又以天賦我氣質之性，我得于天者言之。此九者，皆德之善者也，但恐其有偏，故又足以下九字，欲其得中也。

○如文公言『仁者，心之德』，此又以天賦我之性，我心之所得者而言之也。

○命于天者爲性，受于人者爲理，見于事者爲道，得于我者爲德，一而已矣。

此五條言德之字義。

○若明德，則專以五倫躬行心得言之，故孔子曰：『古之欲明明德于天下者，先治其國。』而門人釋之曰：『上老老而民興孝，上長長而民興弟，上恤孤而民不倍。』釋治國在齊其家者，亦曰：『孝者，所以事君也。弟者，所以事長也。慈者，所以使衆也。』蓋一家之中，止有父慈、子孝、昆弟之交三者而已，而事君治民即在其中。故敬止之中，言此五者。必恭云：此一段文公屈服。

○『一家仁，一國興仁。一家讓，一國興讓。故堯舜帥天下以仁，而民從之。』『有諸己而後求諸人，所藏乎身不恕，而能喻諸人者，未之有也。』『宜其家人，而後可以教國人。其爲父子兄弟足法，而後民法之也。』此數條皆言爲人上者，將五倫躬行心得，而後民化之也。則明德二字不待辨而自明矣。天生先生，俾斯道大明，方有此議論。

○此明德二字，而今學者通忽略了。孔子曰：『家有嚴君焉，父母之謂也。』父父、子子、兄兄、弟弟、夫夫、婦婦，而家道正，正家而天下定矣。孟子曰：『老吾老以及人之老，幼吾幼以及人之幼，治天下可運于掌。』『親親仁也，敬長義也。無他，達之天下也。』『人人親其親，長其長，而天下平。』『堯舜之道，孝弟而已矣。』『瞽叟底豫而天下化，瞽叟底豫而天下父子定。』若玄宗幸蜀，與肅宗相别旅途之間，肅宗良心發見，南向號泣，父子之間何等感傷？及玄宗還長安，居興慶宫，李輔國與張后謀還于西内，肅宗畏張后，不敢詣内。玄宗不懌，即不茹葷。則父不底豫矣，何以化天下也？天下若父慈子孝，兄友弟恭，親親以及人之親，長長以及人之長，則民決不争訟。既使民無訟，則興仁興讓，不必守令，不必監司，而天下自太平矣。所以孔子説父父子子、兄兄弟弟而天下定，孟子説親親長長天下化，治天下可運于掌。宋儒將明德二字忽略過了，不曾將《大學》全本詳看。必恭云：一本《大學》通透徹。

大抵大人之學，雖上下可通，其實帝王之學也。春秋之時，臣殺其君者有之，子殺其父者有之。他如新臺有泚，以至二子之乘舟，姜氏如齊，遂有車中之烈禍。故《管子》曰：『桓公云：寡人有所行，不幸而好色，姑姊妹有不嫁者。』禽獸聚麀，嬴①豕蹢躅，五倫之瀆也久矣。故孔子推本堯舜『克明峻德，以親九族，九族既睦，平章百姓』之言，乃曰：『大學之道，在明明德，在親民，在止于至善。』所以詔天下後世，見帝王之學是如此。豈知後儒又解爲虚靈不昧，無怪天下治日少，而亂日多。

〇此二字關係不小。王霸之辨在此，正學禪學之辨在此，此二字不明，一本《大學》通無用了，注之何益？宋儒不注亦可也。某不得不辨正，孟子所謂『予不得已也』。

此五條②言明德。

① 嬴，原作『羸』，據道光本及《周易·姤》改。
② 道光本删去『此二字關係不小』一條，此處改作『四條』。

理

理字與道字大抵相同，但道字就散見通行上説，理字則就當然恰好尺寸不可移易上説。如大路是道，乃天下古今之所共由者，然此大路恰好在此處，乃當然尺寸之不可移易者。移易在别處，則偏旁曲徑，非大道矣。故天下古今所共由者此道也，天下古今所不易者此理也。如父慈子孝、君仁臣忠是道，然慈者乃爲父當然不易之則，爲人父止于慈，則父盡父道矣，孝者，乃爲子當然不易之則，爲人子止于孝，則子盡子道矣。君臣亦然。手容恭者，道也，然容恭者，乃手當然不易之則，若垂嚲不成禮，則失其當然之則矣，非道也。足容重者，道也，然容重者乃足當然不易之則，若倚邪不成禮，則失其當然之則矣，非道也。

○理字曰天理者，見其原于天命之性也。欲字曰人欲者，見其出于形氣之私也。

此二條言理字義。

○性者理也，道者理也，誠者理也。但性自天所命、人所受上説；道自率其性，散見于事物上説；誠則理之真實無妄者。故《大學》《中庸》止言性、言道、言誠，而不言理，以性、道、誠，皆理故也。

此一條言理字該得寬。

孟子曰『心之所同然者』，謂理也、義也，蓋理即性，性即理。性者天地萬物之一原，天地是此理，萬物是此理，人人是此理，豈不同然？若稍有不同，即不能同然矣。人能克去己私，不喪失此同然之心，則良知本體發見，此心如明鏡矣。以之照物，妍者自妍，媸者自媸，所以能同然。

此一條言人能克去己私，則理自發見。

忠附忠信

○忠者，盡己天理之心，而無一毫人欲之私之謂忠。如仁之于父子也，我則爲人之父，盡其慈之心而無餘；爲人之子，盡其孝之心而無餘，而仁盡夫已矣。義之于君臣也，我則爲人之君，盡其仁之心而無餘；爲人之臣，盡其忠之心而無餘，而義盡夫已矣。又若爲人謀事，乃披心剖腸，一片天理，不夾雜絲毫人欲，此便是忠。若少夾帶一毫私意，而不能盡一片天理之心，不得謂之忠矣。必恭云：忠字明備。

此一條言忠字義。

○程子解盡己之謂忠，解得是。但『盡己』二字，天理人欲皆可言之。如盡己去好色，盡己去貪財，皆盡己也。所以後來學者只將忠字當一個『盡我一片心』五個字看，而天理人欲夾雜其間，不能分曉。惟曰盡己天理之心，而無一毫人欲之私，則忠字曉然明白矣。

此一條論宋儒解忠字。

○盡己，即孟子『盡其心』之『盡』，無剩餘之意。即如①囊中有一斗米，我潔净倒囊與人，方謂之盡。或留有半升或半合，亦不得謂之盡。

此一條論盡己。

○忠者，盡己天理之心，而無一毫人欲之私之謂忠。信者，以實天理之心，而無人欲之私之謂信。忠信有功夫，非資質也。孔子曰『主忠信』，主是賓主之主，教人下個確實的心。在學者，即思誠功夫。若聖

---

① 即如，原作『如有』，據道光本改。

人則自然至誠矣。孔子曰『言思忠』，如『人而無信，不知其可也』。言忠信，忠信所以進德也，通是有功夫。如曰『爲人謀而不忠乎』，必爲人謀方説得忠，如不爲人謀，豈有空忠之理？如曰『與朋友交而不信乎』，必與朋友交，方説得信，如不與朋友交，豈有空信之理？聖人資質生成忠信，常人亦有資質近忠信者，但聖賢立論説忠信，通就功夫上説，故五性仁義禮知信，非別有信也。仁義禮知，皆實心實事，即其信也。

○忠信大抵只是誠實爲善意，而又分此二字者，忠字説得懇密，故事君曰忠，爲人謀曰忠；信字説得平淡，故與朋友交曰信，與國人交曰信。

此二條論忠信。

○若以忠對恕，忠是盡己天理之心，而無一毫人欲之私之謂；恕是推己天理之心，而無一毫人欲之私之謂恕。宋儒説：『忠恕猶形影，無忠，做恕不出。』此二句説得極好，但不曾提醒天理出來。蓋人能忠，則千恕萬恕從此出，未有不能忠而恕者。孔門看得此二字真，所以將來釋一貫。

此一條論忠恕。

○恕者，仁恕也。因是仁恕，自孔門已後，來學者通認不真，通作饒人之意。而今官長出告示亦云『決不輕恕』，亦把恕字當饒字矣。宋儒作推己，而某又添『天理之心』數字者，欲其明備也。觀孔子曰：『一言而可以終身行之者，其恕乎？己所不欲，勿施于人。』曰勿施于人，則我所欲者方施于人，即『己欲立而立人，己欲達而達人』是也。若有半毫人欲之私，夾帶于其中，必不能勿施于人矣。又曰：『忠恕違道不遠，施諸己而不願，則勿施于人。』若少有半毫人欲之私夾帶于其中，必不能違道不遠矣。

此一條論恕。必恭云：添天理二字，恕字方明備。

才

○才本是人之能，但與性字一般也分一個性字、氣字。出于天地之性者，則所能皆善；出于氣質之性者，則所能有善有惡。孟子從性善好的一邊説來，故曰『若夫爲不善，非才之罪也』。必恭云：才字一段，亦發前賢未發。

此一條言才有兩樣。

○有一等人分明天生一段才華。且如晉當危難，桓冲以精兵三千入援京師，謝安固却之曰：『朝廷處分已定。』又如唐太宗欲取長安，衆人以無糧草爲辭，大宗曰：『兵貴神速，吾撫歸附之衆，鼓行而西，長安之人望風震駭，智不及謀、勇不及斷，取之若振槀葉耳。若淹留坐費日月，衆心離沮，大事去矣。』果克長安。又如寇準議親征曰：『陛下欲了此，不過五日。』此料事之才，如筮如龜，皆古今人所不可及者。至若韓信寄食漂母，受辱胯下，本鄙人也，及得富貴，不識保身之幾，通不足取，但用兵一段才華，多多益善，真如僚之丸、庖丁之牛、由基之射。所以陸士衡稱其策出無方，思入神契，奮臂雲興，騰迹虎噬者此也。又如古今詩人分明有一段别才，且如『春水船如天上坐，老年花似霧中看』，『無可奈何花落去，似曾相識燕歸來』，『春水纔添四五尺①，野航恰受二三人』，『上方月曉閑僧語，下界林疏見客行』，『昔人已乘黄鶴去，此地空餘黄鶴樓』，『巷南巷北人招飲，一晴一雨花耐看』，通是眼前景致口頭語，令人可愛。其不善于詩者，雖勉强效顰，能學其易，不免落俗，學其難，不免點鬼。又知一縣令，前來此縣者，也是如此錢

① 添四五尺，原作『剛三四尺』，據道光本改。按杜詩異文較多，兹不詳考。

糧，也是如此人民；後來此縣者，也是如此錢糧，也是如此人民。有一樣縣令就做成一朵花，有一樣縣令嶷哄瞽瞀，一縣之事，如亂髮亂絲，不能剖析爬梳，此皆其才不同也。故孔子嘆才難，雖近日之才與古之才不同，然亦皆才也。

此一條言天生才不同。

○才最害事，人當善用之。孔明、張良、郭子儀，善用其才者也；曹瞞則成鬼蜮矣。所謂善用者，正横渠所謂『善反之，則天地之性存焉』者也。

此一條言人當善用才。

敬

○敬是遏人欲，存天理。心之竦然而不懈之謂敬。蓋敬乃五性中禮之所發，乃天理也。聖人取來作功夫，教人敬以直內，因敬字有竦然意，所以將他來作功夫。左右是齋明盛服，非禮不動就是敬了。宋時儒者通講敬字，就與近日儒者講知字一般。因通講敬字，所以説格物致知也須敬，誠意正心修身也須敬，齊家治國平天下也須敬，通歸管一路。殊不知格了物，則全是天理。宋儒格物二字認不真，所以陳北溪如此説。意既誠，心既正，則敬不必言矣。

宋儒解敬字，以主一之謂敬，無適之謂主。主一無適爲敬也是，但去終日端坐，乃曰釋氏于敬以直内，則有之矣，是以釋氏之終日端坐爲敬也，此言又差之太遠矣。蓋敬無常主，如要力耕養父母，竦然起一念，去勤耕苦種，就此一念，天理之心不懈，即是敬矣。如要孝父母，冬温夏清，竦然起一念，去冬温夏清。就此一念，天理之心不懈，即是敬矣。如事君，有官守者，竦然盡其職，即是敬，若少有一毫爲身爲家之私，即非敬矣。有言責者，竦然盡其忠，即是敬，若少有一毫爲身爲家之心，即非敬矣。故説敬字，乃主于遏人欲、存天理，竦然而不懈者，此也。

○端坐也是敬，但敬中之一事耳。所謂敬者，無動無静，無常無變，無内無外皆敬也。故曰『無不敬』。如坐之時，手容當恭，若一時少覺照，垂嚲不恭，即是人欲，即是不敬；乃竦然而容恭，則存天理而敬矣。足容當重，若一時少覺照，倚邪不重，即是人欲，即不敬。乃竦然而容重，則存天理而敬矣。故曰端坐也是敬，但敬中之一事耳。

○程子説『釋氏敬以直内則有之矣』。某説此言差之太遠者何也？蓋釋氏冥心閉目，終日端坐，無非求其空。吾儒之敬，是件件求其實。如入宗廟之中，不期敬而自敬，是敬神也，非空敬也。如見大人君子，不期敬而自敬，是敬大人君子也，非空敬也。静之時敬，是恐此一念少有人欲之私也，非空敬也。動之時敬，是恐此一事少有人欲之私也，非空敬也。此之謂件件是實。如此修己以敬，豈不安人，安百姓？所以孔子説『敬義立而德不孤』。如釋氏冥心閉目，終日端坐，則孤絶矣，豈能德不孤而安人、安百姓哉？

○大抵敬字即是戒慎恐懼功夫。但戒慎恐懼就心之兢業、時時覺照防檢上説；敬之一字，就心之竦然整齊嚴肅上説。而要之皆遏人欲，而存天理也。

○孔子説『敬以直内，義以方外』，此二句非始于孔子也，乃祖『以禮制心，以義制事』二句來。敬字即禮字。

○自堯舜開精一之傳，敬字即有矣。如堯之『欽明文思』、湯之『聖敬日躋』、文之『緝熙敬止』，以至戒成王之『敬之敬之』，皆言敬也。至孔子將來作功夫，曰『君子敬而無失』，曰『執事敬』，曰『敬事而信』，曰『行篤敬』，曰『事思敬』，未常教人終日端坐以爲敬也。至程子以涵養須用敬，乃終日端坐如泥塑人，乃曰：『釋氏之學于敬以直内則有之矣，義以方外則未之有也。』故滯固者入于枯槁，疏通者歸于恣肆，此佛教所以爲隘也。又曰：『佛有一個覺之理，可謂敬以直内矣。然無義以方外，其直内者，要之其本亦不是』。論起程子雖説釋氏有敬以直内之地，亦不曾説釋氏之是，但門人見得程子喜人静坐，又見程子終日端坐，又見程子要識仁，又見解主一之謂敬者曰『此心不之東、不之西』，所以門人弟子就説天下何思何慮，通在釋氏一邊去了。故程子自涪歸，嘆門人入于夷①。至楊龜山、李延平，通觀喜怒哀樂未發氣象，以默坐澄心爲學，載之史書稱之。至本朝薛敬齋、陳白沙二公，再不言古人解經之是非。獨王陽明一人肯辨論。又將程、朱、陸子抑揚太過。所以嘉隆已來，講學之士皆傳葱嶺之心，而文以尼山之言矣，可哀可痛。某生最晚，但仁以爲己任，又不容默，如不辨出此一種功夫，害天下後世，其毒非小。蓋昔人所謂『予豈好辨哉，予不得已也』，所以説了又説，反覆辨論。宋儒謂主一之謂敬，先生謂竦然不懈之謂敬，可見聖學功夫差不得毫忽。

此七條論敬字。

誠

○誠者，真實無妄之謂。有在天之誠，天命之性付與人物之實理是也；有在人之誠，反身而誠是也。因聖賢不同，所以分個至誠思誠。

○天道之誠，即太極之實理。理無聲無臭，何處見其誠？蓋理乘氣機以出入，故曰：『元亨，誠之通。

① 『故程子自……入于夷』，道光本無。

利貞，誠之復。』以氣候論，如春來氣候便漸漸温厚，秋來氣候便漸漸嚴凝。以動物論，春來便獺祭魚、雁北來，秋來便豺祭獸、寒蟬鳴。以植物論，春來便草木萌動，秋來便草木黄落。以花木論，春來開桃李，秋來開菊，冬來開梅。今年是如此，明年是如此，千年萬年也是如此。若以一物論，黍千年是黍，不變而爲稻；稻千年是稻，不變而爲粱。此便是天之誠。

〇人之有此實理，乃所性而有者也。天所賦之理本實，但因此理寓于軀殼之中，未免有實不實矣。其曰不實者，乃人欲也。若實理之本體，豈能增減？惟聖人渾然具此實理，所以泛應曲當。遇子自孝，遇父自慈，遇臣自忠，遇君自仁，實理隨處自然發見各足，無有欠缺。聖人以下，未免有私意遮隔，所以有思誠之功。

〇誠字兼得忠信，忠信兼不得誠，所以説一個忠信，又説一個誠。

中庸

〇中字，自堯舜有『允執厥中』之言，中字已儒者知之矣。至周末異端起，以道别有一道，故孔子曰『道不遠人，人之爲道而遠人，不可以爲道』，所以孔門將中字下添一庸字。

〇庸不出于中之外，言此中乃平常之理也。如夫婦、父子、君臣、朋友、兄弟，其理皆日用之所常行者，豈不平常？朱子解中庸二字，較程子更優。

〇平常對怪異而言，平常者怪異之反也。如明帝時，偶説起西域之佛，自佛入中國，古來止有士農工商此四民者，乃民之平常也；今添一僧，是民之名怪異矣。自黄帝製衣冠，人皆峨然而冠于首，乃首之平常也；今則祝髮而顛其首，是其首怪異矣。人之身體髮膚受之父母，不敢毁傷，雖刺一針，亦必畏其痛，此人身之平常也；今乃以此身乃假合暫聚，生老病死，無非苦惱，指其身爲臭革囊，雖食虎狼、飽鷹隼、燒烈火，亦未爲不可，此身之怪異矣。一陰一陽之謂道，男女構精，萬物化生，故有夫必有妻，乾道也、坤道也，乃夫婦之平常也；今乃不娶其妻，而孤其夫，是夫婦之怪異矣。父父子子，兄兄弟弟，一家之中，興仁興讓，此父子兄弟之平常也；今離其父子，背其兄弟，居于深山野箐之中，指父子兄弟爲俗眷，是父子兄弟之怪異矣。天無二日，民無二王，君君臣臣，此君臣之平常也；今避其徭役，認其師爲法王，是君臣之怪異矣。天子有故則殺牛，諸侯有故則殺羊，士有故則殺犬豕，庶人有故則食珍，此飲食之平常也；今乃不殺生，而名其饌爲伊蒲塞，是飲食之怪異矣。人之宫室，前爲門，中爲堂，後爲寢，此宫室之平常也；今名其居爲浄土、爲化城、爲梵宫，是宫室之怪異矣。聖人之道，只是平常，惟其平常，所以反難，故曰『中庸，不可能也』。譬之畫師，聖人之五倫，如畫狗馬，如頭足少有一毫畫錯了，人皆得而指之曰此非狗也，此非馬也。佛教如畫鬼，畫頭長也好，脚短也好，眼斜也好，面黑也好，人不得而指之。何也？鬼，人所未見者，他説個前生後世，天堂地獄，以聾天下之耳，以瞽天下之目，愚者畏而不敢言其非，所以佛教盛行于天下。必

恭云：佛委係是怪異。

老佛

〇歐陽忠公云：『禹走天下，乘四載，治百川，可謂勞其形矣，而壽百年。顔子蕭然坐于陋巷，簞食瓢飲，外不誘于物，内不動于心，可謂至樂矣，而年不及三十。斯二人者，皆古之仁人也。勞其形者長年，安其樂者短命，蓋命有長短，稟之于天，非人力之所能爲也。惟不自戕賊，而各盡其天年，則二人之所同也。』此數語，足以破千古神仙之疑。然天地間理外事甚多。蓋造化之氣，揉雜不齊，精氣游魂，變動不一。如

秦始皇二十八年，有大人長五丈，足六尺，十二人見于臨洮，觀有此長大之人，則神仙有可知矣。然皆天之所生，非人力所可致也。

〇致堂胡氏云：『佛不親其親而謂異姓爲慈父，不君世主而拜其師爲法王，棄其妻子而以生續爲罪垢，是淪三綱也。視父母如怨仇則無惻隱，滅類毁形而不耻則無羞惡，取人之財以得爲善則無辭讓，同我者即賢，異我者即不肖，則無是非，是絶四端也。三綱四端，天命之自然，人道所由立，惟蠻夷戎狄則背違之。而毛鱗蹄角之屬咸無焉，不欲爲人已矣。必欲爲人，則未有淪三綱、絶四端而可也。』只此數句即足以闢佛矣，不必再説佛之别條也。

〇然苾芻窮髮之徒遍天下，而反多于老，何也？蓋他也有能動人處。唐李文公翔問藥山禪師曰：『如何是黑風吹船，飄入鬼國？』師曰：『李翔小子問此何爲？』文公愓然怒形于色。師笑曰：『發此瞋恚，心便是黑風吹船，飄入鬼國也。』蓋佛經通是喻言。黑風者，暴風也。飄入鬼國者，覆舟也。『黑風吹船，飄入鬼國』，喻人暴氣足以僨事。有此動人處，所以高明之士往往陷于其中，而佛反多于老。

〇佛家欲張大其祖宗，就説佛乃周莊王之九年四月八日，母自右臂而生。老氏亦如此張大。殊不如天地絪緼，萬物化醇，男女構精，萬物化生，此造化之正理也。故天地之人物，非形生則氣化，如稷契聖人之生，此天地絪緼以氣化而生者也。如堯舜、禹湯、文武、周孔，聖人之生，皆男女構精以形化而生者也。雖氣化形化不同，然皆如常人之産，豈有自右臂生之理哉？欲張大其祖宗，以愚惑世人，故其謬妄至此。

崇信佛老者，见先生四段有愧。

此四條論老佛。

格物

○格物已見《格物諸圖》一册。格物者，格去其物欲也，格去其物則無欲而一矣。此所以説吾道一以貫之，聖人復起不易吾言矣。得此三字，聖學就下得手。宋儒將格物二字認不真，又將一貫一字認不真，無處下手。所以程子説『道之浩浩，何處下手？惟立誠才有可居之處』，所以終日端坐。

一貫 附

○一對二而言，如言白米浄，浄純是白米，再無一粒紅米，謂之一；若雜一粒紅米即二矣。如言白金浄，浄十分，是白銀，再無一毫銅，謂之一；若雜一毫銅，即二矣。

此一條論一字義。

○王弼曰：『一者數之始也，物之極也。』極字與太極之極字同。老子云：『天得一以清，地得一以寧，萬物得一以生。』此數句説得是，不可以人廢言。孔子説：『吉凶悔吝，生乎動者也。吉凶者，貞勝者也。天地之道，貞觀者也。日月之道，貞明者也。天下之動，貞夫一者也。』朱子解此注，通解錯了①言吉凶，惟以貞而勝，不論其吉凶。如富貴吉矣，苟乃不義之富貴，則不貞矣，雖吉亦凶也。如殺身舍生，凶矣，而成仁取義，則貞矣，雖凶亦吉也。是吉凶不論其吉凶，惟以貞而勝也。故天地之道，有此貞固之理，所以顯示兩儀。而觀日月之道，有此貞固之理，所以懸象晝夜而明。天地日月如此，而况于人乎？故天下

① 『朱子解此注，通解錯了』，道光本删改爲『蓋』字。

之動，有吉有凶，惟以貞而勝。所以然者何也？以其無欲也。惟其無欲，所以不論吉凶，而①能勝。若少有一毫之私欲，豈能貞而勝哉？蓋貞則不僞妄，一則不駁雜，皆是無人欲之私。但不駁雜，方能不僞妄，所以説『貞夫一』此句，正應『貞勝』一句。天地日月，特引言以見貞之義大也。孔子告哀公：『知仁勇三者，天下之達德也。所以行之者一也。』朱子也解錯了②，言無欲則足以修德而凝道矣，非誠也。故《中庸》『大哉聖人之道』一章，君子尊德性而道問學，亦是求其一而無欲。必恭云：此全重貞字。若依朱子常勝之説，貞字不重矣③，最是。

〇孔子説：『吾道一以貫之。』則孔子所以接堯舜之心傳此一也，所以開萬世之心學者此一也。此一字乃心學吃緊功夫，不必别求宗旨矣。此一字不明，又何以望入聖人之堂室？

〇打通此一字，則聖賢功夫無非求此一而已。知者，所以知此一也；行者，所以行此一也。故孔子、曾子、子貢，皆以一字告之。故《大學》頭腦功夫，教人格物。格物者，格去其物欲，所以求此一也。《中庸》頭腦功夫，教人戒慎恐懼者，防檢其物欲，所以求此一也。乾卦，孔子教人以誠，其曰進德者，進此一之德也，居業者，居此一之業也。坤卦，孔子教人以敬，其曰直内者，直此一于内也，方外者，方此一于外也。以此方入聖，方有頭腦，方有歸宿，不然終日所講不過葛藤。

① 而，道光本改作『不』。
② 『朱子也解錯了』，道光本删改作『蓋』字。
③ 『若依朱子……不重矣』，道光本删。

此三條反復論一①。

○學者要想孔子獨以『吾道一以貫之』，一字與曾子、子貢説之之故。

○既得此一即樂矣。蓋仰不愧，俯不怍，反身而誠，豈不樂？既然樂，則大行不加，窮居不損，做隱者即做宰相。何也？居天下之廣居，立天下之正位，行天下之大道，人知之亦囂囂，人不知之亦囂囂。明着衣冠，高談仁義，天子不得臣，諸侯不得友，豈不是做隱者即做宰相，做宰相即做隱者？何也？斷斷兮無他技，其心休休焉，其如有容焉。人之彦聖，其心好之，不啻若自口出。以先知覺後知，以先覺覺後覺。行一不義，殺一不辜，而得天下不爲。匹夫匹婦有不被堯舜之澤者，若己推而内之溝中。如此無欲，故能放君于桐，而不爲篡。故能誅監殷，而不以爲忍。蓋一絲不掛、一毫不染，惟知容天下之賢，惟知愛天下之民，惟知有國家之社稷，故雖有宰相之貴，而其無欲，則忘身忘家，即隱者也，豈不是做宰相即做隱者？後世若『清得門如水，貧惟帶有金』，屬纊之日，家無餘資，亦庶幾近之。蓋無欲即樂，所以周茂叔每教人尋孔顔之樂者，此也。必恭云，何等人品方説此②出。

此一條言無欲即樂。

○無欲即與天同，純是理矣。所以在造化爲太極，在聖人爲一貫。

此一條言聖同天。

○一貫，此二句也容易看。近日學者，因將忠恕二字釋一貫，就千講萬講。朱注説：『一理渾然，而

① 道光本此處有『字』字。

② 此，道光本作『得』。

泛應曲當。譬則天地之至誠無息，而萬物各得其所也。』此四句解得極是，蓋大道理原不過如此。若近日學者解一貫、忠恕，全不是話了。但朱子雖解得是，還略差些微，不如解一即『惟精惟一』之一，『純一不已』之一，一以貫之，譬天地之有太極，而萬物從此出也。蓋一字乃古今聖賢常説之字，非孔子突出也。孔子祖述堯舜，憲章文武，則此一字從此來也。堯舜惟精惟一，文王純一不已，先孔子而生者，有此一字。孔子而生聖賢説話，止有一個一，無有兩個一。孔子説天下之動貞夫一者也，又説所以行之者一也，以一而貞天下之動，以一而行天下之達道，非一貫乎①？又説同歸而殊途，易簡而天下之理得，皆一貫之意。後孔子而生者，亦曰聖可學乎，曰一爲要。一者何也？無欲也。人之所以學聖人者，不過學此一而已矣。但天下之動貞夫一等話，皆論理，不曾説到我身上來。既不曾説到我身上來，則我與理相爲對待，猶爲二也。獨精一之一，純一之一，則我即理，理即我矣。故孔子不曰『參乎，吾道一理以貫之』，乃舍理字，而曰『吾道一以貫之』可知矣。蓋有此忠，千恕萬恕從此出，有此一；千事萬事從此貫，所以説夫子之道忠恕而已矣。

○一者無欲也。無欲則我此身一團天理，無意必固我之私，如精金一般，再無一點銅，如美玉一般，再無一點瑕。渣滓渾化，所以謂之一。一字本是理，但我無欲而純是天理，故不謂之理，謂之一。既一，則江漢以濯之，秋陽以暴之，皜皜乎不可尚也。『不曰堅乎？磨而不磷。不曰白乎？涅而不緇。』② 所以遇親則孝，遇君則忠，遇友則信，可以見南子，可以應弗擾，可以去獵較，即天地有太極，而物各付物矣。又譬之神仙家説，養成一粒粟米丹，穿山透海也是此一粒丹，騰雲走霧也是此一粒丹，騎龍駕鳳也是此一粒丹，點

① 旁注：『必恭云：後來學者不能贊一辭矣。聖人復起，不易某言。』
② 旁注：『必恭云：非一安能如此。』

銅變鐵也是此一粒丹之意。朱子將貞夫一解作理，所以行之者一解作誠，無怪近日講一貫忠恕者紛紛也。

陳北溪云：『天只是一元之氣，流行不息。』如此即這便是大本，便是太極，萬物從這中流出去，或纖或洪，或高或下，或飛或潛，或動或植，無不各得其所。欲各具一太極去，個個各足，無有欠缺，亦不是天逐一去粧點，皆自然而然，從大本中流出來，此便是天之一貫處。宋儒説一貫，此條説得極是。

此三條論一貫。

〇一也是天理之心去貫萬事，無一毫人欲之私；忠也是天理之心去行恕，無一毫人欲之私，所以將忠恕釋一貫。必恭云，何等親解明白。

此一條言曾子以忠恕釋一貫。

讀書

〇天下無不讀書之聖人，但聖人緊要功夫在格物，在克己，教人非禮勿視，非禮勿聽，非禮勿言，非禮勿動。要格了此物欲，使此心湛然無欲，不萬起萬滅，無思無慮，如明鏡止水也，未嘗教人終日静坐也。自程子喜人静坐，以文字乃玩物喪志，不多讀書。張敬夫説程子在涪讀《易》，有一箍桶人問伊川『未濟男之窮也』一句如何説，伊川不能答。其人答曰：『三陽失位。』故伊川作《易傳》到此卦云：『此義也，聞之成都隱者。』此語《火珠林》已有，朱子説程子不讀雜書，所以被他動了。所以所傳之徒，通講默坐澄心。至陸子與邵叔義書云：『知之爲知之，不知爲不知，是知也。後世耻一物之不知者，亦耻非其所耻矣。人情物理之變，何可勝窮？雖聖人不能盡知也。稷之不能審于八音，夔之不能詳于五種，自用其私者，乃至于亂原委之倫，顛萌蘖①之序，窮年卒歲，靡所底麗，焦焦然思以易天下，豈不謬哉？』此言分明是説朱子。自此書一出，天下學者欲直指傳心，通引稷之不能審于八音，夔之不能詳于五種來作證，而幾于廢書矣，可哀可痛。朱子豈不知心爲原，而文字爲委，心爲萌而文字爲蘖哉？窮年卒歲在文字固不可，若窮年卒歲閉目打坐，可乎不可乎？是真正惠可矣。朱子説杲老《與張侍郎書》云：『左右既得此欛柄，入手便可改頭换面，却用儒家言語，説向士夫接引後來學者。』如此，何故？何故？且始終發露，如曰獅子咬人、狂狗逐塊，又曰耳自能聰、目自能明，又曰六經注我、我注六經，皆禪語也，此皆是偏處。惟當依孔子。孔子教好古敏求，就好古敏求；教多識前言往行，以畜其德，就多識前言往行；教天下何思何慮，就無思無慮。人之心，左右令其湛然無欲，如明鏡止水就是，豈静坐方能湛然無欲，而讀書即不能湛然無欲乎？大抵天下無讀書成心病之人，但讀書要識痛癢，博學而詳説之，將以反説約也。心譬如人家陽宅基址，此乃根基也。且人家只空空死守此根基起房屋者，爲此根基也；種桑麻者，爲此根基也；栽松柏竹木者，爲此根基也。如此知痛癢，何害于讀書？吾恐天下後世，如惠可而直指傳心，故終之以讀書焉。必恭云：心學必如此，方光明正大②。

① 蘖，陸九淵《與邵叔誼》各本均作『糵』，然本篇下文仍作『蘖』，有不同理解，兹從其舊。
② 道光本無小字附注。

來瞿唐先生日録卷五

省覺録序①

覺悟始于定志，志愈定則悟愈精。嘉靖丙辰先生入京，見薛敬軒《録》，即題絶句于京師壁，云：『昔年行遠不知遠，今日登高始覺高。知遠知高天近午，泗濱佇目駕飛舠。』又題《了心歌》，尾云：『泰山巖巖海汪汪，洙泗真源派許長。蘭橈桂槳駕一航，排閶闔，登宫牆，大叫仲尼坐明堂。鳴球佩玉共趨蹌，回琴點瑟繞鏗鏘。』又題《看花篇》，尾云：『南山峨峨石磊磊，天風吹爾作海水。孔子孟軻生一遭，籛鏗喬松萬徧死。假令不得其中意，縱生萬徧亦如此。踆烏白日啄人髓，鑿石得火倏忽爾。歸來乎，歸來乎，山有蕨，水有芷，窮鬼笑錢神，錢神笑窮鬼。』又《昭君解》云：『自甘命薄付紅顔，玉黛金鈿長不掃。』觀數詩，則先生甘貧樂道之志少時已定矣。故先生常云：丈夫得志無窮達。先生之樂道，猶世人之樂功名富貴也。此數詩散入于諸稿之中，昨見年譜，始知皆丙辰年所作。又戊寅，先生遭謗，乃題云：『他山攻處偏成玉，苦李時來也自甜。誰道南山高萬尺，行行便到祝融尖。』又題新畫太極圖云：『個中原有先天易，壁上新添太極圖。日與包羲相揖讓，人間那得此凡夫。』言者，心之聲。觀前後之詩，則先生

① 此序唯道光本有。

覺照之功，造次顛沛，未嘗一日作輟。故先生常對人曰『公卿難到，聖人可學。』夫以先生用功如此之密，則聖人豈不易學哉？此孟子『求之有道，得之有命』一章之意，先生約爲八字，海内聞此八字者即有領悟。先生起頑立懦之功甚大，而不知良工心獨苦，先生用功如此其密也。用功之密者，以志定故也。學者必合《格物圖》諸篇，並《省覺録》及諸詩觀之，斯見先生之功，見先生之志矣。

後學王廷章識。

省覺録

○學者惟變化氣質最難。聖人教許多門人，都是因病而藥，變化氣質。

○從來聖人不曾教人不讀書，但讀書要識痛癢。如讀「學而時習之，不亦悦乎」，便思學是學何事，習是習何事，悦是悦何事，都將身心體貼出來，便不枉讀書了。若不能領悟，讀五車三十乘也是閑。

○孔子以顔子好學，乃曰「不遷怒，不貳過」，學者多忽略了。蓋七情之中惟怒最害事，而過者亦人不覺察之常也。因顔子平日領夫子「克己復禮」之訓，視聽言動皆以禮，所以不遷不貳。若己還克得未盡，禮還復得未纯，則未免于遷之貳之矣。此處學者將四勿功夫體認既久方得，不然將不遷不貳不免輕看。

○某常教人不必致良知者，何也？蓋良知本我所固有，非由外鑠我也。譬如山下出泉，泉脉日日流行，本山所自有者也；但或土泥淤塞，則泉不流矣。惟决去其土泥，則泉自流行，又何必于泉上用功夫哉？泉脉者，天理也；土泥者，人欲也。故致良知惟遏人欲。

○人無欲，以義理爲主。自冲淡，自寧静，自不東補西凑。

○學者志衰，只是見小。

○形與性相爲附麗而不可離者也。形勝性，則天地之性皆管屬于形；性勝形，則五官百體皆管屬于性。形勝性者，常人也；性勝形者，聖人也。然則欲性勝其形，何道以能之？惟去其形之所欲而已。口之于味，目之于色，耳之于聲，四肢之于安佚者，皆形之所欲也。無欲則聖人矣。

○問：『絶四之後，此心景象如何？』予曰：『如明鏡，如止水。』曰：『有物感之時，此心又何如？』予曰：『亦如明鏡，亦如止水。蓋此心雖有外物之感，然物各付物，妍者吾與之以妍，媸者吾與之以媸，明鏡止水，有何與焉？』曰：『若無物感，此心有思慮之時又如何？』予曰：『亦如明鏡，亦如止水。蓋雖有思慮，然所思慮者皆天理之公，而無一毫人欲之私，此之謂動亦静也，于明鏡止水又何與焉？蓋心之動者乃氣，而有主不動乃理。』

○凡曰知者，謂其真知此理也。學知、困知皆涉于聞見之知者也。若能真知其理，雖聞見亦何害哉？故曰『及其知之一也』，故曰『我非生而知之者，好古敏以求之也』，聖人之言自是確實。

○學者纔能覺即能變舊習，纔能覺便長進。

○天地惟誠，所以四時行，百物生，萬古如此。聖人無欲，所以居天下廣居，立天下正位，行天下大道。巍乎有成功，焕乎有文章，博厚配地，高明配天，悠久無疆。無欲，則一團實理，故誠。

○天之與我也，管攝之以數。我之事天也，奉若之以理。管攝乎我者，富貴乎我也，貧賤乎我也。奉若乎天者，富貴不以道得不處也，貧賤不以道得不去也。不由乎命，惟由乎義。吾身皆天理，則我與天一，而天即我矣，故不怨天。人之處我也，責備之以理。我之處人也，安遇之以數。責備之者，毁譽乎我也，予奪乎我也。安遇之者，毁之者不以道，曰此數也。奪之者不以道，曰此數也。惟論乎數，不論乎理，吾身安所遇，則我與人一，而人即我矣，故不尤人。

○悟道要如酒醉已醒了，有明師指之，方句句有覺。若猶未醒，只是夢中説。

○張横渠云：『絶四之外，心可存處，蓋必有事焉，而聖不可知也。』此言恐不是。若絶四之外，心可存處，是又即禪家所謂以楔而逐楔也。《近思録》云：『人心作主不定，正如一個翻車，流轉動摇，無須臾停，所感萬端，若不做一個主，怎生奈何？』張天祺昔嘗言：『自約數年，自上着床，便不得思量事。不思量事後，須强把他這心來制縛，亦須寄寓在一個形象，皆非自然。君實自謂吾得術矣。只管念個中字，此又爲中所繫縛。且中亦何形象？』如横渠此言，即念中字意也。

○要曉得人心原無欲。

○三戒是閑邪功夫，敬字是存誠功夫。譬之修煉家必將此身築塞，煉己身上無病痛，方可温養。三戒即去病痛功夫也，敬字即温養功夫也。若身上尚有病痛，豈能温養哉？

○《丹鉛録》云：『萬漚起而復破，水之性未嘗忘也；萬燈起而覆滅，火之性未嘗忘也。漚燈情也，水火性也。情與性，魄與魂也。』如依此録，以魂魄認作情性，則情性二字還看不真。可見聞道由于頓悟，苟不能頓悟，而惟出入于聖賢文字之間，雖華顛鉅儒，讀盡五車三十乘，亦不能知之。殊不知性字即是理字，魂魄通是氣，依于體魄而不離。及死則散者魂也，有形體死而不散者魄也。天屬魂，地屬魄，日與火屬魂，金與水屬魄。氣體之外又言魂魄者，蓋以氣體之神而靈者目之也。

○道在心，無存亡；人之心，有存亡。

○羅仲素從楊龜山講《易》，至乾九四一爻，龜山云：『曩聞伊川先生説甚好。』仲素即鬻田裹糧，至洛見伊川。其所聞亦不外龜山之説。古人之篤志若此。

○志向大，功夫不小者狂也；功夫小，志向不大者狷也。能盡其性，則生亦可也，死亦可也，何也？蓋能盡其性，則我即天矣，又何死生之足云？仲尼以萬世爲生亦此意。

○心中無一物，就能與天地參。

○人千病萬病只是要妝點粉飾，令其好看，令其適意，以承順此血肉之軀。

○神龍無欲，故變化莫測。聖人無欲，故處富貴貧賤死生如寒暑晝夜相代，而未嘗有意、必、固、我于其間。

○人心本靈活，出入無時，莫知其鄉，惟在人覺照爾。聖人仁義禮智存于心，覺照得熟，故粹面盎背，施于四體。四體不言而喻，因熟了，不知所以然而然。所以説聖而不可知之謂神。

○心中方有一毫欲，心便粗。

○黄勉齋序《晦庵集》云：『求道而過者病傳注講習之煩，以爲不立文字可以識心見性，不假修爲可以造道入德。守虚靈之識，而昧天理之真。借儒者之言，以文佛老之説。學者利其簡便自以爲悟。若立論愈下者，則又崇奬漢唐，比附三代，以便其計功謀利之私。二説並立，高者陷于空無，下者溺于卑陋，其害豈淺鮮哉？』此言正中今日之病。

○窮理不難，但既窮其理矣，以理而見之躬行爲難。精義非難，必有事焉而集義爲難，使不能行其理，集其義，則窮之精之者，猶未至也。故知德非難，而成德爲難。是以有宋，周、程、張、朱，許多門人日講窮理精義，而反不如司馬君實不言而躬行確實也。

○天之生我有氣有理。魂魄者，氣之神；情性者，理之神。

○孔子曰：『吾十有五而志于學，三十而立，四十而不惑。』聖人垂教萬世，豈虚語哉？故人能聞道，縱四十已後未爲晚也。張横渠少年談兵喜獵，李延平少年豪勇，夜醉馳馬數里而歸。及後聞道，少年之事亦何害哉？聖人教人，不曾教人生出來、八歲之時就無過，許人改過。故不遠復者，即曰元吉。

王陽明云：『凡人言語正到快意時，便截然能忍默得。意氣正到發揚時，便翕然能收斂得。憤怒嗜欲正到騰沸時，便廓然消化得，此非天下之至勇者不能也。』陽明此條，乃覺照切實功夫，後學收心者不可忽也。

○萬個公卿不如一個聖人。然公卿難到，聖人可學。

○學者做不上去，只是志衰。程子曰：『學者爲氣所勝、習所奪，只可責志。』此言説得好，當玩之。

○學者惟克己、主敬、窮理三件事。程子以主敬爲入門，朱子以窮理爲入門，某則以克己爲入門。

○世儒只知冥心閉目是静，不知此心如有思慮，當人事擾攘之時，皆天理之公而無一毫人欲之私也是静，何也？蓋理主于一而不動，我既主于理則凝然不動矣，即所謂人生而静也。從來儒者，惟周茂叔知此，故曰『主静立人極』。

○周子曰：『無欲則静虚動直。』孔子謂人之生也直，此直也。孟子以直養而無害，此直也。蓋陽明則直，故乾其動也直，是以大生焉。

○常人之目只見其利不見其害，只見其得不見其失，只見其一己不見天下國家，只見一時不見萬世。

○聖人作《易》，惟教人以中以正，楊誠齋、文節公知此意。

○莫之爲而爲者，天也；莫之致而致者，命也。故求之有道，得之有命。仁，人心也；義，人路也。故求則得之，舍則失之。某平生以此作欛柄，日間惟知此，夜間惟知此。日間知此，所以不東奔西馳；夜間知此，所以不東思西想。

〇天下古今，有治有亂。人之一身，有窮有通，有吉有凶。就如天上之月，缺了又圓，圓了又缺。所以聖人作《易》，教人以正，教人以中。既中既正，聽其天之命我窮通吉凶矣，圓也可，缺也可。

〇學者只是看此身原是參三才、靈萬物，出來世上，要成一個人，要繼往聖，開來學，所係匪輕。則朝夕之間，自然如臨深淵，如履薄冰，發憤忘食，樂以忘憂，不知老之將至矣。

〇莫要看堯舜周孔太高了，要想均是天地之人，何以聖人不可做？但看顏子少年，就説：『舜何人也？予何人也？有爲者亦若是。』只在人志向如何耳。如孟子集義，『必有事焉而勿正，心勿忘、勿助長』，能如此就聖人矣。

〇堯舜傳道，説人心道心通，就心之發動上説。孔門説誠意者此也。所以某説戒慎恐懼非存養者以此。堯舜原不説存養，存養之説，蓋因佛氏而起也。何也？道心乃與生俱生，我之固有未動之時純是道心，何必存養？惟方動之始，此人所不知而己獨知之之時，乃有人心，所以當戒懼慎獨。

〇人不怕有過，但患不能改耳。如湯聖人也，而仲虺稱其改過不吝。自古英君誼辟，皆改過不吝。

〇問天地陰陽止二者矣，而又有五行，何也？蓋五者中數也，天數五，地數五，天地之數五十有五，此所以成變化而行鬼神。天地雖是陰陽，其中有變有合，故天干逢六則合，地支逢六則變，所以天地間萬事萬物皆不能出其五。如以人身言，有五體、五官、五臟。以人身之道理言，有五性、五倫、五事。以萬物言，有五蟲。以養萬物之物言，有五穀、五色、五臭、五聲、五味，皆不出其五。若陰陽無變合，是死物也，天地亦幾乎息矣。

〇下學方上達，無下學功夫，即上達不得。

○人無禮義則即與禽獸一、與草木一，有禮義則即與天一。故曰『朝聞道夕死可矣』，故曰『罔之生也幸而免』，故養父母不過酒肉也，而乃曰『至于犬馬皆能有養』，不敬而無禮義，則比之犬馬者以此。

○人心如鐘，大叩則大鳴，小叩則小鳴，不叩則不鳴。隨其叩與不叩，無意必固我之私，此正學也。或不叩而鳴，或大叩小鳴，或小叩大鳴，此有意、必、固、我之私，詞章，功利之學也。若不許人叩，清净自在而坐，此禪學也。

○天地惟誠實有此理，所以千古此天地，萬古此天地，動物千年是動物，植物千年是植物，所以不變自無間斷。實有是鏡，實有是水，所以能照物。若水濁鏡有塵，必不能照物也。人心惟實具此五性之理，所以虚靈不昧，可者人同曰可，否者人同曰否。若有人欲之私則不誠矣，必不能明。所以物格而後知至。故學者此心必如水鏡無私，方能照物。故反身而誠，樂莫大焉。

○見獵有喜心，乃習心也。昨游關中，始見張横渠所生之地在大山之下。

○讀書有法，要讀得自在，不覺勞苦，每日當有課程。看每日何書口當講誦，口方覺勞苦矣，即轉而于手。手書寫方覺勞苦矣，即轉而于脚。或出看田園，或赴會所，或應賓客朋友。又如家貧，子路負米，曾子耕，作《梁山歌》是也。人生在世，豈能出五行之外？有田則有租，有身則有庸，有家則有調。調者，筭度也，一家之調度也。既有其家，雖寒儒家貧，然上父母，下妻子，外而親戚朋友，一家日用豈無調度？故既口誦讀、手書寫之外，又當移脚。脚移方覺倦怠，則于書房中冥目静坐。心主乎息，息依乎心，澄此心于不識不知之天，令其皥皥如也。既静坐之久，乃出而經行，或臨水邊，或坐山麓，或就松風，或移竹影，乃轉而用功乎心。或作新文，或改舊句，使五體五官轉相效勞。今日如是，明日如是，而一切聲利得失聽乎天，置之度外而不問，不使其填塞此物于我之胸中，則此心寬舒自在，優游厭飫，雖讀書猶不讀書，心與理相爲浹洽，自不覺其日進而月長矣。此雖舉業當如是，要之正學功夫亦不外此也。康節云：『心不過一寸，兩手何拘拘。身不過數尺，兩足何區區。何人不飲酒，何人不讀書？奈何天地間，自在獨堯夫。』某一生讀書不忙，唯用此法。是以嘗自在不覺勞苦。每日長歡喜，手舞足蹈而自得，以其心與理契也。雖千事萬事紛紜叢雜在前，此心亦不震動。今人讀書，多是進鋭，多是無恒，多是以酒色財利、功名得失夾雜交戰于其間。又或本中人以下之資，而所友非其人，無夾持之功，是以鹵莽滅裂，讀則悶倦，故心于理不相契，身與道不相干。偶登第之後，即買櫝還珠，墮甑不顧者，決有由矣。

○人之爲善者此心也，爲惡者此心也，見妖怪者此心也，見祥瑞者此心也。故先輩云：『一念之善，景星慶雲。一念之惡，妖星厲鬼。』蓋心之所至，氣必至焉。高宗夢帝賚良弼者，以恭默思道也。孔子夢周公者，以志欲行周公之道也。近日吴康齋夢孔子、文王、朱子者，以志在心學也。心之所思，氣之所感，有是心即有是夢矣。人死，一夢而已。鄉村人將死時言見閻羅者，正此意也。蓋平日講死之事乃閻羅所掌，心之所思在此，將死而偶甦，豈不見乎？

○聖門不説陰德報應者何哉？蓋道我所當行，德我所當得，非本分之外加毫末也。如説報應是私矣，是有心爲善矣，故正誼不謀利，明道不計功。董子之學爲醇正，而陰德之説止可以諭鄉人，俾勉其爲善，若陰果之説愈荒唐矣。

○人心無氣象，惟無欲者自得之而已。在平居時，此心常有六月天氣寅卯日出之時，松竹之下清風微來，此一個氣象；在勢利中，此心常有萬仞之山，一道瀑布飛泉，我獨觀于其旁，此一個氣象；在塵世堀堁之中，此心常有登五岳之巔，獨立于其上，杯拳山川，此一個氣象；處親戚鄉党，此心常有冬日無風，衆人同于暴日，梅花争發，置酒賞之，不忍摘伐，此一個氣象。

○鳥獸各有自得之性，如麋鹿之在山，鳧鷗之在水，皆有自得之性焉。家中養鵝鴨，秋成穀熟之時，田中有穀，如無水，亦不多食。若三五日不得水，偶至水中即刷羽泅水，徊徘飛揚，不勝其喜焉。蓋水物故也。北人養鵝，稻糧非不具也，然污濁不似鵝形者，無水不得適其性故也。世之爲利禄，而如北方之鵝者無限。

○先輩云：『萬物静觀皆自得。』又云：『月到天心處，風來水面時。』此景極有興趣。識得此趣，便是鳶飛魚躍，活潑潑地。我終日有此趣，便就坦蕩蕩，無入而不自得，所以塵視冠冕。然識此趣，豈幸得哉？孟子集義功夫所到也。

○顔子，惟他説『仰之彌高，鑽之彌堅，瞻之在前，忽焉在後』，方見得他用功密處。蓋志道之人，乍晴乍雨，或作或輟，所以仰彌高，鑽彌堅，瞻在前，忽在後矣。卓見者見分明也，末由者未能信手拈來也。

○人見富貴即敬之，及見富貴之人行事不合道理，心私賤之。然則敬富貴者，非真敬也，敬其炎熱而已。人見貧賤即鄙之，及見貧賤之人行事若合道理，心私慕之。然則鄙貧賤者非真鄙也，鄙其凄凉而已。故學者當修己，不可俾人外貌恭敬，而心私賤惡。

○天下人氣性之偏，就與天下之山相似。山有偏于東南者，有偏于西北者，有上偏而下正者，有下正而上偏者，有大勢偏而小處正者，有遠望正而近處偏者，有偏而甜軟者，有偏而猛暴者。其間方圓正直，獨立不倚者萬無一二。余曾見一家之人，有其夫性嗜羊肉，其妻惡其腥，雖點污之器亦必置之他室，此夫妻之性各偏也。其父種松，以其青青可愛，至于子盡伐之，更種櫟，以其便于取薪，此父母之性各偏也。兄嗜牛脯，其弟好佛，以殺牛者有大罪，至其家，見其席上設之，即合掌念佛，此兄弟之性各偏也。夫一家之人，父子、夫妻、兄弟其氣性各偏殊如此，況天下億萬之人乎？故當時介甫之爲相，非立心誤國也，但偏執而自不知耳。故學者克自己之偏，須當如天下之山，當闢則闢，當培則培。

○命不如人，則當勤苦勉强，立身揚名以造其命。勤苦者，勞其筋骨，凍餓其體膚也。使能立身揚名，爲聖爲賢，則前之命不好者實命之好也，非造其命而何？蔡虚齋有云：『德好命不好，顔回任貧夭。命好德不好，王侯同腐草。』即此意。

○世間有富貴之君子，有貧賤之君子，有爲君子而享一世君子之名之君子，有埋光鏟彩、没世不聞之君子，有少年不羈、晚年聞道之君子，有遭逢世變、忠義發于一時偶然之君子，有萋菲成其貝錦、東擯西竄之君子。有富貴之小人；有貧賤之小人；有享君子之名，人初不識，死後方覺之小人；有曾學君子，一時富貴之來，脚跟不定，改節之小人；有立心欲爲君子，但氣稟學術之偏，不覺流而爲小人之小人。

○人之辱人，或呼爲小人，或指爲禽獸，彼必不平，以爲辱己之甚矣。及觀其所作所爲，皆小人禽獸之事。夫不當其名而甘爲其事，豈人之不明也哉？不反己故也。故反己自訟，能知己之罪過之人絶少。

○聞人謗己不動心，便是實體得不怨天、不尤人功夫，久之渣滓便通融化。

○『力除閑氣，固守清貧』，此康齋實歷語。

○《易》曰：『小人用壯，君子用罔。』罔者，無也，言視有如無也。此君子之過于勇也。小人以壯爲壯，君子以無爲壯，不動聲色，以逸待勞，能忍人之所不能忍，豈不過于勇哉？故有形之勇易，無形之勇難。

○要高，恐高成孤絶，要高又要平實。要深，恐深欠光明，要深又要灑落。要淡，恐淡成懶散，要淡又要細密。

○凡雇工人小厮之類，或得一菜一肴必欲與父母者，窮困已久，窮則反本，良心發見故也。公卿宰相之子及富家郎，反不愛敬父母者，安逸已久，溺其良心故也。

○唐上元二年，加試貢士《老子》。玄宗時詔舉人減《尚書》《論語》策，加試《老子》。夫以此設科取士，可以觀學術矣，而何望天下後世之愚民不日趨于老佛也？

○在山中二十餘年，顔子不遷怒功夫，十年前已覺可能；至于不貳過，則不能學。蓋大過可以不貳，至于小過則難。小過多在言笑毫忽之間，失于覺照，偶然而出。又因飲酒幾亂，聖人惟酒無量，不及亂。然則亂也者，非小過乎？

○不好貨則廉，不好勇則謙，不好色則身心安静，精神完固。學者其庶乎？

○儒者將以應世，不似佛家終日只在虚空中作伎倆而已。如達而出來，就要幹功業，爲國爲民掀天震地；如窮而不出來，便要明道淑人，以先覺覺後覺，不可埋頭塞耳，繩趨尺步，腐草無甗。

○學者講學專要勝人，始終是好勇的氣質未變。道理無窮，彼此講明，即是不必言自我出，門户自我立也。

○毁譽者，人之常情也。見人毁我而怒、譽我而喜，亦人之常情。殊不知毁譽在人，我何與焉？止謗不若自修，學者已知如此做功夫矣。至若譽我者將何如哉？亦惟勉强自修，以求不負譽者之望而已。且又人情巧詐，見人即誇獎以爲歡喜之緣，此正近日之所好尚者。我雖至誠待人，亦當曉得切不可見人謗我而怒、誇我而喜，喜則志驕矣。

○人生有我之偏，有禀剛惡而偏者，有禀柔惡而偏者。有公卿世胄，其所見者皆富貴僭擬之事，所交者皆諂諛奔走之人，養成自高自傲而偏者。有少有才名，偶得明公品題，自以爲是而偏者。有風俗不同，五方皆有性，因習氣而偏者。故克己之功非止一端，大抵咬疏菜者其病易治，茹肥膩者其藥難醫。

○常見人居山者則説狩獵之話，居澤者則説舟楫之話，居市井者則説貿易之話，居儒林者則説翰墨之話，居京師者則説百官宗廟之話。居邊徼者，則説虜掠戰鬭之話。近僧人則説後世，近道流則説金丹。頭之所戴，足之所履，耳之所聞，目之所見，良弓爲箕，良冶爲裘，近朱則赤，近墨則黑。故習俗移人，賢者不免。故孟母三遷，政欲掃除舊習。當如臨陣對敵，以勝爲主。

○凡講心學，不可亂與人講，必俟其問之諄切而後言之。近日有一等讀孔顔之書者，説及孔顔心學，不惟不聽，即咬牙瞋目，駡不絶口者，此等之人可以言哉？孔子曰：『有鄙夫問于我，空空如也，我叩其兩端而竭焉。』孔子大聖也，必待鄙夫問而後告；使不待其問而告，不幾于癡人前説夢，闤闠中彈高山流水之調哉？故曰：『中人以上可以語上也，中人以下不可以語上也。』『君子引而不發，躍如也。中道而立，能者從之。』故大叩則大鳴，小叩則小鳴，不叩而自鳴者爲妖鐘。鋼刀賣與烈士，紅粉賣與佳人，同聲相應，同氣相求，古今類如此。

○力量不足，强去買田，强去起樓竪榭，自家苦楚，自家呻吟，何益之有？不富而潤屋，不可笑哉？聞道之人，食决不求飽，居决不求安。

○孟子得集義功夫，義理心上爛熟，所以開口有好議論。近日只講空寂，所以三句不離本行。

○要常想難得而易失者，時難進而易退者，學便有長進，便不知老之將至。

○人在世間，好勇、好貨、好色，皆其切實之病。史謂沛公前在山東貪財好色，今財物無所取，婦女無所御，其志非小；孟子説王猶足用爲善。蓋爲其好勇、好貨之類，直言之而不諱，足用爲善者，此也。孔子乃分爲三等，少好色、，壯好勇、老好貨。蓋三者皆人之欲也。非少時不好勇、好得也，但少時急于好色，緩于勇、貨，壯時急于好勇，老時日暮途窮，急于好貨。故孔子就其急處言之。人能超脱于此三者，則不邇聲色，不殖貨利之域矣。此切實功夫，學者都以眼前錯過了。

○聖人無病，賢人善醫病，凡民一身通是病。有一等凡民不知己之有病，有一等凡民也知己之有病，也曉得痛癢，只是諱疾。

○程子，人問：『漢文多災異，漢宣多祥瑞，何也？』曰：『譬之小人多行不義，人却不説；至君子未有一事，便生議論，此一理也。至白者易污，此一理也。《詩》中幽王大惡爲小惡，宣王小惡爲大惡，此一理也。』此言説得好，極透人情。蓋做好人乃十目所視者，做不好人，人已知其不長進，不責備矣。然則做學者，豈可使人不責備哉？故做真儒必每每受人之謗。

○閒者①，不論我隱逸在極静處，不論我在仕途極動處，只要我心閒。妙哉妙哉，説到此處，恐天下知此境者少。天下何曾尋得一個心閒的人出來？蓋無欲方閒，無意必固我，如明鏡止水者，此閒之象也。

○聖賢功夫在朝夕日用上講求，以求所謂大中至正而已，不在矯强立異。此道在富貴，如堯舜爲天子也行得；在貧賤，如仲尼爲匹夫也行得。蓋遵道而行，不論貧賤富貴也。如陳仲子豈不苦節？梁武帝豈不將身通舍在寺上？然矯强立異，竟成其私。所以孟子説自繫馬千駟，以至一介不以取與人者，無非求其大中至正而已。千古聖賢，俟之不惑，考之不謬者，正在此。

○仲尼、顔回之樂，周茂叔每每教人尋之。此樂豈只聖賢有哉，常人亦有之，但自家去苦楚耳。蓋因人氣禀原好勇、好貨、好色，凡宫室飲食男女，通要勝過人，不肯安常處下，終日只將此數件在理料。又加以近日科舉之學興，東名不成，西利不就，其間就有許多勞擾，只在奔波過歲月，所以不知孔顔之樂。

① 閒，旁注改爲『學』。道光本無旁注。

○經曰：『人藏其心，不可測度也。』彼此對面，游心千里，人豈知之哉？學者毋自欺功夫，惟當自覺照而已。常思游心妄想，萬起萬滅，亦無益也。既妄想無益，何不俾此心寂然瑩然，豈不可之有？

○仁乃生生不息之理。孟子説『乍見』二字極説得好。蓋乍見之時，良心偶發，無物欲沉滞于中，全是一團天理，所以爲仁之端。程子在『乍見』二字看得真，所以説『心如穀種，生之性是仁』。

○從孔氏之學日就其切實，從釋氏之學日就其妄誕。空而復追其空，非妄誕而何？深造自得，非切實而何？

○孟子説：『居天下之廣居，立天下之正位，行天下之大道。得志與民由之，不得志獨行其道。』世間這樣丈夫何處做去？只是無欲。

○人之資質美者，多做名卿名相。但較之爲學又不免偏，終非中庸。且如人氣節要剛大，而襟懷又要灑落，如汲長孺儘有剛大氣節，但恐止成就得剛直一邊。臨事固要公直，而存心又要忠厚。如張九齡豈不公直？但又恐近刻薄些。度量要寬洪，而檢身又要細密，如劉寬輩，儘寬恕，但或者少細密。探討藴蓄要深厚，而志趣又要高明，如張華、揚雄輩，豈不博古通今？但高明意思終少。此孔子所以以清以忠許人，而不許人以仁，正學之當講，正在此也。不然止成一節之士。

○驕心、吝心、妬心、貪心、慾心、好殺心，皆心也。至于此心發覺有罪愆，則悔心生焉，是悔心也，正天地一陽初復之心也。可見人雖賢愚不同，此良心無時無刻不存；止因私意蔽之，故諸心生耳。此所以克己功夫爲學聖第一條。

○學者做功夫，要覺其所不覺。何以謂之不覺？且如性好多言，此氣質之性之偏也，心雖知己之多言，或者偶然不覺而出，便要常常覺照我多言處，此之謂覺。其所不覺也，或性好猛暴，或性好矜誇，皆是此功夫。臨陣對敵，要强人之所不能强，忍人之所不能忍，久而久之，便是把氣質變化過，便是將生鐵炒鎔成熟鐵，便是把瓦坯燒過成磚。

○腹中當一饑一飽，不可時時飽。此天道盈虚、人事消長之理也。説及此處，信手拈來，處處是道。

○學者涵養，得深厚沉渾最妙。

○豪傑之士處于富貴之中，若不知處富貴，即成一個大俗漢。

○『無求到處人情好』，雖是一句常言，不可以俚忽之。

○前輩説：『用舍無與于己，行藏安于所遇，命不足道也。』學者做功夫，須做到命不足道處，方能自得。

先輩云『有所爲而爲者皆利也』，近日學者以此句論君子、小人之儒，可謂誅儒者之心，其議論誠精矣。但自楊廣設科之後，讀孔子之書以應科者，果有爲乎，果無爲乎？故科目陷士子于不肖，于兹可見。

○見道分明即樂。○莫作一鄉一郡人。

○《易》曰：『男女構精，萬物化生。』蓋男女之交感，乃天地之氣化，非男女之私也。釋氏不知此義，乃以男女爲恩愛妄緣而生。此處大頭腦既見得不透，則小肢小體又安能見得透？所以釋氏將居處如牢獄，妻子如枷鎖，財物如重擔，親戚如冤家。

○聖賢説話，説個小人而無忌憚也。人只是有所忌、有所憚，就做好事了。中人爲善，畢竟如此，故曰君子懷刑。

○肥葳厚髀，人皆貪之，而不知病我腸臟者此物也。美姬豔婦，人皆貪之，而不知損我精神者此物也。高爵厚禄，人皆貪之，而不知禍我身家、殺我子孫者此物也。三者于我何加焉？人乃貪饕不已，以至殺身亡家者，弗思故也。佛雖異端之教，非吾儒中庸之道，然彼知世人所貪在此三者，乃盡去而黜之，故中國梵刹遍地，以爲西方之聖人。

○凡處不要緊之人與不要緊之事，不可狎侮忽略，通要謹慎細密，就是聖人不泄邇功夫，吉凶悔吝通在此上面生。

○儒者惟不知老之將至，就能死而後已，嘆老悲窮，不免白髮嫁人。

○世間千條萬緒，消不得我一個理字；千思萬想，消不得我一個數字；千横萬逆，消不得我一個忍字。

○爲學如燒窑，火候到了，自然煙清脚亮。

○做官，太慈愛行不得，太猛暴堪不得。

○義理無窮，讀書到老，不曉得到老。

○大丈夫以天下爲一家，以萬物爲一體。既不知事親從兄，則一家之内且乖戾矣，况仁民愛物乎？故曰君子務本，孝弟爲仁之本，故曰堯舜之道，孝弟而已矣。

○好勇、好貨、好色，殺身也是此三件，亡家也是此三件，殃及子孫也是此三件。不好勇、好貨、好色，保身也是此三件，保家也是此三件，揚名後世也是此三件。

○長要想自家一身，乃太倉中一粒，江海中一滴，氈裘中一毛，何以充塞古今，便有長進？

○凡立身行道之人，受人無根之謗，就當知是我之數，不當歸罪于所謗之人。其進以禮，退以義，猶夫初也。『誰人背後無人説』，此雖俚言，可採擇焉。好察邇言，其此之類乎？

○有三五十年之身，有千萬年之身。

〇君子行事，苟出于天理之公，而無一毫人欲之私，雖事出于人情之外，亦不失其令名。且如以臣殺君，以夫出妻，兄弟相殺，皆惡人之事也。湯、武、周公、孔子、子思行之而不爲過者，以其出于天理之公而無一毫私意耳①。

孟子説養志，蓋心爲上，體次之，所以養體次于養志也。曾子養志，孟子止以可許者，以人子之分無窮耳。今人養體且有歉矣，况養志乎？蓋緣科目之設，人生八歲之時，不教以灑掃、應對、進退之節，且教以文章技藝之末，都養成驕傲猛狠，所以成材也難。

〇科舉之士倘有拂意處，不可怨天尤人。要曉得自家内中必有一件不如人處，非學不如人，則命不如人。居官亦然，不能升擢者，非政事明敏、行己清卓不如人，則命不如人。以此自處，便心長安泰。

〇學者能學爲君子，如偶然不幸，縱遭天來大禍，其君子之名愈光。蔡西山遇黨人之禍，其禍何禍哉？死後趙章泉哭之以詩云：『鵑叫春林復遞時，雁回霜月忽傳悲。蘭枯蕙死迷三楚，雨暗雲昏礙九疑。早歲力辭公府檄，莫年名與黨人碑。嗚呼季子延陵墓，不待鑱辭行可知。』千古之下哭西山者，獨此詩爲冠。然以名與黨人之碑爲榮，則當時之禍，反不爲西山之重哉？

〇古今無不受謗之聖賢，以方正故也。媚世取寵則鄉願矣。

〇人做儒者，要識天下人之情性。天下之人，有傲氣得一點根蒂没得的。且如孔子講道于宋，宋即將木伐之。講道者，孔子及門人相講也，與宋何干？講于木下與木何干？即孔子，而我等愚劣可知矣；即宋人，而天下之人可知矣。

① 自『且如以臣殺君』至『無一毫之私意耳』，道光本無。

○世人傲惰人貧賤，忽略人老醜，乃是世人常態。若吾儒將此放在心上，終是渣滓未融。

孔子曰：『一言而可以終身行之者，其恕乎？』這恕字如體認不到，豈特外人，豈特百姓，就是父之于子也體不到，母之于女也體不到，夫之于妻也體不到。所以説充拓不去，則天地閉，賢人隱。

○中也者，天理人情之至也。梁武帝宗廟以麵爲犧牲，商紂暴殄，酒池肉林，皆不近人情，非天理之自然，所以均敗亡。

○元城先生自遷謫時，以父母惟其疾之憂，遂絶欲。自絶欲三十年來，氣血意思只如少年。終日接士友劇談，雖夜不寐，翌朝精神如故。每日觀書，未嘗晝寢。歲時家廟跪拜七十有二，未嘗廢闕。心嘗前知，兩月前覺必有變異，果長子不禄。皆絶欲之驗也。

○做王公有王公不可了之心，做宰相有宰相不可了之心，做百官有百官不可了之心，做庶人有庶人不可了之心，做僕吏有僕吏不可了之心，做婦人有婦人不可了之心，做婢妾有婢妾不可了之心，做乞人有乞人不可了之心。了之心，是出世之人矣，故曰『大人者，不失其赤子之心』者也。赤子之心，純一無僞，不起不滅之心也，明鏡止水之心也；戲之則喜，當喜而喜之心也；鞭之則哀，當哀而哀之心也。

○游子問謝子曰：『公于外物一切放得下否？』謝子曰：『可謂切問矣。』胡子曰：『將何以答之？』謝子曰：『實向他道上面做功夫來。』胡子曰：『如何做功夫？』謝子曰：『凡事須有根。屋柱無根，折却便倒；樹木有根，雖剪枝條，相次又發。如人要富貴，要他做甚？必須有用處。尋討要用處病根，將來斬斷便没事。』愚常説人千思萬想，千計萬較，左右是奉承此血肉之軀，此軀好勇、好貨、好色，萬般都從此三者之根發生而已，將此三者根苗斬斷，就事事擺脱得去。

○人之爲善，非朝爲善而暮即成善人之名也。惟君子以小善不可忽也，久而久焉而萬善聚于我矣。

人之爲惡，非朝爲惡而暮即成惡人之名也。惟小人以小惡不足損也，久而久焉而萬惡聚于我矣。故曰泰山之霤穿石，殫極之綆斷幹。

○有人從余游，甚稱《老子》『和其光，同其塵，挫其鋭，解其紛。知其雄，守其雌，爲天下谿；知其白，守其黑，爲天下谷。將欲翕之，必固張之；將欲弱之，必固强之；將欲廢之，必固興之；將欲奪之，必固與之』，以爲處世之道莫過于此矣。余曰：『此老子平生佛口蛇心之術，一團私意，安得如孔子「一言而可以終身行之者，其恕乎」，「言忠信，行篤敬，蠻貊之邦行矣」，「恭寬信敏惠」，「上不怨天，下不尤人」，何等光明，何等省事？所以孔門之道，正其誼不謀其利，明其道不計其功，無意必固我之私。所以與天地合其德，與日月合其明，與鬼神合其吉凶。老氏安足置之齒哉？』然老子之言亦有不可廢者，如：『身與名孰親？身與貨孰多？』『甚愛必大費，多藏必厚亡。』『知足不辱，知止不殆。』此皆名言，又不可以人而廢也。

○妄想心有種種焉。有無根霄壤之想，有有根平常日用之想。有過去追悔之想，有過去自慶自足之想。有未來圖謀之想，有希望其來、將來不來、既來復去、鬱結不安之想。有臨關對敵之想，有喜後怒後之想。有平生所戀熟景，載夢載覺，新舊往來不斷之想。有知絶妄想，晝夜執持，一時未曾覺照，偶爾入人心之想。有知絶妄想，持守不定，一寒一暴之想。有知絶妄想，想别物以止妄，以楔逐楔之想。有知思道理，夾雜私意以行之之想。有氣禀執拗，認人欲爲天理之想。有空想其邪，想之不行之想。有實想其邪，必欲見諸行事之想。萬起萬滅，種種雖有不同，然原其所想者，不過好勇、好貨、好色三者而已。故勇、貨、色三欲者，千欲萬欲之樞紐也，千妄萬妄之根柢也，斬根斷紐，方可學聖。

○獨者，人所不知而已獨知之者也。慎獨者，慎其己所獨知而不自欺也。人之一身，手持足行、目視耳聽，人皆得而見之。惟心，人不得而見，己所獨見。所以聖賢做功夫，教人慎獨。此千載理學之秘訣也。然是獨也，豈己所獨坐而後可慎哉？凡每日間處妻子奴婢，事父母君長，接鄉黨賓客，臨民聽政，飲食言語，大而萬事萬物之煩，以至毫厘絲忽之微，静而闃寂淵默之時，以至堀堁轇轕之際，少欺其心，皆非慎獨也。今之學者多喜人終日端坐，殊不知坐與行、視與聽，皆此身之所不能免者，如心少有所欺，則終日之端坐，亦猶終日之端行也。孔子曰：『非禮勿視，非禮勿聽，非禮勿言，非禮勿動。』此其至切之功夫矣，豈教人終日坐哉？若終日端坐，無天無地，無人無我，畢竟是禪。

○孟子説『人皆可以爲堯舜』，初學聽之似駭然。然非大言也，千古聖人此心此理而已。如我一念合天理，則就此一念便是堯舜；若過此一念不學好，即盗跖矣。一事合天理，則就此一事便是堯舜；若過此一事不學好，即盗跖矣。道理本平鋪在面前，堯舜不曾增些子，凡民不曾減些子，求之即得，欲之即至。所以孔子説回三月不違，其餘日月一至。

○人多在困窮拂逆上增益其所不能，此孟子之言，人皆知之。至于志得意滿上失了涵養，滅了聰明，損了德行，而人則莫之覺也。

○義理者，吾日用之飲食也。窮達者，吾軀體之肥瘠也。吾朝餐而暮飲者，惟此義理焉。至于吾身之肥瘠，聽其自然可也。若惡此身之不肥，舍日用菽粟之飲食，求參耆熱藥以助之，不幾于愚乎？

○有德者之言，如天地所生之草木枝葉花實，雖濃淡不同，其生意自然可愛。蓋元氣在内，故陽春生百媚也。若不修德立行，徒工文辭，終是剪綵爲花。近日人論朱子、止齋二公之文，言朱子之文平實穩當，占得地步寬；止齋之文排濤逐浪，畢竟終落第二着是也。

○人惟恐懼，所以不憂不懼。若放蕩禮法，則長憂長懼。正俗言所謂『怕法朝朝樂，欺公日日憂』

也。蓋能恐懼修省，則隨處體認天理，即孔子所謂『内省不疚』矣。所以臨事變之偶來，不憂不懼。恐懼者未事之前，以理言也；憂懼者臨事之際，以事言也。

○古之婦人，如杞梁之妻，何曾讀書？然節義凛凛如大丈夫者，不昧此良心也。蔡文姬豈不讀書？然卒失其節者，昧良心故也。故良心一發，擴而充之，即浩然至大至剛，塞乎天地。

○近日學者把性命之學又是一樣看，把眼前終日所行事又是一樣看，此其故何也？蓋緣他平日將二氏之學終日講究，所以分而爲二矣。殊不知吾之終日所行者，非性命之學何學也？天地間除了五倫、人情、物理之外，又更有甚性命之學？古人説個參天地贊化育，博厚、高明、悠久，不過五倫之道而已。且以堯舜言之，做了許多功業，孔子贊他『惟天爲大，惟堯則之』，然不過盡君道而已。堯舜亦盡其性而已，非性命之學而何？不知性命，又終日所學何事？

○人之學聖賢者，氣質爲先，學問次之。且如子路之勇敢，宰予之言語，得一大聖人爲之依歸，子路始終從勇敢一路，宰予始終從言語一路。至若顔子則不然，顔子資質甚粹，至今想其爲人，生下來大半已有亞聖氣象了。

○楊之道主于方，墨之道主于圓。主于方者，其理當圓而亦方也。主于圓者，其理當方而亦圓也。聖人之道則不然，惟觀乎理而已。理當方則方，理當圓則圓。近日儒者謂楊氏穿裘者也，墨氏穿葛者也。穿裘者六月亦穿裘，穿葛者冬月亦穿葛。子莫執中，又穿裘又穿葛也。聖人則不然，時當暑，當穿葛則穿葛；時當寒，當穿裘則穿裘。此論亦好。

○凡春來百鳥鳴及蛙鳴，秋來蟬鳴，皆有自得之天機，但彼自不知耳。天久不雨，偶然下雨，此天地之交感也，所以萬物長養發生，若或助之，其自得之妙，但人莫之知耳，而天地亦莫之知也。學者做功夫，其自得之妙，亦當如天地萬物。要之，氣之自得，理之自得，其妙一而已矣。

○不貳功夫，難于不遷怒。

○近日有一等人也，知此身原是浮生，非堅牢久住于世之物也，知光陰乃百代之過客，當及時行樂。却乃買歌兒舞女，朝酒暮肉，招賓拉友，登臺臨榭，自以爲樂矣。此等之人，見得陰陽消長之理一斑半點，與終日營營于名利，鐘鳴鼓響而猶夜行者，固殊然與孔門之樂終隔一關。若以孔門之樂論之，非樂也，乃欲也。蓋此樂惟富貴之家有之，有歌兒舞女則樂，無之時則不樂矣。有朋友臺榭酒食則樂，無之時則不樂矣。是樂因物而後有也，殊不知無欲即樂。若無欲之樂，則不論貧賤富貴，不論動静冷暖，做官也樂，做百姓也樂，住樓閣也樂，住茅屋也樂，吃菜也樂，吃肉也樂，平常也樂，遭變也樂。身也樂，心也樂，少也樂，老也樂，學者必到此樂，方是學問。嗚呼，此樂不講久矣，安得與斯人而共樂之？

○謙與諂略相似。然謙也者，不自有之事也，修德之心也；諂也者，媚人之事也，取寵之心也。外貌雖略同，而心術則萬里矣。故自卑尊人之事，在君子則爲謙，在小人則爲諂。儉與吝亦然。

○倘來之福，以義處之，如我所不當得，則雖福亦禍。倘來之禍，以命處之，如我所不當得，則雖禍亦福。以此作柄，故遇大福大禍，即凝然不動。

○一個淡字最妙。人淡于貨利聲色，淡于世味，則無適而不可矣。豈惟人之心事行已哉，至于人之文亦然，潘岳《閒居賦》與陶潛《歸去來辭》皆恬退之言也，然潘之言誇，陶之言淡，是以陶高百世。人皆學淡而不可得焉，豈惟人哉？天下之水以淡爲上，山之淡者則即畫也。故君子之道，淡則不厭，交淡則成。

○近日學者多講喜怒哀樂未發氣象。夫喜怒哀樂未發，即發而中節之理而已。此理未發，渾然無朕，理豈有氣象也哉？講氣象者，泥佛氏光明圓彈之説也。

〇不要學婦人搽脂粉，要真率。做個模樣便是搽脂粉，有心費力去做的都是搽脂粉，就是婦人，不是男兒。

〇騎驢覓驢，是舍其心而不求，而求之章句之末，即舍其田而芸人之田也。騎驢不下驢，是守着此心而不能空也。禪家惟有此後截，所以將世間有色之物皆爲空，所以三綱廢馳，得罪名教。

〇知命者不立于巖牆，非真有巖牆也，履虎尾而依冰山者也。『洊雷震，君子以恐懼修省。』非真有洊雷也，放于桐而克終允德，棲姑蘇而嘗膽者也。

〇將勤補拙，以勞折災。

言孝而必曰順者，有順而後可言孝也。縱父母有不是處，姑且順命，又敬不違者，即順也。蓋孝字管得大，古人云『事君不忠，非孝也。戰陣無勇，非孝也』云云。至于一草一木，伐之非時，且非孝，則孝正所謂置之而塞乎天地，溥之而横乎四海，施之後世而無朝夕者矣。孝字豈不管得大？至于在父母面前，朝夕奉養服役之間，必要加一個順字，天下未有不順而能孝者，未有孝而有不順者。

〇在上位不陵下，在下位不援上，正己而不求于人，則無怨。上不怨天，下不尤人。陳氏言：『此處見得君子胸中多少灑落明瑩，真如光風霽月，無一點私累。』人果如此，不論做官做百姓，何等省事，何等心閑？古今做聖賢者，個個是如此。

〇人少時浮薄剛傲，及老則忠厚謙虚，此善變乎少者也。窮時狂妄輕淺，及達而登第，居要地，愈樸實謙退，此善變乎窮者也。然老而善變者，十有三五；達而善變者，萬無一二。

〇學者肯檢點起來，若心不在時，何處没有過失？且如見下等之人，較之敬上等禮節、言語，就減些分數。以孔子『使民如承大祭』之言論起來，我等豈不時時有罪過？所以伯玉使者説寡過未能，孔子稱之。

看來寡過未能亦實事也。

○君子之與小人，人非不知其等較然也，人却甘爲小人之事，而不學君子。聖賢之與王侯公卿，人非不知聖賢之爲貴也，人止知慕王侯公卿富貴，而不學聖賢。

○有富貴而無日不憂者，有貧賤而無日不樂者，止在聞道與不聞道論。

孔子謹言功夫四十條

予欲無言，天何言哉？四時行焉，百物生焉，天何言哉？君子欲訥于言而敏于行。此第一段。○剛毅木訥近仁，巧言令色鮮矣仁。仁者其言也訒。其言之不怍，則爲之也難。此第二段。○有德者必有言，有言者未必有德。巧言亂德，道聽而塗説，德之棄也。此第三段。○惡稱人之惡者，惡居下流而訕上者，惡利口之覆邦家者。佞人殆不幾乎一言而喪邦乎？是故惡夫佞者。此第四段。○亂之所生也，則言語以爲階。君不密則失臣，臣不密則失身，幾事不密則害成。駟不及舌，是以君子慎密而不出。邦有道，危言危行。邦無道，危行言孫，免于刑戮。此第五段。○將叛者其辭慚，中心疑者其辭枝。吉人之辭寡，躁人之辭多，誣善之人其辭游，失其守者其辭屈。言未及而言謂之躁，言及之而不言謂之隱，未見顔色而言謂之瞽。可與言而不與之言失人，不可與言而與之言失言。君子居其室，出其言善，則千里之外應之，況其邇者乎？居其室，出其言不善，則千里之外違之，況其邇者乎？言忠信，行篤敬，雖蠻貊之邦行矣。言不忠信，行不篤敬，雖州里行乎哉？言出乎身，加乎民；行發乎邇，見乎遠。言行，君子之樞機。樞機之發，榮辱之主也。言行，君子之所以動天地也，可不慎乎？故君子于其言，無所苟而已矣。易其心而後語，懼以語則民不應也。此第六段。○忠信所以進德修辭，立其誠所以居業。古者言之不出，君子耻其言而過其行，敏于事而愼于言，先行其言而後從之。庸德之行，庸言之謹，有所不足，不敢不勉，有餘不敢盡。言顧行，行顧言，君子胡不慥慥爾。此第七段。○言寡尤，行寡悔，禄在其中。夫我則不暇。始吾于人也，誰毁誰譽？今吾于人也，愼言語。言思忠，非禮勿言？似不能言者？時然後言？言必有中。此第八段。

右孔子謹言功夫四十條，先雜之省覺省事録中。恭偶一日讀之，問先生，先生曰：『爾當自悟。』次日，恭對先生曰：『此條有八段意。』先生首肯。初一段總言君子當訥其言，予欲『欲』字與欲訥『欲』字相應。第二段言仁者必訥言。第三段言不訥言爲德之棄。第①四段言言之害人，足以覆邦家。第五段言言之害己足以取禍。第六段言言有慙、枝、多、游、屈、躁、隱、瞽、失言、失人，數弊，惟寡則吉也，故不可不愼，無所苟，易其心而後語。第七段方言君子進德居業，修辭立其誠，言行相顧，乃慥慥篤實君子。此一段正吃緊正功夫。第八段言我不暇干禄，惟謹言而已，然必時中方爲聖人之言也。此雖先生組織孔子之言成文，然有頭腦，有鋪設，有收拾。先生之筆非苟下者，恭因摘出之。

後學王必恭識

① 自此以下至篇末，底本缺頁，據道光本補。

來瞿唐先生日録卷六

省事録

〇君子處事，無適無莫，義之與比。王安石新法主于必行，所以其詩云：『今人未可非商鞅，商鞅能令政必行。』惟其心之主于必行，所以其言如此，不覺其言之非也。執拗之害，亦①至于此。

〇王陽明文集中或問客氣，師曰：『客與主對，讓盡所對之賓而安心居于卑末，又能盡心盡力供養諸賓，賓有失錯又能包容，此主氣也。惟恐人加于吾之上，惟恐人怠慢我，此是客氣。』此説非也。主與客對，主是天理，客是人欲，主客二字，猶言内外也。凡人好高，不肯下人，倨傲凌虐人，通是血氣之私，乃人欲也。曰客氣未易消磨者，即人欲未易消磨也。唯恐人怠慢我，此是小人，客未必皆如此。

〇林見素乃本朝名臣，題嚴子陵詩乃不足之，何也？今人同窗讀書至厚之友，偶見一人登第，遂彼此參商者甚多，况故人爲天子乎？以足加天子之腹，其懷抱可知矣。嚴子陵不可少者也，見素之詩過矣。孔子稱不事王侯者爲志可則，孟子稱伯夷爲百世師，如見素之詩，則孔孟之言皆不是矣。

① 亦，道光本作『一』。

○趙飛燕入宮，披香博士淖方成在成帝後唾曰：『此禍水也，滅火必矣。』當臨而知八月有凶，淖其賢也哉。

○雞鵝菢子，其母未嘗與之喙也。氣足之時，便自横逆裂開。或出之不利，人或以手略助之，其子下來必不長進，此正揠苗者也。人之富貴功名通是如此。

○『王用三驅，失前禽。』不獨天子之于民如此也，凡人處鄉党、朋友、奴僕，通當開一面網。

○某常教人遏人欲者，以人至于無欲則百事可做。且如殺戮，天下之大事也，我惟無欲，無意必固我之私，則殺戮亦是天理。如堯舜之誅四凶，周公之誅管蔡，豈不是殺戮？亦是天理。如有欲，有意、必、固、我之私，雖爲善亦是人欲。如公孫弘之布被，王莽之謙恭，韓侂胄之欲恢復中原，豈不是爲善？亦是人欲。

○秦始皇浮江至湘山祠，逢大風幾不能渡，上問：『湘君何神？』對曰：『堯女舜妻。』始皇大怒。使伐湘山樹，赭其山。赭者，赤也，言赤身見體也。故孩提不衣者，謂之赤子。赭其山者，將樹伐盡而赤身也。注解赤色者非。夫以遇江風而伐山樹，正俗言所謂桑樹着箭，柳樹出漿也。人君遷怒之害一至于此。七國反而殺鼂晁錯，李陵降邊而腐刑司馬遷，大率類此。夫以孝景、孝武且如此，況其他乎？故明主愛一顰一笑。

○古今宰執權臣敗露之後，籍没其家，家資皆巨萬。若以斯人而愚也，然雕刻百工，鑄棰萬物，舉動回山海，呼吸變霜露，類非愚者所能。若以斯人而不愚也，積錢數萬終何用哉？如梁冀既誅，收錢貨斥賣三十餘萬萬，以充王府用，減天下田租之半，散其苑囿以業窮民。籍元載家，鐘乳八百兩，胡椒八百石。今天下之積錢者，能如二人亦已足矣，然皆碎首殺身，不得此錢之用，則此錢不積亦可也。老子曰：『身與貨孰多？』積錢以殺身，身貴乎？錢貴乎？此老子之名言。孔子所以稱其猶龍也，書此以爲見錢即垂涎者之戒。

○無矜爾榮，天道惡盈。無恃爾貴，隆隆者墜。故聖人于泰卦之終曰：『城復于隍，其命亂也。』于豫卦曰：『冥豫在上，何可長也？』于豐卦曰：『窺其户，闃其無人，三歲不覿。』噫，聖人之情見矣。

○世有難處之人，我若處之，使我獨爲君子，而使彼甘爲小人，亦非忠厚惻怛之心也。此中也須有委曲，君子之所爲，衆人固不識也，正在此。

○學者幹出大事業，惟在志向何如耳。莆田黄伯固公見武宗北狩，人心危疑，伯固時在制中，乃題其書室曰：『茅屋石田，爲生太拙。鴟夷馬革，自許何愚？』蓋有志于殉國也。後補武選郎中，乃疏六事。此一疏與胡澹庵之疏，皆日月争光。疏内請誅江彬，彬果大怒，下詔獄，廷跪五日，杖百餘。幸得甦，以詩遺弟曰：『不用汝謀方至此，須知我道固當然。』蓋萬死不悔也。嘗言曰：『人生仕宦至公卿，大都不過三四十年，惟立身行道爲千載不朽。』世人往往以彼易此，何耶？其素志如此，所以幹出此事。

○豪傑之士不偶于時者，每每于詩歌言其志，寄其興，某所以説詩最難解。今之解杜詩者，每每因其字句而解之，而言外之意則未之發，間有發者，易至于鑿。如陶靖節《述酒》一篇，獨湯公漢以爲恭帝哀辭。蓋劉裕既受禪，使張偉以毒酒鴆帝，偉自飲而卒。又令兵人逾垣進藥，帝不肯飲，兵人以被掩殺之。故哀恭帝之詩託名《述酒》。使無湯漢，此詩亦不如何説也。蓋湯漢，鄱陽人，靖節乃陶侃之曾孫，亦鄱陽人，後乃徙家潯陽也。

○唐介陳宰執文彦博之過，貶英州别駕。介未至英州，彦博奏：『出介至重，是陛下因臣而退敢言之士，願召用之。』尋復召用。此皆前輩好事。

○世無爲善之小人，而有改節之君子。爲惡之小人不足責，改節之君子深可羞。

〇天地理一而氣異。何以理一？五性之理具于人身，人人同然，是可見理之一也。至于人之形體，則長短大小，千人萬人皆别，此可見氣之異也。《史記》秦始皇二十八年，有大人長五丈，足六尺，十二人見于臨洮。晉元帝咸寧二年、陳武帝永定三年，皆有長人見。由此氣異推之，則此亦不足爲異也。猶有怪異異于此者。

〇『誰將西歸，懷之好音。』此可見天理之在人心，不容泯滅也。故曰：『君臣之義，如之何其廢之？』

〇王莽末，天下旱蝗，黄金一斤易粟一斛。至光武建武二年，野穀旅生，麻菽猶盛，野蠶成繭，被于山阜，人收其利。一治一亂，一剝一復，要之皆天數也。未得天下時，滹沱冰合。既得天下後，野穀旅生，野蠶成繭。帝王自有真，于兹見矣。

〇人情好尚不同。唐李洞慕賈島爲詩，銅鑄其像，事之如神。自今觀之，賈島之詩未爲高也。人情之僻如此。

〇人心思慮，妄想種種，只是擺脱不得人欲。蓋有一件事，必定有四般心。起意是個心，期必是一個心，留滯于此事是一個心，成于我是一個心，豈不千思萬想？且如唐太宗取天下，初起意之時恐父不肯，就與裴寂商議，將晉陽宫人侍父。及期必此事之成，就卑禮于虜，與他借兵。及期必之心膠固，就與尉遲敬德謀殺其兄。及後方成其事。在中間何等勞攘，何等思想？若是聖人之事則不然，聽其天命人心之自然，行一不義，殺一不辜而得天下不爲。故曰『無然畔援，無然歆羡』，故曰：『上帝臨汝，無貳爾心』，故曰『予弗順天，厥罪惟鈞』。惟其無欲，所以無思無慮。

〇輪迴之説，某知無此理，伊川謂不可。以既返之氣，復爲方伸之氣，此言亦正當。陳北溪亦云『若果有輪迴之説，則是天地間人物皆有定數。常只是許多氣翻來覆去，如此則大造都無功了。須是曉得天地生生之理，方看得他破。』此言亦正當。然世間人亦有輪迴者，何也？此某所親見者。以此觀之，可見萬事屬心。輪迴之人，多是讀書不得志之人，多是禪僧念頭偶妄動者，多是孩子之氣壯者。蓋心志之專，氣尚未散，所以輪迴也。于此猶見萬事屬心。

〇華歆初然與管寧爲友之時，皆欲爲君子也，後爲曹操鷹犬者，此一念之差耳。凡婦人淫亂，如《牆有茨》之詩，《株林》之詩，而至于醜不可言者，其初皆始于一念之差，及後良心已喪，亦不自知己之醜矣。

〇凡事要渾涵，莫露圭角。處小人猶當渾涵，《易》夬九三是也。

〇天下，勢而已。更始爲帝之時，則封光武爲蕭王；及光武爲帝之時，則封更始爲淮陽王。王莽與趙匡胤俱爲臣子，俱當國運孤兒寡母之時，匡胤成其事，則爲宋之太祖；王莽不能成其事，則爲逆賊。堯舜之道孝弟而已，疾行先長者且謂之不弟，唐太宗殺其兄，淫其嫂，而封子明，儒者稱其爲希世之賢君。故勢之所在，則天下以榮以辱，道非其所論也；道之所在，則天下以是以非，勢非其所論也。所以世間無公道，有公論。公道可以假借，公論則一毫不能假借也。使無此公論，亦不成世界矣。故培植禮義，扶持綱常者，此公論也。故生前則惟富貴，死後則惟文章。故宰我曰『以予觀于孔子，賢于堯舜遠矣』，以其立教垂世也。

〇《樂善録》有云：『昔有二十大夫，以前程祈夢于京師二相公廟。一人夢持簿者，以簿示之云：「此乃公同行前程也。」視之，自小宦轉遷宰相，仍有以朱勾之者。問曰：「勾之者何也？」曰：「此人愛財不義，陽間取此一項，故此間勾此一項。若急改過，尚可至監司。」其人聞之，更不敢妄取，果至監司。』又云：『昔太學二十人同年月日時生，又同年發解過省。二人約受相近差遣，庶彼此得知災福。後一人受鄂州教授，一人受黄州教授。未幾黄州教授者死，鄂州教授爲治後事于柩前，祝曰：「我與公生年月日時同，出處又同，公先捨我去。使我今即死，已後公七日矣。若有靈，宜托夢以告。」其夜果夢告云：「我生于富貴，已享用過當，故死。公生于寒微，未曾享用，故活。」後鄂州教授歷官至典郡。』某平生不信此陰間怪誕之事，但造化有此乘除之理，陽極則陰生，陰極則陽生，寒極則熱，熱極則寒，夏日長則夜短，冬日短則夜長。故與以翼者兩其足，與以角者去其齒，雖無陰間茫昧之事，而陽間實有此乘除之理也。書此以爲後生小輩不讀書、不專積財、不儉用而享用太過之戒。

〇凡人君恃己之聰明者必昏，恃天下之安者必危。隋煬帝之時，天下有郡一百九十，縣一千一百五十五，東西九千三百里，南北一萬四千八百一十五里。唐玄宗之時，西京、東都米斛直錢不滿二百，絹匹亦如之，海内富安，行者雖萬里，不持寸兵。二君恃己之聰明，恃天下之富庶，乃任意聲色宫室，是以一則亡國，一則出奔也。而况庶人之家，恃其富貴乎？宜乎早綰銀黄，夙昭民譽之子，冬月而着葛也。噫，豈獨一樂安哉？

〇元自太祖至順帝，元運已將終矣。國運將終之時，教授鄭喧猶建言本俗行不行三年之喪，又收繼叔嬸嫂，恐貽笑後世。觀斯言，則在君位者禽獸聚麀，五倫掃地，羸豕蹢躅，百罪滔天，不言可知矣。特史以其污濁太甚，不之載耳。故西番胡僧得出入于掖庭椒房之地，安得成世界哉？我聖祖驅而蕩滌之，不惟有功于生靈，且有功于天地，有功于五帝三王，有功于周孔，明倫立教者多矣。蓋非特漢高祖之止除暴秦也①。

〇隋煬帝丙辰、丁巳之年，甘言以媚獨孤，謀廢兄而殺父，此念一起，惟煬帝知之，雖妻子亦不知也。

① 此條道光本無。

豈知丁巳之年即生秦王世民哉？謀天下之心方起，取天下之人即生。冥冥之中，赫赫可畏也。戊寅年天下即歸之唐，僅十九年耳，何相報之速也？書此以爲世人念惡之戒。

○自漢以來，佛氏塞吾儒之路，人人通講空寂矣。假如『多識鳥獸草木之名』此一句話不是孔子所說，乃出于漢唐宋儒之口，今之儒者必定駁他說：『學當求諸心，何以要識鳥獸草木之名？』辨駁者紛紛矣。

○君子小人，公私之間而已。宋世岳飛、韓侂胄皆主恢復中原者。然岳飛爲國，侂胄爲己。岳飛，秦檜殺之。侂胄，史彌遠殺之。事雖同，殺雖同，而心則異矣。是以至今三五百年之後，尚爲岳飛不平，立廟祀之，而以侂胄死有餘辜。

○張乖厓鎮蜀過華陰，寄陳圖南詩云：『世人大抵重官榮，見我東歸夾道迎。應被華山高士笑，天真喪盡得浮名。』少時讀此詩，以爲何以天真喪盡而後得浮名？恐乃美圖南之言也。乃今歷世既久，閱事已多，始知乖厓之言不虛。其間不喪天真者，千百中無一二也。

○白樂天以詩文風流一世，當時士人好尚争傳，雞林賈售其國相，率篇易一金。與劉禹錫同游，時人謂之劉白，而不陷八司馬黨。與元稹同游，時人謂之元白，而不陷北司馬黨。又與楊虞卿爲姻，而不陷牛李黨。其亦和而不流者乎？

○學者下功夫要勉强，如資質之弱者不能爲仁，必勉强爲仁；不能行義，必勉强行義。日用之間静坐以養心，持敬以養德，讀書以該博。自此外，至于功名富貴，毁譽予奪，屬之于天者，則必聽其自然。如天到春生時自然生，人不能强其生；到殺時自然殺，人不能强其殺。人能一切儻來聽其自然，則即天之自然矣。故康節有云：『天意無他只自然，自然之外更無天。』此言是也。聽其自然，故百事簡，故心閒，故天下何思何慮。

○人能聞道則中心有主，心中有主則手有覇秉，手有覇秉故富貴貧賤、夷狄患難，無入而不自得。故舜受堯之天下不以爲泰，二女果若固有之。故羑里演易，陳蔡弦歌，阨窮而不憫，在陋巷不改其樂，此方是大丈夫。孟東野《落第詩》云：『曉月難爲光，愁人難爲腸。棄置復棄置，情如刀刃傷。』又云：『一夕九起嗟，夢短不到家。兩度長安陌，空將淚見花。』又云：『江籬伴我泣，海月投人驚。失意容貌改，畏途性命輕。』及登第後《同年春燕》云：『盛氣月中積，英名日四馳。塞鴻絶儔匹，海月難等夷。鬱折忽已盡，親朋樂無涯。』云云。其未第也，憂之無聊，其既第也，喜之不勝，則心中無主，手無覇秉可知矣。

○楊廣殺父，世民殺兄，吴起殺妻，忍心至此，只是爲利名。所以利名一關，人多打不破。

○世之享福者有二焉：有清淡之福，有喧鬧之福。世人見喧鬧者以爲享福，則尊之敬之，雖素不相識者，亦奔走結内。見清淡者以爲不享福也，則鄙之略之，雖五服之親，閭巷之友，亦不瞻顧。而不知《書》之所謂五福者非喧鬧也，其曰富貴、康寧、攸好德、考終命，與世人以喧鬧爲福者異矣。因作口號于壁間，與有道者共品題焉。其辭云：『世有二福，世人碌碌，不慕仁義，止慕金玉。我雙表之，諭彼鄙俗。蓄淵明琴，種東坡竹，讀伏羲書，歌梁甫曲。身賤心不賤，家貧道不貧。也無榮，也無辱，此之謂清淡之福。珥七葉貂，握五等玉，迎三千客，食萬錢肉。財富産亦富，父貴子亦貴。有時榮，有時辱，此之謂喧鬧之福。清淡之福存乎我，諠鬧之福存乎天。天乎天乎，我乎我乎，二福二福，孰可無求而自足？』

○人見富貴即敬之，我若富貴，人豈有不敬我者乎？然則敬我者非敬我也，敬富貴也，我何與焉？人見貧賤即慢之，我若貧賤，人豈有不慢我者乎？然則慢我者非慢我也，慢貧賤也，我何與焉？富貴貧賤，倘來之物，與吾身原不相干。孔子曰：『死生有命，富貴在天。』有命在天，非不相干而何？人不知與我不相干，見得富貴來人即敬我，富貴去人即慢我。捨死去求富貴，再不肯放手，在裏面用了無限的伎倆。到了收拾結果處，命當富貴的依然富貴，命當貧賤的依然貧賤。

○少時讀《孟子》，讀到『殘賊之人謂之獨夫』，似此言太過了。後見一官貪酷事發，百姓離散了，無人相隨，分明畫出一個獨夫氣象出來。蓋酷不仁即殘，貪不義即賊，殘賊即今貪酷二字。

○世傳虎負三子渡河之術。昨見許松皋載之詩集中云：『猛虎哺三子，一彪特梟張。母或少防閑，二子輒被傷。下山欲渡河，一渡一可將。母心重躊躕，負彪過廣洋。空回渡一子，帶彪復回翔。以彪置彼岸，一子渡復忙。再回取彪去，七渡不相防。性靈物均有，以知制剛强。』若唐高祖之于子，太宗有征伐之功，固不足言。至宋太祖之于德昭，可謂不知渡河之術者矣。《文獻通考》載：沛縣一富人，家資巨萬。生一女，招一婿，女甚剛惡。生一子，未周年。富人有疾，請族人手書：『家産盡與婿，其所生之子止遺一劍，俟兒十五付之。』其後果不與。兒詣郡自言求劍。時太守何武得其辭，顧謂掾吏曰：『女性强，婿貪鄙，畏殘害其兒，又計小兒得此不能全獲，故寄與婿耳。夫劍者，所以决斷。限年十五，度此兒智力可以自居此凡庸。智慮何宏遠哉！』悉斷資與兒，聞者嘆服。蓋人到行不得去處，必須通之以術。孟子曰『是乃仁術也』，言仁賴術以行也。若富人者，其蓋知渡河之術者乎？

○天下之事早發泄者，十有九不克終焉。凡雨下之早，日出之早，人功名富貴之早，形體胖大之早，福澤享用之早，孩子言語知識之早，聲名洋溢之早，幾事發露之早，皆不克終。故人當流于既溢，發于持滿，故享大富大貴之人及立身行道之人，必少年貧寒，受盡萬般苦楚者。

○秦始皇葬驪山，六年之間，豈知爲項籍所發耶？豈知爲牧童所焚耶？誰逆料至此？爲人身後事不可知，于此可見。『人生不滿百，常懷千歲憂』者，愚亦甚矣。然則何以酬世哉？孟子曰『修身以俟之』是也。

○履『盛滿而不知止』，非特宰相爲然也。有宰相之滿，有左右近待之滿，有監司守令之滿，有庶官吏胥之滿，有百姓財産之滿，有商賈貿易之滿，有百工技藝之滿，有婢奴僭積之滿，皆當審我福澤之大小，量我受用之淺深，以求所以。處滿者不可只想前挣，忘了回頭，不知回頭，必有天災人禍。譬之于水，有江河之滿，有溪澗之滿，有池塘溝洫之滿，有蹄涔之滿，有缸甕之滿，有鍾盞之滿，均之滿則溢、滿則覆也。宰相特言其大者耳。蓋江河之滿，必定裂土石，漂田宅，决堤防，其害甚大。故履滿不止，特以宰相言之。噫，滿之禍，慘哉！

○文王之胎教，孟母之三遷是矣。然叔梁紇之與鯀及瞽叟，何曾教其子哉？堯舜又何嘗不教其子哉？故曰其子之賢不肖，天也。此言爲正，但不可以此言而廢教其子。

○凡人一子多不孝，富貴之子多傲。雖不盡然，十有三四。所以然者，姑息之久故也。故《易》戒『父子嘻嘻』，聖賢言語，句句實歷。

○凡臨事莫急，須調停。調則酸鹹適口，停則南北適中，急則敗事。

○天下有十三忌：大富爲人所忌；大貴爲人所忌；文學爲人所忌；政事爲人所忌；大功爲人所忌；大名爲人所忌；顔色爲人所忌；立身行道，欲爲聖賢，爲人所忌；躐等階而前進，不在循資之例，爲人所忌；君王寵信太過，爲人所忌；少年高科，爲人所忌；日久在位，塞後人輪次之路，爲人所忌；山林養重，守不見諸侯之義，爲人所忌。此特舉其大者而言耳。以至百工技藝，小事小術莫不皆然。非老于道路，練達世故，屢遭顛蹶者，不足以知之。謙退二字，其醫忌之藥乎？

○或問：既不信閻羅，人死去每每見之，或限就死之期日，不差時刻，何也？予曰：人生死不過一氣而已，其死不過一夢而已。獨不見人有男女之欲，其夢必不清。蓋欲後精神耗散，所以至病時亦不清，蓋病時榮衛不調，氣多不清，所以夢亦不清。至于多事擾攘之時，或遭患難，夢亦不清。蓋患難多事，心官失職，故亦不清。夫有欲與多事，夢且不清，而况將死之期，氣欲升上，體欲歸下，魂魄俱不相附矣，又有夢之清者乎？且萬事屬心，閻羅之説，淪民之肌，洽民之髓，于世上非一朝一夕矣，蓋熟景也。譬之人在他鄉，終日思家，夢裏夜夜在家鄉。至于老來所夢者，皆少年之事，皆少年之朋友。蓋少年血氣精壯，亦熟景也。然則人終日説閻羅，死豈有不見者乎？南人不夢駝，以原未見駝也，亦此意。

〇寧爲剛儒，毋爲諛①儒。寧爲通儒，毋爲腐儒。

〇吴王厚葬闔閭，越人發之。秦王大作邱壟，多其瘞藏，後盡發掘暴露。正所謂『但恐珠玉留君容，千載不朽遭樊宗』也。始皇墳陵在驪山下，以水銀爲百川江海，以人魚爲燭，從死者無數，工匠盡閉焉。墳高五十餘丈，周回五里，餘泉本北流，障使東西流，而孰知爲牧羊者焚也？隋煬帝初葬吴公臺下，唐平江南，復改葬雷塘。東坡詩云：『人間俯仰成今古，吴公臺下雷塘路。當時一笑張麗華，不知門外韓擒虎。』陳亡于隋，隋亡于唐，讀此詩，令人悒邑酸惻。獨漢文帝霸陵簡素，皆用瓦器，以張武爲復土將軍。復者，反還也。出土容棺，棺既下，又還舊土爲墳。今之三朝復土，還是漢時之意，信乎文帝爲真聖人。近來説者謂其當在成王之上，于兹益見矣。

〇古今人材，鍾天地山川風氣，出得少則精，出得多則涣散而不精。且如堯舜時，風氣初開，天地氣何等完聚？人生得少，其氣總聚會于一人之身，所以生出五個人出來。是何等人？個個是聖人。迄今漢唐宋已來，光岳既分，風氣日濟，設科取士，人生漸繁，風氣涣散，一個一個各分些去了，所以不産聖賢。譬之

① 諛，原作『諛』，據道光本改。

結瓜結葫蘆相似，結得少則大，結得多則不得大，而病之者亦多。橘柚亦然。又譬如漉酒相似，取得少則濃，取得多則淡，若再取得多則無酒而全是水矣。所以若有一代君相之興，必定干戈擾攘，水旱相仍，四海之内，東據西割，土崩瓦解，生民塗炭無聊，剥之極矣，而後聖君賢相挺生，從而復焉。

○人莫愁無富貴，只愁富貴來我收用不得。鼴鼷游于太倉，能看而不能喫也。

○財之爲物，誰人不愛？但有聚必有散，乃必然之理。其散時非天災則人禍也。天災如水火之類，人禍則盗賊、訟獄之類是也，皆所以散財也。古人如麥舟之濟，皆是散我之財。但周人之急、救人之難，名爲義舉，乃歡喜錢也。若水火與訟獄，不惟散之無名，亦且去之悽慘。散財雖同，其所以散之則異矣。故理當散財處則當自反，曰此吾財當散也。莫似俗人『惡求千貫易，善化一文難』。

○人家爲子者，于父母死後，多用浮屠作齋事以求免罪苦。余每每于生前驗之。余壬午年病瘧將近半載，親戚爲余禳解，余以親戚之情不能禁之。禳解之後，余之瘧猶夫初也。夫生前燒紙然燭，既不能消人之病疾，則死後燒紙燃燭，又安能解人之罪苦乎？其不可信也明矣。

○求進富貴固難，而求退富貴尤難。蓋求進富貴，不過奔波苦楚而已；求退富貴不得其退，必有巨禍矣。故持虚常易，持滿常難。虚舟可以蕩漾于江湖之中，滿載逢波濤則覆。某親見世間求退富貴不能而取巨禍者數人，嗚呼慘哉。

○凡富貴之家，最忌争秋奪伏日色。

○季氏使閔子騫爲費宰，閔子騫曰：『善爲我辭焉。』曰善辭者，其詞婉而可以感動人也。後世若張籍，在他鎮幕府中，李師古又以書幣辟之。籍却而不納，作《節婦吟》，其詞云：『君知妾有夫，贈妾雙明珠。感君纏綿意，繫在紅羅襦。妾家高樓連苑起，良人執戟明光裏。知君用心如日月，事夫誓擬同生死。

還君明珠雙淚垂，恨不相逢未嫁時。』此言婉可以動人。若絶交書，不免惹禍。

〇催壽殺有九焉：背逆君親，傷乎人倫一也；豔姬妖女，消乎人髓二也；功名富貴，快乎人意三也；衣服飲食，過乎人分四也；積攢慳吝，滿乎人量五也；營求算計，違乎人數六也；怪巧機械，戕乎人醇七也；暴妝驟扮，驚乎人目八也；遺老棄舊，拂乎人情九也。有此九者，必定損壽，故名爲催壽殺，非《麻衣》所能知之。間或不然，必定無子，或有不肖。

〇方孝孺是何心？茹瑺是何心？

〇平生爲善必有報，其爲善之一事出焉，不可因其時有横逆而懈其爲善之志也。平生爲惡必有報，其爲惡之一事出焉，不可因其時得便益而長其爲惡之心也。斯言也，其即『餘慶』『餘殃』之意乎？看聖人下個餘字最妙，此皆近日歷歷經驗之事。聖人之經，一句一字未有放空者。

〇凡富貴之家，其子孫不肖者十有四五。爲父祖者乃嚴刑刻意以束縛之，其不肖者愈不肖焉，其理何也？三伏暑熱，秋風必至，此一理也；水滿則溢，此一理也；金銀寶貝藏之已久，必定變怪，桑田渤海，遷徙不常，千年田地换百主，此一理也；人家止有如此氣運，此一理也。故挽回不肖之輪，推轉不肖之樞，當必有其道矣。爲父祖者，如二疏之散其財可也。今乃千謀百計，廣置財産以爲他日子孫牛馬之策，是築長城而欲一世傳萬世者也。惡熱而不以濯，又益之以火，豈不愚哉？又譬之秧苗，田太肥則必倒折，今又加之以糞，是益其死也。惟將糞土取去一層，則苗自中和矣。或者不得已，乃自解曰『堯舜之子且不肖』。夫曰不肖，特不肖于堯舜耳。若爲繼體之君，猶可與明帝、德宗比肩，豈今之不肖哉？

〇今人皆説梓潼神司桂籍，讀書者在在祀之，而求嗣者亦祀之，不知何所據也。常讀《文獻通考》云：英顯王廟在劍州，即梓潼神。張亞子在晉戰没，人爲立廟。唐玄宗西狩，追命左丞。僖宗入蜀，封濟順王。咸平宋真宗年號中，王均爲亂，官軍進討，忽有人登梯衝，指賊大呼曰：『梓潼神遣我來！九月二十日城陷，你輩悉當夷滅！』倏不見。及期果克城。招安使雷有終以聞，詔改王號，修飾祠宇，仍令造衣冠祭器。又《一統志》云：神姓張，諱亞子，其先越嶲人，因報母讎，徙居是山。秦伐蜀以後，世顯靈應。宋建炎來，累封神文聖武孝德忠仁王。則作《一統志》者已未查《通考》矣，據《通考》則亞子晉人也。一曰戰没，人爲立廟，一曰登城指賊，則亞子乃武士也，與文士全不相干。古今文士稱韓柳歐蘇，天欲主桂籍，胡不于四人中取一人，乃取一武士哉？此不通也。據《一統志》，則亞子秦前人也，报母讎，徙是山。則亞子乃孝子矣。即爲孝子，何以不載梓潼之志？以梓潼人物言之，如李業，漢末人，不仕王莽。公孫述徵之亦不起，使人遺以毒藥，遂飲毒死。光武表其閭。志明載其事業，墓至今尚存。苟亞子如李業，必載《人物志》矣，何以但曰報仇徙是山？此又不通也。又説者曰張仲字亞子，《詩》云：『侯誰在矣，張仲孝友。』則亞子又周人也。此説蓋爲其仲字即亞字也。然吉甫江陽人，與七曲山相去亦遠，且《史記》載申伯、吉甫與張仲同事宣王，則《詩》之所謂張仲者即此人也，其非梓潼人明矣。此又不通也。三説不通，恐梓潼不過七曲山之山神耳，乃武當、酆都、泰山娘娘之類也。夫古人祭天地、山川、五祀、先祖，以氣脉有所屬也。今讀書、求子者祀梓潼，氣脉果何所屬耶？且科目起于隋，自煬帝已前，蒼蒼者天，不知有桂籍乎，無桂籍乎？有神司之否乎？又不知自梓潼以前無子者可求乎，不可求乎？殊不知舉人、進士乃争名奪利富貴之事也，孔子曰『富貴在天』，斯言盡之矣。子孫之多寡、賢不肖乃氣數也，孟子以『子之賢不肖皆天』，斯言盡之矣。斯二者天也，非梓潼可得而與也。媚奥媚竈，胡可得哉？大抵理學不明，人心陷溺，已非一日，可哀也，可哀也。其事詩書者不知尊敬，著書立言，萬世師法之。孔孟春秋二祭，未聞一人有齋戒沐浴者。至于不知出處之梓潼，爲其司桂籍，則竭誠以祀之。其不事詩書者不敬所生之父母，視父母如路人，奉養之菲薄，言語之犯觸，無所不至，乃反遠敬夷狄不知來歷之佛，拜彌勒如父母，其可笑類如此①。

○梁武帝天監三年，與誌公和尚講禪于重雲殿。誌公忽然歌樂，複泣悲，因賦五言詩曰：『樂哉三十餘，悲哉五十裏。但看八十三，子地妖災起。佞臣作欺妄，賊臣滅君子。若不信吾言，龍時侯賊起。且至馬中間，銜悲不見喜。』梁武帝天監至大同三十餘年，天下太平，是『樂哉三十餘』也。享國四十八年，是『悲哉五十裏』也。侯景八月十三至丹陽，是『但看八十三』也。武帝聽朱异之言，是『佞臣作欺妄』也。侯景作亂在戊辰，是『龍時侯賊起』也。武帝己巳至庚午年餓死，是『馬中間銜悲』也。句句皆驗。唐太宗問李淳風曰：『秘記所云，信有之乎？』。對曰：『臣仰稽天象，俯察曆數，其人已在陛下宮中爲親屬，自今不過三十年，當王天下，殺唐子孫殆盡。』後則天之事，亦句句驗。是以天下之人不敬父母而敬佛氏，不重道義而重命數，大段有以倡之者。然則五帝三王豈無是事乎？蓋聖人在上，杲日當空，則陰邪自不見矣。

○韓退之云：『斷送一生惟有酒，尋思百計不如閑。莫憂世事兼身事，須看人間比夢間。』邵康節云：『堪嘆五伯争周燼，可笑三分拾漢餘。何似不才閑處坐，平時雲水繞衣裾。』康節覺超度迥出。

○宋光宗紹熙二年，都城市井有取程頤語録語，雜以穢褻盛行于市，朝廷知而禁之。後三年僞學之禍乃作。可見朱、程、周、張之生于世，所關匪輕，而世道之治亂，其數不能逃也。

○陳希夷嘗有言：『落便宜處得便宜。』康節亦有詩云：『珍重至人嘗有語，落便宜處得便宜。』

① 此條道光本無。

故曰蘇秦之相六國，家激之也。大率皆此意。然天實爲之，非人故意如此爲也。故孟子曰『天之將降大任于斯人也，必先苦其心志』云云。

○凡人詩文心志在此，福澤亦在此。孟東野詩云：『食薺腸亦苦，强歌聲無歡。出門如有礙，誰云天地寬？』所以東野一生貧困。邵康節亦貧儒也，則云：『心安身自安，身安室自寬。心與身俱安，何事能相干？誰謂一身小？其安若泰山。誰謂一室小？寬如天地間。』康節雖貧，其心事海闊天高，鳶飛魚躍，逍遥于雲漢之中，而高出于富貴塲埲之外。所以康節名高千古。聞道與不聞道，其差别至此。

○築長城非始于秦始皇也，周至昭王時已築長城矣，六國燕趙之近邊者，皆有長城。噫，『王命南仲，城彼朔方』，詩人以爲美談；至于始皇，皆以爲勞民傷財而歸罪之者，焚書坑儒，不施仁義，君子惡居下流故也。故『爲仁不富，爲富不仁』，出于陽虎之口則爲剿説，出于孟子之口則爲格言。

○周之興也，婦人采葛，爲絺爲綌，服之無斁，至今猶可以想其勤儉忠厚之風。及其衰也，舉火戲諸侯，方買一笑。噫，豈不亡國哉？

○陳後主將亡，有衆鳥鼓翼而鳴曰：『奈何帝。』又有一足鳥集于殿，以嘴畫地成文曰：『獨足上高臺，盛草變成灰。』劉豫，有群鳥鳴于内庭曰：『休也。』是歲金主廢劉豫。此豈有是理？蓋天地之氣揉雜不齊，故理外之事甚多。所以某以堯時十日並出爲必有之事者，以此。且如腐草化爲螢，田鼠化爲鴽，雀入大水爲蛤，如不是年年有，豈不是怪異之事？

○一時快意，可略也。前輩影樣之多，後人是非之公，可畏也。一身極榮極貴極富，可略也。每日光陰之易去，過者不復可補，百年歲月之無多，來者未必可追，可畏也。此和順王公雲鳳之名言。

○大丈夫生而桑弧蓬矢，欲其有志四方，當以四海爲一家，千載爲一日。古之君子照耀古今者，若子夏之寓居西河，周子之居廬阜，朱子之居建寧，陸子之居象山，蘇子之居許，邵康節、司馬光、張齊賢之居洛陽，孫明復之居泰山，胡安國之居衡山，以至諸葛亮之南陽，王粲之荆州，李太白之徂徠，管寧之遼海，嵇康之山陽，其間豹隱龜潛于名山大川者，不可勝紀。夫所以寓居于外者，何哉？蓋居外則山川之歷涉，朋友之觀感，旅況之備嘗，未必不蕩胸醒心，探奇收春，爲我道德文章之一助。蓋友天下之士者，方可爲天下士也。若朝夕于妻妾兒女之恩愛，朋友親戚之往來，見俗人冷眼炎凉，遂沉溺于買田問宅，誇金鬬玉之間，縱奇人節士，其不爲井底蛙者鮮矣。故學者必登泰山，觀東海，以大眼孔。

○世傳种放聞陳希夷風，往見之。希夷曰：『君當有顯宦。但名者，古今美器，造物者所忌，子名當有物敗。』之後真宗召見，待以殊禮，卒爲王嗣宗所排。康節有《安樂窩吟》云：『安樂窩中三月期，老年才會惜芳菲。酒防酩酊須生病，花恐離披遂便飛。飲酒莫教成酩酊，賞花慎勿至離披。離披酩酊惡滋味，不作歡欣只作悲。』所以康節屢詔不起。如种放者，蓋離披酩酊者也，不及康節遠矣。嗚呼，古今豈特种放哉？种放猶離披酩酊之小者也，甚者履滿不止，離披酩酊，以至于殺身亡家者焉。康節又有《先幾吟》云：『先幾能識是吾儕，慎勿輕爲世俗咍。把似衆中呈醜拙，争如静裏且詼諧。奇花萬狀皆輪眼，明月一輪長入懷。似此光陰豈虛過，也知快活作人來。』又：『爽口物多終作疾，快心事過即爲殃。與其病後能求藥，不若病前能自防。』又：『美酒飲教微醉後，好花看到半開時。這般意思難名狀，只恐人間都不知。』皆是恐離披酩酊之意。又古人云：『受恩深處宜先退，得意濃時便好休。莫待是非來入耳，從前恩愛反爲仇。』此皆恐離披酩酊者也。愚嘗觀古今宰執與夫左右信任之得寵者，其受恩之深而不知先退，得意之濃而不知早休，以至昔日之恩愛，反爲仇恨，而離披酩酊者無限。然前車之覆，後車竟不知戒者，何哉？豈真如康節所謂『只恐人間都不知』哉？又洞庭老人詩云：『八十滄浪一老翁，蘆花江上水連空。

世間多少乘除事，良夜月明收釣筒。』恐世人知乘除者少，知乘除則不至于離披酩酊矣。《易》曰：『知進而知退，知存而知亡，其惟聖人乎？』信乎知乘除者絶少，而良夜月明決不肯收釣筒也。

○時至日熟，『無可奈何花落去』。余一友人中甲榜，年未及五十遂爾物故，子幼妻嬌，欲挽留半刻不可得也。故爲人在世，須立身行道，與乾坤同其悠久。不然，謝電光陰亦猶草木之靡朽也，生于斯世亦何益哉？

○世間入水必定溺死，入火必定燒死，上樹太高，其墜落必定粉骨碎首。此三件事不消問卜。噫！可寒也，可寒也。蹈仁而死，由正路而顛蹶者，世豈多見也哉？

○或有一人居官極貪，還家之日將金銀財帛與諸兄弟平分，士林極稱贊之。一人在側曰：『濫取濫與，何不當時不貪乎？』愚曰：也難盡没其善，猶勝于貪而不分與兄弟者。若俸金禄米之應得者分與兄弟，則合孔子教原憲之道矣。然此等聖人之事，安可易得？不得中行而思次之意也。

○古今宰執，恃寵弄權以至喪身亡家者不足言矣。其間患失而又畏禍者，乃植桃李于門牆，收參朮于籯篚，自以爲縫補牢籠，莫之滲漏矣。是蓋畏影惡迹而疾走者也，與恃寵弄權者等爾。故富貴路上人，千機萬巧，千計萬較，不如知一個退字。

○不修身則欲求令名于世者，猶貌本醜而欲妍影于鏡也，無是理也。修身而無令名于世者，猶糞多力勤爲上農，而有旱乾水溢之災者也，有是數也。理有常主，數乃偶遭。故誠能動物，不誠未有能動者。

○王充作《論衡》，以堯舜桀紂一切皆歸之時命，若如此論，則人皆不學好矣，豈論之衡乎？俗人毆人，乃曰命裏不遭枷鎖，毆人亦無害。正坐此亂説。殊不知服烏頭、附子，方中其毒，豈有吃粳米、麥麪亦中烏附之毒者哉？

○數存乎天理，存乎我。到了理處就莫要言數，到了數處就莫要言理。自古爲聖爲賢，通是如此。且如爲子孝，爲臣忠，理也。我爲子必定孝，爲臣必定忠，盡其所當盡者。至于吾身所值生死貧賤富貴，一切通歸之于數。故到了理處，就莫要言數。富貴貧賤，夷狄患難，數也。我如偶遭貧賤、夷狄、患難，就不要説我平生無愧無怍，何以遭此？只去怨天尤人，就不是了。故到了數處，就不要言理。○文中子見《辨命論》，嘆曰：『人道廢矣。』言劉孝標知天道而不知人道也。此言得之。

○聖賢之言，各有所發，故各有輕重也。樊遲請學稼，子曰：『吾不如老農。』若以此一章將聖人之言爲定論，則《豳風》之詩凡埸圃納稼之言，皆細民瑣屑之事，非王業之根本矣，不載之經可也。

○中正二字，乃世儒之所難當者。孔門以中庸不可能，則中正二字之難當可知矣。吾常以許衡、王通二人評之：衡謚文正，後世更無一人議黜之者。衡河内人，乃中國之地所生，非蒙古所生也。當宋失天下之時，三尺之童亦知哀悼，不知衡亦痛否？若曰痛矣，衡曾仕元，此邪心也。當元得天下之時，三尺之童亦知憎惡，不知衡亦喜否？若曰喜矣，以中國人而喜夷狄爲主，毁冠裂裳以事之，此邪心也。又不知當爲祭酒之時，假如元主問以取宋之策，衡將何以對乎？又不知衡死之後，與文天祥、陸秀夫、張世傑四人相見，何以議論乎？大抵衡以治生爲先務，欲治生以求富貴，故不暇擇其主。區區教人科條，干禄之餌爾，何足道哉？故臨死言慎勿請謚，正丘瓊山所謂人之將死，其言也善。衡自知仕元之非，天理在人心，未嘗或泯也。予故常論衡曰非文正也。譬之婦人之失節，縱有别善，不足言矣。至于王通門人謚以文中，通立言平正，較之莊列，則又醇矣。人乃譏其河汾獻策，不知何意？殊不知王通獻策于隋文帝之時，年方二十歲，煬帝之惡尚未露也。通知其不能用，遂作《東征》之歌以歸。及煬帝即位，通即徵之不至。後屢徵辟不至者，知煬帝之爲人也。則王通之志節，較之事腥膻之主者遠矣。雖少年獻策，較之近日科舉之士，披髮以見有司，相去又天淵矣。而乃譏其獻策，何哉？雖其《中説》，門人推尊太過，亦自古儒者師徒之常爾。夫王通不仕煬帝，許衡仕夷狄，其人品皎然可知矣。許衡謚正，人不譏之；王通謚中，人反譏之。豈未讀王通之書，考其行實乎？亦科目陷人，不知所以論人乎①？

○閨門乃萬化之原，聖人于閨門上便謹戒一番。如三女之卦皆以貞戒之，至于三男之卦則不然者，可以觀聖人意矣。漢唐已來，王姬不執婦道，公主奴僕其夫，至于死而不惜者，蓋許其公主再適人也，江斆之《辭婚表》可見矣。夫公主之夫可謂榮矣，人乃辭之，不可以見當時公主之風乎？中宗之安定公主、玄宗之齊國公主、肅宗之肅國公主，皆三適人，其餘再適者不可數計，王姬且如此，況百姓哉？故要教天下以節義也，要上頭人有風教。故《關雎》之化，行于南國。

○古人場屋不得志之士多作異書，假名姓以訕宰執，《碧雲騢》之類是也。然即此書涵養之淺薄可知矣，又何望用于世也？若涵養得定，用舍窮達，隨遇而安，立德立言，無施不可，何苦枉用此心？

九喜榻記

○一喜生中華○二喜丁太平○三喜爲儒聞道○四喜父母兄弟壽考○五喜婚嫁早畢○六喜無妄○七喜壽已逾六十花甲之外○八喜賦性簡淡寬緩○九喜無惡疾。

君不見鷹隼乎？志在腥腐，頭目四顧，而其念未嘗一刻不遑遑也。若蟬則不然，不飲不食，無求于世，

① 此條道光本無。

長鳴于木杪之間，其自得之意不可名狀。某數年以來，萬念已斷，惟注《易》一念耳。每一入枕，即酣寢自如。此心廓然寂然，明鏡止水。及爾覺寤，無意必固我，無畔援歆羨，仍復酣寢。然其原有九喜焉，亦如蟬之無所求也，因名其榻而記之。

萬曆乙酉冬十月望日

四箴

醉箴

人之齊聖，飲酒温克。温克何如？惟莊惟默。聖人不亂，君子不語。不亂不語，醉之箴矣。

刑于箴

萬化本原，五倫首行去聲。遠之則怨，近之不遜。嗃嗃則厲，嘻嘻則吝。不嘻不嗃，不遠不近。惟和而嚴，惟寛而敬。夫婦有别，此道斯盡。

言箴

天地成化，桃李成蹊。一鳴則驚，太音則希。廟有金人，野無童羖。走者猩猩，飛者鸚鵡。駟馬難及，白圭易磨。守此括囊，畏彼懸河。同之爲蘭，甘之則醴。寡而吉人，訥而君子。

九德箴

堯舜之道，厥中允執。執中如何？九德爲質。惟此九德，不剛不柔。發乎情性，不沉不浮。止乎禮義，不入不流。譬彼五味，以中爲主。不過于甜，不過于苦。譬彼五行，以中爲難。當火則熱，當水則寒。堯舜在上，五臣居下。都俞吁咈，發此大雅。孔子祖述，心印是把。鳳不鳴山，河不生馬。知德者鮮，成德者寡。無有乎爾，誰真誰假？舍此九德，吾道安歸？書之座右，是則是依。

右人之寬裕、剛直、簡約、冲淡，而光明正大者方成君子，此之謂德。若小人則詭隨、幽暗、猛暴、忿戾，不勝其人欲之私矣，又何德之足言？但德之出于氣質者，恐其偏耳。故唐虞之廷發此九德，每一德之下，以一字足之，欲其不偏也。孔子祖述堯舜，其門人稱孔子温而厲，威而不猛，恭而安，皆自九德中來。自漢唐宋以來，儒者不講九德也久矣。此成才之所以難也。某因表而出之，作《九德箴》。

論俗俚語

積善也是寶，積金也是寶。積金人偏多，積善人偏少。積金又積善，雙雙豈不好？但我命若窮，要金何處討？不如只積善，安命也罷了。專心去積金，有日化成草。

莫貪利，須要高明。

敬親也是敬，敬佛也是敬。敬親不敬佛，佛也不嗔恨。敬親又敬佛，佛也叫不應。他是西方人，與我不相認。若説求生死，生死已前定。不如只敬親，心盡理亦順。

莫信邪須要正大。

做官也是人，做民也是人。天地生人時，都是一般身。若論做君子，官民通可能。民若能立志，堯舜與同群。官若不立志，盗跖與同行。流芳民即官，遺臭官亦民。

莫自委，須要發憤

緊行也是路，緩行也是路。原來這前程，前程有定數。長笑心忙人，急走盡朝暮。今日某處行，明日某處住。豈知算不來，脚跛難行步。依舊緩行人，同日到去處。

莫欲速，須要從容。

死生有命吟

籛鏗視顔回，顔回誠夭矣。天地視籛鏗，籛鏗亦早死。五十笑百步，長短亦走耳。不患壽短長，惟患愧此理。一朝能聞道，生順死亦美。終身不聞道，枉過生亦鄙。世有長生術，吾將越千里。死生既有命，不須置之齒。而何不安命，修身成君子。

富貴在天吟

人皆爲富貴，朝夕紅塵走。豈知傀儡場，變態常不久。古稱陶朱富，至今還在否？笑爾原憲貧，廟血配魯叟。挺然爲丈夫，貧賤亦不朽。孜孜圖富貴，百歲成芻狗。富貴假能求，執鞭亦非醜。富貴既在天，非我所可有。而何不樂天，奔忙到白首。

革喪葬禮約裂布作樂設宴三事

古人制禮有吉凶焉。吉凶異道，不得相干者取之陰陽，皆稱情而立文也。送終乃禮之大，古之聖人制禮甚嚴，凡容體、聲音、言語、飲食、居處、衣服皆有一定之制，昭昭垂之于經，所以厚風俗、益世教者不淺。至漢去古未遠，居喪，使婢在側丸藥，即終身黜落。至隋煬帝，可謂古今之元惡矣，居喪亦不敢公然食肉。至宋儒，有欲以酒飲人者，乃曰：『既不能以禮自處，又不能以禮處人。』則宋世守先王禮教者亦嚴。至元則夷狄矣，夷人父母死則歌舞娛尸。皇祖一掃腥羶①，洪武戊申年，御史高元侃言：『京師猶習元俗，喪葬設宴作樂，娛尸流俗之弊，至此已甚。京師，天下之本，四方之所視效，況送終尤禮之大者，不可不謹。乞禁止，以正風俗。』上是其言，即命禮官定制，今載之《大明律》中。十惡一曰不孝，內有居喪作樂之條，八議所不赦。梁山去京師乃爲遐方，二百年來猶習元俗。某舊時居喪，雖盡革其習，但不才凉德，豈能化于鄉人？今之鄉人雖依某革具浮靡，然猶剪麻布，散吊客，名爲孝帛②。親方死即鳴金鼓，吊客來即設酒喧嘩，如賀客然。甚至强孝子飲酒者，乃揚言云『父母是老死，飲酒無害。』此風俗之至惡者也。殊不知斬衰、齊衰、大功、小功、緦麻之縷，各有精粗，今不論精粗而亂加人之首。若以此布爲貴與，又何士大夫家官長來吊，不敢以此布加官長之首，而止敢加于鄉人？則此布又賤矣。梁山麻布一尺，所值銀不過四厘，

① 自『至元則夷狄矣』至『皇祖一掃腥羶』，道光本無。
② 帛，道光本作『帕』。

在主人以長短爲厚薄，在客以長短爲喜怒，其可笑至此。殊不知羔裘玄冠，禮不可吊，白馬素車，吊客當然。而主人反以素布加吊客之首，何哉？蓋尺布裹頭，夷人之俗，今猶沿元人之尺布①。此孝帕所當革者一也。

酒所以合歡。《禮》父母死，三日不舉火，人子三日不食。齊衰二日不食，大功一日②不食，小功緦麻再不食。斬衰之喪，既殯食粥。齊衰之喪，蔬食水飲，不食菜果。大功之喪，不食醯醬。小功緦麻，不食醴酒。來吊之客，非大功則小功，非小功則緦麻，菜果醯醬醴酒皆不敢食，又敢飲主人之酒乎？至于凡民，無服之喪，有匍匐之義，亦不忍飲酒。在主人，三日不舉火，不能設酒。在吊客，不敢飲酒。若公然飲酒，正宋儒所謂『既不能以禮自處，又不能以禮處人』也。此飲酒食肉所當革者一也。

樂者，樂也，先王所以飾喜也。樂必發于聲音，以其喜也。《禮》斬衰之喪，唯而不對。齊衰之喪，對而不言。大功之喪，言而不議。小功之喪，議而不及樂。故鄰有喪，舂不相者，謂其喧鬧而樂也。有小功之喪者，且議論而不及樂事，況父母之喪，可以喧鬧而用金鼓之樂乎？且聞樂不樂，聖人有明訓。居喪用樂，皇祖有大法。今不遵聖人之教，違祖宗之法，而甘爲十惡大罪之人乎？非真夷狄乎③？此鼓樂所當革者一也。

蓋蓼蟲不知其辛，鮑魚之肆久而不知其臭。行喪禮而不自知其非，舊習然也。《傳》曰挾泰山以超北

① 『蓋尺布裹頭夷人之俗今猶沿元人之尺布』，道光本作『蓋猶沿元人尺布裹頭之舊』。
② 一日，道光作『三』。
③ 『非真夷狄乎』，道光本無。

海，曰不能，是誠不能也。今不費己之財，不廢先王之教，乃折枝之類也。某願同鄉以折枝而行之。昔蘧伯玉耻獨爲君子，因書此約，與吾鄉之人共爲君子，以成美俗。

萬曆壬辰十月十日來知德書于求溪草堂。

來瞿唐先生日録卷七

理學辨疑

理學辨疑序

鄂渚周文

先生見人常曰：『聖人易學，公卿難到。』常誦孟子：『予豈好辨哉？予不得已也。』《辨疑》中如辨月本無光，借日以爲光，辨地下非水，辨日月每日一周天，辨日食，其切己功夫，《入聖功夫字義》中辨明德二字，格物二字，一貫二字，以至《易經・序卦》貞勝二字，錯綜二字，並卦爻中數百疑，見道分明，孟子以下一人而已，有功聖門，恐非宋儒所可及也。蓋先生之學，不求人知，家居衣服樸素如樵人漁子，滿腹珠玉，一毫不露。見人則飲酒敘寒温，談笑自若，絶口不及心學。初見薛敬軒《録》，即以領絹大書『願學孔子』四字繫之于臂。林下近三十年，義理沉潛反復，忘食忘憂，已非一日，正所謂『欲得虎子，必入虎穴』者也。注《易》求溪，十四年而後成，志堅可知矣。所以諸儒不可及。

太極

或問：宋儒已前不知太極爲理，至宋儒乃指爲理，又不明言其何理，此何理也？曰：仁義禮智信之理也。仁義禮智信之理一也，自天命而言謂之性，自率性而言謂之道，自物則而言謂之理，自無偏倚、過不及而言謂之中，自有諸己而言謂之德，自極至而言謂之太極。譬如起屋相似，性字自根基上説，道字自道路上説，理字自尺寸不可易上説，中字自規矩上説，德字自蓄積上説，極字自關門一掃、統括微妙上説。

〇或問：何以知其爲仁義禮智信之理也？曰：天地之道，陰陽盡之矣。陰陽變合而有金木水火土，是五行也。有形焉，有氣焉，有理焉。其形則天地萬物，有形象者是也。其氣則五行之代謝往來，一呼一吸是也。其理則五行之神，仁義禮智信是也。故天地有許多萬形萬象，飛潛動植，然皆屬于五形。除了五者之形則無物矣。如以形論，長而瘦者屬木，短而肥者屬水，尖而下大者屬火，圓而下大者屬金，平正者屬土。如以色論，青者屬木，紅者屬火，白者屬金，黑者屬水，黄者屬土。以物論，鱗者屬木，羽者屬火，毛屬金，介屬水，裸屬土是也。其中有許多氣，然不過一呼一吸，除了呼吸則無氣矣。形氣中有萬般理，然皆管于五性，除了五性則無理矣。且以仁言之。仁者，愛之理，愛字管得寬，愛親也是愛，愛民也是愛，愛物也是愛。義禮智信亦然。不特此也，天下有許多樂器，如鐘鼓管籥之類，然皆管于五聲。有許多字，點畫形象，然皆管于五音。有許多禽獸草木之味，然皆管于五味。有許多綵色，然皆管于五色。則天下之理，又有出五性之外者乎？

〇聖人當時在五形上看出五性來。雖是五性，總是一理，所以隨其大小上下縱横通説得。如以五行單言，仁屬木，禮屬火，義屬金，智屬水，信屬土，此各有屬也。若又以木單言，木仁也。枝枝葉葉，文理燦然，若鋪張陳設，仁中之禮也；大者爲幹，小者爲枝，截然判斷，仁中之義也；强幹弱枝，明明白白，不相悖害，仁中之智也；柏千年是柏，松千年是松，仁中之信也。又以火單論，火禮也。民非水火不生活，能活人，禮中之仁也；見木則燃，見水則死，截然判斷，禮中之義也；能照物，禮中之智也；性主于熱，千年不移，禮中之信也。若以五行天地萬物總論，天覆地載，煦育萬物，仁也；高崖深谷，截然斬斷，義也；天高地下，萬物散殊，禮也。不相悖害，皎然明白，智也。日往月來，寒往暑來，不爽毫釐，信也。若以天上日單論，垂下照萬物，仁也。冬寒夏熱，截然判斷，義也。春分以後行北道，秋分以後行南道，往來于天，無過不及，禮也。貞明，智也。朝升夕沉，信也。五性之理，原無定在，亦無定體。宋儒要仁體，就錯了。某常譬喻五性如一桶水，有四孔從東孔來者即惻隱之心也，從西孔來者即羞惡之心也，以五性原一理也。

〇五性之無定體，以其本于五行也。然五行一陰陽也，陰陽原無定位。且以天地論之，天秉陽，地秉陰，此以清濁論陰陽也。以天獨論之，日爲陽，月爲陰，此以晝夜論陰陽也。星爲陽，辰爲陰，此以明暗論陰陽也。以地獨論之，火爲陽，水爲陰，木爲陽，金爲陰。土之剛者爲陽，柔者爲陰，此以形質論陰陽也。以五行分論之，甲木爲陽，乙木爲陰，丙火爲陽，丁火爲陰，戊己庚辛壬癸皆然，此以受氣論陰陽也。以一歲論，暑爲陽，寒爲陰，此又以情性論陰陽也。以一日論之，晝之寒暑皆陽，夜之寒暑皆陰，此又以明暗論陰陽也。以人一身論之，頭爲陽，足爲陰，此以上下論陰陽也。以頭面獨論之，目屬陽，耳屬陰，鼻屬陽，口屬陰，此以尊卑論陰陽也。以口獨論之，以體言則齒爲陽，舌爲陰，此以剛柔論陰陽也。以用言則齒爲陰，舌爲陽，此以動静論陰陽也。陰陽原無定位，既無定位，理亦無定在矣。譬如論中相似：人家兩座屋，以天井爲中；到上堂，以堂之中爲中；若入房，以房之中爲中是也。

〇朱子云：『不言無極則太極同于一物，而不足爲萬化之根，不言太極則無極淪于空寂，而不能爲萬物之根。』若如此論，是孔子之言未明備，必俟周子之言始明備矣。蓋孔子之言已明備無欠缺，包括無極在其中矣。周子恐人認錯了太極二字爲有形之物，故云無極，正所以解太極也。朱子説平了。

○邵康節常時左來右去，將陰陽、剛柔、老少算去。如説暑者日之爲，寒者月之爲，晝者星之爲，夜者辰之爲。又如暑變物之性，寒變物之情，晝變物之形，夜變物之體。又如雨化物之走，風化物之飛，露化物之草，雷化物之木。以至皇帝、王伯此等話，左來右去都是四象上推算去。如聖人之言則約而達，如説『天地絪縕，萬物化醇』，『男女構精，萬物化生』，『鼓之以雷霆，潤之以風雨』，『日月運行，一往一來』，『乾道成男，坤道成女』數句盡之矣。後學要把造化大頭腦理會得熟，去看《皇極經世》，即易易矣。不然，如説『晝者星之爲』，不知説甚麽。

○『易有太極，是生兩儀。』不可執泥『是生』二字，蓋無先後也。

天地

○或問：天地之形，邵子依附之説是矣，朱子之説何如？朱子説天地間只有陰陽二氣。這一個氣磨來運去，磨得急了，拶得許多滓渣在裏面無出處，便結成地在中央。氣之清者便爲天，爲日月，爲星辰。又説天初生想只是水火二者，水之滓脚便成地。今登高而望群山，皆爲波浪之狀，只不知因甚麽時凝了，初間極軟，後來方凝得硬。又説五峰所謂一氣太息，震蕩無垠，海宇變動，山勃川湮，人物消盡，舊迹大滅，是謂鴻荒之世。嘗見高山有螺蚌殼或生石中，此石即舊日之生螺蚌，即水中之物。下者却變而爲高，柔者即變而爲剛。此數條通説錯了。以朱子前説，恰似天地纔初生這一番。至于五峰螺蚌之説，猶可笑也。鴻荒之世，至宋不知幾萬年矣，尚有螺蚌哉？此朱子篤信之過也。殊不知天地乃無始無終者也，止有一明一暗爾，明了又暗，暗了又明，所謂萬古者一日之氣象是也。到了暗時，雖然昏黑，不曾墜敗，就似人夜間睡着一般，其氣尚流通。人睡着之時，人雖不知，然氣息一呼一吸，未有一息之停。是以知天地雖昏黑，其氣機呼吸未嘗停也。然何爲而昏黑也？爲無陽也。蓋天地到了戌亥，純是一團陰氣，通是此陰氣煙霧塞了，日通無光了，所以昏黑。然雖昏黑，天地之形質未曾壞敗，春華秋實之草木並凡有血氣者，皆不生了。至于陽生于子，天依舊開了，以天屬陽故也。天雖開，然陽尚微，至于寅之時陽盛了，三陽開泰，天地交構，所以依然春華秋實，生起血氣之物來。

○或問：朱子云天外無水，地下是水載。北溪陳氏亦云地是水載。不知是否？曰：此正坐不理會造化大頭腦也。地既是水載矣，水之外又何物耶？水之外如又是地，則地之外又何物耶？將『振河海而不洩』此一句説不通了。蓋地雖如此厚載，周身全是氣，地即譬如飯甑中米，其橐籥之氣，就譬如甑中氣。經曰山澤通氣，竅于山川是也。即今江淮河漢日日流下海，海縱大流，至一年普天下皆水矣，何以古今流而不絶，滿而不溢耶？蓋化而爲氣也。天下之水盡向東南流，東南者，消方也，故曰化而爲氣也。何以知其化而爲氣也？蓋五行各有象，生者木之象也，長者火之象也，收者金之象也，藏者水之象也。故曰坎者陷也。冬月水旺之時，江淮河漢止有此水，此本象也。至春到東方，水去生木，木上通是水了。水氣漸漸浮而散漫，又到南方，五六月大雨時行至此，水浮在上，水氣盡竭矣。氣者水之母，水者氣之子，氣凝則水小，氣散則水大，水小者水旺也，水大者水衰也。故東南乃水之消方，西北乃水之長方，水氾濫長者乃水氣之消也。凡下雨，雲走東，決無雨，雲走西，雨必大，以其生方也。故曰『五行之動，迭相竭也』。木竭水之氣，火竭木之氣。試將一碗水潑在衣上，將木火燃起，一時化而爲氣乾了。水向消方化而爲氣，于兹驗矣。說水載地者，不知水之義者也。程子説：『海水潮因陽盛而涸，及陰盛而生，亦不是將已涸之水來生。水自然能生，往來屈伸，只是理也。』此言得之矣。

○水火相見不得，《易》言『水火不相射』者，言相見而不相害也，言氣之交感也。汞見火即飛，所以到冬月水旺火即絶了，到夏月火旺水即絶了。陽水絶于巳，陰水絶于午。水氾濫者，水氣正在消散。所以堯舜禹正當巳午之時六陽極了，所以十日並出，洪水氾濫于天下，此至妙之理，自古聖賢不能窮者也。說水載地者，不知水隨氣以消長者也。故富貴之家，炙手可熱者，秋風將到矣。正水氾濫者，水氣正在消散之意也。

○天地有此許大形體，就載得此許大水。五行金木水火土皆在天地之中，不出天地之外。譬如人身，有此形體即有此血脉，血脉只在身上流轉，不在身外。以人身論，腎屬水，即海也，所以海水鹹。說水在地，全然不曾理會五行之理。

○地在天之中，周身都是氣，地常長，特人不覺爾。何以知其地之長也？某游峨眉山，登八十四盤極險峻之地，見新崩痕迹，僧曰：『此等去處，年年有雨即崩。或崩一丈者有之，或崩二丈者有之。』某即算只說一年崩一分，十年崩一寸，百年崩一尺，千年崩一丈，萬年崩十丈，十萬年崩百丈，百萬年崩千丈，千萬年崩萬丈，萬萬年崩十萬丈，則此山化而爲平地矣，何以萬古猶此山也？地常長而人不覺，于此可知矣。海之長亦然。

○程子云：『地之下豈無天？今所謂地者，特天中一物耳。凡有氣莫非天，有形莫非地。』朱子云：『天以氣而依地之形，地以形而附天之氣，天包乎地，地特天中之一物耳。』此二段極説得是。

○朱子説『自古無人窮得北海』，殊不知天地北邊高，何處有海？

○或問：山與海俱長，則海終日流塵于中，以一年長一分論之，則萬年即十丈高，宜長而爲山矣，何以萬古此海也？此亦自古聖賢不能窮者也。曰：地道流盈而益謙，此地之常也。既有所長，必有所消。蓋天地之形體，就似人之形體相似，頭千年是頭，足千年是足。山北西千年是高，海東南千年是低，此一定之形體也。山既漸向東南而消，海亦漸向西北而長，一消一長，盈者流之，謙者益之。消一分則長一分，長一分則消一分。此至妙至妙之理也。水常對東南一邊行，土常對西北一邊退，行是消，退是長。

○人在世間，長了一分富貴，就消了一分聰明；長了一分聰明，就消了一分富貴。非達陰陽造化之妙者，不足以識此。富貴屬陰濁一邊，聰明屬陽明一邊。

日月星辰

○或問：日行有長短，何也？曰：此因地也。日月者，地中陰陽之精也。故日行高低不離乎地之氣。冬至以後一陽生，此氣之長也。陽氣主于升，鼓萬物之出機，故漸伸而高，日隨氣而亦高，故晝長。夏至以後一陰生，此氣之消也。陰氣主于沉，鼓萬物之入機，故漸屈而低，日隨氣而亦低，故晝短。

○或問：日之行，一日一周天，如此山河大地，縱飛亦不能周天；或者以日爲驥步，驥不過日行千里耳，安能周天？縱一時行一萬里，一日十二時，地之體豈止十二萬里哉？自古聖賢皆不能窮之，不知何以能周天也？曰：此正論造化者當默識其大頭腦也，既理會得大頭腦，則其間左來右去關竅自然通矣。蓋日月皆此地陰陽所發之精英也，既爲所發之精英，則不離乎地矣，安能不周天乎？試將一枝燭置于竹筒內，放在廳中間桌上，廳之燭照去，瓦上有一圓光，即譬之日也，將手把竹筒一斜側，少傾斜間瞬息過了廳，此日周天之義也。何以驗日月爲地陰陽之精英？余游峨眉山，欲見佛光，連日陰雨，山中將住一月矣。僧曰：『此光亦難遇，如將發光之時，前一夜必有大風吹撼屋動，則次日有光矣。』果一夜風發屋動，次日天開霽晴明。僧曰：『此當以日影驗之，日照屋影到某處即有光矣。』果至其時，日射崖下之光石，即有霧如綿，平鋪二三十里，僧家謂之銀色世界。信乎銀色世界也。俄而空中兩道白毫挺出霧中，即有一光如蝃蝀，紅緑相間，圓如月，五七丈寬，地之精英于此可驗。此則一山之精英也。若日月則九州萬國之精英矣。苾芻指爲佛光，世人安得不惑哉？朱子説『峨眉看佛光以五更看』，五更看者，非佛光也，僧家謂之聖燈滿天飛，蓋腐葉之類。

〇或問：宋儒以月本無光，受日之光以爲光。程子、邵子、朱子、張子皆如是説，而今獨以爲非受日光，何也？曰：此正未達造化大頭腦，而有此新巧之説也。蓋天地既有此陰陽，就有往來，有生死，有盛衰，有寒暑，有長短，有常變，此必然之理數也。況月乃陰精，既屬陰，則月之中有昏黑之狀者，此定理也。有盈有虧者，亦定理也。孔子曰：『懸象著明，莫大于日月。』日自爲日，月自爲月，豈有月受日光之理哉？至若望日，酉時日月固相對矣。至于半夜，日在地之中，月在天之中，有許大山河，天地相隔，月豈能受日之光？譬如置一鏡于桌上，置一鏡于桌下，乃以桌上之光受桌下之光，雖三尺之童亦不信也。朱子乃以地在天中不甚大，四邊空，有時月在天中央，日在地中央，則光照四傍，上受于月。則説得全不成話了，豈有是理也哉①？蓋朱子篤信之，過信沈存中之言爾。既然地不甚大，月在天中央，日在地中央，光從四傍上可以受于月，宜乎月之光夜夜滿矣，何以十七、十八，月即缺哉？賢人篤信之過亦至于此。且月本有圓缺，聖人已先説矣。如曰『天道虧盈而益謙』，此聖人之言也。『日中則昃，月盈則食』，此聖人之言也。『天秉陽，垂日星，地秉陰，竅于山川，和而後月生也。是以三五而盈，三五而缺』，此聖人之言也。『哉生

① 『則説得全不成話了，豈有是理也哉』，道光本無。

明，既生魄，旁死魄』，此聖人之言也。聖人明説生説死，説盈説缺，乃不信經而信沈存中之言，何哉？朱子又以經星緯星亦受日光。如説以星亦受日光，則當每月三十、初一、初二月缺將盡之時，星亦當缺其光而不見矣，何以星常常如此明也？看來朱子説日食並月受日光皆信曆家之言，未曾把造化大規模頭腦理會。

○星本無度，曆家自晝夜算之耳。蓋天北高南低，所謂北極南極者，極，至也，南北到了各極處，不知北邊高幾萬丈矣。星者，地之精也，浮于地者也。北極星浮在北邊丑艮上極高處，地之高再無高于此者矣。南極星浮在南邊未坤上極低處，地之低再無低于此者矣。其浮于上，去地之度數南北也彼此相同，但因地勢高低不同，所以曆家謂南極入地三十六度，北極出地三十六度。出入者，地勢不同故也，諸星左旋到了南北兩頭極處，恰似在車軸兩頭旋，其實他也左旋，止因天遠，管窺恰似不動。北極高，所以常見。南極低，所以常隱。因北極在高處，諸星在下面，所以譬人君。

○東南西北每七星，共二十八宿，非二十八宿大于衆星也，亦非在正東正西正南正北也。止因日之所行，紀其經行之處耳。蓋天本無度，作曆者無以紀其數，以一年乃三百六十五日有餘，故以日周天之度亦三百六十五度有奇。然天體渺茫冲漠，何處記認？于是以當度之星記之。譬如孟春日在某星幾度，仲春在某星幾度。不論度之廣狹，三十度者有之，一度二度三度者有之，《禮記·月令》所載及《詩》『定之方中』是也。譬如荆州去北京，某日至荆門，某日至當陽，某日至襄陽之意。日周天有此二十八個當度星，所以推定二十八宿之名，其實此星與衆星同也。

○北方七宿如一牛而少一脚，有龜蛇盤結之象，今人以真武修仙、龜蛇二將，可笑也。

○星本無名，曆家因難記認，改其名以便記認，如耀魄寶之類是也。

○古之聖賢如天，無月之盈虧，縱聰明也定不得春夏秋冬十二月，也置不得閏。

○月詳説前直圖。

日食

日食者，數當食也。有當食而不食者，邵子曰演算法之誤，此言得之矣。或者當夜食，曆家差其時。如宋寧宗六年，太史言夜食，不見是也。蓋日食常在于朔，月食常在于望。間有差者，不過差一日耳。不離朔望者，定數也。圓必有虧者，定理也。朱子言朔而日月之合，東西同度，南北同道，則月掩日而日爲之食。望而日月之對，同度同道，則月亢日而爲之食。亢，當也。言日月相對，太親切，遂遥奪其光。又云正如一人執燭，一人執扇相交而過。看來通説錯了。日月在天，譬之兩球疾馳如飛，相交而過，彼此安能掩乎？況日一日一周天，其迅速一刻千里，月豈能掩乎？曆家見得日食皆在朔，月食皆在望，因生此議論也。此皆不將造化陰陽大頭腦理會，故吾儒亦信之。殊不知天地有此陰陽不齊，就生起許多不齊事來。故有吉必有凶，有盈必有虧，有消必有長，有長必有短，有好必有醜，有常必有變，此必然之理，必然之數也。今以天言之，蒼然者天之常也，然或時而白，或時而紅而黑，或時空中偶生雷霆，偶生風雨，非變乎？方者地之體也，然或高而萬丈，或卑而萬丈，亦有盈有虧，非其生成之變乎？鎮静者地之常也，或時而震，或時而裂，非其偶然之變乎？故明者日之常也，時亦如血，或時昏暈，或時有黑氣如飛鵲、如飛燕，或時有黑子如棗如李，或時貫白虹，或時夾兩珥，此皆載之簡册，昭可考者，非明者之變乎？故《周禮》眡祲掌十煇之法，以觀妖祥，辨吉凶。一曰祲，謂日旁有陰氣相侵也。二曰象，謂陰氣附日，凝結成象，燕雀之類是也。三曰鐫，謂黑氣刺日也。四曰監，謂氣抱日也。五曰闇，謂方晝而晦也。六曰瞢，謂日瞢瞢然無光也。七曰彌，白虹彌天也。八曰敘，謂雲有片段次序，如山在日旁也。九曰隮，螮蝀升氣于日也。十曰想，雜氣成形想也。故圓者日之常也，或時有缺焉，或缺十分之五，或缺十分之盡。則圓而缺者，雖變也亦常也。若以爲月所掩，且如桓公三年秋七月壬辰日有食之既，既者盡也；又如襄公二十四年，安王一十年，高后二年，平帝元始元年、普通三年，日皆食之盡；赧王十四年日食晝晦。夫月掩日安能至此甚乎？此皆已前載之史册，不可勝紀矣。至若本朝，正德某年，日食盡，白日偶黑，滿天星斗，此先輩所親見者也。月在何處，安能掩日至此乎？且古人不言日缺，而言日食者，缺處如有物齒之狀，此食字之義也，故解蝕字云如蟲食草木之葉也。每每救日，見其缺處參差不齊，月掩日安得有是象乎？蓋月之圓有時而虧，正猶日之白有時而雜氣，如《周禮》之所謂十煇也，何必穿鑿以黄道論哉？又説亦有交而不食者，同道而相避也。謂王者修德行政，則陽足以勝陰，雖當食而月常避日亦不食。此説尤不通也。蓋日月無心情之物也，若月知避日，是有心情矣。且如五帝三王已上不可得而知矣，至若漢文帝、宋仁宗豈不修德哉，然亦日食如常，何哉？嘗考宋《中興志》云：張衡云對日之衡，其大如日，月光不照，謂之闇虚，月望行黄道，則值闇虚有表裏淺深，故食有南北多少。本朝朱熹頗主是説。由是言之，日之食與否，當觀月之行黄道表裏，月之食與否，當觀所值闇虚表裏，大約于黄道驗之也。此《中興志》之説也。又沈氏《筆談》亦論東西南北。觀《中興志》，謂本朝朱熹頗主是説，則自漢唐以來，言日食者紛紛皆未定也，朱子見得曆家通是如此説，遂信之，解《詩經・十月之交》之注爾。又《中興志》云日之食又有當食而不食者，出于曆法之外者也。如唐開元盛際，及本朝中興以來，紹興十三年、十八年、十九年、二十四年、二十五年、二十八年，皆當虧而不虧。及考唐史，開元三年七月、七年五月、九年九月、十二年閏十二月，共日食十二次，開元盛際何嘗不日食乎？又考宋紹興五年正月、七年二月、十三年十二月、十五年六月、十七年十月等共食十三次，止有三次入雲不見，群臣稱賀者，奸邪蒙蔽也。當是時也，正秦檜弄柄之時，王倫詔諭之日，屈膝稱臣于醜虜，復殺良將以悦其心，君何君也，臣何臣也？何嘗修德哉？而以爲中興以來紹興某年某年不食，恐亦諛君之言也。則《中興志》不足信矣。朱子修德不食之説，蓋主曆家此説也。蓋日者衆陽之宗，君象也。天道變于上，人事應于下。人君于日食必當側身修德，以回天變，非修德則不食也。嘉祐六年日食，入雲不見，時議稱賀，獨司馬光上言：『臣愚以爲日之所照，周遍華夷，雖京師不見，四方必有見者，此天戒至深，不可不察也。臣聞漢成帝永始元年九月，日有食之，四方不見，京師見，谷永以爲禍在内也。二年三月，日有食之，四方見，京師不見，谷永以爲禍在外也。臣愚以爲永之言似未協天之意。夫四方不見，京師見者，禍尚淺也。四方見，京師不見，禍寢深也。天意以爲人君爲陰邪所蔽，天下皆知而朝廷獨不知也。人主猶宜側身戒懼，乃相率稱賀，不上下蒙誣哉？』若司馬光者，可謂委曲善導其君以回天變者矣。《禮》曰：『日食則天子素服而修六官之職，以蕩天下之陽事。』此皆垂訓之言，欲人君反身修德也。蓋言反身修德以回天變則可，若曰修德則日不食非矣。何也？日猶水也，日猶旱也，堯之時浩浩襄陵，湯之時焦金流石，堯與湯豈不修德哉？故堯惟反身修德，曰『洚水警予』。湯惟反身修德，以六事自責。自古聖人惟反身修德而已。且如孔子之聖，豈不及文王？文王之時，鳳鳴岐山；孔子之時，鳳鳥不至。豈孔子修德不如文王哉？所遭之氣運不同耳。如曰人君修德即日不食，是孔子修德即鳳鳥至也。

〇夏仲康五年日食，《書》云：『乃季秋日朔，辰弗集于房。』弗集者，不安也，言日辰不安于房宿也，即言日食也，亦非日月掩蝕也。蔡仲默以『集』與『輯』通，爲日月不和，誣矣。

〇小雅《十月之交》：『朔日辛卯，日有食之，亦孔之醜。彼月而微，此日而微。今此下民，亦孔之哀。日月告凶，不用其行。四國無政，不用其良。彼月而食，則維其常；此月而食，于何不臧？』朔日辛卯在幽王六年，常考幽王三年，幽王見褒姒而悦之，是年三川震，五年廢申后及太子宜臼，必定幽王四年五年六年之間，有月食矣。但古人月食不載之史也。十月之交，交者，方交十月也，即朔日也。辛卯者，紀其日所值之干支也。微者食之甚也，與式微之微同。彼者，猶前也，彼月而微者，言前已月食之甚矣。此日而微者，言今又日食之甚矣。日月告凶，月則維其常矣，日則大變，有何善哉？不特天變，地亦有變。又云：『百川沸騰，山冢崒崩。高岸爲谷，深谷爲陵。』此指三年三川震也。至十二年，犬戎殺幽王于驪山下，而宗周宗廟宫室盡爲丘墟，遂有《黍離》之詩焉。則作此詩者，乃當時賢人君子，見得日月告凶，雷電不寧，失天道也；山川崩沸，岸谷變遷，失地道也；内有褒姒之邪蠱，外有皇父之貪痗，以至群口噂沓，四國暴亂，三農污菜，失人道也。三才絶矣，國欲不亡得乎？作詩者逆知周之必亡，乃作此詩。朱子解注，依曆家之説，不惟解之錯，且失詩人憂時所刺之意矣。

○『彼月』二句依蘇氏注亦通，某所辨者，止辨其非日月掩蝕也。

或問：堯時十日並出果有否？曰：此其必有者也。蓋堯時六陽已極，陽精之發極盛故也。觀天地，六陰已極之時，即昏黑可知矣。斷史者以儒者莫先于窮理，無十日並出之理。殊不知此造化之妙也，俗儒安得知之哉？且天地陰陽有此不齊之氣，即有此不齊之事。如日明于晝，乃其常也，亦有夜出者焉，如漢武帝建元二年是也。天無二日，乃其常也，亦有二日並出者焉，如永聖元年、乾符六年是也。月亦然，或時兩月並出，或時三月並出，或時西南方兩月重出，或時朔月猶見東方，或時生齒，其間恠變不可勝紀。又極而言之，天雨水常也，或時雨血，或時雨沙，或時雨土，或時雨草，或時雨金，或時雨肉，或時雨水銀。故草木殊質，櫻桃有時而生茄。陰陽異位，男子或時而變女。如履武呑卵，鳥覆羊腓，皆無理之事，聖人載之于經，豈聖人亦信怪哉？賈誼曰：『天地爲爐兮，造化爲工。陰陽爲炭兮，萬物爲銅。千變萬化兮，未始有極。』斯言得之矣。

〇天下理外事極多，且如孔子古今至聖，虛墓中生出白兔來，此事都不可曉。所以説賈誼『天地爲爐』數句説得好。燒窯有窯變，即千變萬化之意也。

雷霆雨露霜雪

或問：程子云人之作惡與天地之怒氣相擊搏，遂震死霹靂者，天地之怒氣也。此言是否？曰：非也。但看伏羲畫卦，取陽一畫到陰一邊來謂之震，震爲雷，乃長男也。取陰一畫到陽一邊來謂之巽，巽爲風，乃長女也。所以説雷風相搏。因陽氣極了要出來，陰纏綿包裹住他不得出來，所以一出有聲，爆竹放銃是也，安得爲怒氣哉？又觀《易》曰：『雷出地奮，豫。先王作樂崇德，殷薦之上帝，以配祖考。』蓋言陽始潛閉地中，及其動則出地奮，震通暢，和豫之至矣。即以薦上帝而配祖考也。使非和之事，安能配享哉？所以知其非怒氣也。張子説：『陽在外者不得入，周旋不舍而爲風也。』説得不是。蓋風者，橐籥往來之氣也。但看手握扇，往來生風，又看扇鐵風厢，一往一來生風可知矣。

〇雷擊人物者，偶遇也。雷從地中出，出之時不論人，不論物，但所出之處即擊矣。説人之作惡，值天怒氣就不是了。如雷擊孔子文廟柱，擊人家樹，此皆所親見者，柱與樹有何罪哉？真西山説：『雷雖威，初非爲殺物設也。』斯言得之矣。

〇雷之有形者，氣盛生之也。然有形而無質，響過就散了。但看地中生菌，占得天地不大氣，一夜生起，次早去採菌，脚中已有蛆矣。況雷鼓天地許大之氣，豈不成形哉？所以將動雷之前一日，必熱之極。

〇雷純一團陽，所以有火有電光。古人説雷出則萬物出，雷入則萬物入，斯言得之矣。

右前數條，皆因宋儒説之可疑者辨之，如説之既明者，不重載于此録。

心學晦明解

心學之一明一晦，天實囿之也。心學長明于天下，則世多聖人，麒麟、鳳凰，不能出走獸飛鳥之類矣。即今書者，吾儒所治之業也。天下無不讀書之聖人，賢者識其大，不賢者識其小，此古今聖人之常。大舜邇言且察，况書乎？且不言心學，姑以世間書之一明一晦言之。三代以下書，惟周之柱下史聃爲多，餘散在列國者亦少。韓宣子適魯，然後見《易象》。與《魯春秋季》。札聘于上國，然後得聞《詩》之風、雅、頌。楚獨有左史倚相能讀《三墳》《五典》《八索》《九丘》。當此之時，世上無紙，或書于木，或書于帛，傳播極難。故家無異書，人無異教。賢人君子，偶得一字有益于身心者，即寶如金玉。所以三代多道德之士。及有紙後，人以寫録爲難，故人以藏書爲貴。至唐時，蜀中有人雕板印紙。五代之時，馮道即奏請官鏤板刊行，書即傳于天下多矣。至有書肆，人以書貿易，書愈多矣。然天不令其完全。孔子删《詩》《書》，定《禮》《樂》，贊《周易》，修《春秋》，乃削《八索》《九邱》《墳》《典》，斷自唐虞以下，斯道之散布于六經者，如日中天。天生李斯焚之，萬世之下皆罪李斯。然天生焚書之人不獨一李斯也。漢自除挾書之後，《易》自淄川田生，《書》自濟南伏生，《詩》自申培、轅固、韓嬰，《禮》自高堂生，《春秋》自董仲舒。至成帝，使謁者陳農求遺書于天下，未央宫有麒麟、天禄閣，詔劉向校經傳。會向卒，哀帝復命向子歆卒父業。于是總括群書，而奏其《七略》，其一曰《六藝略》者，即六經也。及春陵舉兵，漸臺剸首，承明、宣室皆火矣。是焚書者，王莽也。光武投戈講藝，息馬論道。即位之後，篤好文雅。海内鴻儒擴帙而來者甚衆，充牣石室蘭臺。明帝幸學圜橋門，而觀聽者億萬，可謂盛矣。然迎西域之書于中國，至今高明之士往往宗其空寂，而文以六經之言，譬之一派清江，乃流一濁源于其中。此則不火之火，是焚六經之心傳者，明帝也。章帝考詳異同于白虎觀，靈帝詔諸儒正定六經，藏之禁中者，皆謂之中秘書，亦猶前漢之中書也。及董卓移都，兵民劻勷，凡石室蘭臺之所蓄聚者，揹其縑帛，劙其圖書，大則連爲帷蓋，小則製爲縢囊，俄爾之間，冰消瓦解。是焚書者，董卓也。魏晉相繼，前秘書監鄭默，後秘書監荀勖，總括群書，分爲四部，合一萬九千有餘。及京華覆蕩，石渠拚登而書皆亡矣。是焚書者劉曜、石勒也。永嘉之後，中朝之書漸流江左。武帝入關，收其圖籍、五經、子史，鍪鞞復剿，赤軸青紙，鮮觱璘瑞。前秘監謝靈運，後秘書丞王儉，及梁秘書監任昉，並處士阮孝緒爲《七録》，共三萬餘卷。梁武雖崇信誌公，而亦頗悅詩書。侯景爲亂，文德之書猶存。蕭繹遣將破平侯景，將書盡載江陵。周師入楚，灰于一炬。是焚書者，侯景也。後魏初都燕代，南略中原，周覺割據關右，高洋號令山東，蓬絮剪屠，了無寧日，不暇謜①及文字矣。至于開皇，分遣人搜討異本，每書一卷賞絹一疋。煬帝即位，猶好讀書，納于東都修文殿者三萬七千卷。上品紅琉璃軸，中品紺琉璃軸，下品漆軸。每室三間，開方户，垂錦幔，上有二飛僊。户外地中施機發，帝幸書室，宫人踐機，則飛僊收幔而上，户扉皆開。帝出，復閉如故。收書之盛，無愈于此矣。及幸江都，聚書至三十七萬卷，盡焚于廣陵。至武德平隋，將書送至京師，砥柱覆舟，又歸湁濼。是焚書者，水火也。太宗好文，即位之初即封孔子弟子，以魏徵、虞世南、顔師古相繼爲秘書監，購天下書。玄宗兩都各聚書四部，以甲乙丙丁爲次序，正本副本籤軸皆異色以別之。俄而鼓動漁陽，馬嵬駐蹕，覆餗形渥，片紙不存。是焚書者，安禄山也。靈武還都，方瘳瘡痏，至文宗始完前書。又經黄巢之亂，至朱温代昭宣，則其書蕩然無遺矣，又非

① 謜，道光本作『謀』。

特禄山焚之也。宋承五季亂離之後，書籍至少。乾德初，圖書實于三館。詔史館，凡吏民有以書來獻者，當視其篇目，館中所無者收之，獻書人送至學士院，試堪任職者具以名聞。太宗以三館之陋，又別新輪奐，目爲崇文館。自建隆至祥符，目録三萬有餘。熙寧中，成都進士郭友直獻書。宣和中，張頤、李東、王闡、張宿等獻書。皆貯史館，謂之《崇文總目》。宋之書至宣和盛矣。及爾狐升御榻，舉族北轅，中原之主，且殄殜于五國城，况其書乎？是焚書者，金虜也。南渡以後，乃降詔曰：『國家用武開基，右文致治，藏書之盛，視古爲多，艱難以來，網羅散失。今監司郡守各諭所部，悉上送官，多者優賞。』至于嘉定，著書立言之士益衆，往往多充秘府。雖紹定辛卯，偶災紅衣之厄，然煨燼之餘，十猶得五。及勝國以來皆散而之腥羶侏㑊矣，是焚書者，北虜也①。至于民間之書，如宋宣憲，李邯鄲，亳州之祁，饒州之吴，荆州之田，南都之戚，曆陽之沈，廬山之李，九江之陳，鄱陽之吴，皆收書之至多者。然或散于國家之板蕩，或廢于子孫之零替，于今安在哉？蓋天忌尤物，聖人之經不使人見其全經，聖人之傳不使人見其全傳。縱醫家之靈方，卜②術之奇數，藏之秘府者，亦不肯久留于人間，書可知矣。夫書與天地本無忌礙，且有興有廢，而况于人乎？觀天不以全書與人，則知天不以全聰明與人矣。故心學不常明，聖人不常生，皆天有以囿之。孔子之聰明，千古一人而已，信乎子貢以爲天縱也。孔子之後，門弟之多者莫如鄭康成，長相隨千餘人，名其鄉爲鄭公鄉，榜其門爲通德門，一時天下之相信，以爲孔子復生矣。自宋有程、朱，而鄭公之業遂廢，可見天惜聰明，不肯盡歸于一人也。程、朱在宋爲名儒，今日之設科，皆依其注疏。然《大學》首章頭腦功夫，未免有

① 『而之腥羶侏㑊矣』道光本無；『是焚書者北虜也』，道光本作『是猶之乎焚書也』。
② 卜，原作『十』，據道光本改。

王陽明之説是差誤，他可知矣①。王陽明以《大學》未曾錯簡，又可見天惜聰明，不肯盡歸于一人也。王陽明不肯盡矣，然又以格物之物認爲事字，教人先于良知，而明德二字亦依朱子，又不免少差，又可見天惜聰明不肯盡歸于一人也。故天下有治有亂，心學有晦有明，皆天以聰明囿之，人力不得而與也。某本愚劣，少壯之時，妄意聖賢。山林中近三十年，所注有《易經集注》《大學古本》《入聖功夫字義》《理學辨疑》諸篇，與程、朱、陽明頗有異同。以世莫我知，欲請高秀才寫『藏書塚』三字，藏之石室，不料海内又有知之者。昨友人致書，以天下義理程、朱説盡，王陽明不必議之，將程、朱之注取其科第而復議之，非儒者之用心也。此言蓋爲某而發，非爲陽明也。殊不知理者，天下之公理，人人皆能言之，不反覆辨論，豈得爲儒？且議者，議其理也，非議其人品也。若論程、朱、陽明之人品，俱千載豪傑，泰山北斗，皆某之師範也，豈敢議之？陽明在今日之儒，乃聰明之極者，但立論傷于太快，略欠商量。陽明亦未嘗議朱子之人品也，亦議其理而已。使前人言之，而後人再不敢言之，則《墳》《典》者乃伏羲、神農、黄帝、顓頊、高辛之書，孔子不敢删矣；《春秋》乃列國侯王之史，孔子不必修矣；傳注有左丘明、鄭康成、王輔嗣、孔安國諸公，程、朱不可出一言矣。言之者，不得已也，爲世道計也。伊尹之『非予覺之而誰』、孔子之『文不在兹』、孟子之『舍我其誰』，皆不得已也。世莫我知，不得不自任也。蓋天囿世人之聰明，入聖之功夫少認不真，則其用功之先後，不免以緩爲急、以急爲緩。古人有言：『黄河之源，不揚黑水之波；桃李之根，不結松柏之實。』名儒言之，門徒千人，從而和之，後生晚進，差毫釐而謬千里。有駸入于異端而自不覺者，所以不得已而辨論也。且如墨子乃戰國之大儒，爲宋大夫，著書七十一篇，有《貴儉》《兼愛》《尊賢》《右鬼》

① 『誤，他可知矣』，道光本無。

《非命》《上同》諸篇，當時之人比肩孔子。故古文有『仲尼、墨翟之賢』之句。唐之韓昌黎猶予之。韓子曰：『儒墨同是堯舜，同非桀紂，同修身正心以治天下國家，奚不相悦如是哉？孔子必用墨子，墨子必用孔子，不相用不足爲儒墨。』墨子乃大儒，何嘗不敬其父哉？而孟子乃闢之，何也？蓋老莊之徒，棄仁義，陋堯舜，排周孔，如黑之與白，冰之與炭，明白顯易。知天下後世必不見信，獨墨子似是而非。觀其稱堯曰：『采椽不斲，茅茨不剪。』稱周曰嚴父配天，宗祀文王。其立論《兼愛》一篇，孟子恐傳之後世，其流必至于無父，非墨子真無父也。故辨論者，不得已也。昔程子與吴師禮談介甫之學錯處，謂師禮曰：『此天下公理，無彼我，果能明辨，不有益于介甫，必有益于我。』此言説得好，某亦此意也。覽某稿者見此解，諒其不得已之心焉。若所見之是否，則望正于後之君子。

來瞿唐先生日録外篇卷一

釜山稿①

釜山在縣西二十里沙河，其山如釜，故以釜名之。先生有一祖，相傳來曾作宋龍圖閣學士，不知何時移居湖廣麻城，遂世爲麻城人。元兵亂，入蜀避兵，乃居梁山之康村。正統後移居釜山。釜山乃先生所生之地，故以釜山名稿云。

後學王廷章識

客問

僕以先父病末疾，母目疾，侍養不仕。友人致書多疑之，作此代答。雖文其辭，然實有是問，非《客難》《賓戲》之假設也。

瞿唐來子于釜山書堂，客有過而問之者曰：『某聞子久矣，聞子冠道德，履仁義，衣百家，佩六藝，知

① 稿，原作『日録』，然版心作『釜山稿』，道光本亦作『釜山稿』。

子已棲君子之林矣，衆人慕之，某竊爲子不取也。吾聞鳥能鳴陽，葵知傾日，物且如此，况于人乎？是以哲士乘時，達人駴世。方今皇猷丕赫，王表煇昭，羣衿獻瑋，諸乂圜橋。采蕙茝而兼蓄乎蕭艾，選干將而不遺乎鉛刀。非憕怺而抱瑟，豈濟渡而無舠？苟可以存心于利物，奚必于執璧而垂貂？子廼懸車城市，擊壤蘅皐。牘獝飛于鸞漢，羌紲迹于鷃蒿。洵拗繇而戢翼，必滯惠而屯膏。杕雕龍而削草，怢荼薺于鵯鵧。吾將冀子兮參軌伊吕，胡知今子兮駕言許巢？』來子曰：『子以我爲隱矣？夫隱者必有所爲。今生值明時，以不見用爲耻，吾不爲也。』客曰：『人之酬世，非處則出。榮春者蘭，華秋者菊。我知子之心矣。方其采秀雲莊，燔枯霧築，刻羽引商，吹金鼓玉。高價蜺巔，吆聲蟬谷。狎花鳥，傲墳素①。恁遠引于青岑，非纓情于朱轂。豈知闇者斯章，微之必著？乃若巖廊訪仄，荃宰羅奇，旭日翯夫乾鵲，條風轉于枯荑。書將鶴載，旌以鸞持。束帛投園，結軫填茨。慶吾道之大行，感人世之我知。子廼整筋揮翮，仰首伸眉。披菽岫，出崟逵，盻鴳衢而揚袂，排鳳闕以論思。知子有南山之徑，慮子有北山之移。』來子咥而笑曰：『非徑也，是迂也。夫欲仕無路者，故以山爲路耳。予濫科名，仕則仕矣，不求可期之榮于見在，而徼未必之寵于方來。歲遒齒戴，謂之何哉？騃亦絶矣，吾不爲也。』客曰：『子知夫古人乎？漆園之放，叔夜之簡。王衍之談，阮籍之懶。酖竹林，嘯山阪。稅冠履，解襟衸。幕天席地，操觚挐醆。爾其齊舜豕，比周猿。逢糟荷鍤，遻麯生涎。俗士稱爲六逸，詩人名爲八仙。坐俟夫九疇之斁叙，罔顧乎兩曜之虧圓。恭敬消于脣吻，名節剝于彈誕。子之不仕，復不沽于世者，意者其在此乎？』來子曰：『此自放而忘世者也。予欲救世，吾不爲也。』客曰：『若有人焉，遺情棄世，絶圬脱屣。紫籍通名，青冥輕舉。爾其垂琳綬，佩瑆玦，駸藤

① 墳素，道光本作『墳索』，下同。

六，驅列缺。調世外之玄靈，彈壺中之白雪。青鳥縈音，紅鸞擊節。已而明月初升，雲璈方歇。瞻桑海之幾遷，回歲序于一瞥。悲荒丘，愴古血。乃若芝宫猊屼，桂館龍驤。吹冰成醴，叱石飛漿。真妃摻饋，姹女拉鷴。招王喬以容與，拉蕭史以相羊。既沉湎以言别，指流水以成章。歌曰：流水兮東注，美人兮何處？回首兮三素，浮世兮朝暮。乃若陰慈雲，滅甘露，謝四流，弘六度。秘授禁苑之旨，洞開葱嶺之路。爾其不生作囿，無象爲家。天地蘧廬，形體蟲蝦。見理即障，篤學愈差。乃吼桐峰之虎，垂長慶之蛇。種雲門之樹，澆南泉之花。點洛浦之金，衣洞山之麻。烹明昭之銚，飲趙州之茶。早聞者難登彼岸，劇醉者未窺津涯。彼傾海入毛，不撓魚鮪。若施藤倚樹必痳，㝋奈子之勃窣。不出户庭，不面官長。孜孜而惟日不足者，必居于此矣。』來子曰：『子愈言而愈遠矣。此方外之術，出于名教之外者也。世皆若此，三綱絶矣，吾不爲也。』客曰：『我真不知子矣。』遂避席而起，拂衣而去。來子曰：『居，吾語女。夫大德者不官，中立者戒倚。是以君子無終日違仁，大人以萬物爲體。不怦怦于必行，不硜硜于必止。蓋澡浴存乎吾身，顯晦安于所遇。立德之基有常，樹功之途不一。苟入而可以事吾親兮，則啜菽承歡；苟出而可以事吾君兮，則捐軀弗計。見輪出圓，因桷施直。遭坎則停，乘流斯逝。大行兮何所欣？窮居兮何所戚？故移忠于家則敬同，移孝于國則愛同。使人皆以不仕爲是兮，則龍逢非孝；使人皆以仕爲是兮，則曾參非忠。彙征者何以誦其駿業？嘉遯者何以高其清風？蓋駿業者扶顛持危，有匡世之績；清風者起頑立懦，有垂世之功。是皆有裨于國家之教化者也。可見事無定體，惟義是適；行無定轍，惟道是崇。故可以仕，亦可以止。仕止之間，存乎修己。子謂子夏，不云乎無爲小人，女爲君子。若爲小人，何取青紫？若爲君子，出亦可矣，處亦可矣。末學興而功利熾，此言不聞于人之耳也久矣。吾將尋孔顔之所樂，析繭絲于此理。愧榛楛之無成，空勔勉而不已。苟友于可以爲政，空言足以善俗，則塵霧之微忱，或可以爲山海之小補也。獨非鳴陽向日之心乎，子何過疑至此？』客曰：『我過矣，我過矣。而今而後，始知江湖廊廟原爲一體，明道行道皆將淑人。我過矣，我過矣。』來子援筆作《客問》。

清溪莊

多半楓林人家少，千峰萬峰葱窈窕。一群嬌鳥啄雲嶠，仰面石泉懸樹杪。落花朝莫送柴扉，掃斷依然撲客衣。華陽道士胡不歸？菖蒲節老蕨牙肥。

登小筆山

翠閣珠林侵碧霄，危闌四面俯山椒。天空峭石排玄笋，日晚殘霞駐赤標。海外誰人驂鳳鶴，寰中何物唤瓊瑶？江湖一望無窮思，惟寫鶯花答治朝。

輓隆孔崖

岑公江下曾呼酒，龍脊州中共放船。一日豈知竟千古，青年誰料到黄泉？遼陽鶴去雲連海，古木烏啼月滿天。幸有三槐依舊緑，夜臺何必恨長眠。

用楊龜山此日不再得韻示周生子榮

我曾觀東海，吐納接扶桑。我曾登泰山，五觀摩青蒼。中有萬世師，日月麗重光。道統在天地，循環如陰陽。繼之鄒氏子，授我入道方。學問求放心，仁義析毫芒。鄒魯既已喪，立言有否臧。而胡末學興，役役翻自戕。不求道于心，却求糟與糠。大本已乖矣，安得問行藏？遂俾鄒與魯，千載擅孤芳。豈無豪俊出，立志苦不剛。十步九回頭，踟躕而傍徨。豈知在弘毅，任重道且長。况道本率性，行之如康莊。卑者爲利禄，閉門課文章。高則講空寂，名爲選佛場。二者雖有差，均之牧牛羊。我佩鄒氏言，朝夕不忍忘。勿忘勿助間，勉勉長自彊。誰謂東海深？渡之止一航。誰謂泰山高？登之比尋常。高深雖踔絶，操舍即存亡。百川與丘陵，不學良可傷。有志山海者，莫謂斯言狂。

釜山雜詠

清風草閣三竿竹，明月山泉一曲琴。惟有梅花知此意，冷香入夢到而今。
繞宅苔蘚惟鳥迹，隔溪煙霧似人家。凄清莫是仙源近，一線冰泉萬片花。
顔回巷裏難旋馬，原憲門前長野蒿。剩有春風長富貴，杏花泗水日滔滔。
明明皎日高松下，淡淡輕風密竹前。石上許多華胥夢，一聲啼鳥喚人眠。
生子何須論化鶴，閏年不獨有黄楊。棹歌夜訪山陰雪，興盡歸來也不妨。
今人逢窮即名鬼，誰又將錢論作神。豈識鬼神即晝夜，月纔屈處日旋伸。
喜成却恐敗將至，憂失還從得裏生。一笑攬來通嚼爛，清風明月送將迎。

了心歌

我曾與洪崖子、浮丘翁，揖金母，拜木公，冰桃碧藕丹砂紅。以飈爲輪雷爲輿，上下二儀遍九峻。龍竹鮫絲歸碧落，金宫銀闕高巃嵸。蒼梧朝設鳳冠栗，夜來還入扶桑窟。元鈞曲罷舞回鸞，五音時聽瑯玕樹。

放情淩霄無定期，蕙風十二紅玻璃。春羅剪字知多少，群仙博戲無昏早。詎知誤輸五色龍，謫向人間餌芝草。餌芝今已三十三，雞碑鼠獄只空談。征裘誤夢邯鄲道，長途短髮風毶毶。我壽尚有一百歲，前途止有六十七。回視夙齡只一時，西崑東汜烏丸疾。假令不得到期頤，七十八十未可知。此生枉過不聞道，擊鍾烹鼎欲何爲？叢桂幽蘭多縹緲，松風蘿月溪山小。苦被白雲一片留，瞿唐道人心已了。有時並了亦兩忘，傍花隨柳信周行。太山巖巖海汪汪，洙泗真源派許長，蘭橈桂槳駕一航。排閶闔，登宫墻，大叫尼父坐明堂。鳴球佩玉共趨蹌，回琴點瑟繞鏗鏘。

曾岐山自岑公遠訪予于釜山于其歸也贈別以詩二首

白屋參差碧樹齊，釜山虚擬近丹梯。菊花見客争蘺發，杜若乘風拂岸低。詩賦誰人驅鮑謝？煙霞吾道覺醯雞。憐渠百里能相訪，水滿蒹葭月滿溪。

處處春風折①柳枝，柴門偶過興猶寄。江湖不博幽人樂，信義多應長者知。雨久蟠龍秋意早，雲連鐵鳳雁書遲。既思暫到仍長往，莫遣深情惜淺巵。

寄飛練

撥斷緑綺弦，長年枕麯眠。鼓盆莊子老，荷锸伯倫賢。苦海誰能脱，窮坑豈易填？莫將窮苦事，掛礙不成仙。

① 折，原作「拆」，道光本作「析」，據意改。

醉

騕褭笑款段，款段笑騕褭。人生天地間，走獸與飛鳥。務光讓天下，天下即爲草。傖夫競寸畦，寸畦即爲寶。誰人住市井？市井皆蓬島。誰人尚髫髮？髫髮先醜老。青較于藍深，人豈勝天巧？爲爾得酕醄，因之謝昏曉。

盧行所見枉別之以詩

朝朝莫莫對枯桐，山北山南長桂叢。兩地久懸千里隔，三春何幸一尊同？已留徐孺開塵榻，更共盧敖笑壤蟲。倏爾相逢仍惜别，差池燕紫野桃紅。

盧行所還便寄王次宇

十年蹤迹泛虚舟，幾度蒹葭詠破秋。偶晤盧仝聊煮茗，翻思王粲欲登樓。桃花着雨紅顔改，柳絮乘風白練收。不覺題詩成一笑，半池春水半池鷗。

董願庵推府見枉①釜山書堂四首

雨裹榴花午影長，偶然旌節下茅堂。閑雲繞户枯桐潤，密竹沿溪晚簟凉。斗酒幾時嗟咫尺，功名今日

① 枉，原作『杜』，據道光本改。

見龔黄。不辭酩酊留空谷，秉燭何妨夜未央。

青山一卧門長閉，紅日三竿酒未蘇。採藥慣看黄獨久，誰人偶到白雲孤。籬邊客飲花頻笑，醉後歌繁鳥亦呼。猿鶴不須猜從蓋，林巒自此即方壺。

五馬雙雙度野橋，清風拂拂暑全消。那知報政餘三月，始得論文在一朝。我道百年惟白石，君行萬里自青霄。即看卧聽甘棠月，麥穗桑枝滿耳謡。

一曲清江帶白沙，沙邊蘆荻傍吾家。松間時下聽琴鳥，壁上長留篆字蝸。不有陳蕃能下榻，誰知顔闔飽飡霞。莫愁信宿無供給，獨木橋頭繫鯿槎。坡詩『誓將歸釣漢江槎』，注：『漢水鯿甚美，以槎斷水取之。』

逼逼歌四章爲哀楊作吾賦

逼逼逼，井瓶一落無消息。流水高山半調絲，四十年前爲爾識。嗚呼一歌兮歌聲孤，滿林松月爲誰鋪？

子賤琴聲成雅弄，士元驥足人難鞚。陶令方修松菊盟，鄭玄忽入龍蛇夢。季真夙昔擅風流，莊生今日饒齋送。嗚呼再歌兮歌聲長，仰天四望天蒼蒼。

有母有母風中燭，有妾有妾子遺腹。夜臺鄉思回飛轂，天昏地黑楓嵐毒。乘風逐霧落梁屋，饑鴟啄雪鳩婦哭。嗚呼三歌兮歌轉哀，一泓痛血濕蒼苔。

爾庭有樹變紫荆，爾園有鳥化鶺鴒。曹蜍知未死，此責爲誰明？流雲兮木杪，落日兮荒草。我與爾言兮傾懷抱，爾胡長眠兮不曉。

菊三首

歲晚花初發，秋英落更遲。回看潘岳圃，寒蟻上枯枝。

其二

陶令齋詩到，王弘載酒過。黄封注花骨，白雪遍秋坡。

其三

滿種黄金砌，分栽白玉堂。何曾隱崖壑，始得傲冰霜。

重過天生橋

江上游龍跨水濱，江頭有客俯龍鱗。乘水即渡翻思漢，鞭石無成却過秦。每恨流波沉合璧，何妨濺沫起芳塵。重來不盡朝宗意，馬首秋風又憶蓴。

水入攲崖飄亂絲，水邊樓閣對撑支。銀疑月窟曾游處，鐵憶羅浮欲往時。半世生涯雲共懶，三川風雨客行遲。凌霄鴻鵠寧無志？不在題橋便有詩。

寄雷劍東蒙自明府四首

隔别經三暑，江山隔萬重。音書無處達，夢寐有時逢。雲滿垂堂竹，風傳倚澗松。茂陵多病後，近日更疏慵。

其二

素節秋懸玉，清時劍滿霜。驊騮千里遠，鵬鶚九天長。柳繞陶潛宅，花垂潘岳堂。澆花並灌柳，暢茂即甘棠。

其三

何日傷潘濬，今日憶作吾。九原如可起，三徑已先孤。向秀非聞笛，王戎偶見壚。哀歌不成調，撲筆夜啼烏。

其四

憶爾同金錫，憐予飽桂芝。年華芳草識，心事懶雲知。席上談雷劍，花邊接董帷。牂牁何日到？好去慰相思。

寄贈董麟山徵君四首

久知傳鳳藻，無計到麟山。日月淹滇海，鶯花隔劍關。君應能出世，我亦似偷閑。安得生雙翼，相看結九還。

其二

王猛長捫虱，東陵早種瓜。鳳琴時掛樹，鴻寶漸成砂。自古仁人壽，從來遯者嘉。忘機無一事，隨意插三花。

其三

有子承家學，之官得令名。丹心明白日，清議在蒼生。五馬迎春出，雙旌拂曙行。文翁俄頃化，比屋接弦聲。

其四

我屋瞿唐峽，巫峰面草堂。偶將愚喚谷，長以醉爲鄉。水侵蒹葭落，風催鴻雁翔。此時應憶爾，憶爾答瑶章。

許象洲元戎于梁山曾許仙茅久不見惠詩以速之

天邊有客饋仙茅，爲是施州滿近郊。幕府曾云千里寄，仙家虚冷六丁庖。鳺鳩春盡呼榆莢，謝豹花深掛柳稍。極目不知何日到，長歌幾度塵横敲。

廖對峰以設館至梁踰年而露化，其子齎泣至山堂，照骨之貧，余愧不能大助也，詩以哀之

稿席家千里，荒山土一堆。廖融知夢死，仲蔚爲貧來。雨急苕華落，春殘謝豹哀。麥舟深愧爾，相對淚盈顋。

寄贈朱最峰少府三首

何時牽别袂，此日已初冬。夢久飛都歷，歌曾許最峰。緒風催北雁，玄霧暝長松。偶值梅花使，題詩對石淙。

其二

往緣驄馬使，曾度白鷗灣。酒自金華饋，詩從刺史删。雲留龍洞古，月戀兔亭閑。不得相長嘯，于今

有厚顔。

其三

滿地皆芻牧，如君亦道流。一官成矮屋，四野盡清謳。水落蠶叢國，山銜白帝樓。訟庭公事少，應不廢詩鈎。

壽郭夢菊太府四首

匹馬蠶叢長杜蘅，三巴草木亦知名。風高赤甲堅仙骨，月白瞿唐洗宦情。竹下有懷歌短句，斗間無計祝長庚。培持國脉須難老，九里于今潤帝京。

跨鶴携琴道氣全，不穿羽服亦天仙。想應金節分今日，會有銅人話昔年。滿野兒童皆犢佩，或時簫鼓雜蒲鞭。眼前無限長生樂，肯向喬松更叩玄？

玉盤銀燭紫霞杯，甘雨和風壽域開。四岳已知添一歲，五雲從此護三台。管寧性懶空穿榻，范曄思深爲折梅。淪落無成長潦倒，留連何地足追陪。

叔度人歌來已暮，彭宣長憶不相隨。江之永矣鮫波闊，室是遠而雁字遲。灌甕病多頻命酒，報瑶情切又敲詩。開籠放雪知非事，見月披窗有所思。

禽言四首

割麥插禾，禾老麥將枯，公家還欠去年租。敲門打壁日夜呼，縱有禾麥依然無。

乾柴水滴滴，燒又不肯燃。大姑駡食遲，小姑得食嫌。但願姑嫁與公府，朝朝暮暮列鼎釜，終身不知此辛苦。

哥哥喫酒醉，嫂嫂扶回去。小叔小叔苦奔波，東封西祀鬢雙皤。日往月來疾如梭，料想前頭壽不多，不飲不飲奈爾何？

作怪作怪，人皆求富貴，爾獨學聖賢。學聖賢，有何緣？蔬食水飲曲肱眠，自稱快活自稱仙。學聖賢，有何緣？作怪作怪，富貴誰不愛？

秋風辭三首

父存日疾痺，經秋風，多呻吟，感之哀而賦此

秋風號兮如裂布，我父風痺艱行步，而何一往長不痦？天寒日短行將暮，欲往從之天無路。黄雲慘淡鳥啼樹，肝腸摧斷誰瞻顧？

秋風號兮歲云徂，我父風痺誰將扶？生兒小時掌中珠，及長南北走紅途。烏生有子反知哺，我生糞土不如烏，縱然有子依然無。

我生我生空朽腐，今夕何夕納場圃。日往月來箭到弩，兒與父兮成今古。丈夫生不列鼎釜，死後椒漿竟何補？兒哭父兮哭聲苦，父不自知卧黄土。

與太空禪僧二首

暑逐秋林一葉紅，亂藤高竹趁西風。六街燈火人家静，閑與山僧説苦空。

我坐虚堂皆向實，君長抱影着空多。紅塵要識能爲主，秋月澄江映碧沙。

蟠龍對 酬王我齋問蟠龍之作

若有湫兮乃在魚復之國，蠶叢之東，劍閣周遭十萬重。上有娥眉新月照羌戎，冰輪兔魄藥杵紅。下有雲鬟十二鎖芙蓉，瓊裾玉佩摇玲瓏。雪絲嫋嫋墮涳濛，化爲象馬奔入馮夷宫。生綃一幅懸太空，影入吴瀾越漲處處不敢生山峰。郢客一見心怳怳，捫蘿攀薈撥昏瞢，鞭煙撻霧入層峌，六月六日生嚴冬。金鵶赤日翻無功，銀鈎蠆尾投幽甋。大叫洞中蟠者龍，群龍兮天上，爾何爲兮山中？滿腹雷霆喑不露，爾獨忍兮塵世之疲癃？我欲以爾訴玄穹，金書玉簡起爾躬。興爾雲，致爾雨，頓令八埏九野春融融。倏然幽壑水如舞，巽二怒號捍强弩。排蝪旌兮張鯨斧，揚天桴兮伐河鼓。倒銀漢兮波咸池，摇地姊兮撼天姥。似與郢客通言語，六幕昏黑不知所。夜來夢入龍之山，别有仙境非人間。瑶樹琪花團鶴馭，丹沙雲母護仙關。仙童侍者鏤朱顔，吹風捉月弄銀灣。客亦因之入縹緲，扶桑赤處羲和曉。東視海水青玻璃，區區五岳彈丸小。安期浮伯幾輪迴？俛仰塵寰多草草。信知凡龍出世間，啄腐吞腥空自老。一聲天雞江月杳，啼醒浮生夢未了。真耶夢耶兩不知，坐見晨星三五横秋嶠。

答贈董麟山徵君 四首

對酒如無地，相知隔幾山？江遥淫預石，雲斷木容關。已識珠璣綴，空瞻花鳥閑。殷勤寄滇月，去矣好重還。

其二

好句憐飛玉，奇思信剖瓜。十年聞大道，九轉見丹砂。冲淡能爲主，文章自覺嘉。隋宫饒艷麗，雕刻不成花。

其三

高士曾成傳，循良近有名。古今雙美少，橋梓一時生。巫峽洲中立，碧雞巔上行。水清山更峻，触處得謳聲。

其四

溪上茅爲屋，天邊玉作堂。有時開竹徑，無意盼仙鄉。每覺韶光轉，閑看燕雀翔。平生書畫癖，應笑米元章。

種竹

一曲清溪擁月臺，幽篁處處帶沙栽。春風但願兒孫長，不畏鸞枝覆緑苔。

送董願庵迺叔還滇

鳴雨虚堂浄桂枝，西飛一鶴彈仙姿。大蘇矍鑠松筠日，小阮風流竹馬時。錦水秋生三峽早，彤雲過客萬山遲。還家莫道官囊薄，賸有幽人贈別詩。

答王晴川

偶憐芳草賦胡麻，爲占溪鷗一席沙。雲本無心常出岫，鳥如迓客愛啼花。豈因肱折醫方善，未必裙書字始嘉。金馬玉堂俱可隱，莫猜巖户桂叢遮。

馮溪子

五月山中溪水長，樹杪百泉飛滉瀁。怒濤赴壑助松聲，白日魚龍成魍魎。溪邊布栽日催耕，溪上貧家佃作生。睠言彊以須贔屓，鉏笠朝朝天未明。生涯飄薄惟破釜，風雨留連薪作滷。大婦斫竹小婦舂，折莧煮糜日已午。田中健兒怒飯遲，兩三赤脚隔江湄。欲向平橋路已繞，揵溪咫尺即茅茨。解衣調笑方移步，未到波心先失足。難言白冰即玄壚，緑波信是黃泉路。大婦小婦奔溪前，淚滴溪沙沙亦穿。晚來水落溪頭石，夫君欹傍石床眠。單衣敝席封淺土，眼前酸惻生今古。前山一夜風雨深，幻形依舊棲水府。憶爾當時去住情，壯心視彼康莊平。預知河伯權生殺，誰能慷慨付滄瀛。人生知進須知止，水災原向火心起。浪言鬼母哭輪迴，人還靈活溪水死。忙裏幾番失脚來，世間萬事類如此。君不見村中馮溪子，朝唱竹枝暮蒿里。

雜興

十二峰之杪，上有異人莊。諸山盡古貌，風致近陶唐。周遭數竿竹，朝夕奏琳琅。望中練布泉，白壁掛滄浪。中坐一癯翁，雙瞳摇電光。飄飄雲漢間，泥塗卑八荒。偶因採藥去，邂逅此相羊。長跪前致辭，此恐是仙鄉。願授長生訣，永侍左右旁。翁云我非仙，致身等尋常。世上有丹青，染之令人忙。忙病最難醫，六鑿紛徬徨。翡翠與文豹，豈不美文章？顧以毛羽故，翻以毛羽戕。我本素心子，衣服搗玄霜。頭蓋不我青，腰帶不我黃。絮袍不我紫，玉佩不我蒼。樗散與世違，卜此聊相將。朝朝斫黃精，服之比瓊漿。山海辭灰劫，我壽猶自長。世人啖炎火，不敢索此嘗。緣此自懔悷，視我如鸞翔。浪説有神仙，羡門及紫陽。稽首受斯言，欻然起瞢瞧。語訖忽不見，雲深路渺茫。

溪上春興十四首

春草年年緑，春山處處奇。落花如無意，流水本無知。窈窕青宵客，鏗鏘白石辭。殷勤寄猿鶴，正是舞雩時。

其二

種竹不計个，結茅只數椽。乘閑將句覓，覺懶抱雲眠。歐冶原無價，鵂鶹别有天。從容無一事，祇恐易成仙。

其三

獨此溪邊寂，兼之野興長。山川疑島嶼，人世近羲皇。有客來花塢，移尊傍石床。朱弦寥落久，三嘆對宫商。

其四

三竿兩竿竹，一寸二寸魚。此會堪棲鳳，年來可贈書。莊周空往貸，衛女莫歈歔。拾得蘿浮種，應歸渭獵車。

其五

一髮青山遠，孤亭黄鳥鳴。煙霞春睡足，風雨夜燈清。謝朓詩多麗，蘿含菊又生。祇緣樗散便，不是爲逃名。

其六

草緑黄芽浦，春歸白鷺灣。四休堪住世，三徑可怡顔。王烈終思石，圖南只愛山。清風還繾綣，來往打柴關。

其七

雨後山如拭，春殘興覺饒。小橋浮淺水，曲檻護深條。江海孫登嘯，樓臺弄玉簫。幽人得真境，不在馬蹄遥。

其八

衡門多閴寂，溪木更蜘蟉。世故憑黄髮，生涯傍白鷗。江淹何事恨，杜甫爲誰愁？一笑無勾管，終朝看水流。

其九

到處心俱泰，尋常興亦奇。花容勾酒膽，山色瀉詩脾。海宇昇平日，春風獨樂時。前溪有芳杜，歲歲寄相思。

其十

孤徑幽通谷，三山翠作堆。鳥非緣客喚，花似爲人開。陳繹將書至，山公載酒來。翻因車馬到，踏破一灣苔。

其十一

春事亂如麻，春山背郭斜。雲屯千樹鳥，鼓吹一池蛙。我愛陶弘景，誰傳蔡少霞？何時通脱屣，相與話河車。

其十二

氣壓豐城劍，光堆合浦珠。我生隨白幘，花鳥即青蚨。尋壑非詩引，登山藉酒扶。六橋今夜月，千載照林逋。

其十三

看竹雲生屐，聽泉柳轉鶯。古今行步遠，風月擔頭輕。藤鼠知年齒，醯雞識利名。人生鷗鳥共，達者可忘情？

其十四

廠幔催清曉，看花媚夕卮。芰荷初有服，春水正宜詩。啼鳥通人意，懸蟲似釣絲。原來彭蠡笛，不向世人吹。

贈小溪

疊翠堆奇自畫屏，小溪欹石錯繁星。一灣古水今生緑，兩岸長楊短着青。崖壑雲常連豹霧，柴門户或浸鷗汀。相思記得曾溪畔，風捲松花兩汀萍。

杪秋有懷郭夢菊太府輒賦五言十二首奉贈兼酬佳句感時陳抱並見乎辭

許國投龍劍，排雲叫鳳墀。徙薪憐獨苦，梳髮已多裨。補拾華蟲識，丰標白獸知。姚崇陳十事，唐室仗安危。公曾上時政疏十事。

其二

白日携琴鶴，青霄刷羽毛。龔牛來海甸，韓鱷去江濤。夔地三分土，耕夫一半刀。峽中藤蓋屋，往歲幾家逃。

其三

落木鴻初到，褰帷菊正明。秉衡時有待，典郡歲仍更。地闢劉封井，江深白帝城。文翁多化雨，肯讓峴山名？

其四

每讀夔門稿，燈花報夜分。已看奎璧燦，轉覺蕙蘭芬。象馬蟠江月，樓船接海雲。偶然生異興，應更著玄文。

其五

玉露垂愚谷，金聲擲草堂。體裁欺鮑謝，雅調入宫商。雀噪空争樹，鸞鳴必向陽。自知折襪線，無計鬭絲長。

其六

落手煙花熟，迎人水月圓。看山隨屐到，得酒傍蓑眠。譙秀甘遺世，桓譚獨信玄。于今千載下，巴國見遺編。

其七

午夢殘金馬，秋思入玉琴。楓楠千樹曉，鷗鷺一灣深。魏闕瞻如昨，蘇門嘯至今。鳥花知我意，拉我到青岑。

其八

吾道松梅淡，年華鶗鴂啼。空能懷鮑叔，原未見祈奚。月落峨嵋淺，雲迴灩澦①低。江湖多少事，憂處盡情題。

其九

捫虱淹三徑，騎虹憶十洲。丹砂期熟鼎，白髮欲生頭。自愧非高士，多應負細侯。清風吹杜若，咫尺隔仙舟。

其十

不是厭輕肥，何曾住翠微。龍神應沛澤，鶴野故鶱飛。渭北春花晚，山陰夕艇稀。五雲多處望，一望一瞻依。

其十一

秋杪綿衣薄，窗虚竹圃斜。懷人驚白露，寄遠折蒹葭。飲線期無地，書裙思轉賒。交神偏入夢，入夢筆生花。

其十二

瞿月流三峽，巫雲掠九霄。江山遺此勝，感遇幸今朝。陳榻應知設，袁扉不用招。春波如媚眼，便去放詩瓢。

① 澦，原作『灝』，據道光本改。

寄傅志宇

三十年來見大家，而今對客賦蒹葭。溪邊飲酒天將午，竹下懷人日欲斜。已識門前栽五柳，豈無頭上插三花？諸兒剩有蹁躚樂，肯學迂疏漫種瓜？

寄胡麗吾

與客相逢問麗吾，書香喜又見韓符。十年翰墨三都賦，一日功名五百呼。笑我閑中多酒債，知君忙裏少詩租。何時得遂山陽願？醉卧山根月半梳。

登彼篇示諸公

登彼日觀峰，兀然掃石坐。雲霞爲佩裾，金玉爲咳唾。下視紅塵人，盡爲紅塵縛。方着紅塵衣，終以紅塵破。登之欲如何，獨馬不用馱。我馬如玄黄，依舊紅塵卧。君不見人間擒龍打鳳仙，連山爲琴黄河弦。

贈别唐漢田

黄葉紅亭秋可呼，賦詩贈别泛屠蘇。望中鄉國三千里，坐裏樓臺十二孤。官冷應知餘苜蓿，清時何必話頭顱？文翁化蜀今猶昨，不在談經與剖符。

向雪亭見訪

七夕銀河暑未收，馬蹄底事不相留。風塵憶作秦中客，踪迹須知水上漚。茅屋石床三伏冷，黄柑紫蟹五湖秋。雪亭想在山陰畔，得興還撑訪戴舟。

不不歌

齊奴婆娑矜豆粥，堆屋黄金三萬斛。金張舊業何巃嵸，兩宫雙闕帶千甍。千甍萬斛應難托，蕣榮朝開莫還落。太山神女嫁西瀛，地黑天昏風雨生。須臾雁鶩呼寥廓，白衣蒼狗一時平。翻愧焦螟巢蚊睫，自來自去了無聲，爾何苦，英雄自古無常主。爾奈何，鳳沼原來即雀羅。不不歌，不不歌，何須浪飲丁都護，嘗破春情不在多。君不見瞿唐來矣鮮，種松千尺種柳短。

雜興

鮭魚插高樹，光華滿樹摧。獒膽偶封涂，春意一時回。莫言灰已冷，吹之猶可惺。惺時還灼爍，烹葵及調鼎。枯絙聲百折，溪柳高千杼。天生此物有何心？長與人間管離别。焚香告天與天盟，願天此物不須生。儵然無事茅齋下，萬山松子一溪蘅。

欲游岱岳孔林先寄楊作吾

泗水自縈青帝麓，尼山遠護聖人家。龍驂碑碣蒼松古，鳳德宫墻老檜斜。歲月空驚懷蕙圃，斗牛應冷舊仙槎。而今地主歸龐統，幾度飛楊醉莫花。

林明府以外艱還秭歸別之以詩四首

半是圖書半是琴，蒼生盡憶秭歸林。武城惟有弦歌在，一曲相思調轉深。

三日歸程八月槎，昭君村傍水之涯。朝雲暮雨思君夢，夢到村中第幾家？

此出多應忠孝來，來時歡笑去時哀。春風一日吹芳草，乘月還登郭隗臺。

不識相逢到幾時，明年南岳是佳期。夜來去閲瞿唐集，還少三游洞裏詩。

釜山堂成憶昔篇一百韻呈莊明府

憶昔游玄圃，相看貫白虹。唐科龍虎出，虞藪鳳麟同。海嶽開秦甸，菁茅入漢宫。祇台思夏后，壽考憶周酆。野鶩皆登俎，秋蛇亦入埪。隋珠常並燕，楚玉不遺璁。禮樂遭昭代，瑯玕有匪躬。咀華金窈窕，麗藻玉玲瓏。紫電水千尺，紅綃霧幾蟲。鄧林材共梓，崑頂石俱玒。顧以親垂老，兼之病益攻。江湖家獨遠，風雨鬢雙鬔。北闕心徒壯，南陔志未終。傾葵時耿耿，拾椹更忡忡。芳樹憂鶗鴂，甘霖或蝃蝀。跳丸虛宇宙，穿屐倦龍嵸。傾國媒如在，連城價自逢。知章心久破，杜甫耳非聾。也覺鷹非鷙，難言豹即貙。魚因緣木拙，兔爲守株悾。雜縣愁金奏，贏駑畏録幪。思鱸秋有約，倚馬夢空隆。擊唾誰千里？逃禪且六蟲。燕闕雲慘淡，灎澦月朦朧。未展干時策，長看入午銅。回腸頗轉轂，歸路疾飛駥。緣此投三峽，無由見九嵕。陸通還入蜀，種放復居嵩。去去時非晚，蒼蒼勢本穹。往來真泡影，斷送賴醽醲。草歇劉郎緑，花殘白帝紅。峰高遲鳥翮，溪漲疾漁舸。术客千枝月，鮫人一荻風。陸渾山崒嵂，潁濮水冲融。徙倚還荒徑，分明覺轉蓬。羅含環宇菊，靖節候門僮。夜雨追姜被，霜蹄恍鮑驄。衣存游子線，壁掛嶧山桐。母飲猶堪卣，鄰漁並饋羹。逡巡藏滑瀡，次第摘蔬菘。共道家非國，誰知孝即忠？百年惟菽水，三釜付瀧涷。豹未文章顯，鳥先羽翼翀。蓼莪原不讀，寸草已微功。自識成蒿蔚，人傳近渥澧。屠蟠依薜荔，顏闔友獐銅。出處今人事，陰晴造化公。天高憑雨露，地闊任西東。打麥成茫昧，乘槎總鑿空。豫樟非杞棘，鰌鱷即鯨鰒。黄紙灰應冷，青精息轉烘。平生慕山水，真似困饞䭜。旋架崖根屋，還栽石竇樱。園應疑向秀，宅亦近楊雄。蕙徑中封蘚，荆扉不剪芃。清泉隨意活，修竹自然蓊。霞氣侵桃樹，煙氲入桂叢。鳥孤穿葉密，蝶弱撲花豐。石瀨徘徊抱，溪田宛轉通。參差成曲巷，高下隱回櫳。青眼輪輿寂，黄昏社鼓隆。是山皆得髓，靈藥已成獲。草木俱仙品，年華度褐絧。曉風清枕簟，暝色黯杉楓。地僻偏宜懶，文豪欲送窮。山光分几席，草色帶空濛。仰面星辰闊，低頭杯斝饛。臨流頻濯足，入谷欲披絨。松館時邀月，山尊或吸筩。一聲成浩浩，萬事忌匆匆。散髮飛孤鵲，聽泉對野蕻。酒醒風入榻，客到鶴開籠。坐卧依雲氣，行歌答阜螽。抱雲眠自在，浥露飲鴻蒙。尋隱長題鳳，逢車偶夢熊。晚成園種漆，鑽久木穿硿。覓句隨髭斷，翻書見蠹訌。婆娑真婉孌，雕刻覺螉蠮。寄遠聊扳抑，吟多欲截筒。悲歡塞上馬，心事楚人弓。談笑天隨子，從容桑苧翁。行藏歌杜若，日月佩芎藭。始覺茅齋下，悠然太古中。青山真屬魏，白首始招馮。笑我探奇早，看誰鼓瑟工。天邊摩漢鵠，枝上囀春䳒。剝啄隨時至，沉冥覺自冲。溝中同作斷，肆外莫遺葱。尚友慚孤陋，論經欲折衷。蛟螭須爛嚼，墝埆漸消融。自後卑鉛槧，知應惜燕鴻。坐多塵到履，静久螘喧聰。數定生隨薄，時清道未崇。鶉蛙看幾變，薇藿不求充。單父先投餌，東阿可即戎。閭閻宜愷悌，弦誦到疲癃。花柳知潘岳，丹沙識葛洪。冠裳頻貌貌，車馬下悾悾。圖報先知劣，師資未覺瞢。有詩呈茂宰，無計獻重瞳。

殘燈

殘燈將欲滅，欲滅更揚輝。遠思有沉吟，披書寄翠微。

覽□□遺事

千金買參术，珍藏藥之圃。豈知敗鼓皮，翻治腹中蠱。

與朱雲石

媧皇善補天，西蜀天還漏。精衛能填海，海水愈奔鬬。人間不斷老葛藤，白日依然生棘務。紫陽崛起五峰巔，雲石溪邊牢結構。我曾深夜話蒲團，欲往方舟不可又。怪爾老狐精，枯木崖前春復春。千年萬年作人語，翻與人間話生死。話生死，迷津深無底。三月浪高魚化龍，癡人猶戽夜塘水。吁嗟嗟，咫尺成千里，鄒人之子已往矣。江浩浩，雲漫漫，明月蘆花君自看。

答雲石天人篇之作

莫謂天時至，難言人事多。一心輕道路，萬物任風波。枕上羲皇夢，花間擊壤歌。岸頭有真興，舟楫竟如何？

福利道人

福利道人宅三畝，壁間文字多蝌蚪。山深無曆不知春，只問花間花謝否。

春風辭三首

春風起兮花殘，我有美人兮江之干。三年不見兮路漫漫，遠莫至兮贈木難。歲崢嶸而將莫，心惆悵而轉寒。攬宿莽兮搴幽蘭，指九天兮我心丹，願及榮華之未落兮驂玉鸞。何時見我美人兮，使我終夜不寐起長嘆。

春風起兮花飛，我有美人兮江之磯。三年不見兮路崎嶇，遠莫至兮贈珠璣。駐雙樹而漸遠，望九關而多違。飲墜露兮餐落菲，柳昏花暝兮我心悰，願及年歲之未晏兮駕玉騑。何時見我美人兮，使我終夜不寐轉歔欷。

春風起兮花落，我有美人兮江之閣。三年不見兮路沙漠，遠莫至兮贈金錯。日窅窅而下山，花飄飄漸蘀。佩辛夷兮結杜若，不我洵知兮我心膊，願隨風雲上征兮跨丹鶴。何時見我美人兮，使我終夜不寐轉蕭索。

黄令長枉山堂謝之以詩三首

紅泉翠壁繫漁艖，箬笠蒲團對薜蘿。笑我著書耽歲月，看君學道見弦歌。花間雨久人來少，郭外春深野燒多。不有明公能折節，輪蹄誰到白雲窩。

福利峰巒接漢齊，蝸廬崛屼枕峰西。青松帶雨蒼蚪濕，白石籠雲謝豹啼。汲黯有才長卧治，陸通遺世費招携。此情惟有嘉榮識，酒自清清唱自低。

相逢把袂識循良，潁水當年亦姓黄。三徑未曾傳竹葉，四郊先已種甘棠。緑綺見客音偏雅，玄鶴逢人唳更長。野外不嫌多闃寂，秋高還過白鷗莊。

黄，廣西人，安静悃愊，不事粉餙，雅有古循良風。蓋非俗吏可比也。宜民之情，見乎其辭。

江邊送劉環溪

琉璃亂潑江之潯，拄杖携壺坐夕陰。十載構思非我事，千緡何必買胡琴？浮生窮達此江水，須識流行與坎止。古人風節重于山，束帛安車猶不起。臨川郡守癡不癡，却爲維摩剪美髭。一身榮辱且不惜，木雕土塑欲何爲？爾脚長年登兩室，授得群真龍猛筆。有時點石成鋈鐐，萬里長空海翻日。誰言錯識南華來，黄金世上豈無臺？退之花前將醉倒，獨子不樂何爲哉？

壽黄石崗

與君未相逢，時飛玉屑摇玲瓏。與君時遘會，正值蓬弧開玳瑁。君本官中仙，一簾秋水坐青氈。我亦十洲客，暫到人間看古雪。古雪古雪化作珊瑚卮，奉君祝壽輕君肌。脚踏黄鶴背，身登崑崙池。摘彼長沙星，將此白雪辭。辭古調高筆如掃，萬年回視塵寰小。

招張仙歌三首

世傳張仙化而爲龍，余以萬物莫人若也，作歌招之。

張仙不歸兮春復秋，秋山空兮風颼颼。草木决鬱兮白日趨趨，石齟齬兮剌觩觩。欲登兮不可以騮，欲涉兮不可以舟，君不歸兮夷猶。

歸來歸來，世有仙人兮，別號瞿唐。左宫右商兮，春風日日吹琳琅。歸來與仙人兮製辛夷之佩，着芙蓉之裳。豐隆輪轅兮，巽二驌驦。朝崑崙兮夕扶桑。于將叩天閽、朝玉闕兮，遨游乎八荒。一杓海水東蒼蒼，喬松夭兮籛鏗殤。

萬物惟以人爲主，凄清無如水中，若歸來兮都且甫。紫貝宫兮黄金廡，斑螭髓兮素麟脯。琅玕一曲兮衆仙起舞，拍肩蕭史兮咍河鼓，長嘯片時兮塵世千古。歸來歸來兮都且甫，羌汨汨乎凄水府。

看水篇

天地如棋盤，萬物盤之子。拮据于其間，利害一時耳。五帝信手拈，得失等敝屣。自三王而下，以力不以理。中原鋒鏑場，爪牙張虎兕。戰血流于河，河水年年紫。白骨化爲工，掘土還成壘。其間瀺灂争，鹿鹿不可指。尺寸確蠅頭，多于慕羶蟻。原來陰陽氣，揉雜相因倚。二氣迭循環，勝負長不已。有春必有秋，有生必有死。有晝必有夜，有終必有始。有王必有伯，有惡必有美。有尊必有卑，有冠必有履。有巨必有細，有綱必有紀。有華必有夷，有粟必有秕。有成必有敗，有此必有彼。有治必有亂，有泰必有否。有吉必有凶，有表必有裏。有通必有塞，有張必有弛。有晦必有明，有遠必有邇。有强必有弱，有憂必有喜。有往必有來，有行必有止。有長必有短，有譽必有毁。是以勝負場，亘古皆如此。氣數之必然，豈人所可使？我亦常觀化，幾入紅塵晷。打破古今事，一笑而已矣。懶到棋盤中，搬弄争我你。却立棋盤上，閑看浮雲起。有雲飽看雲，無雲看流水。

寄劉洞衡

十載支離久，三秋夢寐長。江山巴國樹，鶴鸛楚天霜。詩作蛟龍吼，名應蓀蕙香。南來有春雁，何日渡瀟湘？

秋夕

積雨空階濕，秋山反照多。鳴蛩知慘切，落木更如何？白酒時澆菊，青衫已剪荷。蘧瑗思寡過，慷慨欲揮戈。

寄楊印峰

梁州桃李已成梁，鶴迹還遺愧竹堂。此日三巴翻教授，他年七里峽名頌甘棠。無情寒雪連心冷，有意江梅照眼香。却憶草玄珍重久，新詩不過野人墻。

康村

紅樹千峰遠，青溪萬壑卑。沙虛修竹短，春淺落花遲。水石平分處，漁樵問答時。鳥聲長一囀，似欲慰詩脾。

寄林子二首

不見林生久，悠悠未可期。方秋來入夢，無地去投詩。梅福傳書日，程門立雪時。于今二十載，鬢髮各成絲。

迢遞遺雙鯉，虚徐又九年。秋生魚復浦，人憶碧雞巔。有客三刀夢，將書萬里傳。孤山多刻意，我亦愛逋仙。

白崖道中遥寄楊雙泉

十年杯酒龍宫日，三月塋封馬鬣時。郢曲漸忘投去調，梅花尚憶寄來詩。王猷未見山陰面，蔣詡寧忘竹徑思？已許瞿唐今夜色月，百壺同醉刺桐枝。

笑吟

夢魚即豐廪，夢棺即剖符。笑我不浪夢，一枕盡虚無。

其二

大釣鯨與鰒，小釣蝦與蟣。笑我長持竿，只釣寒潭月。

其三

吹笛可成佛，吹簫可得仙。笑我懶求吹，只撫無心弦。

其四

侔車以行山，杼車以行澤。笑我只輕車，處處皆阡陌。

答楊郡博二首

伯起談經日，橐駞種樹時。三巴稱政教，五典賴君師。笑我長多病，逢人每見遲。秋風吹落木，無賴自題詩。

其二

斑斕堪製服，麋鹿遂相從。白日嗟河伯，青天問火龍。農家誰比櫛？歲序到寒蛩。莫謂巴川漏，媧皇已補縫。

題贈東明禪僧二首

寺下長川静夕暉，寺邊高竹帶霜飛。登堂便覺僧家静，得句翻思遯者肥。空寂不妨通短刺，相逢還欲借禪衣。明年共約登衡岳，坐看冰簾捲翠微。

一幅蒲團百尺竿，眼看孤鶴度高寒。流雲時潤松間石，薝葡長依月下檀。浪説幻形同土偶，誰將好句比琅玕？陶潛性懶多耽酒，白杜從今莫素飡。

寄朱懷陽兼問慎所二首

易水探春日，夔州反棹時。相違無半載，悵望起孤思。積雨空林濕，寒花小徑欹。幽居無底事，料得故人知。

其二

彩筆題青嶂，長歌問紫陽。投詩將縮地，無計可登堂。千里家非遠，三刀夢亦祥。王褒吾憶爾，滇海隔微茫。

寄石峰

積雨江村水帶沙，懷人長憶隔蒹葭，晴霞遠遠紅將斂，厓竹森森翠欲斜。白髮何曾嫌貴客？青蚨原不戀貧家。細推物理堪成笑，對酒當歌看莫花。

雜言答楊計部

種樹不可兩，兩樹難並株。兩傍枝若秀，中枝必定枯。欲纏萬貫錢，難駕楊州鶴。欲駕楊州鶴，不得冲寥廓。蜀地無窮山，吴地無窮水。天公怒不平，取彼以均此。剛風吹不去，精衛填不起。世界本缺陷，天亦不得已。

輓馮孔崖

仗劍平生識者誰？風流慷慨亦吾師。丹沙曾覓三千里，黄閣曾傳十二。宜曾奏十二事宜。身後馮唐知有子，眼前郭泰豈無碑？百年回首成陳夢，落日寒煙起笛思。

答郭夢菊督學

交因澹泊成，詩或江山助。君昔過蟠龍，擲地天台賦。芳訊飛瑶華，妍談發珠樹。皭以明月光，潤以金莖露。照我養痾顔，息彼求羊痼。笑非採秀姿，兀坐空山霧。譬彼款段才，已甘長鳴擧。久無伏櫪思，翻成伯樂顧。蘭苕覆春洲，金虎違秋度。嘯傲一枝巢，緬邈千里路。河廣川無梁，無由抒情素。豈識朱鸞翮，還驚飛練兔。鄉耋集莊馗，歌滿舊時袴。文旆指巫陽，桃李沾修注。其中圓方流，嫪此亭亭璐。子衿江南吟，終失邯鄲步。鵰鳩叫日華，虞淵不肯住。百年瞬息間，多因牽世務。因風洒短箋，願托雲中鶩。何時羅浮春，慰此江東暮。

送王我齋

馬蹄行色帶秋清，事業河汾舊有名。六載鱣堂多化雨，九霄鵬背快雲程。題詩想過藤王閣，懷古知登白帝城。我欲匡廬尋五老，琴尊何日話平生？

龜雖壽 贈張北村西游

古樂府《龜雖壽》辭中有『老驥伏櫪，志在千里。烈士暮年，壯心不已』之句，故作此贈之。

白雲如游龍，青松如翠蓋。松風撼游龍，化作文犀帶。俯仰天地間，莫只學自在。皭然一粒碧霞丹，倰儯肯當落英飡。浮楂一日天孫杵，便欲抽毫獻治安。工部因詩方寓蜀，步兵爲酒去求官。釣璜物色磻溪石，鼓刀未必老江干。吁嗟嗟，男兒名重太山身如葉，蓬蒿慷慨鬚頻捋。幾迴修况嘆餘音，流水高山長嘖嘖。魚腸遇雨作龍吟，縹緲久抱干時策。仰天長嘯太宇寬，醉後歌殘唾壺缺。君不見臨邛渴死老文園，也犯龍鱗去諫獵。

送古建吾

君不見河東守，前者稱賢後者否。一片昭華在眼前，秦瑨燕瑀隨人口。又不見劉連州，玄都觀裏再來游。種桃道士知何處？一笑從前看蒯緱。古來賢達知多少，榮名一念都難了。譬如去上岣嶁尖，獼藠猱蘿只到杪。標巔一望地位高，猶恨致身胡不早。假令山腰可了心，銅虎銀魚已不小。古人既如此，今人復何疑？況君磥砢世所罕，倒傾蛟室愈瑰琦。冰輪西晦東還燦，衆星捧上青琉璃。一時蹔被浮雲妬，兔魄蟾光竟未虧。完名好似黄丞相，重來再去莫噓嚱。

有客

地僻忽驚千里客，雲深長斷九霄鴻。疏狂自識成敖叟，尋訪誰疑是醉翁？帶雨枯松横淺水，背人啼鳥隔深叢。風流却笑柴桑子，一徑黄花滿甕紅。

憶昔歌送楊大理還滇酬見懷

憶昔憶昔江草緑，草玄之子抱紅玉。天東無人繫龍足，十年一别如轉燭。長風吹送白雲曲，今夕何夕到空谷。空谷空谷竟如何，當日相看意氣多。袖拂驪龍珠，能令起龍梭。而君亦何爲，亦復歸山阿。我聞山阿無如點蒼好，萬里芙蓉開縹緲。銀河日夜掛天表，三江五岳杯拳小。瞿唐道人心已了，幾欲乘鸞陵風矯。與爾同登十九峰之杪，掃雪穿雲尋窈窕。三千弱水開池沼，荷衣蕙帶冠裳巧。蟠桃如斗瓜如棗，一坐萬年不得老，下視八荒如秋草。

蒼谷歌爲王方伯題

長風漠漠起平陸，吹向蒼山入幽谷。林薄蕭森落畫圖，中有異人坐厓麓。憶昔異人正少年，走馬獻賦明光前。飄飄凌空横一劍，彈冠不謂囊無錢。一朝翻然思甘旨，拂衣棄官如棄屣。清時不敢掛冠歸，安石終爲蒼生起。雲梢幢檠下徐揚，烏紗白髮照滄浪。原來宦海千年夢，白日慘淡悲風黄。一時哭盡閶闔血，龍鳳有雛還踔絶。總角之子解辭金，坐中簪組皆擊節。江山荏苒春復秋，三十年來土一丘。璧光有氣衝星斗，石麟無語傍松楸。逝波一去不復返，蒼谷悠悠落日短。鬱紆景色尚依然，花開花謝無人管。獨存鐵石舊肝腸，化作琳璆五色章。還繫令兒思百折，讀之我亦神悲愴。君不見男兒志裹革，此言于今猶凛烈。又不見子柳賻布班諸貧，今人那得如古人？古心古事今已矣，貞文孝者爲誰子？嵩山汝海渺不見，碧雲瓊樹空仰止。

釜山堂成

松子投幃暮，茅堂卜築初。山深交誼少，親老宦情疏。種核黄泥裏，敲詩緑葉書。春深多燕雀，鳥亦愛吾廬。

答胡忠庵副憲

一秋閣筆門長閉，十步幽亭草未鋤。五柳先生方兀睡，七松處士忽抛書。霜風菊蘂迎人笑，流水柴扉過者疏。跨馬何時共尊酒，題詩掃石摘水蔬。

憶昔兒童花滿枝，而今蒲柳鬢生絲。十年雞黍何曾約，兩地風流各自奇。虞氏著書知已晚，樊侯種漆未嫌遲。芙蓉冷落秋光净，水白山青有所思。

爲戀斑斕慣狎鷗，忘機事事淡于秋。千山未放盧敖脚，一葉翻思范蠡舟。以我解彈明月調，多君來問草堂幽。歌成伐木無人和，鳥自嚶嚶水自流。

梅花

大造無冷暖，孤根亦覺短。自從嫁逋仙，春官不得管。

游五岳還曹荔溪以詩見問用韻奉答

不才天上誰來召？有興人間且去游。携得月琴隨鶴住，惟無玉帶與僧留。許多臺榭違君賞，到處煙霞共我幽。乍起相思相見意，吟魂又夢入渝州。

來瞿唐先生日録外篇卷二

悟山稿

述悟賦①

來子居太白山有年矣，長惡此山與先達同名也。一日趺坐其巔，恍然偶悟作聖之學，因述悟之所由，即以易玆山之名焉。作《述悟賦》。

嗟生民之蟂蟂兮，統嫣婥于乾幕。紛鼬鬖于回游兮，靈萬物而綽約。駁蕕葝而繽處兮，鮮妎傷而絡絡。時登巢而椓蠡兮，與禽獸其相若。苟萬古其如斯兮，亦悟悟而噩噩。盎太和于醇晵兮，疇長驅而短斮。豈知花莳之索敷兮，羌有生而必擇。迄五龍之比翼兮，掣太真而搒拔。人方出而御世兮，鳳亦出而鳴時。物理窮則必變兮，事久安而必疵。木方朽而豞耳兮，湝久埭而生羆。駴揖遜之奇侅兮。忽虓虓而貓䐢。偶宗廟之生黍兮，欻嬛裂之生髭。違乾坤而作訟兮，化坎離而成睽。鯨鯢游于嶄巖兮，雷電震于淵

① 原書此篇在《悟山稿目録》之前，道光本則置于卷末。

渚。上墋而下黷兮，霧三精而颰颸。天既降災于阡陌兮，豈不殃及于六籍？或身眇而臂翱兮，或強幹而弱枝。或火匿而金曜兮，駔或因之而易㜸。雁翻翻而南向兮，水滜滜而東下。蟬冡冡而無聲兮，木飁飁而飄瓦。天晃晃以漸高兮，晷悠悠而西瀉。海坱坱而生塵兮，山沄沄而禈閅。哀六鑿之澙散兮，冒真淳而賬假。数不黐黱衮之木偶兮，亦如聾而如啞。苟衡輕而纊微兮，鍩顔冉其上苴。倏錙銖其彯撇兮，即屯蟻而奔馬。跚羲皇之邈遠兮，長永靖而遑遑。欽五臣之遌虞兮，賡歌緦理于一堂。開群蒙于精一兮，降帝道于羹墻。如日月之中天兮，至鄒魯而煌煌。誰臭味于風雲兮，應千載而鏗鏘。豈斯文之欲殑兮，乃河清鳴杜之茫茫。志士當此日兮，如臨河而無航。翠濤玉蕥之精兮，反覃味之澂瘑。贇欝蘂之遇剞劂兮，生意愈工而愈拙。豈珠翠之搖曳兮，卷鬟因之而不纈。彼搷揠夫苗之樬兮，洵穲稡之殄桬。趧鞻齊靡靡以進兮，何嗟乎大雅之馨消？紛欲迴江之潟溆兮，弗寻崌崍㴔坑之所繇。恐枝条相次以茂兮，愈布濩而菖䕺。況瀿溼而瀌渭兮，决河漢之堤墂。越礟邁以放波兮，如浮萍之漏僬。謇余鼻于乘鼇後照兮，鍾玉壘之巘竇。乃以降兮，會日月之龍徬。乃聽赤鳳來之曲兮，聲金玉而如扣。奈僊質之顛頪兮，負泰素之洪覆。恐修名之生于旆蒙兮，月淵獻而方授。樕鶴集于庭兮，亦如鳶而如鶩。欲長鳴于太空兮，又如去而且就。越庚寅吾不立兮，揞六籍而潰漚。眑燭龍之謝電兮，望海岳而趨鬬。孿胡繩以爲堂兮，抑揭車以爲囿。揑菌桂以爲棟兮，闢留夷而爲霤。芳椒兮丹堊，宿莽兮結構。攎煌煌之檠幌兮藥燈，鑿洌洌之瀾渫兮蘭甃。乃製芙蓉之冠裳兮，又纕之以江蘺。恐馥烈之未襞積兮，擣蕙蘭而申之。思美人之遲暮兮，日與月而斥馳。冀螢閔之微熠兮，增兩曜之洪晌。望蹇修之嫈嫈兮，解璜佩而陳素。裂齊紈成合歡兮，皎明月而爲嫭。疊秋節之焜黄兮，將酢醾而留連。歡懷春之窈糾兮，嘆標梅而成婺。顧弱草之婐妮兮，应踟蹰于巇礩。知象虎而執試兮，長汀瀅而酸憷。何天地之無窮兮，多遭遇之齟齬。遘大人之末疾兮，時與心而相阻。遵叔鳶之常款兮，作驢鳴而騰嬉。彼次翁之行傭兮，且正轅而執綏。遇九折而回車兮，慭蹈嶮而蹇危。彼古人賢達兮，乃垂青而勒紫。我今不如古人兮，欲踉蹡而何已？彼騰黄之超逸兮，邁絶足于纖離。受赭白之渥錫兮，遭紅陽之已知。處濯龍之華奥兮，委紅粟之訑訑。余款段之無良兮，其邅迦也允宜。感鶱鶴之昭鳴兮，舂狃天門而繚繞。市日域以翻鸐兮，飲瑶池而皎皎。入魏軒而嬉棲兮，出夥園而高矯。余翳薈以棲息兮，其如短羽之微眇。想豫章之奓奓而俵儯兮，枝條棽楚而蒼蒼。臨隳崚之標巔兮，渥九秋之嚴霜。儐冬官之掄抱兮，走宗匠之傍徨。高蘭宫之紫柱兮，壯秘宇之文粱。余樛夭而矬𣏓兮，宜榼椏于衡墻。嗟小星之衾裯兮，胡必为圓而刓方？强欲資啄葩以罥翎兮，忙留連于昏曉。匪塵路之傴僂兮，乃踸踔而自撓。酌剛柔之吐納兮，識行藏之饑飽。敢曰牛鼎之烹鷄兮，忞汁旱澇以自考。弟藐然于乾坤兮，敢委骨于腐草？如鳥視而禽息兮，終飲窨而枯槁。慕玄訓于往喆兮，惡溾涹而下流。思去住而儻佗兮，安得駕邁乎前修？心霧憒而反悦兮，馭蔓茅以捆謀。慎竈欱而瞀曰姥哉，永孌吉而無尤。生當刎雄名于薄海兮，殭必收玄藻于瀛洲。恐家食之匪裂兮，利飛敷而遠游。蓋聞蟬蜕于囂埃之外兮，觝冥鳳而相儔。應龍不吞腥腐兮，掠太清而蜐蟉。如二物之嘒穢兮，亦蟦螬而蜉蝣。苟踂踕于墶坃兮，烈羲娥之澌遒。胡不耽静冢于幽藹兮，坐翽乢而悠悠。澄靈神于冲虚兮，肆與世而無求。庶斯奉信而不違兮，歸母氏而始酬。等太素而還無懷兮，坐風雅之瓊輈。乃操元辰而戒憬裝兮，約親串之隱鵲。揣青萍而陸離兮，飛冰霜于結緑。尋錦屏而相羊兮，跦褭糾之斜谷。趯咸京而懷古兮，知昆明之劫灰。過豐沛而夐峗嵑兮，猶餘歌風之臺。乃聽雞鳴于日觀兮，俯回雁之嵁崿。窺徂徠之葱蒨兮，矐丈人于碧落。欷七十二君之封箓兮，空湮沕而如削。慷漢武之雄略兮，亦效秦之饞嚼。况唐宋之紛紛兮，胡不築臺而舞鶴？憶孫胡之攻苦兮，逢饑垢而投書。乃十年而不反兮，甘齡蕺而茹疏。彼古人之惉懘兮，如蹥華而還廬。掛雙璧于東柱兮，馞芳聲于瓊琚。何我今之甍趨兮，如飽騎而飲驢。蓋纆牽之累千里兮，翻駘騔不如。須抗志以烰烰兮，敢徬徨乎居諸？長慷慨而發嘆兮，輾轉中夜之籧篨。紛吾既遠栗里兮，何南北之倏忽？乃揚艄而越洞庭兮，望祝融而馳突。覽紫蓋之瑤華兮，舞雙鶴之回翔。趨石困之磈磥兮，對石室之青蒼。儼芙蓉之縹緲兮，忽練帶之飛揚。彼岣嶁之禹碑兮，空字青而石亦。當時已鸞鳳之飄泊兮，豈萬年琩琩而尌岁？胡今日之墨本兮，傳蛇蚓之嫱爐？恐神物之珍隱兮，有鬼持而神搦。覩河洛而思禹兮，讀《禹貢》而自繹。懼蒼水之玉簡兮，終茫昧而荒僻。彼朱張之同志兮，乃酬唱于嶺嵤。承學之在今日兮，如奏榛榛之五蕻。安得神交而夢晤兮，講道脉之迷舲。乃跅祝融而趹坐兮，覩海天之奃巽。回風塵而一望兮，覺名桁而利桊。思鳥舉而龍騰兮，㲉千里而如雹。乃約安期浮伯之婁乳兮，從九坑而相娛。復泛湘江而穿巫峽兮，反釜山之蝸廬。更不值同志之士兮，空咣行于長途。乃日夕尋孔顏之樂兮，長努力而加飯。或乍晴而乍雨兮，或入還而出奔。偶雙親之見背兮，抱終身之衣恨。遂剩酒而剩腥兮，辭室家而倚廬。哀親之不得見兮，不覺歲日之長徂。忽六年如一日兮，恍如已殁而復蘇。乃至甲戌之暮春兮，草木緫翠散金而榮藪。偶登太白之巔兮，相留連而踟躕。覺此絳宫之有悟兮，埵堬漓久而融疏。如飛廉之逐霻霸兮，華景昆昆而升榑。又如飛霓之皠皠兮，取一屑于耿爐。始知學聖人者如百川之觀海，空見其湏濘潗潺兮，汪洋而漼漼。止羡其太巔之貝，隋侯之珠，珹珹而琲琲。況科舉之累人兮，皆欲富貴之崟崋。信乎入聖有坦坦之周道兮，人自恃其伎倆而慣行也。故曰道之不可也，我知之矣。

題懷梓依蘭卷

慷慨相逢劍氣丹，詩成月白井梧寒。江山海内誰懷梓，樽酒天涯幾倚欄？南去兒童迎竹馬，北來禁樹繞闌竿。古今寰宇皆兄弟，自是人間不肯看。

登天元寺

鬙鬉亦自凝，慔慔此勵勉。今日登此堂，蕊宫半荆棘。怪爾鼯藤鼠，黑白交追逼。苾蒭多佀儻，鷊鷊如翍翍。時有採樵人，卧此碑中墨。日穿金粟影，慘差舊蘿芀。山川騰紫翠，合沓亦奇特。胡爲乎濩落，令我心惻惻。炎火吾所慕，方車不可陟。睡兀髀肉生，翻爲山鬼識。笑爾方平子，勸我侑厨食。鳳皇集梧桐，高崗多岃崱。豈不願人間，羞與黄雀息。前有嶺如削，諸峰馬争駴。好開黄精圃，白日生羽翼。歸飛雲漢間，祥雲襯五色。

登石佛寺

暍暑欲無聊，幽堂偶見招。秋潭沉窌窲，太白鬱岧嶢。寺傍孤根石，溪横獨木橋。龍蛇蟠殿古，煙霧接天迢。迎送蒼髯管，浮休白日消。興清鳴磬寂，望遠渡杯遥。縱目重登榭，除煩不係瓢。素弦彈賈島，黄耳摘參寥。邂逅題崖穴，留連坐斗杓。林塘如姓魏，刀筆更聞堯。几席緣風口，壺觴對野樵。開襟陟嶱館，觸熱過山椒。

長歌

君不見東鄰小兒誇敏慧，手抱琅玕去謁帝。中拜太子舍人時，頭角未完剛四歲。又不見西鄰老翁九十九，兩鬢藍鬖雪蒙首。鐵杖蒲輪入郾城，翠甕珍盤方適口。早者何早遲何遲，早者非黠遲非痴。世間不獨人如此，欲上蒼蒼問所之。一陽嶰谷方吹籥，玄枵尚未交寒鑰。江梅忽爾出墻東，婥約居然先聳壑。及至菊開則不然，迂疏淡泊任留連。自春經夏衆芳歇，方剩玉露結金團。逋仙乘馬追風驟，靖節之車瞠乎後。二賢假令坐一堂，更倩誰人分左右？勸君看花莫厭遲，鬢髮空催十丈絲。春風秋月如無恙，菊蕊梅鈿自有時。

了生死

死字如滄海，人生水潺潺。溪河有大小，俱欲赴其間。誰挽謝電波，逆行至于山。生字如布經，富貴布之梭。南去與北來，手足俱奔波。及爾布織成，尺寸苦不多。生死即晝夜，斯道日中天。晝夜有晦明，天地之當然。我能盡其道，千古猶光圓。人能知此理，便能了生死。

獨立

獨立滄江遠，回看孤嶼清。緑苔團竹徑，黄葉送蟬聲。世豈疏儒術？人多戀利名。鳳皇如欲出，依舊向陽鳴。

錦城歌贈從弟文進赴成都試

峨嵋秋月凉于水，錦里弦歌滿人耳。濯錦橋頭立馬看，芙蓉縹緲開羅綺。我曾乘興百花游，眼底乾坤到十洲。珠林琪樹猶迷目，屈指于今二十秋。丈夫功名須脱洒，捋鬚莫令居人下。題橋之子何軒昂？歸日蕭蕭馳四馬。爾姿如玉尚少年，春日桃花出水蓮。欲于天上陳三策，須向舟中擊一鞭。我今行年不爾若，雙親白髮垂于鶴。戀此斑斕五色衣，乾坤俯仰成寥廓。此行爾莫漫逡巡，揮戈駐景亦由人。自古文章多傲命，梓里雲山盡是春。錦城歌，歌聲壯，一聲裂石秋相望。

誰人

誰人太硉矹，築室傍崖嶅。地繞龍蛇窟，墻依翡翠巢。野雲流石髓，疏雨净仙茅。一片泉如雪，當年擬虎跑。

寄朱誠齋四首

不見誠齋久，因風寄數行。歲時天轉熱，夢寐我思長。宿雨生叢棘，晴林有閆楊。烹鼂無底事，漫説及枯桑。

其二

患難尋常事，淹留翻可憐。眼中皆是地，頭上豈無天。飲啄且成數，崎嶇豈偶然。自思還自笑，不必泪長懸。

其三

逆旅琴尊少，空山音信遲。交情廷尉識，世故塞翁知。集蓼心長苦，閲墻事可悲。古人求自是，此外復何爲。

其四

五月生陰雨，千山滴薜蘿。鳴蛙長到徑，野水欲成河。泄柳門頻閉，茂陵病更多。相思空悵望，無奈故人何。

行路難

古行路難太涉愁苦，作此反之，便寄與譚敬所侍御左遷。

君不見花發凌煙閣，前日上花枝，今日辭花籜。又不見柳拂銅雀臺，既許秋風落，還許春風開。一開一落人何有，千愁萬愁一杯酒。朝還着綺羅，莫即填培塿。芻狗哭土龍，土龍哭芻狗。行路難，行路難，行路之難有如此，嗟爾世心原不死。幾人幾人買丹砂，依然去駕黄壚車。回首回首種祇樹，天花迸空無着足。無着足，無着足，人間信有難行路。舉世難行絶往來，嗟爾欲行之人亦將爲之何哉？我有兩脚輕于灰，不怕羊腸鳥道七盤九折之崔嵬。東西南北縱所如，未嘗臨路浪生哀。朝朝莫莫雲霄上，幾度崑崙懸圃來。崑崙有路分南北，竭來盡是尋真客。只緣世上行路難，鳥語長啼行不得。路入南兮雷訇訇，十二樓臺侵水晶。步余馬兮紉杜蘅，持玉簡兮朝太清。叫九嶷之舜英，日域日蛸莫昇平。喜起喜起賡復賡，路入北兮石泠泠。煙霞盤護桃花井，一軿瓊漿步紫靈。長與天地争久永，霓吾衣裳兮海日静，琴吾素月兮萬籁省，下視紅塵如棄綆。天生我才信不多，登巢椓蠡時非他。仰天白日自吟哦，此身不受一塵染。任爾世路之南之北、或長或短、或大或小、或險或易、或得或喪之風波，吾何爲兮而女嬃而靈氛而慎竈，欲行不行翻嗟跎。世路世路將予何？怪爾浮休予不信。周道平于水，終日兀坐愁城裹。手提玉龍欺素娥，蛇游狐立空喎唆。生前縱跨黄金印，死後空成皺眉鬼。行路難，行路難，侑爾歌，加爾飡。鳳皇不啄人間粟，八埏九野何地無琅玕？莫將行路起長嘆。

過吴氏舊莊

策馬驅危蹬，題詩問落霞。頹園團野竹，細雨濕殘花。山水疑前日，崔盧非舊家。誰言千載後，渤海變桑麻。

答陳近夫

閑來無事或臨流，爲弄溪山月一鈎。自是磬聲驚荷蕢，不關花鳥傲王侯。

贈謝郡博

一秋雨滴石淙莊，兩度書曾君子堂。逸鳳久知連北阮，乘龍不識即東床。鄞江入夢鄉音近，苜蓿盈盤道味長。閑對郗林看世德，家雞野鶩墨花香。

林明府載酒枉山中倉卒缺款詩以謝之

野鶴疏雲淡浦沙，盤飧市味隔蒹葭。逍遥久飽元修菜，愷悌新添宋就瓜。豈有經綸驚薄海，多應松菊到貧家。懽呼幸賸滄洲興，鸂鶒鸕鷀答客緺。

竹舍

自任苔蘚自掃塵，有時搔首有時巾。野花啼鳥無人管，都入先生一部春。

聞楊崑洲少參訃四首

宦海愁邊夢，生涯掌上卮。故人今若此，吾道復何之。秋雨留連日，關河滴泪時。寄情彈別鶴，哀調不成絲。

其二

江夏思楊震，平臺問范滂。百年歸皓首，萬事屬黃粱。風雨生芻遠，乾坤宿草長。曹蜍知尚健，未死即亡羊。

其三

往者游京國，兼之晤達泉。把杯成一笑，計別未三年。交誼延陵劍，相思叔夜弦。詩成無處遞，灑涕向寒箋。

其四

驄從飛黃蓋，精英入紫垣。尚平婚未畢，元直母猶存。水落秋容慘，烏啼野日昏。靈均門下客，誰與賦招魂。

雜言

莫道三伏中，終朝只穿葛。雨餘生晚凉，須换綿衣着。

與丁任夫劇飲

春風吹山山欲裂，一點落花一點血。真血耗散春容摧，黄金難買朱顔客。朱顔朱顔欲住時，劫灰無奈擊玻璃。玉液金脂不盡醉，吞龜嘾鳳欲何爲？銀光之子莫趨趄，爲爾琢句開曆聽。歲星一夕化爲人，腐落肯甘同草木？緑蛇不得游帝都，白駒終自聞空谷。舉頭一望天地寬，何須手抱青萍哭。笑爾百戰刀剪禿，長恨鮎魚不緣竹。酹爾一杯酒，將爾愁腸傾萬斛。我有逍遥不死之神術，清風爲我車，明月爲我轂，青天白日騎黄鵠。千年萬年瞿唐子，此生已知逍遥不死矣。縱死亦必化詩仙，不似愁人登鬼籙。

針

憐爾孤標直，鋒鋩鬬雪霜。磨礱知出處，布帛見文章。天上君王衮，堂前慈母裳。雙雙未補報，一線抵天長。

赤甲行

赤甲秋風一夜饒，百卉芳歇梧桐彫。美人别後隔山椒，蒹葭秋水天共遥，欲往相從路無船，星漢西流夜①迢迢。尺書恨不寄明朝，鸞姿一去不可招。西飛白日馬鑣鑣，流光轉盻又玄枵。援琴鳴弦寫寂寥，一曲相思不成調，空憶當年舊板橋。

① 『夜』字原空，據道光本補。

村居二首

野服黄冠對竹根，雞聲雀語送朝昏。有田只種陶潛秫，無事常關泄柳門。白石鳥來留篆迹，清溪雨過帶潮痕。蒲團纔到忘言處，又被鸕鷀叩釣綸。

石屋藤床傍釣沙，緑綺白雪斷龍蛇。春風夜月迎窗草，尊酒茅簷向日花。王烈無官知愛石，邵平有客暫需瓜。朱幡刺史頻來往，疑是西湖處士家。

有客二首

窈窕青山歲已更，忘機處處有鷗盟。一溪流水源頭活，半榻清風户牖明。共喜陳蕃能下士，誰知李密欲陳情。焦桐幾度希聲處，雪自無心鳥自鳴。

露滴雲流净石淙，野猿幽鳥亦春容。當簷花撲仙人几，隔澗霞封隱者松。歲月漸隨芝草長，道情長共酒杯醲。東京有客來相訪，家住夔州十二峰。

答陳近夫三首

浪説長安路不多，舊時都入葛藤窩。行來行去頭將白，依舊還從葱嶺過。

南去波濤千尺深，北來車馬萬山平。人人都爲風帆利，不向輕車熟路行。

月下金鈎欲倒垂，千門萬户正開時。此中水火能生活，便是崑崙第一枝。

雜興四首

秋風夜怒號，肅殺如斤斧。蟪蛄最可憐，嚱嚱声何苦？人生天地間，來往成今古。翩翩一小兒，黄髪已可數。夜臺幽且深，朱黻亦何補？

其二

前山食熊趾，山後食蕨薇。熊趾食之飽，蕨薇食之饑。饑者身常瘠，飽者身常肥。瘠者壽千歲，肥者七十稀。

其三

西方有懷人，一隔千萬里。秋深欲寄書，托此江中鯉。三年不反命，感嘆中夜起。今夕尺書來，令我陶然喜。長跪讀尺書，琳璆滿人耳。念我無遐心，故人猶如此。先名囁嚅翁，近古浮休子。

其四

鬱鬱山上松，虬枝何嫋嫋。根盤一萬里，萬木俱卑眇。宗工取良材，車馬長安道。笑彼蕣榮華，發光何太早。朝還滋剪栽，莫即同靡草。我曾上崑崙，煙客多縹緲。層城爲園囿，弱水爲池沼。種彼十圍禾，食之百年飽。花非開千年，結實居然小。寄與山中人，百事須難老。大才原晚成，驟得非良寶。

梅軒歌寄辰溪吴明府

江雲夜落豆楷小，天花亂墜靈山巧。瓊崖瑶璋互繽紛，琪樹珠林相縹緲。玄雲青女抱持來，欺霜凌雪立蒼苔。一夜東風吹石裂，百花不敢先春開。吴侯自小負奇節，高標與爾同皎潔。臨風對雪厰孤軒，幽谷晴櫺兩奇絶。神游我昔泛花津，倏然倒着白綸巾。疏影樓臺銜莫色，世上徐熙浪寫真。大庾直接蓬壺境，長往令人發深省。群真向夕擊波黎，羽服縞車環佩泠。此軒不見又經秋，洞庭青草江悠悠。踏雪披蓑尋不得，幾回夢裏到羅浮。丈夫行藏須綽約，手抱青萍人宇廓。調羹鼎鼐事之常，莫把明珠投暗雀。梅根日久自窔窱，應同辰水變丹沙。知君此去成仙令，翻笑孤山處士家。

贈古養吾

一曲陽春調轉嘉，宫商俄爾入煙霞。原來冀北生騏驥，自是郗林長桂華。寺静樓臺侵霧樹，月高燈火對汀沙。明年濯錦秋風發，銀漢津頭有斗槎。

朱少府曾許枉太白山堂乃遣人惠巾並扇寄之以詩三首

昔日充城去，曾云過草堂。豈知翻厚貺，今復枉疏狂。遇雨先須折，乘風且奉揚。菊花秋露白，不共故人賞。

其二

聞爾清操甚，官衙亦泠然。將簪長當米，沽酒每賒錢。羊續魚猶在，時苗犢可牽。好來看魚犢，吟弄共留連。

其三

秋雨濛濛落，秋山處處登。君應同野鶴，我亦似孤僧。客到尋常飯，閑居紙竹燈。白雲長繞榻，得酒即飛騰。

寄贈汪大池二首

水北山南春復春，夢中長是爲傳神。吟邊拉客張標酒蜀酒名，醉裏看花拆角巾。兩地共鈎江上月，十年岐路馬頭塵。誰言高士今成傳，髮白猶聞起渭濱。

草滿虚窗花滿枝，百年心事白雲知。方思東岱南衡日，剛畢男婚女嫁時。蘇晉有絲皆繡佛，浪仙無寺不題詩。蒲團贏得團欒話，字字驚人句句奇。

答范邏岡兵憲二首

燕社淹梅雨，魚書忽草堂。開椷如面命，捧讀憶台光。月入咸京古，雲連漢疇長。南山詩更麗，煙水隔滄茫。

其二

舊負澄清志，新收破膽歌。惠風方偃草，淈水盡恬波。楚蜀煙嵐接，獠夷出没多。欃槍猶憶昔，十載未停戈。

寄楊鑑谷僉憲時姪堯亦宦滇

昔别美人兮北風颼颼，今思美人兮滇海悠悠。海中碧雞飛天表，銀漢一聲江浦曉。長風摇曳捲玻瓈，回看島嶼杯螺小。有時旌節駐層城，坐令長虹海角生。三千弱水蒼茫外，月明何處有笙聲？此境人間不常有，暫時歡娱亦非偶。欲往從之隔世寰，空令秋風成白首。有姪有姪海之陽，一年不見我思長。剪碎青霞爲詩章，因風吹到美人傍。此中荷葉大于航，我欲取之爲衣裳。何時走送我山房，欲來不來遥相望。

聞彼篇

聞彼焦山中，往往求仙客。衆客事拮据，一客獨蕭索。結髮坐林巒，嘐嘻長憺怕。偶爾太清君，詣此想朝夕。叩彼丹沙事，掉頭翻嘆嘆。止授一木鑽，石盤則五尺。木若鑽盤穿，輕風鞁兩腋。領命遄歸思，反覆多驚惑。木柔石則剛，此理信匪易。終朝事鑽研，贔屓常跼蹐。衆若笑彼痴，彼功終不射。有時木或盡，逡巡繼杞棘。心與石同堅，妄以木俱息。一年復一年，石薄如皮革。鴻絧倏爾穿，霅然天門闢。宫闕高寵嵸，别有乾坤宅。滿地凝水晶，輝映雲霞碧。身方到帝前，名已注仙藉。鞭風駕雷霆，無往不可適。苦樂相因仍，屈伸不獨蚇。有恒通神明，積久貫金石。回視前石盤，明瑩珊瑚赤。

畫王正郎宅

亂石粘山山欲飛，白雲芳草長山衣。一派銀冰落樹杪，萬里煙波咫尺微。中有幽人坐山足，棕鞋裥帽掛孤樹。來時似有霧粘衣，坐久不知將日暮。庢根老樹枝半枯，野雀枝間隔葉呼。呼時似識幽人意，好侍山泉月一梳。平生愛山看即飽，試鑿閬風空自好。王維畫裏勝概多，令我幽思筆如掃。

戲題李子埡禪師草庵歌

鐵鞋踏破緇塵路，眼前寶筏無人渡。難將空手見空王，蕭條且向山巔住。山巔四顧盡煙嵐，五禪暫學繭中蠶。割霧誅雲圖了快，李子仍成白石庵。庵中日日滄荒薺，杖敲破竈原無底。五牛一日牧山頭，四方齊送盤陀米。古來佛殿多不靈，羅轂空將掩雀瓶。雞園處處迷秋草，不管樓臺散落星。我住庵，庵住我，有時庵破也亦可。千枝松影逐溪東，六櫺長爲頑雲鎖。假令狂蜂逐紙白，化鶴之兒成蜾蠃。也不禮佛，也不修心，浪説披沙去揀金，朝朝莫莫庵中尋。瞿唐道人亦知音，長抱無弦自在琴。幾欲抱琴訪鹿刹，猶恐山中石頭滑。墨花亂酒草庵歌，因風吹送鳥之窠。鳥窠鳥窠，草庵能作佛，瓦殿定成魔。試將一轉語，來寄白鷗衰，翠竹黄花滿地多。當面爾若不能見，草庵草庵奈爾何。

王似泉下第見訪有序

天遠憐疲馬，春殘惜落花。風塵妾薄命，富貴浪陶沙。竹影侵池薄，雲容靄樹斜。且乾鸜鵒盞，莫羡漢王槎。

昔劉禹錫題《浪淘沙》云：『日照澄洲江霧開，陶金女伴滿江隈。美人首餙侯王印，盡是沙中浪底來。』白居易題云：『隨波逐浪到天涯，遷客生還有幾家？却到帝鄉重富貴，請君莫忘浪陶沙。』予之句蓋本于此。因王問及浪陶沙之句，故又以昔人二詩足之。言功名富貴不可驟至，必勤苦也。予非輕引人以退者。

聞我齋遷轉

江水下揚瀾，人歌蜀道難。從來千里翮，肯向一枝安？宇宙馮驩鋏，芝蘭貢禹冠。看君振文鐸，斗氣轉芒寒。

有花篇

洛陽橋上春如織，千枝萬枝鋪紅罽。鶴林神女舞霓裳，幾度徐熙畫不得。看花之人何繽紛，不識春光在頃刻。不識不識亦可憐。千古已後，萬古已前。鳶飛于淵，魚躍于天。千鈞空挽六螭轡，髮白面皺轉相牽。南山峨峨石壘壘，天風吹爾作海水。孔子孟軻生一遭，錢鏗喬松萬遍死。假令不得其中意，再生萬遍亦如此。踆烏白日啄人髓，鑿石得火倏忽爾。歸來乎，歸來乎，山有蕨，水有萓，窮鬼笑錢神，錢神笑窮鬼。

答人

十年不出孫明復，一榻頻穿管幼安。我欲溪中釣明月，肯將鈎餌與人看？

與歸雲寺和尚

畏冷重添破衲頭，幻心原不論春秋。溪蔬煮罷無多事，獨木橋邊看水流。

贈温崇峰

城下薰風捲玉荷，城邊有客隔松蘿。欲看三峽鮫人勝，便駕千金范蠡艖。鄉思關心歸夢遠，湖山入望畫圖多。何時共約馮飛練，爛醉仙人踏踏歌。

寄莊岐岡郡丞

蟠龍山下牽裾别，灎預堆前使者還。自後杳然無一字，于今宛若隔三年。天寒松子催鸜鵒，春盡榆條怨杜鵑。惟有甘棠亭上月，風清夜夜向人圓。

答贈汪大池大池曾爲母不仕捐宅學中

自把珊瑚閲歲華，詩來多半帶煙霞。陳情李密應思國，捐宅希文不爲家。笑我長年歌澳竹，懷君幾度賦蒹葭。吟成獨立空相憶，撲筆挑燈拂劍花。

同邢淺庵推府王葵軒莊岐岡二明府古民部游蟠龍洞得雨字三十韻

諸峰羅兒孫，一峰插岣嶁。古湫山之窩，雙壁鑿斤斧。沉沉牛渚磯，靈怪蟠水府。中有沙羅奇，瑽瑢佩碧乳。蝨䶌墜青錦，蹲踞如放舞。漚水相紛颮，饑蛟吞渴虎。九龍來瀑布，萬壑擊雷鼓。地媪澆醴泉，醉此梁州土。諸山盡酕醄，不知有天寓。乃知天子郭，先後争步武。鄉人憂旱鉢，䢵罐時偷雨。豈知人心靈，應響如連弩。耳夢古老言，仙客煉藥釜。一朝帝有詔，拜下頭角膴。意者巢許輩，嘽嘐開花塢。依山巢雲松，種藥傍水滸。槎牙萬疊峰，朝夕成賓主。一朝隨化迸，揭來同啄腐。爲人復爲龍，事亦近蒿逌。仿佛李八百，空筌入仙譜。緣鴿飾玉輩，好事成亥魯。偶來登此山，春花闘蓮莆。二三游宦客，暫解龜魚組。斞水净煩襟，一洗塵囂腑。乘醉弄潺湲，出洞即今古。安侍駕飛車，減輙入天姥。更有倏倏興，走筆愧鸜鵒。幸爾坡仙在，却爲徐凝補。

我有半輪月

我有半輪月，摘之自峨嵋。從我江南游，長伴江之湄。今日歸來北窗卧，剪碎清光掛我帷。有時清光還入夢，八荒寥廓天如洞。瓊樓玉宇空崔嵬，滿地水晶塵不動，下土車馬聲如雷。巴西來矣鮮，手攀脚踏應無路。亦何自而來哉，豈是撥雲披霧天重開？九關虎豹吼喝自虺𡰪，須臾須臾毛骨化于灰，恍然輕舉入三台。寤時不覺來矣鮮，只覺前月半輪升山巘。

衡門

裊裊嵐光作翠淮，青青松葉覆蒼苔。鳥從百石橋邊度，花趁黄梅雨後開。麗句暫吟玄鶴舞，衡門欲閉故人來。夢中擬在磻溪上，修竹千竿一釣臺。

病後禁酒午後默坐二首

世已慚無補，詩如簡可呼。三年思舊艾，萬事泛新蒲。竹密溪塘静，身閑筆硯孤。惟將逍散意，銖兩博榮枯。

其二

青憐秧上雨，黄入隴頭枝。杜甫宫衣夢，陶潛止酒詩。水流松徑淺，鷗度泖湖遲。隱几無言意，長思南郭綦。

時事有感寄林明府一笑二首

寥落幽居稱素心，百年麇鹿卧長林。石床藤屋堆千卷，蘿月松風抵萬金。自古救人須井上，看誰避暑仗蓬陰。緑綺雖在無弦久，空貧鄰家借好音。

江上紅波雜素濤，可憐明府察秋毫。當機恍惚將投抒，迎刃從容始見刀。鐵笛三湘心未償，金書五岳興長豪。笑來翻遺堅前約，對雨挑燈誦木桃。

酬李鐵石

小時誤吞五色鳥，手拂青羅歸海島。赤繩裊嫋縛麒麟，金窖陸離堆碼磁。蟠桃鞭落九花虬，紅塵不動春風掃。龍翔鳳舞客卿狂，撑霆裂日尖奴剛。媧皇輟補崑崙石，斗間紫氣怨琳琅。摘卉搜春沉大雅，綺羅人語風斯下。東武鶡雞何寥寥？亦有承間篷乏者。近日只彈無心弦，三峽流泉如棄瓦。孤園誰寄八師經，翻于櫓秕長螟蛉。寄去衡山風懶瓚，莫將蟠豹雜鼦鼮。

答楊少臺

峽之水悠悠，我有美人兮灩澦洲。洲之石齒齒，我思美人亦如此。美人别後即天涯，塵寰一隔掛青霞。我欲剪霞爲爾佩，遥看玉珥夜生花。陸離燦爛中天起，化作蛟龍度燕水。忘機之子何寥寥，寒竿不吹今久矣。春風一夜飛尺書，琳璆滿目病將疏。何以報之虬松珠，洲前應得看蟾蜍。

憶昔行哭苟麟洲僉憲

太峨之子前坡仙，抽黄對白筆如椽。聳壑昂霄剛十七，錦里看花最少年。緑袍已掛新郎早，雲機更羨天孫巧。詣闕上書還浣花，乘龍仙子歸蓬島。銀漢橋頭孔雀嬌，鳳凰樓上箜篌小。佳人才子照春燈，素娥青桂相看少。雙雙總轡扶桑巔，風流文采共翩翩。珠明玉潤原相媚，花柳宫花色正妍。笑我迂遲幽並久，多君相知又相厚。青州屢賞白雲篇，每投桃李報瓊玖。四海風塵各西東，十年意氣還杯酒。子方持節武昌時，于時供帳都門柳。柏府人從天上來，鄂渚陡然洗塵垢。孰知湖邊一夜霜，畹蘭方瘁琴隨亡。猶憐伯道無兒日，元直老母正高堂。黄牛白馬波濤惡，惠帷回首人蕭索。浮雲自古妬冰輪，花開莫遣常離籜。思爾空作憶昔行，西風木葉紛紛落。

七夕辭

伏羲一畫洪濛破，太和元氣相環磨。春到鶻鵃啄椹時，騆星每每催耕作。周道依微杼軸空，耕夫半挽征人弓。中原白日排鵝鸛，道上相逢問七雄。帝憫下土盡肝腦，滿目欃槍何處掃？欲得四海盡臨昇平，惟有男耕女織好。河東美人事杼機，千幅萬幅雲霞衣。纖手龍梭歸碧落，月滿蟾蜍露未晞。河西牽牛耕銀浦，鋤犁朝夕天潢土。耕罷蓑衣掛扶桑，横吹短笛檛河鼓。雙雙作苦亦可憐，羲和封奏帝之前。帝命東西諧伉儷，趁此秋清秋月圓。是時銀河不可步，眼前隔斷河之路。靈鵲報喜是生涯，役毛編作鴛鴦渡。年年無句隔長秋，相逢相别各夷猶。舉案只隨天地老，翻笑人間咏白頭。從此八埏盡耕織，誅求寂寂豐衣食。玉露金風送虎貓，朱緑玄黄忘帝力。偃旗韜刃海無波，天下不復用干戈。竹馬兒童齊拍手，歲歲春風擊壤歌。

問岑公寄林明府

峨媚玉壘東復東，翠屏巀嶭横青葱。上有江珎碎月刺蒼穹，煙華霧萼輝曈矓。下有合窳滉瀁繞鮫宫，直與天潢渤澥一氣通。洞中仙人名岑公，揖金拜木坐昏蒙。三十六鱗何者紅，有日騎飛訪渥灃。左驂騰六右驂虹，後驅列缺前豐隆，潢姑渚畔洗腸空。曾遺婉陵華，約我同歸山之中。今夕何夕鶴生齒，乘風載筆來問爾。初平一去白羊死，媧皇五色化于水。王母蟠桃凍不開，六鰲折足空飛髓。岑公岑公爾不歸兮將奈何？紅塵赤日隔煙蘿。黄牛波漩惡赤甲，楓楠多彈我，青萍侑爾歌。爾不歸兮將爾何？青蓮道士風流客，派出桃源自高格。回咳唾于鏗金，速珠璣于裂帛。求勾漏之丹沙，翻冠裳之逼迫。不須再訪已往之羽化，叫空山之蕭素。寰中我亦謫仙人，何時來子載詩一車。李子携酒一石，鞭鸞撻鳳共登岑仙之舊宅。醉後却把驚人綺句問青天，長嘯一聲江月白。

吊仝思亭

已矣于今憶昔朝，揮毫搔首自飄蕭。春風同踏燕關雪，夜雨曾穿易水橋。三伏漸生原上草，百年回首夢中蕉。踟躕欲作哀時賦，落日層城起野燒。

贈别莊少岐

良會能有幾？行裝遽在兹。青山忙裏過，白日醉中馳。召伯修行後，胡威跪問時。河陽花豈約，彭澤柳如知。寶劍雙龍舞，長風一鶚隨。躋攀從鳥度，徙倚看雲移。水溢劉郎浦，江深白帝祠。三都雄勝闊，七澤莫煙瀰。郭璞岷江賦，謫仙蜀道詞。問奇停棹久，懷古放船遲。海宇多萍梗，河梁此別離。嵩山不可見，明月問前期。

太白山堂成四首

茅屋廠朱明，春風到杜蘅。松應尋竹友，酒或是詩兄。陟巘憑空遠，臨流獨濯清。大猫機事少，不論結鷗盟。

其二

月入囂囂榻，風清皡皡窩。山下二堂，楊大理名其左者囂囂榻，右者爲皡皡窩。鳥花成富貴，禮樂自丘軻。兀坐忘人象，論文或客過。枯桐如手滑，隨意足高歌。

其三

誰是人間樂？誰爲世上閑？閑非宫室好，樂是水山間。欲下全牛手，須先見豹斑。蝸廬與斗舍，到处可尋顔。

其四

松老蟠虬鐵，篁幽覆甕區。廣居無定宅，安樂即康衢。與我二三子，乘風南北隅。倏然多揖讓，白日見唐虞。

送李獅子岡

何年與爾同題雪，此夕挑燈更對床。玄鬢無言知歲月，青蚨有職管炎凉。水邊樓閣摇溢浦，天外帆檣跨吕梁。行矣風波須自重，北雲南樹各蒼蒼。

張北村卜居岑公用蘇子瞻移居白鶴峰韻奉贈

何人持斧斤，鑿此江臯麗？紫雹排虚牖，流月山泉細。岑公煉丹砂，鶴駕曾此逝。我今千載後，誅茅聊一憩。慵鼓王門瑟，漫作任竿計。都歷連巫陽，宛若芙蓉砌。澄江斗熨平，葱蒨映螺髻。俛仰天地間，萬物真委蛻。頃來稅廛衙，初服宜薜荔。緬想蘇子瞻，灰劫覩此世。結構白鶴峰，飄飄托雲際。金張高甲館，于今等醯蜹。

無才

古人不我追，今人不我隨。無才能出世，有酒能澆詩。月照垂江閣，花開向北枝。惟將花月味，飽嚼答清時。

羅浮高贈郭夢菊

君不見海水生塵化爲石，盤礴凌霄十萬尺。仙人石上有真居，正當碧落中分脊。却恨蓬萊道阻修，仙人兩地各夷猶。酒酣日日叫陽侯，手折扶桑鞭海虬。盡驅海丁如驅�，海歆波立蓬萊浮。一夜飛來相綢繆，兩山合後羅浮之高更嶕嶢。不可及兮俯視三江五岳如浮漚，珠林掩映青霞樓。今雲古雪團丹丘，上有龍公之竹掠星罶斗風颼颼。九苞枝上鳴琅球，下有銀河之鐵橋流。濺沫瀟湘七澤秋，仙人日向鐵橋游。坐見金烏浴海火，輸浮有時騎鶴止。金烏金烏不肯留，兩翅扇海朝吞夕吐相奔仇。我曾觀潮夢輕舉，脚踏雙虹臂六羽。朱明豁然廠八荒，群仙四坐成環堵。意中有仙似姓陶，珵纓珞佩翠雲袍。授我青鳥篆，飡我白鳳膏。歌我雲和詞，醉我瓊粘醪。約我三千年之後，同游四百三十二之靈鼇。紅翠一聲海月高，須臾轉眄止見青煙白霧相蕭騷。孰知群真更有傑，直與羅浮争巀嶪。袖中半函烏玉玦，束以胡繩韜彩纈。偶向江頭洒青雪，九寰盡散琳璆屑。我忽見之五情熱，駕雹蒲梢剛一瞥。王母蟠桃今幾開？鶴馭仍飛赤甲來。俄頃春還草本荄，榴花盡織雲錦堆。輕風有日送三台，玉爐金掌映鸞臺，左夔右稷兩驂陪。始知漁陽會稽之數子者已不足伍，區區葛洪軒轅矜黄鬪白之小兒又何足道哉？我生好奇肆，探討地肺天孫心未了。盧敖不得游太清，紅塵去住傷懷抱。羅浮高可仰兮，不可即兮，捋鬚何日巢雲間？左弄奇石之煙霞，右拾花首之瑶草。羅浮高，奈之何？自拂青萍自放歌。

孫代巡賜扁呂明府催謝詩以答之

十載方將一戒成，滿園松菊戒時生。而今若爲霜威破，草木焉知不笑人。

野望二首

野望峰巒闊，吟成屐足遲。孤僧奔乍雨，群鳥度幽池。欲往隨枯杖，從來不皺眉。自看多自得，不是苦敲詩。

其二

遠屋依岡阜，沿溪長杜蘅。前峰披霧出，社鼓隔村鳴。久矣成殘朽，無緣答聖明。自知還自愧，不是厭逢迎。

贈徐我山

一官萬疊劍門關，又向瞿唐灩澦還。豈爲功名能適意？祇緣甘旨暫開顔。扁舟東下秋應杪，宦轍西來鬢未斑。不識南州今幾葉，清風我亦愧追攀。

煮菜

短摘緣多客，鮮烹爲解酲。不忘松火急，仍以瓦盆盛。慷慨輸投筆，年華去請纓。惟看川上水，日夜赴滄瀛。

前峰歌 壽高前峰。高諱友，曾任枝江，辭禄，枝人至今誦其清節。時壽八十有六

玉壘山高高入天，阿耨驅車不敢先。萬壑寒流飛琥珀，一蜂砚碑山之前。峰前草堂大于斗，山人住此亦已久。白雲無心任往來，有時逐雲到溪口。倏倏四壁掛滕蘿，蒼苔鹿迹偶經過。手把珊瑚長自笑，笑爾天地如予何？小時掛冠不受禄，秋水蒹葭對苜蓿。湖邊清節重于山，桃李霏霏共湘竹。當年磊磊何太奇，玉珥回看尚陸離。而今一笑成陳迹，誰信青山有紫芝。紫芝紫芝亦神物，不似人間煙火粟。山人餌之今幾年，頃令紅顔生緑玉。十洲我亦長生仙，謫入人間四十年。常向峰前弄煙水，兩人相對山花然。我有一杯長生酒，欲往贈君恐君有仙人。自古心情淡，不似人間報瓊玖。因風吹送前峰辭，一曲高歌萬物皁宇宙。此峰如不老，願君與之齊壽考。

觀棋

逐馬驅車着着争，滿腔心事不寬平。將輸偶或贏殘局，得勝猶妨伏暗兵。兩路風雲齊入會，一時喜怒各殊情。眼前戰鬭真兒戲，惟有樵夫看得清。

秋

日月成何事？江山信已秋。往來依塞馬，用舍見韓牛。地僻人應少，詩清宅更幽。水禽如有意，時過蓼花洲。

壽李順庵二首

綺席芹池敞，清秋夜氣凉。百年頭尚黑，九月菊初黄。壽以青氈永，名因紫雷彰。霞觴成一笑，衿帶滿宫墻。

其二

地遠心常邇，時違禮尚存。因詩思斗酒，慕道憶龍門。人隔梅花塢，名傳杜若村。何當操几杖，燈下話沙尊。

對酒四首

對酒眠芳草，將詩惜白駒。桐花開次弟，松子落斯須。賈誼終歸速，馮唐不是迂。寧彈流水調，莫浪學吴歈。

其二

地幽春水净，花發夕陽遲。三畝盧仝宅，千篇謝眺詩。群鵶歸碧樹，獨鶴下青池。無限江湖事，留連到幾時。

其三

屏迹詩成癖，尋虚學近禪。曲溪蟠瘦石，白屋廠朱弦。宣甫思浮海，韓琦欲捧天。天高兼海闊，何地可投玄？

其四

漉酒陶元亮，披蓑張志和。古心惟止此，今日欲如何？黄鳥啼青嶂，巴人帶楚歌。人心知鳥意，興到不須多。

鄰翁

九十光陰百歲期，紅顔猶勝少年時。誰言白髮多公道，看起而今也有私。

浩歌

世人往往慕神仙，休妻絶粒往山巔。金石無辜長煮煉，剛于九轉竟茫然。某也拔宅某騎鶴，某也黄金點瓦礫。好生惡死人之情，頓令婦姑紛六鑿。更言方外有蓬壺，鐵鞋踏破鬚雙枯。本欲長生得消散，翻令奔馳不得蘇。天地有生必有死，不生不死乖常理。不死之人誰見之？不信眼中空信耳。浪説籛鏗八百多，還同世上夢南柯。八百之前更可羡，八百之後復如何？塵世清閑人最少，盡因富貴生繚繞。不求富貴即求仙，依然白髮成秋草。我不求名不羡仙，一聲浩浩百花妍。清風吹我後，明月照我前。想應天上仙人樂，不過逍遥聽自然。浩歌復浩歌，歌罷抱琴眠。一枕華胥夢，還到孔顔邊，朝聞夕死有何嫌？君不見祖龍持璧終不悟，海舶浮天競欲渡。蓬萊仙子安在哉？黄沙白水迷歸路。

吕南湖令長自下車來僕以多病尚缺展拜雪中偶惠嘉儀且欲見枉詩以酬之

歲晚松篁化素仙，清清長日枕琴眠。偶然使者來三徑，正似瑶花下九天。欲戰恐輸蘇軾鐵，有情先放剡溪船。相逢未許知何日，對酒還歌白雪篇。

雪中留别東峰山人

敲冰煮雪對東峰，暖筆圍爐興亦濃。負郭應無田二頃，登山肯惜路千重？眼前瞑樹迷征客，澗外長松掛素龍。一刻令人成繾綣，百壺何地更從容。

白崖道中

木落江寒曉日遲，蒹葭楊柳各離披。誰從野店來沽酒，我欲長安去賣詩。遠水抱村連若斷，危橋欹石險還夷。翠微何處一聲笛，驚起鶺鴒過别枝。

讀書

青青一徑柏，得雨發華滋。抽條過墻東，旭日蔭紛披。秋深雨漸久，枝幹生蝌蚪。豈無澆灌力，好處翻成醜。歐冶問鵶九，此意竟何如？鵶九竟不言，相對各踟躇。

學忙三首

到處相逢即學忙，忙人憐我授忙方。如何一調無弦曲，又落從容自得鄉。

其二

不我忙時我覺痴，覺痴是我學忙時。忙人見我空相笑，無奈春風海月知。

其三

幾度將忙學不成，一聲鳥喚百花明。而今老大難鞭策，惟信周行自在行。

秋風

爲懶茶經熟，因閑瑟譜工。時清容蹇拙，道在任窮通。殘葉迎霜赤，寒花得節紅。人生花葉共，風至自西東。

有吟

有書富市肆，有琴斷稿梧。有竹繞萬竿，有松近千株。有山名太白，有屋似屠蘇。有月照前溪，有花種南隅。有足不入城，有手常操觚。有學陋丹砂，有言闢苾蒭。有詩隨興題，有酒任客呼。有夢入羲皇，有志成丈夫。誰人憐我無，勸我走紅途。

無吟

無父舞斑衣，無母供春酒。無田可負郭，無錢足貫朽。無貌驚王商，無舌談空有。無友相規勸，無師責好醜。無翅追鴛鴻，無藥駐蒲柳。無琴抱侯門，無裾獻瓊玖。無營長打眠，無才縛赤手。無恨樂昇平，無愁到白首。誰人誇我有，勸我紅途走。

周北松下第

送子踰巴嶺，挑燈欲斷腸。酒澆今夜雪，貂破隔年霜。擊唾心長赤，加飡鬢未蒼。花開無早晚，日至即商量。

拙軒爲王少參迺尊題

杜甫思深筆如掃，歲拾橡栗常不飽。天寒霧重把長鑱，白馬黄牛身已老。李賀少年即特獨，二十七歲人間哭。鰲擲鯨呿字字奇，天東不嚼燭龍肉。怪爾柳柳州，乞巧亦何由？晚到愚溪上，抱璞自遨游。君不見春蠶運巧心獨苦，終爲人間供織組。海鷗無事自忘機，朝朝莫莫共人飛。嗚呼拙之時義亦大矣，臨軒作歌花撲几。

來瞿唐先生日録外篇卷三

游峨眉稿

游峨賦

春到草堂，陽回瓦屋。玉壘之積雪方消，灩澦之孤根漸没。客有紉五芝之秀，纕九畹之英，傲墳索之邃圃，眣往獻之清芬。識風雲之變態，詠雅頌之徽音。睎往蓬壺之岑冢，嫪日月之飈奔。乃拁枯桐，戒力從遂。奮袂于蟠龍，更馳突于鐵鳳。瘮扁舟而逆水兮，歷忠涪而平都。恁宣公之忠懇兮，靈丘空嶕嶢而榛蕪。入鈎深而仰止兮，卓承學之刑模。羌妖廟之誘民兮，走九坑之芃狐。跐塗山之嶣崝兮，貼賈辨于斯須。涉几水之泂泊兮，驚清夜之將徂。望寶峰之龍嵸兮，哀履霜之伯奇。彼先童之克勵兮，終劉仙之可疑。迺弨節于敘犍兮，眄越巂之葱蒨。閣鎖鐵于青虯兮，江澄金于素練。紛吾既離鄉土兮，登淩雲而相羊。覽長公之遺墨兮，哀金奴之可傷。望眉麓而奔涉兮，曔娓黛之葱蒼。躋瓊樓之真境兮，跨虹橋之解脱。俯玉女之雙峰兮，呼歸雲而入閣。古洞窐窐而爛柯，龍髯瀶瀶而流沫。剛風飈飈而吹衣，齰石猗猗牙而斷履。嗔避世之楚狂兮，甘捽茹于落莫。豈知鳳德之未衰兮，斯道萬年而振鐸。憩大峨之卧石兮，螒玉液而小酌。披古字之苔蘚兮，蟠蛇蚓于雲壑。及至三望，更歷雙飛。奔雪濤而硤錯兮，掛銀冰于十圍。擎滉辦于巉峭兮，蕊與塵世而相違。倞思邈之虛牝兮，啓憮崒之重扉。智欲圓而行方兮，吾非斯人而誰歸。乃尋天柱，深趯翠微。藟虉藹藹而失路兮，瞢樵徑之斜暉。臨雲表之圇豈兮，困泫瀴灑而欷歔。尋九老以澶漫兮，不火食而長嬰。搪康宦以永年兮，鐲石芝而自肥。約秋深以獨往兮，共趺跏而忘機。我饑調矣，我僕痡矣。乃眕八音于陂池兮，橉萬松于岃嵼。大雲小雲，黑水白水。礶碣磫礭，磛礹碩砄。碨硃碌磏，硱磳硧碏。磼礏磞磄，倞囧礪崛。衜瘤戴瘦，篆蝸踆蟻。既胡孫之有梯兮，豈蚺蠖之能止。峕穴龕殷殷之雷，魏石麒勒勒之兕。忌訇吳于傖伹兮，甹越嶔嵌之梅子。唹天上之重來兮，旬嚴邁之錯喜。八十四盤，袖瀞雲蘇，更有娶路，沿彼踏跰。捫豐草而擿上，指雪嶂而隒高。入獨狚之厶穴，蹈鶷鵝之阽巢。壑霧霏而起霧，樹布濩而垂條。崖未傾而似墮，石已裂而猶交。流雲囊霸而成水，枯杉蔌斅而如魈。骨驚心悸，意奪神逃。俯仰覰覷，去住甑瞧。爾其雞園，插碧鷺館。棉霄飛檐，啄雉疊桷。盤蛟或支蝸石，或就鼉橋，或依貘穴，或枕螭坳。憑太清以飛構，越埃壒以騰梢。莫不凝魂幽礒，委骨荒椒。窮年累歲，茹草呑蕭。快蒲根之漸老，瞥松子之方彫。嘀耆域之榮樹，譢佛調之眠虎。革囊來天女之試，紅芙縱烈火之燒。海水可竭，須彌可搖。大半秦人而越客，間有投冠而棄貂。乃度天門之閌閬兮，登光相之削硌。撫杪欏而四望兮，信蜀道之登天。向沆瀣以縱觀兮，識坤靈之磅礴。指點巴字之縈紆，遙對大荒之寥廓。崌崍曬經，巫陽劍閣，三江五溪，周回聯絡。衆水叟其蹄涔，諸山覞其挌撮。或虎變而龍馴，或踶麟而翥鸞。或犛犤偃蹇而蹩躠，或駉猣鬇以號攫。或蜾蠃而蝺蠋，或蠛蠓而蟄螢。或灌叢而茂悅，或宿莽而沃若。或怪兮三足六眸，或奇兮九頭一角。或連兮淵客榜人之歌淮南，風波相隨；或斷兮匏瓜牽牛之處河漢，東西相却。或覆兮孤臣逐客，匑匑譏讒，悁悁之有懷；或舒兮酒侶詩儔，嘲弄風月，瞖瞖之長噓。壯兮力士之干戈，烈兮忠臣之謇諤。高兮千年萬世，挺秀于魯丘鄒軻之間。卑兮朝再暮三，投足于秦關燕市之末。同兮依形附勢而奔趨，異兮樹黨立朋而相割。南威青琴兮焕其美，寧成犨麇兮呈其惡。狀别形夵，糾纆㝸駁。本物態之變幻，類人事之紛錯。亦令人喜，亦令人愕。乃拂吟袖于高寒，振塵衣于碧落。浩浩乎不如所乘兮，登閬風而絏馬。翩翩乎隨其所適兮，濟神水而駕鶴。乃若連氛累靄，揜日韜霞。崩雲屑雨，或近或賖。湫淚瀲灩，吼雹揚沙。四塞籠煙，似公超之有述，單衣索纊，嘆遷客之無家。及爾長風擁篲，盡掃浮陰。雲驅萬壑，日入千林。爾其白毫挺出，恍若玉夫之蟠空。疏霧平鋪，宛如野馬之撲面。俄而蝃蝀亘于厓牙，鳥語鳴其佛現。豈大士之弄丸兮，以有爲爲露電。或礒質之鬱英兮，乘曦輝而流絢。方施鞭而吐火兮，成纓就而規練。乃若斗杓既仄，啓明尚杳。午夜風微，寒霜冢窅。少焉暝色曈曨，熠光縹渺。始而散出幽竇，繼而遥分雲表。依厓乍吐，若藜杖之生花，過嶂愈明，如星珠之泛島。一往一來，或巨或小。熠燿宵流，火泉夜曉。將落霞而齊飛，值雄飈而更燎。好事者謂之聖燈，窮理者莫之探討。意者山魑木衆，蜃樓海市之類，經之所謂見怪物則祀之者也。因勝概之偶來，念此日之難得。水漭漭以浩渼，山矗矗而巉嶫。足踟躕而九回，心惆悵而百折。瞻上林而盻望兮，驚題柱之奇才。對春樹以遥思兮，傷騎鯨之可哀。嗟知己之幾何，慨遭逢之不偶。每景短而思長，或輪平而路陡。使桓譚之鑑别少差兮，文章幾于覆瓿。彼李定之萋菲既售兮，甲兵起于臂肘。以夫子之忠懇兮，宜鼎司而台斗。何此理之不然兮，竟東擯而西走。故是非蓋棺而後定，毁譽何世而不有。遠眺長思，感今追古。孰嫭孰嫱，孰賓孰主，孰懷瑜兮孰握瑕，孰飫甘兮孰攻苦。彼鷦螟之較鵬鶚兮，固殊形骸。而蟪蛄之與螽蝑兮，同歸塵土。是以至人檻金鏡，達士坐兜玄。修身兮其頓在我，熔鑄兮其默在天。默我窮兮則蠖屈，默我達兮則鳳騫。或可以肆我之志兮，羌賣卜以何嫌。如俯仰之無愧兮，篾翁亦至今而猶傳。苟棲不擇木，翔非日邊，投彼琳鎏，負此龍淵。雖有賢臣之頌兮，亦明月無因而至前。故寧陳情而泯泯，看霜市以嫣嫣。繄此夕其何夕兮，余何爲而山嫖？俯仰古今于一望兮，眇天地之何小？何芝蕙之不焚？何松柏之不草？嗟貫鮠之長鳴兮，欻西昏而東曉。方見紫而成緑，亦視丹而爲皜。信陵谷之盤渦，終舜英之難保。登九疑兮隔洞庭，望滄海兮迷蓬島。既達觀于真宰兮，胡脱迹之不早？曷不齊萬物于一致兮，委彭殤于壽夭。歌在陸以弗告兮，與兹山而並老。招浮伯以容與兮，巢雲窩于雲表。擁香國之崇蘭兮，樹空谷以自好。搴薜荔以自娱兮，時濯纓乎幽沼。雲無心兮洞門，鳥長鳴兮木杪。已矣乎！吾將反觀乎太初兮，求自得以爲寶。奚囁嚅趦趄乎浮名兮，坐令朱顔白足，彫窗紅塵道。

平都仙境

烏道前朝樹，珠宫背郭山。蒼虬騎霧帶，青鵲啄雲鬟。窈窕仙應逝，招呼鶴可還。孤舟千里遠，長鋤五游斑。春倒誰人甕，鷗忘急瀨潺。一琴隨月住，半榻借僧閑。醉後題殘句，鐘聲起暝灣。

江邊却周東郊計部送游山資短述

江之水悠悠，游人之心扁舟。舟之帆渺渺，游人之心三島。一凡①矗矗日未暮，黄茅丹鼎知何處？遠心唯許白雲知，素琴時或韜芳杜。美人江邊贈木難，别鶴一操生高寒。談玄浮白傾意氣，孤鸞夜啄金琅玕。江南採樵江北釣，兩下生涯不同調。白水青山各適情，偶然相對還相笑。已知駿骨老無名，猶耻邯鄲

① 凡，道光本作『帆』。

路上行。養雞牧豕非吾事，商饑惠飽何足評。

寄黎少朴

十年一調滄浪曲，別後何曾寄所思。行到涪陵彈不得，扁舟直載到峨眉。

大渠隱窩爲夏少素題

若有渠兮蘭臯，紆瀲灩兮江腰。走霜硎兮直下，若奔逸兮蒲梢。橫折兮盤旋，跨江心兮虹橋。崌崍巃嵸兮連蜷，巫陽中流兮孤標。集鳧鷖兮唼涖，列長陣兮泬寥。漁舟成村兮蒹葭，長歌欸乃兮短橈。彼美人兮少太素，織秋浦兮雲綃。喚虹霓兮東壁，飛青玉兮紫毫。搴芙蓉以爲冠兮，緝杜若以爲貂。纕澧芷以爲旌兮，擷江蘺以爲袍。馭流星兮霄漢，駟玉虬兮超遥。回看鴟九兮生鱗長，逢巽二兮鳴號。而何有此兮夷猶，反初服兮明朝。渠有圃兮黃華，渠有屋兮重茅。觀渠瀾兮春夕，弄渠月兮秋高。我吟我渠兮散髮，我飲我渠兮山肴。覺今兮我是，追昔兮我勞。謇予來兮歲云莫，乘夜雪兮輕舠。拂袖兮何人？何人兮塵囂？登堂兮薜荔，把袂兮松醪。安得招吾黨之供奉兮，山中乘黃鵠兮，飄飄三人同歌兮，桂樹割彩霞之片片兮，金刀欲來不來兮，悵望積長思兮鬱陶。

寄曾元川

驟雨飛青嶂，驚風吼赤螭。雲迷巴子國，花落穆清祠。對面看溪漲，前途問楫師。市情歡滯客，天意欲催詩。有美蘭堂契，雄才藝苑知。東山留謝穩，北斗仰韓奇。飛驥慚先達，登龍已後時。煙霞鷗夢早，湖海雁書遲。身世虛舟過，韶光野馬隨。十年嗟一别，長劍起孤思。先氏厓何在，劉仙洞可追。丹沙期熟鼎，玄鬢漸成絲。駐景應無藥，流杯喜有當池。吟餘迷處所，荻畔叩鸕鷀。

贈童節婦

十八嫁梁鴻，珠落承雙玉。未及十年餘，先折連理木。嗟哉女君子，迥然鳳皇族。金石冷愈堅，冰霜秋更肅。封章自九天，清節傳三蜀。翻笑桃李華，嫣然媚人目。一夜風雨深，東西相追逐。人生天地間，來往成飛轂。惟留節與義，十載光帛竹。我姊亦孀居，宛若風中燭。爲爾歌柏舟，因之傷黄鵠。

巫峽行送周紅崗

我持一杯酒，送爾下巫峽。巫峽峰高一線天，不獨白鹽争赤甲。虎鬚之水鳥道來，江高峽急迅于雷。游子歸心將别棹，春風吹轉還復回。送爾行，爾知否？象馬三足高驤首。頭角薛文翻蝌蚪，秋清怪作蛟螭吼。處處艅舫避戈赳，止因底柱狂瀾走。米公長與爲心友，騷人詞賦饒車斗，其間墨迹誰不朽？西有白帝刺雲霞，殘墻墮壁生土花。千尋鐵鎖鏟蒹葭，蛇虺蟠結護厓牙。卧龍不是池中物，躍馬翻成井底蛙。此日何日同書車，昔時龍馬化泥沙。草堂之子空咄嗟，鼓鼙刀斗壓哀笳。文章不得當胡麻，秦川歸去已無家。寒蟲空叫夕陽斜，爾去一望思無涯。送與行，説與爾，酒闌起舞開肝髓。蓋世英雄原無許，江有鯨鰒山有兕。天地許生還許死，生死如朝雲，窮達如莫雨。朝朝莫莫成古今，都入陽臺一夢裏。夢中誰放夢中傎，將傎誇口痴人前。送爾行，爾泪何潸然？天生爾才不爾用，匣中三尺空流涎。負郭知無田，買山應無錢。

仰天白日叫九疑，九疑又重玄。我有舊雲巢，巢在十一巫陽之標顛，于今一①别一千年。吾友安期與偓佺，幾入輪回亦②可憐。止遺我舊杖，長掛在雲煙。此杖能作人語説世間之浩劫，能化人龍穿雲逐霧上下二儀遍九天。爾可騎去闞天門，會群仙。仙中如遇東方朔，道及瞿唐子，今又下人間，游峨眉，兀坐八十四盤之匡簷，臨别送我巫峽之雄篇。

登大峨石隱窩題贈高鼎匡用韻

大石何峨峨，青葱飛歷落。虬枝净塵氛，鳥道呈輝萼。谷響應僧呼，溪雲隨客屩。神水九曲流，入石相回薄。噴沫秋林深，饑蛟吞海若。下有仙人字，蛇蚓蟠雲鶴。一舉到層霄，不爲塵沙縛。往者季輔公，結屋臨匡崿。偶爾賦明光，通藉紫微閣。直道世難容，方柄戾圓鑿。倏忽貝錦生，秋蠅相糾錯。孰知高有子，有子還聳矍。挺然叫帝閽，上書起神鑰。九重開網羅，一雨洗寥郭。本將明此心，非爲戀人爵。回視前靈君，寂然原不怍。譬彼秋月清，蟾光本昭爍。偶被浮雲妬，冰輪猶如昨。卓哉高生奇，奮志卑伸蠖。我來游峨眉，捫霧搜霜鏌。一見豁我懷，對僧書婥約。誰將漢緹縈，青史輕筆削。

① 『一』字原空，據道光本補。
② 『亦』字原空，據道光本補。

不如齋為蘇龍溪題，有序

蘇以坡仙爲遠祖，壁間有《薄薄酒》墨迹。愚意長公『薄薄酒，勝茶湯』亦自寬之言也，故因不如齋而發之。

薄薄酒，不如旨。粗粗布，不如綺。醜妻惡妾，不如美也。知三事，不如人，有命存焉。將何以？君子不見梧桐標薄長高崗，不如豫章松柏成楝梁，一朝收入舜絲譜，八音九奏相鏗鏘。又不見菊英泠落生秋夕，不如午日牡丹饒倩麗。柴桑種後發奇葩，千古名花争隱逸。世間花木且不齊，何况飲食衣服與夫妻？南陽草廬今即古，洛中安樂追東魯。二公猶似在人間，酒微醺後歌梁甫。金張樓閣侵雲霄，風吹雨打無人補。朱顔浪説滴紅水，王孫芳草翻凄楚。鼴鼠臨河長自誇，羊腔不必争龍脯。古來賢達者，未必同頭顱。誰將南山榮，博我北山枯？嫣然一笑看蒲葉，欲向尊前擊唾壺。

凌雲寺

崑崙拾得盧敖杖，煙霞長就龍髯樣。白足隨之走青嶂，步電追風生曠放。俄而一柱過江濆，捫蘿躋石已凌雲。絳節青幢饒紫氛，步虚天路覺平分。攲厓曲磴開花島，眼角峨眉生縹緲。回視孤巒九點青，雪濤宛轉波聲小。是時詩思逐波來，乘虚還上爾雅臺。坡仙遺墨猶如昨，墨池何事生青苔？苦竹叢深半枯樹，云是昔人玩易處。玩易之人久不來，洞口殘雲白朝莫。鳥語頻呼浮玉前，趺然一坐聽留連。似傳闐圚群真信，秋深共約扶桑巔。莫讀金奴事，讀之驟下崩城泪。莫見仲常碑，見之瓦甓亦生悲。人生磊石投大澤，百歲光陰何逼窄。一朝鐵石振綱常，世間莫謂無黄黑。不似浮屠到處空，鑿霧穿雲成窟宅。回首微風起碧寥，杖挑麗句下虹橋。一時過眼成陳迹，止見舟中月一瓢。

無痕吟六首

欲弄峨眉月，先登解脱坡。何人未解脱，足迹長經過。偶逢木羊子，鞭羊走層峨。層峨緑玉杖，求我解脱歌。一歌成一笑，再歌欲如何。

黄鶴久不至，異人招不來。緬想千載師，鳳德不曾衰。斯道日中天，長夜良可哀。流水赴大壑，一去不復迴。坐久抱孤想，三嘆石崔嵬。

白龍吐銀水，黑龍噴鐵汁。黑白争雌雄，波濤騰千尺。王詡駕孤舟，飄飄臨空碧。孫仙約我游，銀漢橋頭立。不見弄舟人，只見舟成石。

雲從脚下起，鋪作銀世界。泉從頭上落，結作珍珠帶。我時欲佩殊，步虚摇綷縩。九仙如槁葉，裊裊隔霞拜。問我胡不來，遺世竊仙瀣。前年欲寄書，青鳥去天外。

我登七寶崖，木蓮正葳蕤。四塞連天霧，不便我與爾。俄而天霽開，彩擷排光紫。閃爍兜羅綿，絢蒨亘玉壘。明滅頃刻間，復暈亦復止。無從何處去，有從何處起。欲問騎象人，默默不得語。

一登成一笑，一笑成一吟。未登百年前，笑我無此身。既登百年後，笑我空此名。有名竟如何，不如了無痕。長揖當途客，從此少逢迎。因號無痕子，一嘯卜瑶岑。

净土庵

既登光相巔，還來訪净土。净土支撑不可攀，瓊樓貝闕掛孱顔。曬經削碧雲霞外，瓦屋團青咫尺間。

削碧團青何磅礴，遠遠奇巒仍漢落。媧皇補石莫雲深，力士一去誰施鑿？生來山癖一龍鳩，眼底崖前事事幽。枯木如人立，浮雲作水流。朝煙連莫雨，六月亦三秋。客或從天馬，僧多自伏牛。伏牛天馬何隱隱，江海誰人發深省？曇花落處月悠悠，祇樹生時雲泯泯。泯泯悠悠不可知，正是游人發興時。覽勝馬遷追禹迹，尋源博望觸支機。尋源覽勝誰高格？仙人掌上雲初白。待我相看青鳥還，與汝長開白蓮社。

藤庵

崖石將欲墮，支石穿藤坐。老僧好打眠，鐘聲莫敲破。

大懶歌答雪谷四首

噱噱噱噱來矣鮮，家住十二峰之巘。小時鋭志齧墳典，一重茅屋書千卷。猛然一日收雞犬，破琴碎鼎燒絲繭。西溪萬尺東海淺，長與造化相游衍。懶兮懶兮懶可憐，手提紅月滴娟娟。

人生酬世長自苦，贏得榮名光祖武。一朝血肉無人主，陡然毛髮化爲土。草深棘蔓眠狐鼠，夜深怪作人歌舞。虚名與影一般同，無形有影竟何補？幾回雲滿孟嘗門，雍門未見先酸楚。懶兮懶兮懶已真，一行秋雁下高冥。

得得得，宇宙懶人誰主客？白日當空鳳一鳴，百鳥聞之咸腦裂。駟馬明明臨九陌，浪説螳螂能拒轍。莫卧陳摶石，莫買游岩宅。莫披漆園衣，莫釣嚴光澤。四子小小懶溪山，將謂雞蘇同狗虱。懶兮懶兮懶愈豪，兩間浩氣相森蕭。

生平問學愛放膽，鳶魚處處多逍散。天地生吾有意無，倏爾年來成大懶。借問勤人愁不愁，紫袍常照席前羞。自笑自笑長自笑，烏紗不慣懶人頭。偶來峨眉巔上游，一望天涯滿目秋。九河同是水，五岳盡成丘。千古以前風颼颼，千古以後月悠悠。世上懶人誰是儔？吾將與爾同去騎鶴登瀛洲。

快活庵稿

快活庵齋居日

遇齋居日，即閉門謝客。凡聖誕、祭丁、元旦、冬至日，先一日齋居。遇祖先生日、忌日，本日齋居。祖先生死于元時已前者，恐時日不真，不敢齋居。生死于大明洪武以後者，齋居。今將應齋戒期日列于後。

正月

三十日，祖妣劉氏五忌日。

二月

二十二日，顯考朝生日。

三月

清明日。

十三日，祖妣劉氏五生日。

十七日，祖妣李氏四忌日。

五月

二十三日，祖尚廉生日。

二十四日，顯妣丁氏九生日。

六月

初三日，祖妣胡氏三生日。

初八日，祖妣胡氏三忌日。

十六日，祖妣張氏二忌日。

二十二日，顯考朝忌日。

七月

十五日，祭祖日。

十七日，祖妣李氏四生日。

十八日，顯妣丁氏九忌日。

二十日，祖昭忌日。

二十一日，祖晁富生日。

二十七日，祖志清忌日。

八月

初十日，祖晁富忌日。

九月

十二日，祖妣許氏八生日。

二十三日，祖昭生日。

十月

初二日，祖志清生日。

初五日，父母劬勞日。

二十日，祖妣張氏二生日。

十一月

十七日，祖尚廉忌日。

十二月

二十一日，祖妣許氏八忌日。

歲除。

右春秋祭祖，蓋取雨露既濡，霜露既降，陰陽來往之意也，故當在于仲春、仲秋。俗人泥于介子推之說，寒食上墳；泥于盂蘭盆之說，七月十五日祀祖德。每欲革之，從仲春、仲秋。但常見唐玄宗有詔書云：『寒食上墓，禮經無文，近代相承，漸以成俗。』則自唐宋已來，已不能革矣。雖非二仲，然亦不失于春秋也。故從之。

快活庵四禁

不枉見有司

不入縣城西門答拜不論

不釋麻衣

不自奉殺生

快活庵吟

山人長快活，今逢九日九。卜此快活地，剛剛占一畝。竪此快活庵，圍以先生柳。間之逋仙梅，松竹相成友。樹外鑿一池，種蓮兼及藕。庵中快活人，裁培天獨厚。養此快活心，動息相操守。譬如養嘉禾，先要除稂秀。又如拗明鏡，歷歷去塵垢。一旦陽當空，陰霧撤豐蔀。主人既快活，衆賓悉樞紐。頭喜快決冠，紗帽等白綹。手喜快活事，忠信佩兩肘。身喜快活衣，飛鶉任蚴蟉。眼喜快活書，犧字蝌蚪。口喜快活言，仁義成談藪。脚喜快活路，不冒倖險陡。腹喜快活飯，兼味惟菘韭。飯若方消時，喜飲快活酒。酒如得興後，得興即擊缶。缶聲帶長歌，快活直到酉。酉後如微醺，整衣自抖擻。便吟快活詩，縱筆如揮帚。吟後卧藤床，就夢登岣嶁。漸漸上雲霄，弄月捉星斗。夢中更快活，兩腋生颼颼。次早山童報，紅日射茶臼。起來不梳頭，且看花開否。忽然客到庵，五七相携手。或論赤子心，因爲誰方剖。或論先天圖，黑白分奇偶。盡日快活話，日晚不覺久。客亦再三謝，頂門一針灸。送客出庵外，行行到溪口。白雲沿溪來，俄而成蒼狗。與客共一笑，快活方回首。快活人不知，牛馬隨呼醜。我也只快活，懶争及彀殺。快活人若知，隨他羨瓊玖。我也只快活，不論覆醬瓿。人生一場戲，傀儡分先後。自開傀儡場，都入紅塵走。車聲雜馬蹄，齊向紅塵吼。及爾吼罷時，一並入囊簍。少小即看破，今成快活叟。快活更快活，身上漸鮐耇。快活至百年，此身非我有。一笑還造化，不知我是某。惟遺快活名，朝暮在培塿。清風吹卯辰，明月照子丑。風月快活成一片，應與乾坤同不朽。

庵在悦我堂之側，快活之名，蓋山人自命云。

小酌

萬尺蒼松弹美髯，一壺小酌到山尖。已知白髮嫌青鏡，幸有黄流媚黑甜。雨後晴光排素嶂，春深草色上疏簾。笑看此境須拼醉，説與東風莫捲簾。

灌園

蒼山白石枕寒溪，碧草玄猿向晚啼。渺渺清泉排雪出，蕭蕭緑竹掠雲齊。宦情半是持雞肋，□□看誰學馬蹄。却笑老狂真率久，滿園春色灌蔬畦。

贈宗侄章還宕渠

春雲漠漠春將暮，春風不度烏椑樹。前山一夜麯塵波，萬紫千紅飛滿路。有客有客自宕渠，紉蘭纕蕙茝爲裙。十年不夢池中草，雲深何意到蝸廬。一見仲容相絶倒，香名入耳知多少。紫庭丹穴果非奇，夜光結緑難爲寶。笑我餐霞老更狂，粟留日日唤求羊。芰荷坐破沙鶴席，懶看人間舞袖長。留爾溪邊釣紅蘂，共看溪雲流大壑。自古儒林道味長，酌醽焚枯原不惡。丈夫策足當及時，走馬獻賦明光墀。誰道陽春知者罕，江湖何地少鍾期。浮生百年會有役，大都嫐譟方生翺。肯將白日欺紅裝，坐惜青陽老蒼碧。南山有豹卧空岡，也因苦霧變文章。無知之物且如此，五車何況讀縹緗。福利一壺聊出祖，生銅三尺乘風舞。行將飛步出塵冥，榮名岌業懸家譜。莫訝音微路間關，文華夜夜斗牛間。去矣不忘雩舞樂，流水桃花月一灣。

夢醒

石林修竹浄蘭臯，霧嶂霜硎掛雪濤。松閣吟成苔色静，藤窗夢醒月華高。季鷹豈爲思蓴去，蘇晉何曾假酒逃。自是疏慵心即遠，柴桑原未學累騷。

飛雪行贈古建吾入京便省

長風吹雲入紫冥，飛雪亭高掛太清。銀冰直瀉二千尺，星槎縹緲下蓬瀛。天吴前驅海若舞，馮夷揚桴伐鼉鼓。翠摇十二竹枝娘，李白空吟夢天姥。美人意氣吸長虹，青霄赤翰横秋風。一朝龍節分江國，冰壺玉鑑懸高空。廟廊不日徵朱邑，湖海于今識次公。宦情從此同飛雪，不必披圖驚往蝶。龔牛韓鱷何須同，自有今人各高格。鶴髮雙親並壽時，青士蒼官老更奇。龍章已識從天降，烏啄徘徊各有私。瞻雲久切三千遠，愛日長懷百歲期。褰帷又泛巫陽楫，江怪遥看五玉疑。藝暉重喜斑斕舞，鴛鷺還隨太液池。百年忠孝兼之少，幾人拾椹不傾葵。笑我懶成豐草鹿，蛐蟉盡日眠空谷。離群又復六年餘，野馬牽人飛電轂。朱弦别後何曾彈，止調一腔山水緑。泯泯相思欲聚星，忽忽無緣同秉燭。醉後誰歌蜀道難，五雲多處是長安。盧溝橋畔車如蟻，蕭蕭送客五更寒。恍似兒童騎竹馬，歡呼繚繞上巑岏。夢殘濯錦橋頭月，好折燕花寄澧蘭。

答劉鼎石見寄

天欲生人，莫生昭君手，琵琶馬上塵蒙首。我欲賣物，莫賣豐城劍，斗間紫氣人難見。周冕殷冔價自高，誰人持此去游遨。甌駱從來多祝髮，漊㶁幽荒祇自勞。芳草麒麟難着脚，捫漢緣霄羨猸玃。老叉到此不平處，應動胸中萬古刀。亘古亘今皆如此，非我之所召，亦非人所使。天道不將流離掐輌與斯人，誰人矯志成君子？一笑清風賀若絃，自家歡笑自家憐。君不見果州劉鼎石，新詩首首驚坐客。行路長歌蜀道難，手抱琅玕望空碧。劉叉詩云：『磨損胸中萬古刀。』

昔賢贈楊耆云：『女無美惡富者妍，士無賢不肖窮者鄙。』使耆逢時遇合，豈必減當世之士哉？愚贈鼎石，蓋取諸此。時也命也，如天道何？

雙喜篇贈顧象葵有序

象葵，吾黨中君子也。進止純懿，一門友義，予仰之素矣。前年來司鐸梁山，予以庵中硜硜小禁，坐春風者僅兩三度耳。今春予病痁，止酒不出庵者一年。弟文進秀才自城中來問，予知象葵生子交獎，乃作此長句贈之。懸知象葵必見招呼，而不知予非昔日量也。『大瓢貯月歸春甕，小杓分江入夜瓶。』蓋長公汲江煎茶之詩。予病後止酒，更嗜茶。『習習清風生兩腋，乘此清風去蓬萊。』茶之興原不減于酒，故贈象葵之詩，不覺發之于辭云。

蒼靈駘蕩暮山紫，暖風花撲仙人几。宮墻別有一般春，緑波碧色輝桃李。彥先致身何太奇，青宵孤立紅鸞姿。少日華飈吹麗藻，鮫人雲浦纈烏絲。萬里我曾游鐵屩，獨立百花看婥約。五龍聯穎共芳菲，樓臺嶙峭飛花萼。珴翁一日蟠龍巔，揭車菌桂佩娟娟。今日先生知絳帳，舊時居士即青蓮。顧我牽迂飽溪蔌，逢人每調無弦曲。朱華素雪總關情，東風不到虩蝓谷。偶聞丹穴生鸞凰，鬱葱佳氣滿槐堂。想有銅人話疇昔，豈無鐵杖壽椿萱。磽玉佳兒將試睟，榮名況復收蒼佩。千金駿骨入通闤，一眄方嘆知價倍。丈失適意甘羹藜，家家飲酒望青齊。孰知名教多樂事，烏紗何必照通犀。江湖一望誰知己，爲君調笑歌雙喜。春歸幽谷聽遷鶯，之官華域還携子。歌成須飲三百杯，湯餅應餘鴨緑醅。此去鄭鄉看咫尺，山人之酒何時開。生平疏懶惟種秫，豈緑薖軸生啾促？暫時且學止酒陶，猶能不廢顛茶陸。渴懷何日慰龍芽，大瓢貯月春山緑。薖軸見《毛詩》。王元長《曲水詩序》云：『薖軸之疾已消。』

晚坐

石上松間亦可憐，匡床竹几坐留連。殘霞挾電明還滅，驚雀將雛去復旋。感事偶歌秦吉了，因風長問傅延年。杖藜自笑機心少，靸脚科頭晚看泉。

吉了，鳥名，唐樂府也。《唐書·樂志》云：『嶺南有鳥似鸜鵒，籠養久則能言。南人謂之吉了。開元初，廣州獻之。識人情，慧于鸚鵡。』《漢武帝本紀》書南越獻馴象能言，鳥即吉了也。白居易元和四年作《新樂府》五十篇，專以諷諭爲體，《秦吉了》其一也。其序云：『《秦吉了》，以哀冤民。』

送吴鳴山落第西歸

孤雲匹馬共悠悠，久客將歸歲已秋。滇海夢中何日到，盧溝橋畔幾人愁。蚡緼漸隔桓伊笛，凋敝先看季子裘。蜀水燕關千萬里，不堪回首仲宣樓。

馬扶風《長笛賦》：『蚡緼繙紆，紲冤蜿蟺。』注云：『皆聲紛亂貌。』

寄宗侄章續聞白泉水變猶留意于玄也諗之以詩二首

細雨空堂清夜徂，翩翩憐爾去時孤。眼前弓冶看成派，匣裏雌雄喜欲呼。我老頻年依白墮，吾宗今日見韓符。宕山阻絶音塵貌，幾度相思問雁奴。

好去殷勤寄白泉，蒲團且廢講兜玄。三微河漢連天漲，萬壑魚龍帶地遷。顧我髭鬚新染雪，笑誰雞犬欲登仙。何時洗净丹砂耳，來聽清風月下絃。

高青庵過二侄家數日枉之不至詖以八句

故人别後長芳蘅，蜻蛚逢秋向晚吟。病骨漸同玄鶴瘦，詩思還共紫芝生。阮咸應盡騰觚興，王粲須知倒履情。説與伯恭渾不解，翩翩策馬度柴荆。

戲答大池病中見寄

大池爲修煉買粲，病後逐之。

萬事悠悠阿濫堆，隨風前路落嵩萊。眼穿久訝冥鴻斷，地僻焉知突馬來。九鼎聞收桃葉女，三春空靚壽陽梅。渡江一去知何處，示病維摩莫浪猜。

桃葉，王子敬侍女也。有詩云：『桃葉復桃葉，渡江不用楫。』東坡詩云：『但恨不攜桃葉女。』

答人

半畝茅堂枕白沙，栽松植柳即爲家。青蟲日晚懸簷出，黄葉風輕繞澗斜。生理年年占八穀，修仙個個問三花。江湖無限東陵地，種得菘蕡勝種秈。

八穀，星名，《丹元子步天歌》云『階前八星名八穀』，注云：『八星在紫微西蕃之外，五車之北。一主稻，二主黍，三主大麥，四主小麥，五主大豆，六主小豆，七主粟，八主麻子。明則八穀皆成，暗則不熟。』

春城歌贈李子喬明府

春城春城何所有？城中盡是陶潛柳。江邊畹側如甘棠，召伯歌聲不離口。春城春城何所嘉？城中盡是潘岳花。曉風一夜河陽發，闤闠家家蒔彩霞。花明柳暗圍明府，隨風向日尊前舞。飛上頭來作法冠，妝在胸前成豸補。笑我生平志未休，十二巫峰掛蒯緱。郢城何日看花柳，兩腋翩翩黄鶴樓。六年隔別無由面，枕邊笑語時時見。愧乏瓊瑶可報君，題詩爲寄樊城扇。

右子喬性冲淡，令通道，人多懷之，爲余遠寄《日録》序文，贈答以此。

題贈顧象葵便面七言律

一官迢遞歲頻更，三蜀文華舊有名。豈謂河魴才可食？只緣翰墨味偏清。白鹽壁立嚴師席，巫峽江澄照宦情。别去何時温笑語，坐看鵾九欲飛鳴。

贈曹荔溪中丞西還

一別蟠龍閱歲華，春鶯造憶紫垣花。玉符清映盆城水，霜鉞光分灩澦沙。直道北來知鐵石，玄文西去變煙霞。客星只恐摇銀浦，莫遣絲綸上釣槎。

寄白牛和尚

白牛白牛形如鱖，白牛白牛皎如月。潙山霜冷洞庭竭，試問白牛何處歇？山兀兀兮水迢迢，東明骨冷不能招。幾時净掃松石腰，風送龍潭慧餅焦。

贈黎學博文僖公之孫

洞庭渺渺七百里，衡岳層層萬疊山。如此山川堪作畫，豈無豪傑生其間。鄭虔才大官猶冷，莊寫吟多鬢未斑。欲訪華蓉耆舊事，蟠龍雨暝白鷗灣。

聞忠宣公劉時雍皆迺祖之門人，故有耆舊之句。

謝傅達吾送日録序

醉臉昏昏策杖藜，瑶光玓玓下茅茨。人間雁到花黄日，天上虚横月白時。款段自思非駿骨，碔砆今已化瓊枝。乘風欲寄登堂意，對使先吟木李詩。

邀蕭學博時寓佛果寺

荒村春作亂如麻，水埒茅茨緑樹遮。黄犢犁穿三畝雨，杜鵑叫破一灣花。放翁好古書連屋，桑苧耽貧客亦茶。路上不須窮姓字，萬松深處即吾家。

答顧象葵

梁山天偶漏，無人上天補。急去求媧皇，媧皇問河鼓。河鼓告星茄，星茄首亦俯。藥師跨騊駼，一滴大于股。商羊僅一足，只向雲邊舞。我欲提兔鐵，猶恐有所主。瘵哉此元元，無故倒銀浦。杜鵑日催耕，蓑笠盡斥鹵。徒胥呼丈田，躂及喑啞櫓。去馬與來牛，愍愍如蠹鼯。惟有快活翁，朝朝醉馬乳。文思發靈竅，欲去游天姥。乘彼巽二車，飀飀登蕙圃。便到蓬萊宫，訴此蒼生苦。不意故人書，偶下辛荑塢。開械如見面，錫我龍根脯。且對故人言，代此瘖痪吐。

寄謝顧車張萬四博

雞園徙倚解螺舟，龍脊徘徊亦勝游。自憶此身依白社，孰知有客對青州。蔡邕倒屣情偏厚，山簡臨池興更幽。歸到柴桑剛爆竹，滿衢燈火映簾鈎。

自彈緑綺自垂簾，未必夔州即久淹。官到廣文知獨冷，時來苦李也生甜。五溪諸水通三峽，赤甲群峰接白鹽。却恐蘇湖輸此景，令人回首丈人尖。

贈劉明府

九日題詩萬壑秋，一錢遥憶固陵劉。雲霞天上頻飛舄，刀劍人間盡化牛。顧我青山惟卧酒，思君白帝欲登樓。明年拄杖匡廬去，灩澦波平即放舟。

鰕鱣篇送人南游

海鶴西風一萬里，飲啄王母瑶池水。長鳴多在霄漢間，澤國稻粮空瀰瀰。中原虎鬥一著棋，先後輸贏不得知。倏爾野雞精變怪，高厓深谷忽參差。昭君琵琶聲轉澀，總爲胡塵彈不得。早知薄命是紅顔，生時何必傾城色。仰看青天青天如碧波，俯看澄江澄江如翠蘿。大開我眼孔，碧波翠蘿如予何！西有長庚大于斗，夜夜來照我鷗九。昨日照紅顔，今日照白首。黄鳥啼花花不言，不是舊時樊素口。陶潛將鐵鑄成腰，門前只種先生柳。滚滚洪濤上向東，拍天煙霧總歸空。爾不與世争飛兮，何異乎以鸞鳳爲鴟鵂？爾不與世争潛兮，何異乎以蝘蜓爲螭龍？乾坤原浩蕩，物理有磨礱。叔夜不須疏吏部，桓譚終是識楊雄。丈夫行藏何足計，竿木隨身聊看戲。莫怪鰕鮔喜潦潢，海波原未見茫茫。

獨步

散髮行歌獨拄鳩，薜蘿回首草堂幽。誰言被褐懷珠玉，自信忘機狎海鷗。風送暮煙開夕照，鳥銜秋色過汀洲。懽呼剩有王猷興，未必山陰好放舟。

贈吴徵君

長愛幽居暑亦寒，春容隱几竹皮冠。西山斫藥雲生屐，南澗垂綸月上竿。四皓有芝皆化紫，八仙無酒不成丹。晚來吹笛藤蘿外，月色娟娟只自看。

讀江津名宦甘公碑

大蕭協小蕭，廉泉飛其麓。逍遥並岌業，玉隆高景福。間世出聞人，雲龍相追逐。前有徐孺子，後有黄山谷。我昔夢輕舉，飄飄騎海鵠。葛仙約煉丹，石鏡光可矚。前年寄我書，蛇蚓不可讀。似約三年後，瀛洲登影木。正欲游梅嶺，慰此喧卑促。偶得永昌碑，栖之同霧縠。却裂此邦人，聲響迭琴筑。召伯甘棠詩，萊公路傍竹。學道則愛人，感應原自速。漢獨重循良，餘子等碌碌。何必歆廟廊，不須嫌矮屋。

與張小村飲薄酒席上口占奉贈

西街酒淡淡于水，欹盡杯終長帶滓。不如飲水水猶清，世情世情醬瓿應如此。張生磥砢負年華，璘瑞色見奇葩。走馬金盤呼五白，片時定有萬人誇。坐中三五談玄客，呑醨澆醴猶高格。滿堂笑謔欲天明，鉎鑛塵起無肴核。自古屈伸無定期，壯士停杯聽我詩。假令雨久凄凉日，便是槫英酷烈時。君不見高陽酒徒懷抱惡，時命不來甘濩落。其間生計更蕭條，長與鄰家編苗簿。突然光焰生蒯緱，朝爲戟士暮封侯。咳唾之間安社稷，左擠諸吕右扶劉。

顧象葵許載酒快活庵遲之再三不至戲之以十六句

一别何時思惘然，百壺曾許澆雲眠。四休冷淡知無地，三徑風流别有天。酷暑易生司馬渴，枯腸難禁汝陽涎。蝸廬鷗席如違約，翠壁紅泉亦可憐。連日欲雨不成雨，故人阻絶奈之何。十旬九醞貧家少，緑竹蒼藤野外多。老去息機思舊侶，醉來彈鋏喜長歌。山陽興發同沈顛①，便卧虬松枕鷺梭。

送劉思泉

數夜不成眠，相思亦可憐。五年新百度，赤子頌青天。春酒迎花柳，征軺向澗瀍。逆知劉寵去，不受别時錢。

題華封三祝圖壽楊東泉少府

積陽真朱光，修景迎南陸。豈知在乾封，顒亦見四目。賴我關西楊，隨車注膏沃。一誠格真宰，琅玕呈披腹。倏爾騰涌煙，四野如撒菽。翻笑不空子，手簸數寸木。正適懸弧期，士民慶玉燭。徐生自遠來，生綃持一幅。不獻鶴南飛，却獻華封祝。索我山人詩，匆匆掃兔秃。我不願明公多富滿囊篋，但願祝生男，慰此萬事足。

① 顛，道光本作『頓』。

楊清苦如冰蘗，問斷如神，蓋古之循良也。時值亢陽爲虐，民艱栽插，公剪爪致誠，四野如注。梁山接墊江、忠州、萬縣、達州、開縣、新寧、大竹七境俱無雨，惟梁山獨霑足焉。非異事耶？可以占公一念之誠矣。適公誕辰，徐生、柳莊公父子索余詩，書此壽之。

八關稿

當置酒

古樂府宋孔欣《置酒高堂上》，梁簡文帝《當置酒》，唐李益《置酒行》，其辭略云：『朝日不夕盛，川流常宵征。生猶懸水溜，死若波瀾停。』又云：『日往不再來，兹辰坐成昔。安得淩風羽，崦嵫駐靈魂。』大抵以浮生倏忽，當置酒行樂，三辭皆一意也。愚以人之寄世苦不多時，而乃淪落塵海，不得高出雲冥者，不過纏綿富貴貧賤生死進退八關而已。而其病源則在好勇、好貨、好色，有以使之心爲形役。凡民無足論矣，每見英俊之士，逢關即墮，惜哉。殊不知有鎔鑄乎我者，得此霸秉，以破八關，雖不能徑入無欲之室，亦可以掃塵根而窺明堂矣。乃作此八者①廣之。

進關

君不見積雪爲山山不成，畫餅療饑笑殺人。步虛兩腋未生翅，不如自在坦途行。黎花莫染桃花色，妭

① 者，原作『有』，據道光本改。

結不生龍伯國。年年點鐵欲成金，九轉僅然一片黑。身化爲鶉眼化鴟，澀劍還同瘦馬嘶。髟髟白髮三千丈，一寸愁腸一寸絲。當置酒，當置酒，勸爾勸爾莫競進。空羡東華塵撲駿，不識黄楊原滯閏。

退關

君不見酒深傾跌醒時悔，娥眉富艷身先瘵。將軍不學赤松游，蒯通終作多言鬼。丞相樓臺高入天，呼吸生風咳亦煙。惟有黄犬世間寶，有權不得片時牽。誰人喜上千尋樹，上到樹杪無去處。風擺雷轟下不來，雲須霧毒迷歸路。當置酒，當置酒，勸爾勸爾早知退。一箭射穿蟾兔背，力盡終須落闤闠。

貴關

君不見彦升裊裊綰銀黄，聯鑣許郭駕曹王。彈劾曹劉聲焱赫，清塵滿路慕羊莊。大奇一日歸東越，含酸茹嘆那飛潑。雁兒啄啄各流離，嚴冬霰雪猶披葛。歸華别葉轉風輪，昨日論交誰是真？死灰惟見今漂泊，肯思雕炭昔璘霦。當置酒，當置酒，勸爾勸爾莫言貴。門前車馬多如蜎，朝起紅塵暮生卉。披葛事見李善注。

富關

君不見東溟西渤水悠悠，河伯誇口騎鯨游。鼴鼠聞香千里到，一飽眉攢即掉頭。金谷樓臺甃金壁，千甍萬構連天碧。及爾半夜偃卧時，占斷依然剛八尺。郭金貯穴張羅鐘，一身有限物無窮。八百胡椒無用處，也與塵生甑底同。當置酒，當置酒，勸爾勸爾莫貪富。高明有鬼啼清晝，偶因腐鼠翻生臭。腐鼠事見《六帖》。

生關

君不見鴻雁雲裏陣成行，前者叫雪後呼霜。一時過去成陳迹，白雲滿目天蒼蒼。天地生人當如鐵，千年萬年居浩劫。如何呼吸氣成生，一口不來燈即滅。聞君夜夜千年憂，雞肋將休又不休。有時魅筆通勾斷，浮羽沉鱗貉一丘。當置酒，當置酒，勸爾勸爾莫憂生。轆轤常日息心兵，灩堆風起任蕭蘅。

死關

君不見洛水修邙墳累累，珠襦玉匣排金紫。烏鴉不怕舊英雄，寒食都來銜鬼紙。太陵光發幾榛蕪，狐鼠嬌痴白日呼。一半又收田畯册，不屬當年墓大夫。祖龍拔山山即倒，椒房蘭篽誰知鮑？雪塘寒月更愁人，曾照吴公臺上草。當置酒，當置酒，勸爾勸爾須知死。買絲繡得信陵起，長髯廣額竟誰似？太陵，星名，主天下墓。

賤關

君不見火燒櫲木半枯槁，鼞瘢蟢胝苔蘚老。一朝呼起居士名，千人萬人來祈禱。人間至賤賤騎奴，人間至貴公主夫。配合不分人貴賤，乾坤一向雪模糊。時乎時乎如剪綵，朱門白屋一時改。亭長不通蒼頡書，横戈五尺平滄海。當置酒，當置酒，勸爾勸爾莫厭賤。胡風朔雪欺單綫，寒崖吹律俄而變。

貧關

君不見豫章楩楠充棟梁，百年連鞅雙輪僵。枯桐僄薄一人把，嚴春賀若相操張。自古文章憎命達，龍團翻爲薑鹽奪。假令學聖賴金貲，陶朱先已傳衣鉢。原憲茅堂蒨野蒿，風凄雨慘寒蟲①號。回琴點瑟徽清響，千秋萬歲相孤高。當置酒，當置酒，勸爾勸爾自安貧。白水青山烏角巾，間朝長滿十分春。坡詩：『老妻稚子不知愛，一半已入薑鹽煎。』

① 『蟲』字原空，據道光本補。

游吴稿

楊文節公萬里《江湖集序》云：『予少作有詩千餘篇，至紹興壬午皆焚之。大概江西體也。今所存曰《江湖集》者，蓋學后山及半山①及唐人者也。』又《荆溪集》云：『予之詩，學之愈力，作之愈寡。』嘗與林謙之屢嘆之。又《南海集》云：『予詩每變每進。今老矣，未知能變否；能變矣，未知能進否。』古人用心之苦若此。某作詩隨意興所到，亦未嘗計工拙，亦未曾學人，亦未曾焚其稿。若一時忘其收録則有之矣。獨《游吴稿》三百多篇，一友人借去，竟散失，是以南岳、盧山諸詩無一首存者。此數篇乃張成夫宦蜀携來刻之爾。《盧山寄袁計部詩》一首，湖廣朋友能記之，亦未入此録。噫！我命之窮通有數矣，我詩之存亡亦有數耶？書此一笑。

登小孤山三首

崛岉危亭古，蒼茫落照孤。寶刀修卓筆，金斗熨平湖。歸去知彭澤，重來爲湛蘆。凭欄時北望，五色繞清都。

其二

孤根盤水府，飛閣漱天潢。彭蠡秋濤濶，潯陽棹影長。花濃三峽曉，月冷九疑霜。應去邀浮伯，同來

① 『半』字原空，據《誠齋集》卷八十補。

坐斗傍。

其三

四面煙花接，三湘樹色通。嵐光撑素岫，晴日墮空濛。有客同談劍，看誰詠轉蓬。題詩長嘯去，一葦任西東。

螐磯廟二首

蕊殿龍蛇古，瓊宫煙霧浮。鼎湖今有主，吴蜀昔①空愁。旅雁屯沙月，漁絲起夕詎。蘆花多故壘，何處是歸劉？

其二

不爲尋奇勝，無由棹晚風。磯沙通燕子，帆影帶鼉叢。舊業憐三鼎，新恩錫九龍。爐煙江霧接，疑是永安宫。

鞋山篇

我聞崑崙層城三千里，玉樓十二敂天起。左帶瑶池五色雲，右環翠水無涯涘。憶昔真宰混一元，獨有兹上鎮乾坤。去地不知幾千幾萬尺，南衡東泰俱兒孫。兒孫瓜瓞太繁庶，混沌氏乃分付曰：爾各九州四海去。五老居住兹山已多時，鶴足鶻眼虬松鬢。老人之情愛幽獨，不似群兒到處居。偶然一日跨白鹿，杳

① 昔，原作『者』，據道光本改。

杳穿秦復度蜀。江南江北總無情，來向廬山尋瀑布。瀑布年年噴雪花，三千弱水隔煙霞。丹砂雲母圍琪樹，回首乾坤一望賒。嵐光水色如人諂，瑶華玉醴朝朝樂。誰知生女不生男，百年翻令成落寞。大者湘娥嫁舜皇，左禹右稷禪陶唐。離鸞别鳳蒼梧遠，九疑歲歲哭瀟湘。涔陽路渺空瞻望，捐玦遺佩知何方。元君採藥入衡麓，回首蒼煙迷草路。欲往尋之問懶殘，道在雲深不知處。山中尚憶魏夫人，金書玉簡相朝暮。蜈磯夫人嫁劉郎，諸兄風味攫虎狼。永安白日蛟龍死，玉妃唤月歸海底。我祖南來靖江濤，新恩方錫九龍袍。蕪湖江下稱靈澤，虹吐鯨吞還食血。惟有大姑小姑不嫁人，蓀梁蕙棟水之濱。小姑居其下，大姑居其上。五老居其中，蹁躚永相望。有時二姑或聚首，琳琅偃蹇相先後。晚妝煙水緑雲鋪，亂潑胭脂之膩成五湖。却將小姑鞋，流向湖心伴緑蒲。千年萬，年底柱到洪都。豐隆不可震，巽二不可呼。看盡吴艎蜀舫銀波雪漲捲模糊。人生有志志各殊，湘妃母儀天下無。元君白日騎仙鵌，蜈磯相夫終死夫，二姑不綉鴛鴦不怕孤。一幅清水懸玉壺，同與人間作畫圖。嗚呼，人言有女必嫁人，我言不嫁亦也可。試問山中五老來，嫁與不嫁同鬒鬘。

歌風臺

秦宫鹿失楚猴逐，白蛇染血烏騅哭。咸陽竹帛入煙消，風捲山河成破竹。功成還憶沛中來，前度劉郎今又回。翠華渺渺迷歸路，金戈鐵騎響成雷。白旗黄鉞環桑梓，芒雲碭霧排光紫。人間喜羡錦衣還，未必亭長爲天子。憶昔賤爲亭長時，一身落魄苦奔馳。懶讀詩書不識字，侘傺長爲鄉里嗤。熟知風物一時改，千提三尺平滄海。自着戎衣閲歲華，去住家山今幾載？酒酣自作三侯章，兒童拍手繞壺觴。因思得國憑三傑，猶欲斯人守四方。遂將此地爲湯沐，青山白水蒙優沃。飛甍複道峙中天，竹籬茅徑成黄屋。我來猶有歌風臺，昔之慷慨何壯哉。一自鼎湖龍去後，白沙黄霧起塵埃。神雀醽雞同啅嘐，東流泗水無昏曉。寒鴉啼處野棠開，傷心不獨虞姬草。

黄鶴樓

城郭參差水帶沙，峰巒崒嵂走龜蛇。千甍煙繞仙人閣，五色霞分帝子家。天外看誰還跨鶴，寰中有客又乘槎。桐山雙鳳棲何處，一望晴川樹色斜①。

燕子磯

紫燕依孤壁，紅亭瞰大江。烏衣無永巷，白下足回翔。上氣蟠龍虎，丹丘枕鳳皇。崔嵬通鳥翮，迢遞繞鼋梁。二水浮空廓，三湘接渺茫。遠峰雲若布，極浦樹如芒。修竹分仙宅，苔階更上方。芝留千歲草，笛落五更霜。松檜排虚牖，煙霞護短墻。厓欹陶淡鹿，石跪左慈羊。揮袂邀浮伯，披蓑覺漫郎。步遲嗟謝屐，詩瘦問奚囊。顧我登臨晚，看誰引興長。偶來思豹隱，歸去有鷗莊。六代人文歇，孤舟賦客狂。江山成代謝，南北惜年芳。不盡留連意，飄飄上野航。

① 『斜』，原作『斜』，據道光本改。

石鼓歌①

昌黎直指爲宣王之鼓者，以『我車既攻』之句同耳；且鐫石勒成，類非瑑瑑之主所能，姬周獨宣王恢復文武之舊，故直信之無疑矣。愚觀石鼓，字多泐滅，一團頑石耳。韓蘇先後作歌者，重宣王也。然則人可甘爲下流哉？我苟賢，雖枯琴瓦硯，人争珍襲。我苟不賢，雖隋珠趙璧，人亦莫之問也。嗚呼，一石千年且有屈伸，而人生二三十年之窮通，可置之岴齬耶？故學者當自立，不可以窮達移志。

辛酉之歲月在午，程生約我觀石鼓。是日歊蒸生微雨，主人捀榼盈桐乳。初觀鼉䶂羅堂廡，恍疑鈁鑊及錡釜。及觀字畫半泐縷，蝦蟇齧斷羿妻服。桂華根折枝瓿瓹，老兔竊藥奔銀浦。媧皇死後少縫補，金樞誰人修玉斧？天仙下海尋天姥，三三兩兩駕飛艣。醉狂帽落衣襤褸，鯨魚驚走蒲□舞。諸生觀此皆環堵，一笑痦蟬玲難吐。憶惜岐周開原膴，十亂五臣争建莆。昭穆八駿驅馳苦，龍旟虬旛巡水府。宣王抗志繩其祖，六月棲棲發兵琥。一時賢相尹吉甫，元老方叔皆良輔。東都百辟羅篸組，會同奕奕光西滸。鐫功勒績破山嵋，陳蕿列路告文武。周道既衰歌皇父，七雄横戈鬭貙虎。中原戰骨齊天崶，百姓誅求盡梁稌。司爟譴責蒼頡怒，災及丘墳燒籍簿。從此元元無訓詁，儒術不用用屠賈。此物棄置同甖甒，霜零雪壓啼鵾鸏。蟹迹鼈痕蟠繡黼，無人愛惜移庵廡。百年瞬息箭到弩，歷唐迄宋鞭飛駔。吉日車攻辭麌麌，句同義合符千古。千古韓蘇二子文章圃，先後俱信中興譜。殷勤作歌告聾瞽，表彰之功不下禹。我生最晚况朽腐，曾驅儒禽結典罟。幸今經術崇東魯，披雲撥霧青天睹。安置妥阽到横宇，珍重不啻柏梁柱。當年實器光

① 此篇道光本無，然卷三目録中有此題。

媚嫵，天球河圖列行伍。到今都變滄溟滷，東飄西泊十無五，不如此物罕童羖，千年有客來摩撫。吁嗟凡物屈伸默有主，人生區區窮通何足數？倘爲賢人縱貧窶，甎瓦硃砆亦良珝。倘成不肖同瓠脯，隋珠趙璧亦草莽。信眉立脚須峋嶁，振衣抖擻耻寰宇。堯舜周孔非有□，赤子良心皆自剖。莫學蜉蝣無腸腑，朝生翅羽暮泥土。

來瞿唐先生日録外篇卷四

重游白帝稿甲申年

恰恰

恰恰又是三川路，悠悠自笑百年心。卞和惚恫多應玉，許邁飛騰不在金。恰恰恰，人生亦何苦，朱華素雪血飛弩。何處名爲鄒，何處名爲魯？回視倚天光，雌雄相仰俯。俯者爲賓仰者主，主者自歌賓者舞，一歌一舞成千古。恰恰恰，復如何？榜人牽囝也成歌。白日駕雲螭，道術不在多。拍爾陵陽肩，慿悙莫蹉跎。眄睞一鳥掠船過，層磫虛牝𨈬藤蘿。諸木作弩者，三五箭後即軟，惟飛木愈射愈勁。其赤者名血飛，更勁，遣箭更速。惟速，故以飛名。

尋袁雙溪隱處

故人一别隔蒹葭，知傍周溪舊釣槎。顧我來時三峽雨，尋君隱處萬山霞。步兵求仕多應酒，桑苧逃名豈爲茶？無限相思相見意，煙波江上夕時斜。

慰人

騎馬必欲尋騕褭，恐君步行只到老。食肉必欲得猩唇，恐君咬菜自甘貧。生子必欲如曾子，世間人子半皆死。爲臣必欲如比干，古今紳笏盡貪奸。萬物不同形，有好必有醜。萬變不同路，有平必有陡。不如我願者，十中常八九。東鄰貴客紅鸞姿，惺憹早去拜丹墀。有位有禄有珠玉，妻嬌妾美止無兒。西鄰貧人一味蠢，痴憨也不識玄牝。雙眸漸老電騰光，生兒五六排槍笋。世事至此吾不知，何者爲貴何者賤，誰可憎惡誰可羡？説與君，君自見，萬事何必從君願？麗華之妻，采就之圭，人人都慕想，誰消百甕齏？個中如自悉，終是落醯雞。照君心上事，燃我手中犀。君不見眼前十指本一體，有高亦有低。反掌之間且如此，何况世間紛紛萬事各町畦？安得從人心意願，斧劚刀鏩①一般齊。

有所思吊傅達吾

有所思兮思正急，美人只在千金石。我來石上空寂寂，漁火不然江水碧。有所思兮思翻疑，美人只在流杯池。我來池上草凄凄，緑錢黄霧灑涔濆。人生寄世何草草？奄忽猶如過目鳥。俯觀江漢仰浮雲，椽蠡登巢何處好？有所思，有所思兮癘至曉，錦琴洛蒲違何早。蛟龍纏劍還雲表，鸞鳳夾簫飛空杳。乘虹我欲登蓬隝，聱問群仙壽與夭。生憎魏彗太顛倒，紅顔悠爾②翻先掃。有所思，有所思兮令人老。蕭蕭疏柳三川道。

① 『鏩』字原空，據道光本補。
② 『悠爾』二字原空，據道光本補。

傅子北還時，余曾以《有所思》寄之，載之《鐵鳳稿》中。乃爲余作《日録序》，自以爲余之鍾子期。未及一載而游岱宗。今子期輟春，余當絶弦矣，不覺令人慟悼。兹復以《有所思》吊者，不忘生前意也。

游下厓寺隔江遥望朱雲石别墅遵成二十二韻

欹石轉盤渦，捫厓獨木柯。嵌空疑鬼鑿，洞古喜人過。霄漢虹橋近，浮屠寶筏多。出連魚復國，水接虎鬚波。丹竈塗甕瓶，趺關泐鳥窠。霞明髹石象，灘急吼江鼉。八解鳴空澗，四禪隱曲阿。天高惟福善，地勝有神訶。懿此息心侣，來兹安樂窩。三刀曾試夢，九籥竟成吪。旋綴盧仝屋，重捎翟尉羅。稻犇宜水埒，瓜蔬愛陽坡。朱瑟烏皮几，黄冠白鷺蓑。弄丸登彈子，釣月下盤沱。茶茗東崗子，栽培郭槖駝。先生今日傳，狂客豈無歌。取醉嗟玄鬯，相逢盡髻螺。乾坤思管鮑，花鳥怨陰何。繫帛長驚雁，揮毫可换鵝。吟嘮疑越調，咫尺隔涪皤①。邑雀臨篗啅，殘蘆抻水傞。詩成投鯉館，應是化龍梭。彈子，石名，在盤沱江邊，其圓如珠。

雲安嘗酒

賈浪仙，孟東野，文章亦是尋常者。小魚彭蜮味非珍，縱然嘷噍腲腇寡。惟餘銅斗一篇歌，高出清僧稍古雅。自種韓愈桃李斗，聲名不在維參下。流水高山一曲琴，悠悠世上孰知心？千年賀若歸何處，廣陵

① 『涪皤』二字原空，據道光本補。

自抱自呻吟。生平策足款段馬，藾羝鹽車歲月深。長向北風嘶槁草，伯樂一顧即千金。君不見麯米原是夔州産，未必醺人剛一盞。假令方之快活春，伯仲之間争耳眼。止爲詩名重酒名，遂將白水傳青簡。清僧，賈島也。蘇詩：『要當鬭清僧，未必當韓豪。』予快活庵中所造之酒名快活春。

答周紅崗講致良知

菩蒿似艾原非艾，滿城鰔殕空相賴。杜菌似葵不是葵，浪傳心事向樽曦。理欲之立不容兩，白日忽然生魍魎。欲做擒龍打鳳仙，習心磨抝須甀甈。孟軻拳拳求放心，切中今人腹内瘧。

寄譚敬所二首，有序

敬所臺中時去滇海，住①茅廬荒村，缺，烹松炊糜，與余共榻連㲉，敘闊未寐。次早，送至溪邊，乃戲余曰：『爾高賢決成矣。我見爾以菜待大賓，談笑自若，應知爾心鐵石也。加飯加飯！』呡呡而别。昨游白帝，見郎君于楊少臺家。對酒懷舊，申之以詩。

東閣郎君金玉姿，玄亭一笑倒鴟夷。即看此地浮觴日，翻憶當年煮菜時。元亮歸來必已遠，長康老去性還痴。孤舟客夜難成夢，莫柝宵砧有所思。

自小山人耽野興，一生活計在滄浪。典墳有味黄金賤，松菊多情白日長。笑我登臨雙脚暖，看誰音信十年凉。南來無限鴇鴻侶，莫惜瑶華擲釣横。

① 住，原作『柱』，據道光本改。

求溪稿乙酉年

溪在岑公洞山後，溪上有觀音閣，峰巒劍攢天外。

過傅達吾舊居

都歷西風捧火輪，大江東去一溝銀。即看三徑羊腸路，翻憶千杯馬乳春。杜甫堂前新舊雨，翟公門外往來人。可憐日月成何事，長笛蕭蕭起比鄰。

舟入求溪

雞聲遠遠度煙叢，榜客蕭蕭欲起蓬。三峽氣騰明暗裏，千金石没有無中。從來愛詠休文月，此去應憑宋王風。更謝主翁能釂客，東方既白臉猶紅。

旱

雨師曠厥水部職，尸位素飡非一日。當春及夏不發生，望舒怒之不離畢。遂令鬬伯弄火梭，白晝縱火焚人禾。趙盾不曉民間苦，助火爲虐飄紅波。可憐龍身鵜血紫，翻笑泥人立闕里。孫仙只欲覓靈方，不管胡僧羞欲死。安得南陽起卧龍，搯除青黛美人虹。千穢萬秭澆酥汁，處處農家金三尺。古詩：『平地三尺雨，農家三尺金。』

賦得長相思一首答楊鑑谷書

君不見黄姑女孫隔河梁，年年七夕又成雙。又不見蔦蘿松柏不同氣，短枝弱蔓長相將。無情之物且如此，人生靈于物，何事參與商？美人住江北，我住江東魚復國。少小相逢芙蓉衢，面上桃花頭上墨。不知隔别今幾年，手提紅月還娟娟。蒲葦争光成甚事，星霜不覺上華巔。萬念如灰灰更掃，三十年前心即了。惟有古懽朋友情，風雨五更猶絶倒。美人突兀寄書來，玄猿驚散白鷗猜。開椷如見面，一字三看腸九回。長相思，思之亦將奈之何哉？安得招邀甕進士、榼秀才，加我山人來矣鮮，與爾日日同眺糟丘臺。顧我痦痦眠空谷，不友縉紳友麋鹿。懶遣奴星結柳單，惟彈一調無弦曲。此曲未尚世人彈，知之者惟有嶺上之松，溪下之竹。譬如漫客學屠龍，千金之産盡皆空。無地施伎倆，翻不如痴聾。南箕北斗終無益，浪説當年崔少通。九有茫茫今忽古，磨磚作鏡心常苦。鮎鱗强得上棒籆，峕客眼看成斥鹵。赤須白足學長生，依舊輪回登鬼譜。不如美酒日悠悠，醉從丞相車中吐。萬事不如意，十者常有五。虞翻骨體疏，江總文章嫵。痴虎笑玃龍，玃龍笑痴虎。胡肥鍾瘦信人書，噫風笑電隨天主。吾惟歸潔其身而已矣，美人何必計較海底珊瑚、天上白榆、西湖之風、東華之土？長相思，思如何？此身思生兩腋翼，與爾翻翁五岳之標巔，趺坐泬寥之嶄阿。捉星登若木，弄月下銀河。酒酣之後却寫驚天麗句問真宰，驚破十洲玄海之蒼波。因答書中所諭教，與古樂府《長相思》辭意略殊。

酸齋

君不見埶巾婆娑形本醜，郭泰頭上即瓊玖。至今猶有折角巾，周冕殷冔齊不朽。又不見山中蒲葵其物賤，謝安兒戲裁爲扇。一刻九衢價倍高，蜀錦齊紈翻不羨。貧人見肉口垂涎，三尸五臟火齊然。朝煙暮雨酸齏菜，到口思連瓦器捐。貴人行酒坐亦肉，作客招賓日不足。千杯萬筯六龍西，亂眠忽醒雞將啼。偶得酸齏救燥吻，回首熊蹯價盡低。人生無貧富，無好醜，不論登廟廊，不論居畎畝。但我一時得意處，百骸九竅皆抖擻。何必千辛萬苦求黄金，只要黄金量石斗。勸君莫只問天梯，且來聽我歌酸齏。酸齏酸齏，看來一物各有一物味，安得功名富貴人人都要一般齊？匹夫各有志，有志不可奪。君又不見李泌富貴第宅非所樂，但願一覺天子脚，明日太史奏客惡。

割蜜

朔管聲驚風翕習，雲腴秋老寒光濕。洪濛剖破鷗鶥刀，龍膏濩落驪珠泣。髯奴擎出芙蓉酥，夷語羌聲擾五湖。冰紗雪埶卧瓊玉，挼莎笋出霍家姝。羊娘黿染絲飛藕，壬公鷺浴琉璃瓿。褒神飄沫貯雲霞，楊雄太玄燦星斗。

生日

一雨遍求溪，千峰亂掛絲。流雲來作帽，野水去承池。修霤時飄沫，鳴琴漸自移。吟魂依緑蟻，鄉夢繞南枝。旅歲驚將暮，家園屢卜期。江山留客住，花鳥愛人詩。父母劬勞日，鄰姻慶賀時。行藏風月識，好醜鬢毛知。青鏡窺誰笑，黄流轉自怡。脚常思五岳，心懶逐三尸。聞道常嗟晚，求仁已覺遲。頻尋宣父樂，不改長康痴。藻景原難駐，翔陽豈易羈？樊侯方種漆，元道正歌芝。岣嶁應非遠，天關戒自欺。爲山須進簣，策馬莫停輜。

買月

風月隨我已多時，三人心事盡皆知。吹我衣裳千仞立，照我文章萬句奇。偶然茅屋如揚簸，滿園百籟吟聲囀。喚醒昏昏醉酒翁，説將月來賣與我。我言老友已多年，賣之之故亦何緣？風言混沌只一個，却被伏羲畫一破。遂使洪濛分西東，他名爲月我名風。六龍捧日從西走，我亦隨月看芻狗。自從生君弄月人，月不在天在君手。占戀于今三十年，替君詩思生瓊玖。將我風月都平分，不得團圓共相守。不如收價賣與君，萬里清光盡君有。昨去通明告上帝，上帝已許連肯首。我言寒儒有甚錢，雲間天上買嬋娟。風言不用君金玉，只用君詩一百篇。我言一字千金重，買此蟾蜍欲何用？不如將酒澆我詩，擊玉敲金抱膝頌。風言曾與月商量，任君減價也無妨。新詩一句亦儘足，只有心事要説出。若是離畢雨滂沱，不得到君安樂窩。藥師亂翻銀河水，霓裳濺沫濕婆娑。我言如此決不許，賣月之言盡虛語。既然有雨不得來，虛空生白誰爲侣？風言有雨我先來，爲君代月掃塵埃。早送百花香滿屋，晚遣松聲團浚谷。一日不見如三秋，豈肯令君自悠悠。我言如此亦暫免，晴日即令懸山巘。照我書房繞我帷，千年萬年屬我來矣鮮。東憑啓明西長庚，風引月來立券成。再三再四囑付月，丁寧聽我結重盟。庚亮之樓莫去，玄暉之庭莫行。仲宣之西園莫照，陸機之北堂莫明。李白若來邀，忙忙往西征。謝莊若來賦，淡淡浮雲生。玉兔爲我搗長生之藥，桂蕊爲我播馨香之名。一段虛明我已買，不放清光下湖海。

醉

山北山南幽更幽，人間飯熟未梳頭。一生舊事提長劍，八句新詩起短鈎。供奉當年曾作聖，伯倫此際又封侯。即時拜舞騎鴻去，鳳表鸞箋謝日休。

皮日休詩云：『他年謁帝言何事，請贈劉伶作醉侯。』

二蟲詩

蠶

繭雖自外織，絲從腹裏抽。人皆穿爾樂，不識爾心憂。

蜂

千山萬朵花，五風十日雨。人皆喫爾甜，不知爾心苦。

唐人詩云：『一將功成萬骨枯。』又盧仝《謝茶詩》云：『山上群仙司下土，地位清高隔風雨。安得知百萬億蒼生命墮顛崖受辛苦？』又辛侍中從文帝射雉，帝曰：『樂哉！』辛曰：『陛下甚樂，群下甚苦。』二蟲詩意蓋本于此，亦猶白樂天之《新樂府》也。

將進酒

銀潢捲霧飛青霓，惜花携酒排金齏。冰輪斜伴玉繩低，懽呼起舞枕中雞。丈夫各抱通天犀，安得個個金印如斗蒼頭提？千年夸父雙眼迷，誰挽羲和轡不西？金谷秋草烏夜棲，來向平原塚上啼。仰觀群烏飛，俯歌將進酒，鶴尊鸞爵呼來澆我談天口。我是人間修月手，應有光芒貫星斗。焉得屑屑去問王康琚？大者朝市小者藪。賢人濁，聖人清，矣鮮與爾有舊盟。北斗七星化爲人，學我快活學不成。我既嫛娩世上應長庚，又何必再論清清濁濁酒之名？且來快活我平生。快活快活來氏子，已知千年萬年不死矣。崑崙崑崙在何處？我將騎鸞直上九萬里。火輪飛焰六龍紫，通明殿客流銀水，照我詩仙胡至此？錫我以瓊蘂可度之屑，授我以汪氏不死之醴。萬一千年萬年之後白玉樓中隨物化，定配享吾黨李白同祠共宇峨山裏。清風明月來相吊，定請宋玉作傳、謝莊作誄。

寄曹荔溪粲

曉日掛銅鉦，俄爾雲填壑。扶輪自東來，析析成蕭索。譽彼歸飛鳥，顧疇鳴秋蘀。涉江芙蓉老，所思在寥廓。之子去悠悠，三載猶如昨。俯觀瀛海生，忽如過目鵲。大江日夜流，去矣不復却。朱顔尚可酏，白髮終無藥。揆余麋鹿姿，休辭應修薄。自笑屈轂瓠，應難鑽挹杓。子建肆飛藻，玓瓅麗金臒。好借玉雞毛，捧天鎮六幕。而胡翻采榮，永嘯千仞霍。圓折鬭方流，蓄寶自光爚。即希防露音，終然徵賀若。蟾兔入璇題，洛浦共綽約。夕淪注金壺，反側紛六鑿。鴛鴦裁合歡，尺寸相斟酌。願隨晨風翼，快此屠門嚼。何時登塗山，談笑傳錯落。寄言遺所欽，搦乾心如籰。師涓久不來，無人奏別鶴。

雪蘇歐二公禁體

朔風撼山山欲竄，玄石無功一時散。王績字無功。起來樹上看揣封，地爐艴蜮重添炭。歐蘇二子矜辭華，不持寸鐵以手扞。譬如虢國去夜游，十分嬌媚三分鬖。却嫌脂粉遮天仙，淡掃娥眉使人看。我今才薄賴粉本，安得空拳登彼岸？兔園詞人久不來，摛乾翰四顧起長嘆。不如且去求焦革，將我詩思漫澆灌。一杯方入口，耳熱起微汗。二杯到詩腸，腸中膏肓磊磊落落之泉石，一時起舞通叛亂。要出與雪鬪清泠、爭皎潔，載號載呶相呼喚。詩既狂呼，酒亦無算。瑒筆白戰寫長篇，一句不易，一字不換。果然取雪來相比，我詩清泠皎潔十分全，雪僅得我詩之半。醉後機息卧籧床，詩魂擁我如雷鼾。翻笑鮑昭有機心，體裁去學劉公幹。

寄古建吾 時長沙二府

暢月日初三，瑞莢飄滕六。未集謝莊衣，先零司空谷。念爾去悠悠，伊余空碌碌。羲和敲玻璃，夸父策輪轂。玉兔從東馳，金鴉隨西逐。鷫鸘憶長波，玉鮪思舊匱。何時共霞觴？此日裁雲牘。賈誼才本高，漢文思亦沃。不得據要津，翻令生華躅。白生元積梅，黄度鍾繇菊。遲速不同時，升沉各有屬。何是陽春歌，誰名激楚曲？宦味即蒲蘆，功名同戲局。五白如可呼，七戰亦甚速。線綺音更高，紫電光堪掬。思君當雄飛，笑我常雌伏。不求史上青，但願尊中緑。三杯封公侯，一斗騎鴻鵠。湘水多魚艸，衡陽饒雁足。莫惜響瑶華，歸飛慰麋鹿。

觀籠鶴放出刷羽泅頮溪中

紅旗白鉞度孱顔，老將騰飛此日還。寄語酒泉舊知己，今朝生入玉門關。

池魚籠鳥，有江湖山藪之思，人情大抵然也。賦之以此。

迎窮

求溪之蜂有千朵焉，匯羼一二，若墩煌匠石所削者。中有浮屠飛閣，重巒回軒，雲雀矯首，扢太清以混成焉。來子九日携青州從事，披峯路，捫石竇，直至其巔。趺坐石上淒中，遠傒八極圖于寸眸，宛然韓仙騎鹿太華之狀也。俄而厓下鱗鱗獵獵，非煙非霧，若人鶡冠豹履，直達于前。來子曰：『何物也？』即長跪于前曰：『賤子窮神也。』來子曰：『窮有五，惟命窮人多惡之。昔韓子送爾，吾意爾群群居玄瀚之外矣，爾尚在中原耶？』神曰：『公誤矣。公豈不見韓子之書乎？韓愈結柳設糗，三揖而送之者，乃我同父異母之弟也，非我也。父姓真，諱宰，字得一。我母陽，弟母陰，我名窮神，弟名窮鬼。弟愛人官室之美，妻妾之奉，金玉爵禄。我則掌孔門傳心印，通人九竅，增益人所不能，益壽考。兄弟二人奉上帝之命，長遨游于江海之間。一日，上帝欲唐文之變，憐韓子之才，命弟事之。三上相書，韓子雖每每送之，然奉上帝之命，不敢違也，故事之終身。獨上佛骨表之時，弟長天之威，躊躇徘徊，乃我主之。更雪中過潮陽，遇其姪于路，此一年則我事之也。千年之後，上帝又憫孔門格物致知之學千載不明，絶而未續，又命我事公，今已三十年矣。』來子曰：『既三十年，何以家居時不見，而至此見也？』神曰：『我雖事公三十年，公日夜惟樂，不以我爲事。故我能入公之身，而不能入公之心；常得外之見，而不能上公之面。今登兹山，攀蘿援藟，手煩足勞，故我方得到公之前而呈其形焉。且公之樂，非絲非竹，非爵非禄，非媛非娵，非金非玉，意者其有所覺悟而樂乎？』來子曰：『爾亦知我乎？』神曰：『我事公三十年矣，安得不知公？』來子曰：『觀此，爾啓甚于我多矣。』韓子送其弟，我則迎其兄焉。于是即岐趾，卜剛日，築太極之曾臺，竪五性之元府，修孝弟之華旌，桴忠信之土鼓，齋戒洗心，迎神于求溪，而兼爲之辭曰：

緊一氣之構天兮，煙煙洋洋。乃剛柔之變合兮，萬物紛張。鼓動陶鑄而無亭毒之心兮，糾錯坱圠而匪常。胡人性之好炎兮，爾獨蒼蒼而凉凉？不入七貴之宅兮，不登五侯之堂。遇金谷而回車兮，見郭穴而旋驤。長抱影而娱樂兮，自歌詠乎滄浪。爾之性蓋天下之至冲淡者也。堯舜之時，民安物阜，爾名潛藏。至春秋之時，送孔子于陳，而爾遂傳聞于天下矣。因君子固守之一言，爾之名得孔子而益彰。爾無上兮，千桂①虎豹髽鬛凄淫兮，碞緯惑雩泠膝骨兮，上不可以棲兮。爾無下兮，重壤潺螿無極兮，仲野游光傀傀嗌嗌兮，下不可以棲兮。爾無東兮，析木萬里，淵淵窅窅兮，馬銜當蹊兮，東不可以棲兮。爾無西兮，金樞鑣轡，飄沙礐石兮，條支鈉人兮，西不可以棲兮。爾無南兮，紅衣之尼媕嫺兮，楊芒熛而絳天兮，南不可以棲兮。爾無北兮，雁門垺雺薄草木兮，鷩颼飋跔裂肌兮，北不可以棲兮。爾無四没于中土兮，中土之人千頭萬個。東郭之履長穿，盧仝之屋久破。冬暖兒寒，年豐妻餓。火狐吹焦先之廬，豆秸飄袁安之卧。家無宿舂，門無客過。鶉飛西河之衣，草侵仲蔚之坐。尪尪尫尫，僇僇尶尶，中不可以棲兮。爾惟從我無上無下，無東無西，無南無北，無四漫之一兮。爾與我攜此一兮，尋顔回之巷兮，簞食瓢飲兮。登孔子之庭兮，仰觀浮雲兮。乃息蔭于孔林之中兮，呼清風而問襟，愬皓月而長歌。歌曰：

洙泗之水兮清清，尼山之雲兮亭亭。美人兮慰我好音，于是騎巽二而上開陽兮，度銀鸞而弄白榆兮。復遻日觀兮，敻翔陽始，踰榑英之津兮，照我翰翰艴艴兮。神兮神兮，與我充塞天地兮。

雪中寄贈戴念瞿明府

玉燭南箕驚旅客，耕夫處處歌宜麥。希逸月來下夜城，陳思馬入玻瓈國。誰人載酒到梁園，買月亭高偏更白。好似安仁去種花，扶疏頃刻長雲霞。河陽一縣增山色，千樹萬樹皆奇葩。又如太山神女嫁，西海瓊孏琪婷相争嚁。旌旗龍鳳縱横飛，只畏太師當其宰。詩成玉屑帶冰書，此去憑誰投欵乃？一望岑公偲

① 桂，道光本作『柾』。

尺間，剡溪何日酒潺潺？翻笑子猷終興少，棹歌何事夜深還？

求翁解

來子客求溪有時矣，或時坐溪上之石，或讀書閣中，或溪之人載酒飲于峰上，或尋其洞，乃名其石閣爲求閣。峰與洞皆以求名之，自名爲求翁。客有游于來子之門者曰：『先生不愛不求，今自名爲求，或者不可？』來子曰：『心有賓主，所謂不愛不求者，必其有所愛、有所求也。使主不能勝賓，又安能不愛不求？今余居此溪，所弄者此之月而已，所吟者此之風而已。夫所弄在月，則所愛在月，所求在月矣。所吟在風，則所愛在風，所求在風矣。則溪也、石也、閣也、峰也、洞也、我也，一也。物我渾化，意象兩忘，以求名我，夫誰曰不可？』客曰：『發矇矣。』

古詩 亦名康節體

《古詩十九首》並蘇李二詩，載在《選》中，皆三百篇之後，四言變而爲五言者。擬古詩者即其辭而擬之，是即齊奴之鬬富也，殊無意致。余作古詩，乃即其人情物理，有所觸悟者作之。雖與古詩聲調略殊，然可以懲創感發，而其辭亦同古詩之俚也。

其一

豹死誰留皮，人死惟留名。王彥章之言。莫因富與貴，錯用一生心。君子與小人，隔之只一指。差之纔毫釐，失之便千里。長笑老瞞痴，有才又有時。荼路千條苦，繅車萬斛思。此念學周公，伯仲争驅馳。富貴既不失，榮名亦相隨。而胡册元茂，覬覦念益滋。雖然鼎足分，終爲他人褫。只緣錯用心，翻爲後世嗤。反手即鳳鱗，覆手即蛇虺。不去做聖人，却來做奸鬼。

其二

醒時醒一醒，悟處悟一悟。一醒兼一悟，便是學聖處。喚醒又不醒，纔悟又不悟。凡夫與俗人，原是自家做。古人有閑處，今人偏自忙。今人有短處，古人偏自長。聖人一發憤，發憤食便忘。爲甚事發憤，此心長思量。孟子養浩然，至大又至剛。至大在何處，至剛在何方？披荆覓芝蘭，撥雲看三光。今日醒一醒，明日悟一悟。一日復一日，就生登天步。立在崑崙巔，絶目四面顧。下見紅塵起，千條萬條路。

其三

大江日夜流，怒馬逐金鴉。人生天地間，塊若一樹花。時來呈色象，風至委泥沙。又如遠行客，忙忙客路賒。行到天盡處，復還真宰家。高者學聖賢，堂堂成君子。中者飲美酒，磊磊被紈綺。痴者如精衛，木石銜到死。

其四

飲食莫太過，太過必破腹。指甲莫太長，一折即傷肉。李斯秉鈞衡，妖狐駕火輪。一飛飛到天，與天相比鄰。一墜墜到地，不得求編民。不如顔駟老，沿牒日碌碌。登天不爲榮，墜地不成辱。

其五

君子盡在我，不必求人知。長下如葵心，《淮南子》：『聖人之于道，如葵向日。』一誠戒自欺。因想古聖人，伐木絶糧時。譬之喪家狗，喁喁百般嗤。千載時不同，況又至今日？子珪豈不才？位不登執戟。君山豈不賢？鎩羽常蹢蹢。太宗常有言，此言君須知。待我心肯日，是汝命通時。風送滕王閣，雷轟薦佛碑。一刻不可早，一刻不能遲。梅只可爲梅，棗只可爲棗。酸甜天生定，改變不得了。莫矜我才高，須知他命好。春風一日到，蕭艾亦生藻。卿雲天邊垂，荆棘亦光皎。自家不修德，王侯亦腐草。手中彈緑綺，紳上佩瓊枝。未登和氏場，必有鍾期知。

其六

東鄰女聰明，日日理桃紋。翻爲聰明誤，終身不嫁人。西鄰女醜䰠，怐愗如聾啞。嫁夫排金門，玓瓅騎驄馬。揚雄著太玄，三都賦亦妍。杜甫成詩聖，太白作詩仙。兔乾落赫虒，鳳鳴龍亦吼。紫潭偶一滴，一滴即瓊玖。四賢豈不偉？胸臆羅星斗。終身蔭蓬茵，東竄又西走。郭舅蠹于木，金銀推齊屋。元稹詩：『東家頭白雙女兒，爲解桃紋嫁不得。』注：『余掾荆時，目擊貢綾户有終老不嫁之女。』

其七

百獸愛吞腥，百禽愛啄腐。多者傷矰鏃，不爾羅網罟。不見水馬兒，東坡有《水馬兒詩》。跳躍弄潺潺。蟬向金虎鳴，悠悠高樹間。惟其無所求，利害不相關。李泌與張良，功成即辟穀。高足策雲霞，繩索不得束。有利必有害，知足决不辱。不須巫咸占，莫向季主卜。

其八

天有掠刷司，中設照人燭。知人之怪巧，識人之侷促。損人之有餘，補人之不足。有富必無貴，有貴必無富。既富又且貴，壽非金石固。三者若能全，子孫必不賢。四者兼之有，文武方能然。監殷成叛賊，玉環破成玦。遂使東征篇，昭昭登簡册。譬如嫦娥美，要美美不得。三五面纔圓，三五面又缺。荼能醒人性，酒能陶人情。一物日用間，天地不兼生。庖丁善解牛，方皐善相馬。彼此小有名，千年附大雅。猶勝讀書人，没世無聞者。相馬兼解牛，藝必居人下。

其九

嫠婦哀夜長，志士惜日短。豈在長短間，一念各有管。孔子齊聞韶，三月無肉味。惠可欲求法，舉刀即斷臂。味豈不在口，臂豈不在身。此心各有重，臂味何足云。欲要得虎子，須要下虎穴。欲要驪龍珠，須到驪龍頷。霧豹求文章，不食常自苦。犬豕只愛飽，腜腇甘作脯。

其十

愛者即爲寶，不愛即爲草。愛者是真龍，不愛是蛇蟲。帥古只愛畫，一畫千金價。嵇康只愛琴，一琴價千金。貴者雖自貴，我賤一毫輕。賤者雖自賤，我愛重千鈞。務光讓天下，天下即敝屣。王氏鑽李核，李核即羅綺。裸壤售衮甫，聾俗奏簫韶。我物非不貴，彼不置毫毛。齊王只愛竽，來者去鼓瑟。彼此不知音，當面成胡越。

其十一

媪媪金谷園，樓閣遮天起。一朝天風吹，化作鄱陽水。前人千尺臺，後人平作路。前人十尺墳，後人栽作樹。碑碣終消毀，金石亦不固。誰言自錕鋙，飛薄都成霧。纂纂又離離，一日作枯枝。雍門不曉事，千秋萬歲時。富欲多千箱，貴欲錫九命。杞人日日憂，江淹時時恨。恨者恨成癆，憂者憂成病。不知成方至，忽爾敗又來。成敗既循環，憂恨何爲哉？

其十二

顔回鑄孔丘，落落陋巷裏。秋風敗叢蘭，三十即早死。鄉人炎凉人，寒儒而已矣。陽貨當其時，言仁必不富。狐質被虎文，赫赫居要路。呼人來與言，氣焰亦可惡。而今較顔回，重淵窺天步。韓愈送窮日，鬱鬱相門間。朝進暮又出，上書叩天關。宰相不垂青，三上亦厚顔。豈知千載後，聲名重泰山。青青十七史，僕射名已删。死後説文章，生前誇富貴。屈者今日伸，顯者當時晦。

其十三

世上有一關，原是般匠作。木石甚堅剛，牢固不可破。將軍日守關，呼喝不許過。少年有壯志，不肯關外坐。猛力打一拳，粉碎如着銼。化作清風飛，清風長泠泠。騎起清風去，只到崑崙頂。群仙見我來，瑶漿烹玉鼎。授我長生法，天地同久永。回視關外客，睡着不曾醒。

其十四

仲尼何處學，只于心上求。心上何處學，撤去心之憂。此心終日想，未曾得停留。又要金銀多，時刻有機謀。又要聲名高，爵位等王侯。又嫌屋矮小，臺榭盡重樓。樓邊要花臺，百花相髟樛。又要好美妾，王嬙女之流。又要好田莊，歲歲得豐收。又要有壽考，百福享鼇休。又要子孫賢，富貴長悠悠。朝憂暮亦憂，如狩亦如蒐。一日憂一日，春來又復秋。不覺生白髮，其心鄉人儔。宫墻不得望，安得升仲由？撤去萬般憂，明鏡光瑩瑩。提起鏡來照，仲尼在裏頭。

其十五

我有一圃花，擢秀長闌竿。春來開桃李，夏至開牡丹。重九菊華黄，冬梅雪共寒。不羡頓有亭，不羡洛中盤。不羡士夫蕙，不羡君子蘭。灼灼順道機，生生未曾殘。人見開得時，都説種花難。問我種花法，我笑不肯言。或言如何醜，或言如何好。或言如何遲，或言如何早。或言如何嫩，或言如何老。彼也費商量，此也犯探討。我言如此説，終是傷于巧。只緣伎倆多，望空猜窈窱。不順造化性，生意翻枯槁。不見種花經，經文一句了。説與種花人，種花只鋤草。

其十六

道德天上望，富貴井中思。將此爲功課，時時常念之。堯舜是何人，昭昭在簡策。我又是何人，落落同鄉陌。兩脚登泰山，登登不要歇。一口吞洙泗，牙齦硬于鐵。有衣莫言寒，有食莫言饑。衣食既足用，徙倚相棲遲。有衣既在身，切莫思羅縠。冬月雪霏霏，途人尚跣足。有食既在口，莫言下筋少。猶勝鄰家兒，喫菜也當飽。志士向前行，溝壑任枯槁。咬得菜根斷，萬事一齊了。任重而道遠，貧寒何足道？此皆數年所集，在求溪者二三首爾。

買月亭稿

買月亭

買月者，余之詩也、道言也。好事者爲余求溪之峰誅茅成亭，余訂證往日所著《太極圖》並《大學古本》于其中云。

山上旋捎茅，溪下旋劊木。加以十餘榱，木盡繼之竹。亦無麗廔華，高敞凌空谷。好似放翁巢，亦近孝然屋。時有買月人，朗然坐幽獨。手中弄一圓，玓瓅光可掬。好風自南來，與之相馥馥。四顧雲霞高，一笑山水緑。

買月亭張成夫臨别索言

爲學如燒窯，切不可助長。火候功夫到，煙自生清亮。仲尼到而今，千載道已喪。只因名利關，終日作膨脹。因此自沉溺，墮落深萬丈。仰視魯仲尼，仲尼在天上。不須求花譜，鴛鴦舊花樣。只于心上覓，何處是蕩蕩。

送王玄葵游滇海

四序相推斥，玄冥乃其冬。萬卉生迴游，惟葵性至忠。嘉潁從翔陽，朝夕相西東。我戀求溪勝，泠然居其中。買此溪之月，御此溪之風。灑落排冥筌，日日歌桂叢。千山滴涔濆，憐爾遠相從。深夜聽我歌，席釜烹蕡松。明燈照張標，五斗又無功。忽忽即相別，送爾過采虹。一壺聊供祖，班荆相從容。我愛點蒼山，此念常恍恍。今日歌驪駒，何時寄鶗鴂？玄豹求文章，不食甘九嵕。惟學能染人，甚于丹青濃。去矣崇明德，海日有時紅。還當策高足，獻賦明光宮。勉此玄葵心，廊廟佐時雍。莫學我憨懶，麋鹿卧巃嵸。

寄沈梁峨

結客當年漸曙星，休文別後幾秋雲。知君詩發千篇艷，笑我居常萬疊青。插柳長成應有傳，種魚生活豈無經？何時得遂山陽願，夜夜梨花繞慢亭。

答劉强齋昆玉書

日月成何事，迅速如反掌。河伯從東飛，六龍揚其槳。何時別公非，此際答老强。追笑少年叢，棼尾巡燈幌。廿載猶如昨，令人發孤想。把臂芝蘭英，曙星三五兩。君本紅鸞姿，遞鍾搊高朗。講學入河汾，千載寄遺響。宮墻桃李花，又種嵩峩茝。作偶惠好音，同病憐吾黨。我客求溪久，砧霜忽嚴爽。溪上看紫芝，日共道情長。行雲思故山，抱影時長往。咫尺隔天涯，空詠高山仰。好向山中來，朔月同清賞。

雪中邀陳桐崗常敦庵二邑博

一夜寒飈屋欲穿，千山瑞葉白于綿。春蠶已撲山人榻，豆稭應侵旅客氈。舞去定隨袁淑馬，興來好放子猷船。相逢此景真堪畫，莫惜橋頭灞上鞭。

寄贈謝劉洞衡大守有序

洞衡公，江海中之心友也。家居時，余曾寄詩云：『詩作蛟龍吼，名應蓀蕙香。』載之《釜山稿》中。今已廿年矣。時宦川中，文章政事，一時並傳，草木亦知其名。屢吐芳訊，無由晉接。昨以督木經梁，枉寒廬，嘉貺稠疊。適余客萬州求溪，未得晤言。豚書來，令人長嘆，草此贈謝。

湘蜀有兩友，江海只一個。摛毫燦玉花，出口飄金唾。文雅縱横飛，典墳顛倒剁。還將賈島奴，直追宋玉些。句傳趙倚樓，名重陳驚坐。昔同上國游，兼示惠州和公有《和杜集》。鴻雁天邊翔，麋鹿山中卧。已識成雲懶，非止同農惰。羲和自斥馳，箕斗相軻簸。好似馬扔車，真如蟻行磨。悠悠二十年，忽忽朝夕破。王家借真才，甘雨零旱稬。山水頻探奇，公有《入蜀探奇稿》。農桑時勸課。客甑久生塵，齋馬長嘶餓。河陽花始開，單父音愈播。宦囊無幾錢，圖書有數馱。景行仰斗山，清風立頑懦。臺省虚東南，潁渤分右左。豈知求溪去，忽爾高軒過。層雲薄高誼，尺璸不足貨。何曾具雞黍，未得解醅餾。思君魂飛揚，令人心折挫。絲桐將欲樹，太容久不作。聊申濡翰情，空將赫蹏涴。郢水歌巴人，燉煌攙斧銼。瓴甋愧璵璠，羅衫笑幓襣。何時重行行，偶得相欿欿。山中多煙霞，不堪持贈賀。

右公嘉稿，生捧讀，璘瑞耀目。曾欲與公作序文，但余快活庵中有禁，不曾作贈文，詩則不論。如不鄙樵人竹枝，即將此俚語附之嘉稿之末，亦即附駔驥之旄端，軼歸鴻予碣石也。一笑。

十二峰買月道人鄰治生來知德書于求買月亭。

送渠宗弟薦書入選

一別三十年，恍然如一日。白駒送羲和，倐昱電奔逸。洛犬與衡雁，空如傳命驛。鶺鴒報好音，夜半聲唧唧。把臂成一笑，慰此孤懷怭。婟婟棠棣華，不得種同室。憶昔晤言時，鬒髮黑如漆。不覺到而今，已爲青銅咥。吾宗人多樸，爾猶金玉質。笑我友鹿豕，歌咏長抱膝。一枕羲皇夢，好風時竇篳。道術欲開花，浪傳是七七。此別到何時，何時歸鴻鳺？長安亦不遠，鮮飈常飄颶。人生富與貴，綷杳已默騭。正當清明時，不論崇卑秩。少小讀詩書，匪徒供佔畢。出仕臨民人，物欲在懲窒。二陸與三張，古今亦非一。行矣敦明德，立志須投筆。玓瓅懸家譜，姓名香馝馝。

鐵鳳稿

登鐵鳳樓寄傅達吾計部

蒼精矗矗蟠地軸，滿目霜硎排玉谷。翽翽輕飄九阪桐，琅玕遠映三湘竹。南風韶樂近夔城，左皐右稷賡玄穆。鐵鸞銜詔下重旻，執信秉桓環岳牧。影入巫陽十二灣，雲鬟冷落吹蕭曲。楚狂骨朽幾千年，緑綺翻作白頭篇。朝陽客去無消息，滿林鳥雀啄蒼煙。回看浩劫風飄瓦，篬乏承間沉大雅。岐陽花發幾番春，河洛空傳龜與馬。蕊珠仙子隔虹橋，咳唾璀錯成瓊瑶。我來十日朝雲邊，遺我金錯刀，剛風吹引步玄璈，捫霧披霞手可招。此間白石可煮，黄雲可燒，胡不同來趹此鳳冠，酌彼瓊醪？天涯一望思滔滔，無窮煙水落霜毫，淋漓醉墨灑靈鰲。山精腦裂驚蒲牢，太清乘醉訪盧敖，東極西荒海日高。

蕩蕩歌①

自嗤自嗤信自嗤，素月流天起微颸。鐵鳳厜㕒自捩衣，是我來歌蕩蕩時。蕩蕩復蕩蕩，問君是何樣。將手取來看，無形又無狀。泉又達，火又然，一腔春自在，生意時相連。莫從葱嶺過，錯認作光圓。白日嗈嗈鳴丹穴，百鳥聞之俱腦裂。莊鵬宋鷁摩天狨，千載回視無顔色。蕩蕩歌，如余何？蕩蕩歌，如人何？

相士索詩口頭語與之

大相相聖賢，小相相臺閣。我有無色相，恐君相不着。大相相萬古，小相相一時。我有無聲相，恐君不得知。大相相乾坤，小相相星斗。我有無臭相，恐君難開口。我相非清奇，我相非古怪。清風吹我裳，名月照我帶。清風與明月，相書原不載。

升湫歌 與張生。醫者，時遇傅太守宅

巨靈喝山山自擘，連峰鏩斷懸孤壁。窾空一曲乳珠泉，雲流日照嶄嵌赤。子和醉後敲素虬，呼童舐筆

① 《蕩蕩歌》及下篇《相士索詩口頭語與之》兩首據道光本補。

長升湫。風篴一聲山石裂，時有黄鶴扶青牛。眼看屧步成真樂，異境高懷相婥約。翻笑曹溪一勺甘，歲久自然生築鑿。春風吹杏鳥啼花，巡墻繞屋蒸紅霞。五禽不獨多仙術，一枝猶足慰瘑瘕。人生都欲爲良相，臨關雞犬通奔放。可憐一段活人心，盡爲東華塵隔障。花間邂逅見高超，刺史風流興更豪。還家若有梅花夢，盡在天生月下橋。張從政字子和，曾著《六門三法》。

獨立

松木溝中草虆虆，松木寺邊人獨立。流雲走霧霑衣濕，十丈龍泉翻雪汁。丈夫砢砢無階級，緑染蓑衣青染笠。君不見粱山來瞿唐，前年病痁晝卧床。今年病脾藥滿囊，禁醘止盃鬢塗霜。

崔二臺進士載酒江邊席上口占奉贈

人生七十古來少，盡爲浮名驅到老。杜甫憂時夜夜愁，元超舊恨猶難了。宦情多半染髭鬚，紅塵白苧無人掃。羨君平地作神仙，金鼎瑶圖信自然。少年調笑明光賦，盡入馬指齊物篇。憐我棲遲鐵鳳久，與我江邊芳杜畝。一曲高歌江怪驚，青簾白舫迎紅友。日暮人扶酩酊歸，沙鷗漁子笑殘暉。懽呼但得尊中趣，説甚空中雞犬飛。

鐵鳳江邊與高太湖方伯話别

少年談笑看吴鈎，緑樹朱顔映御溝。别來幾换蘼蕪葉，不覺星霜已上頭。功名世上無真假，呼盧一擲如奔馬。謇予久著釣竿篇，悠悠誰是知心者。銅雀黄金處處臺，故人書絶令人猜。天涯歲歲王孫草，一腔懷抱對誰開？幾年爾從巫峽去，今日仍從巫峽來。巫峽之水一去不復回，與爾别去二十載之歲月不可挽回者，與此水亦何異哉？我有雲霞萬里脚，年年長被青山約。一笻偶拄聚雲閣，夢中與爾同一酌。叫回紛紛舊六鑿，片片都城棄道屬。扶醉欲辭鐵鳳樓，下視八荒成落寞。

朱最峰兩度惠詩扇過獎草此奉贈兼致不敢當之意二首

細雨春城净畹蘭，美人遠遠贈琅玕。官清不獨甘塵甑，句古多應學建安。祇爲泥濘妨馬足，肯將咫尺隔詩壇？去年繪箑猶珍襲，一匣瓊瑶墨未乾。

五岳關心鬢欲皤，一生活計紫芝歌。文光那得高于斗，安樂應知小有窩。苦雨黄梅沿徑落，啼花謝豹背人過。詩成自笑重回首，水碧山青幣地沙。

送魏淇竹計部時集宴達吾宅

幽居忘歲年，永托山川奥。鐵鳳枕瞿唐，咫尺不可到。一杖蒼龍灣，銀海舒長嘯。美人去殊方，揚舲下一棹。别襦憶悠悠，世故等幻泡。石上破新尊，瑰屑飛二妙。摶沙又飄梗，千全買一笑。醉後清廟篇，餘籟發靈竅。水落石底月，蒼然照我貌。便欲馭天風，同君駕鸞翺。

松木溝雜詠

自著漁經二十年，從來不費買山錢。山中醬瓿知多少，安得家家覆太玄？

酒滿春缸花滿枝，自家斟酌自題詩。磬聲敲破無端思，莫遣人間荷蕢知。

十尺清溪三尺波，春風杜若落花多。閑來獨步漁郎月，偶聽滄浪濯者歌。

勉愛行送陳西岐還銅梁便柬張崌崍中丞

長風吹雪冰澌澌，溪橋松竹相因依。西岐此去幾千里，雲山忽忽將何之？丈夫出處無平仄，托身大塊須高格。春風偶到孟嘗門，填門光紫排賓客。一日囊空季子金，眼前機杼成羞澀。悠悠世態將奈何，西飛白日生蹉跎。回首匣中三尺水，便是回陽止日戈。別後還當策高足，莫向尊前歌刻鵠。誰道龍州無木奴，春蘭秋菊争遲速。每向銅人問茂先，曾于巫峽見瑶篇。丁香筇竹煙嵐冷，十二嬋娟亦避妍。爐峰擲地幾千尺，何時詩骨生雙翼？乘槎仙子筆如戟，青天共問題空碧。却恐山靈不相識，先折梅花通信息。

青蓮行贈李少泉明府

青蓮道士人如玉，鸞詞螭藻高衡麓。郢湄王宋擅文名，千載于今繼芳躅。偶因製錦到蠶叢，隨車膏沃遍花封。花封之人歌李父，詩書禮樂舊文翁。樹蘭剪棘多懷惠，白虹出匣鋩愈鋭。巴川當路重于山，榮名仍復收蒼佩。我生山水是生涯，鐵鳳來看千尺花。豈知都歷山前月，一笑相逢意氣嘉。林下誰人空自老，羨君年少負雄華。丈夫行藏各有主，潁川渤海傳千古。有樹通欲種甘棠，有服定知將豸補。江邊醉後歌青蓮，坐看江水浄娟娟。滿城一夜弦聲發，何人不道子游賢？

賦得有所思一首寄傅達吾

都歷照江江水碧，美人只在千金石。思與美人石上游，捉月輕風生兩舄。白厓岌岌風颸颸，美人只在流杯池。思與美人池上飲，夜闌無酒解金龜。憶昔我來天正暑，小魚彭虫蠘同烹煮。漁沱沽酒問堆花，得飲忘形到爾汝。今來美人綰銀魚，飄飄黄蓋引高車。相見江邊還一笑，燕南雁北似呵噓。世上功名登九坂，白日紅顔生酢醾。龔牛郭馬誰相傳，又見今人照青簡。有所思，有所思兮思離群，北山南浦隔嵐濆。窗前不待梅花發，入枕神凝即是君。

江邊别郭夢菊四首

巫岫雲霏霏，灩澦石齒齒。細侯昔入夔，在在歌麟趾。玄藻拂榴花，弦歌满人耳。文翁今重來，風教立頑鄙。崌崍玉壘間，色色妍桃李。而今復何之，令我走江涘。夜昨觀台垣，大雅虚宫徵。

何者爲魚目，何者爲夜光。何者爲燕雀，何者爲鸞凰。悠悠天地間，毁譽何滂滂。孔丘千載前，栖栖且彷徨。况今千載後，點白不成蒼。清風吹我巾，明月照我裳。風月知我心，浮雲未足傷。

我有孫枝琴，龍鳳蟠唇足。不向人間彈，往往尋幽獨。朝彈露下松，暮彈月下竹。君侯知我音，五馬來空谷。投我白雪篇，擲我陽春曲。感君纏綿意，徽上寫不出。爲君再三彈，再三山水緑。

出門天地寬，江海何縹渺。人爵不足榮，榮名實爲寶。自古焦冥飛，長不見鳳葆。黄鵠掠雲霄，屈尾争池沼。贈君木難華，錯落瑶光草。素志將明德，金石同爲老。萬里各分携，瞻望思如擣。

金丹

我有金丹，羲皇親授。尼山日將，泗水月就。無意無象，無聲無臭。實兮今古，虚兮宇宙。清風迎前，明月送後。一朝飛身，簫韶齊奏。鳳凰來儀，麒麟馴囿。呵佛駡老，民安物阜。顛連我持，煢獨我救。江湖舟楫，宗廟俎豆。求丹之初，惟余習舊。養丹之法，不愧屋漏。

太白崖歌贈傅達吾民部橋梓

傅有精舍在崖下。鏡湖流杯池，黄魯直石刻，皆古迹也。魯直謂蜀中之勝莫有長于此者，歌以發之。

剛風夜拂長庚落，螺石江頭争巀嵲。周遭雲母屏如削，直穿霄漢煙霞薄。諸星相從下寥廓，大者象馬小者雀。標顛一望何飄泊，萬點芙蓉生霧縠①。一溝冰雪赴大壑，乾坤元氣流斟酌。琪龕貝竇鬼所鑿，羆緑猿玄蟠粉䨼。仙人曾此飡靈藥，石髓澌澌飛醴酪。長風扇海揺六幕，菸邑恐終歸隕擭。一朝偶爾騎鐵鳳，嗎然一笑冲冥寞。至今紅塵之子不敢登，登之輕禄爵。我曾輕舉夢三台，驅馳巽二成龍媒。吟魂逍散招之不肯回，乘風偶到小蓬萊。前人游者化于灰，一灣古血生青堆。惟有豫章太史書數字，神呵鬼叱不敢推。近前欲讀之，蛇蚓嚙蒼苔。傅氏父子兄弟倚馬才，大者甘棠長向西北栽，小者御梧禁柳繞鸞臺。一時香名滿市槐，緑野堂向此中開。午日寶鏡厰出隈，詩豪棋伯共流杯，赤髭白足相徘徊。占斷太白一厓秀，直與魯直相追陪。頃刻古往即今來，惟有江山不老是仙胎。不知千載之後，誰又尋我詩于厓巒？捫蘿緣薈掃塵埃。丈夫得志無窮達，不且與爾長嘯豪吟于斯厓之中，以消磨千古萬古之江山。欲將爲之何哉？寄與猿鶴莫相猜，好破厓中葡萄鴨緑醅。

① 『縠』字原空，據道光本補。

古別離寄楊作吾，時嵫陽三府

悠悠念往路，四望何寥廓。游子行未行，月上城東柝。仰視日月馳，杯酒猶如昨。夢裏各一方，秋螢滿搖落。怪爾催歸鳥，長如切夢刀。五更到君前，依舊隔雲濤。念子非一身，安得同襦袍？剩有林巒興，不共真珠槽。浮雲自東來，偶然背溪走。回旋如白衣，倏忽成蒼狗。食蘖與食梅，人見各適口。苦酸止自知，對客不可嘔。我欲登日觀，隨君入嵫陽。飄然王母池，安期共相羊。讀以玉虛篇，飲以紫霞漿。輕風韍兩腋，海岳任翱翔。朝瞿唐兮夕梁父，不作人間別離苦。

雙鳥篇寄誠齋

鐵鳳有雙鳥，生長朱簾涘。一鳥鸞之孫，一鳥鶴之子。羽翼未成時，風巢亦因倚。來往䕫雲根，相將啄霜蕊。林薄葱翠多，睠結同心綺。一鳥羽翮長，不生煙火齒。澤國稻粱多，翻厭如糠粃。歸飛雲漢間，長往入濛汜。欲棲扶桑枝，止啄有槃水。一鳥羈雲羅，手足有所椅。𧜵襶啣火來，哀號常不已。品類豈不同，羽毛亦相似。天高湯綱疏，應當暗七豕。顧哀此時命，南溟不得徙。二鳥從兹隔，咫尺成千里。一夜腸百回，纏綿如葛藟。南來有鴻雁，豈無雲煙紙？九關虎豹多，終畏此枉矢。莫羨雉山梁，莫羨鸞棲枳。凡物各有主，坎坷隨流水。屈者有時伸，仆者有時起。仆時何所悲，起時何所喜。聽我嚶嚶篇，詩人有風旨。

春燕二首

一自飛來漢水湄，春風幾度主人知。烏衣國裏波濤闊，紅漊懷中去住遲。但得壘巢猶未破，何嫌鶯隼漫相疑。乾坤浩蕩饒清景，水滿汀洲花滿枝。

懶與長林占一柯，衣冠琴瑟傍行窩。青春有脚家家好，白屋無常處處多。笑我何緣穿水石，看誰翻見掩雲羅。清時記得呢喃曲，獨對東風發浩歌。

酬大池

雷聲忽送牛頭雨，野水遥分燕尾流。好鳥簷前連日噪，故人天外有書投。渥洼羨爾今生駿，溪壑憐誰自狎鷗。到處春深搴杜若，可能無句夢芳洲。

白帝城二首

巫峽雲堆十二鬟，樓臺倒影峽之灣。陰崖亂點龍蛇窟，疊嶂雄封虎豹關。萬里有懷頻極目，百年何事不怡顔。可憐前度杖藜者，衣短鑱長鬢更斑。

今古關河一壯哉，孤城殘堞掛崔嵬。千尋鐵鎖鮫居畔，萬壑雲濤鳥道來。陰雨年年生蔓草，墮碑處處枕莓苔。卧龍躍馬都成夢，只寫清詩伴酒杯。

昭君解

北風寒月催胡草，琵琶一曲娉婷老。自甘命薄付紅顔，玉黛金鈿長不掃。一解。空斬模形舊畫師，世上錢神解畫眉。黄金盡處無顔色，佳人妍者自然媸。二解。弱質從來逐雞狗，甘酸苦樂無好醜。長門且欲賦千金，愁人不獨髯胡有。三解。尚憶當年鎖暮妝，年年歲歲怨昭陽。身在漢宫如失志，也與胡姬共斷腸。四解。

來瞿唐先生日録外篇卷五

游華山太和二岳稿

登濟渴亭留戲王次宇

千朵瓊峰亭一蝸，白頭僧見問袈裟。回首家山何處是，即看萬壑起雲霞。詩思觸景如奔馬，原來陸羽沉風雅。一望天涯沉茫間，誰是遻遻濟渴者？計别于今二十年，幾度幽思月正圓。寄與王弘舊知己，百壺那得酒如泉？

醉卧玉蟾寺用韻

金鳳峰前夢故鄉，玉蟾宫裏見空王。一灣古木煙霞飽，半榻條風枕簟凉。只爲青山長作客，翻因白社更添狂。此身却笑如秋菊，歲晚霜寒發異香。

後山如月，故以玉蟾名。前數石，痁眠有殘星之狀。面一峰矗立，林木鬱葱，亦異境也。

南隆即事

一雨千山萬山秋，邐邐行人爲爾留。欲去不去褪又去，邂逅相逢郭梓州。郭諱才華，廣南人，梓州博。所著有《梓州問答》。樵谷之墓生陳荄，子雲并軺亦堪哀。千年有鶴歸遼海，豈知今日我重來。走筆棲遲寄玄洞，兼問五華雙翥鳳。今夕何夕别何時，記得相逢都是夢。

靈雲洞

洞高敞，䠶䠶而進，其中黧然不可測。長嬴亦痒瘷，好事者以石塞之。側有吕洞賓瓜皮所書之詩，自云回道人。後人名其厓爲瓜皮崖。

得得得，回視朱明無顔色。飛身只到九萬里，金丹不在梯仙國。得得得，無南北。哈哈哈，何物仙家是聖胎。紫霞一飲一千杯，説與世人莫浪猜。哈哈哈，騎龍媒。緊緊緊，爾又復何之？三千年之前爾約我飲瑶池，宓妃裂裂吹參差。三千年之後我約爾游須彌，周遭弱水繞金墀。王母蟠桃花滿枝，結實結實當其期。女媧五色補天梯，銀灣此日奇更奇。我騎赤鳳，爾騎黄螭，去矣去矣復何疑。緊緊緊，且莫寫瓜皮。

贈别馬玄洞五華昆玉

小小相逢花滿簪，而今鬒髮漸鬖鬖。門前種柳應知五，庭外栽槐不止三。笑我青山爲客慣，多君緑蟻拼誰酣。欲猜回首相思處，月滿瞿唐快活庵。

千山扶轄即涔濆，一夜鄉關起夢思。天爲故人須破酒，雨因行客欲催詩。虎頭老去痴愈絶，馬援功成弟更奇。正好留連同嘯傲，新晴别路已清夷。

登錦屏山柬陳六亭

若有屏兮巴子之都，錦江之表。愚公移兮削成，燉煌剺兮天巧。磓硧兮斗折，擊摐兮回島。瑶草蘚兮不忍發，琪樹嬼兮飛羽葆。玉虹流兮沃日蕩，雲風潬潬兮來自木杪。隔江機杼兮天女孫，天涯一望兮青未了。上有娥眉兮素月流天照江皓，下有瞿唐兮十二巫娘争窈窕。觥人文兮㬱轗，中有子昂挺出兮騕褭。詩賦兮摩空，文雅兮摛藻。如隨和兮光華流潤，如琴筑兮搊搸繚繞。七辯兮奴隸，三紅兮繈褓。謇予生平兮好奇，長于山水兮探討。望五岳兮趨趲①，憶崑崙兮杳渺。諸山兮跙趙②其景，而胡此山兮來之不早？嗟人生兮石火，嘆瀛海兮過鳥。胡不于此兮巢雲，築蝸廬兮風獢？與美人兮容與相羊，長酬短唱兮和之應少。招赤斧兮弦太容，呫麟脯兮設鳳腦。笱誰人兮壤蟲，望八荒兮秋草。

陳六亭惠詩見招席上用韻贈答

一笈蕭疏候啓明，千山淅瀝滿江城。多君儒翰心先感，笑我邯鄲脚始行。料得陳蕃懸夜榻，端知安石

① 『趲』字原爲墨丁，據道光本補。疑當作『趯』。
② 『趙』字原爲墨丁，據道光本補。疑當作『趙』。

起蒼生。廟廊磊磊經綸事，且借鶯花頌治平。

千佛崖用陳玉壘韻二首

稟木山前暫卸驂，大雲橋畔入崖探。他鄉懷古雲生屐，吾道經今月應潭。偶見波濤牽一索，即看霜雪飽千龕。塵寰隆替應加無限，自是行人不肯諳。

幻崖剝落路層層，野水無心江自澄。花發杜鵑啼寶月，夜闌漁火起殘燈。山中禾黍秋將杪，匣裏雌雄氣欲騰。説與此間頤首客，從來有相即非僧。

入棧二首

一線巉崖萬尺灘，崖當危處護闌竿。秦關不爲張良絶，曲道翻因李白難。客榻已除三伏熱，秋砧漸擣萬家寒。吟成白雪無人和，挑起青燈只自看。

策馬迂遲沔水邊，登山淅瀝復留連。雞頭黑墨雲垂地，鳥道丹梯我上天。墊角自知成郭泰，乘流誰欲泛張騫？主人不必窮名姓，家住瞿唐十二巔。雞頭，關名。

出棧

一巘人家又一灣，傍崖依路水潺潺。穿林雲霧長隨馬，拂面風霾欲撼山。醉裏已游三岔驛，夢中猶記七盤關。飛身出入只如此，好向瀛洲講大還。

吊孫肯堂

公在臺中按蜀時，曾贈德『三川高士』扁。

馬蹄迢遞踏秋莎，龍尾煙村迎半坡。太白山前雲欲散，伏波里裏雨初過。故人地下無消息，知我天涯苦不多。掛劍此情應未了，不堪暝色寫哀歌。

登華山用李棠軒韻

捫羅踏石數山青，好睡仙人卧紫冥。鄉信欲憑巴子月，壯懷可摘大梁星。來尋五粒鞋將破，爲愛三峰户不扃。一笑天涯何處客，御風駕電自泠泠。

毛女峰

阿房宮閣萬年枝，奇怪偏多在望夷。二世已難分鹿馬，六宫安不傍熊羆？時開匳匣思秦闕，偶上峰巒見漢儀。人世幾番滄海變，誰知松柏是仙芝。

蔣家臺阻雨

入晚雨未歇，聲聲滴故鄉。當窗衾覺薄，作客夜偏長。修霤侵簷釜，流波下石梁。鄰家沽酒得，先請主人嘗。

均州阻雨與主人蔣思東

自笑平生爲勝游，避雨仍居百尺樓。殘樹遠隨青嶂迴，寒江晚并白雲流。家山迢遞人千里，客舍蕭疏酒數甌。欲把朱弦彈一曲，子期未必在均州。

紫霄宫

窄路自山腰，危樓侵碧霄。風雲蒸巨壑，日月避高標。五炁應無術，三丰不可招。惟同吴别駕，爛醉到通霄。

太和山

宫殿參差翠欲流，恍疑駘蕩列皇州。人間已見黄金屋，天上霊傳白玉樓。世變江河皆老佛，時來山岳也王侯。南衡西華諸兄弟，爲甚寒凉自慘愁？

澗

諸峰峰麓千條澗，澗裏幽堂有路通。枯木猿聲雲正黑，殘床鶴夢日初紅。採芝客少還青嶂，辟穀人多種白松。顧我先師傳我訣，仙經不必看參同。

太和陳道士

太和陳道士，淡薄廢人情。笠掛崖邊樹，床依石下荆。逢人談不死，勸我學長生。送客出林莽，嚶嚶一鳥鳴。

下太和山

仄磴斜梯漸欲平，一灣緑樹一溝銀。青羊澗裹雲封榻，黑虎橋邊雨洗塵。暫學陶潛方止酒，翻成張翰偶思蓴。唫成不盡登臨意，兩袖清風又問津。

續求溪稿

浩然歌三首

我登天兮天不高，一時輕舉漸雲霄。上帝錫我玉雞毛，授我心印光瑫瑫。扶桑枝下設瓊醪，滿筵仳倠白鳳膏。群仙各佩金錯刀，見我齊奏八琅璈。黔嬴俱列雲漢臯，拍手笑落碧絲條。人間何處此豪曹，我登天兮天不高。

我涉海兮水不多，騎鸞鞭鳳一時過。上帝錫我金卷荷，授我心印光佗佗。方壺山下設瑶醝，滿筵鴰㕯紫峰駝。群仙各佩紅玉珂，見我齊唱白雪歌。馬銜俱列喬山坡，拍掌笑指燭龍梭。人間何處此隋和？我涉海兮水不多。

笑匊笑匊，籛鏗之壽何太蹙？八百年後登鬼籙。我有靈藥自月窟，栽在尼山前後麓。泗水常時來灌沃，心君令如軍令肅。日日不許牛羊牧，數年暢茂高千屋。連根取來向空谷，去點靈丹丹如玉。服之此心如朝旭，安期浮伯赤斧屬。輪迴之子不敢服，到了而今丹已熟。上天下地隨我欲，我欲登天兮清風爲其足，我欲涉海兮明月爲其轂。上帝曰念哉，我與爾壽齊天地老，但不與爾位，不與爾禄。笑匊笑匊，籛鏗之壽何太蹙？八百年後登鬼籙。

書郭青螺督學示諸生四章後

天地萬物，與我一理，本一貫也。性、道、教特殊其名耳。此理瀰漫六虚之中，始于愚夫愚婦之所能知能行，以至聖人之所不能知行。雖廣博無垠，然與我未嘗二也，人惟牿以有我之私則二矣。二則充拓不去，一膜之外，便爲胡越。天地賢人方且閉隱，又何以望其位天地、育萬物？惟忠信以日進其德，强恕以日求其仁，則知能之良，不至椓喪，滿腔之中皆是惻隱，而天地萬物與我一矣。一則存之一心，莫非親親長長之實理，而足以立天下之大本；達之萬變，莫非民胞物與之實事，而足以行天下之大道。又何所不至，何所不通？而所謂位之育之者，特舉而措之爾。吾黨不聞此教也久矣，同儕肯將揭示四章，心味而身體之，則《大學》之始所謂格致誠正，《中庸》之終所謂無聲無臭者不在簡册，聖人之所謂一貫者不在孔子，而皆在我矣，甚勿自諉聖人爲絶學也。

答王汝誠

孔子曰：『下學而上達。』『知我若其天乎？』某佩此言，亦不敢爲驚世駭俗之事，惟于日用下學上追討。然所謂下學者亦非空言，亦非泛言也。惟處己接人，自己覺照，曰此聲色也，此貨利也，此客氣也，尋討此三者克治之而已。恐聖人所謂閑邪者不過如此。執事書來，謂性命之微，無聲無臭。既曰無聲無臭矣，又何以下功夫乎？又以飲食男女上做工夫，已落第二義，此則非某之所知也。禪家分三乘，最上一乘所言，大乘不知；大乘所言，小乘不知。或者執事乃最上一乘之言也。謹復。

遺珠忘者陳近夫以近日得忘病，書此與之

唐人有病忘者，朝之事則暮忘焉，夜之事則日忘焉。行其庭則忘宮室之美，入其室則忘其妻妾顏色。人或有忤則忘其人之姓名，大家巨室則忘其人之崇高。富貴而不諂屈，見貨財則忘其藏蓄，忘其遺于子孫。處事則忘其軀體，如疙如籟，淡如也。以忘之故，貧甚。其妻求醫以療夫之病，累不愈。張説爲相，聞而憐之。有記事珠，玩弄于掌，即能記事，價萬金，遺人遺之。忘者曰：『忘固不可，記猶不可。吾鄉有能記者，伶然而懤，欻然而慧。甫八歲，日能記萬言。舉于鄉，舉于朝，官至獨坐。能記書，能記子史，獨不能記其親、記其君。居家則有私財而忘其親，居國則曠官職而忘其君，日惟聲色宮室貨利是記。余之忘，不過忘其日用之常耳；君親大者，念念未嘗忘也。以是而記，不如不記之爲愈。』還其珠于相公。來子聞而嘆曰：『此忘者，必隱者也。無意必固我之私，蓋聖人之徒也。』繼而來子又悟之曰：『惟其能忘，所以不忘。惟其不忘，所以有忘。忘之義大矣哉！而今而後，始知忘物忘我者而後不忘君親也。忠臣孝子，忘而已矣。』

病足五首

自笑生平定脚根，鐵鞋踏破覓天真。應知孔氏傳心印，不與高材疾足人。

花下臺邊一杖前，長安路上久無緣。只惟月窟攀援處，脚踏天根是跛仙。

春日春風歌詠歸，舞雩童冠换春衣。天涯一望蕭蕭客，誰是蹣躚誰是飛？

小時去入卞和場，覓得仙家駕鶴方。來往瀛洲惟駕鶴，不須兩脚去奔忙。

回琴點瑟作生涯，泗水春風富貴奢。好笑唐人鐵拐李，草衣木食弄青蛇。

楊兩洲臨别索墨迹

此身天地大，而胡居然小？小之却爲何，喪我此至寶。此寶無聲臭，無處可探討。充之塞天地，斂之極微渺。何處可覓之？玄關一句了。西方有妖狐，千年生羽翐。能作人言語，言語過機巧。名爲覓寶人，長途乘騕褭。我奉上帝命，兀然坐山表。舉劍斬妖狐，妖狐化爲鳥。能飛又有文，㬥㦸葱窈窕。萬鳥俱從之，咟嘖聚木杪。我聲鳳一鳴，萬鳥裂其腦。

答陳近夫

鄙人非不知致良知也，但問致良知何以下入門功夫耳。自古聖賢未有不苦心蠹没者。宰予晝寢，孔子且責之以朽木糞土，未有青天白日，止閉目坐而可爲用功者。白日閉目而坐，與晝寢何異哉？恐執事聽古人默坐澄心之言，又聽今日致良知之言，未曾自家下手耳。譬之燒丹然，何以入藥？何以封鼎？何以加火？何以温養？未有縮手旁觀而止聽人説者。熟思之。

寄周壽齋冉西陵

注易求溪已十秋，樓臺遲日近丹丘。吴江每問周公瑾，泗水長思冉伯牛。芳草春風生窈窕，遠林夕籟帶喧啾。故人不負山陰興，尋訪寧忘夜泛舟？

寄秦獻葵

前年把袂别求溪，又見求溪柳絮飛。笑我支離爲客久，與君傾倒會時稀。山中霧豹知當變，遡者沙鷗只自肥。欲折梅花來寄遠，春風二月已菲微。

答吴蒙泉

兄書來，以某詩似升庵，學似白沙，誤矣。不知某自比李白有説，其説亦長也。豈但兄有此疑，親鄉里亦有此疑。緣某少年妄意，發憤聖賢，無傳授，無門路，只得日夜讀書，忘食忘寢，不意偶一日門路通矣。若某與升庵全不同。蓋升庵宰相之子，又大魁天下，偶過涉滅頂，如自天而墜于淵，日日是憂，文章以憂而得之者也。某則蓬蒿之子，平生不以富貴爲事，甘貧慣熟，偶得聞道，如自淵而升于天，日日是樂，文章以樂而得之者也。雖彼此通多讀書，然作用不同。若兄評《將進酒》一篇，評論差矣。某之《將進酒》與李白意向全不同，天淵懸絶，蓋道言也。指冬瓜説葫蘆，若以唐人之詩求某之詩，不知説甚話矣。故爲白沙之學者，必非升庵之詩；做升庵之詩者，必非白沙之學。言者心之聲，豈有詩自詩而學自學乎？一笑。

挽隆見山有序

見山儀標豐偉，資性純雅。庚辰歲，余客求溪注《易》，適見山竪一書堂于樓後，跨樓遠眺，亦奇觀也。乃邀余飲，懇余筆迹。余書一聯于堂云：『白屋三間，退一步愈見超度；青山萬疊，登九仞更覺高明。』自後常載酒買月亭，見余《格物圖》諸篇，首肯嘆服，起立曰：『恨未早得拜門下也。』以深山木石鹿豕之中，得斯人，亦可謂知我矣。丁亥春，見山游岱宗，余即欲走吊，以病足不能。除夕前二日，扶笻往之，見余筆迹猶如故也，不覺傷悼。仍席上成四韻，書之于壁。

參差樓閣傍溪沙，記得相逢滿樹花。天上又迴新斗柄，堂前猶掛舊龍蛇。殘崖古木啼猿急，野水孤雲落日斜。欲寫當年知我意，不堪拈筆對寒鴉。

戊子求溪元日縱筆十首

流水高山半調琴，琴中白雪幾傳神。翻因注易長爲客，懶把鄉書寄與人。九仞功夫惟一簣，十年心事只三春。乘槎便去騰銀漢，不許張騫再問津。

誰道求溪萬壑中，求溪風味別穹崇。竹垂鸚䳇渾身緑，風帶丹砂滿面紅。關朗當年原是北，丁寬此日又之東。凰鳴自是驚凡鳥，未論梧桐與枳叢。

作客青山歲又新，臘梅猶帶舊香魂。鳥銜春色來花塢，風送晴光到我門。共識伏羲文字祖，誰知孔伋聖人孫。幾番獨立通明殿，朵朵紅雲捧至尊。

元日題詩倒竹尊，開尊細論此生心。十年恍若居三島，一刻從來值萬金。春曉倉庚啼淑氣，秋深鴻雁報佳音。尋常咫尺俱成樂，肯學相如賦上林。

春日春山翠欲流，生平學問不悲秋。高門白玉來傳酒，滿席青絲似鬬裘。伯樂有情長顧馬，庖丁無意見全牛。醉酣便拉洪崖袖，橫駕蒼虬去十洲。

□□□□□□□，□□□□□□□。方傾柏葉歡新歲，仍對梅花敘舊年。雪裏誰人知玉馬，眼中何物是金蓮。神仙自古無名位，騎得鸞凰便上天。

我有春情滿壯懷，春情懷抱對誰開。必生芳草傳消息，方遣流鶯説去來。紅日幾番輝白玉，赤松今亦變黃梅。天涯元旦探春客，次第商量莫浪猜。

蕭蕭竹院淡于僧，懶學人間驥尾蠅。花柳春風一杯酒，樓臺夜月十年燈。溪中童冠將歌舞，匣裏雌雄已蜚騰。耳熱反看真個事，紅霞高照玉壺冰。

□□□□□□□，楠毫隨意詠東皇。陽春有脚無貧富，芳草有情第短長。赤鳳從今隨我駕，黃封原不許人嘗。求溪泗水知相接，莫在其中得釣璜。

千杯得興六窗呼，自笑平生一事無。偶學屠龍尋水鏡，翻來釣月得珊瑚。南枝漸發春將曉，北斗新迴夜未徂。輕舉他年歸碧落，求溪應畫出關圖。

答譚敬所二首

敬所與余別二十年，似不知余所爲何事也，就來書之意答之。

注易求溪十二年，蒹葭幾度憶留連。風流也近陶彭澤，疏懶多應孟浩然。春老野花眠竹徑，雨餘謝豹掛桑顛。可憐許耳無人洗，誰聽幽蘭月下弦。

求峰萬朵插層霄，買月孤亭架半腰。崖下往來惟鹿豕，溪邊問答止漁樵。多君書翰能千里，顧我心情只六橋。無限相思相見意，危欄獨立亂花飄。

答陳七峰郡丞用韻

寶瑟朱弦拂雪莊，儀刑仿佛見玄裳。遼東笑我空驚白，潁水看誰尚憶黄。春到物華詩覺秀，交于慷慨味偏長。何時共坐松根下，嚼月斟霞夜未央。

駁谷蝸廬厰石栖，枯杪野竹與雲齊。春風有脚尋常到，謝豹無心咫尺啼。塞上幾能知去馬，人間誰不愛懸犀？年來最喜忘機事，山自争高水自低。

答贈郭明府

南衡高齊天，西華去天咫。我昔曾游之，今已二載矣。美人坐秋阪，邂逅相徙倚。傾蓋倏忽間，咳唾亦蘭芷。錫我秋水篇，鑿鑿皆至理。白雪點紅爐，渾然無渣滓。當空鳳一鳴，百鳥聲齊止。日月如跳丸，流易速如矢。昨日在南隆，今朝自建始。鳳鳴本朝陽，復爾暫棲枳。學道則愛人，弦歌今滿耳。有樹種甘棠，有衣補豸史。我客求溪久，孤亭架碕礒。注易于其間，屈指今一紀。磨磚欲成鏡，痴劣應至此。一别各天涯，美人不我鄙。今夕又何夕，飛翰來千里。開椷如見面，令我陶然喜。吾道歌嚶嚶，有宫復有徵。感此纏綿意，無由報木李。聊將尺素書，託此溪中鯉。

答黎樵石①

書來，以朱子羽翼聖道，苦辛一番，還當以明德爲虚靈不昧。殊不知道在天地，乃天下之公道也，縱朱元晦生同其時，某此言一出，亦不失爲先生之忠臣直友。況此言不自某出，乃孔子門人之傳，某不過表章之耳。何也？『所謂平天下在治其國者』一節，乃當時孔子親炙門人釋經文『古之欲明明德于天下者，先治其國』二句也。親炙門人已曰老老長長矣，故孟子亦曰人人親其親，長其長而天下平。執事從朱子之虚靈不昧乎，從親炙門人老老長長乎？若從朱子之説，則親炙門人之傳皆不是矣。明德冠《大學》之首，所係匪輕，故某常以孟子没後，道喪千載爲可哀者此也。差之厘毫，謬以千里，執事其反覆思之。

用張南軒贈朱元晦首二句起韻贈謝郭青螺

君侯起南服，豪氣蓋九州。云何名爲豪？毅然追前修。斯道日中天，典刑在尼丘。邇來數千年，泗水風颼颼。志士當此時，臨河嘆無舟。鳳鳥久不至，百鳥相喧啾。赫赫聲利場，奔趨速置郵。自非有豪氣，安得挽狂流？有美發靈籥，默契魯與鄒。揭示錦城彦，文翁非所侔。吾道有主張，赤幟飛旗旒。餓餓變人文，舊習倏然瘳。顧我亦何人，藥籠亦兼收。駑馬不堪策，絶塵望驊騮。注易買月亭，于今十二秋。登山不到頂，登之亦何由？掘井不及泉，棄井亦可羞。因之逐久淹，歲月長驚遒。攬轡校梁山，文光入斗牛。山深道阻長，瞻望空凝眸。君侯起南服，豪氣蓋九州。

① 此篇道光本無。

書便面贈送蔡令長

别時容易會時難，莫把相逢作易看。竹馬今朝留郭伋，蒲鞭何日見劉寬？山中偃卧雲穿榻，天外懷人月上竿。廬阜此行應不久，台星聚處是長安。

萬里長空一鶴飛，黄鶯紫燕避光儀。小孤楚地應相近，大縣才華更見奇。未折梅花逢去使，欲憑瑶草寄相思。年來注易疏唐律，惟記甘棠召伯詩。

梅溪贈周十二

朱明道士愛滄浪，剪裁雲縷舞霓裳。解佩盈盈煙浦上，一聲龍笛度瀟湘。泠香入夢常樗散，江妃也學梳妝懶。檀郎自作射姑仙，春官一向難勾管。買山不必問西湖，處士之骨今應枯。獨憐芳草拖裙緑，十二蟾蜍夜夜孤。頓有之亭亦草草，鸞翔鳥步江山老。荆璧一時飛上天，暝煙殘日難追討。惟此源泉活潑來，横枝疏影壓蒼苔。一般清意兩奇絶，短屐長髯只浪猜。有時溪梅忘人我，夾桃帶李種亦可。欲問廣平心上事，不在前溪花旖旎。莫道高標自獨持，芳心只許川流知。那堪一結青青子，還有調羹止渴時。

忍

人之七情，惟怒難制。制怒之藥，忍爲妙劑。醫之不早，厥躬速戾。滔天之水，生于其微。燎原之火，起于其細。兩石相撞，必有一碎。兩虎俱鬭，必有一斃。怒若攻面，耳熱面赤。忍則解表，冰消霧釋。怒若結胸，霍亂喘急。忍則理中，風光月霽。怒以動成，忍以静息。怒主乎開，忍主乎閉。方忍之初，止醫怒氣。忍之至再，漸無芥蒂。再之至百，即張公藝。無所不忍，量如天地。有容乃大，必忍有濟。

答譚後山

千金博搏老來閑，爲老題詩寄後山。當日長思杯斝緑，而今不覺鬢毛斑。杜鵑雨久啼千樹，芳草春殘迎一灣。歲月跳丸成甚事，笑誰作客未會還。

答方玉崗

求溪峰下詠蒼浪，赤甲山前寄玉崗。五載別來猶是夢，四明老去更添狂。著書作客時將暮，懷友吟詩夜未央。不識何年能對酒，麥枯啼遍滿村秧。麥枯，鳥名。

清風兩袖歌贈蔡令長以繁轉臨川有序

蔡諱思穆，道號熙垣，湖廣攸縣人。

高堂簾幙燕新泥，風暖溪橋柳掛絲。纔放小桃紅入萼，正是清風兩袖時。美人少年自高格，紅月手提如琥珀。走馬獻賦明光宫，來宰錦江巴子國。九溪三峽見飛鳧，清秋白日照冰壺。常聞齋馬嘶芳草，不將塵甑羨萊蕪。火齊結緣飛泉漱，山陰無事簾垂晝。平常見客似無官，繾綣愛民如有舊。一日偶聞轉豫章，四郊赤子眉齊皺。我之父母欲何之？皇天原不分肥瘦。檢點行囊一物無，惟有清風携兩袖。黄童白叟滿長逵，扳轅卧轍如嬰兒。未見狄公當日祀，已成何武去時思。客路春風鶯出谷，鳴鸞文彩當朝旭。九子峰高插筍尖，七澤江深澄鴨緑。清風清風興更嘉，暫時披拂河陽花。方作蘭臺快哉賦，滿城倏爾發天葩。有時清風入豸補，六月嚴霜生柏府。一雨洗清六合冤，攬轡埋輪日未午。有時清風到三台，黄閣傳呼宰相來。帝典王謨賡喜起，臯夔禹稷相追陪。清風清風我不負爾，爾又何負于我哉？丈夫出世須皎皎，喫着笑誰問温飽？幾番獨立崑崙巔，一望天涯何草草。不將紅葉化青龍，却把紫珠彈白鳥。清風清風，侑彼清風酒，彈此清風弦。自古聖賢無貴賤，騎得清風便上天子游。清風既已去，澹臺明月共誰圓？清風清風歌聲倩，采詩何人奏三殿？

三代之正學不明，而孝廉之舉又廢，清風兩袖，聞其語而未見其人矣。令長下車，即以薛公名言置座側，以金玉其身，視民如傷，一介不取。余幸見斯人，以其足以起頑立懦也。故作此歌，爲觀風者采焉，爲夔路名宦春秋采焉。蓋即白樂天之《新樂府》，皮日休之《正樂府》也。

醉時歌酬覃葵南

平生不作皺眉臉，逢人每恨杯中淺。斗酒騎鴻便上天，上帝亦知來矣鮮。春風春日百花開，求溪又遇故人來。故人相逢仍一斗，一斗相逢亦快哉。白水青山留我老，三都九辨憐君巧。許多才子赴明光，木難玓瓅如君少。飛身我欲上棲霞，洞名。丹成共去服黄芽。殿閣樓臺别有境，莫學人間作小家。此境眼前即欲到，我詩磊磊發靈竅。黄芽服後臉純紅，與君把袂同長嘯。長嘯一聲海月高，月高泗水自滔滔。回首尼山何處是，不知世上何者號？嶕嶢醉時歌，歌罷依然澆斗酒。君不見李白斗酒詩百篇，太匡小匡今日又生修月手。

雪

天王有詔下藤六，風雲天上隨追逐。俄頃之間世界殊，不覺書齋成素玉。素玉素玉化爲龍，既騎翠竹又騎松。一龍變化承恩詔，千龍萬龍來相從。我詩一見隨龍走，大呼小叫同龍吼。百篇落紙若有神，不必揮毫須斗酒。揮毫落紙句何奇，鬬白争妍光陸離。蹁蹮驟舞千年鶴，窈窕旋生五色芝。駕鶴飡芝從此去，咫尺雲霄風可御。振衣直上泰山巔，壇上還餘舊杏樹。杏樹森森亦可憐，誰知藤六已成仙。天王再詔杲日前，藤六依然詔上天。

送楊驛宰致仕還楚

終日思歸不得歸，得歸此日似雄飛。一官白首成何事，三徑黄花想漸稀。巫峽夢回家已近，湘江春到鱖初肥。郎君自是雲霄客，且莫溪邊問釣磯。

賦得歸去好送李學博致仕

君不見鮑老當筵笑郭郎，笑他舞袖太琅璫。當筵之人一並笑，前後左右皆顛狂。及爾鮑老當筵舞，依然舞袖長于組。當筵之人復笑之，齊聲絶倒無賓主。人生通欲舞此場，舞罷方收入簍囊。亘古亘今皆如此，看定不博半幅紙。青蓮道士珊瑚柯，光芒玓瓅燦纖阿。河汾生徒相肩摩，山斗壁立高嵯峨。爾來掛冠反芰荷，山中風味自殊科。二月春草緑如羅，幾群黄犢遍山坡。親朋把酒白玉醝，寬杯大爵面常酡。方修五柳先生傳，忽聽滄浪孺子歌。世間日月疾如梭，石火光華倏忽過。踢翻宦海盡洪波，嘗破春情不在多。

人生歸去好，歸去復如何？歸去好，歸去好，香山今又添一老。

贈譚二西赴成都

何時別美人，今日復山嶠。酌酒與美人，美人笑絶倒。偶見鶺鴒飛，變爲和鳴鳥。世味不長甘，或時辛如蓼。世路不常平，或時坡如島。篙師舵在手，風波自是小。惟有達者知，陰晴笑即了。水本同東流，赴西終然少。片雲倏忽生，明月終皎皎。即有照水犀，百怪一齊掃。美人紅鸞姿，至身霄漢早。鄰林有一枝，原是君家寶。蛟龍得雲雨，肯戀此池沼？功名駟馬知，勛業麒麟好。麋鹿卧長林，笑我其中老。附尾慚先達，横經共探討。耿雪到紅爐，變化自然巧。贈爾木難華，侑之金光草。搦管拂吟髭，一笑關河曉。

雨中留贈譚敬所

故人咫尺隔涔濆，背郭溪橋欲漲時。又是一番留客雨，再題八句贈君詩。謝安終爲蒼生起，王烈多應白石知。莫謂朱弦空浪調，世間亦自有鍾期。

贖別徐華陽司馬感謝之意見乎其辭時留駐夔州

巫峽之水清于油，十二之峰翠欲流。高唐樓觀枕江洲，丁香笻竹風颼颼。少年宰相正黑頭，匡時白筆煥嘉猷。主恩西顧念綢繆，推轂西羌正借籌。五月船樓下益州，雲旌扔列九花虬。鶴膝鉾鈠十里榴，佩刀鸊鵜江光浮。馮夷江怪潛埪湫，蒼生赤子遮行騶。謇予自笑眠空谷，不友縉紳友麋鹿。一弄先天宇宙圓，菜根有味過粱肉。幾番親見伏羲來，來往春宮三十六。矮屋誰懸高士名，時贈德『粱州高士』匾。？松鶴沙鷗個個驚。品題一字知華衮，論價還輕十五城。生平之願今朝遂，不願封侯願識荆。夜夜懷人紛六鑿，飄飄百籟生簾箔。寄詩方染江淹毫，乘風欲駕揚州鶴。勝引何當斗十千，談玄夜午燈花落。豈知闕伯駕火龍，草堂遂禁山人脚。別去瞿唐灧澦堆，小孤大別亦奇哉。晤言促膝知何地，滿腔懷抱向誰開。莫羡東山松菊媚，三台四輔正需才。遭逢禹稷當平世，翻笑陶潛歸去來。

書便面贈別馮令長文郎昆玉還宛陵二首

七月巴川天復漏，媧星不肯重結構。山深路邈客來稀，獨木柴門掩清晝。有美江南突馬來，翩翩琴鶴令人猜。雙劍倘非牛斗客，千金定是上燕臺。陸家兄弟多詞藻，王氏父子阿戎好。金精玉免桂香浮，許國承家俱皎皎。箕裘心學本家傳，秋風愈覺壯龍泉。霧拂青山知豹變，春歸緑水聽鶯遷。丈夫出處無平仄，紅鸞翕處長高格。幽蘭且調五根絲，槐市好磨三石鐵。扁舟喊喊下瞿唐，一聲江笛雁衡陽。豐城若遇黔嬴紫，走馬便去獻長楊。通家自此成知己，蜀水揚瀾通萬里。他年隔別寄雙魚，玉堂東閣西清裏。

王喬丹熟爲仙令，驅雞擾雉神明政。夜來惟有雙鳧飛，照人多是楊州鏡。高門于氏有先知，徐卿二子媓然奇。白鹽赤甲三川遠，愛日瞻雲各有私。正當召伯循行役，又是胡威跪問時。此行無異游蓬島，十二巫雲猶筆掃。霜回七澤雁奴高，波平三峽彭郎小。湘君鳴佩駕青霓，龍女吹簫掉翠鷁。彩筆驚回五色鳥，還家夢繞枕中雞。二妙翩翩誰不羡，十幅滿帆疾于箭。有日拈毫燕子磯，春深走馬曲江宴。賦終奏入明光宮，詔成捧下麒麟殿。知君健步負年華，此事指掌如揮扇。笑我雙鬢同秋草，聞道當年恨不早。惟有先天一粒丹，不隨東汜西崑老。衡門無事自蕭蕭，寰中何物喚高標？一瓢事業惟知樂，五柳生涯只重腰。題詩遠送路迢迢，何時金玉到漁樵？宛陵若有相思夢，五色桫欏萬里橋。峨眉山有五色桫欏樹，吕洞賓詩云：『來看桫欏五色花。』

席上口占答梅鳳臺

梅福隔别久，卅載不得見。知在吴市門，相思長一線。白髮映紅顔，寫字猶葱蒨。日月如穿梭，迅速即謝電。舊歡晨之星，稀疏三五獻。故人偶寄書，千里如對面。笑我卧山中，白雲長一片。求溪作客久，尋常不到縣。今年六十餘，著書五十卷。聞道長恨遲，忽焉歲已晏。寡過愧未能，早暮思遽瑗。又爲虚名累，多爲官長薦。何時又重逢，得遂山陽願。口占答故人，趁此秋風便。

題得四邑一心篇贈馮錦橋邑侯榮奬有序

秋山萬里秋色明，秋山矗矗秋水清。廣寒宫闕開水晶，桂香馞馞滿庭生。鐘山美人馮元淑，才華皎皎懸黎玉。少年慷慨付長楊，紫電爍然光可掬。出宰桐鄉慈愛多，福星燦爛光明燭。冰壺長對金精圓，不獨片言能折獄。王家久任爲真才，豫章借寇仍巴蜀。翩翩一鶴穿巫岑，緑綺修况作龍吟。巴蜀之民反裘久，隨車膏雨即甘霖。四郊赤子歌馮父，山斗仍瞻在士林。一路當塗珍重久，黄鳥時時送好音。十年不論曾三仕，四邑惟知此一心。此心丹訣從東魯，操存常在不聞睹。甘棠也向此心栽，豸服只于胸次補。君不見河陽一縣花，年來天地亦奢華。農祥時照春幡勝，千樹萬樹蒸紅霞。又不見中牟雉滿道，前者扔雛後者叫。提�山童不忍捕，罠子餘須成一笑。花可採，雉可呼，眼前景致錦餠鋪。俗吏多于花鳥之上用功夫，粉餙太平塗丹朱。愛民之意秦越疏，豈如明公實政惟在一心裏？學道愛人方如此，百里豈能展驥鞭？鸞凰端不棲叢枳，明年鳳詔下龍墀。還以一心獻天子。

右一心者，一心愛民也。侯歷四邑，一心愛民。惟于心上用功夫，故不粉餙花鳥，聽斷不論權豪，不論契厚，惟主之以理，人以神明服之。考察駐梁，未嘗剝民奉上，歲減民五百金。一字不下鄉落，奸猾潛迹。凡蘭則植之，凡棘則鋤之，人有不及于理者，即責以大義。口之所言，即其心之所存，不藏睚眦之怒。天性類如此。侯蓋光明正直君子也。常對某曰：『功名有數，歷官已來，惟不愧此一心耳。』故梁連年旱魃，賴以盗息民安。大哉心乎！利民亦薄矣。德愚劣，喜人講心，兹兩院交旌，因賦此贈之。

吴十洲道士索墨迹

顔回命短今翻長，洙泗春風日日香。識得孔門真樂事，再短數歲有何妨？伯夷受餓而今飽，高節清風長不老。古來多少醉飽人，墨風吹沙埋腐草。大江之水日夜流，滔滔都去赴瀛洲。海童馬銜長自笑，千溪萬壑不回頭。人生寄世真行客，正如溪壑赴水國。一番波浪一番人，不覺鬢隨波浪白。富貴不怕金堆山，堆山也要歸真宅。王母桃紅如火燒，方朔偷兒去幾遭？偷桃之時誰得見？文人羽客空相高。莫讀抱朴子，世間有生必有死。試問劉安痴不痴，天上那得雞犬飛？

寿白崖兄七十五

峨峨赤牛城，潗潗沙河浦。兄弟伯仲間，鷗鷺結盟主。日月如跳丸，四時易蓂莆。朝露托桐葉，忽焉箭脱弩。吾宗人多壽，或者乃風土。大兄八十三，二兄七十五。猶寫蠅頭字，倢步不用拄。少壯仕東南，慨然解簪組。晚年多兒孫，衣冠相接武。弄孫識軒渠，名位當出祖。阿戎灼灼姿，喬梓成仰俯。白髮鹿皮翁，當時揮一麈。栗里有古風，不苟入城府。嘆然無一事，抱膝吟梁甫。客或爾到，桑麻愛談吐。望杏及瞻蒲，餘須陳馬乳。山肴雜菲葸，誇甚龍根脯。客若半醉時，移席黄花塢。嘔噱諠滿堂，不飲出童羖。何必慕神仙，丹經講龍虎。我客求溪久，六經成網罟。三十方聞道，不羨雞林賈。而今已老大，信步登東魯。今來祝兄壽，兄弟齊歌舞。願兄比南山，嶚巢亘今古。酒酣筆如杠，玓瓅書家譜。

四時詞六言四首

溪前溪後雲深，山南山北路古。顔子之瓢惟一，先生之柳有五。
花枝故故披籬，鳥語聲聲入坐。添我本是三分，笑誰只作一個。
黄開三徑之中，白落萬川之裏。或萬或三乃數，能黄能白是理。
仲尼自然愛易，茂叔爲甚尋顔？五色常驚落筆，三餘不肯開關。

秦吉齋醉後索黑迹

誓誓誓，我亦不知自家樂。十年注易求溪閣，西崑東汜猶如昨。哈哈哈，草堂今日故人來。沙尊特爲故人開，眼花傾倒不須猜。皎皎皎，幾人白日登蓬島。百歲①光陰過目鳥，劉伶已後知音少。

① 『百歲』二字原空，據道光本補。

游旱田垻至達境寄黄少岷

素節迎飛霜，忽過旱田垻。已至達之境，一溪隔①桑柘。望望山之峰，宛若泰之華。青雲排指出，忽見令人咤。尖者如筍芽，方者如臺榭。指點仙人莊，咫尺山之下。如何至此境，不得相接迓。别去忽幾天，鄙吝復不化。仙家迎鑿落，香□空如麝。笑我□□女，少年不肯嫁。作客求溪久，兀然無春夏。本是懶慢人，似索仙人駕。何必如跳丸，一刻不擅借。住景無金丹，空把三尸罵。提提竹林中，常思嵇叔夜。安得慰相思，千里同命駕。詩成祈合歡，遠意□□□。

① 萬曆本至此而止，以下據道光本補。

來瞿唐先生日録外篇卷六[1]

優哉閣稿

辭官疏

爲感激天恩，恭抒誠悃，自分衰朽，不堪職任，懇乞聖明俯容終老山林，以安愚分事。臣由本縣儒學生員，中嘉靖三十一年壬子科鄉試第五名。頻年計偕，屢試屢蹶。因父來朝患足病，母丁氏繼患目疾，臣既鮮兄弟，遂留家侍養未仕。及父母去世，臣雖有欲仕之心，已非可仕之年矣。夫親存，不能仕以養吾親；親沒，而竊升斗以養妻子，臣不忍也。既不忍負吾親而徒仕，乃負明時而徒隱，臣不敢也。因思先民有言：『未得其位，無所發施，則發明聖人之學，使其教益明，出處雖異，推己及人之心則一也。』臣佩此言，遂將本朝纂修《五經性理大全》，日夜誦讀。及讀《周易》，見諸儒皆以象失其傳，不言其象，止言其理。臣愚劣，自知遠不及諸儒，但思《易》乃五經之首，象既失傳，則自孔子十翼之後，四聖微言秘旨，已絶二

---

① 此卷唯道光本有。

千餘年矣，若不窮究其象，則以訛傳訛，何以謂之明經？經既不明，何以爲士？所係世道匪輕。臣遂客萬縣求溪深山中，反復探索，思之思之，夜以繼日，如嬰兒之戀慈母，數年而悟四聖之象；數年而悟文王《序卦》、孔子《雜卦》，又數年而悟卦變之非。始于隆慶庚午，成于萬曆己亥，計二十七年而後成書。書既成，臣亦自知祖宗以來，列聖相承，菁莪棫樸之化，皇上繼紹，豐芑熙洽之仁，有一代之聖君，必有一代之經術，天意不借才于異代，故臣得窺《易》于一斑，非臣庸愚自能悟《易》也；譬之鳥鳴于春，蟬鳴于秋，乃天地化育使之如是，非鳥蟬自能鳴也。不然，鳥、蟬天地間一蠢蠢者，安能應期而鳴于春秋哉？臣自《易注》成後，四肢罷敝，萬念灰冷，不復問人間事矣。詎意四川督臣王象乾、貴州撫臣郭子章會薦，蒙吏部題覆，奉聖旨：『來知德學行既優，添注翰林院待詔，欽此。』臣一聞報，不勝惶懼。臣章句腐儒，樗櫟弱植，未嘗不講學，而學愧先賢；未嘗不修行，而行猶鄉人。至于翰林，乃名賢侍從之地，待詔尤儒臣極榮之選，臣何人斯，敢覬于此。且臣之齒，今年七十有九，青天蜀道，白首龍鍾，雖犬馬之戀，不敢忘于江湖；而麋鹿之性，終難馳于廊廟。伏望皇王憫臣之老不能出户庭，矜臣之病不能登舟輿，臣未嘗效一日之勞于陛下，不敢虛冒榮銜，容臣仍以舉人終老山林，庶臣于舜日堯天之下，得遂鳶飛魚躍之性。生爲聖世之逸民，老非明主之棄物。臣之榮，逾于三接九遷；臣之感，誓于魏草楊環矣。

辭禄疏

爲湛恩重叠，敬陳謝悃，衰年腐朽，不堪予賚，懇乞聖明俯允山林，便宜以溥洪澤，以光儒術事。臣中嘉靖壬子科鄉試，因親有疾，侍養未仕。不意四川督臣王象乾、貴州撫臣郭子章會薦，吏部題覆，奉聖旨：『來知德學行既優，添注翰林院待詔，欽此。』臣一聞報，寢食不安。思臣之學業尚未精檢；臣之行無善可録，遂以臣不堪清秩，難出户庭原繇陳情上疏。不意吏部題覆，仍以原授職銜致仕，復月給米三石。臣得此報，愈益驚駭。臣之所以辭職者，以臣貧薄之分已定也。今夫聖主之于萬民，猶天地之于萬物也。天地之氣正温厚也，宜萬物無一不長養，而草有夏枯；天地之氣正嚴凝也，宜萬物無一不收藏，而梅迎雪秀。豈天地之有心哉？物各有分定故耳。臣自壬子科中式，于今五十二年。當少壯，正父母遘疾之時；及衰朽，適聖明恩授之日。當暖而枯，當寒而秀，正類于此。臣雖有《易注》，已叨冒題奏。然螢有火焰，體本寒微，相多聲聞，材原枯薄，其分已定矣。所以將臣不敢受職之衷情，剖心于聖明之前者此也。今所賜月米，出自宸渥，一粒之米，一粒之珠，臣以無功食之，且恐折福；君以之飽豚生糞息，臣不敢也。臣聞之，禮云：『長者賜少者、賤者，不敢辭。』此平交之禮則然。若聖明之賜，雷霆之所震動，雨露之所霑濡，光于閭里，載之史册，傳之古今，豈泛常哉？臣既不敢食，又不敢辭。臣見宋臣范仲淹，置田千畝，以給貧族。臣草茅之士，安敢望如古大臣；但臣之良心，與仲淹之心一也，臣願將月米積成義倉，置田數畝，令通族窮民，或遇歲歉，少救一時之貧。或因差役以下缺。

報黄慎軒太史

别後復過求溪半載，四月盡方旋上疏。雖允，仍給月米三石。此時又欲遣小孫謝辭朝廷之恩，並于覆載，但某不敢當也。辱承翰教云云，相會之期，陰晴未定。金沙公考校枉顧，須摇而别。大抵儒、釋之學皆在于苦，皆在于悟。若不能悟，釋氏雖言不二，猶不能違，此六□也。所謂九衢四照，死火寒灰，鳥聚龍參，張弓駕箭，何處下手駐足哉？故妙處在于悟，悟熟忘言，神而明之，默而成之，即在是矣。所以孔門之學，每每不得其傳者，以不能苦，不能悟。讀字忘心，看心失字，安得不東猜西想，可一長嘆。合州周生，乃赤水世家，醫有通神處，玆入□。裁此奉候時趲，不盡欲言。

報郭青螺中丞

某少日不揣此心之恂愁，不度山川之遐僻，不顧科目之敍稀，忘意聖賢，願學孔子者，豈孔有秘傳而某聞于海内之異人哉？時以蹇蹄屢蹶，適父母有疾，不得已而從貧賤之路耳。從貧賤者，非題橋投筆而欲得富貴也，欲從貧賤以成人耳。隋之時，舉秀才，文帝開皇六年，普天下止舉杜正元一人。宰相楊素怒曰：『周、孔更生，尚不得爲秀才。』乃復試之。當時秀才之名其重如此，而豈知千載流芳，乃文中子哉？宋王佐爲榜首，而爲千載大儒者，則五甲朱熹也；王佐之名，翻因朱熹以傳。從貧賤之路者，此心也。當時題路引，因詩中有『東海宣尼是引師』之句，故書『願學孔子』四字以帛繫之于臂。京中會友祖行笑之，歸蜀士林亦笑之，獨門下校蜀，扁茅堂以明道，是衆人疑而門下信之也。豈知薦于聖明，以學行之優，添注翰林哉？已知恩深覆載，刻骨難報其萬一，但衰朽龍鍾，縱翰林美秩，亦不能赴也。伏冀垂炤，臨楮煩惶。

報趙行吾方伯

芳聲苾譽，翕習空谷久矣。某以愚劣之故，客萬縣求溪三十餘年。求溪與楚相近，嶕嶢萬尺，樅檜千章，猿鳥偪人。出入海内大人君子如門下，不得投刺展拜者，坐此故也。前蒙青螺公祖會薦，以燭夜之質，而引之以高岡之鳴，蓋生成之恩也。但某不敢當，一歲于玆，恍然生愧，特遣小孫致謝。詎意門下不鄙，雅誼眷端，歸而誧誧于家庭，匕箸之間，感戴不淺。且承翰教云云，俾今日斯道如日中天者，所教之言也。某少日因父母有疾，復因下第之苦，遂不揣泰山之所以高、東海之所以深，妄意古人，願學孔子。及以此言擔荷于身，無門路可入，遂遠客求溪。孔子説『克己』，即于己上求之；説『格物』，即于物上求之；説『三戒』，即于戒上求之。宋儒端坐，某不能坐；説觀喜、怒、哀、樂未發氣象，某不能觀。近日之儒又説，心本圓明，無動無静，無體無用，亦無物可格。某則如牛之于琴，撫之者雖有神女落霞之妙，幺鶴郭門之舞，師襄退舍，伯牙袖手，而牛則蠢然莫知也。惟此心與孔子之言合者則録，録之既久，遂成册集。欲請教于四方，已衰朽矣。門下偶見，可充噱柄，安敢當華衮表章。黔蜀千里，無緣促膝。開府三川，諒不多時，得侍春風，不問季主矣。

報郭夢菊

庚辰之别，于今十四年矣，言之不覺牽萫萫之思。得丁勺源所帶書，足紉不鄙。書云《易》先天後天之説，大抵宋儒之《易》，原未分曉。蓋伏羲之圖，《易》之對待；文王之圖，《易》之流行。兩間對待，必有氣流行于其間，使無氣，則乾坤爲死物矣。形氣豈可分先後？此所以知其未分曉也。少年願學孔子，無門路，日夜讀書，乃思宋儒程子、延平，都静坐，某亦静坐，三年後自覺流爲禪學。及父母見背，相繼廬墓六年，不葷不櫛，欒欒一瘠夫矣。偶悟格物之物，乃物欲之物，一者無欲也，格物則無欲矣。孔子『吾道一以貫之』『所以行之者一』，『天下之動貞夫一』，三『一』字相同，皆祖述堯舜精一之一。人之物欲無窮，猶江河之就下。若曰物者知之體，知者物之用，不猛然格去，是捧土塞孟津，可笑。

報鄭士衡

仙里隔梁不遠，久聆芳名，長以不得登通德門爲恨。讀《藏山稿》，如握火齊不忍釋手。讀《解酕集》，其理明、其氣真，如曰『佞神不如盡人，希福不如安命』，皆名言也。某今年七十有八，歲已杪，流光如電，晨星殘月，燭地幾何。孔子之學，同則崇之，異則闢之，此皆門下青年事也。某前在求溪注《易》，海内大人長者勸我：程朱傳注一字不可易。及見虛齋先生《蒙引》，一字一句皆依《本義》，恰如《本義》爲經，而《蒙引》爲傳也。某見前輩虛齋如此，亦袖手不敢下筆。久之，思索有年，如嬰兒之戀慈母，夜以繼日，一念一刻不忘，遂悟四聖之象，又悟文王《序卦》、悟孔子《雜卦》、悟虞翻卦變之非。四者既悟，則《易》之在手，如庖丁之于牛、丹霞之于佛矣。所以不揣愚劣，僭妄成一家之言者以此。因同志故，以實歷苦語悉言之。大抵學者以無欲爲主，義理見得明、脚跟立得定，不論出仕、隱居，即伸于萬物之上矣。人之知與不知，非所計也。

又

某一向客求溪，今老矣歸來，諸事蝟集。大雅君子，止隔一縣，長以不得摳趨几席請教爲歉。頃承翰示，還惠瑶篇，浩然之氣、晢然之理、斐然之辭，潘江機海，鳳舞龍翔，前輩揚、馬，皆當避席，來春大魁天下，入館閣，覆蜀纈袍，送金蓮炬，乃其餘榮矣。所論聃、竺之教中原，已非朝夕之故。至于今日，聃氏不過奔溪涉澗；至于竺氏，則至于四海，北天墟而東析木，皆其跦蹇之地矣。一二高明之士，駕艆艭之舟，立赤幟于其上，海童馬銜之徒，復鳴鍠擖磬、吹笙鼓簧，歌舞以唱和之。奈之何兩岸傖人俗子，不瞽其目而聾其耳也。某以井蛙斥鷃之見，加以守株待兔之愚，少日不揣愚劣，願學孔子。今犬馬之齒已七十有九，晝夜之所講究思維者，獨此孔氏而已。所諭生前營營，身後翼望，某則聆絶四之訓，思慮久不到此矣。

寄王柱史

王氏青箱，古今盛稱，端臺之家又過之，聞于豹谷久矣，豈有世德，天獨厚乎？昨驄馬西來，甘雨隨之，三川爲之清肅，曠世所未見者。蓋近日之獨步也，但不得坐春風爲恨耳。孔子生于山東，祖述堯舜者，祖述其精『一』也。孔子曰『吾道一以貫之』，曰『所以行之者一也』，曰『天下之動貞夫一者也』，三『一』字皆堯舜之『一』也。宋儒乃解一以理，又解以誠，則宋儒原未入一字之門矣。孔子因春秋五倫不明，祖述堯舜『克明峻德，以親九族，平章百姓』之句，乃曰『在明德、在親民、在止于至善』，曰『明德』，即躬行達道也，曰『親民』，即親親仁民也，曰『止至善』，即止仁、止敬、止慈、止孝也。宋儒乃曰『虛靈不昧』。夫『虛靈不昧』何以明明德于天下也哉？又況格物頭腦功夫先差矣。孔子《十翼》乃曰『易者，象也』，『象也者，像也』，宋儒以象失其傳，止言其理，則聖學自孔子沒，已絶至今日矣。某焚引之後，雖願學孔子，然愚劣無門路，乃遠客萬縣求溪，十五年而悟孔子之『一』、孔子之『格物明德』，十七年而悟《易經》四聖之『象』，所以著《大學古本》《格物諸圖》《入聖功夫字義》諸篇。《易經集注》者，即孟子之『予豈好辨哉，予不得已也』。自意以得傳孔子之心，得侍四聖之坐，老死山林，亦無恨矣，未嘗欲人之知也。豈知海内名公，有知之者哉，昨蒙頒以嘉貺，賜以嘉名，伯樂一顧，駑馬已龍媒矣。謹此代面。

郭青螺先生諸草序

青螺先生宦游海内三十年，所至皆有草。督學蜀時，德廑管窺十分之一。今黔中以全草見示，德喟然嘆曰：先生于道，辟則造物者乎。東皇造物，隨地而胚其物焉，因物而鑄其質焉。徂徠而松，新甫而柏，嶧陽而桐，殊形異狀，争美競芳。物之不齊者，物之情；而所以物其物者，非物也。惟文亦然。三才皆可以言物，人成位乎中，威儀文詞之有形者，皆物也；而所以根據之者，則德也。孔子曰『君子以懿文德』，曰『文莫吾猶人也，躬行君子，則吾未之有得』，曰『有其容，則文以君子之詞；遂其辭，則實以君子之德』。執此三説，可以論文矣。今之爲文者，德惑焉。鑿空煉誕、牛鬼蛇神，陰陽違乎爻象，政事違乎典謨，情性違乎風雅，榮辱違乎《春秋》，和序違乎禮樂。其理覩人之目而不可曉，其字咹人之口而不可句。六經之文，孔子所以載道，文不本于六經，何必置之其間哉？先生之文則不然。爲東西南北之人，則行東西南北之道；行東西南北之道，則泄東西南北之文。其教、其議、其約、其論，其文、其序、其尺牘、其奏疏，皆道不離乎其身，故文不出乎其位。孔子所謂君子之懿、君子之實、君子之躬行，非先生歟！至黔，則忠信行于蠻貊，聲教乎于鬼方。較之陽明先生居夷于風清月朗之際，青螺先生居夷于枕戈被甲之時，難易雖别，而所以行道則一也。昔蘇公步處，後人以蘇步名之。千載而下，黔何緣而得理學名臣二妙步于此地哉？德初讀其文，數千言宛然有同心之臭焉；讀之既久，如餐落英，嚼之而其味無窮焉。分而細讀之，總而遍讀之，想其三十年來，道德文章，相爲表裏貫串，確乎如筠如心，貫四時而不改柯易葉焉。分而細讀之，文章枝枝葉葉，散布于天下，以正人心，以維世教，枝可棲鳳，葉可剪圭，指日朝陽，德復見其論道燮理之草焉。曰『蠙衣』者，謙言也，喻言也。德少日不揣愚劣，願學孔子，耄矣而愧未能，故于同志之文，惟以孔子之言序之。

壽誥封中丞郭兩峰翁八十序

青螺先生講文成良知之學，爲海内儒宗，文章功業鳴于一時。平播之明年，適封公兩翁八十初度之收功于轅門鋒鏑之日。其舉止措置，宛然兩翁之家法也。父子一體，國家一機，皆仁之所流通貫徹。偉救饑于一鄉者，今救饑于一省。敦行于天柱雲亭之上，而展布于白泥烏沙之間，講究于家庭七箭之時，而身，而撫摩鞠育真有慈母之于子者，而後黔之民昭穌。兩翁之急難于兄者，今急難于億萬人之兄；兩翁之麵蓬相流離而填溝壑，爲人上者可憫也，□可懼也。先生乃多方以濟之，發棠施藥，視民疾苦，不啻痌瘝在命，繼皮林之征，率熊羆，整鵰鶚，群將護野，諸靈並轂，不數月而鯨鯢授首。及大兵之後，繼以凶年，虀槐也；弓之使曲也，乃兩翁人品之高，天資之粹而然也，非預知子孫有開府而設也。及青螺先生被播州之食不能糴者，所全活者不知幾千百。夫代兄徭役者仁也，賑貧起瘵者仁也，兩翁則不知也。亦猶冶之使柔錢癖之情，類多如此。先生乃曰：『家有紅腐，而野有委骨，仁者不爲也。』悉發倉廩，平其直，復作糜以不以爲意。伯兄倉卒窘甚，計不知所出，先生挺然直前以身代，匿伯兄于他所，自急難以應令命。令雖苦辱，亦繇中。歲旱，流亡籍籍，民間斗米直至百錢，殷充儲須者，坐索直過當，尚不肯發，猶意後有再騰之日。端，議論確實。邑境綠林充斥，令至，驚用軍興法，繇，諸富家，一切取辦民間，民爭相竄伏，先生伯兄亦在之，此不學之學，乃所以深學之者也。故君子察此，可以有志于學。兩翁先生賦性倜儻，方正不隨，動止凝角幹美材，而弓能使之曲，箕近之，故可以學箕。得其意不泥其象，會其神不窒于形。引而伸之，觸而長裘何與焉？弦物爲弓，箕何與焉？而又何以有志于學？蓋金錫剛物，而冶能使之柔，裘近之，故可以學裘。古之講學立言者，曰：『良冶之子，必學爲裘；良弓之子，必學爲箕。』察此可以有志于學。夫鑠物爲冶，通貫徹于一體、一機之間者則仁也。故仁之于父子，而一國之仁推本于家，知此則可論學矣，可以論壽矣。子，名不出月旦之外，間有以不知其父，視其子歌頌兩翁者。梁山來子曰：父子一體，家國一機，而所以流歲，搢紳先生獻椿桃，頌岡陵者，詵詵如也。先生歷官三十餘年，聲教所被，遐邇不同。兩翁乃安成隱君哉！昔文王謂武王曰：『夢帝與我九齡。』蓋以壽爲齡也哉！武王應之，不曰齡，而曰國。文王曰：『我百爾九十，吾與三焉。』後文王九十七，武王九十三，其言皆符。夫人之論壽多矣，洪荒之民近萬者，時爲之也；南陽青城之民三四百者，地爲之也；廣成喬松之千者，術爲之也。曰時曰地曰術，皆有所據之言也。未聞夢寐之間，父子可以與壽者，豈經文之言不足信哉？蓋成周以仁立國，自厥初生民，履帝武敏以來，至文武，上而朝廷，下及閭巷，莫非是仁之所流通貫徹，載之風雅，彬彬可考也。故曰有《關雎》《麟趾》之意，而後可以行《周官》之法度。故和風之所感召，淑氣之所浸漬，夢寐之間，明明赫赫，若或使之而定父子之壽者此也。夫夢寐可以定壽，况兩翁仁之所發，躬行實踐，鄰里鄉黨皆知之，不間于父母昆弟者乎？則兩翁之壽，不止于八十矣。始知經文所謂冶也、裘也、弓也、箕也、齡也、國也，皆仁發用，喻言之妙也。先生在黔，與諸生講良知，曰慧者乃此仁生生不息，因憂患而出見者也。孔子曰『仁者壽』，蓋萬世之定論也。因以此三字，頌兩翁先生無疆之壽。

萬縣令越玉峰考績序

令亦難矣哉！百里內億萬其人，皆寄于一人耳目，以一人而對億萬人，豈皆悃誠而無欺謾者乎？則其難也固宜。僻邑之令，無上下往來，斯寂寂静静；惟路當通衢，事更繁劇。內憂案牘之檎詵，外苦奔忙于賓客，則身心日夕不遑矣。故令難，而衝邑之令尤難也。孔子曰：『如有用我者，期月而已可也，三年有成。』曰三年者，虞夏商周之制也。暴風驟雨必不終朝，潦水大至，故涸可立待。傳舍其官，則秦越其民，定以三年者，所以防其矯志于始，而移節于終者也。故抱瑰偉之才者，不必有陡絶之政，而貴在歷年之久；負經綸之仕者，非必有張皇之績，而貴有永終之譽。故衝邑難，而考績尤難也。令誠賢矣，三年考績矣，倘三年在于一邑，則優游淪洽，輕車熟道，易于展布。然今之賢者，當路皆憐之，鄰邑皆慕之，非調于東則轉于西，堂上之坐席未温，吏民之顔面未熟，山川之險易未明，風俗之淳漓未諳，即調轉矣。而不知所謂循良者，豈朝至其境而暮即可以襲取其令名哉？故非卓奇之才，遒脱之智，止而山嶽，動而流雲，取之探囊，應之迎刃者，決不能也。故考績難，而東調西轉者尤難也。有此四難，令其可以易言哉！夔乃蜀之門户，至萬則分一線之陸于梁山，宦蜀者憚蜀水之險，則喜而趨之。蜀中之邑，衝莫衝于萬矣。越侯黔之世家，甫翁先日宦蜀中江，兄弟叔侄，見在宦途，黔人語曰『無越不開榜』云。初司鐸江安，轉高縣。高乃古夜郎之地，閣梯連珠，非可展驥足之地，乃以繁調萬。侯之理萬也，解煩急以寬大，易苛猛以慈惠。廉以持心，勤以將慎，出先稽程，入無滯案。接士夫以禮，馭吏胥以嚴，視民之疾苦，不啻痌瘝在身，而撫摩鞠育，真有如慈母之于子者。及播州蓬絮之變，蒸徒痍傷，塗原潤草，地非其地，民非其民矣。設新仁懷，諸皆新附，恩威不可徑施者。兩臺以侯之清才、侯之夙望，議署仁懷篆。侯下車，築城池，建學校，修倉庫，丈田土，新舊之民，皆以青天頌之。制臺于遵義鑄銅標，以侯之榮名登于其上，可謂垂光虹蜺，流聲竹帛矣。語曰：『新沐者必彈其冠，新浴者必振其衣。』從其新也。三年三易其邑、三新其民、三新其事，侯以一心而三新之，矧高之夷、萬之繁、仁之變，皆極難新者。今事不必其理而自理，民不必其懷而自懷，侯皆以難而處之，以易報政之後，蘭臺柏府不過舉而措之耳。侯于天下事，又何難哉！蓋侯精明根于愷悌，果毅出自粹白，故其處常如老將用兵，折衝料敵，不爽尺寸。及爾臨變，如群仙過海，鐵笛波濤，歡笑自如，所謂左之左之，無不宜之；右之右之，無不有之。『樂只君子，民之父母』，非佞之謂與！不佞以注《易》，客治境求溪有年，蓋老于治下者。今當報政，李少府際宇問言于不佞，顧侯之德政，揄揚不盡，惟以令之『四難』，侯獨易，書之以贈。

西銘

寡欲以養此心，克己復禮以求此心。忠信進德，修辭立誠，如臨深淵，如履薄冰。獨行不愧影，獨寢不愧衾。懲忿窒欲，此心長寡過而未能如何。應物則『艮其背不獲其身，行其庭不見其人』。庶幾存吾順事，沒吾其寧。若或遁世不見知，又或有喪狗之誚，叔孫武叔之毀，莫怨天，莫尤人。

東銘

一者，無欲也，格去物則無欲矣。故格物爲《大學》頭腦工夫。無欲則江漢濯之，秋陽暴之。磨不磷，涅不緇，故能配義與道，充塞天地，繼往開來，南子可見，獵亦可較。不知乎此，不過繩趨尺步，澄心默坐，文學而已。故曰『吾道一以貫之』，故曰『所以行之者一也』，故曰『天下之動貞夫一者也』。

花間獨坐

靖節歸來一懶人，門栽五柳未全貧。百年心上羲皇易，萬事籬前快活春。黄犢時穿松下徑，白衣偶問石邊津。頭顱也識西施美，樗散無緣去效顰。

賦得泰山歌贈謝王部院會薦猥及笑作

兩月陰霏苦不舒，一春門巷客來疏。柴關偶報有客至，云是黔中督府書。開緘捧讀讀未了，滿林猿鶴相驚擾。也知猿鶴新增價，其奈主人已歲杪。歲杪歲杪將如何，酬世無如金卷荷。呼來耳熱面生赤，拈毫便作泰山歌。泰山屹立東海側，諸山雌伏皆臣妾。争奇鬬秀朝東皇，秦松漢柏圍宫闕。宫闕蓬萊東對西，仙人都傍紫芝棲。仰看天上三光近，俯視人間萬象低。中有一仙王孝伯，雪飄鶴氅自高格。時我登山偶見之，遺我蟠桃王母接。酒酣約我三千年，騎虹齊上峨眉巔。豈知浩劫如朝暮，携手相逢在眼前。昔時鶴氅成繡補，玉帳牙旗列開府。雄才秋水落丹鉛，處處甘棠頌申甫。鎖鑰聲名霄漢懸，日下經綸自九天。已識尚書司北斗，極知天子眷西川。揆余偃卧長林久，誰料吹噓到皓首。桐花安得當璠瑶，自笑自知顔駟醜。小時記得古人吟，長將兩句佩諸紳。幸逢堯舜爲真主，且放巢由作外臣。泰山歌，泰山歌，歌罷玉壺□。乘風幾欲朝太清，若木可望不可折。手提紅月滴娟娟，西方空有美人悦。噱絶噱絶，羲皇文字求溪邊，時時化作雲母屑。

思美人歌寄郭青螺公祖

北風飄飄苦寒奏，枯林慣與扶輪鬬。忽爾孤鴻欲斷雲，人立梅花月如晝。憛悇已厭百家編，凄清且向北窗眠。一枕青霜壓寒夢，須摇夢到美人前。美人講道追東魯，珍藏不羡雞林賈。手把瓊瑶琢鳳凰，眼看金碧盤龍虎。百寶争瞻馘馘光，完名不獨在文章。閟宫清廟需琴瑟，大厦明堂待棟梁。憶昔文星臨巴國，化育菁莪止頃刻。錦江桃李萬樹花，百籍生風日五色。此時我亦坐春風，無奈年光易轉蓬。美人位望南經北，遯者山深秋更冬。節鉞登臺今貴筑，隨車膏雨仍分蜀。當年竹馬舊兒童，歡笑細侯新又復。蠻煙銅鼓月蒼蒼，雕弓寶劍夜生霜。材官猛將知多少，輕裘緩帶只尋常。播州醜獍成巢穴，官軍一呼山即裂。虎旅長衝魑魅關，天弧自落菴頭血。蓬絮不復照璜池，家家弓弩化鋤犁。今朝細柳風雲陣，明日成周日月旅。笑我求溪三十載，長林占斷無錢買。朝見文王暮見羲，白髮青燈長不改。已知萬念盡成灰，獨有懷人一竅開。欲樹絲桐情未了，無緣相遇一枝梅。百年鹿豖金蘭友，流水高山知者酒。一夜詩成寄所思，楊衡自笑敲鴉九。

贈別任懷陽學博轉德陽令

少年意氣重昆吾，纔見談經即剖符。去路晴煙鶯出谷，向阳文采鳳棲梧。囊開松月多詩賦，簾捲山陰見畫圖。別後相思知蜀夢，芙蓉夢到即成都。

離亭官柳覆深杯，疋馬相行亦壯哉。萬里一琴隨鶴去，九霄雙舄見鳧來。閭閻長喜循良政，廊廟惟須卓異才。想到河陽春正暖，山城處處百花開。

凍雲欲雪雁差池，握手天涯日莫時。別意陽關惟一醉，親民寰海獨三知。鳴琴曉閣心偏静，問俗春郊馬自遲。欲向甘棠尋召伯，還隨泉脉訪姜詩。

箕裘家世有淵源，理學名臣覺在先。笑我詩歌慚白雪，知君名節爲青氈。三川鼙鼓聲方急，百里瘡痍病可憐。但使武城皆學道，誰人不羡子游賢。

倪禹同銓部過求溪寄詩十首用來韻奉答

其一

求溪三十載，吾道自然孤。爲懶尋丘①壑，因愚竟腐儒。漁樵俱老友，霜雪滴玄珠。本欲鈎深遠，翻成

① 丘，原避諱作『邱』，徑改。以下同。

淺丈夫。

其二

遠客求溪去，求溪近獠邊。霧深惟有豹，水淺更無鯿。身向青山老，心應白石穿。因之見四聖，今古共盤旋。

其三

蝸室開松徑，猶餘半畝蔬。虛名慚海宇，晚節尚陶漁。天上黄扉夢，人間白屋書。主恩同覆載，高厚報何如。

其四

石嵐團野竹，快活自成庵。廊廟皆先覺，尋常自遠潛。天原司富貴，地本缺東南。切莫將圖讖，殷勤去問譚。

其五

釜山原踔絶，才賦擅梁園。年少先登第，謙卑後益尊。樓臺知缺地，桃李已盈門。歷代名臣奏，于今有贅言。

其六

銓管司邦治，求賢賦卷阿。拔茅常得彙，啓事不妨多。功業青萍劍，文章白雪歌。長公諸疏草，軒輊許誰過。

其七

雲母花浮燭，瓊筵酒滴珠。門迎金紫客，壽獻海中圖。衡鏡爲仙吏，斑斕舞聖儒。重臺知指日，獨坐更殊途。

其八

洙泗微言絶，群儒各大家。北來南路去，千里一毫差。霜染鵝黄菊，風摇鴨緑芭。當窗誇美色，終是隔窗紗。

其九

空谷稀人到，君來亦偶然。欲同金馬客，且笑野狐禪。桀戟知臨地，逢迎似聽天。相思不相見，撥悶對殘編。

其十

馮唐知已老，李賀幸忘年。伐木今朝咏，通家昔日傳。孟韓推引重，松柏歲寒鮮。何日渝江上，同舟共作仙。

蟠龍山送汪崑麓明府以内艱還楚

蟠龍岦岦冠江表，絶壁重巖飛縹渺。九曲黄河天上來，千溪萬壑多環繞。白兔亭前五馬嘶，官橋楊柳風凄凄。扶携老幼空城出，無力扳君馬首西。君侯才名重山斗，楊衡含笑敲鴉九。相將琴鶴下夔州，巧匠旁觀俱縮手。豈知白骨千山腥，六師夜洗巴渝兵。黔嬴忍見王蓬絮，臨衝白日相横行。自古多勞乃賢者，文臣武將無真假。轅門一日下徵書，屬城今亦鳴斑馬。及爾廟算初辭軒，歸來萬石即騰騫。誰料菑蓊金玉萎，不堪相對哭玄猿。踟躕安忍照天燭，半年遺愛千秋沃。郭伋會來未失期，何武今去何時復。求溪留我客多年，長林獨少買山錢。西南正學翻增愧，猿鶴惟誇共懶眠。軼輊還鄉歲已抄，來時歡喜去時惱。君侯一别即天涯，流水高山知己少。雲淡斜陽點自悲，何言後夜長相思。西坐蟠龍東望峴，千里雙懸墮泪碑。

郭汾源明府以賢聲取入棘院贈别

美人西去長新蒲，一曲驪歌酒滴珠。夢裹青城連白帝，尊前馴雉共飛鳧。官橋細柳催禾黍，客舍蒼煙補畫圖。莫向君平重問卜，賢聲久已遍成都。

贈郭明府乃兄文郎至梁

一挑風月自悠悠，蜀水秦山亦勝游。彩服斑斕當曉日，池塘夢寐正新秋。官清閣静齊嘶馬，邑小弦歌懶問牛。鳴鳳朝陽應不久，五雲天北是神州。

夔庠學博文郭陳李四先生梁山考校適曾孫象鼎入泮于其歸也送至蟠龍贈别四首

蟠龍叢桂鬱岧嶤，一線澄江下碧寥。地向山腰通桂海，天從石竇掛銀橋。羡君鵷侶長虚左，笑我鷗盟苦見招。浪説廣文官獨冷，蘇湖到處有丹霄。

慷慨相逢劍可知，春深榆柳倒鴟夷。一時賢者俱傾蓋，三峽誰人更索詩。絳帳共看今日樂，河汾方見古來師。舞雩歸去如相憶，縹渺瞿唐即夢思。

紅亭緑樹紫雲堆，岸草汀花别酒杯。却惜丘樊稀會面，可憐廊廟幾掄才。風高赤甲師資重，月映蓮花宦况開。懷抱濟時知有策，五雲深處是三台。

細石高松傍碧岑，青燈白髮共蕭森。虛名已滿江湖耳，晚節猶堅鹿豕心。帳下憐君餘苜蓿，天邊有客送徽音。別來莫話宮牆夢，遲爾朝陽彩鳳吟。

贈送郭明府文郎還秦

宦底斑衣酒正酡，一杯誰勸更關河。望中秦蜀青天遠，匣裏雌雄紫氣多。素月別來蝴蝶夢，暮春歸去舞雩歌。秋高獻賦長楊殿，莫惜音書到薜蘿。

寄茶酬李學博口占茶歌三絶

愛他生意發萌芽，剖破洪濛得見些。却笑誰人無個事，松間石上味偏嘉。

佛不佛兮仙不仙，人間去問野狐禪。笑看天上小團月，何處人間第二泉。

不羨盧仝能幾椀，非閱桑苧與傳神。別來時日知多少，一見佳人憶故人。

贈別郭明府乃弟

携手天涯別不輕，莫辭作客滯粱城。且留魚復秋山興，共聽甘棠夜雨聲。歸路已知三岔熟，晴雲苦憶七嶺行。若尋洞裏幽棲處，白兔黄紳已鳳鳴。

贈郭明府乃侄

金鳳滿路逐鶯聲，柳半橋東送客行。宦裏來時千岫秀，山中歸去一身輕。文章潘岳間多賦，閴寂龐公懶入城。馬首蟠龍分袂處，殘煙疏雨不勝情。

一日四樂四首有序

玩圖

個中原有先天易，壁上新添太極圖。日與庖羲相揖讓，人間那得此凡夫。

右二十年前畫一圖，每日坐蒲團觀玩，如有合《易》處即起而歌詠，此一樂也。昔陶靖節自謂羲皇上人，故某不肯作凡夫。

登釜山

白雲穿破翠微堆，雲裏蒼松手自栽。大笑一聲天地外，人間何地少蓬萊。

右每玩《易》倦時，即登其上，見白衣蒼狗，不覺一唱三嘆，若《易》理有悟，即手舞足蹈大笑不已。故以釜山比蓬萊，此一樂也。

與兄飲

萬事無心一老翁，兄爲明月弟清風。竹根醉倒雙雙起，風起西方月起東。

右每日設酒請兄，如無肉，或菜或腐，飲間不辭不讓，以醉爲節，雖未嘗學無懷氏之民，而自成其民也。兄弟皆早恬退，不愛不求，故以清風明月比之，此一樂也。

醉卧

竹床頂上覆樱蓑，一枕虚無夢不多。睡覺不知天早晚，數聲牛笛下前坡。

右兄弟醉後各扶于床，不知天壤之間有何事可喜、有何事可憂。平生飲酒，倏而醉倏而醒，未嘗病酒，此一樂也。

聞郭夢菊公轉楚方伯奉寄

昔年同住南山麓，高閣停林看修竹。夜深惠可講慈雲，絶壁泉聲響空谷。别來歲月如浮漚，不覺飄飄十四秋。百年道義憐知己，紫氣空瞻緘斗牛。新恩漢闕還東魯，樓船又向湘之浦。懷人復起白鹽思，得句時看黄鶴舞。洞庭衡岳舊清聲，兒童竹馬素逢迎。不獨山川添喜色，其中魚鳥亦知名。笑我平生不自量，欲到崑崙絶頂上。注易求溪十七年，日與庖羲相揖讓。十翼關心已廢詩，譬之寒竽久不吹。久不吹竽聲轉澀，空將嘉貺欲銘絲。何時霜鉞清西塞，金符玉節驚江怪。一入巫陽生有祠，材官幕客歡遺愛。栗里鷗盟久索居，明春亦欲返蝸廬。莫道天涯音信少，瞿唐多半武昌魚。

賀劉太和明府壽二首

槐花滿院熟金醅，樓閣新成壽域開。百里歡呼歌萬福，五雲縹渺繞三台。携琴跨鶴長生事，擾雉驅雞濟世才。我亦懸知惟此祝，明年賀客在蘭臺。

慷慨相逢愛濯纓，懸弧此際適朱明。峰高華岳堅仙骨，月白蟠龍洗宦情。四野兒童稱樂只，三川草木總知名。岡陵祝後弦聲發，却把新城作武城。時劉新改縣。

寄焦學博原梁山學後轉蜀府

蟠龍一别隔丹霄，幾度王門欲訪焦。路邈衡陽原少雁，山深叢桂已鳴蜩。百年注易瞿唐峽，千里懷人駟馬橋。相憶梁園長授簡，好將詞賦寄漁樵。

贈别劉太和明府轉襄陽

舊年求溪去，君夫入夔門。今年求溪去，君又轉襄樊。宦轍苦如此，今人不忍言。歲月何相竭，恍然剛一瞥。坐席未成温，酒杯未成熱。恰如社燕與秋鴻，倏忽相逢又相别。君本吏中仙，鵬圖霄漢大名懸。持此清廟瑟，來試武城弦。弦音如君清，弦長如君直。一清一直間，政事成悃愊。如此悃愊天下無，漢室循良空肘労。桃花開時我見君，河陽一縣萡蕕薰。八月秋高又相見，彭澤菊開更葱蒨。鳳至亭前設土酴，千竿翠竹相扶疏。况有孔融名百斛，談玄①講性夜將徂。酒闌之後見二子，雛鳳修翎真可喜。郗林桂發自然殊，仁人有後類如此。襄陽此去亦壯游，輕裘緩帶殊風流。漢水一舟如飄梗，蒲帆猶帶鬬南影。不惟從此上三雲，來往家山猶便省。少年我亦鹿門來，蹇騾芒屩蒲萄醅。而今回首翻惚恫，籧篨都入莊生夢。何時駕小舟，乘輕颸飄飄。又到習家池，與君登峴山。詩千首，酒千巵，酩酊無所知。不讓山公倒接䍦，千年之後羊叔子。劉伯大定有連壁，榮名掛于峴。我亦因君得美名，名未必有來矣鮮。

① 玄，原作『元』，當爲避諱所改。徑改，以下同。

賦得巫峽篇送王代巡出蜀

君不見，巫峽之水鳥道來，鼓濤飛洙何壯哉。一去瀟湘不肯回，廣瀉襄陵接上臺。巫峽十二排玄笋，波心影落摇雲鬟。如此峰巒削不成，燉煌巧匠非關蠢。鐵豸班行第一流，隨車甘雨風颼颼。瞿唐月照烏臺曉，劍閣霜飛白簡秋。四月樓船出巫峽，三尺雌雄鳴玉匣。當年桓典總無名，緘緘青箱輝赤甲。黄河泱瀼日曈曨，驛路旌旂總避驄。正是君王西顧日，封章何以答重瞳。笑我平生如虚艇，茅堂依谷生涯冷。注易求溪十七年，世故人情愈已迥。煙霞四面繞書帷，一曲高歌只紫芝。紫芝歌罷無此事，惟有親身見伏羲。何緣世上人知我，昔日青山計已左。燕市盡稱千里駒，豈識駑駘原蹇跛。千載悠悠聖學孤，潛心理學愧非夫。也知一字榮華衮，但恐千金負畫圖。豐草無緣報木李，欲寫蒹葭惟有紙。天北天南盼望間，泗水尼山幾千里。

送馮錦橋還宛陵三首有序

八月扁舟下宛陵，海門秋色自浮沉。十年汗漫還初服，一徑蕭疏見故林。止惜丹心空許國，從來白雪少知音。滄浪流水仍依舊，清濁惟聽孺子吟。

宦海無人識渺茫，空將事業寄湘鄉。才華此日庖丁刃，蔽芾他年召伯棠。天上浮雲衣復狗，世間岐路短兼長。不如穩坐三三徑，大爵寬杯夜未央。

大小聲華欲奮飛，肯將心事到漁磯。黄花偏益山人壽，緑酒能添遁者肥。歸去陶潛心已遠，老來伯玉覺知非。相思兩地留連處，蜀水揚波各夕暉。

君馮①在梁山，片言折獄，盗息民安。乃以謗去，惜哉！然世間無公道有公論，公論之情見乎其辭，他年夔路之史，此詩存焉。

① 君馮，疑當作『馮君』。

附録　太史來知德先生年譜

序

區拔熙

來瞿唐先生者，古大儒也，于梁爲鄉先生，梁之人無不知有先生者。及問曰先生何如，或知焉不能言，即言焉不能詳，余竊惑之。夫邑有大儒，坐令其一嚬一笑、一言一動，不彰于後，有司之過也，邑有大儒，不以其一嚬一笑、一言一動教邑人，而别求所以教之之方，有司之愚也。先生年譜一編，載在邑志，余退食暇，披閲再三，慨然想見其爲人。辛卯春，又得先生裔孫家藏鈔本，視邑志較詳。爰與友人曾越山、沈雲谷參校異同，證以行狀，間附集中詩文、語録，梓而布之邑人。使手是編者遇諸目，存諸心，凡先生嚬笑言動，藉藉邑人之口，于以振興頽風，維持名教，其即匹夫化鄉里之意歟。先生不云乎：『與吾鄉之人共爲君子，以成美俗。』後之覽者亦將有感于斯言。至《日録》全集，鈔本散失過半，且多差訛，俟購有善本，續刻以廣其教云。

道光十一年三月望日端州後學區拔熙谷樵氏識于梁山官署。

來瞿唐先生年譜原序

明進士　涂有祐

予髪未燥，即習見吾梁有瞿唐先生，蓋隱君子也。先生以禮經魁蜀，凡三上公車不第。因親老，遂焚引侍養，隱居著書，自擬『願學孔子』，著有《易注》、《日録》内外諸篇。書行于世，見者珍之如天球大貝，予又何能復贊一辭。然予母即先生堂孫媛，予亦忝曾孫輩，予于舞象時，先生常撫予頂曰：『讀書！讀書！』若甚器予者。及稍長，因得睹先生家藏，若解若不解，無頃不置几案間。不意兵燹後，甚于秦坑，一切圖書版籍盡屬灰燼，並先生之子若孫半化異物，可浩嘆。予避亂徙居異鄉，倏忽二十餘年。及還里，遍訪先生遺稿，筆塚墨莊，猶有存者，空谷足音，跫然以喜。適一日，先生曾孫象坤者携年譜一册，若惜其殘，而猶幸其不墜者，以示于予。予曰：年譜也歟哉？此火後琮璜，霜餘松檜，先生平生著述大概具是矣。他如《易注》《日録》諸篇，海内名公競相授梓，以廣其傳，又何難一再覯也。予今讀其書，猶想見其人，窺一斑以自淑，固上願也。託姓名于簡端，猶其次矣。

附明史本傳

來知德，字矣鮮，幼有至行，有司舉爲孝童。嘉靖三十一年舉于鄉。二親相繼歿，廬墓六年，不飲酒茹葷。服除，傷不及禄養，終身麻衣蔬食，誓不見有司。其學以致知爲本，盡倫爲要。所著有《省覺録》《省事録》《理學辨疑》《心學晦明解》諸書，而《周易集注》一篇用功尤篤。自言學莫邃于《易》。初結廬釜山，學之六年無所得。後遠客求溪山中，覃思者數年，始悟易象。又數年始悟文王《序卦》、孔子《雜卦》之意。又數年始悟卦變之非。蓋二十九年而後成書。萬曆三十年，總督王象乾、巡撫郭子章合詞論薦，特授翰林待詔。知德力辭，詔以所授官致仕，有司月給米三石，終其身。

太史來瞿唐先生年譜

門人　古之賢　李綸　李枚　戴誥　高玉　張綱　仝編
端州後學區拔熙　校刊
成都後學曾文波　紹興後學沈鏞　參校

先生諱知德，字矣鮮，號瞿唐。原籍越之蕭山，後徙家楚之麻城。元末始祖泰入蜀，卜居梁山，故世爲梁人。泰生均受，均受生晁富，晁富生志清，俱潛隱未仕。志清生昭，始起家爲宜良令，以清白致仕。昭生尚廉，好施予。尚廉生朝，嘗拾金還主，即先生父也。母丁孺人，娠時夢藍衣人駕鶴從空至簷際，鶴欲鳴，其人撫其頂曰：『不不不。』後先生因號『不不子』。

附注：先生父拾南昌王孟六遺金三百，憐其投江慟哭，遂挈還。客分其半，辭不受。客禱祠曰：『願來氏子孫世世生英賢也。』

一五二五　嘉靖四年乙酉十月初五日亥時　生于縣西沙河鋪釜山下。

一五二六　嘉靖五年丙戌至十年辛卯　此先生孩赤時，無述。

一五三二　嘉靖十一年壬辰　先生八歲。知讀書。

一五三三　嘉靖十二年癸巳　先生九歲。能作長短句。

一五三四　嘉靖十三年甲午　先生十歲。伯兄知行令題池水，中有句云：『蒼生領望通舟楫，鄰家暫借養魚龍。』又題白扇云：『一片白，一片白，片片白白皎如月，誰當我出來，掃除天下熱。』自十歲起得顛疾，夢上天。邑志先生行狀作『夢上天，日月雲霞俱在下』。

一五三五　嘉靖十四年乙未　先生十一歲。疾未愈。

一五三六　嘉靖十五年丙申　先生十二歲。

一五三七　嘉靖十六年丁酉　先生十三歲。

一五三八　嘉靖十七年戊戌　先生十四歲。疾未愈，常夢獨立巫峰上，故先生別號『十二峰道人』。

邑令艾公延先生偕子切摩，嘉之曰：『爾夢立巫峰，一作「爾夢上天」，異日非宰輔，必聖賢。』

一五三九　嘉靖十八年己亥　先生十五歲。

一五四〇　嘉靖十九年庚子　先生十六歲。游泮。督學毛批：『是卷心思精透，口聲不凡，當不止于科目。』是年疾愈。

一五四一　嘉靖二十年辛丑　先生十七歲。初治《詩》，是年改《禮記》。

一五四二　嘉靖二十一年壬寅　先生十八歲。督學周考居第二。

一五四三　嘉靖二十二年癸卯　先生十九歲。赴鄉試，有疾，未入場，歸。十月，冠。娶倪孺人。

一五四四　嘉靖二十三年甲辰　先生二十歲。

一五四五　嘉靖二十四年乙巳　先生二十一歲。

一五四六　嘉靖二十五年丙午　先生二十二歲。疾，未入場。

一五四七　嘉靖二十六年丁未　先生二十三歲。長子時敏生。

一五四八　嘉靖二十七年戊申　先生二十四歲。

一五四九　嘉靖二十八年己酉　先生二十五歲。疾，未入場。

一五五〇　嘉靖二十九年庚戌　先生二十六歲。督學陳考第一，公曰：『此才川中少有，須當讀書。』遂客石磝寺讀書。

一五五一　嘉靖三十年辛亥　先生二十七歲。讀書石磝寺。

一五五二　嘉靖三十一年壬子　先生二十八歲。以禮經中試第五名。是年明倫堂石砌生五色靈芝，時本縣乏科百餘年，縣令何公作興百金，辭不受。自中式後，不復夢立巫峰矣。

一五五三　嘉靖三十二年癸丑　先生二十九歲。不第。御史喻巡按云：『川中舉人多求作興，余主場考七十二人，聯捷者八，余不喜，獨喜來子辭作興，蓋鳳毛麟角，他年非名卿，則名賢也。』乃移檄云：『來某辭作興于縣令，播芳譽于諸司，即今日之始進，而他年之服官可知，聖賢地位亦從此做去，此榜不得人也哉？』表其門曰『清節可風』。督學移檄云：『來某文登高第，志勵清修，委堪人師。仰縣將本道考取入學生員古之賢、戴誥等三十八人送至門下，俾其朝夕與游，庶耳濡目染，自成君子。』乃改弘山寺爲弘山書院，令先生教授其中。《行狀》作『弘仁書院』。

一五五四　嘉靖三十三年甲寅　先生三十歲。讀書虎城寺。

一五五五　嘉靖三十四年乙卯　先生三十一歲。入京會試。

一五五六　嘉靖三十五年丙辰　先生三十二歲。不第，還至巫峽，作《春風辭》諸篇。族子來時良窘甚，先生收養、娶妻置田産，□發歸。次子時升生。

附《春風辭》①〔略〕

① 原譜所附詩文均見《日録》，兹略去。

先生《日録》内外集共二十卷，所著詩文語録甚夥，不勝附入。兹因年譜所載，擇其尤要者附録于後，使覽者得其崖略。

一五五七　嘉靖三十六年丁巳　先生三十三歲。家居。

一五五八　嘉靖三十七年戊午　先生三十四歲。入京會試，父臨行囑曰：『如不第，不必回，可住京師。爾有琴癖酒癖，戒之。』

一五五九　嘉靖三十八年己未　先生三十五歲。不第，客京師。

一五六〇　嘉靖三十九年庚申　先生三十六歲。客京師。

一五六一　嘉靖四十年辛酉　先生三十七歲。客京師。

一五六二　嘉靖四十一年壬戌　先生三十八歲。揭榜前一夕，先生又夢立巫峰。嘆曰：『巫峰乃川中水口秀山，故川中多文人。今又夢之，乃文章秀氣，非富貴夢也。』次日，果不第。時家書至，云父風疾發，母目疾重。遂題《路引》詩云：『莫遣紅塵客子知，殷勤謝爾夜題詩。兩行黑字催人老，一幅烏絲覺我痴。萬里鵬程何足論，雙親鶴髮已多垂。此中有路尋堯舜，東海宣尼是引師。』因焚其引。焚後數十會友至，有泣下者，曰：『本朝以科目爲重，若焚引别無路矣。』先生曰：『有聖賢一條路，做聖賢不要命，無論富貴貧賤，皆可能之。割斷了科目一條腸，孔孟由我做去。』會友皆不然之。次日，將絹大書『願學孔子』四字縛于臂。又題京師邸壁云：『昔年行路不知路，今日登高始覺高。知路知高天近午，泗濱佇目駕飛舠。』遂飄然而歸。道焚引之故，父曰：『爾若做孝子，成聖賢，不做官何害？』

一五六三　嘉靖四十二年癸亥　先生三十九歲。家居讀書，題《了心歌》，尾云：『泰山巖巖海汪汪，洙泗真源派許長，蘭橈桂槳駕一航。排開閶闔登宮墻，大叫尼父坐明堂。嗚球佩玉共趨蹌，回琴點瑟繞鏗鏘。』

一五六四　嘉靖四十三年甲子　先生四十歲。家居讀書。有司催上公車，先生乃書聯于堂曰：『彩服堂前，幸喜雙親今八秩；紅塵路上，不將一日換三公。』

一五六五　嘉靖四十四年乙丑　先生四十一歲。家居讀書三年，乃嘆曰：『此出口入耳，非學也。』置祭田數畝，與族人輪流應祭。長孫許生。

一五六六　嘉靖四十五年丙寅　先生四十二歲。畫太極圖于室中，味程子終日端坐、李延平澄心默坐，遂無天無地，無人無我。邑志無末二句。

一五六七　隆慶元年丁卯　先生四十三歲。家居靜坐，玩太極圖，或時看《性理》，倦則鼓琴。坐二年，覺是禪學。

一五六八　隆慶二年戊辰　先生四十四。友人楊嘉製約游吴，附一商船，商待之甚勤，意欲九江説關也。先生初不知，比至九江，商方言其故。先生曰：『我生平不説事，肯以一關故破余戒乎？』時主事袁三接，先生賦《廬山》詩一章投之，詩云：『澤畔煙花浪宕開，五雲縹緲鎖雲臺。峰連九子排玄笋，水散三山接上台。司馬未酬江海志，張騫去泛斗牛來。棄繻也識非難事，無奈篙師次第催。』袁公盡免其税。因入南京，復游泰山。之北京游西山，還作《游吴稿》諸篇。

一五六九　隆慶三年己巳　先生四十五歲。柱史譚公啓訪先生，先生家無備，設菜二盤待之。次日送至溪邊，譚曰：『我見爾腹中一肚子鐵，以菜款御史，乃談笑自如，爾願學孔子成矣。』先生曰：『獨不聞四時八節無錢使，半夜三更有客來者乎？』一笑而别。夏，丁父憂，廬墓。次孫謁生。

一五七〇　隆慶四年庚午　先生四十六歲。廬墓。取族子貧而可教者來時允、來鉉等至家教養，二子皆入學，爲之娶婦生子，令歸本生父。

一五七一　隆慶五年辛未　四十七歲。廬墓。丁母憂。

一五七二　隆慶六年壬申　四十八歲。廬墓。

一五七三　萬曆元年癸酉　四十九歲。廬墓。次子時升並所養族子時允俱入學。時允，邑志作時良，誤。

一五七四　萬曆二年甲戌　五十歲。廬墓。思父，作《秋風辭》諸篇。廬墓六年，不茹葷，不御内，不巾櫛，琴瑟俱廢，日悲號，心志甚苦。冬服闋。登太白山，悟格物之物乃物欲之物，一者無欲也，格物則無欲矣。孔子説『吾道一以貫之』，『所以行之者一也』，『天下之動貞夫一者也』，孔子三個一字通同，皆祖述堯舜『惟精惟一』之一，就豁然通曉得作聖功夫，有頭腦，有次第。作《述悟賦》，改太白山爲悟山。又作《悟山稿》。縣令莊公扁其門曰『孝廉經世』，薦之兩院。著《理學日録》，太守郭公棐謂『《詩録》其文，蔚然有陶韋之風流；學録其理，淵然得鄒魯之正脉。』扁其門曰『東川高士』，收入本府《人物志》。御史孫公肯堂按梁，對諸生曰：『不必尚論古人，來某即是古人矣。名利關多識不透，即卑官如巡檢、驛丞，亦割捨不得，爾等莫將焚引事看易了。』下檄云：『名儒來某，揚馬之文，曾閔之行，始因親疾而焚引一旦，固人情之所難。繼因親沒而廬墓六年，豈士林之易得？且充養純粹，不入城府，雖古之郭有道，今之陳白沙，亦不過是也。』表其門曰『三川高士』。縣令催先生出謝，先生書一絶句答云：『十載方將一戒成，滿園松菊届時生。而今若爲霜威破，草木焉知不笑人。』

附《秋風辭》〔略〕

一五七五　萬曆三年乙亥　先生五十一歲。欲游五岳不果。常往侍伯兄知行，將莊田一所讓兄爲衣服酒食具。豎草堂名『快活庵』，讀書其中。立四禁：不枉見有司，不入城府，不釋麻衣，不自奉殺牲。又編《齋居日》，遇齋居即閉門謝客。作《快活吟》，所飲酒名『快活春』，題云：『不願富貴金堆屋，不願神仙騎黄鶴。但願朝朝快活春，醉後長歌太平曲。』所卧榻名九喜榻，作《九喜榻記》。節推董公以先生由由然與人偕，春風藹然，得聖人之和，一介不與取，得聖人之清，表其廬曰『清和入聖』。

附《九喜榻記》〔略〕○此記當在六十後。

一五七六　萬曆四年丙子　先生五十二歲。居釜山，作《客問》《釜山稿》。所養族子來鋐入學。

附《客問》〔略〕

一五七七　萬曆五年丁丑　先生五十三歲。讀《易》，以宋儒不言象，止言理，因客萬縣求溪注《易》。先生嘗曰：『得傳孔子之心得，侍四聖之坐，老死山林，何憾？』見《行狀》附。

一五七八　萬曆六年戊寅　先生五十四歲。客求溪。作《省覺録》《省事録》《鐵鳳稿》。是年先生遭謗，乃題云：『他山攻處偏成玉，苦李時來也自甜。誰謂南山高萬丈，行行便到祝融尖。』

附《省覺録》四十七則〔略〕

附《省事録》十六則〔略〕

一五七九　萬曆七年己卯　先生五十五歲。客求溪，作《求溪稿》。忽夢一長人齊天，手持一物，至圓至明，詣前曰：『此月也，今賣與爾。』自覺滿腹肺腑無一不見。好事者聞之，誅茅成亭，曰『買月亭』。先生訂正往日所著《太極圖》《大學古本》，作《買月亭稿》。本縣學博譚大騰，鹽亭人，夫婦同歿于任所，難還里。先生捐貲修墓禮葬。其子瓊，先生爲懇于縣令，將學地居之。常命讀書，後入梁山縣學。

一五八〇　萬曆八年庚辰　先生五十六歲。客求溪。郭公作《日録序》，以爲『獨探理窟』，『其賦詩出奇，飄飄有凌雲氣，寄興于寥廓，而歸宿于仁義，以游逍遥之墟，即莊周所謂至人者此也』。名所居爲『悦我堂』。

一五八一　萬曆九年辛巳　先生五十七歲。游華山，欲靜坐山中悟易象之理。至雞頭關投宿，宿家有悲號聲，問之，曰：『負債，將兒婦賣償，已立券，明日歸矣。』先生出路費銀八兩與贖。後至華陰，一人窘甚，女長不能嫁，哀告于先生，爲捐銀六兩與之。因此途中無措。復還求溪，絶口不言及，蓋得之侍者口云。先生入求溪，思《易》，十夜不寐。忽一夜夢一黄衣人與先生相揖讓，若授受意。次日偶思見『豕負塗』一句，遂悟其象。作《華山稿》《太和山稿》。

一五八二　萬曆十年壬午　五十八歲。游峨眉山，作《游峨眉稿》《論俗俚語》《死生有命吟》《富貴在天吟》《八關稿》。先生自言一日有四樂：〔略〕八關謂進關、退關、富關、貴關、貧關、賤關、生關、死關。

附《喻俗俚語》〔略〕

附《死生有命吟》〔略〕

附《富貴在天吟》〔略〕

一五八三　萬曆十一年癸未　先生五十九歲。客求溪。刺史傅公敘《日録》，謂先生六經、百家書無不讀，樂道安貧，抱膝長吟，所著詩中更無一愁字。又謂先生所著内外諸書，『讀之汗出』，『直接孔氏絶學，雖朱、程復生，亦必屈服。豈意孔子之學，至今日方大明哉』。

一五八四　萬曆十二年甲申　先生六十歲。居釜山。友人張成夫訪先生，臨别索言。曰：『爲學如燒窯，切不可助長。火候功夫到，煙自生清亮。仲尼到而今，千載道已喪。只因利名關，終日作膨脹。因此自沉溺，墮落深萬丈。仰視魯仲尼，仲尼在天上。不須求花譜，鴛鴦舊花樣。只于心上覓，何處是蕩蕩。』游白帝城，作《重游白帝稿》。長孫許入學。曾孫象觀生。先生又嘗謂：『去其所以戚戚者，則不求蕩蕩而自蕩蕩矣，蓋所以戚戚者乃物欲也。』附。

一五八五　萬曆十三年乙酉　先生六十一歲。客求溪。《大學古本》並《格物諸圖》成。吴會張子功敘《日録》，謂先生天才本高，無書不讀，又加以講格物之學，靈根湛然無欲。且山林日久，涵養愈深，時時不改其樂，故其爲文博而歸于一。又謂先生襟懷灑落如光風霽月，不拘拘繩趨尺步之間，其人品絶似康節，才實倍之。邑志無末句。

附《格物諸圖引》〔略〕

一五八六　萬曆十四年丙午　先生六十二歲。客求溪。楊兩洲見先生還，友人問曰：『瞿唐何如人？』楊曰：『不枉見有司，高談仁義，蓋孟子再生也。』縣令蔡公表其廬曰『一代大儒』。

一五八七　萬曆十五年丁亥　先生六十三歲。客求溪。作《醉箴》《言箴》《邢于箴》《九德箴》。中丞曾公寄詩云：『聞君常對一尊寬，竹徑煙霞勝畫欄。三絶韋編曾注易，九還爐火自成丹。獨披野外山人服，不整朝中鵕鸃冠。卻喜賢侯頻過訪，非因投刺學居難。』

一五八八　萬曆十六年戊子　先生六十四歲。回釜山，作《入聖功夫字義》。督學青螺郭公考校梁山，禮于其廬。倉卒無備，只蔌殺二器相與，議論直至夜分。後下檄云：『來某心無區囿，學有淵源。悟徹八關，惟遯志于道德性命之奥；節高三峽，不投足于富貴利達之場。』扁其堂曰『明道』。孫譪入學，曾孫象鼎生。

一五八九　萬曆十七年己丑　先生年六十五歲。居釜山，作《弄圓篇》《格物諸圖集》《謹言功夫四十條》。督學徐公華陽扁其門曰『西川高士』。曾孫象賁生。侄時聘殁，公讓墓葬之。

附《弄圓歌》〔略〕

一五九〇　萬曆十八年庚寅　先生六十六歲。客求溪，作《心學晦明解》《河洛圖書論》《理學辨疑》。御史何公淵泉表其廬曰『天下高士』。先生自焚引侍養，隱居山林，不濡足城市。城中有小室，門常閉而不開，四方求見者輒病先生難遇。先生書聯于門云：『我欲求仁，道在邇而不遠；人之好我，門雖設而常關。』孫譯生。

附《心學晦明解》節録〔略〕

一五九一　萬曆十九年辛卯　先生六十七歲。客求溪。督撫艾公熙亭移檄云：『來某隱居樂善，絶意時榮，闇洳自修，罔求聞達，砥行以聖賢爲師，抗志在煙霞之表。焚引養親，而不以三公易一日；杜門著述，欲繼往聖以開來。超然邁古意于今時，而懿行已式于鄉閭。挺然秉獨醒于衆醉，而高風可勵于末俗，真聖世之逸才，爲士林之芳軌。識者以古之郭有道、今之陳白沙擬之，信矣。本院重其人品，欲特疏于朝，以期徵聘。但嘉遁已久，恐違雅志。』表其門曰『盛世真儒』。

一五九二　萬曆二十年壬辰　先生六十八歲。客求溪。改《大學古本章句》，作《革喪葬禮約》。御史王公象乾移檄云：『來某孝弟並著，榮名兩遺，枕經籍書，澡身浴德，獨探性命之奥，不止詞賦之工；即其懿行高標，真可起頑立懦。』扁其廬曰『潛心理學』。縣令劉公扁其門曰『秘傳千古』。曾孫象泰生。

附《革喪葬禮約》〔略〕

一五九三　萬曆二十一年癸巳　先生六十九歲。家居。

一五九四　萬曆二十二年甲午　先生七十歲。家居。豫章李公柱宇扁其門曰『西川孟子』。次子時升補廩，孫象臨生。

一五九五　萬曆二十三年乙未　先生七十一歲。家居，作《來氏家訓》。分守薛公書云：『購《瞿唐集》遍閱之，其内篇發揮明德格致之旨，知千古之聖學，不外仁敬孝慈信之五倫，推究太極陰陽之圖，察人間之大欲，誠在好勇、好色、好貨之三者。其義理明白爽暢，其工夫易簡，直捷其胸次，又高明廣大，匪直追踪前修，抑且嘉惠後學。』長孫許補廩。

一五九六　萬曆二十四年丙申　先生七十二歲。家居，伯兄知行卒，先生哭之慟，墳墓衣棺皆先生所備。

一五九七　萬曆二十五年丁酉　先生七十三歲。家居。是年《易注》就。書之壁以自警曰：『昔衛武公九十五而不忘儆戒，飲酒悔過；孔子七十而從心不逾矩，不爲酒困。』曾孫象坤、象鼎生。

一五九八　萬曆二十六年戊戌　先生七十四歲。家居。是年《易注》刻成。作一竹室，日訂正《易注》于中，題于柱曰：『蝸室取淇園，如切如磋，如琢如磨，睿聖武公爲老友；羲經探賾隱，尚辭尚變，尚象尚占，素王孔子是先師。』督學李公鵬岳旌其廬曰『三川學者』。

一五九九　萬曆二十七年己亥　先生七十五歲。家居。御史王公遂初扁其門曰『西蜀高賢』。分守來公熙安檄云：『來某隱居樂道，堅持狷介之風，閉户窮經，闡發聖賢之奥。』扁其廬曰『遠紹絶學。』兵巡郭公青宇扁其廬曰『瞿唐瑞氣』。縣令徐公約原表其廬曰『孔孟衣鉢』。曾孫象謙生。

一六〇〇　萬曆二十八年庚子　先生七十六歲。家居，中丞青螺郭公作《易注序》，縣令徐公作《易注序》。方伯郭公書云：『昔賢以文求易，故其旨難明，今公以象求易，故其理易見。蓋象者像也。有天地則有天地之象，盈天地間莫非男女，則盈天地間莫非乾坤，則盈天地間莫非易，莫非易則莫非道矣。

此真有以發四聖之未發，而破宋儒謬悠之説，不意《易》數千年來乃大明于今日也。先生大有功于四聖，豈宋儒可同日語哉。此非來氏一家私書也。獻在明廷，副在石室，頒于天下，俾天下讀《易》者曉然，知四聖畫卦本來意旨，則有功于四聖豈淺鮮哉。』又題《夔門十懷》詩云：『我懷來隱君，翩翩騎白鳳。茂齡掇秋芳，不獻南宮頌。壯歲絶韋編，注易伊川洞。保身若處子，視世如大夢。懿哉有斯人，宇内殊光重。』中丞曹公寄詩云：『羞將驥足負監車，諫議嚴光懶拜除。野鶴回翔游物外，卧龍高隱在乾初。半生彭澤惟飲酒，千載求溪獨著書。遙接羲皇人世上，逃禪真性自如如。』縣令汪公崑麓扁其廬曰『西南正學』。曾孫象觀入學，象豐生。

一六〇一　**萬曆二十九年辛丑**　先生年七十七歲。家居。青螺郭公書云：『得趙柱史尉薦語，乃知天球河圖、明月木難，有不見之而珍者非夫也。讀《易注》，又知三十年求溪見羲于羹，見文于牆，其勤埒于韋編三絶、鐵檛三折，其思透于通乾出苞，流坤吐符，即子雲《太玄》猶或退舍。如瞿唐者，豈非人傑哉。』柱史宋公書云：『讀所爲《日録》，知先生七十年間，此心渾是一團天理，而無一毫人欲之雜。無一息天理之間。國朝二百五十年，道學薛文清之後，得先生更益彰著，以錯綜其數，悟盡天下之象，皆根極易理。有宋諸儒所未發而先生發之者，直上接四聖之緒。《易》云易之興也其于中古；祖興云，象之明也其于先生。萬世而下不能無《易》，不能無此注以明易象之理。先生有功于道學不淺。』曾孫象蒙、象頤生。

一六〇二　**萬曆三十年壬寅**　先生七十八歲。家居。四川督撫象乾王公、貴州撫院子章郭公交薦。疏爲舉薦境内逸才，懇乞聖明優禮録用，以風恬退，以光聖治事。臣聞自古盛明之世有不賓之士，巖穴之中多絶塵之侣。古昔帝王當訪而委任之，不終投之山林，以老其身。抑或因而成就之，不強縻之以爵禄，以遂其高。如申培以八十進蒲輪，轅固以九十拜太傅，此以用爲用者也。如嚴光桐江一絲，扶漢九鼎；邵雍《經世》一書，羽翼雒學，此以不用爲用者也。總之皆旌帛高士，物色異才，爲國家計耳。臣查《大明會典》，天順元年，詔處士中有學貫天人，材堪經濟，隱居高蹈，不求聞達者，所司具實奏聞。隆慶二年，題准：舉人中如有孝友姻睦，名實相孚，不分已未坐監，許撫按臣會薦，遇有兩京博士等缺，酌量推用。欽此。臣仰見屢朝列聖，側席幽人，惟恐不及。陛下御宇以來，明目達聰，顯忠遂良，幾于野無遯賢，而旁招俊乂，網羅隱逸，亦盛世所不廢者。如臣撫蜀，境内梁山縣舉人來知德，正所謂處士之高蹈隱居，舉人之名實相孚者也。臣知知德匪自今日，昔爲四川提學副使，讀知德書，慨慕其人。及考校梁山，禮于其廬，與之語，始知其爲天下士，臣于是薦之于撫臣徐元泰，泰方請告歸，旌其廬曰『西川高士』，未及薦于朝也。臣近待罪貴州，梁山爲臣屬縣，訪知德年七十餘，而身健神王，無異曩昔。貴州按臣宋祖興與知德比鄰，知之甚真，言之更詳，顧嫌于同里，未敢形之牘也。臣請以知德平日之學行爲陛下陳之。嘉靖壬子，以《禮記》中四川鄉試第五名，是時舉人坊牌尚派本鄉里甲，知德鹿鳴席畢，對御史喻時曰：『鯫生始進，無毫毛裨益桑梓，而以坊金累閭里，義所不安，請辭。』御史壯而許之，予之扁曰『清節可風』，而別助盤費三十金。其志操之貞白有如此者。已，頻上公車，屢擯南宮，而父母春秋高矣，知德青雲之念奪于白華，遂題柱曰：『彩服堂前，幸喜雙親今八袠；紅塵路上，不將一日换三公。』二親繼歿，祭葬廬墓，一軌諸禮，其孝行之純篤有如此者。既葬親後，遨游五岳，求友四海，往來峨眉、太和、廬山之間。所著有《太白山》《述悟賦》《峨眉山賦》《游吴稿》《太和稿》《鞋山》等篇，不下數十萬言。即相如之賦、太白之詞，不雄于此矣。老而歸隱梁之釜山，坐九喜榻，作《八關詩》，畫《三戒圖》。所著有《入聖工夫》《理學辨疑》《心學晦明解》《省覺録》《省事録》《河圖洛書論》，言言著理，字字印心，即虀粥長白，不勤于此矣。已而研窮易理，專注易象，猶嫌釜山紛沓，乃去梁，之萬縣求溪山中，絶往來，捐形骸，二十餘年。超然悟伏羲圓圖之爲錯，文王《序卦》之爲綜，以錯綜二字極易象之變，發千古未發，言四聖欲言，即程傳朱義，不晰于此矣。該臣會同總督川湖貴州軍務、巡按四川、兵部左侍郎兼都察院右僉都御史王象乾，看得舉人來知德學有淵源，言稱古昔，據其巖居川觀之節，或似嚴邵之蹤；而論其注《易》畫圖之功，實出申轅之上。齡逾古稀，夏不扇，冬不絮，望之者輒以爲神仙之侶。讀其《日録》，有内篇，有外篇，叩之者知其爲孔孟之徒，豈銅梁玉壘之秀，育于斯人，而君平、老蘇之餘，僅一再見。知德家食已久，絶無一毫求名之意，獨念臣屬境有斯人而不以聞，是蔽賢也；國家有斯人而不一用，是棄才也。臣又查得往例，如江西布衣吴與弼、廣東舉人陳獻章，俱蒙先朝聘禮赴京，授以諭德、檢討，至今以爲美談。近例如江西舉人鄧元錫、劉元卿，俱蒙皇上特允儒臣之薦。元錫以病不至，元卿授禮部主事。爭相濯磨，竊謂知德之學之行在四臣伯仲之間。伏乞發下吏部，再加查訪，如果臣言不謬，將來知德優禮録用，庶聖朝弓旌束帛之典不遺于巉岩，而山林抱獨守素之士不填于溝壑，其于世道非小補，而聖治爲益光矣。等因，奉旨：『吏部知道，欽此。』欽遵抄出，到部送司案呈到部，看得貴州巡撫、都察院右副都御史郭子章題議，乞録用四川梁山縣舉人來知德一節，爲照舉人來知德，負醇粹質，讀聖賢書，孝養一日，不博三公隆貴，錯綜二字足發四聖精微，清風高節，窮且益堅，旁搜遠紹，老當益壯，遠接嚴、邵、申、轅，近方吴、劉、陳、鄧。伏在草莽，足爲丘園之賁；被之弓旌，當爲邦家之光。蓋盛世有巢由，固宇宙之爲大；而明明揚側陋，則朝廷自至公。既經撫臣具題前來，相應覆請，及查先年起用舉人鄧元錫欽授授翰林院待詔，今與例相合，合無將來知德添注翰林院待詔，恭候命下。本部給憑，轉行本官，一體欽遵施行。等因，太子太保、本部尚書李戴等具題，奉旨：『來知德學行既優，添注翰林院待詔。』

自命下，即建優哉閣，訂《易注》于中。改天元寺爲既優書院，日坐優哉閣中讀書不輟，罕與人接，自是始號『優齋』。太史黄公輝書云：『先生天資絶人，以數十年精苦之力，妙解易象，破却秦漢以來未了易案，可謂前無古人矣。』鄭孝廉寄詩云：『聖明徵詔下梁州，萬里冥鴻未可求。九喜自能甘豹霧，三公原不换羊裘。憑陵六籍文章富，嘯傲千秋大白浮。野服黄冠丘壑相，圖來政可獻宸旒。』族人來時發貧甚，鬻子，先生捐銀贖之。曾孫象豫、象有生。

一六〇三　萬曆三十一年癸卯　先生七十九歲。居優哉閣，是年春具疏辭官。〔略〕等因，奉旨：『該部知道。欽此。』欽遵抄出到部送司，案呈到部。看得四川梁山縣舉人來知德，脱屣塵蹤，探珠理窟。早歲辭榮，志已超于凡近；終身純慕，孝可通于神明。遺世入山，謀道何知謀食；希心作聖，窮日繼以窮年。徹易象之玄機，本造化安排，不假纖毫之力；發錯綜之妙義，如羲文授受，頓開全覺之神。叩之而淵源莫測，質之而符合易知。舞蹈俱忘，神情自得。豈天爲明時興易教乎，故爲庖羲生哲人也。今者膺薦而典木天，酬功非過；陳情而安布素，秉志尤真。委以仗朝之齡，似非出疆之日，所有疏乞，相應允從。查得天順間，臨川處士吴與弼，成化間新會舉人陳獻章，幣聘來京，即授諭德、檢討等官，固辭不赴，俱得賜歸，而與弼又令有司歲給月米。今來知德學與二臣同，遇與二臣一，竊謂功則過之，位不逮焉。合無比照獻章事例，容以原授翰林院待詔職銜致仕，仍照與弼事例，有司月給米三石，以示優渥，庶朝庭于尊賢中兼行夫養老之意。而知德以樂道之士，長得爲太平之民，所以奬恬退而風後進者，亦必賴之矣。吾道幸甚，世道幸甚。恭候命下，本部即令本官一體欽遵施行等因。太子太保、本部尚書李戴等具題，奉旨：『是。』先生仍具疏辭米。郭中丞曰：『毋！周之則受。』先生聞言而止。族子來文蔚，資性可教，苦于貧乏，先生命子時升教養于家，是年入學，衣巾費用，俱命時升爲備之。曾孫象鼎入學。

有上内閣沈三相公書。失載

寧波沈相公覆書云：『大賢不世出，高蹈岩穴又不易聞，聞已而又韜珍藴奇，不爲國家用，故世與賢常兩相失也。如公非兩臺推轂，誰明谷口之英英者。然漢終不能屈子陵，奈何？古人有言，藪澤有賢，國家之福，北海之濱，風流自遠，不勝西向拜手。大作與芳訊敬置座隅，以當韋弦。唯萬珍重，永齡無疆，爲世羽儀。』歸德沈相公復書云：『讀佳刻，知公究心理學，特極精邃，真不辱弓旌盛典也。既大疏以高年辭，朝廷當曲成高尚耳。』山陰朱相公復書云：『弓旌之典不行于岩穴久矣，惟公學能窮經、行可範俗，公車交薦，特起清華，蓋昭代之盛典，必待人而後行也。夫二老歸周，古聞其語；四公避漢，今非其時。奈何堅肥遁之貞，失觀光之會？既明雅志，所不敢奪，唯是鴻羽可儀，總之有裨于世教也。』中丞一齋温公書云：『領佳刻極喜，聞大易錯綜之説，爲從來未有，及卒業論學玄旨，開我良多，何啻面承謦欬。鄙意學脉須求孟子，願學孔子。孔子祖述堯舜實詣，總是從人心道心，爲從心不逾矩，形色天性之學，方能内外兩忘，以成所詣。佳刻所云一貫已得之矣，願相與共守此脉終身也。近多外人心以求精一，則二之矣。執事以爲何如？承教高尚已遂，惜時事方如溺如焚，不可强老賢共濟蒼生。一動歸心，旦慕西歸，或他日山中相近，猶可覓羽通聞問也。』都諫希泉王公書云：『門下尚志丘園，怡情緗素，耄齡白髮，著述不休，如鶴唳九皋，鳳翔千仞。視世之蛾燭蟻羶，鴟嚇腐鼠者，何啻徑庭？門下辭官辭禄，固率淡泊真性，非矯也。昔叔孫豹稱宇内三不朽，曰立德、立功、立言，門下固身有其二矣。騷客詞人，所在不乏，惟理學爲尼山正脉，萬古常新。門下茹苦求溪數十年，得郭青螺公名筆表章，以故寰宇三尺之童，無不知高梁有瞿唐公，無不知瞿唐公與吴康齋、陳白沙鼎峙國朝，齊芳青汗。非坤維之盛事者，耆舊之奇遇耶！』兵憲翼雲吴公書云：『覽古巖穴之士，負英彩者，未必兼操；抗志節者，未必兼學。仰求華實並茂，卓出人倫，千載以來，指不屈數。先生標凌千仞，藻探百代，玄纁之辟，高卧不起，文章道德，蓋實兼焉。所謂布衣祭酒，吾道龍門者非耶。』又云：『《易》之爲書，古聖學之鼻祖也，講學者舍此，皆爲旁蹊曲徑。先生竭生平之精力以鑽研，而一旦貫通，其紹述之功，有開來學而贊先聖者矣。』本縣通學生員具呈部院王公，欲爲先生修坊，移文行縣，先生與縣令書固辭。初，先生在襁褓時，梁山邑人馮庚爲縣令，與典史同入覲，撥御郡守。五鼓入朝，坐蓬忽寐，夢朝中出一牌云：『翰林院來某，應得禄米三石，鹽十斛，仍赴翰林院。』回，與先生父言之，父曰：『吾兒得長齡足矣，安望至此？』詎意七十餘年，應若符券耶！

一六〇四　萬曆三十二年甲辰　先生八十歲。家居。書一聯云：『天下當太平，不識不知，魚躍鳶飛皆富貴；身中無個事，辭官辭禄，風清月白自期頤。』又作《呈易注並謝恩疏》。二月二十二日偶染疾，卧起如常。至三月初一日卧蓐不起，子孫以藥進，乃曰：『數已盡矣，服藥何爲？』酣睡不語。初六日早，忽呼孫許至床前曰：『我出世觀化一番，生平爲善不爲惡，仰不愧，俯不怍，幸得聞道，可以去矣。』語絶而逝。曾孫象復、象恒①訃聞當道名公，四方學士靡不痛悼，俱有挽章，未及殫述。後卜葬于縣十五里德福鋪。

附軼事

先生居父母喪，相繼六年，不飲酒，不茹葷，親友或以酒肴强之云：『席中無别客，無害。』先生曰：『余之齋戒非以要譽，爲此心不忍也。』竟不食。《邑志》遺

① 『象恒』後原衍一『生』字。

先生因會試不第，居京邸六年回，不遽入私室，必卧于父母榻前，敘寒燠，道京中事，如此者數十夜，然後入私室。《邑志》遺

人有邀先生飲，或遺兄，先生鬱鬱不樂，竟不往。人知其意，有請者必先及兄。先生每日設酒請兄，或無肉，止蔌菜，必盡醉方回。兄不言擾，先生不言慢。有衣食器物，兄或用盡，與之。先生事兄篤厚謹飭，即年至七十，禮儀毫不敢苟。《邑志》遺

先生因不第，讀書京邸，大有聲名。時順慶陳文端公居相，遍求《禮經》名士，以傅子玉壘聞而幣聘。先生曰：『大丈夫當自立，何趨相門爲？』竟辭病不應。

先生寓京邸，鄰有歸因夫繫獄，自獻其身以求濟。先生毅然拒之，移居別寓。友人會試，聞其事，語于人，莫不敬服。

先生自求溪回，過萬縣，友人觴之酷，以極濃酒，俟醉甚，舁至妓家，紿曰：『此館邸也。』置于卧榻。半夜酒醒，呼盧兒名，妓以實應。先生駭然驚起，黑夜奔回寓所。次日，眾友至，先生已行矣。友人密詢，妓曰：『衣尚未解。』

嘗買一婢，甚拙，孺人每過責之。先生曰：『此亦人子也，彼若有能，决不婢于我矣。』後婢逃回，先生私揭券還之。從《邑志》删節

孺人御婢甚嚴，先生窺見一婢盗孺人簪，隱而不言，恐其怒責。及婢歿後方言，以釋孺人之疑。其度量寬容如此。

先生訓子孫只以孝弟節儉爲本，不言及貨利；又以功名富貴自有分定，不可强求。

先生家食稍有餘，鄰里有貸無不應，不能償，亦不校。

人有以書詆先生，先生得之，微笑而已。子孫覓看，先生曰：『爾等涵養未到，見之不免有物在心，看何益？』卒以書投火。

先生居釜山，夜不嚴扃鑰，門常不閉，人病其疏懶而嗤之。賊感其德，未嘗犯。《邑志》遺

先生待人禮儀，一毫不苟。不獨外人，即子孫或值溽暑，深夜必着衣冠，然後令見。《邑志》遺

癸卯冬，先生讀書優哉閣，忽一黄冠人請見，約游四海名山，先生以衰老辭。相與談論者半晌，送至溪邊，辭别，約期以三月初六日再會。先生轉思之，宛然求溪悟《易》時夢中人也，心竊疑之。及甲辰三月，先生卒于是日，其異如此。

與鄉人處，和易可掬。即或犯，毫無芥蔕于懷。有訟，先生輒爲勸解。閭里多嚮化。見《行狀》附

先生游吴，過京師，古建吾公送先生游山資，不受。游峨眉，周東郊公送游山資，亦不受。曰：『鴻雁啄人間粟，决不能摩霄。』見《邑志》，傅達吾《日録》引。附

建坊崇祀附

萬曆三十五年，兩院具疏奉旨，移文本縣，修建聘君仁里石坊于通衢。

萬曆三十六年，本縣通學生員具呈學道，請入鄉賢，奉督學魏移檄仰縣迎主入鄉賢崇祀。

萬曆三十七年，按院彭移檄：『來聘君曠世高士，崛起真儒，《日録》抉百代淵源，《易注》闡四聖奥秘。已入鄉賢崇祀，擬照合州鄒智事例，修竪特祠，傍于學宫，春秋禋祀，庶近聖人之側，分俎豆之馨。異日從祀孔庭，此其階乎。』

萬曆三十八年，本縣申文學道，請給子孫衣巾奉祀。奉督學張移文：『看得來先儒，三川高士，一代

大儒，注易明經，有功先聖。特祠薦禋，已享苾芬于俎豆；春秋妥侑，必須子姓之趨蹌。理合奏請世奉禋祀外，今有嫡孫儒童來象謙，文行堪録，于給衣巾奉祀。』

國朝順治十七年，署梁山知縣彭將承襲奉祀生員來嗣祖具册申文學道。

康熙元年，知縣林申文請給衣頂，恢復舊典，奉督學席批：『來嗣祖准給衣頂奉祀，不必入考册也。』

崇祀疏見《邑志》附

明　劉之勃巡按

爲真儒之學行久著，謚祀之異典尚稽，謹約略生平，彙進遺書，以備廷議，以光盛治事。竊考自有生民，而儒道具焉，世運人心賴以長不墜者，此物此志也。堯舜禹湯以及孔孟而後，時污時隆，道卒無晦而不明之會。則以道統之主持，代有其君；道術之修明，代有其士。所以闡幽揚光，表章之典，獨于斯爲最重，蓋示天下後世以知所宗也。蜀有故儒來知德，臣自髫齡受讀時便知聞其名而慕之。今幸按蜀，親至梁地，爲本儒故里，井廬依然，芳模具在。一時士人，若紳若士若民，具能述其流風而歌揚之。爰有公呈，以請謚、請祀爲言者，名筆盈牘。臣遍詢之道州府縣，靡不移贊其賢，且以爲孟子以後一人也。臣隨取其諸刻而細讀之，見其議論切實，行誼醇正，真有非近世諸儒所能及者。以彼焚引養親，廬墓盡禮，則曾閔之孝也；以彼不蠱富貴，修身見世，則申轅之節也；以彼比物連類，窮理立言，則韓歐之文也。易象錯綜之注，殆闡四聖未發之藴；《大學》格物之解，將斷千年不决之根。勤勤懇懇，探性命于精微，辨疑似于毫芒，則又朱程之著述也。羽翼聖經，師表後學，功孰有大于是者。詳考本儒生于嘉靖四年，以《禮經》中嘉靖壬子科鄉試第五名，後因親老終養，隱居學道。又以先臣貴州巡撫郭子章等交章薦舉，蒙神廟授以翰林院待詔。知德仍辭不就位，復蒙准致仕，月給米三石。是知德之生，固禀祖宗至治之精，而實身承祖宗培溉之澤矣。惟易名從祀一事，尚未舉行，則又神祖聖宗留之以待我皇上者也。夫事以久而愈彰，論以久而益定，今群書畢進，學行備載，似可詔集廷臣，細加討繹，會議舉行，或不煩復俟之異日乎。該臣再考孔廟從祀諸賢，自七十子而外，其續蒙進奉者，春秋及漢有左丘明、高堂生、公羊高等九人，隋有王通一人，唐有韓愈一人，宋有周敦頤、程頤、程顥等十六人，元有許衡，昭代已有薛瑄、王守仁等四人，此皆歷代人主及我祖宗身任斯文，見其事于一端者。以知德之德業昭彰，固不在諸賢之下。況我皇上之隆崇理學，又當擅帝王之美。近見皇上數幸太學，表彰先儒，既于往代統加尊優，豈于昭代反靳異數？固知繼往開來，原皆我皇上道揆中庸，正可因知德以志嗜尚耳。或有謂時事多艱，此事似爲可緩者。臣謂亂之所從起，正由子不知有孝，臣不知有忠，正須提名教以砥□之，則經術所以經世務，未始非救時一大機括。況知德爲蜀儒，臣幸爲蜀官，官其地，知其人，而不以上聞，是蔽賢也，則臣之自處又何如哉？懇乞勅下該部，將從祀、謚名二事，一併議覆。將見聖道大成，益昭于崇儒之際；而天下後世，俱淬礪于風厲之條矣。其知德遺書，所録自《易注》《大學古本》及《格物圖解》而外，頗及應酬詞語，刊字亦不無差訛，臣亦不敢削正一字，以失本來。除止就原板刷印進覽併送該部覽察外，臣謹會巡撫陳士奇合詞具題。臣無任激切懇禱待命之至。崇禎十六年八月十三日具題。命下，因亂未經通行。

跋①

初閱《梁山邑志》，全載《瞿唐先生年譜》，疑非志例。詢之友人，始知得自手抄，慮其失傳，故載于

① 此標題爲點校者所加。

志，不必以例繩之矣。第志帙繁富，翫閲爲難，不如别刊專集，家有其書，足以觀感興發，此端溪谷樵明府年譜之所由刊也。明府之言曰：邑有大儒，坐令一嚬一笑、一言一動不彰于後，有司之過；邑有大儒，不以一嚬一笑、一言一動之教教邑人，别求教之之方，有司之愚。故其治梁也，不設鉤距，示採風聞，不改絃而更張，善用其因，而事理亦平。兹譜之刻，將因仁賢之鄉人，成通邑之仁賢，貞良孝秀、康樂和親于是乎在，僅曰表章而已哉！然兹譜之刻雖本于《邑志》，所益數條又本于家乘，至所載詩文語録，則本于先生内外二集。嘗鼎一臠，已知其味，况擇焉而精、語焉而詳，不啻窺其全豹。明府之用心勤矣，明府之牖民至矣。復就二集論之：演圖開人譜之先聲，同爲理學；《客問》仿《解嘲》之遺製，終薄《法言》。而均有益于世道人心，宜明府之取材也。所惜者鈔本錯訛脱，落末爲完書耳。譬之獵然，前驅合圍，鄉先生之力也；因其力而發蹤指示，則屬之邑父母。敢綴數言于年譜之簡末。邑後學刁思卓謹跋。